**일본의
조선 강점
1868~1910**

THE JAPANESE SEIZURE OF KOREA, 1868-1910:
A Study of Realism and Idealism in International Relations by Hilary Conroy

ⓒ The Estate of F. Hilary & Charlotte Conroy

All rights reserved.
No part of this book may be used or reproduced in any manner for the purpose of training artificial intelligence technologies or systems.

This Korean edition was published by THEORIA in 2025 by arrangement with Scroll & Pencil through KCC(Korea Copyright Center Inc.), Seoul.

이 책은 (주)한국저작권센터(KCC)를 통한 저작권자와의 독점계약으로 테오리아에서 출간되었습니다. 저작권법에 의해 한국 내에서 보호를 받는 저작물이므로 무단전재와 복제를 금합니다.

일본의 조선 강점
1868~1910

THE
JAPANESE
SEIZURE
OF KOREA

국제관계의 현실주의와 이상주의에 대한 연구

힐러리 콘로이 지음
김범 옮김

내 아내에게

──────────────── 당신이 아니었다면 이 책은 연필로 썼을 겁니다.

차례

한국의 독자들에게 ——— 9

머리말 ——— 13

1장 정한론—모욕과 복수, 그리고 긴 그림자 ——— 16
2장 확립된 현실주의—"안전하고 온건한" 조선 정책 ——— 84
3장 이상주의의 진입—정부의 신중한 태도에 도전한 자유주의적 열망 ——— 135
4장 재개된 현실주의 ——— 185
5장 "예기치 못한 사건들" ——— 240
6장 좌절된 현실주의 1—이노우에의 실패, 1894~1895년 ——— 285
7장 좌절된 현실주의 2—이토의 실패, 1905~1909년 ——— 359
8장 역행한 이상주의—반동주의자들의 대두와 자유주의자들의 혼란 ——— 423
9장 몇 가지 경제적 문제 ——— 490
10장 결론 ——— 544

주 ——— 563
참고문헌 ——— 627
옮긴이의 글 ——— 645
찾아보기 ——— 651

일러두기

* 본문의 각주는 옮긴이 주이다.

한국의 독자들에게

F. 힐러리 콘로이의 자녀와 손자로서 우리는 그가 세상을 떠난 뒤 이 책이 한국에서 번역·출간되는 것에 깊이 감사한다. 이 책은 그가 앞길이 매우 밝았음에도 (매카시즘 시대에 공공 기관에서 충성 서약을 강요한 결과) 캘리포니아 대학교를 떠나기로 선택한 뒤 다시 자리 잡은 대학교에서 '종신 보장 교수'에 임용되도록 한 연구다.

그의 딸과 아들인 우리(샤를리와 러스티)는 이 책과 함께 자란 날들을 생생히 기억한다. 주로 여름 방학 동안 가족들이 해변에서 놀고 있을 때 그가 연필로 이 책을 쓰던 모습이 떠오른다. 그때 어머니 (샬럿 J. 콘로이Charlotte J. Conroy)는 이 책의 출판뿐 아니라 이 책이 미래의 전쟁을 막는 데 도움이 되기를 바라면서 원고를 타자로 쳐 우편으로 보냈다.

1970년대 후반과 1980년대에 어린 시절을 보낸 손자(스티븐 스케노리)는 할아버지의 '직업'이 미국의 외교 정책 입안자들에게 (그가 '문서 증거'라고 부른) 사실의 기반을 발굴하고 제공하려는 목표에서 비롯됐음을 알게 됐다. 이를테면 그는 레이건 대통령과 부시 대통령에게 편지를 보내 평화의 중재자가 되라고 부드럽게 권유했는데, 가끔 답장을 받기도 했다. 그는 이제 자신의 책이 한국 독자들에게도 읽힐 수 있게 된 것을 매우 기뻐했을 것이다.

『일본의 조선 강점』은 처음 출판됐을 때 논란을 일으켰으며 일본을 너무 우호적으로 서술했다는 지적을 받았다. 이 책을 찬찬히 읽고 그렇지 않다는 것을 독자들이 발견하길 우리는 바란다. 저자는 머리말에서 일본어만큼 한국어를 깊이 공부하지 못했기 때문에 한국 자료들을 충분히 활용하지 못했다고 인정했다. 그 결과 (그가 인정한 대로) 한국의 관점이 충분히 반영되지 못한 것은 사실이다.

저자가 이 연구를 수행한 근본적인 동기는 단순히 조선 문제에 대한 일본 내부의 정치적·도덕적 갈등을 서술함으로써 '일본인을 인간적으로 묘사하려는' 것이 아니었다. 그는 이 연구가 현실주의와 이상주의에 대한 중요한 사례 연구가 돼 국제관계와 정치 이론 분야에 기여하기를 바랐다. 두 번째 목표는 이루지 못한 것으로 여겨지는데, 동아시아 지역 연구 전문가(역사학자)들은 이 책을 진지하게 받아들였지만 더 넓은 정치학계에서는 대체로 주목하지 않았기 때문이다. 이것은 게임 이론이 아니었으며(책 전체에 수학 방정식은 하나도 없다) 당시 사회과학의 흐름은 저자의 독특하고 서사 중심적인 접근 방식에 호의적이지 않았다. 또한 이 책을 처음 낸 출판사는 이 책의 수요층을 국제관계학계 전체(학자가 아닌 사람들, 이를테면 정책 입안자, 정부·군부의 공직자, 두뇌 집단think tanks, 기업인 등도 포함될 수 있다)가 아닌 아시아사 연구자로 잡았다.

저자는 일본이 '조선 정복'을 추진하기 전 충분한 자기 성찰을 하

지 않았다고 믿었다. 그 결과 일본은 조선을 장악하지 못했을 뿐
아니라 두 나라의 관계에 지속적인 손상을 입혔다. 이 책의 제2판
(문고판)이 출간될 무렵 미국의 베트남 침공은 실패로 치닫고 있었
다. 미국은 일본의 실수로부터 교훈을 얻을 수 있었을까? 많은 이
들은 그런 질문을 던지지 않았는데, 한 가지 까닭은 그저 그들이
이 역사를 알지 못했기 때문이다. 왜곡되지 않은 사실을 알 수 있
거나—일본 내부의 논쟁 사례와 달리—그런 자료가 이해할 수 있
는 언어로 제공된다면 "'어떤' 나라의 실패했거나 성공한 군사 개입
과 점령에서도 합당한 교훈을 배울 수" 있을 것이다.

　이 연구에서 주목할 점은 '일본의 관점에서 생각했지만' 일본인
이 아닌 사람이 쓴 데 있다고 생각한다. 우리는 일본인도 한국인도
아닌 학자가 쓴 이 저작이 신중하고 미묘하지만 분명히 판단할 수
있는 주제—전쟁은 피할 수 있고 필연적이지 않다—를 제시함으로
써 한반도 전체의 열린 마음을 지닌 외교학자들과 어쩌면 정책 입
안자들에게 새로운 세대를 위한 통찰을 제공하기를 바란다.

2025년 11월

딸 샤를리 콘로이 우시오다 Sharlie Conroy Ushioda
아들 러스티 콘로이 Rusty Conroy
손자 스티븐(스케노리) 우시오다 Steven(Sukenori) Ushioda

머리말

19세기 후반 은둔의 나라에서 등장한 뒤 조선은 극동에서 열강이 경쟁하는 중심 지역이 돼 왔으며, 이런 충돌이 그 불행한 반도에서 전개된 열강의 행동과 이해관계에 대한 학문적 평가에도 영향을 주는 경향이 있다는 것은 놀라운 일이 아니다. 1868년부터 1910년까지 전개된 상황의 복잡성을 풀려는 가장 진지한 시도에도 친일·친중·친러라는 꼬리표가 붙기 쉽다. 그러므로 이 책은 조선에서 충돌한 주요 국가들의 자료에 균등한 관심을 기울인다는 의미에서 보면 '균형 잡힌' 연구가 아님을 미리 설명하는 것이 현명할 것 같다. 이 책은 주로 일본의 조선 정책이 수립되는 과정을 연구했다. 그 결과 일본의 관점을 반영한 일본 자료가 자연히 많이 사용됐고 중국·러시아·조선 자료는 조금밖에 사용되지 않았다.

그러나 일본 자료에 많이 의존했다고 해서 그 영향을 예단하지 말기 바란다. 나는 이 연구가 대상으로 삼은 기간 동안 일본이 조선에서 침략자로 활동했다는 사실을 충분히 알고 있다. 하지만 그 까닭을 밝히고, 가능하다면 더 넓은 국제관계의 영역에서 근본적 세력들이 어떻게 움직였는지 연구함으로써 그런 원인을 좀 더 종합적으로 이해하는 데 관심이 있다. 1590년대에 도요토미 히데요시豊臣秀吉는 조선을 군사적으로 정복할 수 있음을 입증했지만 도쿠가와德川 시대(1600~1868) 내내 일본은 조선이나 그 누구에게도 공격적이지 않았다. 이런 사실은 "일본은 늘 조선을 주시하고 있었다" 같은 학생의 답안지에서 떠올릴 수 있는 단순한 답변으로는 설명할 수 없다.

일본의 조선 병합은 뿌리 깊은 역사적 충동이 표출된 것이라고 판단할 수 없기 때문에 19세기 후반 일본이 조선을 압박해 간 사건과 인물을 면밀히 검토하고 그것을 평가할 수 있는 척도를 정립할 필요가 있다. 이런 목표를 이루고 한·일 관계의 더 큰 함의를 파악하는 데는 미국사와 적절히 서로 참조하는 것이 유익하다고 생각한다.

몇몇 독자, 특히 극동 역사를 특별하고 독자적인 방식으로 접근하는 독자들은 이런 상호 참조와 광범한 함의에 치중하는 것이 적절하지 않다고 느낄 수 있다. 그들에게 나는 이런 생각이 연구 과정에서 발전한 것이지 단순히 그 위에 쌓인 것은 아니라는 점, 사례 연구를 하는 사람은 비전문가에게 해석을 맡기기보다 더 큰 맥락에서 보려고 늘 노력해야 한다는 점, 그리고 해석과 관계없이 그 발표를 정당화하기에 충분한 새 정보가 여기에 담겨 있기를 바라고 믿는다는 점만 말할 수 있다.

이 연구는 오래 준비했으며 여러 도움을 받았다. 가장 중요한 재정 문제는 펜실베이니아대University of Pennsylvania와 사회과학연구위원회Social Science Research Council로부터 여름 연구비를 받아 미국에서 작업을 시작할 수 있었고, 그 뒤 풀브라이트 연구비(도쿄대)와 미국 철학학회American Philosophical Society의 지원으로 일본에 가서 기초 연구를 마칠 수 있었다. 학문적으로는 역사학과 국제관계학 분야의 많은 연구자에게서 영향을 받았는데, 먼저 들어야 할 사람은 토론과 연구 방법을 배운 프랭클린 D. 스콧Franklin D. Scott, 유진 I. 맥코맥 Eugene I. McCormac, 로렌스 하퍼Lawrence Harper, 델머 M. 브라운Delmer M. Brown, 우드브리지 빙엄Woodbridge Bingham, 조지 M. 맥퀸George M. McCune, N. 윙 마N. Wing Mah, 한스 켈젠Hans Kelsen 교수고 그다음은 이 책에서 논쟁한 학자들이다. 내가 그들을 비판하게 된 동기는 그들의 생각과 해석이 매우 탁월했기 때문이었음을 강조하고 싶다.

아울러 일본의 자료관들에서 길을 찾도록 도와주고 이 연구에 관심과 도움을 준 도쿄대의 오카 요시타케 교수, 도쿄도립대의 사쿠라이 요시유키와 시바타 도쿠에, 도쿄대의 하기하라 노부토시와 니시다 다케토시, 마사키 마사루와 기타 겐지 등 일본의 학자와 친구들에게 특별히 감사한다. 또한 세상을 떠난 남편의 문서 자료를 빌려준 에블린 B. 맥큔Evelin B. McCune 부인께도 특별히 감사드린다. 내 아내는 뛰어난 타자 능력으로 조안 벳슨Joan Betson 양이 여러 어려움을 겪을 때 훌륭히 도와줬다. 그러나 이들 가운데 누구도 사실과 해석의 오류에 대한 책임이 없으며, 그것은 내가 져야 한다.

1959년 9월 펜실베이니아대에서
힐러리 콘로이

1장

정한론

모욕과 복수, 그리고 긴 그림자

메이지 유신(1868)은 일본에 중대한 사건이었다. 정치·사회·경제·문화적 변화의 힘은 고루한 봉건사회를 근대국가로 빠르게 변모시켰는데, 그 속도는 지금도 역사가들의 숨을 멎게 한다. 유신의 성취는 너무 영광스러워 그것을 연구하는 사람들은 유신이 그 지도자들에게 정치적 권력과 명성을 안겨줬지만 모욕도 가져다줬다는 사실을 간과하곤 한다. 일본을 근대화하고 서양과 교류하기로 결정한 유신의 사무라이 설계자들은 즉각적인 단기적 의미뿐 아니라 200년이 넘는 역사적 깊이에서 자신들의 명예와 전통을 훼손했기 때문이다. 그 나라는 오랫동안 명예와 전통을 최고의 덕목으로 여겨왔고, 유신의 지도자들은 그런 덕목을 주장한 무사 계급에서 배출됐다. 실제로 사무라이가 우월한 명예와 전통을 가졌다는 가정은 일본에서 그들의 통치를 정당화한 주요 명분이었다. 그리고 그들이 세운 정치·사회 질서의 전통은 그들을 유교적 고립주의(쇄국)에 헌신하게 만들었는데, 서양인은 체제를 전복하려는 이념을 지닌 야만인이므로 일본에 들어오지 못하게 막아야 한다는 것이 주요한 신조였다.

 도쿠가와 막부를 외국에 조공하는 나약한 반역자로 낙인찍은 이 유신 지도자들은 천황을 높이고 야만적인 적을 추방한다는 존왕양이尊王攘夷의 엄숙한 원칙을 내세워 자신의 세대에서 명성과 권력을 얻었다. 그러나 서양인이 가고시마鹿兒島(1863)와 시모노세키下關(1864)를 포격했을 때 가장 잘 드러난 현실적인 이유 때문에 그들은 원칙의 절반과 전통의 대부분을 포기하고 도쿠가와 막부가 서양과 맺은 굴욕적인 불평등 조약과 서양인들이 대도시의 거리를 활보하는 모습을 받아들였으며, 앞서 멸시하거나 경멸했던 체제를 따라 나라를 재건하려고 준비했다. 그것은 실용적이고 현명한 선택이었으며, 그들은 끝까지 해내겠다는 결연한 의지로 새로운 길을 개척했다. 그들의 마음은 확고했지만 감정은 그렇지 않았다. 깊은 감정인 성실은 그런 변화에 반대했는데, 일본인은 성실을 쏟은 대상이 거짓일지라도 그것에 늘 커다란 존경심을 품었다. 이런 역사적 상황을 표현하면, 마음속으로 그들은 옛 방식이 새 상황의 급박함에 대처하는 데 적절하지 않다는 것을 깊이 고민했고, 사무라이 칼과 무사도 정신으로는 서양의 물결을 막을 수 없다는 것을 부끄러워했다고 할 수 있다.

 조선이 새 유신정부의 문서를 인정하지 않거나 받아들이기조차 거부하자 일본의 지도자들이 그렇게 분노한 까닭은 바로 여기 있었다. 조선인들은 일본이 오랜 전통을 배신하고 있다고 말하면서 진심이 담긴 말을 했기 때문에, 자신이 부끄러워하는 일을 다시 떠올리게 만든 아내를 저주하는 남자처럼, 조선 문제를 둘러싼 일본 대신회의의 분노는 논의하는 문제와 어울리지 않을 정도로 격렬했다.

정한론은 1870년대의 일본 문서와 신문에 반복해서 등장하는 표현이다. 유교적 의미로는 "일본이 조선을 정벌征韓해 〔모욕에〕 정당하게 처벌해야 하는지에 대한 논쟁論"을 의미하지만 현실적 목적에서는 '조선 정벌 논쟁'으로 번역해도 충분하다. 이 논쟁은 1873년 10월 도쿄에서 절정에 이르렀다. 한 학자는 메이지 정치사에서 이 논쟁이 차지하는 위치를 정의하기 위해 '대분열great divide'이라는 용어를 사용했는데,[1] 그런 생각을 뒷받침하는 증거는 충분히 떠올릴 수 있다. 그 논쟁은 그때까지 긴밀하게 결속된 집단으로 운영돼 온 유신 지도부를 둘로 갈라놨다. 그 결과 암살·폭동과 전면적인 내전(이른바 사쓰마薩摩 반란)을 포함한 반란이 일어났다. 그리고 논쟁의 패자(사이고 다카모리西鄕隆盛)와 승자(오쿠보 도시미치大久保利通)를 포함한 여러 주인공이 사망하는 결과로 이어졌다. 실제로 분쟁이 절정에 이르렀을 때 필사적으로 타협점을 찾으려던 태정대신 산조 사네토미三條實美는 뇌혈관이 파열될 정도로 그 압박은 엄청났다.

이 이야기는 감정적인 힘과 사무라이 정신으로 가득 차 있어 일본 역사가들은 특별한 애정을 갖고 그것을 기록하는 것 같다. 실제로 그것은 야마모토 유조山本有三의 3막극에 영감을 줬는데, 그 작품은 역사를 꾸미지 않고도 심리 추리 공포물의 매력을 지니고 있다.[2] 거기에는 해학을 제외한 모든 것이 담겨 있는데, 이 사실은 역사적 평가에서도 중요할 수 있다.

'대분열' 그것은 메이지 정부의 지도자들이 화해할 수 없는 파벌로 나뉜 것이었다. 그런 파벌은 정한 반대파, 정한 찬성파, 평화파,

전쟁파, 내정파內政派, 해외 팽창파, 자본주의파, 봉건주의파 등 다양한 이름으로 불려왔다. 그리고 사건이 끝난 뒤 정한 반대파에게 승리와 정부의 통제권이 넘어가면서 파벌은 '정부' 대 '반反정부' 또는 단순히 '내부'와 '외부'라고 부를 수 있게 됐다. 그러나 대분열이라는 용어를 받아들일 때는 그것을 신중하게 사용해야 한다. 두 주인공의 죽음으로 이어진 분열이었지만, 그 분열을 너무 강조해서는 안 된다. 분열과 관계없이 논쟁의 모든 당사자는 공통점이 있었다. 그들은 모두 사무라이 출신으로 유신에 참여했으며, 많은 사람이 주장한 대로 조선 정벌도 '가부'의 문제가 아니라 '언제'의 문제, 곧 일본인들이 말하는 '시기의 문제'가 됐다.

아무튼 마침내 정한 찬성파와 반대파로 확실히 결성되기 전 논쟁 초기 주요 참여자들의 태도를 자세히 살펴보면 특히 반대파의 많은 사람이 명확하지 않은 태도를 갖고 있었음을 알 수 있다. 처음에는 정한에 찬성했다가 중립, 그리고 정한 반대로 바뀐 오쿠마 시게노부大隈重信의 태도를 정한 찬성파인 무쓰 무네미쓰陸奧宗光는 정말 '난감하다'고 표현했다.3 10월 논쟁에서 정벌에 반대한 기도 고인木戶孝允은 정한 구상에 반대하는 중요한 초기 회의에 참석하지도 않았다. 정한 반대파의 지도자로 떠오른 오쿠보 도시미치는 논쟁에 전혀 참여하지 않겠다는 원래의 결심을 접도록 설득됐다. 그리고 그는 가장 주요한 설득자 역할을 맡은 이와쿠라 도모미岩倉具視가 논쟁이 끝나기 전에 정한 반대의 명분을 버릴 것이라고 의심했다. 그는 회의에 참석하기 전 이와쿠라(그리고 산조)로부터 지지 서약서를 받아낼 정도로 의심이 컸다.4

이 사건 뒤 정한 찬성파 사이에서도 분명하지 않은 태도가 비슷하게 나타난다. 사이고 다카모리는 사쓰마로 은퇴해 재기를 노리면서 정부에 저항했지만, 그가 조선 문제를 진지하게 고민했다는 흔적은 없다. 그가 바란 것은 평화로운 마지막 거처였던 것으로 보이며,[5] 2년 뒤 강화도 사건에서 조선인들이 일본 측량단에 발포했을 때 실제로 사이고가 일본의 강력한 보복에 반대한 것을 보면 이런 표현은 타당하다고 여겨진다.[6]

사이고는 승리한 정한 반대파에 반대하다가 죽었지만 정한의 다른 옹호자들은 그렇게 확고하지 않았다. 많은 이들이 살아남아 일본 정계와 심지어 정부에까지 참여했다. 앞서 언급한 무쓰 무네미쓰는 훗날 메이지 정부가 장기적인 조선 정책을 수립하는 가장 중요한 시기에 외무대신을 지냈다. 그리고 1873년 오쿠보와 이와쿠라의 오른팔이던 이토 히로부미伊藤博文가 무쓰의 총리였다는 사실을 기억하면 1873년 10월의 치열했던 시기를 지난 뒤 조선 정벌 논쟁이 나아간 궁극적인 방향은 분열이 아닌 타협이었음을 알 수 있다.

1910년 8월 22일 조선 병합일을 기념해 일본의 주요 신문에는 조선을 둘러싼 거대한 정치 투쟁에 참가한 사람들의 회고가 실렸는데, 읽어보면 흥미롭다.[7] 분명히 그들 모두에게는 잔잔한 만족감이 스며들었다. 시기도 좋았고 해결책도 적절했다. 일본인이 조선 문제라고 불렀던 40년의 고민과 다툼이 끝난 그때 일종의 자부심에 찬 장미빛이 감돌았다. 그 회고는 그동안 어려움과 격렬한 정치적 갈등이 있었지만 일본의 여론과 정책 방향은 타협, 곧 조선에 대한 국민적 합의로 나아갔음을 상징적으로 보여줬다.

그러나 1873년 대논쟁의 장기적 함의를 파악하기에 앞서 일본의 유신정부가 수립되면서 조·일관계가 악화되고 그 때문에 일본 지도자들 사이에서 전개된 정책 논쟁을 좀 더 자세히 살펴볼 필요가 있다. 1600년 도쿠가와가 일본에서 집권한 뒤 조·일관계는 우호적이지는 않았지만 조용했다. 조선인들은 1590년대 히데요시가 모험적으로 자국을 침략한 사실을 잊지 않았지만, 도쿠가와 막부는 히데요시의 팽창주의 정책을 완전히 뒤집었다. 도쿠가와 막부시대에 조선과 일본은 그 중간에 위치한 쓰시마 섬 일본 영주의 중개를 거쳐 축하 사절단을 교환하고 제한적인 무역을 하는 등 일종의 타협 상태에 이르렀다. 일본인과 조선인의 개인적 접촉을 최소로 유지하기 위해 조선 관원들이 주의 깊게 경계하고 감시하는 부산에 소규모 일본인 정착촌이 운영되면서 그런 상태는 더욱 촉진됐다.[8]

사실 전체 협정에서 가장 큰 관심사는 쓰시마에 있었는데, 쓰시마의 경제는 조선과의 교류로 상당한 이익을 얻었고 조선과의 관계가 더 축소되거나 파열되면 많은 것을 잃을 수 있었기 때문이다. 실제로 일본의 유신 지도자들은 이 사실을 빠르게 파악하고 쓰시마가 조선과의 협상에서 일본의 국익을 대표한다는 점을 분명히 부인했다. 그럼에도 도쿠가와 막부의 마지막 서신과 새 유신정부의 첫 서신은 쓰시마 다이묘를 거쳐 조선에 전달됐다.

1867년 말과 1868년 초 사쓰마·조슈長州·도사土左·히젠肥前 등 4개 번 연합이 막부에 대항해 천황의 이름으로 군대를 움직이기 시작하면서 소문이 빠르게 퍼져나갔다. 조선 관원들은 한동안 일본의 정세를 주시하고 경계했는데, 그들이 쓰시마 영주 소宗를 통해 막부에 보낸 일련의 문의를 보면 정세의 향방을 얼마나 걱정하고 있었는지 짐작할 수 있다. 그들은 조선 연안에 나타난 서양의 낯선 선박에 대해 고민하고 있으며, 나카하마 만지로中濱万次郎(그는 미국을 방문했었다)가 에도江戸에서 막부를 대신해 어떤 중국인과 상하이에서 80여 척의 선박 건조를 협상하고 있다고 들었는데, 그 목적은 분명하지 않다고 말했다. 막부는 안심시키며 대응했다. 80척 소문은 거짓이고, 일본은 국력을 키우고 있지만 외국과 우호적이며, 조선이 서양인 때문에 고민하는 것을 안타까워하고, 조선에 사신을 보내 세계정세를 설명할 계획이라고 했다. 영주 소는 에도로부터 답신을 받았지만 막부의 운명이 쇠퇴하고 있음을 알고 답신을 조선에 직접 보내지 않기로 결정했다. 그 대신 1867년 11월 20일 교토의 친親천황파인 이와쿠라에게 서신 전체를 전달했다.[9]

　1868년 봄 천황군이 막부에 맞서 점차 우세해지자 아직 조직되는 과정에 있던 유신정부는 영주 소에게 "조선과의 접촉은 황실 정부의 명령에 따라야 하며"[10] 조선과의 교섭에서 "우리의 국권을 훼손하지 않도록" 주의하라고 지시했다.[11] 소는 그러겠다고 약속했다.[12] 그러나 1868년 6월 그는 "지금부터 모든 외교 관계는 오사카의 외무성을 거쳐 이뤄지며 이것은 조선과의 관계에도 적용된다"는 지시를 받았다.[13] 그 뒤 소는 "도쿠가와 막부가 폐지되고 새 정부가 수립됐음을 조선에 알리라"는 명령을 받았다. 조선과의 외교 절차는 "[일본의] 국내 문제가 해결된 뒤 결정할 것"이라고 했다.[14] 이 지시에 따라 쓰시마 영주는 조선 정부에 다음과 같이 통보했다. "우리 정부가 다시 천황의 통치로 돌아갔다는 것을 알려드리게 돼 영광이며 귀국과 좋은 관계를 맺게 돼 기쁩니다. 저는 황실 정부로부터 귀국 정부와 접촉할 수 있는 권한을 받았습니다. 우리는 귀국과 영원히 좋은 관계를 유지하기를 희망합니다." 소는 별도의 문서에서 2천 년에 걸친 천황의 권위와 통치권이 막부에 있던 기간이 지난 지금 천황이 다시 대외관계를 포함한 모든 국정을 처리하려고 한다는 사실을 설명했다.[15]

1868년 겨울부터 이듬해 봄까지 쓰시마 대표와 부산의 조선 관원들 사이에 많은 회의가 열렸고 이 문서들이 전달됐지만 조선인들은 문서가 부적절하게 작성됐다는 이유로, 특히 일본 황실과 천황을 언급하고 새로운 유형의 '공식' 관계를 요구한다는 이유로 문서 수락을 거부했다. 1869년 6월 영주 소는 교착 상태에 이르렀다고 확신해 일본 외무성에 다음과 같이 통보했다. "조선은 새 정부가 수립됐다는 우리의 통보를 받아들이지 않았습니다. 그들은 일본 제국 정부와의 교류를 피하고 싶어 하기 때문입니다. 조선 국왕과 수도에서 직접 대면해 협상하는 것밖에 다른 방법이 없습니다. 그렇게 하면 그들은 무력으로 저항할 수도 있습니다. 그러므로 강력한 정책을 채택할지 결정해야 합니다."[16]

한편 일본의 고위 관료들 가운데 적어도 한 명은 교착 상태를 예상하고 조선 문제에 대한 자신의 의견을 제시했다. 1869년 3월 13일 유신 연합의 조슈 파벌의 지도자로 큰 영향력이 있던 참의參議 기도는 산조와 이와쿠라에게 보낸 각서에서 조선 문제가 "무력에 의지하지 않고는" 해결될 수 없다고 생각하지 않으며 일본 국내 질서 확립이 가장 중요하므로 "갑자기 무력에 의지하는 것은 합당하지 않고 (…) 우리의 국력은 충분하지 않다"고 말했다.[17] 이 서신과 영주 소가 협상 결렬을 공식 통보한 뒤 정부 고위 관료들은 조선 문제를 충분히 논의했고, 외무성은 사다 하쿠보佐田白茅를 단장으로 하는 사실 조사단을 쓰시마와 부산에 파견했다.

그러면서 조선과의 관계에서 여러 흥미로운 점이 드러났다. 쓰시마의 변칙적인 위치가 처음으로 완전히 밝혀졌다. 쓰시마는 막부로부터 연간 3만여 석의 쌀과 돈을 받았을 뿐 아니라 조선과 조공국 관계를 수락해 조선으로부터도 쌀과 콩과 돈을 하사받아왔다는 사실이 드러난 것이다. 또한 부산에서 무역은 일본의 열등함을 강조하는 방식으로 이뤄졌다. 쓰시마는 무역선을 식별하기 위해 조선인이 제공한 감합인勘合印을 사용했고, 매년 조공선을 조선에 보내 문서(지침)를 받아왔다. 300명 정도의 쓰시마 거주 일본인이 부산의 지정된 구역에 거주하고 있었는데, 조선 관원들은 이 구역의 관문을 엄중히 감시해 해가 진 뒤 일본인의 출입을 금지했다. 그러나 쓰시마는 "가난하고 외딴 섬"이었기 때문에 조선 무역이 절실히 필요했다.[18]

그 결과 조사관들은 보고서에서 양해할 사항도 언급했지만 이런 상태를 계속 방치할 수 없다는 점을 강조했다. 외무성은 쓰시마가 조선과의 관계에서 손을 떼야 한다는 데 동의했다.[19] 조사 과정에서 영주 소는 조선과의 관계에서 협상력을 높이기 위해 자신에게 더 높은 직책인 지사知事의 지위를 부여해 달라고 황실 정부에 촉구했다. 이 요청을 "승인하지 않은" 것은 그동안 쓰시마가 조선과 맺어온 관계를 일정하게 비판한다는 암시로 받아들일 수 있다.[20]

조사단은 조선과 청의 관계도 살펴봤다. "조선은 청에 종속돼 있으며 매년 청에 조공을 보내고 있지만 (…) 스스로 통치할 능력이 있습니다. (…) 청의 명령이 반드시 받아들여지는 것은 아닙니다. 조선은 명을 좋아했지만 청은 그렇지 않기 때문에 명을 기리는 의식을 지금도 치르고 있습니다. 대외관계에서도 조선은 스스로 결정하지만 어려운 문제가 생기면 청에 문의합니다. 지금까지는 조선이 일본에 대해 청에 보고한다는 말을 듣지 못했습니다. 하지만 조선은 매우 교활합니다. (…)".

그들은 무역 문제도 관찰했고 흥미로운 판단을 보고했다. "일본에서는 상품 가격이 높고 조선에서는 낮기 때문에 조선에서 상품을 판매하는 일본인은 이익을 기대할 수 없습니다. (…) 따라서 무역 방식을 바꿔야 합니다. 다른 나라들이 서양 화폐를 교환 수단으로 하는 것처럼 일본도 조선 화폐의 가치를 강제로 낮춰야 합니다. (…) 조선에 세 항구를 열어도 우리 화폐가 유통되지 않으면 큰 이익을 기대할 수 없습니다. (…)"[21]

조사단은 보고서를 제출한 뒤 프랑스인 몇 명이 살해된 톈진 사건(1870)에 청이 깊이 연루돼 있다는 점을 지적하면서 "지금이 바로 조선에 특사를 파견할 좋은 시기"라고 외무성에 제안했다.[22] 조선에 대한 자신의 생각을 다시 검토하던 참의 기도(그는 1870년 1월 조선에 대한 황실 특사로 잠정 임명됐지만 실제로 특사를 보낼 움직임은 보이지 않았다)는 이제 강경책에 대한 반대 입장을 뒤집고 동료 참의들에게 보낸 1870년 7월 24일 자 성명에서 일본이 조선과 수교를 시도해야 한다는 생각을 지지했다. "저는 청이 조·일 수교를 반대할 것이라고 생각하지 않으며, 조선이 우리의 제안을 받아들이지 않을 것에 대비해 병력·군함·군수품·기계를 준비해야 한다고 생각합니다. 어전회의에서 기본 방침을 정했다고 생각하지만, 제가 조선에 특사로 간 동안 최악의 상황(적대 행위)이 발생하면 어떻게 할 것인지 명확히 하고 싶습니다."[23]

이 단계에서 기도의 입장 변화는 설명하기 어렵다. 다보하시 기요시田保橋潔는 쓰시마 관원이자 기도와 개인적 친분이 있는 오시마 마사토모大島正朝라는 사람이 좀 더 넓어진 조선 관계에서 쓰시마가 유리한 위치를 되찾기를 바랐기 때문이라고 말했다.[24] 실제로 기도가 그 뒤 좀 더 조심스런 접근방법으로 되돌아온 것은 그런 일시적인 영향이 작용한 결과로 볼 수 있다.

오쿠마 시게노부가 중심인물로 떠오르던 외무성도 쓰시마나 기도가 조선과의 교섭에 직접 관여하는 것을 바라지 않은 것은 분명하고, 황실 특사 파견에 앞서 외무성 대표를 조선에 파견해 조선 관원들과 직접 교섭하자고 제안했다. 태정관은 그것을 승인했고 외무성의 요시오카 코키吉岡弘毅를 사절단 대표로 부산에 파견해 조선 관원들과 협상하고 그들을 거쳐 한양의 조선 조정과 교섭하게 했다. 앞서 사실 조사단의 일원이던 모리야마 시게루森山茂도 사절단에 포함됐고 사가라 마사키相良正樹와 히로쓰 고신廣津弘信도 들어 있었다.

이들은 먼저 쓰시마로 가서 통역관 우라세 히로시浦瀬裕를 찾은 뒤 부산으로 가서 일본 도라이후가 부른 조선의 지방관서와 접촉했다.[25] 그러나 앞서 언급한 오시마와 기도가 외무성에서 대립하던 관계에 비춰, 쓰시마에 외무성 대표단이 도착하기 직전 오시마가 쓰시마의 협상 처리 가능성을 높이려는 마지막 노력으로 우라세를 부산으로 급파했다는 것은 흥미롭다. 영접 나온 조선 관원에게 우라세는 협상이 성공했다는 증거를 제시하지 못하면 자신은 직위를 잃을 수도 있다고 간청했다.

조선 관원은 "결과는 좋지 않을 것"이라고 인정하면서도 조선은 중국의 '속국'이고 중국을 '상국上國', 그 통치자를 '황제'라고 불러왔지만 일본 통치자는 '대왕'으로 불러왔다고 말했다. "조선은 일본을 중국과 같은 호칭으로 바꿀 수 없습니다. 그래서 귀국의 서신이 거절된 것입니다."[26] 그 결과 우라세의 비공식적 노력은 실패로 돌아갔고 그는 쓰시마로 돌아와 요시오카 사절단의 공식 통역관이 됐다. 그 바로 뒤 영주 소는 "천황이 외무성을 거쳐 이 일을 진행하고 있으므로" 조선 교섭에 관련된 자신의 직무를 면제해 달라는 공식 서한을 '상부 기관'에 보냈다. "물론 우리 통역관들은 조선에 대해 잘 알고 있지만 외무성에서 고용할 수 있다"는 말을 덧붙인 것을 보면 그가 불쾌해했음을 느낄 수 있다.[27]

그 뒤 요시오카 사절단은 1년 동안 매우 답답한 협상에 들어갔는데, 통상권을 포함한 조선과의 모든 관계를 쓰시마로부터 넘겨받는다는 취지의 권고로 시작했고 외무성의 전폭적인 승인을 받았다.[28] 그들은 쓰시마 사람들이 운영하는 부산 왜관의 일본인들이 "무례하고 야만적이며 잔인하고 돈을 얻으려고 조선인을 착취"한 일이 있다고 판단했고, 조선 관원들이 더 이상 불평할 근거가 없도록 부산 왜관을 '정리'해 많은 사람을 쓰시마로 돌려보냈다. 조선은 "고집스럽고 완고하며 영리한 나라"기 때문에 "때로는 강한 말을, 때로는

달콤한 말을 써야" 하지만 결국 "인내심을 갖고 기다리면 우리를 조금씩 이해하게 될 것이다".²⁹

이것은 지나치게 낙관적인 추정으로 밝혀졌다. 일본 사절단은 부산 왜관을 폐쇄하는 방안을 무력 행동을 암시하는 위협으로 사용하려고 했지만 동래부東萊府는 시간만 끌었다. 그들은 모든 질문을 서울로 보내야 했고, 일본 사절단이 답변을 요구할 때마다 새로운 조선인 대표단이 나타나 절차를 처음부터 다시 시작해야 했다. 답변은 계속해서 '언젠가'라는 약속을 받았는데, 협상 초기에는 이것이 25일이나 30일을 뜻하는 것으로 암시됐지만 마침내 한 조선 관원은 "6년이나 7년 또는 10년"을 의미할 수 있다고 인정했다. "우리 특사는 '그냥 적어두라'고 말하고 각서를 받아 일본으로 돌아왔다."³⁰

요시오카가 포기한 뒤 모리야마와 히로쓰의 도움을 받은 또 다른 외무성 관료 하나부사 요시모토花房義質가 1872년 늦여름부터 조선 외교에 손을 댔다. 다른 사람들과 마찬가지로 그도 아무 진전을 이루지 못했다. 조선은 일본 새 정부의 존재조차 인정하지 않았다. 그리고 협상 노력의 후기 단계에서 부산의 왜관 벽에 모욕적인 문구가 쓰이고 몇몇 일본인이 조선 청년들에게 신체적 공격을 당하자 일본인들은 "지난 200년간의 평화로운 조·일 관계에서 전례 없는" 일이라고 비판했다.³¹

그동안 일본에서는 정한론이 "끓어올랐다".³² 방금 설명한 협상 과정에서 발생한 두 사건을 통해 논쟁이 얼마나 치열했는지 짐작할 수 있다. 1871년 7월 가고시마의 한 사무라이는 조선과 국교를 열려는 노력이 전쟁으로 이어질 것을 우려한 나머지 일본에서 정치적 자살의 특징인 마지막 유서를 가슴에 품은 채 집의원集議院 정문에서 할복했다. 그는 일본 국민이 가난하고 먹을 것이 없다고 말했다. 일본에는 많은 문제가 있었다. "조선의 무례함을 비난할 시간이 없다." 조선과 전쟁을 벌여 금방 승리하리라는 보장은 없었다. 조선을 그저 작은 나라로 여기는 것은 매우 위험한 일이었다. 히데요시의 사례를 보라! "내가 죽으면 상관들이 내 목소리를 들을지도 모른다."[33] 그는 이렇게 하면 정한론의 진행을 막을 수 있다는 생각에 스스로 목숨을 끊었는데, 그의 동생 모리 아리노리森有禮는 일본 초대 주미대사를 거쳐 문부대신이 됐으며 일본의 보편 교육 제도의 주요한 설계자이자 메이지 지도자들 가운데 가장 유능하고 계몽된 인물이었다는 사실에서 그가 어느 정도 수준의 인물이었는지 짐작할 수 있을 것이다.

반면 정한에 찬성하는 정서는 거의 똑같이 화려한 첫 징후를 보였다. 1872년 3월 외무성 관료 마루야마 사쿠라쿠丸山作樂가 개인적 음모를 꾸민다는 혐의로 갑자기 해임·체포됐다. 그는 정부가 조선 협상을 '신중히' 진행하는 방식에 불만을 품었고 외무성의 상관들이 대담한 구상을 받아들이지 않는다고 생각해 정한당征韓黨을 조직하고, 조선을 공격할 민간 군함을 마련할 목적으로 돈을 모으고 빌리기 시작했다.[34] 이 계획은 거기에 찬성하지 않는 정부 관료들에게 알려지면서 실패로 돌아갔다. 계획은 실패했지만 일본에서는 전쟁을 지지하는 정당이 강력히 대두하기 시작했다.

막부에 대항한 천황 연합군에서 사쓰마 군의 사령관이었고 그 뒤 야전 원수로 승진해 새 정부의 최고 군사 관료가 된 사쓰마의 사이고 다카모리는 점차 이 단체의 지도자로 떠올랐다. 정한 운동에서 사이고의 역할은 전쟁 찬성, 정한 찬성, 팽창 찬성으로 단순하고 명확하게 설명할 수 있다. 실제로 정한 문제에서 그의 지도력은 매우 역동적이고 화려했기 때문에 그 뒤 일본의 극단적 민족주의·팽창주의 집단에서 그의 이름은 우상화됐다. 그러나 거기에는 흥미로운 심리적 배경이 있다. 그것은 히데요시처럼 자신을 정점으로 한 제국을 꿈꾸는 정복자의 지도력이 아니다. 사이고의 태도에는 오히려 패배주의와 허무함의 분위기가 느껴지는데, 그것은 모든 일본 기록에서 강조한 세부적 내용을 보면 또렷이 나타난다. 사이고는 군대가 침략하기 전 자신이 먼저 조선에 가서 조선인들이 자신을 죽이도록 선동함으로써 분명한 개전 이유를 만들어야 한다고 주장했다.[35]

극작가 야마모토가 이 사건을 소재로 만든 역사극에서 오쿠보는 사이고의 태도를 다음과 같이 분석했다. "사이고는 죽을 곳을 찾고 싶었던 것 같다. 그는 조선이 그 장소가 되기를 바랐다. 그는 죽을 곳을 계속 찾고 있다. 그는 매우 외로운 사람이고 아마 나만 그를 이해할 수 있을 것이다. 그는 자신의 목숨을 바쳐서라도 젊은 군사들에게 훌륭한 봉사를 하게 하고 싶어 했다."[36] 역사적으로 사이고는 정한 논쟁이 절정에 이른 4년 뒤인 1877년 죽음을 맞았다. 그것은 자신이 성립을 도운 메이지 정부에 대한 사쓰마 사무라이들의 필사적이지만 허무한 반란을 이끈 것이었다. 권력과 분노를 지닌 이 남자에게 왜 그런 우울함이 있었을까?

사이고를 좀 더 잘 이해하려면 죽어가는 문명의 구성원들이 직면한 대안을 설명한 토인비Toynbee의 개념, 곧 그가 헤롯주의Herodianism(수용)와 젤롯주의Zealotism(죽음으로 맞서는 저항)라고 멋지게 이름 붙인 용어를 떠올리는 것이 유용하다. 이런 개념들에서 보면 사이고는 되돌리려고 했지만 젤롯주의가 죽음밖에는 아무것도 약속할 수 없다는 것을 알고 있던 헤롯주의자로 묘사하는 것이 가장 적절할 것이다.

사이고는 메이지 유신을 설계한 동료들과 마찬가지로 옛 질서를 수정해야 하며 유교적 고립주의와 봉건사회는 근대 세계에서 경쟁해야 하는 일본에 적합하지 않다는 것을 알고 있었다. 그는 1868~1869년 새 정부를 수립하는 데 주도적 역할을 한 뒤 사쓰마로 돌아와 지역 문제를 돌봤지만 1871년 중앙 정부로 복귀해 봉건제 폐지의 마지막 단계를 추진하는 데 큰 힘을 보탰다. 메이지 시대의 첫 5년 동안 그는 시대가 요구한 폭넓은 변화에 협력했다. 그는 수용의 길을 걸었고 양복을 입었다. 조지 샌섬 경Sir George Sansom의 『서양 세계와 일본The Western World and Japan』에 실린 초상화에서 그가 말 그대로 양복을 입고 있는 모습은 흥미롭다.[37] 그의 모습은 불편해 보이는가? 사이고는 새 시대에 발맞추기 위해 노력했다. 그러나 시대의 요구는 거셌다.

옛 질서는 죽어가고 있었고 유럽 시찰을 마치고 돌아온 유신의 주요 인물들은 새로운 구상으로 그 종말을 앞당겼다. 1870년 시찰을 마치고 돌아온 조슈 출신의 젊은 야마가타 아리토모山縣有朋는 사이고가 장악한 구역인 군대에서도 옛 질서의 전통과 이상을 더욱 파괴할 개병제兵制 구상을 추진했다. 효율성과 국력 측면에서 개병제는 반대하기 어려웠다. 여기서 핵심은 사무라이 계급, 특히 유신 전쟁에서 사이고를 따랐던 서남부 사무라이들의 입장이었다. 그들은 막부가 패배한 뒤 이뤄진 정부의 재편성에서 자신들이 주요한 수혜자가 될 것으로 기대했다. 그들의, 그들에 의한, 그들을 위한 새로운 지도부인 서남부의 새 막부가 탄생할 것처럼 보였다. 그러나 권력을 장악한 '새 막부'는 놀라운 현실에 직면했다. 양이攘夷는 실패했고 서양 야만인들은 일본에서 쫓겨나지 않았다. 사실 그들은 중국에 그랬던 것처럼 정중하지만 끈질기게 일본을 압박했다. 새 지도자들이 제국의 자원을 봉건체제 아래서 이뤄진 것보다 더 효과적으로 조정할 수 없다면 그들은 곧 서양인들의 명령을 받게 될 것이었다.

그들은 봉건제를 폐지했지만 그 때문에 사무라이 계급의 사회적·경제적 지위는 불안해질 수밖에 없었다. 유신정부가 이것에 무감각한 것은 아니었다. 당시 상황에서 유신정부는 사무라이의 특권적 지위를 유지하기 위해 '사족士族(시조쿠)'이라는 새 존칭을 부여하고 연금 채권으로 토지 계약을 맺게 했으며, 정부가 개발한 사업체를 싸게 살 수 있는 기회를 주는 등 거의 파산에 이를 정도로 노력했다.[38]

이런 정책은 사무라이가 봉건제가 아닌 새 일본에서 유리한 고지를 차지하도록 고안됐으며, 많은 개별 사례에서 그것을 달성했다. 그러나 그 정책은 사무라이들이 사업에 적응할 것과 자존심을 상당히 억제할 것을 요구했다. 사무라이는 더 이상 두 자루의 칼과 세

습된 봉건적 특권에 의지할 수 없었고, 재정 관리를 제대로 하지 못하면 빈곤에 빠지는 것을 막을 방법이 없었다. 수많은 사무라이는 그런 변화에 적응하지 않으려고 하거나 할 수 없었다. 사업 활동을 경멸한 그들은 돈을 낭비할 뿐이었고 메이지 사회에서 불만을 품고 불평하는 존재가 됐다.

사이고는 유신정부의 모든 구성원 가운데 불만에 가장 적극적으로 대응한 인물이었다. 그는 위대한 '성실'의 사람이었다. 다른 사람들보다 적응력은 떨어졌지만 그는 군사 봉건주의라는 낡은 전통을 충실히 고수했다. 그는 지평이 넓어지고 새로운 도전에 직면한 시대를 합리적으로 분석하는 관점에서 볼 때는 가장 지지할 수 없는 옛 질서의 제도에 지나치게 탐닉한 부끄러운 사람 가운데 하나였다. 일본의 한 작가는 사이고를 백만 대군을 이끌 용기와 활력을 지닌 '담력'의 남자로 묘사하면서 '정신'의 남자와 대비시켰다.[39] '담력'은 그에게 사무라이의 명성과 전통적 가치를 되살려야 한다고 말했다. 그들의 직업은 사소한 무역업자가 아닌 명예로운 무사였다. 모욕을 복수하기 위한 조선 원정은 실직한 사무라이들에게 명예로운 일자리를 제공할 것이었다.

그러나 사이고는 이것이 본질에서 벗어난 양이攘夷라는 사실을 잊지 않았다. 조선인의 말은 본질적으로 사실이었다. 일본은 옛 질서를 버리고 야만의 길을 선택했다. 그 자신도 그 과정의 당사자였고 그는 그것을 부끄러워했다. 그는 조선에서의 실패를 죽음으로 갚을 것이고, 친애하는 사무라이들은—사이고는 볼 수 없는—근대화의 새로운 세계가 그들을 덮치기 전 마지막 영광의 순간을 맞이할 것이었다.

따라서 사이고의 환멸에 찬 헤롯주의적 관점은 그가 격렬하면서도 기이할 정도로 운명론적으로 정한론을 옹호한 것과 후대 일본인들이 비극적 웅장함의 정서로 그를 기억하는 것을 설명하는 데 큰 도움을 준다. 어떤 의미에서 1868년 이후 모든 일본인은 근대화의 조직에 휘말렸고 대부분 언젠가는 되돌리려는 충동을 느꼈다.[40]

1872년 정한당은 구체적인 모습을 갖추기 시작했다. 그해 사이고는 다른 정부 지도자들과 조선 원정의 가능성을 논의했는데 특히 도사의 이타가키 다이스케板垣退助와 고토 쇼지로後藤象二郎, 히젠의 에토 신페이江藤新平, 그리고 오쿠마가 재정 정책을 담당할 때 외무성의 주요 인물이 된 소에지마 다네오미副島種臣 등이 그 구상에 동조했다. 이 정한당의 형성에 대한 일본의 기록은 일반적으로 각 인물을 하위 집단으로 분류하고 인물마다 다양한 동기를 부여하려고 노력했는데, 칭찬할 만하지만 그다지 성공적이지는 않다고 생각된다.[41] 어떤 측면에서 그 결과는 도움이 되기보다 혼란을 더했고 사이고와 마찬가지로 그들의 전망은 자신들이 성장한 계급적·파벌적 편견에 크게 좌우됐다고 할 수 있다—소에지마도 그런 상황에서 출발했지만 그만은 거기에 서구 제국주의의 정교한(?) 조언을 좀 더 흡수했다. 이것은 조금 뒤에서 논의하겠지만, 대체로 정한론자들은 다른 지배층이 발전시키고 있던 좀 더 넓은 국가관·세계관과 극명하게 대비되는 편협한 시각을 보였다는 점을 강조해야 한다.

사실 1872년 팽창주의 정책이 추진될 수 있던 것은 그것에 반대할 가능성이 가장 높은 정부의 주요 인물들이 대부분 출국했기 때문이었다. 귀족이자 산조 아래서 우대신右大臣을 맡았으며 그보다 훨씬 강경한 성향을 지닌 이와쿠라 도모미(외무경도 맡았지만 그가 출국한 동안 소에지마가 외무경으로 재임), 사이고의 국정 장악력이 커지는 데 점차 불만을 품던 조슈 출신의 기도 고인, 역시 조슈 출신으로 기도의 제자인 이토 히로부미, 사이고의 오랜 친구지만 성격은 그와 달리 술책이 많고 신중한 사쓰마 출신의 오쿠보 도시미치 등이었다. 이들은 1871년 12월 일본이 맺은 조약을 개정하기 위해 세계 일주 순방을 떠났고 1872년 봄 오쿠보와 이토가 필요한 증빙서류를 얻기 위해 미국에서 급히 귀국한 것을 빼고는 1873년 봄·여름·초가을 각각 귀국할 때까지 일본과 극동지역의 상황을 거의 알 수 없었다.

이와쿠라 사절단의 이런 구성원들이 이런 사실 때문에 강경한 조선 정책에 반대했다고 말할 수는 없다. 정한에 대한 기도의 초기 성향은 앞서 잠깐 말했고, 대체로 이때까지 그들은 개별적으로나 집단적으로나 조선에 대해 어떤 결정이나 정책을 도출하는 데 이르지 않았다고 할 수 있다. 그들은 모두 사이고만큼이나 조선의 비타협적인 태도에 짜증을 냈고, 본국에 남아 있는 동료들에게 당부한 것은 자신들이 없는 동안에는 조선뿐 아니라 어떤 사안에도 과감한 조처를 시행해서는 안 된다는 것뿐이었다.[42]

1872년 일본에 남아 있던 인물들이 비공식적으로 논의한 첫 번째 구체적인 결과는 그해 8월 사이고의 추종자인 기타무라 시게요리北村重賴와 벳푸 가게나가別府景長 두 사람을 정보 수집 임무로 조선에 파견한 것이었다. 그 직후 청의 군사력과 청이 조선 문제에 간섭할 가능성을 파악하기 위한 사람들도 청에 보냈다.[43]

한편 이것과 관련해 청의 반응을 파악하는 기회를 제공하고 정한론을 강화하는 데 기여한 문제가 일어났다. 1871년 11월에 69명의 류큐 섬 주민들이 대만 앞바다에서 난파된 사건에서 시작된 류큐-대만 분쟁이다. 일본은 사쓰마와 류큐의 오랜 관계 때문에 이 문제에 관심을 가졌고, 사쓰마는 그 섬의 주민들을 자신의 신민으로 간주했다. 이것은 류큐 왕과 청 조정이 오랜 조공 관계를 맺어왔음에도 일어난 사건이었다. 사이고는 대만 부족을 토벌해야 한다고 촉구했다. 그러나 의견이 갈렸는데, 조슈 출신이자 당시 출국 중이던 이토·기도와 절친한 재무경 이노우에 가오루井上馨는 정부 재정을 악화시킬 수 있다며 반대했다. 참의 오쿠마도 어떤 조처를 고려하기 전 류큐와 중국의 관계를 명확히 해야 한다고 주장하며 신중할 것을 촉구했다.

　소에지마는 사이고를 지지했는데, 새로 임명된 외무성 고문 샤를 W. 르장드르Charles W. Legendre의 조언을 제시하면서 자신들의 주장을 뒷받침했다. 르장드르는 프랑스에서 태어났고 미국인 여성과 결혼해 미국으로 이민 가 미국 시민이 됐으며 남북전쟁 때 소장少將에 올랐다. 그는 그 뒤 아모이Amoy* 주재 미국 영사로 있을 때 대만 문제에 관여하게 됐다. 1867년 미국 선박 로버Rover호가 폭풍우로 항로를 이탈해 그곳에 들어갔다가 원주민에게 선장과 그의 아내를 포함한 선원 전원이 학살됐기 때문이었다. 그 뒤 르장드르는 중국 장

---

* 중국 푸젠성福建省 남동부 샤먼廈門의 다른 이름.

교들과 함께 대만으로 가서 원주민 추장을 찾아 그곳에 상륙한 미국인이나 유럽인을 더 이상 공격하지 않겠다는 합의를 이끌어냈다. 1871년 류큐 주민에 대한 공격이 일어난 뒤 르장드르는 이 합의를 위반한 대만 부족을 처벌할 것을 청에 촉구했다. 그러나 이번에는 청이 르장드르가 자신의 일이 아닌 것에 간섭한다고 보고 협조하지 않았다. 주청 미국공사 로우Low도 이 의견에 동의한 것으로 보인다.

그 직후 르장드르는 아르헨티나 대사로 임명하겠다는 그랜트Grant 대통령의 명령에 따라 소환됐다. 그는 1872년 늦여름 귀국하면서 도쿄에 들렀다. 당시 주일 미국공사 찰스 E. 드롱Charles E. DeLong은 다소 모험적인 업무 수행을 선호했다. 그는 외무경 소에지마와 긴밀히 연락하며 르장드르를 '대만 전문가'로 그에게 소개했다. 소에지마는 르장드르에게 외무성 고문직을 제안했고 그는 수락했다. 대만에 대해 그는 소에지마가 안심할 수 있는 조언을 해줬다. 그는 청이 대만에 대한 실효적 관할권을 행사한 적이 없으므로 그 섬은 점령되지 않은 것으로 간주해야 하며, 어느 국가든 실질적으로 점령하는 쪽의 영토가 될 것이라고 말했다. 그리고 미국은 (일본 같은) 우방의 점령을 반대하지 않을 것이라고 그는 예측했다.44

1873년의 중요한 몇 달 동안 르장드르는 조선 논쟁과 그보다는 중요하지 않지만 관련성이 있는 대만 논쟁에 초점을 맞춰 외무성에 계속 자문했다. 이런 조언에 대한 날짜별 또는 월별 기록은 남아 있지 않은데, 1923년 도쿄 대지진으로 원본 문서가 소실돼 학자들은 그것을 활용하지 못했다. 그러나 그 전체적인 취지는 소실되지 않고 남아 호리 마코토堀誠가 연구한 문서를 통해 판단할 수 있다.

그 문서에 따르면 르장드르는 귀족과 사족 계급에게 '공공 토지'를 주고 '공기업의 주도권'을 인정해 그들의 지위를 보호해야 한다고 주장했는데, 일본에 귀족 정부 형태가 수립되기를 선호했음을 보여준다. "모든 국민에게 동등한 권리를 주면 파리 코뮌 같은 것이 생길 것이다." 외교 정책에 대해 그는 조선은 "그 자체로는 걱정할 것이 없지만" 그 위치 때문에 "일본으로 나아오는 첫걸음"이라고 말했다. 그리고 그는 일본이 영국에 맞서 러시아와 동맹을 맺고 홋카이도를 개발하며 "조선을 통제하거나 조선이 스스로 방어할 수 있을 만큼 강하게 만들 것"을 촉구했다. 그러면 일본은 "러시아의 묵인 아래" "혼란에 빠진 중국"으로 진출할 수 있을 것이었다.[45] 르장드르가 외무성 고문직을 떠난 뒤인 1876년 작성된 또 다른 문서가 독일 문서보관소에서 발견됐는데, 1887년 주일 독일 대표부가 기탁한 것이다. 그 문서는 독일이 극동에 침투할 가능성을 경고하고 일본의 '안보'를 위해 대만과 조선을 점령할 것을 일본에 촉구했다.[46]

또한 르장드르는 『진보하는 일본—제국의 정치적·사회적 필요에 대한 연구』(1878)라는 책에서 정한론에 대한 사후적 판단을 제시했다. 거기서 그는 일본인의 기질을 프랑스인과 비교했다.

> 근대의 자유가 반드시 중앙 의회로 대표되는 국민의 주권에 기초한다고 상상하는 것은 가장 터무니없는 생각일 것이다. 18세기 말 프랑스가 왕족과 귀족을 먼저 폐지하고 계급과 개인의 모든 구별을 없앤 뒤 마침내 1792년 공화정을 채택한 것은 바로 이 잘못된 생각에 따른 것

이다. 국민의 성향에 맞지 않는 이런 기초 위에 세워진 국가는 국민의 자유를 증진하는 대신 그것을 흡수했다. (…) 그러므로 개인과 마찬가지로 특정한 성향과 기질을 갖고 태어난 국가는 어떤 장애물이 가로막아도 늘 그런 성향과 기질로 돌아가는 것이 사실이다.

일본의 문명은 본래 무력으로 통치한 소수의 귀족이 만들어낸 것이다. 문명을 보존하는 것 역시 귀족이 해야 할 일이다.

소에지마와 조선 문제에 대해 그는 다음과 같이 말했다.

(…) 일본을 강하게 만드는 데는 독창성이 거의 필요하지 않을 것이다. 그(소에지마)는 조선과 원주민 지역의 대만에서 무사 계급에게 새 전장戰場을 열어줌으로써 일본을 강하게 만들자고 제안했는데, 두 지역은 관계를 안정시키기 위해 일본이 오래 노력해 온 곳이었다. 야심을 품은 일본이나 중국의 정복자는 이 두 전략적 요충지를 침략했지만 점령한 사람은 아무도 없었다. 그리고 중국은 이런 상태로 버려졌던 이 나라들에 관심을 갖지 않는 잘못을 저지름으로써 모든 열강이 그 나라들을 점령하기에 적합하다고 생각하면서 침략하기 시작했다. 이런 상황에서 일본은 조선과 원주민 지역의 대만 모두를 병합하지는 않더라도 적어도 일본의 보호 아래 둘 권리가 있다고 그는 느꼈다. (…) 이 계획을 비판하는 주요한 주장은 새 전장이 일단 사무라이에게 명예와 영광을 줄 수 있다고 해도 그 뒤에는 그들의 야심찬 허세를 막을 수 없으리라는 것이다. 소에지마는 그것을 두려워할 필요가 없다고 생각했는데, 전쟁에 찬성하는 사무라이 쪽에 프로이센 방식에 따라 군사

적으로 조직된 자유민을 배치한 뒤 그들에게 원주민 대만과 조선에서 임무를 완수하게 하면 그들은 자연스러운 질서에 따라 그곳에 정착할 것이고, 그때까지 그들의 임무는 제약될 것이기 때문이었다. 아울러 그는 행동의 원천은 애국심이고 질서를 재편하는 과정에서 토착적 요소를 모두 보존해야 한다고 제안하면서 그렇게 하면 각국의 세력 균형과 국가 안보, 아시아의 회생을 만들어낼 것이라고 기대했다. (…)
이것은 유능한 중국학자이자 마음속으로는 회의했지만 관습과 의무의 힘에 따라 신토神道를 믿었던 그가 구세력의 광신적 분파가 지닌 미신적 열망까지 이용하고 그들에게 과거의 예언을 이루게 만들려는 방식이었다. (…) 그 결과 소에지마는 진정한 개혁가임을 스스로 보여줬다. 그는 국가적 유용성이 사라진 과거의 것을 모두 없애라고 주저없이 조언했지만 해외 팽창으로 전환해야 한다는 무모한(원문대로) 성향은 결코 보여주지 않았다. 현 정부의 일부 구성원이 그런 기질을 갖고 있다고 시마즈가 비난한 것은 타당하다.[47]

르장드르의 조언은 건전하지는 않더라도 모험적이었고, 그 정도는 확신할 수 없지만 일본 정부의 팽창주의 정서를 발전시키는 데 일정하게 기여한 것은 분명하다.

그전까지 르장드르는 조언 제공과 관련된 사전 협의를 하지 않은 것으로 보이지만 그가 일본 외무성에 조언하기 시작한 바로 그 달, 메이지 정부는 팽창으로 나아가는 분명한 첫 조치를 시행했다. 1872년 9월 14일 류큐 왕국을 폐지하고 그 자리에 류큐번을 세운다는 칙령이 발표됐다. 그 국왕은 일본 귀족이 됐고 그 섬의 대외 관계는 일본 외무성이 맡게 됐다.

그러므로 소급하면 일본 정부는 류큐 난파선을 일본인이라고 부를 수 있었고 대만 정벌을 시작한다면 어떤 법률적 근거를 주장할 수 있었다. 일본의 대담한 인물들은 류큐와 대만, 그리고 조선을 동요하는 사무라이들이 활동할 수 있는 해외 무대로 보기 시작했고, 소에지마는 조심스럽게 외교적 무대를 마련하고 있었다.

다음으로 그는 일본의 조치에 청이 간섭할 가능성을 차단하려고 했다. 1872년 11월 소에지마는 천황에게 자신을 청 조정의 전권대신 겸 특사로 임명해 달라고 청원했다. 당면한 공식 임무는 전해에 청과 협상한 우호통상조약을 서로 비준하는 것이었다. 그러나 그는 청원서에서 자신을 "청에게 우리의 대만 원정을 인정하도록 강요할 수 있는 유일한 인물"이라고 말했다.

1873년 3월 임명장을 받자 곧 그는 르장드르·야나기하라 젠코柳原前光와 함께 베이징으로 갔다. 야나기하라는 청의 총리아문總理衙門과의 대화에서 류큐에 대한 일본의 주장을 다시 강조하고 "일본의 류큐 신민"에게 폭력을 행사한 대만인들을 처벌하기 위해 원정대를 보내려고 한다고 했다. 청은 반대했지만 답변에 모호한 부분이 있어 나중에 일본인들은 그것을 유리하게 사용했다. 그러나 그 주제는 일단 폐기됐다. 그러자 야나기하라는 조선을 언급하며 수사학적인 질문으로 발언의 마침표를 찍었다. "그렇다면 조선의 평화나 전쟁에 귀국은 아무런 권한이 없습니까?" 청은 "맞다"고 대답했다.

소에지마는 이것을 폭넓게 해석했는데, 7월 26일 일본으로 돌아온 뒤 태정관에 보고한 내용에서 알 수 있다. "저는 중국 정부에 중국과 조선의 관계를 물었습니다. 그들은 조선의 국내외 정책에 완전한 자유를 허용했기 때문에 조선의 오만한 태도에 책임이 없다고 대답했습니다." 그는 이것을 일본이 조선에 사절단이나 군사를 파견하는 데 청이 간섭하지 않겠다는 '보증'이라고 말했다.[48]

소에지마가 돌아올 무렵 사이고와 이타가키는 태정관이 조선 정벌을 승인하기 직전까지 몰고 갔다. 6월 모리야마는 부산에서 어려움이 커지고 있다고 보고했고 같은 달 열린 태정관 회의에서 그 문제가 논의됐다. 그 회의에서 이타가키는 부산에 원정군을 파견해 일본인을 보호하는 동시에 특사를 보내 조선 정부와 직접 교섭에 나서야 한다고 제안했다. 그러자 사이고는 군대를 보내기 전 자신이 직접 특사로 가야 한다는 돌발적인 제안을 했다. 이타가키는 사이고의 생각을 지지했고, 회의에서 아무도 반대하지 않았지만 태정대신 산조는 행동을 연기해야 한다고 판결했다.

소에지마가 중국에서 돌아올 때까지 이 문제는 가라앉았지만, 그로부터 일주일 뒤인 8월 3일 사이고는 산조에게 편지를 보내 조선 문제가 5~6년 동안 방치돼 있다고 회고했다. "우리가 목적을 달성하지 못한다면 후손들에게 부끄러운 일이 될 것입니다. 지금이야말로 특사를 파견해〔조선의〕잘못을 분명히 밝혀야 할 때입니다. 지금까지 이 상황을 견뎌온 것은 이 기회를 기다렸기 때문이라고 생각합니다. 그러니 저를 조선으로 보내주실 것을 간곡히 부탁드립니다. 일본에 굴욕을 안겨드리지 않겠다고 약속할 수 있습니다. 되도록 빨리 결정해 주십시오." 같은 때 그는 이타가키에게 "나는 소에지마 같은 외교적 업적을 이룰 수 있다고 생각하지 않지만 암살당하는 일 같은 것은 이룰 수 있다고 확신한다"고 편지를 보냈다. 사이고가 이 사행을 결심하게 된 데는 중국 외교를 성공적으로 마치고 막 돌아온 소에지마가 조선으로 가겠다고 요구할지도 모른다는 우려와 외교 경험이 없는 사람(그 자신)이 노련한 외교관보다 조선의 현안을 더 명확하게 파악할 수 있을 것이라는 판단이 작용한 것으로 보인다.

8월 17일 전체회의가 한번 더 열렸는데, 거기서 사이고의 제안이 승인돼 그는 조선 특사로 임명됐다. 산조도 거기에 동의했지만 다음 날 천황과 추가 회의를 가진 뒤 그는 천황이 이와쿠라가 돌아온 뒤 사이고의 임명을 보고받고자 한다고 참의들에게 말했다. 7월 26일 세계 순방에서 돌아온 기도와 5월 26일 귀국한 오쿠보 모두 이 결정에 참여하지 않았다는 것을 주목해야 한다. 참의였던 기도는 8월 17일 회의에 참석했어야 했지만 일부러 불참했다. 내각 대신(대장경大藏卿)이던 오쿠보는 엄밀히 말해 참의가 아니었기 때문에 표면적으로는 심의에 불참한 것으로 설명할 수 있다. 아무튼 9월 이와쿠라가 이토 등 나머지 사절단과 돌아오기 전까지는 아무도 이 제안에 반대하지 않았다.

이와구라는 즉시 오쿠보를 참의에 임명하기 위해 움직였다. 사쓰마 출신이자 사이고의 오랜 친구인 오쿠보가 참의에 임명되면 사이고의 태정관 지배력을 무력화하거나 약화시킬 수 있었기 때문에 그것은 매우 전략적인 조치였다. 오쿠보는 처음엔 거절했다. 사이고와 직접 맞서는 상황을 초래할 수 있다는 것을 알았기 때문이다. 그러나 이와쿠라는 이토를 중개자로 내세워 자신과 기도, 그리고 산조가 전폭적으로 지지하겠다고 설득했다. 마침내 10월 10일 오쿠보는 이와쿠라와 산조에게 "목숨을 걸고 (…) 수락한다"는 편지를 보내면서 불안한 마음으로 받아들였다. 동시에 그는 아들에게 편지를 썼다. "나 말고는 이 책임을 맡을 사람이 없으니 죽음을 무릅쓰고 이 일을 맡는다. 내가 죽더라도 그것은 내 영광이 될 것이다. 내가 죽은 뒤에도 아비의 애국심을 이어받아 우리나라에 도움이 되는 사람이 돼 열심히 일해다오."

같은 때 소에지마도 공식적으로 참의에 임명됐다. 이것은 오쿠보의 임명과 균형을 이룬 것처럼 보이지만, 사실 소에지마는 외무경으로서 계속 문제의 중심에 있었기 때문에 그의 임명은 이미 도달한 지위를 확인한 것일 뿐이었다.

오쿠보의 수락으로 정한에 반대하는 연합이 결성됐지만 아직 전략이 정해지지 않은 상태였다. 산조는 오쿠보에게 연합에 동참하겠다는 확신을 줬지만 그래도 타협점을 모색했다. 12일 그는 이와쿠라에게 다음과 같이 조언했다. "사신 파견은 이미 결정됐으니 바꿀 수 없습니다. 하지만 시간을 연기해야 합니다." 13일 그들은 오쿠보를 찾아가 이 문제를 논의했지만 그는 화를 냈다. 투쟁에 나서기로 결심한 그는 정한세력에게 직접 도전할 것을 주장했고 동료들의 유약함을 비난하면서 다음 날 중요한 회의가 잡혀 있음을 그들에게 다시 한번 알려줬다.

10월 14일 양쪽이 직접 공개적으로 마주한 격동의 참의 회의 가운데 첫 회의가 열렸다. 그것은 평범한 회의가 아니었다. 참가자들은 느꼈든 느끼지 못했든 큰 분열에 이르렀음을 직감하고 있었다.

참석자 모두는 파산한 문명의 일원이었다. 그들 앞에 놓인 가장 큰 문제는 시대의 요구와 압력에 순응하며 앞으로 나아갈 것인가, 아니면 뒤로 물러설 것인가 하는 것이었다. 그리고 그것은 옛 사무라이의 윤리 강령과 전통이 여전히 지배하고 있던 개인적 관계의 무대에서 결정돼야 했다. 명예와 배신감의 무게가 이 문제와 그 뒤의 조선 문제에 대한 논의에 드리워져 있었다.

사이고는 1회전에서 승리했다. 그는 8월 회의에서 이미 결정된 대로 임명을 노골적으로 요구했다. 이와쿠라와 오쿠보는 반대 의견을 냈는데, 오쿠보는 국내 문제에 대한 우려를 강조했다. 오키와 오쿠마는 이들을 지지했다(이것은 오쿠마가 자신의 입장을 명확히 밝힌 첫 번째 발언으로 보인다. 이와쿠라가 귀국하기 전까지 그는 정한 구상에 반대하는 움직임을 보이지 않았고, 10월 9일 의견을 묻자 구체적으로 찬성하지는 않지만 입장을 밝히지 않겠다고 말했다. 그는 정부의 결정에 참여하지 않은 채 지켜보겠다고 했다). 논의 끝에 산조는 사이고의 임명 문제는 이미 결정됐으므로 변경할 수 없다고 인정했다. 오쿠보는 사임하겠다고 위협했다. 오쿠마는 자신을 회의에서 제외해달라고 요청했다. 사이고는 어디 가느냐고 물었고 오쿠마는 요코하마에서 외국인과 만찬 약속이 있다고 어설프게 대답했다. 사이고는 그가 대신인지 물으며 외국인의 초대를 받았다고 해서 이런 모임에 불참하는 것은 "부끄러운 일"이라고 말했다. 오쿠마는 다시 자리에 앉았다.

회의는 의견이 일치되지 않은 채 끝났지만 사이고의 입장이 뚜렷하게 약화되지는 않았다. 그날 밤 산조는 이와쿠라에게 자신의 처지를 설명하는 편지를 보냈다. 그는 사이고의 임명은 유지돼야 하지만 자신이 육군과 해군 사령관으로 임명될 경우 작전을 축소할 수도 있다고 제안했다.

10월 15일 다시 회의가 열렸다. 사이고는 참석하지 않고 산조에게 편지를 보내 자신의 입장을 다시 설명했다. 이 회의에서 산조는 "이미 결정이 내려졌다"는 이유로 사이고의 임명을 다시 지지했다. 17일 아침 이와쿠라·오쿠보·기도는 산조에게 사직서를 제출했고, 그날 예정된 세 번째 회의는 이들 없이 소집됐다. 이들의 사직이 산조를 압박하기 위한 전략이었는지는 분명하지 않지만, 이와쿠라가 15일 밤 이토와 오쿠마에게 아직 포기하지 않았다는 편지를 보내고 16일 전략 회의에 그들을 부른 것으로 볼 때 그럴 가능성이 높다. 전략적으로 계획된 것이든 아니든 사직은 갑작스럽고 극적인 효과를 낳았다. 양쪽을 모두 만족시키기 위해 필사적으로 노력하던 태정대신 산조는 10월 18일 새벽 정신을 잃고 쓰러졌다. 호프만Hoffman 박사에 따르면 뇌혈관 파열이 원인이었다.

산조가 쓰러지자 이와쿠라는 우대신으로서 자신과 오쿠보·기도의 사직서를 수리하고 태정대신 임시대리를 맡았다. 10월 22일 사이고·이타가키·에토·고토는 이와쿠라를 찾아가 '각의閣議의 결정'을 실행에 옮길 것을 요구했다. 이와쿠라는 "내 눈이 멀 때까지는(죽음을 뜻함) 당신의 생각을 실행하도록 허락하지 않겠다"며 거부했다. 마지막 각의는 10월 23일에 열렸다. 이와쿠라는 자신이 다음날 천황을 만나 산조가 앞서 제시한 결정을 번복하도록 조언하겠다고 말했다. 에토는 이와쿠라가 산조를 대신해 태정대신 임시대리를 맡고 있으므로 산조의 의견을 대변해야 한다고 충고했다. "상반된 두 의견을 제시하는 것은 천황께 불충하는 일입니다." 이와쿠라는 대답했다. "전임 대신의 의견과 함께 내 의견을 제시하겠습니다. 나는 내 의견이 가장 좋은 정책이라고 생각합니다." 이때 기리노가 칼로 이와쿠라를 위협했지만 그는 흔들리지 않았다. "내 눈이 멀 때까지…."

사이고와 정한에 찬성하는 그 밖의 참의들은 사직서를 제출했다. 이와쿠라는 곧바로 천황에게 가서 각의의 회의록을 제출하고 내부적으로 국가를 강화하는 것이 주요 임무라고 강조했다. 24일 천황의 결정이 발표됐다. 조선 정벌은 무기한 연기됐고 사이고·이타가키·에토·고토·소에지마의 사표가 수리됐다. 천황의 결정이 발표되기도 전에 사이고는 도쿄를 떠나 가고시마로 갔다. 25일 승리한 정한 반대파는 오쿠마의 집에 모여 앞으로의 정책에 합의했다. 소에지마를 대신해 데라시마 무네노리寺島宗則가 외무경에 임명됐고 이토는 공부경工部卿, 오쿠마는 대장경, 가쓰 가이슈勝海舟는 해군경이 됐다. 이들은 모두 이와쿠라·오쿠보·기도와 함께 태정관의 구성원이 됐다.[49]

큰 논쟁을 벌이는 과정에서 오쿠보는 정한 반대 입장을 7개 문서로 가장 설득력 있게 정리했는데, 그것은 자주 인용되는 1868년 5개조의 서약문御誓文이나 1889년의 메이지 헌법보다 중요한 메이지 일본의 기초 문서라고 할 수 있다. 작성 시기는 1873년 10월로 적혀 있다(날짜와 수취인은 없다).

나라를 다스리고 국민을 보호하기 위해서는 유연한 정책을 갖고 세계

정세를 주시하며 전진할지 후퇴할지 늘 상황을 지켜보는 것이 필요하다. 상황이 나쁘면 그냥 멈추면 된다. 내가 조선에 파병하기에는 아직 이르다고 말하는 까닭은 다음과 같다. (1) (…) 우리 정부의 기반이 아직 확립되지 않았다. 우리는 씨성 폐지 등에서 괄목할 만한 진전을 이뤘고, 중앙에서 보면 모든 것이 성취된 것처럼 보이지만 지방에는 그것에 반대하는 사람들이 많다. 우리는 요새를 구축하고 좋은 군사 장비를 갖추고 있기 때문에 그들은 감히 반항하지 못하고 있다. 그러나 우리가 약점을 드러내면 그들은 재빨리 이용할 것이다. 지금은 특별한 문제가 없지만 미래를 내다봐야 한다. 유신과 함께 새 법률이 많이 공포됐지만 사람들은 아직 안심하지 못하고 우리 정부를 두려워한다. 지난 2년 동안 많은 오해가 있었고 그 때문에 폭동이 일어났다. 정말 어려운 상황이다. 이것이 내가 정한에 반대하는 이유 가운데 하나다.

(2) 오늘날 정부 지출은 엄청나고 수입은 지출보다 적다. 따라서 우리가 수만 명의 병력을 해외로 보내면 막대한 비용이 발생할 것이다. 그러면 세금을 늘리거나 해외 대출 또는 지폐 발행이 필요해질 것이고 물가상승·사회불안·폭동으로 이어질 것이다. 이미 우리는 500만 엔을 해외에서 빌렸지만 그것도 갚기 어렵다.

(3) 우리 정부는 산업을 활성화하기 시작했지만 결과를 얻으려면 몇 년이 걸릴 것이다. (…) 지금 우리가 불필요한 전쟁을 시작해 막대한 돈을 쓰고 피를 흘리며 국민의 일상생활을 악화시키면 이 모든 정부 사업은 거품처럼 부서지고 수십 년의 시간을 허비하게 될 것이다. 우리는 후회할 것이다.

(4) 대외 무역 상황과 관련해 매년 100만 엔의 적자가 발생하고 금 보

유량이 감소하고 있다. 그 결과 국제 신용이 악화돼 물가가 오르고 국민 생활이 어려워지고 있다. 또한 우리 제품의 수출도 어려움에 직면해 있다. 우리의 경제력과 군사력을 생각하지 않고 공격하면 우리 군인들은 힘들어지고 부모들은 고통을 겪어 잘 일하지 않게 돼 국가 생산이 감소할 것이다. 무기 등은 외국에서 구입해야 하고 우리의 대외무역 적자는 점점 더 악화될 것이다.

(5) 외교 상황과 관련해 우리에게 가장 중요한 국가는 러시아와 영국이다. (…) 그들과의 관계는 불확실하다. 우리가 독립성을 확보하지 않으면 러시아가 간섭할까 두렵다. 우리가 조선을 공격하면 러시아는 어부지리를 얻을 것이다. 그러므로 우리는 지금 조선에서 전쟁을 시작해서는 안 된다.

(6) 아시아 상황과 관련해 영국은 특히 호랑이의 눈으로 지켜보는 강국이다. 우리의 해외 차관은 영국에 의존하고 있다. 문제가 생겨 우리가 가난해지면 영국은 반드시 그것을 구실로 내정에 간섭할 것이다. 인도를 보고 (…) 그것이 식민지가 된 과정을 주의 깊게 관찰해야 한다. 우리는 산업과 수출 등의 기반을 구축해야 한다. 그것이 우리의 가장 시급한 일이다.

(7) 일본이 유럽·미국과 맺은 조약은 평등하지 않았다. 이것은 우리의 독립에 해롭다. 그러므로 우리는 조약을 개정하기 위해 최선을 다해야 하며, 그렇지 않으면 영국과 프랑스가 불안한 내부 상황을 구실로 군대를 파견할 것이다. (…) 조약을 개정하는 것이 우선이고, 그다음이 조선 사업이다.

결론. 위에서 말한 대로 우리는 성급하게 전쟁을 시작해서는 안 된다.

물론 우리는 조선의 오만한 태도를 묵과할 수는 없지만 조선을 공격할 명확한 이유가 없다. 이제 사신을 보내고 그의 영접 여부에 따라 개전할지 결정해야 한다고 주장한다. 그러나 우리는 경험을 통해 그를 냉대하리라고 확신할 수 있으므로 이것은 자연히 개전을 의미한다. 따라서 우리는 사절을 보내기 전에 군대를 파견할지 결정해야 한다. 전쟁이 나면 10만 명 이상의 군인·노동자·배 등이 있어야 한다. 수만 엔의 비용이 들 것이다. 우리가 승리하더라도 그 비용은 이익보다 훨씬 클 것이다. 또한 승리한 뒤에도 그곳에서 반란이 일어날 것이다. 우리가 조선에서 온갖 물자를 가져온다고 해도 비용에 미치지 못할 것이다. 또한 중국과 러시아는 개입하지 않을 것이라고 말하지만 증거가 없다. 조선의 오만함을 참을 수 없다고 하지만 그것은 충분치 않은 이유이며 우리의 안보와 국민의 안녕을 생각하지 않고 침략하는 것은 매우 나쁠 것이다. 이런 이유에서 나는 반대한다. (…)[50]

오쿠보의 논리와 이와쿠라의 영리한 정치 경영은 거대한 10월의 싸움에서 승리했다. 한쪽에서는 그들의 승리에 대한 찬사가 쏟아졌다. 이를테면 이시카와현石川縣의 지사는 이와쿠라를 서둘러 안심시켰다. "귀하는 비판을 많이 받고 (…) 일본 국민이 〔조선의 태도에〕 분노하는 것은 당연하지만 봉건체제를 종식시키는 데 15년 정도 걸려 마침내 그 일을 성취했는데 조선에 군대를 보낸다면 (…) 다른 나라가 우리를 비웃을 것입니다." 그는 이와쿠라가 계속 정부를 이끌어야 한다고 주장했다.[51]

당시 가장 영향력 있는 신문인 『도쿄니치니치신문東京日日新聞』과

『유빈호치신문郵便報知新聞』은 모두 반전 입장을 지지했는데, 후자는 사무라이 계급의 불만에 매우 동조했음에도 그랬다. 그 신문은 사족(사무라이)이 "인민의 권리를 보유한 세력"으로서 국가의 정치를 이끌어야 한다는 생각을 옹호했다. 그러나 조선에서 승리하면 불만 세력은 더욱 불만을 품게 될 것이라고 주장했다. 따라서 전쟁은 사무라이 문제에 대한 해결책이 될 수 없었다. 『도쿄니치니치신문』은 남의 시선을 의식하는 "봉건적 과거의 유물"인 사무라이를 신뢰할 수 없다고 주장했다. 그리고 조선 정벌은 모든 "상류층 지식인"이 반대한다고 말했다. 이것이 "올바른 의견"이었다.[52]

요코하마 지사로 근무하던 데라시마 무네노리가 신임 외무경으로 부임한 외무성에서는 이 문제를 전면적으로 다시 검토했다. 조선 전문가 모리야마 시게루는 1874년 1월 11일 새로운 건의서를 제출했는데, 조선이 일본과 수교를 거부하는 근본적인 이유는 일본을 두려워해서가 아니라 최근 조선에서 프랑스와 미국인이 연루된 사건이 일어나 일본을 같은 범주에 두게 됐다는 점을 강조했다. 그러므로 "일본은 조선의 이런 두려움을 완화할 필요가 있습니다. 소영주(쓰시마)는 오랜 경험이 있으니 조선의 공포를 완화하는 일을 그에게 맡기십시오." 데라시마가 산조에게 "옛 관례에 따라" 일본과 조선의 교섭을 다시 소에게 맡겨야 한다고 권고한 것을 볼 때 이것은 새로운 전망에 따른 외무성의 신중한 의견을 나타낸 것이 분명했다.

모리야마는 1874년 봄 다시 부산으로 파견돼 소의 협상을 준비했다. 사실 그는 소의 도착을 기다리지 않고 협상을 시작했다. 그러나 그가 외무성에 제출한 지출 목록에는 조선 관원들에게 책·칼·휘장 등을 선물한 내용이 있는데, 다시 조직된 일본 정부가 조선 문제를 재검토하면서 조선과 옛 방식의 우호 관계를 다시 강조했음을 보여주는 흥미로운 자료다.[53]

오쿠보의 전쟁 반대 선언은 이런 발상 전환의 이념적 토대가 됐다. 그 원칙은 국내를 먼저 건설한다는 것이라고 말할 수 있다. 현실적·합리적·조심스런·신중한 같은 형용사가 바로 떠오른다. 참으로 이것은 메이지 시대의 나머지 기간 동안 조선 정책뿐 아니라 정부 정책 전체를 설명할 수 있는 단어들이다. 그러나 그것들은 오쿠보가 정책을 수립하는 데 있던 약점을 고려하지 않았기 때문에 충분하지 않다. 이 약점을 보려면 1874년의 특정한 사건들을 관찰할 필요가 있는데, 그러면 비판적 시각은 더 짙어진다. 그 사건들은 사가佐賀 반란과 대만 원정이었다. '상류층 지식인'들은 오쿠보·이와쿠라 파의 승리에 만족했을지 모르지만 사이고·이타가키·에토가 옹호했던 불안한 사무라이 계급은 결코 진정되지 않았다는 사실에서 그 사건들은 일어났다.

홋카이도 개척사開拓使의 5급 관리 니시무라 테이요라는 인물은 산조와 이와쿠라에게 보낸 서신에서 불만을 품은 사무라이 문제를 해결하려면 조선을 정벌해야 한다고 예언적으로 경고했다. "조선과 전쟁이 나면 그들은 장교가 돼 나라를 위해 목숨을 바칠 것입니다. (…) 그러나 정부가 정한에 반대하고 내부 상황을 보지 못하며 사무라이들을 진압하려고만 하면 어떤 일이 일어날지 알 수 없습니다. (…) 그러면 사무라이들은 국가의 안보를 생각하지 않을 것입

니다."⁵⁴

이와쿠라는 니시무라의 건의서를 바로 읽지는 않았는데, 그것이 작성되는 동안 그 자신이 그 글에서 예견된 문제의 첫 희생자가 됐기 때문이다. 1월 14일 밤 황궁을 떠날 때 그는 무질서한 군중을 만났고, 거기서 나타난 불량배들의 공격으로 부상당했다. 그 뒤 범인들은 체포됐고 불만을 품은 정한 지지자들로 밝혀져 처형됐다.⁵⁵ 이와쿠라는 회복됐지만, 그 사이 내무경으로 국내 치안유지를 책임진 오쿠보는 곧 사가현(규슈 북서부의 옛 히젠번)에서 본격적인 반란으로 번질 수 있는 정한 봉기에 직면하게 됐다.

1874년 2월 초 후쿠오카福岡·나가사키長崎·사가현에서 발생한 소요 사태에 대한 보고가 도쿄에 도착했다. 2월 12일 『도쿄니치니치신문』은 2500명 정도의 사무라이 반란군이 정부에 저항하고 있다고 보도했다. 이 운동은 1월 중순 소규모 단체 가운데 다카키 타로라는 인물이 이끄는 집단이 조선 문제를 논의하는 회의 장소 문제로 현縣 관리와 다투면서 시작됐다. 이 일은 사임한 참의 에토 신페이가 "예상치 않게〔사가로〕돌아온" 것과 맞물리면서 불만이 타오르는 데 필요한 불꽃이 됐다. 에토는 여러 파벌로 구성된 '연합정한당'의 지도부를 맡아 공개적으로 반란을 선포했다. 그는 이타가키와 사이고도 자신의 지휘를 따를 것으로 예상했는데, 이타가키와는 1월 17일 선거를 요구하는 사무라이 선언문에 동참한 바 있고 사이고와는 3월 1일 온천으로 찾아가 반란에 동참할 것을 촉구한 일이 있기 때문이었다. 그러나 이타가키와 사이고 모두 수락하지 않았기 때문에 그는 실망했다(사이고는 이 문제를 "매우 비관적으로" 봤다).

반면 오쿠보는 반란군을 진압하기 위해 급히 출동했다. 정부군을 직접 지휘한 그는 2월 14일 증기선 홋카이마루北海丸를 타고 요코하마를 떠나 사가로 갔다. 다음 날 대포 7문을 탑재한 해군 함선 2척이 뒤따랐다. 2개 연대가 오사카에서 사가로 출동했고 다른 병력은 구마모토와 요코시마橫嶋의 주둔지에서 전투에 투입됐다. 2월 19일 태정관은 모든 현과 대도시의 정부 지도자들에게 사가 반군을 제압하라고 공식 명령했다. 정부군은 금방 승리했다. 2월 22일 오쿠보의 지휘 아래 사가에 입성한 정부군은 계속 이겼고 3월 1일 사가성에 입성해 전쟁을 거의 끝냈다.

3월 중순 에토는 가고시마에 숨어 있다는 소문이 돌았다. 그러나 3월 17일 사이고와 그의 전 영주인 시마즈 히사미츠島津久光가 수도를 방문하기 위해 요코하마에 도착한 사실은 에토가 사이고의 보호를 받고 있지 않음을 알려준다. 3월 18일 언론에 보도된 정부 명령에 따라 에토는 명예와 관품을 박탈당했고 그 뒤 끈질긴 추적을 받았다. 4월 2일 도사에서 반란군 협력자 4명이 붙잡혔고, 4월 4일 "에토가 언젠가 체포될 것은 분명하다"는 보도가 나왔다. 에토는 4월 13일 체포됐고 4월 28일 『도쿄니치니치신문』은 그의 죽음을 주요 기사로 보도했다. "저명한 메이지 인사 참수·효수. 에토 신페이·시마 요시타케와 그 추종자들 처벌." 정한론은 끝났고 에토의 목은 다시 이 문제를 제기하려는 자들에게 엄중한 경고가 될 것이었다. 에토의 처형 소식이 전해지고 이틀 뒤 "조선인이 일본 표류선 선원을 학살했다"는 보도가 나왔지만 파장은 거의 일어나지 않았다. 이제 아무도 조선에 대한 개전 이유를 찾지 않았다.[56]

오쿠보의 빠른 조처 덕분에 사가 사건의 사상자는 그리 많지 않았다. 3월 25일 자 보고서에 따르면 정부의 손실은 사망자와 부상자 337명으로 집계됐다. 그러나 사무라이의 불만이 폭동으로 번지는 것을 보고 오쿠보가 놀란 것은 분명하다. 그는 조선 출정에 반대하면서 "우리는 요새가 있고 좋은 군사 장비를 갖추고 있기 때문에 감히 반란을 일으킬 수 없다"고 주장했다. 그러나 사가 사무라이들은 반란을 감행했고, 오쿠보는 그 지도자들의 죽음이 앞으로 반란을 막기에 충분하지 않다고 판명될까 봐 사무라이들의 열정을 부분적으로나마 만족시키면서도 조선 정복만큼 위험하거나 비용이 많이 들지 않는 대만 원정을 추진하기로 결심했다.

앞서 설명한 대만 원정 구상은 소에지마와 르장드르가 정한의 한 하위전략으로 추진한 것이었다. 그것은 10월의 큰 위기와 그 뒤 태정관 재구성을 거치면서 잠잠해졌지만 그 뒤의 사건들을 보면 오쿠보는 대만 원정이 불안한 사무라이들을 안정시킬 수 있는 사업임을 충분히 인식하고 있었다는 것을 알 수 있다. 그는 오쿠마의 도움을 받아 1874년 1월 모든 문제를 철저히 조사하고 몇 가지 기본 사항을 정했다. 살해된 류큐 주민들이 일본 제국의 보호 아래 있고 대만, 적어도 그 '야만인 거주지역'은 점령되지 않은 영토라고 일본이 생각할 수 있는 근거를 청이 제공했다는 사실에서 그 원정의 법률적 근거가 있다고 그들은 지적했다. "청의 항의를 없애려면" 그들과 추가 협상이 필요하지만 협상이 길어지는 동안 시간을 벌어 원정의 목적을 달성할 수 있을 것으로 예상됐다.[57]

그러나 정한을 막는 데 오쿠보만큼 적극적인 역할을 하지 않았던 기도는 그런 대만 원정에 절대 반대한다고 선언했고, 3월 9일 『도쿄니치니치신문』에 실린 추도사에서 오쿠보의 주장을 일부 차용해 "내부적으로 국가를 건설하는 것이 첫 번째 목표가 돼야 하며 그런 뒤에야 국외로 파병할 수 있다"고 주장했다. 그러면서 그는 대만 문제를 특별히 언급했다. 5월 기도는 일시적으로 정부를 떠났다.[58]

그러나 오쿠보는 사가 반란을 강력하게 진압하면서도 대만 원정을 준비해 서남부 사무라이와 생겨난 균열을 치유할 계획을 세우고 있었다. 앞서 말한 사이고와 시마즈가 3월 수도로 떠난 것은 이 문제를 협상하기 위한 방문일 가능성이 크다. 아무튼 4월부터 사이고 다카모리의 동생인 사이고 쓰구미치西鄕從道가 대만 원정대를 조직하고 지휘하도록 임명되고 오쿠마가 대만 번지蕃地 사무국 장관으로 임명되면서 원정 계획이 구체화되기 시작했다. 그러나 분명한 것은 오쿠보가 전략을 지휘했다는 점이다. 그는 서양인, 특히 미국인을 원정대에 참여시키려고 특별한 노력을 기울였다. 르장드르는 원정대를 자문하고 동행했으며 미국 해군 중령 더글러스 카셀Douglas Cassel과 전직 미국 육군 공병대 중령 제임스 R. 와슨James R. Wasson은 사이고의 참모로 참여했다. 미국 증기선 뉴욕호는 병력을 수송했다. 뉴욕호와 영국의 요크셔호, 프랑스 선박, 그리고 일본의 여러 선박이 4월 6일 시나가와品川(도쿄)를 출발해 병력과 보급품을 실을 나가사키로 떠났다.

르장드르의 친구인 드롱이 여전히 주일 미국공사였다면 미국의 참전은 계획대로 진행됐을지도 모른다. 그러나 그는 판사 출신으로 자신의 임무에 세심한 주의를 기울이는 신중한 성격의 존 A. 빙엄

John A. Bingham으로 교체됐다. 빙엄은 4월 18일 자 데라시마 외무경에게 보낸 편지에서 이 사건에 미국인과 미국 선박을 고용한 것에 항의했고 일본 언론은 "미국공사가 대만 원정을 비판한다"는 기사를 크게 보도했다. 오쿠보는 크게 당황해 나가사키로 전령을 급파해 사이고 쓰구미치에게 준비를 늦추고 추가 명령을 기다리라고 지시했다.

그러나 형 사이고의 조언에 영향을 받은 것은 아니라고 해도 쓰구미치는 그 명령을 거부했다. 3600명에 이르는 자신의 군사는 사무라이의 열정으로 가득 차 있고 자신은 천황에게서 직접 명령을 받았기 때문에 총리도 간섭할 수 없으며, 외국의 항의로 정부가 곤란해지면 해적이라고 대답하겠다고 주장했다! 그런 뒤 그는 도쿄의 명령을 노골적으로 무시하고 4월 27일에 한 척, 5월 2일에 네 척의 배를 더 파견했다.

나가사키로 가고 있던 오쿠보는 그런 행동을 예상했을 것인데, 5월 2일의 출항보다 하루 늦은 5월 3일 그곳에 도착했다. 그와 오쿠마는 사이고 쓰구미치와 이 문제를 논의했다. 그들은 원정을 승인하되 이미 대만으로 떠난 미국인 카셀과 와슨을 원정대에서 제외해 일본으로 돌아오게 하고, 나가사키에 남아 있던 르장드르 장군을 도쿄로 돌려보내며, 무엇보다 원정을 제한해 원주민을 응징하고 나면 원정대의 대부분은 대만에서 철수하고 소수의 경비대만 남긴다는 데 쓰구미치가 서면으로 동의할 것을 요구했다. 쓰구미치는 대만으로 떠났고 오쿠보와 오쿠마는 도쿄로 돌아왔다. 5월 19일 태정관은 대만 원정을 공식 선포했다.

한편 주일 영국공사 해리 파크스 경Sir Harry Parkes은 주청 영국공사 토머스 웨이드Thomas Wade에게 원정이 임박했음을 알렸고, 웨이드는 청국 정부에 문제의 대만 지역이 청의 영토인지, 일본이 야만인들을 처벌하도록 그들과 협의하고 허가받았는지 질의했다. 총리아문은 대만이 실제로 청의 영토고 그런 허가를 한 적이 없다고 회신하면서 이런 사실을 파크스 공사에게 알려달라고 웨이드에게 촉구했다. 오쿠보가 예상했던 대로 일본은 외교적 문제를 안고 있었지만 해결할 수 없는 것은 아니었다. 그 뒤 협상은 지루하게 진행됐지만 오쿠보가 직접 주도한 협상은 일본의 완전한 승리로 끝났다.

협상에는 대만, 초기 베이징, 후기 베이징의 세 단계가 있었다. 대만에서 사이고 쓰구미치는 자신의 합의를 충실히 이행했다. 그는 미국인들을 돌려보내고 제한적인 작전을 수행했다. 그의 군대는 대만 남부만 점령해 거의 모든 원주민 부족의 항복을 강요했고 청과 얽힐 수 있는 북쪽으로는 진출하지 않았다. 6월 1일부터 6월 25일까지 계속된 원정기간 동안 복건순무福建巡撫 판위는 대만에 와서 사이고와 예비 합의를 협상했다. 그것에 따라 청은 일본에 원정 비용을 지불하고 원주민의 추가 공격을 막으며, 일본군은 최종 합의가 이뤄질 때까지 주둔한 뒤 철수하기로 했다.[59]

전해에는 소에지마를 대변했던 베이징의 야나기하라는 이제 오쿠보를 대변했다. 그는 7월 31일 도착해 협상의 첫 단계를 담당했고 9월 10일 오쿠보가 올 때까지 협상 수석대표를 맡았다. 야나기하라는 협상을 통해 분쟁을 해결하는 것이 가장 바람직하며 불필요한 지연을 피해야 한다는 지침을 받았다. 그의 주요 목표는 보상을 받아내고 청이 먼저 금액을 제시하도록 만드는 것이었다. 사이고의 군대는 협정이 체결된 뒤 철수하겠지만 그는 완전한 철수 날짜를 구체적으로 약속할 권한이 없었다.

야나기하라는 이런 조건에 동의를 얻으려고 노력했지만 실패했는데, 그럼에도 그가 청에 이런 조건을 표명했다는 사실은 오쿠보가 도착해 외교적 쿠데타를 실행할 수 있는 발판이 됐다. 오쿠보는 도착하자마자 강경한 입장을 보였다. 청이 대만 남부에 대한 실효적 관할권을 행사하지 않았기 때문에 '국제법상' 그곳을 자국 영토로 주장할 수 없다는 점을 상기시키며 로버호 사건을 그 선례로 들었다. 국제법은 "서양 국가들이 최근에 만든 것"이며 자신은 그것을 준수할 필요가 없다고 청은 회답했다. 이 사건은 '진실'에 근거해 해결돼야 한다는 것이었다.

그럼에도 총리아문은 보상 원칙을 받아들이는 쪽으로 점차 돌아섰다. 그러나 그들은 10월 25일 오쿠보가 협상을 중단하고 본국으로 돌아가겠다고 돌발적으로 위협함으로써 영국공사 웨이드가 중재에 나선 뒤에야 그것을 문서로 작성했다. 웨이드는 마지막 순간 총리아문으로부터 확실한 제안을 받았다. 오쿠보는 출국 계획을 철회하고 협상을 새개해 청의 50만 냥 보상 제안을 수락하고 원정의 목적이 타당함을 인정하는 청의 성명을 받아 신속하게 협상을 타결했다. 10월 31일 웨이드가 청의 보상금 지급을 보장하는 계약서에 확인 서명을 하면서 협상은 타결됐다. 오쿠보는 즉시 대만으로 출발해 사이고 쓰구미치에게 합의 사실을 알리고 원정대의 귀환 준비를 마친 뒤 11월 27일 도쿄로 개선했다. 12월 초 사이고는 전사자 몇

명과 질병으로 사망한 수백 명을 제외한 원정대 전원을 이끌고 대만에서 돌아왔다.⁶⁰

사가 반란과 대만 원정의 결과는 오쿠보에게 엄청난 개인적 승리였다. 이와쿠라는 우연에 따라, 기도는 선택에 따라 결정적인 단계에서 의사 결정권이 거의 모두 오쿠보에게 맡겨지면서, 자신만 홀로 남아 정한론 옹호자들을 물리칠 것이라는 그의 예측은 정확한 것으로 판명됐다. 그 결과 일본의 한 역사가가 '오쿠보의 절대주의'라고 부르는 메이지 시대의 한 국면(1874~1878)이 등장했다.⁶¹ 그것은 과장된 표현일 수 있지만 오쿠보의 업적은 이 시기 일본 정부의 판단에 지울 수 없는 인상을 남겼고, 오쿠보의 각인이 무엇인지 파악하는 것은 그 뒤의 전개 과정을 이해하는 데 중요하다.

오쿠보의 업적을 설명하는 가장 좋은 방법은 '주술呪術'이라는 단어를 사용하는 것이 아닐까 싶다. 오쿠보는 정치·외교 문제의 관리, 갑작스러운 돌진, 주의를 돌리는 기만, 뒷걸음질, 이쪽 적의 체중을 이용해 다른 적을 제압하는 데 주술적 요소를 적용했다. 그리고 사가-대만 사건에서 그는 그런 전술의 효과를 놀랍게 보여줬다. 오쿠보에게는 에토와 그가 이끈 사가의 반란군, 사이고 세력, 이타가키와 그의 추종자들, 서양 외교관들, 중국인 등 많은 적이 있었다. 그는 빠르게 돌격해 에토의 목을 베고 사이고와 이타가키를 멈추게 했다. 대만으로 출정한 교란 작전은 사이고 세력의 주의를 분산시켰으며 그들의 힘을 제한적이고 "법률적으로 방어할 수 있는" 활동에 묶어뒀다. 서양인의 중재는 베이징 협상과 결합해 원정대가 국제적으로 존중받고 일본이 서구 열강과 옳은 일을 함께하려고 노력한다는 것을 강조해줬다.

일본의 역사학자 기요자와 기요시淸澤洌는 정치가이자 외교관으로서 오쿠보를 연구하면서 그가 내부 정치와 대외 외교를 조율하는 데 능숙했다고 강조했다. 정한 논쟁은 그의 정책적 입장을 드러내지만, 대만 사건은 그의 외교적 기교를 드러낸다고 기요자와는 말한다.[62] 1874년 오쿠보가 보여준 사례의 교훈은 다음과 같이 요약할 수 있다. 첫 번째 문제는 일본의 내부건설이지만 그것은 큰 희생을 요구하기 때문에 일본 안에서 격렬한 반대를 불러올 것이다. 따라서 (1) 서구의 국제방식에서 정당화될 수 있는, 적절한 시기에 신중히 계산되고 사려 깊게 제한된 해외 원정은 지나치게 위험하지 않으며 국내 문제를 더 관리하기 쉽게 만들 수 있다. (2) 그런 모험을 수행하는 데 따르는 실질적 문제는 매우 복잡해서 서양이 심각하게 반대할 때는 순순히 물러설 수 있도록 민첩하고, 일본의 옛 우방을 주저 없이 몰살시킬 만큼 무자비한 지도력이 필요하다. 이것은 오쿠보와 그의 지지자들의 정책에 담긴 냉소주의와 냉담함이라는 어두운 측면이지만, 그들이 활동한 상황의 압력을 잊지 말아야 그들에게 공정하다.

오쿠보의 지도력 아래 성공 공식을 입증한 과두정권은 이제 지지 기반을 넓히기 위해 노력했다. 그런 방향으로 나아가는 노력은 이토 히로부미와 이노우에 가오루가 주도했는데, 그들은 기도가 이탈했음에도 대만 사건에서 정부를 지지한 조슈 출신이었다. 원정을 용인하는 것은 국내를 먼저 건설해야 한다는 원칙에 부당하고 위험한 타협이라고 기도는 생각했지만, 서남부 사무라이가 결국 장악돼 있다는 사실을 보고 불만을 누그러뜨린 것이 분명하다. 아무튼 기도는 회의에서 오쿠보를 만나기로 동의했다.

이타가키는 강력한 외교 정책이 추진되고 있다는 사실에 다소 안도했고, 도사 사무라이들이 정부에 일종의 의회를 수용하도록 만들려는 정치운동인 입지사立志社(리시샤)의 운명을 바꿀 수 있을지도 모른다는 희망에 부풀어 있었다.

사이고 다카모리는 냉담한 태도를 유지하며 가고시마에서 유교 이념과 사무라이 윤리를 가르치는 사립학교를 운영하며 바쁘게 지냈다. 1875년 2월 오사카에서 회의가 열린 결과 기도와 이타가키 모두 정부에 다시 합류하게 됐다. 기도는 다시 과두제의 핵심 인물이 됐지만 이타가키는 시험 삼아 참여한 것이 분명했고, 곧 살펴보듯 그는 다시 그만뒀다. 사이고의 학교와 이타가키의 세력은 정한 옹호파의 미래와 그들 사이에 있던 접근방식의 차이를 보여주는 지표이기 때문에 기억해야 한다. 사이고의 학교는 조선 문제를 전문적으로 다룬 반동주의적 단체인 현양사玄洋社(겐요샤)의, 입지사는 역시 조선 문제를 전문으로 삼은 자유당自由黨의 직접적인 전신이다. 장기적으로는 1873년의 이런 돌출 행동이 일본의 조선 정책에 큰 영향을 미치게 되지만, 1875년 가을부터 오쿠보·이와쿠라·기도·이토와 그 지지자들은 나름대로 신중하고 체계적인 방식으로 조선 문제의 해결을 향해 움직이고 있었다.

모리야마는 1874년의 대부분을 부산과 동래에 머물면서 쓰시마의 소가 계속 교섭을 맡을 것이라는 기대감으로 조선 관원들과 우호 관계를 재건하려고 노력했다. 그는 현지의 조선인 협상자들과

"300년 동안 관계를 유지해왔지만 이제는 수정할 필요가 있다"는 합의를 얻어내는 등 상당히 성공했다. 새 규정은 부산에 일본영사와 그 부하를 둬 그곳의 일본인을 돌보고 조선 관원과 교섭할 것, 일부 제한된 품목을 제외하고는 대외무역을 할 것, '표류' 선박에 대한 해결책을 마련할 것 등이었다. 이것들은 "청의 승인이 있든 없든" 이뤄질 수 있었다. 이 보고를 받은 일본 정부는 결국 소를 보내지 않고 모리야마를 다시 파견해(1875년 1월) 협상을 더 진행하기로 결정했다.

이번에는 모리야마가 조선인의 감정에 덜 민감하게 반응했고 협상에 나온 조선 관원들은 곧 그의 "진정성이 부족하다"고 비판했는데, 그가 일본을 지칭할 때 '대大'자를 쓰고 일본 천황을 가리킬 때 '황상皇上'이라는 표현을 다시 고집하는 데서 그것을 알 수 있다는 것이었다. 그가 증기선을 타고 서양식 복장으로 온 것은 아마 문제를 더 악화시켰을 것이다.[63] 협상은 곧 다시 교착 상태에 빠졌다.

그러나 이것은 조선을 더 압박하려는 의도적인 계획의 하나였던 것으로 보인다. 일본에 있는 동안 모리야마와 그의 외무성 동료인 히로쓰 사다는 측량을 핑계로 조선 해역에 군함을 파견하자고 데라시마 외무경에게 제안했다. 데라시마는 그 생각을 받아들여 비밀을 철저히 지키는 조건으로 가스가春日·운요雲揚·데이우 등 3척의 파견을 이와쿠라·산조와 함께 승인했다. "대신들 가운데도 극소수만이 그 사실을 알고 있었다."[64] 비밀을 엄수한 주된 목적은 정한 지지자들이 흥분하는 것을 막으려는 데 있었기 때문에 이타가키는 논의에 참여하지 않은 것으로 추정된다.

그러나 도쿄의 『초야신문朝野新聞』은 1875년 7월 17일 자에서 조약이 체결되리라는 바람과 조선과 전쟁이 일어날 것이라는 소문 등을 보도했다.[65] 배들은 부산과 동래 근처에서 작전을 수행한 뒤 9월 중순 해안을 따라 인천으로 이동했다. 그곳에서 운요호는 식수를 구하기 위해 작은 배 한 척을 해안으로 보냈다. 9월 19일 선원들은 해안에서 조선인의 포격을 받았지만 다시 바다로 나갈 수 있었고 운요호에 구조됐다. 그 뒤 일본은 휴전 깃발을 달고 다른 배를 보내 이 문제를 조사했지만 역시 포격이 일어났다. 그러자 9월 21일 일본군은 발포해 해안 포대를 무너뜨리고 조선인 30여 명을 사살했으며 나머지 사람의 무기를 빼앗고 식수를 확보했다.[66]

강화도 근처에서 발생한 이 운요호 사건은 대만 원주민 사건과 마찬가지로 오쿠보의 공식을 활용하기에 적절했다. 정한론자들은 다시 반대했는데 이타가키는 정부의 조치가 충분히 강력하지 않다고, 사이고는 앞선 모욕 사건과 마찬가지로 "강화도 사건의 실상이 명확하지 않은데도" 정부의 조처는 도덕적 근거에 비해 너무 강경하다고 비판했다. 그러나 반대 세력의 이런 분열은 오쿠보와 그 밖의 주요한 정한 반대론자들이 전쟁을 적극 지지하는 일본 안의 사무라이 세력을 더욱 약화시키면서 비용이 많이 드는 군사 개입을 피하고 서구의 국제 관행상 정당화될 수 있는 조선 문제에 대한 해결책을 향해 능숙하게 움직이고 있음을 보여줄 뿐이다.

1875년 10~12월 오쿠보·이와쿠라·기도·산조는 자주 만나 단호하면서도 평화적인 방법을 모색했다. 처음에는 기도가 조선에 수석 협상 대표로 가도록 결정됐지만 그의 건강이 좋지 않아 그 계획은 포기됐다. 결국 중장 구로다 기요타카黑田淸隆와 이노우에 가오루가 전권대사와 부전권대사로 임명돼 서울에서 협상을 진행했고, 앞서 언급한 모리 아리노리(모리 유레이라고도 부름. 그의 형은 정한에 반대해 자살)는 베이징 특사로 임명돼 그곳에서 문제를 제기했다. 두 사람을 파견하기 전 데라시마 외무경은 빙엄 미국공사를 불러 회담하면서 통상·우호조약 체결을 주장하기 위해 조선에 특사를 파견하는 것이 일본의 의도라고 설명했다.

그는 빙엄의 조언과 함께 페리의 원정기록 사본을 요청했는데, 물론 이것은 일본이 이 문제에 외교적으로 적절히 행동하겠지만 무력으로 위협할 수도 있음을 강조하려는 의도였다. 빙엄은 전쟁을 피해야 한다고 강조했지만 "어떤 방법으로든 조선을 이성과 정의에 순응하게 만들어야 한다"고 인정했다. 계획과 관련된 구체적인 사안을 고려해 특사는 군함을 타고 가더라도 작은 배를 이용해 상륙해야 하고 그동안 군함은 항구 밖으로 나가 있어야 하며, 대만 사건을 연상시키는 외국인과 선박의 이용은 피해야 한다고 조언했다. 데라시마는 같은 날 영국의 플런켓Plunkett 장군에게도 자문을 구했다.[67]

1876년 1월 구로다와 이노우에가 조선으로 출발했을 때 그들의 임무는 겉으로 보기에도 불길했다. 군함 2척과 병사 수천 명을 태운 수송선 4척으로 구성된 사절단이었기 때문이다. 그러나 정부가 사절단에 내린 지침에서는 평화적인 의도와 방법을 강조했다.

조선은 우리의 사절단과 서신을 거부했지만 평화적인 방법으로 좋은 결과를 얻을 것으로 기대한다. (…) 조선 정부는 아직 우호를 단절하는 말을 하지 않았고 부산에 있는 우리 국민을 대우하는 것도 예전과 다름없다. 〔운요호에 대한〕 공격이 〔조선〕 정부의 명령에 따른 것인지, 암묵적인 승인 아래 이뤄진 것인지, 지방 관원의 독단으로 시작된 것인지 확실하지 않으므로 확인해야 한다. 우리 정부는 친교가 완전히 단절됐다고 생각하지 않는다. (…) 따라서 우리 사절단은 평화적 합의에 집중해야 한다. 조선 정부가 우호 관계와 (…) 대외무역을 받아들인다면 그것은 〔운요호 사건에 대한〕 보상의 대안으로 고려될 수 있다. (…) 평화적 관계가 성립되면 막부의 사례에 얽매이지 말고 다음과 같이 한 걸음 더 나아가야 한다. 영구적 우호 관계를 맺고 동등한 관계에서 외교적 친선교류에 합의해야 한다. 두 나라 국민이 지정된 장소에서 교역할 수 있어야 하며, 부산에서는 두 국민이 자유롭게 상업을 하고 강화도에서는 일본인의 거주와 교역이 허용돼야 한다. 조선 정부는 부산·서울 등지에서 일본인이 자유롭게 왕래할 수 있게 해야 한다. 일본 선박은 조선 해역에서 항해·측량할 수 있어야 한다. 표착한 국민은 서로 돌려보내야 한다. 두 나라의 수도에 사신을 체류시켜야 한다. 외교관은 같은 등급이어야 한다. 무역하는 지역에 영사관을 설치해 상인을 관리해야 한다. 위 항목 가운데 시급하지 않은 것은 제외할 수 있다.[68]

전술에 관한 기밀 지침은 다음과 같았다.

우리의 요청에 따르지 않을 경우 조선은 다음 세 행동방법 가운데 하나를 사용할 가능성이 높다. (1) 우리 대표단을 공격할 것이다. (2) 우리 대표단을 공격하지는 않더라도 그들을 영접하지 않고 그 서신 등도 무시할 것이다. 또는 (3) 새로운 합의를 요구할 때 청의 명령 없이는 대답할 수 없다고 말하거나 다른 지연 전술을 사용할 것이다.

만약 조선이 (1)을 선택하면 쓰시마로 후퇴해 전체적인 보고서를 제출하고 추가 명령을 기다려야 한다. (2)의 경우 항의 서한을 제출하고 도쿄에 보고서를 보낸 뒤 추가 명령을 기다려야 한다. (3)의 경우는 다음과 같이 항의해야 한다. 조·일 관계는 중국이 중재한 적이 없다. 작년에 조선 협상 대표 박규수朴珪壽는 모리야마에게 청의 승인에 관계없이 일본 외무경의 서신을 접수하겠다고 약속했다. 그러나 올해는 포격했다. 그것은 청의 승인을 받은 것인가? 청의 승인 없이 이뤄졌다면 청을 거치지 않고 조선 정부가 직접 보상금을 지급하고 새 협정을 맺어야 한다. 청의 답변이 있을 때까지 조선이 회신을 보류하려고 하면 회신을 기다리는 동안 일본군을 서울에 주둔시키고 보급품을 공급하며 강화성을 점령해야 한다. (…)

귀하(일본 특사)는 상황에 따라 우리의 요구 가운데 일부를 폐기하면서 경로를 수정할 수 있다. 그러나 부산과 강화에서의 무역, 조선 해역에서 항해의 자유(협상에 따라 개시일은 조정 가능), 강화도 사건에 대한 사과 등은 반드시 필요하다. 만약 조선이 이런 일본의 기본적인 요구를 계속 거부하면, 폭력을 사용하지 않더라도 이제 평화적인 관계는 불가능하다고 통고해 관계를 단절하고 일본으로 돌아와 사절단의 존엄을 지키면서 추가 명령을 기다릴 수 있다.[69]

1876년 1월 6일 시나가와를 출발한 구로다-이노우에 사절단은 인천까지 여유롭게 항해한 뒤 상륙해 2월 10일부터 조선 관원들과 협상을 시작했다. 그들은 메이지 유신 이후 일본 사절단이 조선에서 받은 무례한 대우를 상기시키고 운요호 포격에 항의하며 이 문제를 해결하기 위해 우호 조약을 체결하자고 제안했다. 그들은 열흘 안에 협상을 마쳐야 한다고 주장했다. 그 뒤 사안은 빠르게 진행됐다. 열흘 만에 실질적인 합의가 이뤄졌고 2월 26일 조약이 체결됐다. 이 강화도조약은 조·일 국교수립을 규정하면서 일본에게 조선의 세 항구를 개항하고 조선 해역의 측량권을 약속했으며, 조선을 "일본과 동일한 주권"을 누리는 '독립'(영문본) 또는 '자치'(한문본) 국가로 지칭했다. 일본은 이것을 조선이 '독립국'이라는 "공개적인 표현"으로 받아들였다.[70]

물론 조약이 원활하고 쉽게 체결된 것은 서울에서 진행된 협상의 산물만은 아니다. 그 배경에는 협상이 시작된 2월 10일까지 중국에서 한 달 가까이 청·일·조선 관계를 주제로 논의가 이뤄진 사실이 깔려 있었다. 처음에는 베이징에서 일본 특사 모리와 총리아문의 관원들 사이에, 그다음에는 베이징 근교의 보정부保定府에서 모리와 이홍장李鴻章 사이에 협상이 이뤄졌다. 앞서 베이징에서 오쿠보가 대만 문제를 협상한 것은 이런 논의의 명확한 선례가 됐지만, 청에 사절을 파견하자는 구체적인 제안은 기도가 제출했다.

당시 외무성 관료였던 모리는 외무성 법률고문인 E. 페샤인 스미스E. Peshine Smith와 협력해 조선 문제를 연구했으며 내각에 자신의 의견을 제시한 뒤 11월 14일 특사로 임명됐다. 그 의견에서 모리는 조선에 관련된 협상에서 평화를 중심에 둬야 한다고 강조했다. 정부는 그에게 내린 지시의 마지막 문단에서 일본과 청은 이웃 나라이므로 일본은 문제를 감추지 않으며, 조선 문제를 공개적으로 설명하기 위해 그를 보내는 것이라고 말했다. 1월 5일 베이징에 도착한 모리는 곧 청과 조선 관계의 본질에 대해 총리아문과 논쟁했다. 총리아문은 조선이 청의 '속국'이라고 말했다. 그 의미를 묻자 그들은 "조선은 청의 속국이지만 영토적 소유물이 아니므로 국내와 외교 문제에서 독립적〔자치적〕"이라고 설명했다. 그러자 모리는 조선이 '속국'이라는 것은 '빈 이름虛名'이라고 대답했다. 조선은 외교와 국내 문제에서 모두 자유로웠기 때문에 실제로는 '독립국'이었다. 총리아문은 "조선은 내정과 외교를 관리하고 있지만 속국임을 모르는 사람은 없다"고 대답했다.

조선의 국제적 지위를 어떻게 규정할 것인지에 대한 교착 상태는 해결되지 않았지만 모리는 일본 사절단을 받아들이도록 청이 조선에 촉구해야 한다고 주장했다. 그러자 총리아문은 이홍장에게 조언을 구했다. 이홍장은 일본이 "표면적으로는 전쟁이 아닌 평화를 위해" 왔으니 청은 모리의 말을 '그대로' 받아들여야 하며, 조선에는 일본의 사절단을 수용하고 자국의 사신을 일본에 보내 운요호 사건을 설명하라고 조언했다. 통상조약 체결은 조선에 달려 있지만 전쟁이 일어난다면 '가난하고 약한' 조선은 일본의 상대가 되지 못할 것이었다. 사실 조선은 "명의 선례를 따라 우리(청)에게 도움을 요청"할 가능성이 높았다. 그러면 '곤경'에 빠질 것이었다. 2월 5일 청은 일본과 협상해야 한다는 조언을 조선에 전달했다.

넬슨Nelson이 적절히 지적한 대로 당시 조선의 국제적 지위가 실제로 어땠는가 하는 복잡한 문제는 유교적 개념을 적용할 것인지, 아니면 서구적 개념을 적용할 것인지에 달려 있었고, 그 문제는 이 연구의 주된 관심이 아니다. 다만 모리는 서구의 국제법 규범을 바탕으로 자신의 주장을 전개했다는 데 주목할 필요가 있다.[71]

강화도조약은 1873년의 위기에서 벗어나 일본 정부를 장악한 정한 반대파가 고안한 조선 문제 해결책이 됐다. 그리고 그것은 오쿠보·이와쿠라·기도가 진정한 의미에서 그들 모두의 후계자인 젊은 협력자 이토에게 물려준 정치와 외교의 처리 지침이 됐다. 아울러 강조해야 할 점은 정한론에 대해 이 강화도조약은 결코 타협이 아니었다는 것이다. 그것은 1873년 논쟁에서 정한 반대 세력이 거둔 승리를 실천한 것으로 국가가 어리석고 위험한 정복 전쟁에 나서지 **않겠다는** 부정적인 결의를 극단주의자들에 대한 긍정적인 답변으로 전환한 것이었다. 이것은 신중하게 균형 잡히고 조심스럽게 추진된 행동적 외교 계획이 어떻게 더 큰 목표, 곧 일본이 '내부건설'을 통해 완전하고 강력한 국가로 전진한다는 목표를 놓치지 않고 인정認定·무역·사과라는 제한된 목표를 달성할 수 있는지 정확히 보여줬으며,[72] 조선이 자신의 '독립'을 정의하고 '문명'의 흐름에 개방하도록 도움으로써 서구로부터 약간의 신뢰를 덤으로 얻었다.

그러나 '조선 문제'라는 과정은 진전되지 않았다. 강화도 회담은 사실 임시적인 첫 해결책일 뿐이었다. 정한 옹호론자들은 패배했고, 조선인에게 받은 모욕은 그들이 촉구했던 감정적인 정벌보다 훨씬 더 현명하고 지능적인 방식으로 시정됐다. 그러나 그들이 잠잠해지지 않고 오히려 더욱 격렬하게 정부에 계속 반대했다는 사실은 거기에 조선의 '모욕'과 그 해결 자체보다 훨씬 더 깊은 문제가 관련돼 있음을 알려준다. 이 장 앞부분에서 일본의 여론과 정책의 방향은 타협, 곧 전체적으로 조선에 대한 국가적 합의로 나아갔다고 말한 바 있다. 궁극적 해결책인 합병은 강화도의 해법과는 상당히 달랐다. 사실 겉으로만 보면 그것은 1873년 정한세력이 바랐던 것과 비슷해 보이지만 37년 뒤 매우 조용히 이뤄졌다. 이런 타협은 어떻게 가능했을까?

이것은 그 37년 동안 일본의 정치 세력들이 조선에 대한 큰 타협을 이뤘음을 어느 정도 예측케 하거나 알려주는 좋은 증거라고 생각된다. 그 타협은 메이지 시대에 이뤄진 최선의 약속과 (나쁜 의미에서) 타협하는 것을 포함하거나 요구하는 것이었다. 그것을 아주 단순하게 말하면(너무 과장한 것일 수도 있지만) 일본은 조선을 병합함으로써 자신의 정치적 자유를 얻었고, 나아가 자신이 다른 아시아 민족을 자유와 자존감으로 이끄는 데 건전한 역할을 할 수 있다고 생각했다는 것이다. 정한의 전통은 광신적 애국주의의 표현으로 가득하지만 그런 결함에도 그 안에 그런 자유와 자존에 대한 일본과 그 밖의 아시아 민족의 열망이 담겨 있었던 것은, 아마 기이하겠지만, 이 때문이었다. 앞으로 전개되는 일본과 조선의 관계에서 이 문제가 반복해서 수면 위로 떠오르는 것을 보게 될 것이다—그것은 고귀한 목표와 태도의 징후지만 조선을 획득한 것만큼이나 많은 것을 잃은 것이 분명하다.

이런 고려 사항은 조선 문제의 정치·사회·도덕적 결과가 일본에 미친 영향에 대한 깊이 있는 고찰로 이어진다. 그것은 이 연구를 진행하면서 거듭 언급돼야 하고 언급되겠지만 결론의 일부로서만 제대로 평가될 수 있다. 그러나 여기서 다시 정한론으로 돌아가면 1873년 대분열의 본질을 좀 더 잘 이해하는 데 도움이 될 수 있다. 흥미로운 점은 승리한 정한 반대파가 현실적 지성의 진정한 인격체고 그 뒤 메이지 일본을 훌륭하게 이끈 기록을 남겼다는 데는 의문이 없지만, 일본 국민의 열광을 이끌어 내지는 못했다는 것이다. 오히려 어리석고 충동적이며 어쩌면 우둔하기까지 한 정한론자들이 후대에 영웅이 됐다. 오쿠보·이와쿠라·기도, 그리고 그들의 제자인 이토와 야마가타는 분명히 존경과 경외의 대상이었지만 어떤 냉정함, 나아가 적대감마저 느껴진다. 하지만 사이고와 이타가키에게는 진정한 따뜻함이 있다. 그들의 이름은 대중의 열광을 불러일으킨다.[73]

왜일까? 한 가지 까닭은 메이지 정부 이후 승리한 집단이 권력을 대표했고 대중은 점차 그 권력이 자신들보다 위에 있다는 것을 깨달았으며, 아무리 현명해도 귀족적 절대주의는 국민을 국가권력이라는 기계의 톱니바퀴로서만 중시한 데 있다고 여겨진다. 사이고와 이타가키는 이런 권위에 대한 반항을 대표했고, 따라서 어쩌면 당연하게도 정부에 대항하는 민중의 상징적인 지도자가 됐다. 자유당의 핵심이 된 이타가키(그리고 고토)와 관련해 이것은 매우 분명하지만, 사이고는 1945년 이후 일본과 서양의 역사가들이 묘사한 대로 "매우 반동적인 인물"이었고[74] 그가 살아 있었다면 그 뒤 그에 대한 기억을 우상화한 극단적 국가주의 단체를 설립했을 것이라는 사실 때문에 초점이 흐려진다.

전사적 봉건주의자였던 사이고는 권력의 핵심인물이었지만 그가 그 뒤 극단적 국가주의 사회에 영감을 준 것을 단순히 반동적인 것으로 치부하는 것은 매우 중요한 사실을 간과하는 것이다. 이타가키의 자유주의자들과 마찬가지로 그들도 정부에 반대하는 대중적 기반을 가졌고, 그들만의 편협하고 반동적인 방식으로 계몽적이지만 절대주의적인 메이지 과두제에 맞서 대중의 불만을 외쳤다.

제2차 세계대전 이후 일본의 역사학자 도야마 시게키遠山茂樹는 오쿠보 일행이 유럽 순방(1872)에서 절대주의 정치가가 돼 돌아왔다고 지적하고, 오쿠보 대신 사이고가 정부를 이끌었다면 메이지 10년(1877) 무렵 일본에서 입헌주의가 실현됐을 것이라는 놀라운 주장을 제기했다.[75] 사이고를 입헌주의자라고 부르는 것은 너무 지나친 것 같지만, 수백 명의 노예를 소유하면서 (연방의 간섭에 반대해) 자유를 외친 미국의 주권주의자인 남부의 농장주나 사회·경제적 행동은 거의 봉건적이지만 텍사스의 권리를 위해 죽을 때까지 싸우겠다고 선언하는 텍사스의 목장주에 그가 추구한 독립의 유형을 비유하면 그를 더 잘 이해할 수 있을지도 모른다. 사이고의 사쓰마나 캘훈의 사우스캐롤라이나*에서 이것은 물론 개인의 자유와 독립의 의미를 왜곡하는 것이지만,[76] 불완전한 세상에서는 계몽되지 않은 분파주의조차 중앙집권화된 효율적 경찰국가라는 더 큰 폭정의 탄생

---

* 존 캘드웰 캘훈John Caldwell Calhoun(1782~1850). 미국 사우스캐롤라이나주 에버빌 출신으로 부통령(1825~1832)·국무장관(1844~1845) 역임.

을 막는 역할을 할 수 있다.

평범한 사람들이 자기 지역의 자유를 요구하는 지방주의자를 자신들의 대변자로 여기는 것은 본능적인 깨달음일지도 모른다(또는 의미를 혼동한 것일 수도 있다). 아무튼 사이고에게는 이런 종류의 호소력이 있었고 도사의 이타가키와 고토, 사가의 에토 등 정한을 옹호한 자유주의 지도자들도 그랬다는 것은 강조해야 한다. 특히 계급의식이 극도로 강했던 이타가키의 자유주의는 도사 분파주의에 상당 부분 기인한다고 봐야 한다. 물론 이것은 사이고의 전통과 이타가키의 전통이 반동주의와 자유주의라는 각각의 명칭이 암시하는 것만큼 크게 다르지 않았다는 사실을 다시 한번 강조한다.

따라서 적어도 대중이 주요 정한론자에게 보인 애정의 일부는 그들을 정부의 권위주의에 반대하는 자유(또는 그것과 비슷한 다른 상징)와 동일시했기 때문이다. 그리고 이것은 대분열의 본질을 절반쯤 설명한다.

설명의 나머지 절반을 이해하기 위해 전쟁에 반대하는 정부 세력의 정책 접근방식의 전체적 특징은 무엇이었는지 파악해 보자. 그 정책을 조선에 적용할 때 거기에는 조선인에 대한 사랑도, 전쟁에 대한 거리낌도, 1873년 이미 그들이 장악한 제국의 결정에 대한 진심 어린 존중도 없었음이 분명하다. 그들의 조선 정책은 오랜 기간 놀라울 정도로 일관되지 않은 것처럼 보인다—1873년에는 약하고 1875~1876년에는 상당히 강했으며, 1882년에는 약하고 1884~1885년에는 더 약해졌다. 1894~1895년에는 강했다가 1896년에는 아주 약해진 뒤 1910년까지 점차 강해졌다. 그러나 '현실정치'라는 하나의 개념에 비춰 보면 일관성이 있었다. 사실 조선 정책뿐 아니라 메이지 정부의 모든 정책에는 현실정치가 스며 있었다. 국내의 경제·정치 상황, 특히 국제 세력 관계 등 모든 요소를 면밀히 고려해 모든 행동을 결정했다. 현실정치라는 표현이 너무 거칠게 느껴진다면 현실주의라는 말이 어울릴 수도 있겠지만, 그 의미는 좀 더 자세히 알아봐야 한다.

최근 20세기 두 번의 세계대전이 초래한 혼란과 3차 세계대전이 임박했다는 위험을 민감하게 느끼면서 일반적으로 19세기와 연관돼 온 현실정치나 현실주의가 새롭게 존중받고 있다. 학자들과 몇몇 정치가들은 국제관계의 과정을 이해할 수 있게 하고 자신들의 행동을 지적으로 만들려고 노력하면서 이상주의와 그것이 국제정치에 주입한 해로운 영향을 비판했으며, "민주주의를 위해 세계를 안전하게 만드는" 방법을 찾으려고 우드로 윌슨Woodrow Wilson과 함께 시도했지만 실패한 이전의 저명한 이상주의자들은 이제 후퇴하거나 몰락하고 있다고 저주했다. 현실주의적 주장은 멀리 마키아벨리주의에서 시작돼 프리드리히 마이네케Friedrich Meinecke가 '국가적 명분'이라는 과학적 개념으로 공식화했으며 한스 모겐소Hans Morgenthau가 징밀한 이론적 구조와 풍부한 예시를 제시했다. 특히 그는 "힘의 관점에서 정의된" 국익 개념을 국제정치의 "주요 이정표"로 제시했다. 현실주의자의 주장에 초점을 맞추도록 도운 모겐소 등의 연구는 매우 인상적인데,[77] 최근 케네스 W. 톰슨Kenneth W. Thompson은 "외교 정책의 이론과 문제"를 객관적으로 파악하면서 이런 '분석적'이며 현실주의적 접근법이 "다시 나타난 것"은 "몇 안 되는 분석가와

학자들"의 공로로 돌리면서 높이 평가한 반면 현재의 "불신받고" "이념적"인 접근 방식에 입각한 국가들의 세계 정책은 그저 우세한 정치적·사회적·종교적 신념의 표현일 뿐"이라고 비판했다.[78]

'봉쇄'와 '분리'를 연속적으로 주장한 조지 케넌George Kennan은 국제정치에서 지적인 현실주의의 사례를 가장 훌륭하게 주장한 인물이다. 그는 저술과 연설에서 국제관계의 구체적인 문제를 역사적·현재적으로 분석함으로써 모겐소의 다소 장황한 이론을 생생하고 의미 있게 만들었다. 특히 그는 현실주의 학파의 다른 학자들과 마찬가지로 일본의 사례에 분명히 적용될 수 있는 현상에 대해 고통스런 마음으로 언급했다. 현실 외교를 수행하는 데 가장 적합한 분위기는 대중의 압력으로부터 격리된 노련한 외교관들이 사생활을 보호받거나 비밀이 유지되는 상태에서 국익을 추구하기 위해 어렵고 때로는 불쾌한 협상을 진행할 수 있는 것이지만, 민주주의는 그런 외교를 위한 아무 규정이 없으며 실제로는 적대적이라는 것이다. 국민·언론·여론 같은 요소는 현실주의 외교에서 태생적인 골칫거리다.

케넌의 현실주의적 주장은 외교·군사 문제 전문가들이 대중의 항의나 간섭 없이 방어를 구축하고 세력균형을 구축하는 데 필요한 일을 할 수 있도록 더 많이 격리되고 사생활을 더 많이 보호받을 것이 보장돼야 한다는 것이다. 그렇지 않으면 국가 사이의 경쟁은 "율법주의적·도덕주의적" 환상에 사로잡혀 거대한 규모로 확대되고, 이념을 따라 피비린내 나고 무의미한 십자군 전쟁으로 이어질 수 있다.[79]

그의 추론은 설득력 있지만 민감한 사람이라면 그의 주장에 어떤 불안감을 느낄 수도 있다. 민감한 사람은 마지막 분석에서 유능한 정예 외교단(미국인이라도)이 국제 문제에서 평범한 사람들의 이해관계에 주의를 기울일 것이라고 정말 믿을 수 있는지 궁금해 할 것이다. 그들은 체스 게임 같은 국제정치의 성격에 너무 매료돼 곧 일본의 메이지 과두정권을 포함한 역사상의 모든 지도층처럼 행동하게 될 것이고, 자신들이 봉사해야 할 사람들을 단지 그 게임의 졸로 간주하게 되지 않을까? 그런 다음 그는 국익(최대한 계몽된 국익)의 가장 현명한 수호자라도 권력 공백을 메우기 위해 국지전을 벌이고 이곳저곳을 탄압하며 사악한 정권과 거래하면서도 그리스도와 부처와 간디가 준 영감을 알고 제퍼슨과 링컨의 말을 읽는 인류를 어떻게든 만족시킬 수 있는지 스스로에게 물어볼 수 있을 것이다.

여기서 우리는 현실 외교가 홍보의 빛과 대중 감정의 열기에 시달리는 까닭을 좀 더 알 수 있다. 앞서 본대로 오쿠보는 냉소와 냉담에 입각해 조·일 문제를 현실적으로 처리했는데, 현실적 접근에는 적절한 시기를 선택하고 전술적 이득을 얻기 위해 감정과 이상, 심지어 정직과 명예까지 제쳐두는 냉정한 계산이 반드시 따른다고 해도 지나치지 않을 것이다. 그렇다면 표현 수단이 있을 때 사람들이 그런 계략을 대체로 비난하는 경향을 보이는 것은 개탄하기보다 상찬해야 하지 않을까?

그러나 현실주의자들의 행동이 우리 안에 있는 존엄을 부정직하게 배신한 것이라고 말하기 전에 인류의 가장 숭고한 이상이라는 이름으로 수행된 피비린내 나는 십자군 전쟁의 비참한 역사적 기록을 다시 한번 생각해야 한다. 그리고 모든 집단이 권리와 자신을 동일시하려는 성향이 있음을 감안하면, 악하거나 무능한 세상에서 균형과 불안한 평화를 위한 그들의 시시한 처방에 대한 대안은 끊임없이 커지는 국제 분쟁일 수 있다는 사실을 인정할 준비가 돼 있어야 한다. 그렇다면 인류는 재앙을 피하기 위해 열망을 잊고 현실주의를 받아들여야 할까?

책장에 가득한 책으로도 이 질문은 해결되지 않겠지만, 이 질문 자체만으로도 정한론의 대분열의 본질을 더 잘 이해하려는 현재의 목적에 충분하다. 앞서 본 대로 정한에 반대하고 평화를 주장한 세력은 정부를 장악해 여당이 된 반면 정한에 찬성한 세력은 야당인 자유당이 됐다. 그리고 우리는 가장 넓은 의미에서 여당, 곧 정부의 정책은 현실정치(또는 현실주의)라고 제안했다. 반대 세력의 정책이 완전히 비현실주의는 아니었지만, 앞으로 그들의 행동을 살펴보면서 알게 되듯 자주 그것에 가까웠다. 그러나 그것을 가장 잘 파악하기 위해 일단 판단을 미뤄두고 그것을 이상주의라고 부르자. 정한세력의 '자유'가 (계몽되지 않은) 분파주의로 가득했던 것처럼 그 이상주의에도 많은 불순물이 있었기 때문이다.

정한론을 제기했을 때 이 이상주의의 주요 요소는 편협하고 전통적인 사무라이 가치관, 계급과 가문에 얽매인 무사도, 그리고 열등한 존재에 대한 관대함이었다. 그러나 이것은 봉건 일본이 알던 최고의 이상주의였다. 사무라이 무사도의 개념은 사이고 다카모리에게서 가장 잘 드러난다. 그는 추종자들의 충성스런 지지를 받았을 뿐 아니라 **그들에게 자신의 모든 것을 바쳤다.** 사이고의 이야기에서 후대 일본인이 가장 감동하는 부분은 승리한 정부에 반기를 들고 봉기하려는 추종자들이 잘못되거나 어리석다고 생각했음에도 그는 1877년 더 이상 그들을 설득할 수 없게 되자 추종자들에 대한 신의를 지키고 정부가 전통적인 사무라이 사회의 미덕을 훼손하는 데 항의하기 위해 목숨을 바치며 함께 일어났다는 점이다.[80] 최고의 사무라이 전통을 가진 사이고는 충성심이나 명예, 대의를 위해 비록 그 대의가 자신에게 현명하지 못한 것처럼 보일지라도 늘 죽을 준비를 했고 기꺼이 그러려고 했다. 훗날 사이고를 존경하는 현양사와 흑룡회黑龍會(고쿠료카이)도 같은 종류의 영웅성을 강조했다.

죽음을 바치는 충성은 정한세력 가운데 이타가키의 자유주의적 요소에서 그리 명확하게 나타나지 않지만 거기에도 있다. 에토 신페이는 정부에 반란을 일으켰다가 죽었고, 이타가키는 암살자에게 총상을 입고도 "이타가키는 죽어도 자유는 죽지 않는다"는 말로 영원한 명성을 얻었다. 그 뒤 자유주의자들은 반동주의자처럼 정부정책에 대한 비판자·계략가·음모자·활동가로서 정부 당국과 빈번히 충돌해 재판받고 투옥됐다.

이타가키 자신은 사이고처럼 정치적 편의에 굴복하지 않는 인물로 인정받기에는 너무 오래 살았고 정부와 너무 많이 타협했다. 그러나 사이고의 동생과 무츠 무네미쓰를 포함한 사이고의 지지자 일부는 나중에 같은 행동을 했고, 그를 기리기 위해 설립된 극우 민족주의 단체인 현양사와 흑룡회도 정부 자금을 받을 수 있을 때마다 마다하지 않았다.

요컨대 정한 옹호자들의 이상주의는 그들의 자유만큼이나 변색됐지만 정치적 논쟁의 열기와 권위에 반대하는 역할 속에서 그들과 그 후계자들은 이상주의자, 원칙의 수호자, 명예와 자유의 두려움 없는 옹호자로 어둠을 지나갈 수 있었다. 이것은 권위와 억압, 전술적 이점을 위한 정치공작, 현실정치를 대표한 정부와는 대조적인 모습이었다.

이것이 정한론의 진정한 구분이다. 그리고 우리는 마음 대 성실(가까운 과거의 관계에 뿌리를 두고 완곡하게 '삶의 방식'이라고 불리는 것)이라는 앞의 공식으로 돌아감으로써 그것을 요약할 수 있다. 물론 메이지의 모든 지도자는 이 둘을 다 갖추고 있었다. 그러나 집단으로서 그들은 근대화 과정에 필요한 개혁을 수행하기 위해 성실을 제쳐뒀다. 그들이 그렇게 한 것은 그렇게 하는 것을 좋아했거나 그렇게 하는 데 진정한 열정이 있어서가 아니라 당시의 상황을 현실적으로 평가한 결과 일본을 식민지 상태에서 구하고 옛 질서를 조금이라도 보존하려면 그렇게 해야 한다는 것이 분명하게 드러났기 때문이다.

1873년까지는 마음이 성실보다 중시됐지만 그때 조선의 모욕에 어떻게 대처할 것인가라는 그다지 중요하지 않은 문제가 메이지 지도자들 사이에서 감정의 도화선에 불을 붙이는 불씨를 제공했다. 그들은 모두 그것을 느꼈지만 그 가운데 더 현실적(이고 더 위선적인?) 일부는 다시 성실을 뒤로하고 냉철한 논리로 논쟁해 정한론을 산산조각 냈다. 그리고 그들은 일본을 강대국으로 재건한다는 현실적 목표를 위해, 자국민을 몰아가든 외국인에게 굴복하든 필요한 것은 무엇이든 하겠다는 의욕과 결의로 나아갔다.

그러나 정한을 옹호하는 사람들은 논리로 설득되지 않았다. 반대자들보다 덜 현실적(이고 덜 위선적?)이던 그들은 현실정치의 지속적이고 치졸하며 모욕적인 요구에 반발했다. 그들은 성실을 주장했지만 1873년 논쟁에서 패배하고 정부에서 설 자리를 잃었다. 그러나 그들의 영향력은 살아남아 옳음과 명예에 대한 권고로 현실정치의 실천자들을 괴롭혔다. 처음에 그것들은 구시대적인 사무라이의 덕목일 뿐이었지만 이타가키의 요소는 일반 국민이 새로 배운 자유 개념의 불완전한 지표가 됐고 사이고의 요소는 아시아인 자존심의 불완전한 지표가 됐다. 이런 이상주의가 근대 일본의 진로에 유익한 영향을 미쳤을 것으로 기대할 수도 있지만, 이상주의는 특히 그것이 열정으로 방향을 잃고 거짓되거나 협소한 전제에서 출발할 때 거꾸로 작용한다는 데 주목해야 한다. 정한론은 잘못된 출발을 했고 그 때문에 메이지 시대 전체와 그 뒤에도 긴 그림자를 드리웠다.

2장

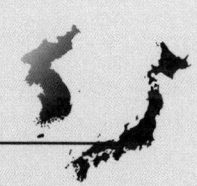

확립된 현실주의
"안전하고 온건한" 조선 정책

정한론의 승리자이자 조선 문제의 첫 해결책인 강화도조약의 설계자인 '절대주의 정치가' 오쿠보 도시미치는 1878년 5월 14일 마차를 타고 집무실로 가다가 암살됐다. 일곱 명으로 구성된 암살범들은 즉시 경찰서로 가서 자수하고 범행에 대한 소명서를 제출했다. 소명서에서 그들은 정부 지도자들의 '범죄'에 항의했다. '최악의 인물'은 오쿠보·이와쿠라·기도였다(기도는 '다행히' 이미 병사했다). 그 다음 악인은 이토·구로다·오쿠마·산조·가와지였다. 이 정부 지도자들의 '범죄'는 "공개 토론을 중단한 것, 국민의 권리를 억압한 것, 자의적인 법령을 발표한 것, 필요 없는 사업을 시작하고 재정을 지출한 것, 충성스런 사람들을 정부에서 축출하고 내전의 씨앗을 심은 것, 외교 관계에서 실수를 저지르고 국가 명예가 떨어지게 한 것" 등이었다. "사이고와 기리노 등이 정부에서 활동할 때는 그런 일을 할 수 없었다." 그래서 그들은 "국민의 번영을 위해 (…) 오쿠보를 먼저 죽여 일본 국민을 고무하고 다른 사람들이 이와쿠라와 나머지 사람들을 죽이기를 바랐다".[1]

오쿠보의 암살과 이 소명서는 정한 시대의 종언을 알려준다. 이 소명서는 짧지만, 1장 후반에서 논의한 조선 논쟁이 심화된 측면을 보여준다. 그러나 오쿠보에 대한 소명서에서 조선은 구체적으로 언급되지 않았으며, 사이고의 죽음으로 절정에 이른 1년 전의 사쓰마 반란에 대한 불만도 크게 거론되지 않았다.[2] 정한은 반란과 암살의 발원지였지만, 이런 절정의 사건들에서 정한이 주요 쟁점으로 제기되지 않았다는 사실은 강화도조약이 체결된 결과 일시적으로나마 조선 문제는 정한 반대 세력인 정부가 분명히 장악했으며 논쟁으로서 정한의 힘은 그 정도까지 약화됐음을 또렷이 보여준다.

정한을 주장하는 반체제 인사들은 다른 곳에서 활동했고, 그 결과 몇 년 동안 정부는 오쿠보의 현실주의 전통에 따라 운영되면서 견고하고 안정된 관계를 구축할 수 있었다. 사실 이토 히로부미는 1880년대에 정권을 잡은 뒤 1909년 사망할 때까지 일본 정부에서 가장 강력한 단 한 사람이었다. 그 긴 집권 기간 동안 그가 중요한 고비마다 조선 문제에 직접 관심을 기울였다는 점을 고려하면 강화도조약부터 병합까지 오쿠보-이토의 "안전하고 온건한" 접근이 조선 관계를 지배했다고 말할 수 있다.

그러나 이렇게 말하는 것은 곧바로 매우 큰 논란의 여지를 여는 것인데, 강화도조약부터 병합에 이르는 과정이 의도적이고 신중했다는 이유로, 정한파의 무책임한 계략은 언급하지 않은 채, 메이지 정부를 책임진 정한 반대자들이 조선을 강점하려는 계산되고 악랄한 음모를 꾸몄다는 가정을 사실상 따르는 것이기 때문이다. 이것이 사실일까? 아니면 그 반대로 그 시대에 이 문제를 연구한 어느 학자의 결론처럼 "영토가 아닌 상업이 목표였던 (일본) 제국 정부의 정책은 은둔 왕국의 완전한 독립을 확보하고 근대 문명의 빛으로 이끌려는 것이었다"는 것이 더 타당할까?³

이 문제에 대한 서양의 연구는 학계는 물론 대중적으로도 친일과 반일로 나뉘어져 있다. 물론 컬럼비아대학교의 한 일본인 학생의 박사학위 청구논문에서 인용한 위의 친일적 표현은 조국을 위한 한 젊은이의 변명으로 치부할 수도 있다. 그러나 존 바셋 무어 John Bassett Moore는 그 논문을 통과시켰고 나아가 많은 미국인이 같은 해석을 반복했다. W. E. 그리피스W. E. Griffis는 "45년 동안 일본인을 경험하고 연구한 결과를 바탕으로 말하면 일본은 조선을 중세주의에서 구출해 (…) 근대적 국가 생활로 끌어들이려고 시도했다"고 말했다. G. 트럼불 래드G. Trumbull Ladd는 『예일 리뷰Yale Review』에 「조선 병합―자비로운 동화同化에 대한 에세이」라는 제목의 글을 기고했다. 이것들은 각각 1910년과 1912년에 작성된 단기적 평가다. 그러나 1930년대 페이슨 J. 트리트Payson J. Treat는 서양 자료를 철저히 조사하고 메이지 시대의 일본 정책을 면밀히 분석한 뒤 장기적 관점에서 "일본인 개인의 생각이나 말과는 상관없이 일본은 조선이 독립적이고 진보적이기를 바랐다"고 결론지었다. 물론 이런 사례는 진보와 문명이라는 주제를 끊임없이 재생산한 일본 정부의 공식 간행물과는 별개다.⁴

그러나 음모적인 침략자라는 일본의 모습은 호머 헐버트Homer Hulbert와 프레드 돌프Fred Dolph처럼 조선을 옹호하는 인물들이 처음 제시했으며, 그 뒤 해외의 조선인들이 자신의 생각을 표현하는 수단을 얻게 되자 1930년대와 1940년대 초 제2차 세계대전이 끝날 때까지 많은 학문적 연구에서 받아들여졌다. M. 프레더릭 넬슨은 뛰어난 연구인 『조선과 동아시아의 구질서 Korea and the Old Orders in Eastern Asia』에서 다음과 같이 결론지었다. "일본의 팽창에서 첫 번째 주요 단계인 조선은 중국 '사건'의 디딤돌이었으며, 그것은 그 뒤 태평양 전체를 아우르는 '새로운 질서' 계획으로 확대됐다. (…) 그러나 일본이 제안한 새 동아시아 질서에는 이전 중국 체제가 갖고 있던 윤리적 기반이 결여돼 있었다."5

20세기 전반前半을 살펴볼 때 두 견해는 거의 동등한 지지를 받은 것으로 보이지만 계산된 음모라는 견해는 제2차 세계대전 동안 널리 받아들여져 진보와 문명이라는 주제를 따르던 사람들은 친일파로 불렸다. 그러나 전후 교과서 집필자 가운데 조선의 고통을 헤아리기 위해 가장 많이 노력한 폴 에켈Paul Eckel은 해석적 분석을 시도하면서 마주치는 어려움을 지적하고 그런 시도를 자제했는데, 이것은 많은 것을 시사한다.6 전전戰前 일본 학계는 객관성을 유지하려고 노력할 때 사건을 기록할 뿐 해석적 방식으로 문제를 탐구하지는 않았는데, 그 까닭은 이해할 만하다.7 전후 일본 학계는 정치적 고려에 얽매이지 않고 이 문제를 깊이 파헤치는 데 주저하지 않았지만—어쩌면 이것이 그런 작업의 어려움을 보여주는 척도일지도 모르지만—역시 쟁점을 완전히 해결하지 못했다.

아마 가장 잘 요약된 표현은 하타다 다카시旗田巍의 말일 것이다. "온 나라가 정한 논쟁으로 들끓었다. 그러나 조선 정벌의 시기와 주도권에 이견이 있었고, 사이고 세력이 패배하면서 그것은 실현되

지 못했다(1873). 그러나 사이고 세력을 견제했던 정부는 조선을 지배하는 데 반대하지 않았고 스스로의 힘으로 그것을 실현할 기회를 노렸다." 특히 '노리다(狙ぅ, 네라우)'라는 단어를 쓴 것은 음모론에 신빙성을 부여하는 것처럼 보이지만, 하타다는 그 뒤 "조선을 일본 자본주의의 시장으로 묶는" 일본의 경제 침투에 상당한 관심을 기울였다(일본 정부가 그것을 '노렸는지'는 말하지 않았다).[8]

이 모든 것이 동기의 문제와 관련되며 일본 정부가 조선에 대해 무엇을 '노렸는지' 규명하는 것은 의미가 없다고 주장하는 사람들도 있다. 중요한 것은 그들이 한 일이며, 그것은 그들이 노린 것을 가장 잘 보여주는 지표가 될 수 있다. 그러나 죽은 사람에게는 그저 법리적인 차이일지도 모르지만 계획된 살인과 우발적 사망은 법정에서 매우 다른 문제다. 메이지 정부가 조선 강점을 계획했는지, 아니면 그들이 통제할 수 없는 힘에 그렇게 밀려갔는지, 아니면 예지력이 부족해 그런 상황에 빠졌는지, 고결한 의도가 무능함 때문에 비열하게 변했는지, 아니면 처음부터 비열했는지 아는 것은 국제관계의 동력을 이해하고 메이지 정부를 공정하게 평가하는 데 중요한 의미가 있다고 생각된다. 그리고 이것을 어떤 기준으로 평가할 것인가?

측정 기준으로는 미국의 극동 정책을 들 수 있다. 몇몇 사람(케넌 등)은 미국의 극동 정책이 무능했다고 생각하지만 두 곳을 병합(하와이와 필리핀)했음에도 일반적으로 그것은 악랄했다고 평가되지 않는다. 실제로 시어도어 루스벨트Theodore Roosevelt는 필리핀에 대한 미국의 이해관계와 조선에 대한 일본의 이해관계를 동등하게 봤고, 적어도 외교적으로는 그런 기준에 따라 거래하려고 한 것 같다.

이런 비교는 어느 정도까지 정당화될 수 있을까? 달리 물으면 일본의 조선 '개항'은 미국의 일본 '개항'과 어느 정도까지 같았을까? 둘은 완전히 다른데, 일본은 조선을 점령하려고 '노렸고' 미국은 일본에 대해 그런 목표가 없었기 때문이다. 그러나 유능한 반미주의자라면 페리부터 맥아더까지 미국의 궁극적인 목표는 일본에 대한 지배였다는 거대한 음모론을 구축할 수 있다. 이런 이론은 거짓일지라도 그럴듯할 수 있다. 하지만 이런 이론이 만들어질 수 있다는 바로 그 가능성 때문에 우리는 일본이 조선에서 저지른 일을 싫어하더라도 조·일 관계에서 음모론을 쉽게 받아들이지 않도록 조심해야 한다. 일본 정부뿐 아니라 조선 문제에 개입한 비정부 또는 반정부 단체의 동기를 평가하는 문제는 복잡하다. 그러나 세월이 흐르면서 드러나는 세부 사항을 보면 해결의 열쇠와 실마리를 찾을 수 있을 것이다.

실제로 1877~1882년 일본과 조선의 관계는 미국이 페리의 가나가와神奈川조약을 실무 관계로 전환하기 위해 타운센드 해리스Townsend Harris를 통해 기울인 노력을 떠올리게 한다. 조·일 관계는 '표류선'의 수가 더 많은 문제 때문에 복잡하지만 물론 그것은 지리적 근접성으로 설명할 수 있다. 타운센드 해리스처럼 오래 어려움을 겪은(그러나 이해력이 뛰어난) 인물로 초대 주한 일본공사 하나부사 요시모토가 있다. 도움을 줄 아무 조력자도 없는 상태에서 그가 서울에 자리 잡기까지 겪은 시련과 고난은 동정심을 유발한다고밖에는 달리 표현하기 어렵다. 이 시기 일본이 노력한 다른 문제는 조선 해안을 측량하는 것과 교역을 위해 세 항구를 개항하는 것이었다. 이것들은 모두 조약에 따라 허용됐지만,⁹ 세부 사항을 해결하는 것은 또 다른 문제였다. 그러나 대체로 일본은 강화도조약을 적극적인 협력 관계로 전환하기 위해 큰 인내와 신중함을 갖고 행동했다고 말할 수 있으며, 이 단계에서 큰 음모가 작동하고 있다는 징후는 보이지 않는 것 같다.

이를테면 표류선 문제와 관련해서는 상당한 서신이 남아 있는데, 그 가운데 많은 부분은 오쿠보 자신이 삶의 마지막 해에 데라시마 외무경과 주고받은 것이다. 문제는 일본으로 표류한 조선 선박들이었는데, 나가사키와 야마구치 등 조선과 마주한 해안 지역의 지사知事들은 이 문제를 어떻게 처리해야 할지 알고 싶어 했다. 문제는 이런 선박이 자주 손상된 상태였고 선장들은 선박을 수리할 돈이 없었다는 사실 때문에 복잡했다. 아니면 선원들이 병에 걸리거나 죽을 수도 있었다. 일본의 지사들은 "이들을 어떻게 해야 하느냐?"고 물었다. 조선인 선원이 죽으면 추모비를 세워야 하는가, 얼마나 크게 세워야 하는가?

분명히 이 문제는 몇 년 동안 쌓여온 것이었다. 나가사키 지사는 이렇게 문제를 제기했다. "조선인들은 매우 영리합니다. 특히 조선에서 흉년이 들면 많은 사람이 바다에 표류해 이곳으로 들어옵니다. 우리는 그들에게 일을 시켰지만 매우 게으릅니다. 또한 그들은 우리 비용으로 자신들의 배를 수리하는 것을 매우 기뻐합니다."¹⁰

내무성과 외무성은 이 문제와 관련해 의견을 주고받았는데, 요지는 다음과 같다. 조선인들이 원하는 대로 최대한 해줘야 한다. 그러나 선박 수리와 관련해서 우리가 선박을 수리하면 조선인이 값을 치르도록 보장받아야 하며, 이것을 확신할 수 없다면 수리하기 전 선장을 돌려보내 돈을 가져오게 해야 한다. 또는 배를 팔아 그 돈을 선장에게 줘야 한다. 배가 심하게 손상돼 구매자가 없다면 배를 불태워야 한다. 이것은 나쁘게 보일 수 있지만 손상된 배는 쓸모가 없다. 그들이 불태우기를 거부하면 우리의 보호를 거부하는 것이다. 물론 강제할 방법은 없지만 우리가 비용을 지불할 필요는 없다. 그러니 그냥 아무것도 하지 말라.

파손된 배를 부산으로 가져오는 데는 엄청난 비용이 들지만, 어리석고 완고한 조선인들이 불태우기를 거부한다면 우리는 신경 쓸 필요가 없다. 가난한 조선인에게 옷이 전혀 없는 경우에는 옷을 줘야 하지만, 그들이 잃어버린 예비 옷만 대체해 줘서는 안 된다. 사망자가 있을 경우 조선인이 운송비를 내면 시신을 조선으로 보내야 하지만 돈이 없으면 여기 묻고 추모비를 세워야 한다. 단 추모비는 최소한의 크기(약 12.7센티미터×30.5센티미터)로 꼭 필요한 정보만 새겨야 한다.[11]

일본 정부 안에서 논의가 진행되는 동안 외무경은 부산 주재 관리관 곤도 모토스케近藤眞鋤에게 조선 당국과 이 문제를 다룰 것을 지시했다. 그는 그렇게 했고, 조선 당국이 이 문제에 대한 일본의 생각을 대체로 수용하는 합의를 이끌어 냈다.[12] 이 표류선 문제 해결에서 가장 흥미로운 점은 일본 정부가 조약 발효를 위해 서울에서 직접 협상하려고 시도하지 않았다는 것으로 생각된다. 오히려 그들은 부산에서 전통적인 협상 방식을 이용해 반半공식적으로 협상을 진행했다. 이때 서울에서 사소한 문제를 제기함으로써 조선 '개항' 문제를 복잡하게 만들고 싶지 않았던 것 같다.

부산과 더불어 개항할 두 항구를 선정하려면 조선 해안을 측량하는 것이 필수적인 전제 조건이었다. 일본 정부는 이 작업도 신속하게 진행하지 않았다. 그들은 1876년에는 그것을 추진하지 않았다. 그러다가 1877년 초 외무성에서는 조약 체결 뒤 개항지 선정까지 오랜 시간이 흐르면 조선인들이 아무 일도 일어나지 않을 것이라고 생각할 것을 우려해 측량을 서둘렀지만 사쓰마 반란이 일어나면서 문제가 복잡해졌다. 1877년 봄 데라시마 외무경은 해군에서 배를 공급받으려고 했지만 5월 4일 그는 해군이 세이난西南(사쓰마) 반란을 '핑계'로 배를 보내지 않는다고 이와쿠라에게 불평했다.13 9월 해군은 처음에는 쓰쿠바호를 보내겠다고 약속했지만 곧 다코마루호로 대체했다. 데라시마는 외무성 대표인 하나부사 차관에게 탐사대에 동행하라고 지시하면서 선장과 직접 협의해 "우리가 사용하기에 적합한 항구, 곧 동해안(강원도)과 목포木浦나 옥구沃溝 근처 또는 경기도에 있는 항구"를 결정하라고 조언했다. 항구를 결정한 뒤 그는 조선 정부와 이 문제를 논의하기로 했지만 조약에 따르면 조인 후 20개월이 되는 1877년 10월 27일로 예정된 개항일은 "조금 연기될 수 있다".14

서울에 일본의 상주 공사관을 설치하는 문제는, 그 뒤 대부분 허술한 것으로 밝혀졌지만, 1876년 여름 강화도조약의 보충 협상을 위해 서울에 온 외무성 관료 미야모토 쇼이치宮本小一가 조약에 언급된 특정 사안을 명확히 하면서 어느 정도 토대가 마련됐다. 그는 주로 조약 제11조에서 개괄적으로만 규정된 무역 및 통화 규제에 관심을 뒀는데, 그 조항은 자신 같은 일본 위원이 이런 문제에 대해 조선 위원과 협상할 수 있도록 규정했다. 그는 11개 조항으로 구성된 '부록'을 협상하는 데 성공했는데,[15] 그것은 개항장의 무역 규정에 관한 몇 가지 사항을 명확히 했지만 원래 조약보다 그리 구체적이지 않았고 어떤 측면에서는 반복에 지나지 않았다.

미야모토는 어려움을 겪었다. 협상이 진행되던 7~8월 서울은 덥고 비가 많이 내렸다. 그 자신도 그 기간동안 대부분 몸이 아파 "작은 한옥의 병상에서" 협상을 진행해야 했다. 그의 수행원 가운데 한 명은 죽었다. 그 결과 일본의 입장에서는 부록 체결 자체도 그다지 성공적이지 못했지만, 미야모토는 서울에 일본 상주 대표가 가족과 함께 주재하고 그들이 자유롭게 이동할 수 있는 '유람과 산책遊步 구역'을 설정하며 원하는 도로를 자유롭게 통행할 수 있는 권리 등과 관련된 문제를 논의하려다가 최악의 결과를 낳았다.

강화도조약에서는 다음과 같이 명시했다. "일본 정부는 이 조약의 조인일로부터 15개월 이내에 언제든지 조선의 수도에 특사를 파견할 권리를 가지며, 거기서 그는 예조판서와 외교 문제를 협의할 자격이 있다. 그는 수도에 거주하거나 임무가 끝나면 본국으로 돌아갈 수 있다. 동일한 방식으로 조선 정부는 일본 도쿄에 특사를 파견할 권리를 가진다. (…) 그는 도쿄에 거주하거나 임무가 끝나면 귀국할 수 있다."[16]

미야모토는 유람과 산책 구역의 **규모** 문제를 중심으로 논의를 전개하려 했고, 10리(4킬로미터)에서 4리(1.6킬로미터)로 줄이겠다는 의지를 표명했다. 그러나 조선인들은 일본 대표를 서울에 주재시켜야 한다는 데 명확한 입장을 밝히지 않았다. 당연히 그들은 이미 일본인이 거주하고 있는 부산으로 유람과 산책 지역을 옮겼고 그곳에서 너그럽게 10리를 허용했으며, 그것은 부록에 포함됐다.17 그 대가로 그들은 미야모토에게 사절단의 주재에 관련된 성명서에 서명하게 했는데, 그 내용은 매우 모호하고 심지어 부정적이어서 사절단이 올 때 또 다른 걸림돌이 될 것으로 예상됐다. "조선에 특사를 파견하는 것은 단지 〔우호〕 관계와 무역을 목적으로 하는 것이므로 그 임무상 조선에 특사를 주재시킬 필요가 없다. 그리고 일본 사신의 왕래는 특정 도로로 제한해야 한다"는 내용이었다.

미야모토는 거기에 서명했지만 이 문제에 대한 추가 협상권을 일본 정부에 유보하고 조선 관원과 협의하면서 앞으로 일본 특사는 "오래 머물 것"이고 "서울에서 일본 국기國旗를 내걸 것"이라고 말했다. 협상의 어느 시점에서 조선인들은 15세기 일본 왜구의 조선 침략을 거론했다. 아마 미야모토는 부끄러웠을 것이다. 아무튼 그는 "자신에게 내려진 지시보다 많은 것을 타협했다".18

그 결과 하나부사가 왔다. 그에게 내려진 최종 지시는 데라시마 외무경의 서한을 조선 예조판서에게 제시하고 어떤 항구를 일본에 개방할 것인지 "논의해 결정"하며, 일본공사가 서울에 주재하면서 자신이 선택한 도로를 자유롭게 여행할 수 있어야 한다고 주장하라는 것이었다. 조선인들이 주한공사가 필요없다고 주장하면 "다른 나라의 사례를 들면서 그것을 거부하는 것은 조약을 위반하는 것"이라고 설득하게 했다. 다만 "공사가 주재하는 곳은 당연히 서울이어야 하지만 조선인들이 이해하지 못할 수도 있으니, 어렵다면 강화와 인천 사이에 임시로 설치하되 공사가 언제든 갈 수 있도록 서울로 가는 길은 반드시 열려 있어야 한다"고 했다. 하나부사는 이 지시를 받으면서 데라시마에게 "두 달 동안 논의한 뒤 성과가 없으면 조용히 돌아와 내년 봄에 다시 시도하겠다"고 제안했고, 데라시마는 그 제안을 승인했다.[19]

하나부사는 태정관으로부터 임무를 부여받은 1877년 9월 9일부터 아카사카赤坂 궁에서 천황과 대신들에게 결과를 보고한 1878년 1월 11일까지 자신의 경험과 주장을 일기로 기록했다. 그 문서는 몇 단락을 요약하고 인용할 가치가 있는데, 중요한 합의가 논의돼 있기 때문이 아니라 몇 년에 걸친 지루한 협상 과정을 거쳐 강화도 조약이 시행되기까지의 과정을 자세히 살펴볼 수 있기 때문이다. 앞서 말한 대로 하나부사는 다코마루호를 타고 조선에 왔는데, 사절단이 인천에서 내려 육로를 이용해 서울로 가기 전 여러 개항 후보지를 조사하기 위해서였다. 그러나 첫 여정부터 순조롭지 않았다. 10월 4일 입국한 하나부사는 배 안에서 콜레라가 발생해 다코마루호 승무원들은 상륙이 금지되고 질병 확산을 막기 위해 "시체를 불태웠으며" 그와 일행은 작은 배를 타고 부산에 상륙해야 했다고 보고했다(외교관은 격리에서 제외된 것으로 보인다).[20]

그 뒤 다코마루호는 나가사키로 돌아와 정비했고 하나부사는 부산에 남았는데, 왜관 책임자 곤도는 그에게 동래의 조선 관원과 연락하게 했다. 10월 8일 조선 관원 몇 사람이 그를 만나기 위해 부산에 왔고 하나부사는 고기와 술을 대접했지만 조선 관원들이 음식을 좋아하지 않아 접대는 실패로 돌아갔다. 9일 그는 곤도 일행과 함께 동래로 갔다. 곤도는 '일본 말'을 갖고 있었지만 하나부사와 일행은 '조선 말'을 타려고 하다가 "많은 어려움을 겪었다". 돌아오는 길에 '미친 농부' 몇 명이 그들을 가로막았다.

10월 30일 다코마루호는 나가사키에서 돌아왔고, 11월 3일 하나부사는 "천황의 사진에 절한 뒤" 다코마루호를 타고 부산을 떠나 측량에 착수했다. 11월 9일 해안 어딘가에서 그는 배의 장교들과 함께 조선의 지방 관원들을 접대했다. 선물을 주고받은 뒤 그들은 지난해의 가뭄에 대해 이야기를 나눴다. "끔찍한 가뭄이었고 올해도 똑같이 끔찍하다고 조선인들은 말했다." 하나부사는 일본에서 쌀을 좀 구해줄지 그들에게 물었다. 일본과 조선 정부가 모두 도와준다면 쌀을 구할 수 있을 것이라고 하나부사는 말했다. 지방 관원들은 "잘 모르겠다"고 대답했다. 다코마루호 선장은 그 지역의 지리에 대해 물었다. 그들은 아무것도 모른다고 말했고, 하나부사는 '이상하다'고 생각했다. 배의 엔진을 보여주자 그들은 "평생 그런 기계는 처음 본다"고 말했다.

11월 24일 하나부사 일행은 김포에 도착해 하룻밤을 묵고 지방 관원을 만나 다음 날 서울로 가기로 했다. 서울로 가는 길에는 '시끄러운 백성들'이 있었고 '경비병과 악사'가 많았다. 그들은 11월 26일 서울에서 '공식 접견관'을 만나 대화를 시작했다. 하나부사는 쌀 부족과 기근에 대한 주제로 대화를 이끌었다. "도움이 필요하면 기꺼이 도와드리겠습니다. 이 서신을 정부에 보내주십시오. (…) 귀국에 들어온 뒤 우리는 귀국 관원들에게서 많은 요리를 대접받았고 정말 감사하게 생각합니다. 하지만 배고픈 사람들을 생각하면 이 맛있는 음식이 들어가지 않습니다. (…)"

공식 접견관은 대답했다. "부끄럽지만 (…) 특별한 상황이 있습니다. (…) 우리나라가 귀국의 쌀을 받으면 귀국에 기근이 들었을 때 우리가 쌀을 제공할 책임이 있을 것입니다. 하지만 우리나라는 그 책임을 감당하기에는 너무 작습니다."

하나부시는 대답했다. "왜 진작 그렇게 말하지 않았습니까? 우리나라는 이미 다른 나라와 외교 관계를 맺고 있습니다. 기근이 들어도 귀국의 도움은 필요 없습니다. 그러므로 귀국의 '특별한 상황'은 타당하지 않습니다."

하나부시가 그렇게 인정했지만 그는 대부분의 대화에서 그리 좋은 점수를 받지 못했다. 11월 27일 그는 조선 예조판서를 처음 예방했다. 그의 방문 주제에 대한 "일본 정부의 최종 연락"이 "접수되지 않았기 때문에" 그가 판서를 만나도 되는지에 대한 의문이 제기됐다. 그러나 면담이 마련돼 하나부시는 데라시마의 서신을 전달하고 자신이 논의하러 온 문제를 알렸다. 판서는 서신에 그것들이 모두 언급되지 않았다고 반대했지만 다양한 음식과 유흥을 제공해 분위기는 좋았다. 28일 하나부시는 예조판서에게 항구 문제에 대한 회담을 시작하자는 서한을 보냈다. 같은 날 "문밖에서 소리가 들려 내(하나부사)가 나가보니 조선 관원이 바닥에 쓰러져 있는 조선인을 구타하고 있었다. 그는 우리 쪽에 배치된 경비병인데 제대로 근무하지 않아 처벌하는 것이라고 그 관원은 설명했다".

11월 29일 예조판서는 항구 개항 문제는 자신의 업무가 아니기

2장 확립된 현실주의 **099**

때문에 논의할 수 없다는 답변을 보냈다. 오히려 그는 공식 접견관과 논의해야 한다고 말했다. 하나부사는 이런 태도가 조약 2조에 어긋난다고 항의했지만, 하급 관원은 대답했다. "부적절하다는 것을 알지만 이 문제를 추진할 수 없습니다. 서울 사람들은 시끄럽고 무례하며, 민심은 나쁘고 악한 사람들이 그런 민심을 자극합니다. 무슨 일이 일어날지 알 수 없습니다." 점차 예조판서와 연락이 닿지 않자 하나부사는 회담 내용이 상부에 충실히 보고될 것이라는 가정 아래 공식 접견관 및 그 밖의 하급 관원들과 항구 문제를 논의하는 데 몰두했다. 그는 만족할 만한 장소로 문천文川을 제안했지만 왕릉과 가까워 협의할 수 없다는 답변을 들었다. "그렇다면 우리 정부는 잠정적으로 인천이나 강화를 개항하길 바라지만 나는 연기할 수도 있다"고 하나부사는 말했다. 조선 관원은 "〔연기하는 것이〕 아주 좋다"고 말했다. "그럼 문천에 대해 호의적으로 이야기해보자"고 하나부사는 말했다.

조선 관원: 그건 매우 어렵습니다.

하나부사: 어렵다면 신중히 논의해 보겠습니다. (…) 우리 정부는 이미 조선의 지도를 만들었지만 문천 북쪽에서는 좋은 곳을 찾지 못했기 때문에 귀국이 왕릉을 근거로 반대하는 것을 받아들일 수 없습니다.

조선 관원: 귀국의 관습은 모르겠지만 우리는 신성한 왕릉이 있는 지역에서는 아무것도 하지 않습니다. (…)

하나부사: 일본 대표가 가더라도 사람들에게 불편을 주지 않을 것입니다. 따라서 반대할 이유가 없습니다.

조선 관원: 정말 어렵습니다. (…)

하나부사: 우리가 그곳들을 소유하려고 한다면 당연히 문제가 있겠지만 우리는 무역을 바랄 뿐입니다. 따라서 어려울 것이 없습니다. (…)

조선 관원: 귀국의 사신을 서울에 오게 하는 것은 매우 번거롭고 비용이 많이 듭니다. 따라서 내년에 항구 문제를 논의할 때는 서신으로 부탁드립니다. 결과는 같을 것이고 저는 제 견해를 유지할 것입니다.

하나부사: 비용이 많이 들어 미안하지만 대표가 와야 합니다. 비용을 줄이는 방법을 논의할 수 있습니다. (…) 어떤 비용이 필요하신지요?

조선 관원: 정부에 물어보겠습니다.

하나부사: 귀하는 작은 문제도 정부에 물어봐야 합니다. 귀하가 귀국 정부를 대표해 하는 말은 받아들이겠지만 귀하는 전령처럼 행동하고 있습니다. (…)

조선 관원: 작년 귀국 대표들의 말에 따르면 귀국은 일을 서둘러 결정하는 것이 관례라고 했지만 우리는 충분히 논의한 다음 국왕이 결정해야 합니다.

하나부사: 그때 젠킨스Jenkins라는 미국인이 상하이에서 나쁜 사람들을 모집해 강화도에 와서 무덤을 파헤친 일을 아십니까?

조선 관원: 알고 있습니다.

하나부사: 귀국의 어떤 사람이 젠킨스에게 그 무덤에 보물이 있다면서 그것들은 조선인이 너무 소중하게 여기는 것이라 도굴해가면 어떤 값을 부르더라도 되팔 수 있을 것이라고 말했기 때문에 그런 일이 일어난 것입니다. 이런 문제의 근본적인 이유는 개항장이 없고 외국인에 대한 지식이 없기 때문입니다. 만약 왕릉 근처에〔외국인〕정

착지가 있다면 그것을 보호하는 효과를 가져올 것입니다. 젠킨스가 미국 정부로부터 처벌을 받지 않은 까닭은 조선 정부가 자신을 초청했다는 거짓말을 했다가 조선인들이 그를 나쁘게 대했기 때문입니다. 그 말을 미국 정부가 믿었기 때문입니다. 하지만 조선 정부가 미국 정부에 공식적으로 이의를 제기했다면 그는 처벌을 받았을 것입니다.

이런 대화는 12월 7일 하나부사의 조선인 접견관이 "신성한 장소를 개방할 수 없으니 다른 곳을 선택해 달라"는 간단하고 직접적인 발언이 담긴 정부의 문서를 가져오면서 절정 직전에 이르렀다. 또 다른 논쟁이 시작됐다. 하나부사는 곧 러시아와 영국 사이에 전쟁이 일어날 수 있다고 경고했다. (…)

하나부사: 우리 정부는 미래를 예측할 수 없습니다.
조선 관원: 무슨 일이 생기면 도움을 요청하겠습니다. (…)
하나부사: 본국에 보고해야 하는데 보고할 것이 없습니다. 저는 평화로운 우정을 쌓으러 왔는데 (…) 귀하는 이 일은 불가능하다며 다시 오지 말라고 합니다. (…) 다른 나라가 〔귀국의 항구를〕 점령하면 후회할 것입니다. (…) 그러므로 다시 생각하지 않으면 백 년 동안 어려움을 겪을 것입니다. (…) 우리는 러시아와 긴밀한 관계를 맺고 있습니다. 우리는 러시아-터키 전쟁에 대해 잘 알고 있습니다.
조선 관원: 조선은 세계정세를 잘 알고 있어 안심하고 있습니다.
하나부사: 귀국은 마치 진흙달팽이와 같아 껍데기에 머리를 박고 편안

하지만 밖을 내다보면 나쁜 물고기가 헤엄치는 것을 볼 수 있습니다. 그러니 조심하십시오.

조선 관원: 일본에 돌아가면 우리를 도와주십시오.

하나부사: 알겠습니다. 하지만 그러려면 먼저 우리의 제안을 수락해야 합니다. (…)

그 뒤 며칠 동안은 일본 외교단 일행과 다코마루호의 선원들이 서울을 유람하는 문제를 논의했다. 몇몇 능을 보기 위해 도성 문을 지나가겠다고 고집하던 한 일본인 중위는 어느 날 밤 돌아갈 수 없게 됐다. 그는 성문 밖에서 숙박해야 했는데, 일본인들이 보내준 침구를 받아 잘 수 있었다(일본인들은 문제를 미리 제기하려고 조금 일부러 멀리까지 유람했다).

그동안 문천을 둘러싼 협상은 교착 상태에서 조금 진전됐다. 문천만灣의 다른 곳에 일본 탄광이 들어설 수 있다는 쪽으로 논의가 바뀌었다. 하나부사는 그렇다고 해서 그 지역에 주택을 짓고 경비병을 주둔시키려는 뜻은 아니라고 보장했고, 그 6개월 뒤 석탄이 그곳에 매장됐을 수 있다는 이야기를 들었다.

이 작은 합의의 마당을 열자 하나부사는 곧 떠나겠다고 알렸다. 그러자 잔치가 베풀어지고 선물이 교환됐지만 마지막 먹구름이 드리워졌다. 하나부사 일행은 12월 21일 일본인 6명을 남겨두고 무거운 짐을 싸서 "다음에 우리가 돌아올 때까지" 조선인에게 맡기도록 지시한 뒤 서울을 떠났다. 하나부사는 놀라지 말았어야 했지만, 조선인들이 앞으로는 이런 일이 다시 없기를 바라면서 서둘러 김포까지 짐을 싣고 와 출항을 준비하는 자신에게 되돌려주자 당황했다. 그들은 조선인들에게 놀랐다. 짜증이 난 사절단은 "우리가 대금을 지불할 텐데 짐 몇 개를 맡길 수 없다는 것은 상상할 수 없는 일"이라는 편지를 서울에 보낼 수밖에 없었다. 이 짐이 어떻게 됐는지는 알려지지 않았지만, 자기 일행은 혹한 속에서 며칠 동안 배에 물건을 싣느라 고생했다는 그의 설명으로 보아 하나부사는 짐을 모두 다시 가져가야 했던 것 같다.[21]

물론 이것은 하나부사를 일본공사로 서울에 주재시키고 일본인의 상업과 거주를 위해 세 항구를 개방한 협상의 첫 단계일 뿐이었다. 그 뒤 1년이 넘는 기간 동안 일본은 전혀 진전을 이루지 못했지만, 내부 자문을 거쳐 원산과 인천항의 개항을 추진하고 덜 바람직한 곳은 받아들이지 않기로 확정했다.[22]

그러나 하나부사는 서울에 상주하는 일본 대표로 인정받았지만 올 때마다 모든 집기를 갖고 돌아가야 했기 때문에 그곳에 정착할 수 없었다. 실제로 부산의 조선 관원들이 일본 상품에 '불법' 관세를 부과하기 시작하면서 논쟁의 현장은 다시 그리로 옮겨졌고 근거지도 일부 사라졌다. 쓰시마 무역의 전통이 남아 있던 부산에서 일본 상인들은 강화도조약의 시행으로 상황이 개선되기를 기대하면서 대체로 옛 관례를 따르며 계속 활동했다.

1878년 12월 하나부사는 일본 군함 히에이比叡호를 앞세우고 부산에 들어와 이런 관세를 철폐하라고 조선인들에게 요구했다. 조선인들은 처음에는 거부했다. 그러나 하나부사와 히에이호 선장이 협의한 뒤 일본 해군 2개 분대는 배에서 상륙해 문제를 일으킨 세관

근처 산으로 진격해 "빈 소총을 들고" 그곳에서 훈련을 벌였다. 배의 함포도 발사했다. 그러자 조선 관원들은 "두려워하며 자진해서" 관세를 폐지했다. 그 뒤 서울에서는 지시를 내려 그들의 조처를 승인했다.

일본은 부산에서 일어난 이런 분쟁이 개항과 주한 일본공사관 설치에 대한 조선의 동의를 얻으려는 더 큰 목표에 방해가 된다는 사실을 잘 알았지만 유용하게 전환했다. 1879년 봄 하나부사는 부산에서 일본이 입은 무역 손실에 대한 '보상' 문제를 제기하기 위해 서울로 돌아오라는 명령을 받았지만 '그 대신' 여러 다른 문제가 해결될 수 있었다. 데라시마 외무상은 원산과 인천의 개항이 "매우 중요하다"고 강조했는데, 특히 원산은 "이웃 나라(러시아)와 관련해" 일본과 조선의 '전략적' 중요성이 매우 컸다.[23]

하나부사는 6월 서울에서 새로운 일련의 논의를 시작하면서 원산 개항에 최선을 다하겠다고 약속하고 그것을 "계속 주장하면서 머물" 준비를 했다. 그의 끈기는 마침내 보상을 받았는데, 8월 9일 조선 정부가 마침내 원산 개항에 동의했다고 외무성에 보고할 수 있었기 때문이다. 인천과 관련해서는 "아홉 번이나 이야기했지만 국민들이 반대할 것이라는 핑계로 거절했습니다. 저는 20개월 뒤 개방하는 것으로 할 테니 그동안 국민을 설득하라고 했습니다. 그러나 그들은 거절했습니다". 하나부사는 9월 3일 서울을 떠나 다코마루호를 타고 일본으로 돌아갔다. "절반에 가까운 승무원이 각기병에 걸렸다."[24]

그러나 하나부사는 정말 지칠 줄 몰랐다. 그 뒤 여러 차례 협상이 중단되고 다시 시작된 끝에 마침내 1881년 1월 일본 사절단이 인천에 상주하면서 업무 목적으로만 서울에 간다면 인천을 개항하겠다는 조선의 제안을 받았다. 2주 뒤 하나부사는 20개월 뒤(1882년 9월) 인천을 개항하겠다는 제안을 받았는데, 사절이 그곳에 거주해야 한다는 조건은 없었다.[25]

　1882년 여름 인천 개항 시기가 가까워지면서 하나부사의 오랜 인내와 끈질긴 설득이 성공을 거둔 것처럼 보였다. 그는 비공식적이 아니라 공식적으로 주한공사에 임명됐고 마침내 조선 국왕을 알현하는 자리에서 자신의 신임장과 황실 서한을 제출할 수 있게 됐다. 하나부사의 이런 요청에 조선 조정은 논란을 벌였지만, 결국 그가 여섯 번 읍揖하겠다고 동의한 끝에 합의가 이뤄졌다. 일본공사관은 서울 서대문 바로 밖에 설치됐다. 개항 문제는 해결된 것처럼 보였다. 실제로 오랫동안 외면받던 특사는 일종의 인기를 얻고 있는 듯했다. 상당수의 조선인이 일본을 방문하는 데 관심을 보였고, 일본공사관을 찾아와 조언과 준비를 요청했다. 1881년 2월 한 조선인 관원은 "곧 몇몇 조선인이 몰래 일본으로 갈지도 모른다"고 하나부사에게 귀띔했다. 하나부사는 누구에게서 그런 정보를 들었는지 캐물으려고 했지만 그는 "상관이 올지도 모르니 더 이상 말하지 않겠다"고 했다. 나중에 하나부사는 국왕도 이 생각에 호의적이라는 사실을 알게 됐다. 그는 이렇게 썼다.

　또 다른 조선 관원이 나를 찾아와 작은 목소리로 말했다. "아직 조선 정부는 우리가 일본에 가는 것을 허락하지 않지만 곧 우리의 고위

층 청년 몇 사람이 몰래 갈 겁니다. 하지만 귀국 정부와 국민들이 그들을 경멸할까 봐 걱정됩니다." 나는 대답했다. "아닙니다. 우리는 매우 환영할 겁니다. 그들이 몰래 오더라도 미리 말씀해 주시면 모든 것을 신중하게 준비하겠습니다." (…) 열흘 뒤 예조 관원이 와서 이동인 李東仁이 나를 찾아올 거라고 했다. 이틀 뒤 이동인이 와서 (…) 자신은 곧 일본에 갈 것이고 조선이 일본 배를 살 것이라고 했다. 나는 기뻤지만 물었다. "당신은 조선 정부의 승인을 받았습니까?" 그는 대답했다. "그렇습니다. 계획을 승인해 주십시오." "나는 승인하지만 조선 정부가 그것에 대해 공식적으로 내게 말해주길 바랍니다." "말이 새나갈 수 있으니 비밀로 해야 합니다."

이런 비밀주의는 공식적으로 은둔적인 조선 조정의 일부 세력이 특히 파벌의 이익에 부합할 때 신념을 지키지 않게 됐다는 사실로 설명할 수 있다.

하나부사는 나중에 조선인 35명이 "극비리에" 부산으로 떠났다는 사실을 알게 됐다. 그는 이동인이 그들과 함께 갔다고 생각했지만 "오늘 갑자기 그가 은 6관貫(약 22.5킬로그램)과 호랑이 가죽 20장을 갖고 나타나 일본 배를 타고 일본으로 보내달라고 했다. 다른 사람들은 이미 떠났지만 자신은 이것들을 운반하느라 어려움을 겪었다고 그는 말했다. 그는 오사카에서 은화를 주조하고 싶다고 했다. (…) 그는 다른 사람들과 합류할 것이라고 했다. (…)"

50여 명으로 구성된 이 단체가 일본에 도착한 것은 5월이었다. 하나부사는 이들에게 "박물관, 히비야 공원 군사 행진, 꽃구경" 등을 시켜주려고 했고 일본 정부 공무원들은 이들이 어디를 다니는지 따라다니려고 했지만 그들은 정부가 지정한 해군 숙소에 머무는 것이 '번거롭다'며 "여러 민간 숙소로 흩어졌다". 그래서 이노우에 외무경은 "이들을 보호할 특별한 방법은 없었지만 도쿄 경시청장에게 알렸다". 1881년과 1882년 초에도 더 작은 규모의 몇몇 단체가 '관세의 규제'와 '구리·가죽 제조'를 연구하고 광산·철강·가죽 생산용 기계를 구입하며 군사 훈련 등 여러 가지를 배우려고 일본에 갔다.

서울에서는 "국왕의 신임을 받는" 조선군 지휘관이 하나부사의 육군 무관인 호리모토 레이조堀本禮造라는 젊은 중위를 여러 번 방문했다. 그들은 호리모토에게 조선인 몇 명을 훈련시키도록 주선했고 많은 조선인이 "모여 구경하면서 웃었다." 그래서 울타리가 있는 특수 훈련장을 마련하기로 결정됐고, 호리모토는 근위대인 '별기군別技軍'을 훈련시키도록 승인받았다. 1882년 5월 조선 왕세자의 혼례에서 하나부사는 잔치에 참석해 국왕의 영접을 받고 발전의 상징인 작은 증기선과 총 두 자루를 선물했다.[26]

그러나 조선이 대응하고 있다는 가장 확실한 신호는 1881년 조선인들이 직접 단행한 정부 조직 개편이었다. 새 직제는 조금 복잡했지만 대외 관계에 더 중점을 두는 방향으로 바뀌었다. 하나부사에서 외무성을 거쳐 태정관으로 전달된 조직도에는 다음과 같은 주석이 덧붙여졌다. "조선의 새 시대는 이 개혁으로부터 시작될 것임."[27]

이 모든 것은 페리 방문 이후 몇 년 동안 일본을 '문명과 진보'의 흐름에 개방시키려던 미국의 노력, 심지어 젊은 일본인들의 해외 '밀항'까지 연상시킨다. 후진국을 단호하면서도 인내심 있게 다룸으로써 그 국민 가운데 일부가 깨어나고 있다는 희망적인 신호가 나타나고 있었다. 일본은 더 사악한 계획을 갖고 있었기 때문에 이것은 공정한 방정식이 아니라고 말할 수 있다. 그들은 단지 조선을 병합하기 위한 교묘한 토대를 마련하고 있던 것은 아닐까?

이것에 대해서는 경쟁에 대한 그들의 태도에서 실마리를 찾을 수 있을 것이다. 물론 경쟁국의 조선 진출을 돕지 않았다고 해서 반드시 병합을 계획했다는 증거는 아니다. 하지만 그들은 다른 나라를 배제하려고 했을까? 미국을 대표한 슈펠트Shufeldt 제독은 조선과 조약 체결을 처음 요청하면서 일본을 통해 서울로 전달했고 돌아온 대답은 부정적이었는데, 이런 사실은 그런 의심을 강하게 뒷받침한다. 조선인들은 슈펠트의 요청이 적절치 않게 처리됐고, 나아가 조선의 외교 관계가 이웃 나라인 일본에 국한돼 있다고 불평했다. 그 뒤 슈펠트는 이홍장의 도움으로 1882년 5월 조미수호통상조약을 체결했다.

넬슨은 이 사례를 말하면서 이홍장의 역할과 청에 대한 조선의 속국 관계를 강조함으로써 이홍장의 영향력을 부각시켰으며 일본이 슈펠트의 시도를 막으려고 했다는 인상을 남겼다.[28] 그러나 원본 문서를 인용하면서 이 사건을 신중하게 서술한 트리트의 글은 그런 확실한 인상을 주지 않으며, 오히려 일본이 선의로 행동했다는 빙엄 주일공사의 의견과 합치되는 경향을 보인다.[29] 또한 이 문제에 대한 일본 외무성의 기록(기밀로 보존)은 당시 외무경이던 이노우에가 조선 정부에 조언했음을 매우 분명하게 보여준다. "미국의 동기는 우호적인 대외무역일 뿐입니다. 고립을 고집하는 것은 나쁩니다. 예상치 못한 피해를 불러올 것입니다. 그러니 미국의 제안을 받아들이십시오." 그리고 조선이 슈펠트의 요청을 거부한 것을 "우리(일본)의 조언에 정반대되는 것"이라고 평가했다.

그 뒤 이 문제를 논의하기 위해 조선 대표단이 도쿄에 왔을 때 이노우에는 미국·영국·프랑스와의 관계를 신속히 개방하고 국방계획을 세우도록 조언했다.30 이 증거는 일본이 조약 체결을 위한 미국의 노력을 돕기 위해 진정으로 노력했다는 것을 뒷받침하는 것으로 보인다. 일본이 더 많은 것을 하지 않은 까닭은 T. F. 창T. F. Tsiang이 지적한 점 때문일 수도 있는데, 일본은 다른 나라의 서신을 조선 관원에게 전달하지 않겠다고 조선과 약속했다는 것이다.31 이런 사항들을 모두 고려하면 1882년 중반까지만 해도 일본이 조선에 대해 큰 음모를 꾸미고 있지 않았다는 것은 분명해 보인다.

그러나 1882년 7월 23일 서울에서 일본에 반대하는 임오군란이 일어나면서 일본이 조심스럽게 추진하던 강화도조약 이행은 갑자기 중단됐다. 이것은 변화를 예고하는 것일까?

1882년 임오군란은 부분적으로는 강화도조약의 이행과 그 밖의 외국인들이 입국할 가능성에 대한 조선인들의 반발이었고 부분적으로는 1873년 고종이 성년이 된 뒤 그의 아버지이자 전 섭정인 대원군과 왕비 민씨 세력 사이의 권력 다툼이었다. 섭정 시절 쇄국정책을 강력히 시행하고 기독교인을 박해하며 조선에 상륙한 외국인을 죽이거나 쫓아낸 것으로 유명한 대원군은 1873년 이후 은퇴한 상태였고 민씨 가문이 조정을 장악해 자신보다 덜 배타적인 외교 정책을 추구하는 것을 지켜보고 있었다.

호리모토가 신식 군대를 훈련하면서 조선군의 개혁이 이뤄질 것이라는 전망은 특히 옛 체제에 기득권을 가진 군인들을 불안하게 만들었고, 그들은 음모를 꾸미면서 곧 대원군에게 이끌어 달라고 요청했다. 5월 조미수호통상조약 체결 뒤 가뭄과 흉작이 이어지면서 외국의 침략 때문에 그런 자연재해가 일어나는 것이라는 소문이 돌았고 음모의 주동자들은 그런 소문을 확대시켰다. 7월 23일 저녁 서울에서 군중의 폭동이 일어났고, 민씨 일족의 대신들은 "자택에서 처참하게 살해됐다. (…) 국왕은 기적처럼 탈출했고, 군중은 왕비의 시신이라고 생각되는 것을 바라봤다. 대원군의 명령으로 왕비가 독살될 것이라고 모두들 알았지만, 왕비는 이미 무슨 일이 일어날지 알고 대비했다. 시녀가 대신 독살당했고 왕비는 방에서 빠져나와 (…) 안전한 곳으로 도망쳤다".[32]

다보하시의 설명에 따르면 일본공사관에 대한 공격은 대원군이 입양한 장남이 계획하고 주도했는데, 그는 이 놀라운 업적으로 중요한 지위를 얻기를 바랐다고 한다. 하나부사와 공사관 직원들은 베란다에서 공격자들을 막으려 했고 그 가운데 50~60명에게 총을 쐈지만 군중은 공사관 건물에 불을 질렀고 곧 절망적 상황이 됐다. 일본군이 궁궐로 진입하려고 했지만 실패하자 하나부사는 28명을 이끌고 밤중에 인천까지 수치스럽게 퇴각했고, 그 과정에서 많은 사람이 죽었다. 그러나 하나부사를 비롯한 생존자들은 마침내 작은 배에 올라탔고 다행히 영국 측량선 플라잉피쉬Flying Fish호에 구조됐다. 한편 서울의 폭도들은 호리모토 중위가 일본식으로 훈련시키던

별기군 막사도 공격했다. 막사는 파괴됐고 호리모토는 살해됐다. 공사관이나 막사에서 멀리 있던 일본인 몇 명도 붙잡혀 죽었다.[33]

나가사키에 도착한 하나부사는 신속히 도쿄로 연락해 지시를 받았다. 7월 30일 도쿄에 사건을 보고하는 그의 전보가 도착했다. 이노우에 외무경은 야마가타 아리토모 중장과 상의한 뒤 긴급 내각회의를 소집해 이 문제를 논의했다. 조선에 "국제법이 허용하는 범위 안에서" 사과와 손해배상을 요구해야 한다는 결론이 내려졌다. 그러나 "이런 사건은 동양에서 개항 외교의 전형적인 것이므로 동정적인 배려가 있어야 한다"는 결정도 내려졌다. 하나부사는 특명전권대사에 임명돼 즉시 조선으로 돌아가 요구사항을 전달하되 육·해군의 강력한 경비를 받고 "긴급 조치로" 군함을 부산과 원산에 파견해 일본인을 보호하도록 조처됐다.

이런 결정이 내려지자 이노우에 외무경과 미야모토 외무대서기관은 시모노세키로 가서 하나부사를 만나 서울로 돌아가 어떻게 처리할지 정확히 지시했다. 그들은 부산과 원산에 군함을 파견하기로 결정한 사실을 그에게 알려주고, 부산 관리관 곤도를 인천으로 먼저 보내 그가 도착할 수 있도록 준비하라고 지시했다. 그는 즉시 대대 병력이 호위하는 군함에 승선했다. 그러나 해군 함정과 군대 파견은 "일본인 거주민을 보호하려는 것이지 발포하려는 것이 아니다"라는 점이 강조됐다. "조선인이 문제를 일으켜도" 공격해서는 안 됐다. "발포할 필요가 있다고 생각되면 지시를 요청하라."

조선으로 돌아왔을 때 하나부사는 조선에 도착하자마자 '발포'할 이유가 없다고 생각했지만, 일본의 외교 상황은 예상보다 더 복잡했다. 실제로 그가 인천에 도착하기 이틀 전인 8월 10일 마건충馬建忠과 제독 정여창丁汝昌이 청의 조사관으로 왔다. 하나부사는 그들을 무시하고 서울로 출발해 8월 16일에 도착했다. 그곳에서 그는 고종을 제외한 누구와도 사건을 논의하기를 거부하고 8월 20일 일본의 요구사항을 고종에게 올렸다. 그러나 서울의 정국은 매우 불안했고 고종의 지위도 위태로웠다. 사흘 뒤 하나부사는 아무런 진전이 없자 격렬하게 화를 내며 일본으로 떠나겠다는 뜻을 분명히 밝히고 서울을 떠나 인천으로 갔다. 그러나 조선의 협상단은 그를 쫓아갔고 그의 배에서 협상이 진행돼 신속하게 합의가 이뤄졌다.[34]

하지만 그 뒷면에는 하나부사의 분노 이상의 것이 있었다. 실제로 상황을 지휘하고 해결의 길을 열어준 것은 청이었다. 그들이 어떻게 개입하게 됐는지 가장 자세히 설명한 자료는 초대 미국공사의 보좌관이던 미 해군 조지 C. 포크George C. Foulk 소위가 1884년 12월 이전 조선 상황의 배경을 서술한 보고서로 생각되는데, 당시 미국공사는 그것을 국무부로 보냈다. 그 사건에 대해 그는 다음과 같이 서술했다.

> 나가사키 주재 중국 영사는 일본이 조선을 점령하기 위해 군대를 파견한다고 중국에 전보를 보냈습니다. 이것은 당시 중국 톈진天津에 있던 세 조선 대신이 중국 당국으로부터 전해 들은 내용이었습니다. 이 대신들은 서열 순으로 조영하趙寧夏·김윤식金允植·어윤중魚允中이었습니다.
> 조영하는 저명하고 독실한 유학자입니다. 민영익閔泳翊(왕비의 조카)은

2장 확립된 현실주의 113

조영하와 그의 동료들이 톈진에서 전권을 쥐고 있었다고 내게 말했습니다. 그러나 서광범徐光範과 개화파는 이것을 강력히 부인하면서 그런 권력은 가정된 것일 뿐이며 국왕의 권한을 의도적으로 가정하는 것은 민씨 세력에게 드문 일이 아니라고 말했습니다. 일본의 침략에 저항한 군인들의 반란 이후 조선이 무력한 상태임을 알고 있던 조영하는 톈진 부총독(당시 이홍장은 모친상 때문에 관직에서 물러나 있었다)에게 청군을 조선으로 파견해달라고 신청했습니다. 그의 첫 번째 요청은 거절됐지만 전권대사였던 그가 다시 요청하자 파병이 승인됐습니다. 조영하와 그의 동료들은 군사들과 함께 청 군함을 타고 제물포로 왔습니다.[35]

조선의 요청이 이런 방식으로 이뤄졌든 아니든 서울에 개입한 것은 청 정책의 문제였다. 3천~4천 명의 병력이 쏟아져 들어왔다. 그들은 빠르게 서울의 질서를 다시 확립했다. 8월 25일 마건충은 대원군을 체포했고 몇 시간 만에 그를 중국으로 압송했다. 그러고는 조선인들에게 일본과 협상하라고 지시했다. 인천에서 하나부사를 찾은 조선 협상단이 마건충의 지시에 따라 그렇게 했는지, 아니면 그보다 앞서 서울에 접수된 일본의 요구가 예상보다 적었기 때문에 그렇게 했는지는 시점이 너무 가까워 알기 어렵다. 아무튼 마건충은 조선인들에게 협상을 촉구한 뒤 자신이 직접 분쟁을 중재하겠다고 제안했다. 하나부사 대표단은 그것을 거부함으로써 자신들은 조선이 외교 문제를 스스로 해결할 수 있는 독립 국가로 간주하고 있다는 점을 분명히 했다.

9월 3일 조선과 일본 대표가 서명한 합의 조건은 다음과 같았다. 조선은 일본인을 폭행한 사람들을 15일 이내에 체포해 처벌하고, 일본인 사망자(일본 주장에 따르면 12명, 다른 쪽 주장에 따르면 13명)에게 적절한 장례를 치른다. 조선은 사망자와 부상자의 일본인 가족에게 5만 엔, 공사관 피해 보상금과 일본 원정대 파견 비용으로 50만 엔을 10년간 분할 지급한다. 일본공사관 주변에 일본군 1개 대대를 5년 동안 주둔시켜 보호하게 한다. 조선은 일본에 '중요한' 사절단을 파견해 사건을 공식 사과한다. 일본 사신·영사와 그 수행원들은 앞으로 조선 예조에서 통행증을 발급받은 뒤 제한 없이 조선을 여행할 수 있고, 개항지의 일본인 거주자들은 더 큰 자유를 누리게 된다. 한 항구를 추가로 개항한다.

이 제물포조약 체결에 앞서 사흘 동안 열린 회의에서는 다른 문제들, 특히 외국인에 대한 일반적인 태도도 논의됐는데, 대원군은 전국에 척화비를 세워 양이洋夷를 추방하라고 촉구한 바 있었다. 하나부사는 이것들은 일본인과 조선인 모두에게 나쁘므로 없애야 한다고 제안했다. 조인 뒤 하나부사와 그 일행은 일본인 사망자의 '합당한 장례식'과 일본인 살해 혐의로 '유죄 판결'을 받은 '폭도' 3명의 처형을 목격하기 위해 남았다. 9월 18일 그는 철종의 부마로 일본에 사과 의사를 전달하는 특사로 임명된 박영효朴泳孝와 함께 서울을 떠나 일본으로 갔다. 이로써 1882년 임오군란 문제는 해결됐다.[36]

그러나 여기서는 관련된 세 사항을 추가로 소개해야 한다. 첫째, 일본 정부는 50만 엔 배상금과 관련해 1883년과 1884년 5만 엔씩

분할 지급받은 뒤 "가난하고 약한 조선의 입장을 고려해" 나머지 금액을 모두 취소하기로 결정했다. 이 사실은 1884년 11월 2일 조선 국왕에게 보낸 서신에서 알려졌다. 둘째, 하나부사 공사는 조선으로 돌아오지 않았다. 다케조에 신이치로竹添進一郞가 후임 상주공사로 와 1883년 1월 7일 조선 조정에 신임장을 제출했다. 셋째, 조·일 합의가 발효되는 과정에서 청은 조선과 '무역장정貿易章程'을 맺어 미래의 전망을 크게 바꿔 놓았다.[37]

이 세 사건의 중요성은 좀 더 설명할 필요가 있는데, 1882~1884년 일본의 정책을 평가하기 위한 시도의 하나로 뒤에서 서술하겠다. 임오군란에 대한 일본의 즉각적인 대응에 대해 주일 미국공사 빙엄은 일본의 온건함에 깊은 인상을 받은 반면 주청공사 영은 배상금 부과가 너무 가혹하다고 느꼈다.[38] 빙엄과 영은 각자 자신들이 일한 환경의 영향을 받았을 것이다. 그러나 이 장에서 앞서 설명한 기준들, 곧 미국의 일본 개항과 그 뒤 조약이 발효되면서 전개되는 상황이라는 관점에서 보면 비교할 측면이 많은 것 같다. 따라서 휴스켄Heusken 살해 사건*과 나마무기生麥 마을 살해 사건** 등의 반외세 사건, 그리고 거기서 발단한 서양의 징벌적 원정

---

* 주일 미국공사관의 네덜란드계 미국인 통역사인 헨드릭 콘래드 요안네스 휴스켄 Hendrick Conrad Joannes Heusken(1832~1861)은 미·일 통상조약 체결에 관계했다는 이유로 존왕양이파 사무라이들에게 암살됐다.

** 1862년 9월 14일 사쓰마 번주 시마즈 히사미쓰는 에도를 방문하고 사쓰마로 돌아가고 있었다. 그 행렬이 나마무기 마을(현재 요코하마시 쓰루미구)을 지날 때 영국인 관광객 몇 명이 말을 타고 그 앞을 통과했다. 그러자 사쓰마번 사무라이들

과 1864년 시모노세키 화해, 해협 개방, 원정 비용 배상, 사과를 요구한 화해 조건은 1882년 임오군란에서 일어난 일과 거의 일치한다.[39]

그리고 1884년 일본이 미국의 선례를 따라 조선의 배상금을 탕감한 것은 가장 흥미로운 유사점이다. 미국은 1883년 시모노세키 배상금을 일본에 반환했기 때문이다. 물론 1883년까지 미국은 빙엄 공사의 동정적인 접근 방식에 따라 일본이 조약을 개정함으로써 문호를 개방한 조약 체제의 불평등에서 벗어나도록 조심스럽게 격려하고 돕고 있었기 때문에 너무 멀리까지 비교를 밀어붙여서는 안된다.[40] 영국과 그 밖의 조약 체결국들은 동의하지 않았음에도 미국은 이렇게 하고 있었지만, 자국의 상업적 또는 그 밖의 이익을 저해할 수 있는 고집스런 이상주의는 결코 아니었다. 그러나 1880년대 후반 일본이 청과 비교해 조선에서 같은 역할을 하지 않았는가 하는 질문은 검토해볼 필요가 있다.

임오군란 당시에는 명시적으로 드러나지 않았지만 청은 조선이 '독립 주권국가'라는 생각을 결코 받아들일 준비가 돼 있지 않았다는 것이 사실이다. 이것은 사실상 일본 정부와 그 밖의 조약 체결

은 그들을 무례하다는 이유로 살해했다. 이 사건으로 사쓰에이薩英전쟁이 일어나 1863년 8월 15~17일 쿠퍼Augustus Leopold Kuper 소장이 이끄는 영국 함대가 이 사건의 보상을 요구하며 가고시마만을 공격했다. 서로 상당한 손실을 입은 뒤 11월 11~15일까지 평화 교섭을 진행해 영국은 사쓰마번에 군함 구입을 알선해주고 사쓰마번은 영국에 2만 5천 파운드에 해당하는 배상금 지불하는 것으로 타결됐다.

국 정부가 조선의 개항과 관련해 아무리 온화하고 인내심을 갖고 이해하는 태도를 보여도 주권과 무역에 대한 서양의 가정과 일반적으로 '진보'의 바람직함을 받아들이지 않았던 청의 입장에서는 복잡한 문제가 생길 수밖에 없음을 의미했다. 실제로 임오군란 뒤 아주 짧은 시간 안에 그들은 조선에 대한 중국의 전통적인 유교적 지배를 유지하고 강화하기 위해 가장 결연한 모습을 드러냈다.

넬슨은 아버지와 아들 같은 이 조·청 관계를 매우 세심하게 탐구해 그 역사적 뿌리를 조사하고 구체적 사례에서 그 작동 방식을 관찰한 결과 이 관계는 억압적이기보다는 명예로운 형태의 대국-소국 관계였다고 결론지었다. 그것은 강한 윤리적 색채를 띠고 있었으며, 중국의 부성적 보호 아래 실질적으로 조선에 일정한 안보를 제공했음을 그는 보여줬다. 아주 단순화하면 그의 연구는 국제관계에 대한 선입견 너머를 보지 못한 어리석은 서양인들이 양쪽의 시각을 모두 알고 있던 일본의 계략을 방조함으로써 상당히 훌륭한 오래된 체제를 파괴했음을 보여줬다고 요약할 수 있다.[41]

넬슨의 연구는 국민국가 체제를 국제관계의 완결이자 전부라고 생각하는 학자들의 근시를 교정하는 놀라운 업적이다. 하지만 결국 유교적 국제 체제를 너무 호의적으로 평가한 것은 아닐까? 중국 체제에 대한 넬슨의 긍정적 평가를 인정한다면 극동에서 그 체제가 무너지면서 일어난 혼란을 생각할 때 그대로 뒀다면 세상이 훨씬 더 나았을 것이라고 결론 내려야 하는 것이 아닐까? 20세기의 과정을 전 세계적인 갈등과 타락의 관점에서 바라보는 사람들은 아마 그렇게 말할 것이다(케넌은 황제 체제의 독일을 내버려두는 것이 최선이었다고

주장할 때 비슷한 논리를 적용한다).⁴²

하지만 중국 체제에 완전히 매혹된 사람이 아니라면 그 체제가 세워진 토대, 곧 굴종과 착취, 계급 구분, 상품과 생각의 교환을 수상한 집단의 활동으로 격하시킨 결과로 나타난 문화적·지적 둔화 등을 우리 시대에 지지할 만한 것이라고 생각하는 사람이 있을까? 결국 이것은 봉건적이라거나 중세적 또는 근대에 부적절함을 강조하는 어떤 용어로 가장 잘 설명되지 않을까?

T. C. 린T. C. Lin은 1935년에 쓴 글에서 옛 조·중 관계를 "근본적으로 영국 자치령의 관계와 비슷하며, 조선은 중국의 종주권을 인정하지만 국내 행정과 대외 관계에서 매우 자유롭다"고 했다.⁴³ 이것도 옛 중국 체제를 좋게 평가하고 있다. 그러나 의회도, 대의기관도, 일반인(조선인은 말할 것도 없고 중국인도)의 존엄성에 대한 인식도 없던 시대의 지배 체제를 자치령 체제와 "근본적으로 비슷하다"고 할 수 있을까? 그렇지 않다.

하지만 그 뒤 일어난 일을 고려하면 옛 체제가 그 형태를 그대로 유지하면서 내부적으로 자유화돼 19세기의 마지막 25년 동안 조선과 사실상 극동의 모든 나라에 닥친 권력 쟁탈과 비극을 피할 수 있었다면 더 낫지 않았을까? 옛 질서에 신선한 공기가 불어넣어질 수 있었다면 이 질문에는 "물론 그렇다"고 대답해야 한다. 그러므로 이 연구가 시도하는 대답에 합당한 질문은 왜 그런 일이 이뤄지지 않았고 주된 책임은 어디에 있는가 하는 것이다. 특히 그 책임이 일본에 있는가, 그렇다면 일본의 누구에게 있는가?

모리의 베이징 방문이 증언하듯 물론 일본은 1876년 강화도조약 체결을 추진했을 때 청이 조선을 '속국'으로 간주하고 있다는 사실을 알고 있었다. 이것으로 볼 때 조약 체결을 위한 노력 자체가 청을 속이고 관계를 약화시키려는 계략으로 해석될 수 있다. 그러나 이와쿠라·기도·오쿠보의 지도 아래 일본은 여러 분야에서 서구화를 추진하고 있었다는 사실을 고려할 때 그렇게 해석하는 것은 부당하며, 신설한 외무성이 서양은 물론 극동 국가들과도 서양식 조약을 맺으려고 한 것을 반드시 조선에 대한 침략적 구상의 전제로 볼 필요는 없다.

사실 일본은 이미 1871년 청과 조약을 체결했는데, 두 나라의 평등과 주권을 인정하는 것을 바탕으로 한 것이었다. 그리고 강화도조약이 체결된 그해인 1876년 청은 도쿄에 외교 대표를 파견했다. 모리가 청도 외교 문제에서 새로운 형태로 돌아서고 있으며, 총리아문 관원들과 이홍장이 자신에게 조선의 종속성을 설명한 것은 과거의 장황한 메아리여서 전통을 중시하는 예부禮部 관원들의 귀에만 의미가 있을 뿐 미래에는 더 이상 중요하지 않다고 생각한 것은 무리한 가정이 아니었을 것이다.⁴⁴ 모리는 이 문제로 불필요한 적대감이 생기지 않도록 정중하게 경청했고, 이홍장이 앞으로의 조약을 승인하자 그가 과거를 존중하되 미래로 나아가고 있음을 알았다.

강화도조약 체결 뒤 임오군란까지 6년 동안 일본 사절단은 인내와 신중함이 요구되는 새 방식의 조·일 관계의 세부 사항을 조선과 직접 협의해 나갔다. 그들은 일을 처리하기 위해 청의 특별한 영향력을 불러일으키려고 하지 않았다―적어도 공식적으로는 그런 일이 있을 수 있다는 사실을 잊었다. 그리고 임오군란 뒤 호위병

800명과 함께 조선에 돌아왔을 때 하나부사는 사건을 해결하는 데 청의 도움을 받거나 기대하지 않았다.

넬슨이 잘 보여주듯 조선과 조약 관계를 모색했던 서구 열강 대표들은 조선이 청의 속국이지만 내정과 외교를 자유롭고 책임 있게 운영하는 지위에 있다는 청의 역설적인 설명에 정말 혼란스러워했다. 그러나 모리와 마찬가지로 슈펠트는 이홍장이 조선의 종속성을 장황하게 설명하는 것을 정중히 경청한 뒤 각자의 주권적 능력을 전제로 한 조·미 조약에 서명했다. 그는 이홍장과 그 부하들이 말 그대로 톈진에서 조선을 위해 조약을 협상하고 인천에서 조인식을 가졌다는 사실을 간단히 무시했다. 조약을 접수한 미국 국무부는 조선이 "사실상 독립국"이며 조약 체결 과정에서 슈펠트가 청으로부터 받은 도움은 "중국의 종주권을 인정하는 뜻이 아니"라는 태도를 보였다. 그리고 조약 체결과 함께 고종이 미국 대통령에게 서신을 보내 "조선은 청의 속국이지만 국내·외의 국정은 늘 스스로 처리해 왔다"고 설명한 것은 아무 의미 없는 것으로 간주했다.[45]

따라서 일반적으로 임오군란 전까지 조선에 대한 청의 종주권 주장에 대한 일본과 미국의 공식 태도는 전체적으로 거의 같았다. "그들의 말을 정중하게 듣되 무시하라. 그것은 과거의 목소리일 뿐 현재의 타당성이나 미래의 중요성이 없기 때문이다." 그러나 그 사건 뒤 청이 자신의 주장을 구체화하기 위해 움직이기 시작하면서 일본 외무성은 "우려"하고 미국 국무부는 "계속 우려하지 않았다"고 표현할 수 있을 정도로 태도 차이가 나타났다.

물론 그 까닭은 거리의 차이와 조선에 대한 관심의 정도에 따라

부분적으로 설명될 수 있지만 완전히는 아니다. 미국 국무부는 청과 일본에 주재한 자국의 공사·영사들의 보고에 따라 이 문제를 잘 알고 있었고 당시 상원에서는 조선과 체결한 조약의 비준이 계류 중이었기 때문에 특별한 관심을 갖고 있었다.[46] 실제로 두 나라 정부는 조선과 조약 관계가 발전하는 것을 청이 뒤엎으려고 많은 시도를 할 가능성에 대해 다른 평가를 내렸다. 이노우에 외무경은 조선의 청 의존 문제를 전체적으로 검토하기 시작했다. 이 과정에서 그는 특히 오쿠보와 기도가 사망한 뒤 과두정권의 주역이 된 이와쿠라와 이토의 의견을 구했다.

두 사람의 의견은 조금 달랐다. 이와쿠라는 다음과 같이 말했다. "조선이 주권국가인지 청의 속국인지는 명확하지 않다. 우리와 조약을 체결할 때 조선은 자국이 독립국이라고 했지만 지금은 청의 속국이라고 한다. 그러므로 조선에 물어봐 확실히 할 필요가 있다. 청과 직접 논쟁하는 것은 좋은 생각이 아니며 미국·영국·프랑스·독일 등의 의견을 구해야 한다."[47]

이토는 상반된 견해를 표명했는데, 조선이 '독립국'이고 그것을 '공개적으로' 선언하며 외국에 대표를 파견하는 것이 "매우 시급하다"고 주장했다. "우리는 그들[조선인]을 일정하게 돕고 일정한 의무감을 느끼게 해야 한다. 그들은 힘도 자원도 없기 때문에 청에 의존할 수밖에 없다. 그러므로 그들이 독립을 선언하도록 돕고 조선이 청에 의존한다는 선언을 국왕이 폐기하도록 하는 것이 우리의 정책이 돼야 한다."[48]

그러나 이토는 멀리 유럽에서 자신의 의견을 표명했으며, 이노우에에는 이 두 의견을 염두에 두고 상황을 분석한 결과 "조선인들이 독립을 위해 일본의 도움을 바라는 마음은 많을지 모르지만, 문제 안으로 들어가 보면 김옥균金玉均·박영효·박영교朴泳敎만이 정말 헌신하고 있다"고 결론지었다. 따라서 이것이 조선 조정의 바람이기도 하다는 가정 아래 행동하기에는 "너무 이르다". 이노우에는 조선의 개화당을 돕지 않기로 결정했고, 박영효가 이 사건에 대한 조선의 사과를 전달하기 위해 일본에 왔을 때 그에게 아무 격려도 하지 않았다. 대신 그는 다보하시가 '역설적 정책'이라고 부른 것을 채택해 청에 협력적인 태도를 유지하는 동시에 다른 나라들이 미국과 마찬가지로 조선을 독립국으로 간주하고 그들의 영향력을 통해 조선의 독립이 '점차 실현'되기를 바라면서 조선이 다른 나라들과 조약을 맺도록 권장했다.[49]

이노우에는 특히 청과의 관계를 원활히 하기 위해 조선공사를 교체했다. 새로 임명된 다케조에는 구마모토의 옛 사무라이 가문 출신이었다. 그는 중국을 면밀히 공부했고 중국 시와 문학에 정통했다. 1880년부터 톈진에서 공사로 있었으며, 청의 많은 주요 인사와 폭넓은 친분을 쌓았다. 사실 그는 마건충의 친구였는데, 마건충은 임오군란 이후 중국 조사단의 책임자였기 때문에 그 뒤 조선에서 청의 움직임에 계속 영향력을 행사할 수 있었다. 다케조에는 인천에서 열린 협상에 참석했는데, 하나부사가 서울로 떠난 동안 마건충과 비공식적으로 몇 가지 문제를 논의하면서 일본은 조선 영토를 침략하거나 조선 내정에 간섭할 생각이 없음을 확신시켰다. 그는 사건 해결과 관련한 일본의 요구를 설명했고, 마건충은 "국제법적 관점에서 볼 때" 비교적 가벼운 요구라는 데 동의하면서도 조선은 매우 가난하므로 군사비 배상 요구는 줄여야 한다고 촉구했다.⁵⁰

아무튼 이노우에가 다케조에를 서울에 파견한 주된 까닭은 청과의 관계를 되도록 원만하게 유지하기 위해서였다고 할 수 있다. 이 해석은 T. F. 창과 넬슨의 해석과 상반된다. "일본 정부는 개화파를 지원하기 위해 상당히 명망 있는 중국학자인 다케조에를 주한공사로 임명했다"고 창은 말했다. 중국학자가 새 질서의 반중적 요소를 지지한 것은 그 자체로 흥미로운 역설로 보일 수 있다. 그러나 이것은 많은 연구에서 주장해 온 또 다른 가정, 곧 1884년 12월 4일 서울에서 개화파(친일)가 일으킨 유명한 유혈 혁명 시도의 배후에 다케조에와 일본 정부가 있었다는 추정의 바탕이다.⁵¹

이것이 당시 상황에 대한 올바른 평가인지는 곧 살펴보겠지만, 먼저 다케조에의 부임과 조선에서 전개되던 전체 상황의 관계를 고려할 필요가 있다. 다케조에가 중국인들 및 조선에 주재한 그 대표들과 원만한 관계를 유지하기 위해 매우 열심히 노력할 것이라고 인정하더라도, 일본이 주권국가로서 조선과 직접 관계를 유지하려는 생각을 완전히 포기하고 작지만 싹트고 있는 조선과의 무역이 위협받는 것을, 다시 말해 힘들게 발전시켜 온 강화도조약이라는 해결책이 무너지는 것을 볼 준비가 되지 않는 한 이것은 쉬운 일이 아니었다. 먼저 마건충은 조선의 첫 중국 대표로 오래 머물지 않았다. 마건충은 소환됐는데, 그의 추종자들과 9월 조선에 들어와 서울에 주둔하고 있던 청군 사령관 오장경吳長慶의 추종자들이 본국에서 대립했기 때문으로 생각된다. 그럼에도 다케조에는 오장경과

'우정'을 쌓았고, 1884년 오장경이 조선을 떠날 때까지 그의 군대와 일본공사관 대대 사이에 충돌이 없었다는 점은 주목할 만하다. 다보하시는 이것을 '우정' 때문이라고 설명했다.[52]

그러나 개인적 관계와 상관없이, 조선은 속국이지만 스스로 국정을 처리해야 한다는 온건한 전통적 태도를 대체하는 청의 강력한 간섭 정책이 새로 등장했다. 조선에서 청의 영향력이 어느 정도 범위에 걸쳐 있는지는 헤아리기 어려웠지만 가장 큰 효력을 갖고 있었다. 오장경 장군과 그의 군대가 있었고, 앞으로 떠오를 인물인 원세개袁世凱가 그를 도왔다. 그러나 이제 주요한 정치적·상업적 영향력은 중국 세관에서 일했던 독일인 P. G. 폰 묄렌도르프P. G. von Möllendorff(나중에는 러시아를 위해 일했다)와 샌프란시스코 주재 중국 영사 진수당陳樹棠을 통해 이홍장이 직접 행사했다. 폰 묄렌도르프는 조선 해관海關 총세무사 겸 외교 고문이 됐고, 새로 임명된 미국공사 루시우스 푸트Lucius H. Foote는 앞서 파견됐을 때 "그(폰 묄렌도르프)는 자신이 개입하지 않고는 〔조선〕 정부와 교섭할 수 없다고 생각하는 것 같았다"고 지적했다.

진수당은 총판조선상무위원總辦朝鮮商務委員으로서 조·청 상민수륙무역장정商民水陸貿易章程을 발표했는데, 거기서는 조선이 "고대부터 중국의 조공국(속국)이었다. (…) 〔이런〕 규정들은 청이 자신의 조공국(속국)에 너무 많이 양보한 것으로 간주돼야 하며, 조약 열강들과 청 사이에 존재하는 '최혜국 대우'의 범위 안에 있지 않다"고 명시했다. 이런 태도와 행동은 1885년 원세개가 조선에 주재해 실질적인 통치자로 임명되기 위한 전 단계였을 뿐으로 드러났지만, 청의 정책이 더 이상 '개항' 과정을 수동적으로 지켜보지 않고 옛 질서를 강화하려는 것임을 분명히 보여주는 것이었다.[53]

일본의 조선 정책 결정에 대한 분석과는 직접 관련이 없지만, 청이 왜 이런 압박을 시작했는지 묻는 것은 당연한 질문이다. 결국 조선에 대한 일본의 구상을 두려워했기 때문이 아니었을까? 아마 그랬을 것이다. 메리 라이트는 총리아문이 1867년에 이미 "일본의 잠재적 위협을 인식"하고 1870년대와 1880년대 초 그것을 매우 신경 썼음을 보여줬다.[54] 또 다른 학자는 청의 간섭 정책이 일종의 "정한론에 대한 뒤늦은 반응"이 아닌지 내게 물었다. 역시 그랬을 것이다.

그러나 청이 일본의 공격적인 구상으로부터 조선을 보호한다는 전제 아래 행동했다고 해서 적어도 1883년에 일본이 반드시 그런 구상을 갖고 있었다고 가정해서는 안 된다. 이를테면 미국이 일본을 개항시키려던 것과 같은 의미에서 일본은 조선을 개항시키려던 것이지 점령하려던 것이 아니었다면, 청의 적극적 개입 결정은 잘못된 전제에 기초했으며 매우 잘못된 선택이었다고 할 수 있는데 조선의 의존과 침체를 다시 강화했을 뿐 아니라 좀 더 융통성 있는 외교를 옹호한 중국인들을 둘러싼 유교적 틀을 더 견고하게 만들었기 때문이다. 우리는 이 문제를 예단하고 싶지 않으며, 다만 일본에는 정한 옹호론이 분명히 존재했지만 그 논쟁의 더 중요한 측면 가운데 하나는 일본인들 스스로 엄청난 개인적·정치적 대가를 치르며 좌절됐다는 것이기 때문에 그 문제를 계속 열어두려고 한다.

아무튼 1883년 청이 조선과 통상장정을 체결하면서 관계를 강화하기 시작하자 일본은 어떻게 대응했을까? 이노우에 외무경은 신중한 중도 노선을 선택했다. 그가 다케조에를 임명하고 조선의 개혁 의지가 그리 강하지 않다는 냉정하고 현실적인 평가를 내린 것은 일본이 조선 개항에서 이룬 진전을 조금 후퇴시키겠다는 의지의 표명이었다. 그렇다고 그가 모든 것을 포기하겠다는 뜻은 아니었다. 그러나 그는 이제 일본이 일방적으로 행동하거나 조선 개화파를 지원하는 것이 아니라 일본과 그 밖의 조약 열강(특히 미국)이 집단적으로 압력을 가하는 것에 개항을 진전시킬 수 있는 희망을 걸었다. 이것은 그의 '역설적' 정책의 다른 부분으로 앞서 언급한 조·미 조약을 위한 그의 노력이 이어진 것으로 해석할 수 있다.

실제로 1882년 8월 16일 하나부사가 서울에 도착해 임오군란과 관련된 협상을 시작하던 무렵 이노우에의 보좌관 요시다 기요나리吉田淸成 외무대보外務大輔는 도쿄에서 빙엄 미국공사와 회담하면서 미국이 조선과의 조약을 비준하기 전에 미국·영국·일본이 조·청 관계 문제에 대해 청의 이해를 구하는 것이 좋겠다고 제안했다. 빙엄은 이 제안을 워싱턴에 보고했지만 지지하지는 않았다.

앞서 본 대로 미국 관료들은 조선에 대한 청의 종주권 주장을 그리 심각하게 받아들이지 않았고, 이것은 미국과 조약을 체결하는 것에 대한 외국의 간섭으로 해석될 수 있었기 때문에 국무부가 그 제안을 승인하지 않은 것은 놀라운 일이 아니다. 빙엄은 이것을 지지하지 않았지만, 요시다의 제안이 실제로 전개된 청의 조선 간섭을 예상한 데서 비롯된 것은 분명하다. 요시다의 우려는 주일 청국 공사가 보낸 서신 때문에 촉발됐는데, 도쿄의 다른 공사들과 마찬가지로 하나부사가 합의와 사과를 받기 위해 돌아왔다는 소식을 들은 그는 다음과 같이 썼다. "일본은 우리의 조약국 가운데 하나며 우리의 속국 가운데 하나에 공사관을 두고 있습니다. 따라서 우리는 그곳(일본공사관)을 직접 보호할 것입니다."[55]

미국은 요시다의 제안에 응답하지 않았지만 이노우에는 무역장정으로 청의 의도가 명확해진 뒤 12월(1882년) 공동 이해 구상을 다시 제안했다. 그것은 베이징에서 신임 일본공사 에노모토 다케아키榎本武揚 제독이 영 미국공사와 대화하면서 제기됐다. 에노모토는 먼저 청이 조선뿐 아니라 "태국에 대한 종주권을 다시 주장할 계획"이라는 소문을 언급했는데, 영도 그 소문을 들었고 어느 정도 신빙성을 부여했지만 총리아문은 부인했다. 에노모토가 주장한 방식은 그것이 단순히 조선만의 문제가 아니라 더 광범하다는 점을 강조하려는 것이 분명했다. 그러나 "하루나 이틀" 뒤 그는 조선 상황을 구체적으로 언급했다. 영은 이 대화를 상세히 보고했다.

> 그(에노모토)는 자신의 정부가 조선을 청의 영토로 보는 데 결코 동의하지 않을 것이며 조선은 언제든 일본에 대한 공격 기지가 될 수 있다고 말했습니다. (…) 제독은 자국 정부가 조선을 점령하려는 의도가 전혀 없다고 부인했습니다. 그는 자신의 견해가 몇 년 전에 채택됐다면 일본은 스스로 안전을 확보할 수 있었을 것이라고 솔직하게 말했습니다. 저는 제독이 조선을 병합해 조선 문제를 해결하려는 일본 정당에 소속돼 있다는 뜻으로 이해했습니다. 그러나 일본 정부는 그런 생각이 아니었습니다. (…) 조선의 독립을 유지하는 것이 일본 정부의 확고한

정책〔이었습니다〕. (…) 〔그는〕 영국·독일·러시아·프랑스·미국·일본 대표로 구성된 회의를 도쿄에서 열어 조선 문제 전체를 다루자는 생각이 제안됐다고 말했습니다. 일본은 벨기에처럼 열강이 조선의 독립과 중립을 보장해야 한다고 제안할 것입니다. (…) 그는 조선이 정치적으로 또 다른 벨기에가 되는 것을 보고 싶다고 말했습니다.

에노모토는 이런 사실을 설명한 뒤 해리 파크스 경과 이 문제를 이야기했고 그가 이 구상에 호의적이라는 인상을 받았다고 덧붙인 다음 미국의 태도는 어떨지 영에게 직접 물었다. 영은 대답할 수 없다고 말했다. 그러자 에노모토는 영에게 개인적인 의견을 물었다. 영은 개인적인 의견은 "가치가 없다"고 말했다. 에노모토는 말했다. "일본은 미국을 깊이 신뢰하고 서양 문명에 문호를 개방했으며, 특히 지금처럼 중대한 사건에서 우리가 미국에 조언을 구하는 것은 당연합니다." 그러자 영은 일본이 주미공사관을 통해 국무부에 직접 요청해야 한다고 조언했지만 "국제적으로 고려할 사항이 많다"고 경고했다. 그는 미국이 유럽 문제에 대해서는 그런 회의에 참석하기를 거부했지만 남미의 공화국들에 대해서는 참석했다고 설명했다. 또 그는 러시아가 국경 문제를 제기할 수 있다고 경고했고 에노모토는 "러시아는 일본과 아주 좋은 사이를 유지해 왔다"고 대답했다.

영은 이 대화가 "호기심을 끌고 흥미로웠다"고 요약했지만 일본이 그런 회의를 바라는 까닭 가운데 하나는 "서구 열강과 동등하게 행동하고 심의하려는 것"이라고 국무장관에게 알렸다. 또 그는 에

노모토가 회의에 청을 초청하는 것에 아무 말도 하지 않았다고 언급했다.[56]

영 공사는 이 무렵 이노우에로부터도 임오군란 당시 조선 해역에 있던 미 해군 모노카시Monocacy호의 주둔과 호의에 세밀히 감사하고 그 사건에 대한 조·일 합의서 사본을 동봉한 친서를 받았다.[57]

그러나 영은 일본의 제안과는 별개로 청의 조선 간섭 문제에 대한 자신의 결론을 내렸다. 12월 19일 그는 무역장정 발효로 일어난 상황에 대한 자세한 분석을 체스터 홀컴Chester Holcombe에게서 받았다. 거기서 홀컴은 청이 무엇을 하려는지 자신은 잘 알고 있음을 보여줬다. 그는 장정에는 조선 국왕의 독립에 대한 언급이 없다는 데 주목했다. 청은 "지난해 전개된 전략적 움직임의 정체를 드러냈는데, 조선은 그 대상이고 이홍장이 그 전략을 주도했다"고 그는 말했다. 그 전략은 "러시아나 일본의 어떤 시도로부터도 조선 국왕의 자주권을 효과적으로 확보하기 위해" 미국·영국·독일이 조선과 조약을 맺게 한 다음 무역장정을 이용해 서구 열강이 얻은 이점을 "무효화"하려는 것이었다. 그 결과 미국이 "밤을 불에서 꺼내주면 (…) 청은 그것을 먹었다".

하지만 청이 '최혜국 대우 규정'의 적용을 막을 수 있다고 생각하는 것은 '잘못된 판단'이므로 미국은 아무튼 조선과 체결한 조약을 비준해야 한다고 그는 조언했다. 미국은 같은 권리를 주장할 수 있고, 영국과 독일도 그렇게 해서 같은 권리를 확보하는 데 성공할 것이라고 그는 판단했다. 또한 "최근 조선에서 일어난 사건에 (…) 격분한" 일본이 가혹한 요구를 하고 무력으로 그것을 뒷받침할 수도 있다. 최혜국 대우 주장을 밀어붙이면 적대적인 의도를 억제하고 바라는 목적을 평화적인 수단으로 이룰 수 있다. 이것이 홀컴의 주장이었다.[58]

홀컴은 "청이 얻은 모든 것을 열강은 최혜국 조항에 따라 주장할 수 있으므로 조선과의 조약을 비준해야 한다"고 촉구했으며, 영은 동의했다. 그리고 영은 조금 겸손하게 덧붙였다. "아시아 국가들이 서로 조약 관계를 맺으려는 추세는 장려돼야 한다고 생각합니다. (…) 지난여름 일본이 조선과 맺은 조약과 이 특별한 〔조·청〕 조약도 서양의 방식과 법률로 나아가는 조치며 그 점에서 가치가 있습니다."[59] 영은 상당한 분석 끝에 이런 차분한 결론에 이르렀지만 일본의 빙엄은 상황을 조사할 만큼의 관심조차 없었다. 무역장정은 독립 국가로서 조선이 열강과 맺는 관계에 영향을 주지 않는 협약이라고 그는 해석했다.[60]

1883년 봄과 초여름에 구체화된 미국의 조선 정책은 프렐링후이센Freylinghuysen 국무장관이 즐겨 사용한 표현을 빌리면 '완벽한 공평성'으로 일본과 청을 대하려고 했고, 조·청 관계에는 "지금은 관심이 없다"는 것이었다. 무역장정이 중국 상인들에게 "엄청난 이점"을 제공한다는 것을 인정했지만 그것은 결국 최혜국 원칙의 적용으로 시정될 수 있었다. 신임 조선공사 푸트에게 내려진 지침에서는 조·청 관계를 어떻게 다룰 것인지 조금 장황하게 설명했지만, 요약하면 "조·청·일 관계를 충분히 보고해 조약에서 청에 부여한 특권을 우리 국민에게 보장하도록 적절히 조처할 수 있게 하라"는 것이었다.[61] 미국은 조선을 독립된 주권국가로 봤지만, 자국의 권리를 보호하는 것 이상으로 나아가 그것을 주장할 필요는 없다고 판단했다. 1884년 가을 푸트 공사는 "최근 체결된 조약에 따라 조선의 위상이 강화된 결과 청은 조만간 종주권에 대한 주장을 자발적으로 포기할 것으로 보이며, 이것이 조선 국왕과 국민들의 간절한 바람이라는 것은 의심할 여지가 없다"고 예측하면서 이런 정서를 다시 한번 확인했다.[62]

그러나 조선 안에서 그리고 조선을 놓고 벌어진 비극적인 전쟁의 기록을 현재의 시점에서 되돌아보면 많은 나라의 동의를 얻을 경우 조선의 독립과 중립을 선언할 수 있다는 일본의 제안을 미국이 받아들이지 않은 것은 절호의 기회를 놓친 것은 아닌지 묻지 않을 수 없다. 이 제안이 일본의 계략이나 속임수였을 뿐이라면 일본 정부가 정책 기조를 스스로 뒤집자 에노모토가 개탄한 것은 이해할 수 없으며, 푸트 공사가 조선에서 업무를 수행하던 때 일본 외무성이 그의 정책을 자체적으로 분석한 것도 이해할 수 없다. "미국은 조선을 독립국으로 간주하며, 조선 병합을 바라지 않고 극동의 평화를 추구하며, 조선에 계몽이 필요하다고 생각한다. 이것은 일본 정부가 오랫동안 갖고 있던 생각과 일치한다."[63]

1883년 12월 임오군란의 먼지가 가라앉을 무렵 다케조에는 도쿄로 돌아와 오래 머물렀다. 그 무렵 일본 정부는 강화도조약의 약속이라는 측면에서는 조금 만족스럽지 않지만 조선 문제에 대한 현실적인 해결책을 마련했다. 그들은 조선을 정복하는 것보다 세계가 보기에도 훨씬 낫고 자국의 자원을 볼 때도 훨씬 합리적이라는 판단에서 신중하고 감정적이지 않은 정한 반대 전통에 따라 조선을 근대화의 신선한 공기에 개방하고 거기서 약간의 상업적 이익을 얻으려는 계획을 추진했다. 이것에 대해 진보적 국가들은 일본이 관련된 한 자신들도 거기에 참여하도록 분명히 환영받을 것이었기 때문에 일본에 감사할 수밖에 없었다. 임오군란이 일어나기 전까지는 모든 것이 매우 만족스럽고 희망적이었다.

그 뒤 청은 어려움을 만나자 시계를 되돌리려고 했다. 그러나 에노모토와 영의 대화에서 알 수 있듯 일본 정부는 우려하면서도 흥분하거나 비이성적으로 행동하지 않았는데, 그 지도자들의 마음속에는 조선의 상황이 모욕·무역·근대화의 문제를 넘어 자국의 안보와 관련돼 있다는 예측이 자리 잡기 시작했기 때문이다. 청이 조선에 충분한 압력을 행사해 일본의 영향력을 약화시킬 수는 있지만 일본 자체에 대한 위협으로 간주하기는 어려웠기 때문에 이 안보 문제가 어떻게 전개될지는 아직 명확하지 않았다. 따라서 명확하고 시급한 안보 위험이 없는 상황에서 이노우에의 정책은 두려움보다는 우려에 기초했고 절박한 조처보다는 신중한 대응 쪽으로 기울어졌다.

신중한 논리로 대안을 모색한 그는 청을 달래기 위해 조금 후퇴하기로 결정하는 한편 강화도조약에서 구상한 '올바른' 방향으로 나아가기 위해 조선과 조약을 체결한 열강의 집단적 관계에 의존했다. 본질적으로 이 정책은, 이노우에가 조약과 시대의 흐름이 청의 개입을 물리칠 수 있다고 확신하지 못한 것을 제외하면, 구체적인 국제회의에서 그것을 확인하려고 했다는 점에서 미국의 정책과 매우 비슷했다. 그리고 그는 조선의 불안한 정세와 국제적 경쟁이 일본의 안보에 미치는 영향을 국제사회가 조선의 독립을 보장하는 상황과 비교하면서 더 오래 생각해왔을 것이다.

1876~1883년 일본의 조선 정책은 정한에 반대하는 냉정한 현실주의가 지배했다. 이 정책은 근대의 새 흐름을 조선에 도입하려고 했고 조선과 조약 관계를 맺으려는 다른 나라들에게 배타적이지 않았다는 점에서 진보적이었다. 그러나 현실적인 정책으로서 그 궁극적인 기준은 조선이 아닌 일본이었다. 따라서 조선에 관련해서는 많은 것을 타협할 수 있었지만 일본의 안보에 관련해서는 궁극적으로 아무것도 타협할 수 없었다. 그러나 적어도 1883년까지 일본 정부는 신중하고 계몽적인 태도를 보였으며, 과두제가 정책 수립과 집행을 확고하게 통제했다. 그러나 1884년 일본 정계에서는 이 "안전하고 온건한" 조선 정책에 도전하는 세력이 등장하기 시작했다. 이제 이들의 영향력을 살펴봐야 한다.

3장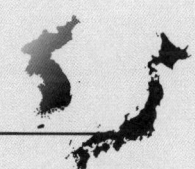

이상주의의 진입

정부의 신중한 태도에 도전한 자유주의적 열망

진보와 자유의 사상에 매혹된 최초의 한국인은 외국에 나가 '진보
적인' 나라를 방문할 기회가 있던 사람들이었다. 대의에 동참한 많
은 이들이 곧 투옥·고문·죽음의 대가를 치렀지만 살아남은 이들은
그 대의를 이어갔다는 점에서 '매혹됐다'기보다는 '영감을 받았다'
고 표현하고 싶어진다. 이승만李承晩은 새로운 지평의 영감을 처음
받은 사람들보다 나이가 적지만 그 영향력의 강도를 보여주는 대표
적인 사례로 꼽을 수 있다. 그러나 이승만의 사례는 세월이 흐르면
서 진보와 자유에 대한 한국인의 상상은 마치 무지개와도 같았고
이승만처럼 그 성취를 위해 평생을 바친 사람들조차도 균형감을 잃
는 경향이 있었음을 보여준다.

그들이 겪은 좌절·환멸·잔인함은 너무 압도적이어서 초기 자유
주의는 의심과 쓰라림 속에서 사라져 버렸다. 그들 가운데 일부가
19세기 후반 그런 영감의 시대에 미래를 읽을 수 있었다면 그들은
스스로 자신의 상태를 '영감'이 아닌 '매혹'이라고 냉소적으로 묘
사했을지도 모른다. 또한 '매혹'은 기이함, 진보와 자유에 대한 오

해와 특정한 상황에 빠진 인간의 약점을 위한 공간을 만들어 준다. 1888년 초대 주미공사 박정양朴定陽이 미국 대통령을 만나러 가면서 마닐라 시가 몇 상자를 몰래 들여가 젊은 한국인 유학생에게 팔게 해 그 돈을 사용한 일을 떠올릴 수도 있을 것이다.[1]

매혹됐든 영감을 받았든, 1883년 무렵 조선 밖에서 새 세계의 향기로운 포도주 냄새를 맡고 그것을 무척 맛보고 싶어 한 용맹스런 조선인들이 있었다. 그들은 독립당·개화당·개혁당·친일당 등 다양한 이름으로 불렸지만, 맨 끝의 이름은 실제보다 폭이 좁은 의미를 담고 있다.[2] 그러나 그들이 새 세계와 처음 접촉한 곳은 일본이었고, 실제로 상당 기간 그들은 그곳에서 도피와 생계와 희망의 안식처를 찾았다. 1876년 강화도조약 비준 사절단, 1881년 조사시찰단朝士視察團, 1882년 사과 사절단 등 초기 일본 사절단의 구성원들에서 그 주요 인물이 나왔으며, 그 가운데 일부는 사절단 자체보다 더 오래 남아 근대화 상황을 관찰하고 연구했다.

앞서 언급한 박정양은 1881년 조사시찰단의 일원이었고 그 뒤 주미공사와 총리대신이 됐지만 이런 일본 사절단 가운데 가장 적극적이거나 명민한 사람은 아니었다. 그를 두 직책에 추천한 호러스 N. 앨런Horace N. Allen은 그를 '나약한 멍청이'로 묘사했다.[3] 유능한 인물들은 개화당을 창립했지만 갑신정변에서 암살된 가장 연장자인 홍영식洪英植, 고종의 매제이자 개화당 가운데 가장 명문 출신인 박영효, 서광범, 그리고 가장 활발하고 대담한 김옥균이었다. 이들은 모두 양반 가문 출신이었다. 이 집단의 또 다른 주요 인물들은 서광범의 친척인 서재필徐載弼과 한규직韓圭稷·변수邊燧·박영교(갑신정변

3장 이상주의의 진입　137

때 죽음) 등이었다. 이들은 모두 1883년 이전 일본을 방문한 적이 있었고 일부는 장기 체류했으며, 홍영식·서광범·변수는 1883년 9월 미국을 방문한 첫 사절단의 일원이었다.⁴

미국에서 돌아온 홍영식은 자신의 경험을 "눈부실 정도로 밝은 빛" 속에 있었다고 표현했다. 뉴욕 병원, 웨스턴 유니온 전신국, 뉴욕 소방서, 하버마이어Havermyer 설탕 정제소, 브루클린 해군 조선소 등 미국은 조금 비현실적일 정도로 눈부셨지만, 일본은 미국에서 관찰한 성취의 방향을 명확하게 가리키는 일들이 이뤄지고 있는 가깝고 현실적이며 다가가기 쉬운 곳이었다.⁵ 일본의 업적은 그렇게 화려하지는 않지만 개국한 지 30년밖에 되지 않은 나라로서는 놀라운 일을 해내고 있었으며, 거기에는 참으로 연구할 만한 것이 있었다. 물론 조사시찰단이 관찰한 제도적·기술적 발전은 일본 정부가 '내부건설'이라는 오쿠보의 원칙에 따라 단호하게 나아간 정책과 노력의 결과였다.

그러나 오쿠보 자신부터 1880년대 초 외무경으로서 이 사절단의 공식 영접자였던 이노우에 가오루에 이르기까지 그 지도자들은 과두제에 입각한 냉정한 인물들이었다. 앞서 본 대로 그들의 정책은 진보적이었지만 감정이나 열정이 현실적 판단을 앞서는 것을 허용하지 않았다. 요컨대 그들은 자신들이 그토록 효과적으로 진압했던 조선 정벌처럼 조선 개혁에 관여함으로써 일본의 '내부건설' 계획이 위태로워지는 것을 보고 싶지 않았다. 아마 조선의 개화파는 그 초기 단계에서 이것을 분석하지 않았겠지만, 공식 안내자들에게서 벗어나 "개인 숙소들로 흩어진 뒤" 과두정치를 맹렬히 비판한 무모하고 열정적인 자유주의자들을 만났을 때 느낀 유쾌한 따뜻함과는 반대로 일본 관료들에게서는 조금 쌀쌀한 격식의 대조적인 분위기를 감지했을 것이다.

일본의 자유주의자와 자유주의는 특히 일본의 정당과 의회정치의 발전과 관련해 여러 곳에서 다양한 각도로 논의돼 왔으며, 여기서 그 복잡성을 철저히 분석하려고 시도할 필요는 없다. 그러나 조선과 관련해 1880년대 초 조선 문제를 제기한 일본의 자유주의자들은 이타가키와 고토의 자유당 추종자거나 후쿠자와 유키치福澤諭吉의 게이오慶應 학파의 일원이었다는 점을 주목해야 한다. 이 집단들은 자유민권 운동의 공동 참여자이자 일반적으로 의회 정부와 서구식 자유주의를 강력히 옹호했기 때문에 조금 다른 경로로 자유주의에 도달했다는 사실을 제외하면 그들을 구분할 필요가 없을 것이다.

이타가키와 고토는 정한론을 거쳐 자유주의에 입문했다. 정한론의 지지자로서 그들은 신중한 보수파들과 처음 결별했고, 초기 당 조직에서도 자유민권과 동등한 목소리로 정한을 옹호했다. 그러나 강화도조약은 정한이라는 풍선에 구멍을 냈고, 1880년 자유당은 미래를 위한 강령을 마련하면서 입헌정부·민권·평등, 그리고 '국가의 발전과 번영'을 위해 과두정권과 싸울 것을 강조했다.[6] '국가의 발전과 번영'은 해외 진출을 의미하는 것으로 해석할 수도 있지만 그것은 결코 명확하지 않았고, 다른 세 항목을 일본 외부의 사람들에게 적용하면 그런 해석은 전혀 적용될 수 없었다. 조선 정벌은 어디서도 찾아볼 수 없었다. 그리고 1880년대 자유당의 조선 정책이 구체화되기 시작하면서 모욕에 복수해야 한다는 정한의 논리가 아니라 조선이 진보와 자유로 나아가도록 도와야 한다는 주제를 중심으로 정책이 수립됐다. 그러나 정한은 자유당의 유산이었고 그것이 궁극적으로 조선을 위한 일본 자유주의자들의 노력에 영향을 줄지는 알 수 없었다.

후쿠자와는 정한론의 영향을 받지 않고 자유주의에 입문했다. 실제로 강화도 사건 당시 정한론이 다시 일어나는 듯하고 이타가키 등의 민권옹호론자들이 호응하자 게이오 세력은 "민권과 정한 주장을 연결시켜서는 안 된다"고 경고했다. 일본 역사학자 도야마 시게키는 후쿠자와 세력은 (이타가키 등보다) 낮은 계급 출신이었기 때문에 정한론에 동조한 '사족(사무라이) 의식'의 약점을 지적할 수 있었다고 그 까닭을 설명했다.[7] 달리 말하면 후쿠자와는 아무튼 이 단계에서 자유와 민권이 정한 때문에 무너지지 않도록 분리돼야 함을 알 수 있었다는 것이다. 이것은 흥미롭고 예언에 가까운 생각이지만 아쉽게도 후쿠자와 자신은 충분히 오래 기억하지 못했다. 하지만 이것은 후쿠자와의 자유주의를 매우 높이 평가해야 한다는 것을 시사한다.

이타가키와 그의 자유당이 옹호한 '자유주의'는 민족주의에서 스스로 벗어날 수 없었고 개인의 권리와 국가의 권리를 혼동했으며 정한에 뿌리를 뒀고 광신적 애국주의의 성향이 있었다는 점 등을 강조함으로써 그것을 비판적으로 볼 수도 있다. 물론 이런 견해에는 많은 근거가 있고, 이 연구에서는 자유당이 내세운 자유주의의 변질된 성격을 이미 지적한 바 있다.

그러나 이런 사고방식은 두 가지 이유로 너무 멀리 밀어붙여서는 안 된다. 첫째, 이런 변질된 자유주의는 일본적 변종인 반면 서양 국가들, 적어도 몇몇 서양 국가에는 민족주의에 물들지 않은 더 순수한 형태의 자유주의가 존재한다는 암시를 매우 쉽게 얻을 수 있기 때문이다. 비교를 강조하고 그 차이가 조금밖에 되지 않는다고 인정하면 더 순수한 형태의 자유주의가 있을 수도 있지만 그 차이는 정말 작을 것이다. 어떤 민주국가에서 자유주의 후보가 민족주의에 상당히 호소하지 않는다면 얼마나 멀리 갈 수 있을까? 공정한 대답은 언제나 그리 멀리 갈 수 없고, 외부의 위기가 있는 상황에서는 아무 데도 갈 수 없다는 것이 아닐까?

둘째, 특히 조선 문제와 관련해 이런 사고방식은 일본의 자유주의자들이 조선의 진보세력에게 관심을 가진 유일한 이유가 조선을 삼키려는 일본 민족주의자들의 계획에서 졸로 이용하기 위해서라는 추정에 쉽게 이르게 된다. 그렇다면 조선의 진보세력과 친구가 되는 것은 정한론의 연장일 뿐이다. 앞으로 좀 더 자세히 살펴보겠지만 나는 그렇지 않다고 생각하며, 정한에 기반을 둔 자유당의 경우도 마찬가지라고 판단된다. 그러나 후쿠자와와 게이오 학파가 일본의 자유주의자와 조선 진보세력의 관계에 매우 큰 영향을 줬다는 사실은 다른 방향을 더욱 분명하게 가리키는 듯하다.

후쿠자와는 다른 활동도 많이 했지만 조선 문제에 많은 시간과 힘을 쏟았다. 그는 지성과 명민함에서 그 밖의 일본 자유주의자들보다 뛰어났기 때문에 그의 생각과 행동의 방향과 영향력은 특별히 살펴봐야 한다. 후쿠자와가 얼마나 탁월했는지는 말하기 어렵지만, 그는 19세기의 자유주의적 민족주의자로 묘사하는 쉬운 정의보다 훨씬 뛰어났으며 민족주의에 힘입어 더 많은 업적을 이뤘다고 평가하고 싶다. 후쿠자와를 분류하기는 그리 쉽지 않다. 그의 사상은 결코 국가나 계급의 경계에 갇혀 있지 않았다. 그의 활동은 우리가 특히 관심을 갖고 있는 국제 문제에 대해 철학적 근거를 잘 갖춘 자유주의의 한 사례를 보여준다.

후쿠자와는 1835년 규슈의 하급 사무라이 가문에서 태어났으며, 불의와 불평등에 대한 그의 초기 인식은 자신이 속한 하급 사무라이 계층의 "물질적 빈곤과 심리적 좌절"을 관찰한 데서 나온 것으로 보인다. 그가 그것을 깊이 느꼈다는 것은 자신의 "오래된 봉건 가문"의 상황을 설명함으로써 봉건적 차별에 대한 교훈을 가르치려고 노력한 데서 알 수 있다.[8] 그러나 후쿠자와는 그저 상층 사무라이나 다른 희생양을 원망함으로써 자신이 느낀 부당함을 해소하려고 하지 않았다.

그는 페리의 방문에 자극받아 네덜란드어를, 그다음에는 영어를 배웠고 메이지 시대가 시작될 무렵까지 미국으로 두 번, 유럽으로 한 번 여행을 다녀왔다. 그 무렵 그는 교육이 개선의 열쇠임을 깨달아 유신의 혼란 내내 흔들림 없이 자신의 수업을 진행했으며, 내전에서 어느 쪽이 승리하는지보다 독립 정신과 자존감을 키우는 것이 더 중요하다고 확신했다. 그는 경력 내내 특정 단체나 정당과 영구적으로 연대하기를 거부했지만 당시의 쟁점에 지대한 관심을 가졌고, 자신의 가치관에 따라 비판해야 한다고 생각한 사람은 주저하지 않고 신랄하게 비판했다.

후쿠자와의 가치관은 전후 일본의 가장 뛰어난 역사학자 가운데 한 명인 마루야마 마사오丸山眞男가 탐구했다. 마루야마는 후쿠자와에게서 모순으로 보이는 많은 사항의 근거를 설명하려고 했다(마루야마는 후쿠자와가 민권운동을 옹호하면서도 비판했다고 강조했는데, 조선 문제는 그런 모순의 일부를 보여준다). 후쿠자와는 '상대적' 원칙, 곧 한 집단이 늘 옳은 것은 아니며, 진보적이든 반동적이든 어떤 단일한 사상을 지나치게 밀어붙이면 '문명의 적'이 된다는 원칙을 철학의 근간으로 삼고 있었다(내 동료는 이것을 훨씬 간결하게 표현했다. "어떤 생각이든 논리적 결론까지 밀어붙이면 후회하게 될 것이다").

이 '상대적' 원칙이 없으면 후쿠자와가 가장 신랄하게 비판한 '방종'이라는 현상이 나타난다. 방종은 만병통치약을 사용해 문제에 접근하는 것을 뜻한다. 그리고 이것은 "인간 정신의 게으름"이다. 형식주의자와 기회주의자는 같은 태도의 다른 형태를 갖고 있다. 통치자의 초자연적 권위가 그 보기다. 또한 민권운동이 "극단적 정치주의"의 오류에 빠져 정부를 전복하고 정치권력을 획득하는 데 모든 힘을 쏟는 집착도 그 전형적 사례다. 이것들은 모두 수단이 목적으로 된 것이다.

후쿠자와는 방종의 반대말은 '독립 정신'이라고 말한다. 진보는 '사물의 복잡성'과 '가치의 분산'을 뜻한다. 가치의 발전에는 많은 길이 있으므로 관용이 필요하다. 자유는 강요될 수 없다. 메이지 유신의 근본적인 과제는 "가치의 분산을 통해 국민의 정신을 역동적으로 만드는 것"이다. 방종의 현상은 폐쇄적인 사회에서 가장 널리 퍼져 있다. 사회가 역동적일수록 '독립 정신'은 더 강해진다.

그는 유럽의 근대 문명을 일본의 독립에 반드시 필요한 도구로 여겼다. 그러나 유럽 문명은 그 자체로 목적이 아니다. 유럽 문명은 전체적으로 문명의 현재 단계일 뿐이다. 그리고 한 국가의 독립조차도 조건부일 뿐이다(따라서 후쿠자와를 단순한 유럽주의자(서구주의자)나 단순한 민족주의자로 간주하는 것은 옳지 않다고 마루야마는 말한다).

마루야마는 후쿠자와의 철학을 다음과 같이 도표로 정리했다.

1. **마음**

나쁜 자질	이상적인 자질
사물에 대한 방종	사물의 독립성(주체)
관점의 경직성	관점의 이동성
절대적 판단 내리기	상대적 판단 내리기
하나의 가치에 기반한 극단주의	다양한 가치에 기반한 관용
관습이나 풍습의 존중	지성에 대한 존중
동일한 과거의 재현	시행착오를 통한 끊임없는 발전

2. **사회**

나쁜 자질	이상적인 자질
사회적 관계의 고착화 및 단순화	사회적 관계의 복잡성
중앙 권위(국가)에 가치 집중	다양한 사회 세력(시민 사회)에 가치 분산
제도의 과시적 성격 (제도가 그 자체로 목적이 되는 경우)	제도의 실용적 성격 (제도가 도구가 되는 경우)
단일한 이념의 지배	다양한 이념의 공존
획일적 통제	대립(타협)을 통한 통합(합의)

끝으로 후쿠자와는 자신의 철학을 '우지무시蛆虫 원칙'으로 변화

시켰다. '우지무시'라는 단어로 결합된 '우지'와 '무시'는 모두 벌레라는 뜻이다. 그러나 둘을 결합한 '우지무시'는 아주 작은 물고기 같은 어린아이를 뜻하는 일종의 은어다. 따라서 우지무시는 벌레나 작은 물고기의 원리다. 요컨대 후쿠자와는 게이오대 학생들에게 "인생은 어린아이의 놀이와 같다"고 말했다. 사람들이 인생을 너무 진지하게 생각하면 방종에 빠지게 된다. 하지만 우리는 여기 있다. 우리는 이 세상에 나타났으니 분명히 어떤 목적이 있을 것이다. 그러므로 우리는 인생이 어린아이의 놀이와 같다는 것을 깨달아야 하지만 그렇게 가볍게 여겨서는 안 되며, 놀이가 아닌 것처럼 일해야 한다.[9]

이것은 일본 자유주의자들의 단점이 무엇이든, 그들 가운데는 자신이 서구에서 발견한 자유주의 사상에 그저 감탄하거나 그것이 일본의 국가 발전에 기여할 것이라고 생각하지 않고 궁극적인 의미와 보편적인 진리를 바라본 뛰어난 지성과 통찰력을 가진 사람이 있었음을 나타내기에 충분할 것이다. 물론 후쿠자와를 실제보다 더 나은 사람으로 만들어서는 안 된다. 마루야마가 한 대로 그의 철학은 주로 특정한 상황이나 사건과 관련해 이뤄진 방대한 연설과 저술을 종합해 짜맞춰야 한다. 아마 그 자신도 그 의미를 그렇게 일관된 형태로 정리할 수 없었을 것이다. 아울러 자신의 경력에서 그는 정한론에서 출발한 동료 자유주의자들처럼 자유주의적 목적을 달성하기 위해 군대와 무기 같은 비자유주의적 수단을 사용할 수 있다는 태도를 보였는데, 이것은 링컨·윌슨·프랭클린 루스벨트Franklin Roosevelt도 마찬가지였다. 그러나 그는 자유주의 전통에서 가장 훌류한 요소들을 대부분 갖고 있었으며, 이것은 조선 문제와 관련해 일본의 자유주의자들이 수행한 역할을 평가하려고 할 때 기억해야 한다.

일본의 자유주의자들은 부분적으로는 조선의 초기 진보 운동과 그 지도자들에 대한 동정심에서, 부분적으로는 조선 문제에 기여함으로써 일본의 자유주의 목표를 이루는 데 이바지할 수 있을 것이라는 희망에서 조선 문제에 관여했다. 첫 번째 주제는 1881년 후쿠자와가 자신의 집에 기거하는 두 조선 청년을 보고 미국 유학 시절의 자신을 떠올렸다고 말한 데서 잘 드러난다.10 두 번째는 대륙(조선과 중국)에서 개혁이 이뤄지면 일본의 개혁은 '저절로' 이뤄질 것이라고 촉구한 자유당 의원 스기타 데이이치杉田定一의 주장이 잘 보여준다.11 아무튼 일본의 자유주의자들은 어느 쪽에서 보든 조선 개혁가들에 대한 원조와 격려는 민권이라는 대의에 좋은 결과를 가져올 것이라고 믿었다.

후쿠자와를 비롯한 일본의 자유주의자들은 1881년 무렵부터 조선의 잠재적 개혁가들과 긴밀히 접촉하기 시작했다. 이때부터 조선 문제에 대한 그들의 활동 속도는 급격히 빨라져 1884년 12월에 터진 갑신정변과 1885년 가을 절정에 이른 오사카 사건으로 하나의 정점에 도달했다. 그 뒤 이 사건들의 참여자가 일본 당국의 괴롭힘과 감시·투옥을 당하면서 활동이 위축되다가 1894년 4월 김옥균이 암살되면서—관심과 동정은 아니었지만—조선의 '개혁과 독립'을 위한 운동의 물결이 새로 활발히 일어나기 시작했다.

물론 1881~1894년은 일본의 자유주의 세력이 이토가 이끈 과두정권으로부터 정권을 빼앗기 위해 격렬히 투쟁한 시기이기도 했다. 과두정권은 1882년 3월에 헌법 제정을 약속하면서 이들을 견제하려 했지만, 자유주의자들은 그것이 자유주의적 성향 때문에 축출된 오쿠마를 제외한 과두정권이 헌법적 틀 안에서도 독재적 통제를 보호할 수 있는 방안을 마련하는 동안 시간을 끌려는 계획임을 알고 있었다. 자유주의자들은 조선 문제에 대한 관심이 고조되던 몇 년 동안 정부에 격렬하고 심지어 폭력적으로 반대했다.[12]

그럼에도 조선 문제에 대해서는 그들의 정책도 강화도조약과 개항 이후 조선 정부에 개혁과 독립의 주장을 촉구하는 것이었기 때문에 한동안 정부와 뚜렷한 의견 차이가 없었다. 그러나 보수적인 과두정권인 일본 정부는 자유주의 원칙을 실천으로 확장하려는 이런 움직임에 전혀 관심을 두지 않았다. 그들은 조선의 개혁과 독립 주장이 일본의 안보에 심각한 위험을 초래할 수 있는 후진적이고 불안하며 비우호적이고 예측할 수 없는 조선의 상황에 대한 해결책이라고 생각했고 그 목적을 위해 그것의 실현을 모색했다.

그러나 일본의 안보에 대한 정확한 위협은 아직 구체화되지 않았기 때문에 일본이 국제적으로 심각한 문제를 일으킬 정도로 조선의 개혁과 독립을 밀어붙일 까닭은 없었다. 아울러 1880년대 일본 외무성이 일본 외교 정책의 대원칙이라고 불렀던 것은 조선 정복도, 조선의 개혁과 독립도 아니었음을 기억해야 한다. 사실 그것은 조선이나, 일본의 다른 확장 지역과는 아무 관련이 없었다. 그것은 조약 개정, 곧 일본의 주권을 제약하는 서양 국가들과의 불평등 조약 개정이었다.[13] 국내·외의 모든 문제는 그것에 비춰 고려해야 했고,

조선의 독립을 선언하는 열강 회의는 일본에게 "서구 열강과 동등하게 행동하고 숙고할 기회"를 줄 것이라는 영 공사의 관측은 매우 정확했다.[14]

일본 외무성은 대원칙에 기여할 수 있는 방식으로 조선의 개혁과 독립을 지지하는 것을 기쁘게 생각했지만, 그것을 위한 열정은 신중함과 분별력이 정한 한계를 넘지 않았다. 그 결과 임오군란 뒤 이노우에 외무경이 청의 조선 개입 현실을 고려해 진보의 균형을 맞출 준비가 돼 있음을 보이자 자유주의자들은 조선 정책에서도 소외돼 갔다. 1884년 12월 4~8일 김옥균과 박영효가 이끄는 개화당이 정부를 장악하려던 갑신정변은 이런 분열을 극명하게 드러냈다.

이노우에 가쿠고로井上角五郞는 이 정변에 대해 "후쿠자와가 각본을 쓰고 배우들을 훈련시켰다"고 말했다.[15] 이노우에 가쿠고로는 자신이 혐오한 외무경 이노우에 가오루와 달리 히로시마현의 젊은 비非사무라이 출신으로 도쿄로 와서 후쿠자와의 학교에서 공부하고 후쿠자와의 집에서 살며 그 아들의 가정교사를 지냈다. 스승의 총애를 받은 그는 게이오 세력에서 조선 문제에 대해 가장 활발하게 활동하며 고토 쇼지로를 비롯한 자유당 인물들과의 연락책이 됐다. 또한 후쿠자와·김옥균·박영효의 비밀 서신을 그들이 고안한 전신 암호를 이용해 처리한 것으로 보인다.

어떤 의미에서 가쿠고로는 조선 문제에 대해 행동하는 후쿠자와였지만 과욕과 무분별함, 폭력적 성향은 그를 후쿠자와의 충실한 반영보다는 희화화한 삽화에 가깝게 만들었다. 후쿠자와 스스로도 그를 "정치에 대한 광신자"이며 "감각이 부족하다"고 말한 적이 있다.¹⁶ 후쿠자와의 생각을 교실 밖으로 가져와 너무 열정적으로 실천하려던 똑똑하지만 실수투성이 소년으로 그를 묘사할 수도 있다. 그러나 스승과 대의를 위한 그의 노력의 진정성을 의심할 수는 없다(그는 그것 때문에 감옥에 갔다). 그리고 그의 개인적인 생각을 너무 가볍게 무시해서는 안 된다. 그는 조선에서 상당한 시간을 보내고 여행한 뒤 조선의 문제점은 무엇인지 요약해 고종에게 제출했다. 다음은 그 핵심을 요약한 것이다.

조선 사람들은 일반적으로 매우 가난합니다. 음식·의복·주거·소득이 일본보다 훨씬 열악합니다. 그들은 거의 저축하지 않습니다. 인구의 대부분이 한가합니다. 사람들은 긴 담뱃대를 입에 물고 거리를 거닙니다. 이 나라에서는 의례용 모자와 신발을 착용한 채 경작하는 남성들을 볼 수 있습니다. 상류층이 모든 이익을 가져가기 때문에 사람들은 일할 동기가 없습니다. 교통은 매우 나쁩니다. 부유한 지역과 가난한 지역 사이에 물품을 쉽게 교환할 수 없습니다. 조선에는 가죽·목재·콩·광물이 풍부하지만 천연자원은 무시되고 있습니다. 인구는 감소하고 도덕성은 악화되고 있습니다. 정부 조사에 따르면 인구는 1050만 명이지만 제가 추정하기에는 2650만 명입니다. 그러나 인구와 주택 수는 줄어들고 있습니다. 도둑질, 성性, 거짓말, 저급한 종교 등 타락한 관습이 많습니다. 세금이 너무 무겁습니다. 지방 관원들 사이에 뇌물이 만연해 있습니다.

그는 외국 자금에 의존해 이런 문제들을 개혁할 것을 권고했다.¹⁷

가쿠고로는 김옥균과 박영효가 후쿠자와를 처음 방문했을 때부터 그들과 알고 지낸 것으로 보이지만, 1882년 사과 사절단이 왔을 때 후쿠자와와 이 조선 사신들이 논의한 결과 조선 문제에 매우 적극적으로 나서게 됐다. 당시 조선인들은 후쿠자와를 찾아와 조언을 요청했고, 그는 더 많은 조선 청년을 일본으로 유학 보낼 것, 언문과 한문을 혼용해 조선 문자 체계를 개혁할 것, 서울에서 신문을 발행할 것 등을 제안했다. 그들은 이런 생각을 모두 받아들였고, 신문은 후쿠자와의 제자 우시바 다쿠조牛場卓造·다카하시 마사노부高橋正信·이노우에 가쿠고로 등 3명을 채용해 창간했다.[18]

이런 일들이 보여주듯 가쿠고로는 그 단체의 동력이었다. 가쿠고로와 헤어지면서 후쿠자와는 "네가 이노우에 가쿠고로이며 일본인임을 잊지 말라"고 조언했다.[19] 이것을 그 모임에 일본 민족주의가 반영된 것으로 해석할 수도 있지만, 가쿠고로의 성급한 성격으로 볼 때 스물셋의 열정적인 청년이 조선이라는 도가니에 뛰어들지 말라는 충고였을 뿐일지도 모른다. 몇 년 뒤 가쿠고로는 조선으로 첫 임무를 떠났던 때를 회상했다. "내가 조선에 간 목적은 한마디로 조선이 문명을 향해 나아가도록 하는 것이었다. 그런 목적을 가진 까닭은 후쿠자와의 집에서 3년 동안 머물면서 그의 논의에 많은 영향을 받았기 때문이다. (…) 출국 전날 그(후쿠자와)는 내 아내에게 이노우에가 조선에서 죽을지도 모르니 내일 아침식사를 가장 맛있게 차리라고 했다."[20]

후쿠자와는 김옥균과 박영효에게도 정치 이론의 몇 가지 교훈을 줬는데, 그 핵심은 이것이었다. "일본을 포함한 세계의 모든 문명국은 주권을 갖고 있지만 2천 년의 문화를 지닌 조선은 아직도 옛 대국인 중국에 종속돼 있다. 김옥균과 박영효는 독립의 진정한 의미를 처음으로 깨닫게 됐다."[21] 조선의 발전과 독립이라는 큰 목표를 달성하는 방법에 대한 후쿠자와의 생각은 특히 무력 사용과 관련해 일관성을 크게 잃고 있다. 그는 한 사설에서 미국이 일본을 개항한 것과 일본이 조선을 개항한 것의 유사성에 주목했다. 그것에 힘입어 일본은 조선에 '첫 우방국'이라는 지위를 얻었고 조선의 문명 발전에 특별한 관심을 갖게 됐다. "우리는 그것을 위해 돈을 쓸 준비가 돼 있어야 한다"고 그는 말했다.

또한 조선에 거주하는 일본인은 도쿠가와 말기 재일 외국인이 겪었던 쇄국 세력의 반외세 공격을 예상하고 대비해야 한다고 그는 경고했다. "우리는 조선에서 우리의 군사적 위엄을 보여줘야 한다. 우리의 군사력으로 이웃 나라의 문명을 돕고 발전시키는 것이 바로 우호 관계며 우리는 그렇게 해야 한다." 그러나 그는 다른 경우는 다음과 같이 썼다. "청이 조선에 간섭하는 것을 본 많은 일본인이 청에 물리력을 사용하고 싶어 하는 것은 당연하지만 나는 또 다른 원칙, 곧 근대의 문명화된 철학에 의존한다. (…) 정치적·군사적 방법은 배움이 없다면 아무것도 아니다. 나는 학문의 사회적 힘이 일본을 넘어 세계로 확장되기를 촉구한다."[22]

후쿠자와는 무력으로 '문명'을 전파하는 데 따르는 모순에 대해 순간적으로나마 약간의 불안감을 느꼈을지도 모르지만, 조선의 진보를 위한 김옥균·박영효·가쿠고로의 계획서에 암살 대상까지 망라한 혁명적 음모가 포함됐을 때도 그들의 열정을 꺾지 않았다. 후쿠자와가 최종적인 세부 사항까지 모두 알고 있었는지는 의심스럽지만, 그의 제자들과 조언 대상자들이 계획하던 대체적 윤곽은 알고 있던 것이 분명하다. 그 정도로 그는 "각본을 쓰고 배우들을 훈련시켰다".

1884년 12월의 정변으로 절정에 이른 이 음모는 느리게 진행됐고, 어떤 의미에서는 적극적인 계획만큼이나 좌절의 결과이기도 했다. 1883년 1월 가쿠고로는 서울에 도착했고, 조선의 개혁파들과 함께 일본공사관의 도움을 기대했다. 사절단 파견 당시 박영효는 이노우에 외무경과 매우 돈독한 관계였던 것으로 보이는데, 이노우에는 박영효가 요코하마정금은행橫浜正金銀行에서 대출을 받을 수 있도록 주선했다. 이 대출은 임오군란의 해결로 조선이 일본에 지불해야 할 배상금을 마련하기 위한 첫 사례였다. 아울러 박영효는 추가 금액을 받아 정치자금에 사용한 것으로 보인다. 아마 그는 이 돈의 일부를 가쿠고로와 그 밖의 학생을 고용하는 데 사용했을 것이다.

그러나 추가 자금 문제에 대해서는 상반된 증거가 있다. 가쿠고로는 박영효가 약속을 받았지만 돈은 받지 못했다고 말했다.[23] 역사학자 다보하시는 박영효가 12만 엔을 받은 뒤 더 받기 위해 여러 은행에 갔다가 다이이치第一은행장 시부사와 에이이치澁澤榮一를 찾아갔다고 말했다. 시부사와는 그에게 "이노우에 외무경이 보증을 서면 10만~20만 엔을 빌릴 수 있다고 말했지만 (…) 이노우에는 거절했다".[24]

아무튼 1883년 여름이 되자 개화파들은 일본 외무성이 청을 달

래고 자신들을 경시하고 있다고 느꼈다. 가쿠고로는 불평했다. "나는 일본 정부가 정책을 자주 바꾸면서 조선에 대한 확실한 정책이 없다는 사실에 실망했다. 서울에서 임오군란이 일어났을 때는 청을 비난하며 김옥균과 박영효를 지지했지만, 지금은 이전의 정책을 잊고 그들을 무시한다."[25] 1883년 여름 이노우에 외무경을 방문한 김옥균은 "그가 자신을 반기지 않는다"는 것을 알게 됐다.[26] 개화파는 서울에 있던 다케조에가 자신들을 지도해 줄 것으로 기대했지만 그는 오장경 장군과 '친밀'했고 개화파를 '무시'했다. 이것은 후쿠자와가 개화파에게 제시한 '문화 정책'을 심각하게 훼손했고, 박영효는 '문화 건설'을 통해 개혁을 발전시킬 계획이었지만 조선에서 결과는 "실망스러웠고" 우시바와 다카하시는 일본으로 돌아갔다.[27]

이노우에 가쿠고로는 실망했지만 끈기를 잃지 않았다. 그는 기대만큼 빨리 신문을 창간하지는 못했지만, 조선 외무아문外務衙門에 인맥을 쌓고 고문 자리를 얻은 뒤 1883년 11월 조선 최초의 신문인 『한성순보漢城旬報』를 창간했다. 곧 그는 '이노우에를 죽여라'라는 소책자를 배포한 중국인들과 충돌했다. 1884년 2월 이노우에는 제10호에서 「중국인의 야만성」이라는 제목의 기사를 썼다. 그 기사에서 그는 돈도 없이 채소를 사러 조선인 가게에 들어간 청군의 사례 등을 소개했다. 조선인 가게 주인이 야채를 주지 않자 청군은 그를 총으로 쐈다. 당시 서울에 주둔한 청군 부사령관이던 원세개는 청군 군복을 입은 비중국인이 저지른 일이라고 부인했는데, 이노우에의 기사는 그 일을 다시 떠올리게 한 것이다. 청도 조선 정부에 항의하며 신문 발행 중단을 요구했다. 두 달 뒤 이홍장은 문제의 기사와 신문이 청에 대해 "매우 무례하다"고 비판하는 서신을 조선 정부에 보냈다. 얼마 뒤 가쿠고로는 외무아문 고문과 신문사 편집장을 '사임'하고 일본으로 돌아갔다(1884년 5월).[28]

청의 압력으로 축출됐지만 가쿠고로는 일본으로 돌아왔을 때 낙담하지 않았다. 사실 그에게 개화당의 전망은 상당히 좋아 보였기 때문이다. 그는 전해 12월 다케조에 공사가 도쿄로 떠난 뒤 주한 일본공사관에서 이 상황에 대해 논의했는데, 남아 있던 임시대리공사 시마무라 히사시島村久가 다케조에보다 자신의 견해에 더 동조하는 것을 발견했다. 베트남을 둘러싼 청과 프랑스의 교전은 조선에서 청의 영향력을 약화시킬 수 있는 기회로 보였고, 그들은 그것에 대해 이야기했다.[29] 또한 미국을 방문했던 보빙사報聘使가 돌아온 것도 개혁파의 명성과 영향력을 높여줬다. 보빙사 전권부副대신 홍영식은 겨울에 돌아와 개화파와 (조금 주저하면서) 관계를 맺기 시작했고 우정국 총판郵政局總辦에 임명됐다.

5월 보빙사 정사正使이자 왕비의 조카인 민영익과 서광범·변수는 미국 해군의 트렌튼Trenton호를 타고 인천에 도착했다. 모두 품계와 직위가 높아졌으며, 민영익은 이조참판에 임명됐다. 6월 서울에 주둔한 청군은 1500명으로 줄었고 고종은 조선군의 중국인 교관을 해임했으며, 폰 묄렌도르프는 외교 고문을 사임했고 김옥균과 맺은 계약에 따라 많은 일본인이 일본에서 와서 종이·도자기 제조 등을 위한 기계 사용법을 가르치기 시작했다. 7월에는 14명의 조선인 군관생도가 일본에서 돌아왔다. 고종은 그들의 훈련을 지켜보고 "큰 만족을 표시했다".

고종은 푸트 공사에게 슈펠트 제독을 외교·군사 고문으로 초빙하는 전보를 보내도록 요청했다. 그 뒤 푸트는 다음과 같이 썼다. "조선군을 조직하고 지도할 미군 장교가 도착하기를 간절히 바라고 있습니다. 도쿄의 사관학교에서 교육받은 14명의 젊은 조선인이 그를 돕기 위해 대기하고 있으며 그가 도착하면 전하의 명령에 따라 미국에서 구입한 소총 4천 정을 지급할 것입니다."30

정말 서울에서는 개혁이 진행되고 있었다. 일본 정부는 '냉정'을 유지하고 있었지만 김옥균과 후쿠자와, 그리고 그 동료들은 큰 계획을 추진하고 있었다. 전해 가을 김옥균은 후쿠자와의 소개로 자유당의 고토 쇼지로를 찾아가 조선의 자유주의 대의를 위한 재정과 무력 지원을 요청했다. 고토는 이 제안에 큰 관심을 표명했고, 실제로 100만 엔을 지원할 수 있고 '사무라이 동지들'을 조선에 파견해 도울 수 있다고 했다. 그러나 그는 "혼동이 없도록" 이것과 관련된 조선 국왕의 서신을 받고 싶다고 말했다. "그런 서신이 없으면 어떤 하찮은 사람이 이 큰일을 방해할 수도 있습니다." 많은 이야기를 나눈 뒤 국왕의 서신도, 고토에게서 자금도 받을 수 없는 것이 분명해지자 그들은 주일 프랑스공사관에서 돈을 구하자는 생각을 떠올렸다.

자유당 서기 고바야시 구즈오小林樟雄는 프랑스어를 할 줄 알았고 프랑스공사관에 친구가 있었으며, 1884년 봄 프랑스와 중국은 베트남을 둘러싸고 대립하고 있었다. 프랑스는 서울에서 청을 괴롭히는 견제 활동이 일어나는 것을 반가워할 것이고 거기서부터 조선의 독립이 시작될 수도 있었다. 고바야시의 통역으로 그들은 프랑스공사 아담 셴키에비츠Adam Sienkiewicz와 면담하면서 모든 구상을 설명했다. 그들은 배와 돈이 필요했다. 프랑스는 동양함대에서 배를 공급하고 공사에게 100만 엔을 보내 자신들에게 줄 수 있는가? 셴키에비츠는 "확실하지 않다"고 대답했지만 그 생각에 동의하는 듯했고, 신중하게 검토해 보겠다고 약속하면서 기부금을 모아보겠다고 했다. 협상은 여름까지 계속됐고 셴키에비츠는 점점 더 용기를 얻었다. 그는 프랑스에서 '공식적으로' 돈을 받을 수 있다고 생각하지 않았지만 파리은행에 친구가 있었고 "기회가 오면 필요한 100만 엔의 자금과 군함이 생길 것"이라고 말했다.31

그 결과 이노우에 가쿠고로는 1884년 늦봄과 여름 도쿄에 머무는 동안 김옥균·후쿠자와와 많은 이야기를 나눴다. 서울에서 개화당이 번창하리라는 전망과 도쿄에서 자유당과 프랑스공사관의 계획에 그들은 크게 고무됐다. 가쿠고로는 프랑스와 청의 베트남 분쟁 때문에 청의 서울 장악력이 약화되고 있는 상황은 서울에서 행동하기에 매우 좋은 기회라고 김옥균에게 말했다. 김옥균은 일본에 있는 조선인을 모아보겠다고 했고, 가쿠고로는 이노우에 가오루 외무경과 아직 도쿄에 머물고 있던 다케조에를 찾아가 대의를 돕도록 설득했다. 전망이 너무 좋으면 신중한 사람들도 대담해질 수 있었다.

가쿠고로는 그들이 생각보다 우호적이라고 판단했고, 실제로 서울에 있는 자신의 신문에 대한 재정지원을 약속받은 것으로 보인다. 그러나 가쿠고로는 다케조에·이노우에 외무경·요시다 외무대보·이토 사이에 진행된 고위급 정책 회의에 대해서는 알지 못했다.

이토는 고토-고바야시-셴키에비츠 협상에 대해 들었는데, 말이 많고 자랑하기 좋아하는 고토가 실수로 그 계획을 누설했을 수도 있고 정부의 지원 가능성을 타진하기 위해 의도적으로 이토에게 말했을 수도 있다. 아무튼 이토는 계획을 듣고 공감하는 척했지만 즉시 이노우에 외무경과 그 실행을 저지할 방법을 상의했다. 그들은 자신들이 조선의 개화당과 그들의 일본인 세력의 활동에 충분한 주의를 기울이지 않았다고 판단하고, 그들을 면밀히 감시하는 동시에 프랑스와 자유당이 협력을 모색하려는 구상을 포기하도록 만들어야 한다고 봤다.

가쿠고로에게 신문을 위해 돈을 제공한 이유는 이것으로 설명될 것이다. 이노우에 외무경은 큰 정책적 측면에서 볼 때 프랑스와 청의 갈등은 조선에서 청의 영향력을 몰아낼 수 있는 기회라는 생각은 진지하게 고려해야 한다고 판단했지만 개화당은 강력하지도 중요하지도 않은 모호한 요소라는 앞서의 결론을 다시 한번 강조했다. 다케조에도 이노우에의 의견에 동의했다. 이토와 요시다는 청과의 충돌은 피해야 한다고 강조했다. 이전과 마찬가지로 조선의 독립을 촉진하는 정책을 추진하되 청과의 충돌을 피하는 확실한 한도 안에서 진행하기로 결정됐다. 개화당과 관련해 다케조에는 자신이 가장 적합하다고 생각한 방식으로 처리할 수 있었다. 다케조에는 이런 생각을 갖고 10월 조선으로 돌아와 10월 30일 서울에 도착했다.[32]

한편 서울에서는 개화당의 앞날에 먹구름이 드리워지고 있었다. 첫째, 슈펠트 제독이 부임하지 않았기 때문에 도쿄에서 훈련받은 젊은 생도들은 지도자가 없었다. 그는 "조선에 가는 문제는 조금 의문으로 남겨두고 (…) 경비 문제 등"을 촉구하는 편지를 보냈다. 9월 푸트 공사는 국무부에 서신을 보내 이 문제의 중요성을 강조하고 '국왕의 불안'을 언급했다. 그는 "조선군을 조직할 수 있는 장교를 파견하는 것이 지연돼서는 안 되며 슈펠트 제독이 오지 않는다면 유능한 사람을 조선 정부의 고문으로 지명하기 바란다"고 말했다. 11월 무렵 슈펠트가 오지 않을 것을 확실히 알게 된 그는 "오랜 지연으로 국왕의 인내심이 지쳐가고 있으며, 그동안 국왕이 영국이나 독일에 같은 임무를 수행해 달라고 요청했다면 금방 이뤄졌을 것"이라고 보고할 수밖에 없었다.[33]

둘째, 보빙사 정사였던 민영익은 진보와 문명을 경험한 적이 없었지만 분명한 변화를 보이고 있었다. 미국공사관에서 푸트 공사의 보좌관으로 한국어를 할 수 있고 개화파, 특히 서광범·변수와 매우 친했던 조지 C. 포크 소위는 개화파가 그랬던 것처럼 점점 더 많아지는 이런 증거들을 관찰했다. 트렌튼호를 타고 돌아온 뒤 민영익은 한동안 진보적 생각을 진심으로 표명하는 것처럼 보였지만 6월 2일 서광범은 포크에게 말했다. "민영익은 그동안 그에게 모든 노력을 기울였으며 외국에 있는 동안 그의 의도가 아무리 좋았다고 해도 그에게 기대할 수 있는 것과 정반대로 금방 돌아설 수 있는 인물입니다. 또한 그는 유교 교육과 자기 가문의 유전적 본능을 통해 배우고 본 것을 중국의 방식에 따라 서양의 진보에 반대하는 데 사용할 수 있습니다."

서광범의 우려는 곧 현실이 됐다. 민영익은 청을 방문하려고 계획했지만 연기했다. 그런 다음 그는 "특정한 세부 사항에서 국가 복장을 변경"하려는 계획을 세웠는데, 포크는 그것을 "중국 관습을 따르려는 것" 같다고 봤다. 아울러 그는 슈펠트 제독을 대신할 고문을 선정하는 논쟁에서 청 상무위원 진수당과 협력했다. 또한 그는 외무협판을 사임하고 친군영親軍營 우영사右營使로 취임해 청군 교관 5명을 영입했다. 그는 일본에서 귀국한 젊은 조선군 장교들의 임용과 김옥균과 계약한 일본인의 취업을 막았다.

포크는 다음과 같이 말했다. "1884년 9월 민영익은 개화당과 완전히 결별했다. 그의 동료들은 중국인이었다. (…) 그는 낮에는 서양인의 방문을 받지 않았고 여러 차례 그들을 면전에서 경멸하는 무례함을 보였다. (…) 가을 동안 서울에 있는 중국인이 급증했다. (…) 〔그리고〕 그들은 집과 거래 장소를 시골로 확장하기 시작했고 여권 없이 마음대로 드나들었다. (…)"

포크가 깨달은 대로 민영익이 진보 진영에서 이탈한 것은 단순히 한 개인의 변심 이상의 의미가 있었다. 그것은 조선 정부의 내부 핵심으로서 왕비가 이끄는 민씨 세력이 청으로 돌아섰다는 뜻이었다. 이것은 개혁 세력에게 가장 심각한 영향을 줄 것이었다. 포크의 보고는 이어진다.

10월 한 개화당 지도자는 외국의 개입을 막지 못하면 조선은 곧 청의 손에 넘어갈 것이라고 말하면서 자신의 작은 당은 더 나아갈 힘을 잃고 후퇴하고 있을 뿐 아니라 당원들은 실제로 처형될 위험에 처해 있으며, 친청파는 곧 그들에게 어떤 혐의든 씌울 것이라고 매우 비통하게 말했습니다. 또한 그는 국왕이 그들을 통해 개화 사업을 수행하기 위해 사용할 국왕의 자금 가운데 일부가 민씨(특히 민영익의 아버지인 민태호閔台鎬)에 의해 차단됐다고 말했습니다. (…) 10월 25일 개화당의 한 지도자가 저를 찾아와 국왕과 자기 당의 불행한 상황을 열정적으로 말하기 시작했습니다. 그 뒤 그는 고심 끝에 조선을 위해 민태호·조영하趙寧夏와 장수 네 명과 하급 관원 네 명을 죽여야 한다고 말했습니다. 그 장교의 태도는 열정적이었으며, 저는 그가 늘 긍정적이고 옳은 말을 한다고 생각했기 때문에 그의 발언이 공허하게 들리지 않았습니다. 저는 그가 제게 그런 생각을 알려야 한다는 사실에 분노했습니다. 우리는 몇 마디 날카로운 말을 주고받았고 그런 뒤 그는 입을 다물었습니다.[34]

다케조에가 서울로 돌아왔을 때 일부 개화파는 이런 절망감을 느꼈다. 초여름 그렇게도 높았던 그들의 희망은 청의 벽에 부딪힐 것 같았고, 어쩌면 그들의 머리도 그럴 것 같았다.

다케조에는 곧 정치적 소용돌이의 중심에 서게 됐다. 8월 서울로 돌아온 이노우에 가쿠고로는 한편으로는 임시대리공사 시마무라와, 다른 한편으로는 김옥균·박영효 등과 긴밀히 접촉하고 있었다. 가쿠고로와 시마무라는 11월 1일 다케조에와 문제를 논의했고, 가쿠고로에 따르면 다케조에는 "우리 정부가 이번에 청을 공격할 것"이라고 확언했다. 그리고 김옥균을 불러 개화당이 "일본의 도움을 받아 개혁을 수행할 결심"이 있는지 물었다. 다케조에가 실제로 이런 발언을 했다면 일본 정부가 개화당에 반란을 일으킬 것을 공개적으로 권유한 것으로 보인다. 그러나 역사학자 다보하시가 이런 발언에 대해 논평하면서 일정한 유보를 한 것은 상당히 타당하다. 그는 다케조에의 이런 발언은 놀라울 정도로 무책임하게 들리며, 그가 그런 발언을 했다는 정보는 가쿠로고와 개화당에서 나온 것이라고 지적했다.[35]

분명히 가쿠고로·김옥균·박영효 등과 시마무라는 다케조에가 자신들을 돕길 **바랐다**. 그들은 자신들을 돕도록 그를 설득하기 위해 그곳에 있었고, 그 일화를 설명하는 데 그들 자신의 희망적인 생각이 스며들었을 수 있다. 그러나 다케조에가 그런 말을 했다면 앞서 그가 보인 조심성은 물론 도쿄에 있는 상관들의 조심성과 상당히 어긋나는 행동이며, 특히 그가 자리를 비운 지 11개월여 만에 서울로 돌아온 상태였다는 사실을 고려하면 더욱 그렇다. 그는 서울의 상황을 제대로 파악할 수 없었을 것이며, 외무경이 개화당을 거의 신뢰하지 않는다는 것을 알고 있었다.

일본 외무성이 말하는 다케조에의 역할은 꽤 다르다.

친청파는 친일파의 지도자인 김옥균과 박영효를 추방시키려고 할 정도로 세력이 강해졌다. 박영효 등은 자신들이 살길을 모색하다가 먼저 매국노들을 죽이려고 했고 우리 공사(다케조에)에게 그런 생각을 거듭 말했다. 우리 공사는 그런 무모한 시도에 대해 강력히 경고했다. 그러나 그들의 마음이 이미 정해졌고 앞으로의 정책에 대해 불안해하는 것을 관찰하면서 그는 두 가지 계획을 작성해 일본 정부에 제출했다. 계획 1. 조선에서 일본과 청이 각자의 지위를 유지하기는 매우 어려우므로 그러는 대신 국왕의 요청에 근거할 수만 있다면 그들(개화당)의 봉기를 도와 청을 공격함으로써 그들의 공허한 자존심을 꺾을 것인가? 아니면 계획 2. 친일파를 심각한 타격에서 보호해야 할 필요성은 되도록 인정하면서 동아시아의 평화를 지키는 것을 주요 과제로 삼을 것인가? 우리 정부는 두 번째 계획을 선택해 11월 28일 그에게 전보로 지시했다. 그러나 그 지시는 정변이 일어난 뒤에야 그에게 전달됐다.36

물론 그 자리에 있지는 않았지만 김옥균에게서 정보를 얻은 것으로 보이는 후쿠자와는 다음과 같이 말했다. "김옥균은 〔다케조에가 돌아온 직후〕 다케조에를 찾아갔고 그가 '무슨 일이냐?'고 묻자 '완전히 신뢰하지 않는 사람에게는 설명할 수 없다'고 대답했다. 하지만 김옥균은 다케조에가 더 친절해졌다고 느꼈다. (…) 〔그 뒤〕 11월 25일이나 26일 김옥균은 일본공사관을 찾아가 다케조에에게 처음으로 문제를 설명했다. (…) 다케조에는 동의했다. (…) 조선인들은 일본 정부의 태도가 바뀌었다고 판단했다."37

다케조에의 공모 가능성을 살펴보면서 다보하시는 일본이 50만 엔의 나머지 배상금을 취소한다는 정보를 그가 고종에게 전달한 것에 주목하고 그가 그 기회에 고종과 사적인 대화를 나누면서 국왕이 위험에 처하면 일본공사관으로 피신하고 일본으로 갈 수도 있다고 조언했다고 말했다. 또한 다보하시는 외국인들이 참석한 가운데 일본공사관에서 열린 메이지 천황의 생일(11월 3일) 축하 만찬에서 다케조에의 부하로 조선어를 구사하는 아사야마 겐조淺山顯藏가 중국인을 매우 경멸하는 내용의 연설을 한 사실을 언급했다. "아사야마의 조선어를 완전히 이해할 수는 없었지만 그런 일은 일찍이 없었다."[38]

다보하시는 다음과 같이 요약했다.

> 다케조에가 개화당의 행동계획에 어느 정도까지 동의했는지는 여전히 의문이 있다. 개화당이 다케조에에게 계획의 세부사항을 직접 말했거나 시마무라나 아사야마를 통해 알려준 것은 사실일 것이다. 그 뒤의 결과로 보면 다케조에는 살해 대상자 명단을 보고 동의했으며 공사관 경비병력으로 조선 국왕을 보호하기로 승락한 것은 부인할 수 없다. 이노우에 외무경은 다케조에의 사건 가담 사실을 부인했지만 조선 통리아문의 주장이 사실에 더 가까운 것으로 보인다. 다케조에에게 책임이 있다고 볼 근거는 분명히 있다. 마지막으로 가장 중요한 것은 다케조에가 일본 정부의 지시를 요청했지만 그것이 도착하기를 기다리지 않고 직접 행동에 나섰다는 점이다.
>
> 개화당과 민씨 세력의 관계가 날로 악화한 것은 사실이지만, 민씨 내부에는 다양한 의견이 많아 단합된 행동을 할 수 없었기 때문에 먼저 직접 행동에 나설 우려는 없었다. 또한 개화당을 공격하면 일본군과 충돌하게 될 것이고, 이것은 원세개의 조언에 반대되는 것이었다. 다케조에가 귀임한 10월 30일까지도 개화당이 민씨 세력을 공격할 것이라는 징후는 없었지만 그 뒤 (…) 김옥균과 박영효 등은 일본공사관을 자주 방문했다. (…) 김옥균에 따르면 직접 행동하기로 결정한 것은 11월 30일이고 거사 예정일은 12월 3일 또는 4일로 정해졌다. 김옥

균은 다케조에를 강력히 설득했고 그 결과 다케조에는 일본 외무성의 승인을 받기 전에 직접 행동을 스스로 결정한 것으로 판단된다.[39]

개화당의 음모와 일본공사의 관계에 대한 다보하시의 판단은 깊이 존중할 만하다. 청·조선·일본 관계에 대한 다보하시의 방대한 저작은 모두 최고의 학문적 수준을 갖고 있다. 그는 늘 사실을 가장 중시했고 사실 그대로 말하는 것이 유일하고 가장 중요한 목표였다. 그는 청·일본·조선의 방대한 관련 자료를 조사했는데, 어떤 서양인도 그럴 엄두를 내지 못하며 동아시아 학자들도 마찬가지고 앞으로도 그럴 것이다.

또한 그는 다케조에와 갑신정변의 관계에 대해 자신의 결론을 명확히 입증하기 위해 특히 신중했다. 대부분의 경우 그는 사실이 스스로 말하도록 내버려두는 데 만족하지만, 이것은 핵심적 문제로 판단해 다케조에와 일본 정부의 책임(과 이중성)에 대한 최종 결론을 도출하려고 노력했다. 그리고 그가 활동한 1930년대의 시대적 상황과 분위기를 생각할 때 그의 결론은 높이 평가할 만하다. 일본에 불리한 결론이 나오면 그 책과 앞으로의 연구를 출판할 기회와 일본인으로서 자신의 명성이 무너질 수 있다는 사실을 잘 알면서도 그는 다케조에에게 큰 책임을 돌리고 일본 외무경의 해석보다 조선 정부의 해석이 사실에 더 가깝다고 주장한 것이다.

그러나 공정하고 진실하기로 결심한 역사가로서 다보하시는 일본공사와 일본 정부의 행동 기준을 너무 높게 설정했을 수도 있다. 우방국이라고 볼 수 있는 나라의 관원이 자기 정부에 맞서 일으킨 혁명적 시도에 동조하거나 지지하는 것이 불법이고 도덕적으로 비난받을 수 있다는 것이 국제법에서 보편적으로 인정되는 원칙이라면 일본 정부는 비난을 받을 것이다. 하지만 다른 모든 정부도 마찬가지였을 것이다. 그리고 개화당에 조언과 도움을 준 일본인을 비롯한 외국인들에게서 조선이 '독립과 문명'으로 나아가도록 도움을 받고 있었는가 하는 복잡한 질문은 제쳐두고, 이 특별한 사안에서 중요한 사실은 '문명'을 가장 중시하고 외교적 기술을 그다음으로 생각한 이상주의자들의 열렬한 설득에 일본공사가 호응했다는 것이다.

이것과 관련해 "10월 30일까지도 개화당이 민씨 세력을 공격할 것이라는 징후는 없었지만 그 뒤 (…) 김옥균과 박영효 등은 일본공사관을 자주 방문했다"고 다보하시가 말한 것은 다케조에와 일본 정부에게 합당한 것보다 그들을 더 나쁘게 평가한 것일 수도 있다. 이것은 다케조에가 개혁파를 자극하는 데 역할을 했음을 분명히 암시한다. 그러나 앞서 본 대로 다보하시가 알지 못했던 포크 소위의 증언에서 개화당 지도자 가운데 일부(이름은 밝히지 않았다)가 10월 30일 이전 그를 비슷하게 방문해 자신들이 "실제로 처형될 위험에 처했다"는 폭력적 의도와 두려움의 증거를 제시했다. 이미 인용한 포크의 정보 외에 아래도 이것과 관련이 있다.

10월 26일 민영익과 만난 자리에서 나(포크)는 두 세력의 분열이 너무 커서 그 지도자들이 한자리에 모여 공무公務를 논의할 수 없다는 것을 알게 됐다. 그 결과 나는 위기가 가까웠고 아마 그것은 조선 지배층에 국한되지 않는 유혈사태와 폭력을 불러올 것이라고 확신하게 됐다. (…) 10월 28일 나는 그(푸트 공사)에게 내가 들은 모든 내용을 상세히 말했고, 그 내용들은 서울에서 심각한 사태가 발생할 것을 경고하기에 충분하다는 의견을 단호하게 표명했다. 10월 31일 나는 서울에 있는 다른 두 미국인인 버나든Bernadon 소위와 W. D. 타운센드W. D. Townsend 씨를 찾아가 내가 생각하는 상황을 말했다. 이날 홍영식이 나를 방문했고 다른 두 개화당 인사에게서 면담을 요청하는 편지를 받았지만 나는 거절할 수밖에 없었다. 다음 날 나는 해군성의 지시에 따라 조선 내륙으로 두 번째 여행을 하기 위해 서울을 떠났다.[40]

따라서 다보하시의 추정과 달리 개화당원들은 다케조에가 도착하기 전에 절박한 조치를 생각하고 **있었고**, 포크가 결정적인 순간에 문자 그대로 도시를 떠나지 않았다면 그도 음모에 연루돼 미국 공사관의 평판에 큰 손상을 줬으리라고 생각하는 데는 큰 상상력이 필요하지 않다. 그러나 포크가 개혁가들에게 크게 공감했고 자신이 군인이었음에도 암살 음모라는 생각에 '분개'하게 만든 어떤 것이 있었다는 사실은 흥미롭다. 아마 여기에는 문명 단계의 문제가 관련돼 있다고 생각되는데, 정치적 반대파를 암살하는 것을 도리를 벗어난 행위로 여긴 미국의 전통이 포크에게 작용한 반면 조선·일본·중국의 전통에서는 진보 진영에서조차 아직 그런 억제가 작동하지 않았던 것이다. 아니면 미국의 정치 현장은 1884년 가을 서울에서 제기된 것만큼 격렬한 쟁점을 낳은 적이 없었을지도 모른다. 한 사람이 자신이 믿는 대의를 지지하면서 어디서 멈출 것인가 하는 것은 흥미로운 질문이다.

다보하시가 충분히 고려하지 않은 또 다른 사항은 김옥균·후쿠자와·고토의 제안이 프랑스공사관에 미친 영향이다. 다보하시는 앞서 인용한 글에서 다케조에의 공모에 대한 구체적 판단을 제시하면서 김옥균과 일본 자유주의자들의 관계에 대해 몇 가지 정보를 제공했지만 프랑스 차관 계획은 고려하지 않았다. 11년 뒤 출간된 또 다른 저서에서 그는 1894~1895년 청일전쟁을 집중적으로 연구하고 1880년대를 부수적으로 다뤘지만 이 주제를 상세히 논의했다. 사실 이런 논의는 1870년대부터 1894년까지 조·일 관계의 과정을 자세히 묘사하고 여러 장에 걸쳐 1883~1884년의 사건을 서술한 그 전의 저서에 들어가는 내용이다. 그는 이전 책에 포함돼야 했지만 그것을 쓸 때는 알지 못했던 사실을 나중의 책에 넣은 것 같다.

그러나 조약 개정의 목적과 전체적으로 외무성이 사안을 신중하게 처리했음을 감안할 때 프랑스 차관 계획은 일본 정부와 갑신정변의 관계를 평가하는 데 상당한 비중을 둬야 한다. 이런 종류의 일은 정부의 생각을 매우 불안하게 만드는 것이 분명하기 때문이다. 역사상 가장 폭력적인 혁명을 일으킨 유럽 강대국의 대표와 반정부 자유주의자들이 비밀리에 협력하는 것은 협력의 이유가 무엇이든 문제를 예고하는 것이었다. 이 사실이 발각되면 정부 안에서는 그동안 무시해 온 음모자들을 프랑스와의 관계에서 분리시키고 감시해야 한다는 긴박감이 조성될 것이었다. 따라서 서울로 돌아온 다케조에가 개화당과 그 일본인 세력에게 더 큰 관심을 보인 것은 대담한 계획이라기보다는 조심성에서 시작됐을 수도 있다.

아무튼 다보하시의 판단에서 그가 고려하지 않은 이 두 사항, 곧 포크의 증언과 프랑스 차관 계획을 더하거나 빼면 일본 자유주의자들의 역할은 확대되고 서울의 일본공사 등을 포함해 일본 정부의 역할은 축소되는 그림이 나온다. 그렇다고 해서 다케조에의 책임이 없어지는 것은 아닌데, 그는 음모가 전개되는 것을 보고 포크처럼 서울을 떠나지 않았으며 김옥균·박영효·가쿠고로와 그 동료들에게 끌려다니면서 음모자들을 이끌었다기보다는 그들을 돕고 위로한 것으로 보이기 때문이다. 사건이 전개되면서 그와 일본 정부는 개화파에게서 냉혹하게 등을 돌렸고 그들에게서 영원한 증오를 샀다.

후쿠자와가 김옥균의 발언을 토대로 정리한 회고록에 따르면 최종 음모는 박영효의 집에서 계획됐는데, 그곳에는 도쿄의 일본군 사관학교인 도야마학교戶山學校를 졸업한 20여 명의 조선 청년이 모여 있었다. 이들은 대신 7명을 살해하기로 결정하고 12월 4일 또는 "비가 오면 12월 5일"을 거사일로 정했다. 가쿠고로도 이 회의에 참석한 것으로 보이며 후쿠자와에게 보고서를 보냈지만 정변이 끝난 12월 10일에야 후쿠자와에게 도착했다. 12월 4일로 날짜를 정한 까닭은 부분적으로는 그날 밤 개화당의 일원인 홍영식 우정국 총판이 주최하는 만찬에 제거 대상 일부가 참석할 예정이던 데 있던 것 같다.

그러나 더 중요한 까닭은 다케조에가 일단 설득돼 이 음모에 찬성하고 결정적인 순간에 그의 공사관 병력을 보내기로 했지만 그는 이미 도쿄에 임박한 상황을 알렸고 그것을 막으라는 확실한 지시가 곧 도착할 것이라는 예상 때문이었을 것이다. 특히 일본 증기선인

치토세호가 12월 7일 인천에 도착할 예정이었다. 거기에 그런 지시가 실려 있을지도 모른다는 생각에 거사 계획자들은 먼저 공격해야 한다고 생각했다.⁴¹

정변은 우정국 연회에서 시작됐다. 그 자리에 참석했던 푸트 미국공사는 다음 날 아래와 같이 보고했다.

> 그 자리에는 국왕의 매제인 박영효, 독판교섭통상사무 김홍집金弘集, 참판 김옥균, 해관 총세무사 폰 묄렌도르프, 저와 제 비서와 통역관, 영국 총영사 W. G. 애스턴W. G. Aston, 청 총판조선상무 진수당, 일본 공사관 서기관 이하 여러 부관이 참석했습니다. 만찬이 끝나갈 무렵 화재 경보가 울렸고, 거의 모든 하객이 자리에서 일어나 어디서 불이 났는지 보려고 문밖으로 나갔는데 불은 가까이서 난 것 같았습니다. 당장은 위험하지 않다고 판단한 저는 독판교섭통상사무 등 몇몇 사람과 함께 자리로 돌아왔습니다. 잠시 뒤 민영익이 방에 들어왔는데, 그의 얼굴과 옷은 피범벅이 돼 있었고 7~8군데의 끔찍한 상처에서 피가 흐르고 있었습니다. 극도의 공포에 휩싸인 조선 관원들은 옷을 벗어 던지고 이미 군사와 하인들로 반쯤 채워진 마당으로 달려갔습니다. 이때 총성이 울렸고 모든 군중이 뒷벽을 넘어 도망쳤습니다. (…)⁴²

12월 17일에 작성된 푸트의 후속 보고서에서는 그 뒤 며칠 동안 이어진 그 사건을 자세히 요약하고 앞서 인용한 포크의 배경 보고서를 첨부했다. 푸트는 이렇게 말했다.

전체적 활동은 김옥균·홍영식·박영효의 주도 아래 잘못된 조언을 받은 몇몇 젊은이가 혁명을 시도한 것으로 보입니다.

겉으로 보기에 그들은 주요 대신들의 비非진보적 태도에 불만을 품고 정부를 장악해 국왕을 통제하고 자신들의 목적을 위해 국정을 운영하기로 결정했습니다. 첫 번째 행동은 민영익을 암살하려고 시도한 것이며, 그것으로 혼란이 발생한 동안 그들은 궁궐로 달려가 국왕에게 큰 위험이 닥쳤음을 알리고 더 작은 장소로 옮기도록 설득했습니다. 국왕은 큰 소동이 일어날 것을 두려워해 일본공사관에 전령을 보내 공사에게 군사를 이끌고 궁궐로 오라고 요청했습니다. 이런 서신을 세 번 받은 뒤 공사는 동의하고 궁궐로 갔고 일본군 200명이 궁궐 문에 주둔했습니다. 그동안 정부의 주요 대신 5명이 표면적으로는 국왕의 지시에 따라 궁궐로 불려 갔고 그곳에서 살해됐습니다. (…)

4일 아침 (…) 저는 국왕이 머물러 있는 작은 궁으로 갔습니다. 거리에는 흥분한 군중이 있었습니다. 조선군은 궁문 밖에 모여 있었고 궁 안에서는 일본군이 통로를 지키고 있었습니다. 궁 안에는 대신들의 죽음으로 빈자리에 임명된 정변 지도자들이 있었습니다. 일본공사와 그 비서도 만났습니다. 국왕은 거의 아무 말도 하지 않았습니다. (…)

앞서 말한 대로 저는 미 해군 버나든 소위의 도움을 받아 되도록 완벽한 방어 체계를 마련했습니다. 일본공사의 배려로 일본군 네 명이 공사관에 파견됐습니다. 저는 조선군 경비병도 요청해 얻었지만 그들에게는 거의 의존하지 않았습니다. 6일 아침 일찍부터 군중은 도시 곳곳에 거주하는 일본인들에게 분노를 표출하기 시작했습니다. 그들은 "일본인을 죽여라!"라고 외쳤습니다. 낮 동안 수많은 사람이 죽고 그들의 재산이 파괴됐습니다. 여러 사람이 공사관으로 피신해 왔고 저는 모두 받아들이라고 지시했습니다.

오후 3~4시 궁궐 방향에서 총소리가 들렸고 얼마 지나지 않아 일본 경비병 180여 명이 궁궐에서 자신들의 공사관으로 퇴각했습니다. 그들이 퇴각하는 동안 사람들은 돌을 던지거나 가끔 총을 쏘기도 했습니다. 그들이 공사관에 도착한 뒤 분노한 군중이 주변에 모여 위협하고 총을 쏘기도 했습니다. 7일 오후 4~5시 일본군과 민간인들은 공사관을 떠나 제물포로 갔습니다. 그들이 지나갈 때 대포 두 발이 발사됐고 가끔씩 총성이 울리기도 했습니다.

이제 가장 흥분된 분위기가 지배했습니다. 밤이 되자 일본공사관 건물은 불탔습니다. (…) 6~7일 여러 공공·민간 건물이 불탔습니다. 8일 아침 저는 청군 주둔지에 임시로 거처를 마련한 조선 국왕과 면담하라는 요청을 받았습니다. 저는 다른 공사들과 함께 국왕을 기다렸습니다. 이 접견에서 국왕은 우리에게 제물포로 가서 일본공사를 만나 일본과 우호 관계를 유지하고 싶다는 자신의 간절한 바람을 전달해 줄 수 있는지 계속 물었습니다. (…)

6일 사건과 관련해 저는 일본군과의 충돌은 청군이 국왕을 보호한다는 명분을 내세우며 궁궐 안으로 강제 진입하려고 시도하면서 발생했다고 말하고 싶습니다. 그 공격에서 조선군은 청군과 힘을 합쳤습니다. 교전 과정에서 국왕은 더 안전한 곳을 찾기로 결심했습니다. 일본공사 다케조에는 제게 보낸 서신에서 "나는 이런 사실을 알고 국왕을 떠나 일본 경비대와 철수했다"고 말했습니다.[43]

1월 31일 포크는 정변의 여파를 보고했다.

> 음모에 연루된 12명에 대한 고문과 재판이 27일에 마무리돼 사형 선고를 받았습니다. 6명은 우리 공사관에서 수백 야드 떨어진 곳에서, 5명은 28일과 29일에 도시의 주요 거리에서 처형됐습니다. 이들은 거리에 엎드리게 한 뒤 둔기로 6~10회 정도 때려 목을 뱄습니다. 시신은 모두 절단돼 거리에 3~4일 내걸렸습니다. (…)[44]

이 미국 자료들은 정변의 격동적인 시기와 그 여파에 대해 충분히 상세하게 보고했지만, 그 작성자들은 정변 세력의 내부 활동, 특히 일본인들과의 연합에 대해서는 잘 알지 못했다. 일본 자료에 따라 공사관 경비대 외에도 일부 일본인 장사壯士(모험가)들이 전투에 참여했음을 알 수 있다. 김옥균은 "조선인은 대담하고 신속한 직접 행동에 적합하지 않기 때문에" 일본 젊은이들의 참여를 바랐다고 한다. 그러나 서울에 거주하는 일본인은 대부분 상인이었기 때문에 "적합한 사람을 구하기가 어려웠다". 김옥균은 일본에서 사람을 구할 수 있다는 것을 알고 있었지만 시간이 없었고, 결국 네 명밖에 얻을 수 없었다. 다보하시는 그들 가운데 한 사람의 이름만 찾을 수 있었는데 나가사키현 출신의 소시마 와사쿠總島和作는 전투에서 전사했다.[45]

물론 이노우에 가쿠고로는 정변을 계획한 내부 세력이었지만 그것이 전개되는 과정에서 정확히 어떤 역할을 했는지 알기 어렵다. 아마 그는 김옥균·박영효와 특별한 친구였기 때문에 내내 가까이 지냈을 것이다. 그는 다케조에에게 일본공사관을 포기하지 말라고 항의하면서 군사 200명과 일본인 100여 명만 있으면 충분히 방어할 수 있다고 주장했다. 식량이 부족하다는 말에 "창고에 쌀이 좀 있다고 주장했지만 (…) 아무도 내 말을 믿어주지 않았다".⁴⁶ 그러나 그는 일본인들과 함께 인천으로 갔고 김옥균·박영효와 정변 세력 4명이 동행했다. 우정국 총판이자 정변 지도부의 세 번째 인물로 생각되는 홍영식은 정변 결과 좌의정이 됐다. 그는 피신을 거부하고 서울에 남아 있다가 살해됐다. 인천에 도착했을 때 가쿠고로는 김옥균과 박영효가 조선에 남아 있는다면 같은 운명이 기다리고 있다는 것을 알았다.

따라서 그의 목표는 그들을 구출하는 것이었다. 일본 배 치토세호가 인천에 도착했지만 이제 개화당에 완전히 환상이 깨진 다케조에 공사는 조선인들의 승선을 거부했다. 그러나 가쿠고로는 배에 올라 선장을 설득해 몰래 그들을 태웠다. 12월 11일 치토세호가 인천에서 나가사키로 떠났을 때 거기엔 이노우에 가쿠고로와 김옥균·박영효 등 6명의 조선인이 타고 있었다. 이때부터 가쿠고로는 치토세호를 마음속에 품었다. 몇 년 뒤인 1905년 그는 아오모리만에 난파돼 있던 치토세호의 선체를 찾아 추모사를 썼다. 그 무렵 그는 그 배를 타고 탈출한 조선인 6명 가운데 세 명은 암살되고 두 명은 미국으로 갔으며 남은 한 사람인 박영효는 일본 어딘가에 있어 "떠돌며 찾고 있다"고 슬프게 말했다.⁴⁷

나가사키에 도착하자마자 가쿠고로는 후쿠자와 유키치와 이노우에 가오루 외무경에게 정변을 알리는 전보를 보냈다. 후쿠자와를 통해 이 소식은 일본 언론에 처음 전해졌지만,[48] 외무성은 이미 그 사건을 알고 있었다. 그 사건의 첫 암시는 주일 청국공사관을 통해 일본 정부에 전달됐다. 그 소식은 베이징에서 전달돼 12월 11일 일본 외무경에게 알려졌다. 외무성은 즉시 톈진에 있는 하라 다카시原敬에게 전보를 보내 보고를 요청했다. 그리고 마침내 12월 13일 인천에서 다케조에의 보고가 도착했다. 그는 더 일찍 보고할 시간이 없었다. 이토 히로부미 총리와 이노우에 외무경, 이토의 비서 이토 미요지伊東巳代治, 그리고 야마가타 아리토모가 정책 결정의 주체가 됐지만, 정부 안의 다른 많은 사람에게서 조언을 받았다.

다케조에와 정변의 연관성을 부인해야 하는지, 그리고 그를 처벌해야 하는지 검토했지만 정확한 연루 정도를 알 수 없었기 때문에 그렇게 하지 않기로 결정했다. 이노우에는 다케조에가 조선 정세를 잘 알지 못했고 개화당과 그 밖의 일본인, 그리고 개화당에 동조하는 자신의 부하들에게 이용당했다고 판단했다. 이노우에는 대대 병력을 이끌고 조선 국왕에게 보내는 '고발장'을 갖고 조선으로 가서 일본인을 부상시킨 책임자의 처벌과 배상, 사과를 요구하기로 결정했다. 또한 그는 이 사건에서 청이 어떤 역할을 했는지 조사하고 전권을 가진 청 대표와 협상하며 청군도 철수하겠다는 약속을 받아 내려고 했다. "과거의 관계로 볼 때 조선의 독립을 인정하지 않을 수 없다." 그러나 이토는 이노우에에게 내각의 결정을 요약하면서 강조했다. "우리는 청과의 적대 행위를 피하려고 합니다. (…) 앞으로 조선의 독립을 위해 청과 전쟁을 감수할지는 아직 결정할 수 없습니다. 그러나 지금은 피해야 합니다."[49]

조선과의 화해 협상에 대한 일본 정부의 입장은 임오군란 이후와 매우 비슷했지만 그렇게 가혹하지는 않았다. 12월 말 인천에 도착한 이노우에는 서울로 가기 전 면담을 요청하는 편지를 미국공사에게 보냈다. 이노우에는 1월 2일 푸트를 만났고 여러 사항에 대해 그의 의견을 물었다. 푸트는 이노우에에게 "조선 영토의 일부를 해체하는 조정 방법은 가장 현명하지 못하다고 생각한다"고 말했고 다음과 같이 보고할 수 있었다. "만족스럽게도 이노우에는 이 점에 대해 저와 생각을 같이했습니다. 그는 자기 정부가 원만한 조정을 원하고 조·일 문제와 일·청 문제는 따로 다뤄야 한다고 생각한다면서 첫째, 조선 정부로부터 사과를 받고 둘째, 배상금을 받아야 하는데 그 액수는 15만 달러를 넘지 않을 것이라고 말했습니다. 저는 면담을 마친 뒤 일본이 현명하고 신중하며 자유주의적인 정책을 추구할 것이라고 확신하며 돌아왔습니다."[50]

이노우에의 협상은 거의 같은 맥락에서 이뤄졌다. 두 사안에 대해 그는 단호했다. 조선 대표(김홍집)와 협상하는 동안 중국인의 배석을 허용하지 않겠다는 것과 일본으로 탈출한 개화당원들을 조선 정부에 넘기는 것을 보장하지 않겠다는 것이었다. 첫 번째 위기는 1월 8일 이노우에와 김홍집이 논의하는 도중에 청국 대사 오대징吳大澂이 "회의장에 난입"하면서 발생했다. 이노우에는 일어나 악수하며 말했다. "오늘 저는 조선 대표와 협상하고 있습니다. 오늘 귀하는 참석하기 어렵습니다." 오대징은 이노우에에게 '당연히' 참석할 자격이 있다는 내용의 쪽지를 보냈고 두 사람은 몇 차례 쪽지를 주고받았다.

조선에 관련된 사항은 조선인과, 중국에 관한 사항은 중국인과 협상해야 하며 두 가지를 섞어서는 안 된다고 이노우에는 주장했다. 그는 오대징에게 청을 위해 협상할 수 있는 자격이 있는지 물었고 오대징은 아니라고 대답했다. 그러자 이노우에는 "그의 의사를 확인했고" 오대징은 자리를 떠났다. 한때 조선 협상단이 요구했던 김옥균과 그 밖의 역모자를 조선으로 송환하는 문제에 대해 이노우에는 그들이 "정치범"이라고 설명했다. 그는 국제법의 관행상 이들을 강제로 송환할 수 없으며 아무튼 일본과 조선은 범죄인 인도를 요구하는 조약이 없다고 말했다.[51]

이런 일화들과 이노우에가 푸트 공사와 미리 만난 것은 일본 정부가 서양의 근대적 방식으로 외교를 수행하면서 "현명하고 신중하며 자유주의적인 정책"으로 진보적인 국가들과 함께 서려고 노력하고 있음을 잘 보여준다. 오대징에게는 낯설게 느껴졌을 동양인끼리의 악수, 국제법에 대한 강조, 정치적 망명자의 권리와 인도 조약의 성격 같은 복잡한 문제에 대한 설명은 후진국 국민을 단호하면서도 인내심 있게 가르치려는 분위기를 회의에 불어넣었는데, 그것은 1876년 강화도조약 이후 일본이 조선을 상대한 특징과 동일한 것이었다.

구체적인 합의 조건은 조선의 사과, 일본인을 죽이거나 다치게 한 자의 처벌, 피해 입은 일본인에게 총 11만 달러의 손해배상, 일본 건물의 원상복구 등이 요구됐다. 합의에는 포함되지 않았지만 다케조에는 소환됐다. 이노우에는 합의를 체결하고 30일 만에 도쿄로 돌아왔지만 그 합의는 진보적인 국제 관행이라는 측면에서만 칭찬할 만했다. 푸트는 주일 미국공사 빙엄에게 합의에 대해 논평하면서 이 점을 분명히 했다. "최근의 사건에서 비롯된 어려움은 일본에 가장 유리하고 조선에 가장 자유로운 조건에 따라 성공적으로 조정됐습니다. 이 다행스런 합의는 주로 이노우에 외무경의 지혜와 확고함 덕분입니다."[52]

이노우에의 서울 협상 뒤 이토는 직접 중국으로 건너가 앞으로 조선에서 청과 일본이 충돌할 가능성을 줄일 수 있는 기본 합의를 모색했다. 이것은 다음 장에서 논의할 것이다. 그러나 1884년 갑신정변 뒤 일본 정부의 전반적인 정책 기조는 충분히 언급했다. 1년 전과 마찬가지로 안전하고 냉정한 현실주의는 조선의 독립과 발전을 촉진하려는 모든 충동을 억제했고 침략적 의도의 징후는 나타나지 않았다.

다케조에는 성급하고 조급한 진보주의자들에게 휘둘려 신중하라는 지시를 일시적으로 위반했지만, 일본 정부는 조선에서 개화당 정부를 지지해야 하는 부담을 혼자 짊어지는 상황이 전개되도록 하지 않겠다는 의지를 보여줬다. 실제로 포크는 신임 주한 일본공사에게 "조선인과 중국인이 일본인을 매우 불신하고 있으므로 귀하는 조선 정부가 모든 종류의 일본인 교관을 채용하려는 시도를 막고 미국인을 고용하도록 조언해야 한다"고 알렸다고 보고했다.[53] 갑신정변으로 손가락을 살짝 덴 일본 정부는 조선의 '문명화'를 추진하는 더 이상의 노력은 미국이 주도하도록 내버려두는 것으로 만족했다.

그러나 이노우에 가쿠고로를 비롯한 일본의 자유주의자들에게 이런 무관심은 완전한 배신이었다. 가쿠고로는 1885년 3월 이노우에 외무경을 방문해 그의 나약함을 비난하고 "다시는 만나지 않겠다"면서 공개적으로 결별을 선언했다. 이때 후쿠자와는 좀 더 관대했다. 후쿠자와는 외무경이 전쟁을 피하고 싶었을 뿐이라고 설명하면서 그에게 분노하는 가쿠고로를 꾸짖었다.[54] 가쿠고로는 '문명'을 지키기 위해 서울로 돌아왔지만 곧 그 유명하고 기이한 오사카 사건에 연루된 혐의로 일본 당국의 수사를 받았다.

오사카 사건은 일본 정부가 조선을 돕지 않자 일본 자유주의자들이 내놓은 대답이었다. 정부는 비겁하게 원칙에서 후퇴했지만 그들은 "의를 위해 목숨을" 바칠 준비가 돼 있었다. 그들은 개화당이 다시 집권하도록 원정대를 조직하려고 했다. 이 계획의 창시자는 앞서 언급한 자유당 서기 고바야시 구즈오와 일본 자유주의 운동 전체에서 아마 가장 역동적으로 자유와 평등을 외쳤을 오이 겐타로大井憲太郎였다. 고바야시와 오이는 사무라이 출신으로 서양 학문의 옹호자가 됐고 특히 프랑스 학문에 공통적인 관심을 가졌다. 오이는 1873년 당시 사법경司法卿인 에토 신페이를 보좌하면서 프랑스 법전을 일본어로 번역한 경력이 있어 프랑스 법 전문가로 주목받았다.

1876년 공직을 떠난 그는 자유민권 운동의 주요 지지자가 됐으며, 특히 농촌 불안이 거의 혁명적 수준에 이르렀던 1881~1884년에 활발히 활동했다. 그는 하층민의 열망에 거침없이 동조하면서 정부는 물론 자신이 소속된 자유당의 보수적인 의원들을 비판했다. 그와 그의 추종자들은 자유롭고 보편적인 참정권을 옹호하고 세금 감면을 요구했으며 징병제에 반대했다. 변호사로서 그는 시민권에 많은 관심을 가졌고, 반정부 활동으로 당국에 의해 투옥된 많은 사람을 변호했다. 그는 일본에 서양 문물을 도입하기 위해 열심히 노력했으며 의회와 대의제 정부를 요구하는 사람들을 이끌었다.[55]

오이는 1885년 43세로 그 단체에서 가장 나이가 많았고 고바야시는 30세였다. 30~40명으로 추정되는 내부 세력의 다른 인물들에 대한 정보는 거의 없지만 그 일부는 다음과 같다. 이소야마 세이베이는 34세로 혼슈 북부 히타치의 부유한 양조업체 집안 출신이며 성격이 매우 솔직하고 술과 대화를 좋아했으며, 민권운동 옹호자가 돼 '행동' 세력의 지도자로 오이의 선택을 받아 조선으로 가게 됐다. 아라이 쇼고는 30세로 도쿄 인근 시모츠케노쿠니의 부유한 농부였으며 젊은 시절 중국어와 영어를 공부했다. 그의 아내는 에토 신페이의 조카다. 그는 자유민권 사상이 처음 전파될 때 의회 설립 논쟁에 관심을 갖게 돼 태정관과 원로원에 '민중의 의견'을 전달했지만 그들이 관심을 보이지 않자 비판하는 발언과 글을 발표한 결과 공직 모독죄로 여러 번 투옥됐다. 이소야마의 뒤를 이어 행동 세력의 지도자로 활동했다.

다시로 쓰에키치는 후쿠시마현에서 태어나 대장장이로 일하다가 칼을 만드는 도공이 됐다. 민권운동을 돕기 위해 화폐를 위조한 혐의로 투옥됐고, 1883년 후쿠시마 지사가 많은 자유당원을 선동 혐의로 체포한 후쿠시마 사건에 가담했다가 두 번째 체포됐다. 100일 만에 풀려난 뒤 도쿄로 가서 이소야마 등을 만났다. 이나가키 류노스케는 37세로 젊은 시절 도사에서 가타오카 겐키치에게 배운 뒤 도쿄로 갔고 검술에 뛰어났다.

오치야 도라이치는 도쿄 인근 사이타마 출신으로 그곳에서 한 '사건'에 연루돼 은신했으며 10개월 동안 구리 광산에서 일하다가 도쿄로 와서 오이를 만났다. 가게야마 히데키는 21세로 그 단체의 유일한 여성이었다. 오카야마 출신으로 소녀 시절부터 영어와 영문학에 능숙했고 소학교 교사가 돼 '여성 해방'을 주장했으며 그 뒤 도쿄에서 여성 야학과 여성 잡지 『세카이 후진世界夫人』을 창간했다.56

고바야시와 오이는 라파예트Lafayette가 미국을 도왔던 것처럼 조선의 독립과 발전을 돕는 후대의 라파예트라고 자신들을 생각했다. 이들은 일본어·영어·프랑스어로 된 조선 독립 선언서를 작성했고 조선인들이 읽을 수 있도록 오사카에서 중국어를 가르치는 야마모토 겐에게 한문 번역을 의뢰했다. 그 선언문은 다음과 같았다. "올바르고 용감한 일본인은 이제 조선이 건국한 뒤부터 독립국이었음을 세계에 선포한다. (…) 다른 나라는 간섭하지 말아야 하지만 중국은 군대를 이끌고 와 조선을 종속시키고 국권과 자유를 파괴했다. (…) 이제 조선은 기본 정책을 개혁할 것이다. (…) 우리는 하늘을 대신해 그 개혁을 도울 것이다. 이것은 본래 조선 국왕과 국민의 뜻이었고 자유의 원칙이다. (…) 자유의 위대한 원칙은 〔미국〕 13개 주가 프랑스와 함께 영국에 맞선 아름다운 사실이 증언하듯 실패하지 않는다. (…) 우리는 의를 위해 목숨을 바칠 것이다."57

계획은 이소야마의 지휘 아래 충성스런 당원들을 조선에 파견해 김옥균·박영효와 개화당이 돌아갈 수 있는 기반을 마련하고 그들이 "조선 독립에 불을 붙이면" 유럽과 미국의 많은 혁명 단체가 그들을 도우리라는 것이었다.58 하지만 어려움이 있었다. 첫 번째 문제는 당연히 자금과 무기를 모으는 것이었다. 특히 불황기였기 때문에 돈을 구하기가 어려웠고 일부 대원은 훔치기도 했다.

어느 날 밤 단원 일곱 명은 나라奈良 근처의 외딴 절을 찾아가 1000엔을 걷기로 결정했다. 그들은 한 노승과 마주쳤는데, 그는 "어제 나라에 있는 은행에 절의 돈을 모두 저금했다"고 말하면서 1엔짜리 지폐 한 장을 줬다. 당연히 단원들은 불만을 품고 강제로 절을 수색했고 승려들은 미친 듯이 절의 종을 울렸다. 단원들은 320엔을 뺏어 달아났다. 10월 말 "돈 문제에 낙담한" 이소야마가 기금을 갖고 달아나는 큰 비극이 일어났다. 그 결과 오이와 고바야시는 오사카에서 전쟁 관련 회의를 열어 이소야마를 지휘관에서 공식 축출하고 아라이를 대신 임명했으며, 오이는 어떻게든 새로 자금을 확보했다. 아라이와 이나가키 등은 11월 20일 "폭탄을 갖고" 오사카를 떠나 조선으로 가는 항구인 나가사키로 출발했다. 그러나 이나가키가 아라이의 명령을 따르지 않으면서 더 많은 어려움이 발생했다.

한편 오사카 지역의 '이례적인 강도 사건'을 수사하던 경찰은 11월 23일 오이와 고바야시가 묵고 있던 숙소를 기습해 이들을 체포했다. 나머지 행동대원은 오사카와 나가사키 지역에서 빠르게 검거됐고 아라이는 11월 26일, 이소야마는 12월 6일에 체포됐다. 체포된 인원은 정확히 파악하긴 어렵지만 63~130명으로 추산되는데, 음모의 정체가 드러나자 당국은 강력한 단속에 나섰다. 경찰은 오이와 그 세력을 폭탄 소지, 폭동 선동 등의 혐의로 기소했다. 31명이 유죄 판결을 받았고 오이·고바야시·이소야마는 6년, 아라이는

5년 형을 받았다.[59]

오사카와 나가사키에서 조직이 체포된 직후 일본 정부는 외무성 관료 구리노 신이치로栗野愼一郎와 경찰을 서울로 파견해 이노우에 가쿠고로와 그 밖의 '수상한 인물'들을 체포했다.[60] 그러나 여기서 흥미로운 반전이 그들에게 일어났다. 가쿠고로는 조선 외무아문에 보호를 요청했고, 그 대신은 구리노에게 국제법의 정치범 보호구역에 관련된 규정을 상기시키며 그의 체포를 거부했다. 그 뒤 구리노는 수색과 체포를 허용하는 범죄인 인도 조약을 협상하려고 했지만 한 달 만에 포기하고 조선을 떠났다. 이노우에 가쿠고로는 서울에 남아 신문을 발행했지만, 나중에 일본으로 돌아가면 당국의 조치가 내려질 것이었다.[61]

자신들의 이상을 행동으로 옮기려는 자유주의자의 이런 노력은 그저 터무니없는 일로 치부될 수도 있다. 물론 후쿠자와의 우지무시 원칙을 오사카 사건에 적용하면 지저분한 얼굴의 남학생들이 경찰과 강도를 연기하는 충격적인 효과를 거둘 수 있다. 하지만 보스턴 차茶 사건도 비슷한 모습이었다. 더러운 얼굴들이 지지하는 이상을 너무 가볍게 무시해서는 안 된다. 오이는 재판에서 자신의 행동을 변호하면서 메이지 정부의 전체 활동 양식을 훌륭하고 면밀하게 조사했다. 그는 일본이 여전히 폭정이며 정부는 이기적인 소수의 손에 장악돼 있다고 생각했다. 그는 편애와 계급 차별을 공격하면서 정부가 '귀족'과 '하층민'의 차별을 무너뜨려야 하지만 새로운 신분제를 통해 강화하고 있다고 비판했다. "우리는 자유와 평등에 기초한 사회 개혁을 목표로 하고 있다. 따라서 정치뿐 아니라 교육과 종교에서도 개혁이 필요하다"고 그는 말했다.

그는 유교·불교·신토神道 등 전통 철학이 진보적이지 않다고 말했다. 그는 자유와 평등이 한 나라에만 존재하는 것이 아님을 강조하면서 이 모든 것을 조선 문제와 연결시켰다. "우리는 조선인을 무례하다고 비난하거나 침략하려는 것이 아니다. 우리는 단지 그들을 동정하고 어려움으로부터 도우며 (…) 개화당에 정치적 권위를 돌려주고 조선인에게 안전과 행복을 가져다주려고 할 뿐이다. 사람들은 나라가 다르므로 불가능하다고 하지만 종교의 스승들을 보면 모든 민족을 형제로 여긴다. (…) 조선에는 악습이 있다. 범죄를 저지르면 3대에 걸쳐 처벌한다. 그래서 자유주의를 아는 우리는 가만히 있을 수 없다. (…)" 오이는 아무도 자신을 믿어주지 않을까 두렵다고 인정했지만 "전 세계와 미래를 위해 이 사실을 밝히고 싶다"고 말했다.[62]

1884~1885년 조선에 진보적인 정권을 세우려던 일본 자유주의자들의 노력은 실패했고 다소 터무니없었다. 그러나 그 사건에 관여한 사람들의 동기를 폄하할 필요는 없는데, 그들은 자유와 진보가 국내뿐 아니라 국외에서도 사용돼야 한다고 생각했기 때문이다. 고립주의적 자유주의의 단점은 19세기 세계에서는 완전히 인식되지 못했지만 그 뒤 충분히 입증됐다. 자유는 본원적 권리이며 국경이 없다는 것이 자유주의 신조의 마지막 진리일 것이다. 그러나 자유주의자들이 배워야 했던(또는 분명히 배웠을) 가장 슬픈 사실 가운데 하나는 국민국가 체제에서 자유를 수출할 때 그 상품을 망치기가 매우 쉽고 더 나쁘게는 그것이 자라는 토대 자체를 무너뜨리기

가 매우 쉽다는 것이다.

구체적으로 말하면 1884~1885년 일본에서 가장 중요한 것은 정부의 여러 탄압에 시달리던 일본의 자유주의자들과 그 밖의 모든 평범한 일본인의 마음속에서 자유민권과 조선의 '독립'을 연관 짓는 것이었다. 앞서 살펴본 대로 이미 이런 공식의 시작 단계에서 정한과 자유는 상당히 모호하고 비논리적으로 연결돼 있었다. 정한과 자유. 후쿠자와와 그의 게이오 세력은 이 공식이 말이 되지 않는다는 것을 금방 알아차렸다. 하지만 거기서도 조선과 자유라는 단어는 연결돼 있었다. 1884~1885년 사건의 효과는 구호에서 '정복'이라는 동사를 '자유'로 바꾼 것뿐이었다. 자유로운 조선과 자유. 이것은 말이 됐다. 그것과 함께 자유주의자들은 외교 정책과 국내 계획을 갖고 있었으며 그것은 모두 이상주의로 가득 찼고 엄청난 열정을 불러일으킬 수 있었다. 이에 비해 일본 정부는 자신이 해외에서 자행하는 탄압을 거의 신경쓰지 않았다.

4장

재개된 현실주의

1885년 2월 27일 일본 정부는 전국의 지사知事에게 기밀 '칙명'을 내렸다.

청과의 협상과 관련해 이토 의원을 특명전권대사로 파견해 모든 것을 결정하도록 지시했다. 외국과의 협상은 매우 중요하며 미래를 고려해 (…) 국가의 영원한 큰 이익을 잘못 이끌어서는 안 된다. 주변국과의 관계를 손상해서는 안 되며 타협적 방식으로 좋은 결과를 얻어야 한다. 이것이 천황의 생각이다. 그러므로 지사들은 이 칙명을 숙지해야 한다.[1]

이 지시는 1885~1893년의 8년 동안 일본 정부가 추진한 조선 정책의 기조를 잘 보여준다. 그것은 조선의 독립이라는 '좋은 결과'와 그 나라 안에서 진보적인 조치를 계속 추구하되 그 뒤에 있는 대국인 청과 조정하는 틀 안에서만 이뤄져야 한다는 것이었다. 그리고 지사들은 완고한 조선 지원 옹호자들이 조정이라는 사과 수레를 뒤엎지 말도록 해야 했다.

외무경 이노우에는 1885년 1월 조선에 머무는 동안 청과 협정을 체결하기를 희망했고 그 대표와 협상을 조직할 수 있다면 그렇게 할 수 있는 권한을 부여받았다. 그러나 앞서 언급한 오대징과 그 밖에 한 명의 중국 대표가 있었지만 그들은 청과 일본의 문제를 해결할 권한이 없었고 청국 정부도 그렇게 공인된 대표를 조선에 파견하지 않았다.[2] 그러나 서울에는 600명 정도의 일본군이 있었고 청군은 2000명 정도였던 것으로 생각되는데, 그 일부는 이미 갑신정변 때 충돌한 병력이었다.[3] 추가 적대 행위가 일어날 가능성을 없애려면 어떤 종류의 합의가 필요했고 이토는 그것을 위해 중국으로 갔다.

일본 대중은 분명히 반대했지만 그와 이노우에는 즉각적인 합의를 시도하기로 결정했다. 1월 도쿄에서 중국에 대해 강력한 조치를 요구하는 학생들이 시위를 벌인 것이 그 한 가지 사례였다. 정부는 교사들에게 학생들을 통제하라는 명령을 내렸다.[4] 2월 27일 칙명에 따라 지사들은 대중의 '거품'을 통제하기 위해 경계에 들어갔고,[5] 끝으로 이토가 톈진에서 협상을 진행했던 조약 조건에 대한 항의를 막기 위해 언론에 대한 엄격한 검열이 이뤄졌다. 1885년 4월 말부터 6월까지 일본 신문들을 살펴보면 검열의 손길이 분명하게 드러난다. 조약은 4월 18일에 체결됐고 이토는 19일 톈진을 떠났다. 21일까지 도쿄의 신문들은 조약 내용을 추측하며 "가까운 장래에 그 내용을 읽을 수 있기를 희망했다".[6]

5월 12일 『유빈호치신문』은 이렇게 비판했다. "우리는 톈진조약이 발표되기를 바란다. (…) 이토 대사가 귀국한 지 여러 날이 지났는데 왜 정부는 조약의 내용을 발표하지 않는가?"7 마침내 5월 27일 태정관은 논평 없이 조약을 공표했고, 그 직후 여러 신문에서 조약 조항을 보도했다. 그러나 어느 신문도 사설은 싣지 않았다. 그들은 정부의 공식 발표를 그대로 반복했을 뿐이다. 갑신정변과 이노우에의 합의가 크게 보도되고 이토의 중국 방문에 대중의 관심이 높았으며, 후쿠자와의 『시사신보時事新報』와 『도쿄-요코하마마이니치신문』, 『유빈호치신문』 등 적어도 3개 신문이 정부를 강하게 비판하는 자유주의자가 운영했다는 점을 고려하면 검열이라고밖에 설명할 수 없는 현상이었다.8

일본 정부가 검열로 대중의 항의를 억누르는 동안 이토는 매우 신중하게 임무를 수행했다. 이노우에가 조선 관원들과 협상하기 전 푸트 공사를 방문한 것처럼 그는 청에 가기 전 주일 미국공사 빙엄을 찾아가 조언을 구했다. 빙엄은 "청과 일본이 조선에서 군대를 철수하고 자신의 영토 안에서 조선 정부의 정당하고 배타적인 자치권을 인정한다면 평화적 해결에 도달할 수 있다"고 촉구했다. 이토는 그런 견해에 동의하며 그것을 바탕으로 청과 합의를 모색하겠다고 빙엄에게 말했다.

이토는 중국에서 신중하게 협상을 진행했지만 철저히 빙엄이 조언한 틀 안에 있었다. 그때 그는 외교적 전권을 쥐고 있었는데도 그렇게 행동했다. 청국 정부는 베트남을 둘러싼 프랑스와의 적대 관계를 해결하기 위해 그들과 상당히 절박한 협상을 벌이고 있었다. 이토가 주일 미국공사관 대신 프랑스공사관을 방문했거나 주청 프랑스 대표와 연락했다면 청을 최대한 압박하기 위해 프랑스와 일본의 외교 전선을 쉽게 마련할 수 있었을 것이다.[9]

그러나 주일 프랑스공사관이 자유당과 공감하긴 했지만 그가 그렇게 하지 않았다는 사실은 그의 주요 목표가 외교적 이점이 아니라 평화적 해결에 있었음을 보여주는 추가 증거로 받아들일 수 있다. 그렇다고 그가 외교적 기교를 위한 모든 노력을 포기할 정도로 솔직했다는 말은 아니다. 21명으로 구성된 그의 수행단에는 당시 농상무경農商務卿이자 육군 중장이었던 사이고 쓰구미치가 있었는데, 그는 물론 형과 마찬가지로 강경정책 옹호자로 알려져 있었다. 신사적인 이토와 협상할 것인지, 아니면 군국주의자인 사이고와 대화할 것인지 미묘한 대안을 제시했을 수도 있다. 그러나 그가 사절단에 참여한 것은 일본의 이토 비판자들을 혼란스럽게 하려는 의도였을 수도 있다. 아무튼 이 경우 사이고는 매우 비겁한 군국주의자가 됐는데, 이토가 그를 협상에 참여하도록 허용하지 않았기 때문이다.

일본 사절단은 먼저 베이징으로 가서 총리아문에 신임장을 제시하고 황제 알현을 요청했다(이것은 일종의 외교적 기교였는데, 청국 정부는 그들에게 톈진에서 멈춰 이홍장과 협상하라고 했기 때문이었다). 청의 관원들은 황제가 너무 어리다며 알현을 거부했다. 이토는 받아들였지만 이홍장이 합의를 협상할 수 있는 전권을 갖고 있다는 증거를 보여 달라고 요청했다. 논쟁 끝에 이홍장의 전권을 증명하는 서류가 제출됐다. 마침내 한 달 넘게 중국에 머문 4월 3일 이토는 톈진에서 이홍장과 협상에 합의했다. 그는 즉시 일본의 목표는 평화로운 우호 관계라고 강조하고 회담을 과거와 미래의 두 부분으로 나눌 것을 제안했다. "먼저 미래에 대해 얘기합시다. (…) 우리가 조선에 군대를 주둔시킨 까닭은 조선인의 폭력성 때문이지만 언제까지나 계속될 것으로 생각하지는 않습니다. (…) 앞으로 조선에 일본군과 청군이 있으면 두 나라 사이에 문제가 생길 가능성이 높습니다. 이것은 불이 타는 것만큼이나 논리적입니다. 따라서 우리가 우호적인 관계를 바란다면 이 군대를 철수해야 합니다."

서울에서 발생한 무력 충돌의 책임이 누구에게 있는지에 대한 논쟁이 벌어졌다. 일본인들은 국왕의 요청에 따라 그를 찾아갔는데 청군이 일본인을 공격했다고 이토는 주장했다. "귀국의 장군이 시간을 갖고 협상했다면 어려움을 피할 수 있었을 것입니다. 아무튼 일본인은 안에 있었고 중국인은 밖에 있었으므로 중국인이 공격한 것은 분명합니다." 그는 이것에 책임이 있는 청군 지휘관의 처벌과 부상한 일본인에 대한 배상을 요구했다. 청의 구체적인 유죄 인정은 없었지만 많은 논쟁과 몇 번의 교착 상태 끝에 이런 일반적 조건에 따라 합의가 이뤄졌다. 두 나라는 4개월 안에 조선에서 철군하기로 했다. 청이나 일본 교관이 조선군을 훈련시키지 말고 스스로 자국 군대를 훈련시키도록 조선 국왕에게 권고하기로 했다. 그리고 조선에서 청이나 일본이 군대를 파견해야 할 정도로 심각한 사태가 발생하면 한쪽이 다른 쪽에 파병 의사를 서면으로 통지하도록 했다.

이홍장은 조약 부록에서 일본군과 청군이 조선에서 적대 행위를 한 것에 대해 언급했다. "유감스럽게 생각합니다. 우리의 잘못은 충분히 조심하지 않은 것이며 그들은 징계를 받아야 합니다. 혼다 부인은 자신의 집이 침범당해 일본인이 죽었다고 합니다. 우리가 그랬다는 증거는 없지만 조사관을 보내 청군이 일본인을 죽인 것이 입증되면 우리 법에 따라 엄중하게 처벌하겠습니다. 귀하도 사실 관계를 조사해 주길 바랍니다." 이토는 "반드시 조사하겠다"고 대답했다.[10]

또한 이토는 협정에 조선의 주권이나 적어도 자치권에 대한 언급이 포함되기를 바랐다. 성공하지는 못했지만 청과 일본이 파병할 수 있는 동등한 권리를 가진다는 내용은 그런 의도를 암시한 것이라고 볼 수 있다. 또한 그는 1882년 일본과 조선의 합의에 따라 주재하던 일본공사관 경비병은 파병 금지 대상에 해당하지 않는다고 주장했다. 그러나 일본군은 4개월의 시한이 지난 7월 다른 병력과 함께 이 경비병을 철수시켰다. 주한 일본대리공사 다카히라 고고로高平小五郞는 그때 조선 정부에 일본이 경비병을 철수하지만 1882년 합의 조건에 따라 필요한 경우 그것을 보유할 권리를 포기한 것은 아니라고 통보했다.[11]

1885년 이홍장-이토 조약이라고도 하는 톈진조약을 체결한 일본 정부는 일본으로 망명한 조선인들과 일본 자유주의자들이 이 조약을 어기지 않도록 예방 조치를 실시했다. 처음에는 앞서 언급한 교사와 지사들에게 내린 명령과 검열을 제외하면 치토세호를 타고 일본으로 망명한 조선인 진보세력에게 냉담한 태도를 보인 것을 넘어선 조처를 하지 않았다. 이들은 나가사키에 도착했을 때 도와주겠다는 정부 관료가 없자 후쿠자와에게 갔고, 그는 그들을 받아들였다. 그러나 5월 박영효·서광범·서재필(필립 제이슨Philip Jaisohn) 등 3명은 일본을 떠나 미국으로 갔다. 관련 자료는 없지만 다보하시는 일본 정부가 후쿠자와를 통해 이들에게 경비를 전달해 출국시켰을 가능성을 제시했다. 김옥균은 출국을 거부하고 일본에 남았다.[12]

그리고 11월 말 오사카 사건이 알려지면서 일본 당국은 강력하게 단속하기 시작했다. 예상대로 이 사건은 조선에서도 충격적인 소식이 됐고 김옥균이 "탈당한 일본인들과 함께 일본 정크선 8척을 타고 조선으로 건너왔다"는 말이 퍼졌다. 거의 같은 때 서울에서는 박영효·서광범·서재필이 미국에서 음모를 꾸미고 있고 왕비 민씨를 협박했으며, 미국이 일본에 있는 그들의 공모자들에게 다이너마이트를 공급할 것이라는 소문이 퍼졌다. 그 소문에 따르면 "샌프란시스코에 있는 선교사"들이 음모자들을 돕는다고 했다.[13]

이미 알려진 대로 일본 정부는 오이와 그의 공모자들을 체포해 재판에 회부하고 형벌을 선고함으로써 이 계획을 후원하지 않을 것임을 분명히 했다.[14] 몇 년 뒤 그 재판의 판사는 "도쿄에서 장관까지 판결을 보러 왔고 정부는 혐의의 사실 여부를 묻지 말고 유죄판결을 내리도록 강력히 압박했다"고 회고했다.[15] 판결은 1886년 9월 19일에 내려졌지만 그 뒤 피고들은 항소했다. 1888년 3월 원심 판결은 파기되고 나고야에서 항소심이 열렸다. 6년 형이던 원심이 9년으로 높아진 판결은 피고들에게 결코 유리한 것이 아니었다. 하지만 1889년 2월 헌법 공포와 함께 사면령이 선포되면서 범인들은 풀려났다.[16]

이노우에 가쿠고로도 당국과 갈등을 겪었다. 1886년 12월 그는 조선의 '진보'에 대한 희망을 접고[17] 미국으로 건너가 일본인 이민을 추진하려고 시도했다. 1887년 6월 샌프란시스코에 도착한 그는 이민국 책임자를 만났으며 그 뒤 칼라베로스 카운티Callaberos County에 50에이커(약 6만 1208평)의 땅을 매입했다. 일본인 정착민들이 그곳에서 잘 살 수 있다고 판단한 그는 일본으로 돌아가 후쿠자와에게 보고하고 산 호아킨 밸리San Joaquin Valley에서 일본인 농부들을 위한 광범한 사업을 개발할 가능성을 논의했다.

그러나 일본에서는 문제가 그를 기다리고 있었다. 그는 갑신정변과 오사카 사건에 관련된 활동 혐의로 도쿄 경찰에 체포됐다. 가쿠고로는 이노우에 가오루의 지시에 따라 자신이 체포됐다고 말했다. 재판에서 당국은 그가 김옥균·박영효와 암호로 연락할 때 사용했던 용지를 증거로 제시했다(가쿠고로는 이것을 찢어 숙소의 하녀에게 태우라고 했지만 그녀는 그렇게 하지 않은 것으로 보인다). 또한 1885년 태정관에 보낸 조선 문제에 관련된 각서도 그에게 불리하게 작용했다.

그것은 이노우에 가오루의 조선 정책과 텐진조약을 비판하는 내용이었다. 검사는 즉시 후쿠자와와 가쿠고로의 활동을 연결시키며 후쿠자와가 갑신정변에 영감을 준 것이 아니냐고 말했고, 판사는 문제의 각서를 실제로 작성한 사람은 후쿠자와가 아닌지 물었다. 가쿠고로는 혼자 각서를 작성했고 혼자 암호서를 사용했으며 혼자 갑신정변에 관여했다고 다시 한번 주장했다. 후쿠자와는 어느 것에도 관련이 없었다. 그는 1885년 자신의 조선 활동에 '영감을 준' 사람은 사실 이노우에 외무경이었다고 덧붙였다. 후쿠자와는 정식으로 기소되지는 않았지만 법정에 증인으로 불려갔다. 그러나 가쿠고로는 이노우에 외무경과 이토 총리를 '모욕'하고 조선 외무대신 등에게 거짓말을 했으며 거짓 기사를 게재한 혐의로 유죄 판결을 받았다. 그는 최대 1년의 징역형을 선고받고 1년 정도 복역했다. 그도 1889년 2월 11일 일본 헌법 공포일에 석방됐다.[18]

이렇게 김옥균의 일본인 동조자들을 처벌하면서 일본 당국은 그가 계속 일본에 있는 것을 점차 좋지 않게 생각했다. 그들은 그를 조선으로 돌려보내지 않았지만 그가 일본에 있는 것을 달가워하지 않은 것은 분명하다. 김옥균은 실제로 오사카 사건에 가담하지 않았다. 그는 정변에 실패해 일본으로 망명한 뒤 조용히 지내라는 후쿠자와의 조언을 받았고 오이와 고바야시의 적극적인 가담 권유도 거절한 것으로 보인다.[19]

그러나 그는 이제 암살 음모의 대상이라는 악명을 얻기 시작했다. 1884년 정변이 실패한 뒤 권력을 되찾은 민씨 세력은 1885년 여름부터 일본에서 김옥균을 죽이려는 음모를 꾸미기 시작한 것으로 보인다. 조선 조정의 비밀 지시를 받은 것으로 보이는 서조순(일본 이름 노다 헤이지로)과 또 다른 조선인 조 씨는 국왕의 사촌이 "전해의 거사 실패를 유감스럽게 생각한다"는 서신을 갖고 일본의 김옥균을 찾아갔고 그에 대한 국왕의 '신임'이 "변하지 않았다"는 내부 정보를 갖고 있다고 주장했다. 김옥균은 이들에게 "일본에 사는 조선인 후손" 1천여 명을 모아 함께 조선으로 건너가 민씨 세력을 축출하려고 한다고 공개적으로 이야기했고, 이것은 모두 민씨 세력에게 보고됐다. 이 과정에서 일어난 혼란 때문에 김옥균이 오사카의 모험적 인물들과 함께 온다는 소문이 퍼진 것으로 보인다. 그러나 서조순과 조 씨는 암살 시도는 하지 않았는데, 김옥균의 친구들 가운데 몇몇이 자신들을 의심했기 때문인 것 같다.[20]

그러나 몇 달 뒤 조선에서 또 다른 요원이 왔고 김옥균은 놀랐다. 1886년 5월 그는 이노우에 외무경에게 편지를 보내 자신을 죽이려는 조선 국왕의 요원이 일본에 있다고 말했다. 도쿄 경시청은 상황을 조사했고, 외무성은 6월 7일 주한 일본공사관의 다카히라 대리공사에게 조선 정부가 김옥균의 암살 요원을 보냈다는 소문을 조사하라고 지시했다. 또한 김옥균은 암살범이 보낸 위협 편지를 증거로 제출해 일본 법원에 보호를 요청할 수 있도록 했다고 덧붙였다. 외무성의 지시는 다음과 같이 이어졌다. "따라서 일본 정부는 조선과의 우호 관계와 일본 국내의 안전을 유지하기 위해 김옥균에게 일본을 떠나도록 명령하는 동시에 암살범을 소환하도록 조선 정부에 권고할 예정이다."[21]

이노우에 외무경은 추방령을 내려야 하는 야마가타 내무경에게 다음과 같이 상황을 설명했다. "아시다시피 정변 이후 김옥균은 도쿄에 와서 살고 있습니다. 그러나 우리는 그가 일본을 떠나기를 바라니 경시청장과 지사에게 이런 의사로 지시해 주십시오. 그 까닭은 김옥균이 일본에 머무는 한 조선·청과 외교적 문제가 늘 있을 것이기 때문입니다. (…) 우리는 암살 계획을 들었고 조선 정부에 암살자를 소환하라고 조언했습니다."[22]

김옥균은 6월 12일 가나가와현 지사로부터 출국 명령을 받았지만 "자신을 받아줄 외국 선박이 없다"는 이유로 미뤘다. 그러자 이노우에는 그와 그의 추종자 4명은 '표류자'이므로 보닌 제도*로 보내라고 야마가타에게 조언했다. 그러면 '조·청 관계'와 '국내 평화와 안보'에 관련된 "우리의 문제가 해결될 것"이라는 것이었다. 야마가타는 그 말에 따랐고 그 뒤 다카히라는 조선 정부가 동의했다고 보고했다. 가나가와 지사는 암살범을 조선으로 '호송'하라고 명령했다.[23] 그 뒤 김옥균은 홋카이도의 삿포로로 옮겨졌는데, 그곳에서 "혹독한 기후로 괴로워하면서 〔도쿄로〕 이송해 달라는 탄원서를 정부에 자주 제출했다." 1889년 그는 병 때문에 도쿄로 돌아갈 수 있었다.[24]

톈진조약 체결 뒤 일본 정부는 조선에서 외교적 논란과 복잡한 상황을 피하려고 한 것으로 보인다. 1885년 8월 전해 2월 푸트 공사가 이임하고 새로 착임한 포크 미국공사는 일본의 태도를 다음과 같이 요약했다. "그동안 일본은 조선 문제에 매우 적극적으로 영향력을 행사했지만 지난 4월 청과 조약을 체결한 뒤는 소극적인 관찰자에 지나지 않는 것으로 보입니다. 현재 짓고 있는 새 일본공사관은 작고 보잘것없습니다. 책임자도 임시대리공사입니다. 일본이 조선 정책을 크게 바꿔 청의 종주권 주장에 크게 양보했음을 보여주는 증거가 많습니다."[25]

포크의 이런 상황 설명은 특히 그 뒤 1885년 이후 일본의 정책 목표에 대한 미국의 평가를 고려할 때 흥미롭다. 1955년 출간된 근

---

* 일본 남쪽 약 966킬로미터 태평양의 섬들로 1945~1968년 미국이 관리하다가 일본에 다시 넘겨짐. 현재 이름은 오가사와라小笠原 군도.

대 일본에 대한 최고의 교과서인 휴 버튼Hugh Borton의 『일본의 근대 세기 Japan's Modern Century』에서는 다음과 같이 서술했다.

이 협정(톈진조약)은 일시적으로 위기를 해결했다. 일본은 아직 조선 문제를 강제할 만큼 강하지 않았고 청은 친밀도와 역사적 선례가 유리하다고 확신했다. 주일 미국공사는 이렇게 설명했다. "일본의 정책은 다른 나라의 계획을 막기 위해 조선을 청의 속국으로 인정하는 것이었다. (…) 청과 싸워야 할 때 일본은 유럽 열강의 항의를 두려워하지 않고 조선을 점령할 수 있었다."[26]

이것은 일본 정부가 적어도 톈진조약을 체결한 순간부터 조선을 점령하려는 계획을 세우고 있었다는 분명한 증거다. 버튼은 제2차 세계대전의 참혹함 속에서도 일본에 불공정한 평가를 내리지 않기 위해 늘 신중했으며, 그가 이 증거를 인정한 것은 일본에 대한 악의 없이 증거를 따라야 한다는 의무감의 표현으로 봐야 한다. 그러나 다보하시가 갑신정변과 관련해 그랬던 것처럼 그도 이 경우는 잘못 판단했는데, 증거가 그리 확실하지 않기 때문이다. 버튼은 그 단락의 핵심인 미국공사의 발언을 넬슨의 책(『조선과 동아시아의 구질서』)에서 인용했다.[27] 하지만 넬슨의 인용문을 직접 살펴보면 뭔가 잘못됐다는 것을 어렴풋이 느낄 수 있다. 넬슨의 각주에서는 1893년 7월 29일 자 "허드Heard가 그레셤Gresham(당시 국무장관)에게" 보낸 외교 공문을 언급했다.[28]

이것은 흥미롭다. 첫째, 1893년이라는 연도는 1885년 이후의 일본 정책에 대한 후대의 평가일 뿐임을 나타내는 것 같다. 실제로는 그렇지 않다. 공문 원본을 살펴보면 최근(1893년)의 정책 '변경'을 언급하고 있음을 알 수 있는데, 그런 변화에 대한 "대체적인 의견"은 일본이 러시아를 두려워한 결과라는 것이었지만 "내가 보기엔 은밀한 목적"이 있다는 것이었다. 그러므로 공문 자체에 따르면 조선을 병합하려는 일본의 모든 계획은, 동기에서는 아니더라도, 시간적으로는 1893년의 러시아 공포와 연결돼 있었다. 작성자의 추측은 그 이전이 아니라 당시와 관련된 것이었다.

둘째, 넬슨은 본문에서 이 공문이 '주일 미국대표'가 보낸 것이라고 했기 때문에 버튼은 그를 '주일 미국공사'라고 추정했다. 그러나 넬슨의 각주에 따르면 그 사람은 '허드', 곧 어거스틴 허드Augustine Heard로 생각되며 1893년에는 주한 미국공사였다. 좀 더 확인해 보면 혼란은 더 커진다. 공문을 보낸 사람의 이름도 허드가 아니라 헤롯Herod이다.29 그는 인디애나주 출신의 조셉 로저스 헤롯Joseph Rogers Herod으로 실제로 주일 미국대표였지만 바로 얼마 전 착임했다. 그는 1893년 1월 4일 주일 미국공사관의 2등 서기관으로 임명돼 3월 4일부터 업무를 시작했다. 그는 5월 29일 서울로 건너가 허드 공사와 호러스 N. 앨런 서기관이 자리를 비운 동안 주한 미국공사관의 책임자로 활동한 뒤 9월 15일 도쿄로 돌아왔다.30 그러므로 "내가 보기엔"이라는 것은 서울을 잠깐 방문한 도쿄의 신임 2등 서기관의 견해며, 그때는 조선공사관을 책임진 대표가 없던 때였다.

허드와 헤롯의 혼동에 대한 이런 설명은 인용문을 너무 깊이 파고든 것으로 보일 수 있다. 따라서 그것을 여기 소개한 까닭을 되도록 명확히 설명할 필요가 있다. 내 목적은 단순히 극동 역사에 대한 훌륭한 두 책에서 결함을 지적하려는 것도,[31] 헤롯의 공문이 1893년 일본의 정책과 관련해 아무것도 증명하지 못한다고 말하려는 것도 아니다. 실제로 미국공사들(서울의 허드와 도쿄의 던Dun)이 그해 일본 정책의 어떤 예상치 못한 변화를 우려했다는 증거가 있다. 그것이 헤롯이 제안한 방향의 '변화'를 의미했는지는 곧 살펴볼 것이다. 그러나 메이지 시대부터 진주만 공습까지 서양에는 일본인이 두 얼굴을 가진 민족이며 그 외교 정책은 늘 기만적이라는 인상이 매우 강하다.

물론 사려 깊은 사람은 이것을 극단적인 용어로 표현하지 않지만, 그런 인상은 너무 나쁜 영향을 주기 때문에 국제관계에서 일본의 기록을 연구하는 사람들은 일본의 교활함과 부정직함이 특별히 언급할 필요가 있을 정도로 국제적 행동의 기준보다 훨씬 더 나쁜 것을 발견했는지 평가해 보는 것이 바람직할 것 같다. 또는 이것과 관련해 일본의 기록이 특별히 혐오스럽다는 것을 발견하지 못했다면 왜 그런 인상이 생겼는지 설명하려고 노력할 필요가 있다고 생각한다. 메이지 시대와 조선의 사건에 국한된 이 연구는 결정적인 대답을 제시할 수 없지만 일본이 조선을 지배하는 과정의 기록은 그런 인상이 형성되는 데 강한 자극을 줬기 때문에 그 과정을 면밀히 살펴보는 것은 그 인상이 어디까지 사실이고 어디까지 왜곡인지 이해하는 데 도움을 줄 것이다. 헤롯의 공문에 대한 위의 논의는 그 작은 사례다.

아무튼 지금까지 이 연구를 따라온 독자라면 1885년 이전에 일본 정부가 조선을 병합할 계획을 세웠다고 말하는 것은 지나친 과장임을 알 수 있을 것이다. 증거는 정반대다. 그해의 톈진조약을 그런 계획의 출발점으로 봐야 하는지가 지금 우리의 질문이다. 그런 추정의 근거가 된 구체적 증거들을 검토했지만 설득력이 없다고 생각한다. 사실 톈진조약을 일본이 조선 지배로 나아간 첫걸음으로 보는 주장 전체에는 "동의해도 그만이고 동의하지 않아도 그만"이라는 논리가 깔려 있다. 그 조약이 체결될 때 일본은 조선을 점령할 계획이었다는 증거는 일본이 한반도에서 영향력을 확보하고 반대로 청의 영향력을 줄이려고 노력했다는 데서 제시되고 있다. 그러나 톈진조약 이후 동일한 목적은 일본의 영향력이 줄고 청의 영향력이 강화되는 것을 허용하려는 분명한 의도에서 제시되고 있다 (그래서 "청과 싸워야 할 때 일본은 유럽 열강의 항의를 두려워하지 않고 조선을 점령할 수 있었다"). 일본 외무성은 계산된 악행에 그처럼 능숙했을까?

이 질문은 다른 측면에서 보면 풀릴 수 있다. 톈진조약과 그 여파가 정말 일본의 정책이 적극적인 것에서 소극적인 것으로, 청의 영향력에 도전하는 것에서 묵인하는 것으로 변화했음을 의미할까? 우리는 이미 1876년 강화도조약 이후 일본의 공식 정책은 조선의 독립과 개혁이라는 원칙을 내세웠지만 실제로는 일상적인 변수를 신중하게 처리하는 한도 내에서만 그 실현을 추진했음을 살펴봤다. 미국의 조언과 선례를 따르는 경향도 뚜렷했다. 1882년 청의 개입이 명백한 장애물이 되기 시작하자 일본은 그것에 반대하는 국제적 합의를 이끌어내기 위해 미국의 도움을 요청했다. 그러나 그런 합의가 이뤄지지 않자 일본의 정책은 원칙을 포기하지 않고 상황에 맞게 조정됐다. 1884년 자유주의자들이 원칙을 지키기 위해 목숨을 건 무력 행동을 벌이자 정책 입안자들은 상당히 당황했지만 서울과 톈진에서 화해 협정을 맺으며 여느 때처럼 대응했다.

현실적인 신중한 태도에 입각해 그들은 변화하는 쪽으로 물러났다. 이것은 이전의 정책과 완전히 일치하는 것이지만, 우리는 톈진과 그 뒤의 화해가 너무 커서 일본이 새 원칙, 곧 (헤롯·넬슨·버튼이 제시한 은밀한 목적을 위해) 청의 허세를 **지지하는** 정책으로 변화했다고 해석해야 하는지 물어야 한다. 사실 앞서 인용한 공문에서 포크는 새 일본공사관의 규모가 작고 다카히라 대리공사의 외교적 등급이 낮다고 했는데, 이것은 일본이 정책을 바꿨다는 주장을 뒷받침하는 데 헤롯의 공문보다 더 효과적으로 사용될 수 있다. 포크의 요약을 되풀이하면 "일본이 조선 정책을 크게 변경해 청의 종주권 주장에 많이 양보했음을 보여주는 증거가 많다"는 것이다.[32] 그는 일본이 왜 정책을 바꿨는지는 말하지 않았지만 음모를 찾는 사람은 변화는 늘 의심스럽다고 말할 수 있다. 그러나 고려해야 할 또 다른 흥미로운 상황이 있다.

1884년 7월 14일 미국 프렐링후이센 국무장관은 루시우스 H. 푸트에게 다음과 같이 통지했다. "1884년 7월 7일 승인된 현 회계연도 외교 및 영사 예산법에 따라 귀하의 직급을 특명전권공사에서 변리공사 및 총영사로 하향 조정하며 급여는 변동이 없다." 이런 강등의 결과 푸트는 9월 사직서를 제출했다.[33]

그가 2월에 퇴임하자 조지 포크는 미국공사관 대리공사로 취임해 2년 동안 일했지만 그리 넉넉한 상황은 아니었다. 그는 1886년 2월

18일 자 국무장관에게 보낸 서신에서 이런 사실을 설명하며 해임해 달라고 요청했다. "사무원의 도움 없이 이 공사관에서 요구되는 업무를 한 사람이 오래 수행하는 것은 불가능합니다. 임시대리공사의 급여는 공사관의 책임자에게 필요한 경비를 충당하는 데 턱없이 부족하지만 저는 6개월 동안 그것마저 받지 못했습니다. (…) 공사관 생활에 필요한 최소한의 물품도 제공받지 못한 채 (…) 개인적으로 부끄럽게도 빚을 지고 (…) 끊임없는 굴욕을 겪어 왔습니다."34

포크의 후임으로 윌리엄 H. 파커William H. Parker가 변리공사 겸 총영사로 부임했다. 그러나 상황은 나아지기는커녕 더 나빠졌다. 국무부는 이듬해 9월 포크를 다시 서울로 급파했는데, 그는 이렇게 보고했다. "공사는 여기 주재하면서 상당 기간 술에 취해 있었습니다. 조선과 외국 관료들은 방문을 중단했습니다. (…) 미국인들이 도움을 구하러 미국공사관에 갔을 때 공사는 취해 있었습니다."35

그 결과 흥미롭게도 포크 자신의 상황은 일본이 정책을 바꾸고 청의 주장을 지지하기 시작했다는 증거로 그의 "공사관 규모와 공사의 직급" 발언을 사용할 수 있는 가능성을 무너뜨린다. 미국도 마찬가지였을까? 비슷한 숨은 동기 때문이었을까? 아니, 그렇지 않았다. 스스로 감국대신監國大臣이라고 부른 원세개가 1885~1893년 서울에서 가장 강력한 실력자로 군림하는 동안 조선의 미국인(늘 취해 있던 파커를 제외하고)들은 그의 고압적인 행태에 크게 분노했고 조선에 대한 청의 패권을 굳히려는 "그의 공세를 막으려고" 노력했다. 하지만 그들은 별다른 성과를 거두지 못했다. 그렇게 시도했지만 그들은 워싱턴의 상부로부터 '질책'만 받았으며 그레셤 국무장관의 태도는 다음과 같이 요약할 수 있었다. "우리 외교사의 기록은 몇 가지 예외를 제외하고는 외국과의 동맹을 피하고 먼 나라의 독립을 보장하는 곤란한 참여를 피하는 현명한 정책에서 벗어나지 않았다."36

그의 연구에서 위의 인용문을 가져온 F. H. 해링턴F. H. Harrington 교수는 이 모든 것을 솔직하고 매우 재미있게 자세히 설명했다. 그는 1885~1893년 조선 문제에서 미국의 역할을 다음과 같이 요약했다. 포크·앨런·딘스모어Dinsmore·록힐Rockhill·허드 등 주한 미국 대표들은 자신이 받은 지시를 어기지 않고 최대한 조선의 독립과 개혁을 도우려고 노력했다. 그러나 특히 국무부의 신중함 때문에 그들은 때론 교묘하고 때론 강경하게 청의 패권을 주장한 원세개에 맞서 거의 아무것도 할 수 없었다. 그것을 비효율적이고 일관성이 없으며 심지어 실수라고 비판할 수도 있지만 그것은 계략이나 악의가 아니라 좋은 의도가 분명했다.

그러나 버튼·넬슨과 마찬가지로 해링턴도 미국 정책에서 일본 정책으로 돌아서자마자 상황을 불길하게 봤다. 그는 다음과 같이 말했다. "1885년에 물러선 뒤 일본인들은 조선의 운명에 '완전히 무관심한 태도'를 보였다. 그들은 더 이상 청의 종주권 주장에 맞서 싸우지 않았다. 그 대신 그들은 청이 러시아를 견제하도록 밀어붙였다. 그리고 그렇게 함으로써 청을 몰아내기에 적절한 시기에 일본을 위해 조선을 구해냈다." 이것을 뒷받침하기 위해 그는 주목되는 2차 저작 목록을 인용한 뒤 헤롯의 공문이 "가장 흥미로운 사실을 드러낸다"고 말했다.37

물론 우리는 일본이 1894년 청과 싸워 조선에서 그 영향력을 축출했으며, 헤롯의 추측이 아니더라도 이것은 일본 정부가 몇 년 전부터 최후의 일격을 계획하고 있었음을 입증하는 증거로 받아들일 수 있다는 것을 알고 있다. 인류에 대한 (1893년까지) 우리의 믿음에는 다행스럽지만, 이 이론에 대해서는 불행하게도 그것은 뒷받침할 만한 증거가 거의 없다. 이 8년 동안 조선에서 보인 일본의 활동 형태는 너무 일관성이 없고, 사악한 계획의 일부라고 하기에는 실수가 너무 많다. 참으로 그것을 굳이 분류해야 한다면 일반적인 범주는 아마 미국일 것이다. 일본의 구체적 행동과 반응을 바탕으로 이것을 확인해 보자.

1885년 가을 장군 원세개는 주차조선총리교섭통상사의駐箚朝鮮總理交涉通商事宜라는 직함을 갖고 조선으로 돌아왔는데, 조선의 외교와 통상 교섭을 담당하는 중국 장관이라는 뜻이었다. 그러자 포크 등은 우려하게 된 것으로 보이는데, 11월 20일 포크는 다음과 같이 보고했다. "영국 총영사 베이버Baber와 일본 대리공사 다카히라 고고로가 저를 방문해 신임 청국 대표 원세개의 직함과 직급을 논의했습니다. 다카히라는 많은 관심과 약간의 불안감을 보였습니다."[38] 이것은 청이 조선 문제를 장악한 시작일 뿐이었다. 톈진에서 대원군의 귀국,[39] 민영익의 청 장기 체류,[40] 그리고 1886년 8월 원세개가 청의 영향력에 반대할 가능성이 있는 왕실 측근들을 숙청한 사건은[41] 13세기 원이 고려를 직접 통치한 이후 중단된 한국에 대한 중국의 전통적 유교 권위가 더욱 활발해지는 계기가 됐다.

이런 상황이 전개됨에 따라 조선에 주재한 일본 대표들은 상당히 흥분하는 경향이 있었지만 도쿄에서는 신중해야 한다는 의견이 우세했다. 1886년 여름과 가을 포크는 일본공사관의 태도를 다음과 같이 보고했다. "다카히라는 청의 태도가 조선에 관련된 톈진조약에서 일본과 청이 도달한 합의에서 벗어났으며 일본 정부의 간섭이 반드시 필요한 것 같다고 제게 분명히 말했습니다. 그는 (…) 일본으로 돌아가 조선의 상황을 일본 정부에 보고하고 싶다고 암시했습니다."[42] 그러나 일본 외무성은 공식적인 항의를 하지 않았고, 1887년 다카히라 대리공사는 상하이 영사로 임명됐으며 부산에서 오랜 경험을 쌓은 곤도가 주한공사로 착임했다.

자신의 상대인 일본공사와 함께 중국인의 악행을 이야기하며 좋은 시간을 보낸 것으로 보이는 미국공사 포크도 1887년 소환된 것은 흥미롭다. 그가 1884년 12월 갑신정변에 대한 설명을 『포린 릴레이션스Foreign Relations』지에 게재하자 원세개는 그가 음모를 미리 알고 있었으며 "조용히 앉아서 우리의 귀족들이 도살당하는 것을 봤다"고 비난했다. 원세개는 그의 소환을 요구했고 미국 정부는 그것을 받아들였지만 딘스모어 공사는 "내 소망은 물론 조선 국왕과 모든 국민의 간절한 소망에 반대되는 것"이라고 비판했다. 다카히라의 이임이 포크의 이임이나 원세개의 압력 때문이라고 추정할 근거는 없는데, 그는 서울에 있던 마지막 몇 달 동안 청의 침입에 "전혀 관심을 두지 않았기" 때문이다.[43]

그러나 곤도는 서울에 착임하자마자 조심하라는 지시를 어길 뻔했다. 포크가 축출되는 동안에도 딘스모어와 앨런은 청의 영향력을 차단하기 위한 또 다른 계획, 곧 주미 조선공사관의 신설을 추진했다. 1887년 8월 고종은 박정양을 공사에 임명했고 앨런은 그 일행과 동행할 준비를 했다. 그들은 워싱턴에 조선공사관을 설립할 예정이었다. 그러나 10월 원세개의 행동으로 큰 문제가 일어났다. 그는 고종에게 속국의 위치를 상기시키며 공사단의 출발을 막고 워싱턴에 설립될 조선공사관은 그곳의 청국공사관에 종속돼야 한다고 주장했다.

곤도는 미국의 노력에 동조했다. 그는 딘스모어에게 일본은 "청의 행동이 조·일 관계는 물론 다른 조약 열강과의 관계에 타격을 주기 때문에 무관심할 수 없다"고 말했다. 그리고 그는 이홍장이 원세개에게 보낸 전보 사본을 딘스모어에게 '비밀리에' 제공했는데, 거기에는 해외의 조선 대표들은 먼저 중국 공사에게 출석하고 그를 통해 해당 국가의 외무성에 소개돼야 한다고 적혀 있었다.[44] 그러나 곤도가 어떻게 조처해야 하는지 일본 외무성에 지시를 요청하자 "이 사건에 얽히지 말고 일본의 조약권이나 상인이 위험에 처하면 추가 지시를 문의하라"는 답변이 돌아왔다.[45] 일본 외무성은 미 국무부와 마찬가지로 조선에서 외교적 교착을 피하고 있었다.

그러나 신중한 정책을 폈음에도 일본 정부는 조선과 큰 논란에 휘말리게 됐다. 그것은 1888년부터 불거지기 시작했다. '콩 수출 논란'이라고도 불리는, 조선에서 일본으로 식료품을 수출하는 문제였다. 조·일 조약에 따르면 조선 정부가 "영토 안에서 식량이 부족하다고 판단하지 않는 한" 식료품 무역은 방해받지 않아야 하며, 1개월 전 일본영사에게 통지한 뒤 수출을 금지할 수 있었다. 1888년 1월 부산의 조선 관원들은 기근 상황이라고 주장하면서 부산항에서 쌀 수출을 금지했다. 부산 주재 일본영사는 기근 주장은 사실이 아니며 "조선 정부가 쌀 수출을 금지할 이유가 없다"고 보고했고, 외무성은 서울의 곤도에게 "기근이 발생했을 때만 수출을 금지할 수 있다"면서 조선 정부에 항의하라고 지시했다.[46]

이듬해 일본인들은 "풍년이 들어 조선 농민들이 기뻐하고 있다"고 말했지만 원산을 관할하던 함경도 관찰사는 농민들에게 쌀을 판매하지 말라고 명령했다. 곤도는 다시 항의했지만 조선 정부의 대답은 "모호했다". 마침내 1890년 4월 수출 금지는 해제됐지만 "일본 상인들은 8개월 동안 손해를 입었다". 그들은 14만 626엔 95센錢 7린厘(쌀 한 톨까지 손실을 계산한 것으로 보인다)의 배상금을 요구했다. 곤도는 일본 상인 대표단이 도쿄로 가서 조치를 요구하자 외무성에 지시를 요청했다. 외무성은 청구 내용을 조사한 뒤 요구액을 9만 1789엔 74센 6린(역시 정확하다)으로 낮췄지만 이자를 더하자 총액은 14만 1000엔으로 늘었다. 1891년 2월 곤도의 후임 공사로 착임한 가와키타 요시스코가 새 대표로 파견돼 협상을 이어받았다.

그러나 그는 고종에게 신임장을 제출하려고 영하의 날씨에 3시간 동안 기다리다 폐렴에 걸려 3월 8일 사망했다. 그럼에도 일본 정부는 9월 가지야마 데이스케梶山鼎介 신임 변리공사를 통해 조선에 14만 1000엔을 지급하라고 요구했다. 일본은 조선 정부가 "핑계를 대며 책임을 회피하려 했다"고 판단했으며 협상은 길어지고 어려워졌다. 1892년 7월 조선은 6만 2400엔을 주겠다고 제안했지만 일본이 만족할 만한 금액이 아니었다. 1892년 말 오이시 마사미大石正己가 새 공사로 착임할 예정이었는데, 허드에 따르면 조선인들은 그를 김옥균의 친구이자 전임자보다 조선 정부에 더 적대적일 것으로 생각했기 때문에 문제는 해결까지 멀리 있었다.[47]

이 시기에 벌어진 또 다른 논쟁은 조선 연안의 일본 어업권과 관련된 것이었다. 이것도 1888년에 크게 불거졌다. 그때까지 일본은 조선 정부와의 조약을 통해 다양한 지역에서 어업권을 점차 확보해 갔다. 실제로 1888년 여름 인천 지역에 대한 조약이 체결됐다.[48] 그러나 12월 부산 관리관은 부산 연안에서 일본인의 조업에 반대하는 조선인의 시위가 일어나고 있다고 보고했다. 외무성은 서울의 곤도에게 조선 연안에서 일본의 어업 특권을 '주장'하라고 지시했다.[49] 주요 논쟁은 제주도 인근의 어업 특권에 대한 것으로 확대됐는데, 조선은 일본인이 모든 어업 활동을 중단해야 한다고 주장했다. 특히 이 지역에서는 '식수'를 둘러싼 다툼이 벌어져 일본인이 조선인을 살해한 사건이 일어나면서 관심이 집중됐다. 조선 정부가 정한 세금, 생선 건조 장소와 그 밖의 세부 사항에 대한 문제도 있었다. 일본 정부는 이것이 조선과 조약을 맺어 확보한 어업권 체계를 무너뜨리려는 시도의 시작이라고 주장했다. 구체적인 문제를 조사하기 위해 하야시라는 인물을 파견했지만 그는 '익사'했다.[50]

이런 논쟁은 일본과 조선 사이에 벌어졌으며 1893년까지는 청이 직접 개입하지는 않았지만, 조선이 근거 제시를 거부하는 데 청의 조언과 영향력이 기여한 것은 의심할 여지가 없다. 청이 더 직접 관여한 논쟁도 있었다. 그 가운데 하나는 해결된 것으로 알려졌던 전신 요금과 관련된 것이었다. 1888년까지 서울로 연결되는 유일한 전신선은 인천에서 오는 것이었고, 거기서부터 전선으로 톈진에 연결되거나 압록강을 거쳐 선양瀋陽과 베이징으로 가는 중국 전신망과 연결됐다. 일본은 나가사키에서 부산까지 전선을 부설했지만 아직 서울과는 전신으로 연결되지 않았다. 그 때문에 일본은 다른 외국과 마찬가지로 청이 통제하는 전신에 의존해야 했다.

원세개가 서울에서 권력을 굳히려던 때처럼 그것은 때로 편의에 따라 작동을 멈출 수 있었는데, 1886년 8월에도 그런 일이 일어났다. 또는 보안이 불안한 상태였을 수도 있었는데, 이를테면 오사카 사건 뒤 일본 외무성은 주일 하와이 책임자인 로버트 어윈Robert Irwin이라는 미국인을 통해 서울의 포크에게 전보를 보내 일본공사관에 전달하도록 한 바 있다. 포크는 첫 번째 전보는 일본공사관에 전달했지만 그 뒤에는 그런 전달에서 "아주 작은 부분만 담당하겠다"면서 거부했다.51

이 때문에 일본 외무성은 부산-서울의 전신선 개통을 절실히 바랐다. 그들은 청의 독점이 앞서 체결된 조·일 전선 협정을 위반했다고 주장하면서 조선 정부를 강력히 압박했고, 조선 정부는 마침내 1887년 4월 20일까지 완공하겠다고 약속하면서 동의했다. 그러나 조선의 기근 때문에 공사 시작은 한 달 늦춰졌다. 그러자 원세개는 독일 회사와 맺은 자재 계약의 보증인이 되겠다고 고집했다. 이 문제를 해결하는 데 4개월이 더 걸렸다. 이런 지연 때문에 일정을 수정해야 했지만 일본은 1887년 겨울 전 반드시 완공해야 한다고 주장했다. 일본 대표자는 공사가 시작될 때까지 조선 외무아문에 "그냥 앉아 있겠다"고 협박하기도 했다.

그러나 전선을 실은 독일 선박이 홍해에서 좌초하는 바람에 완공

예정일은 1888년 6월 9일로 늦춰졌다. 사실 그 무렵 전신선은 완공됐지만 요금 논란이 불거졌다. 조선 정부는 전보 요금을 결정할 때 청과 협의해야 한다고 주장했다. 일본은 조·일 직접 협상을 통해 요금을 결정해야 한다고 주장했다. 몇 달의 논쟁 끝에 일본이 승기를 잡은 듯 보였고, 청과 협의 없이 요금 협정이 체결됐다.[52]

일본이 조선의 '개혁'을 후원하려는 노력을 포기하지 않았음을 보여주는 또 다른 논란은 주화에 관련된 것이었다. 1887년 조선 전환국典圜局은 재료 수급에 어려움을 겪었는데, 도와줄 수 있는 일본인 고문과 계약을 맺겠다고 제안한 적도 있지만 필요한 시기에 조선에는 적합한 인물이 없었으며, 일본인이 계약을 준비하자 원세개의 방해로 진행이 중단됐다. 그러나 1891년 조선 정부는 오사카의 오미와 조베大三輪長兵衛라는 인물을 전환국 책임자로 임명해 화폐 개혁을 추진하기로 계약했다. 요코하마정금은행은 이 계획을 돕기 위해 앞서 조선 정부에 17만 엔의 신용대출을 제공한 것에 이자 2만 700엔을 더해 잔액을 인도함으로써 조선의 재정 안정성을 높이고 계획을 순조롭게 시작하도록 결정했다.

그러나 곧 어려움이 닥쳤다. 오미와는 일본의 금속 수출업자 마쓰다 노부유키와 다퉜고 일부 조선인은 "이권을 노렸으며" 무엇보다도 청국 정부는 주화 앞면에 중국 연호가 생략된 것에 항의했다(첫 주화에는 1392년에 건국된 조선왕조의 연도인 501년을 새기기로 결정됐다). 청은 동전에 새겨질 '대조선大朝鮮'이라는 표현에서 '대'자를 사용하는 것에도 반대했다. 이것은 속국인 조선의 위상에 부합하지 않는다고 청은 말했다. 주조 작업은 중단됐고 1893년 논란이 커졌다.[53]

텐진조약으로 비교적 평온한 동안 일본과 청이 대립한 또 다른 문제는 개항장, 특히 인천과 원산의 무역 상황과 관련된 것이었다. 부산의 대외 무역은 거의 전적으로 계속 일본인의 손에 있었지만 강화도조약으로 일본인에게 개항된 다른 두 항구에서는 앞서 언급한 1882년의 무역장정과 1885년 이후 청의 정치적 우위가 더해지면서 타격을 입기 시작했다. 1888년 3월 인천 주재 일본영사는 상하이로 가는 중국 증기선 노선이 새로 개통되면 일본의 입지가 손상될 것이라고 외무성에 경고했다.

상하이에서 다카히라는 이 문제에 대해 원세개가 자신의 생각을 이홍장에게 설명한 것으로 추정되는 서신의 번역본을 보냈다. "1884년 이후 일본인들은 조선의 상황이 나빠지자 다카히라나 곤도 같은 영리한 사람들을 보내 경제 활동에 힘쓰고 정치와는 거리를 뒀는데 (…) 지금은 모두 일본 선박에 의존하고 있습니다. 많은 중국인이 중국 노선을 개설해 일본의 독점을 막아달라고 제게 요청했고 (…) 그래서 그렇게 했습니다."

그해 여름 일본 외무성은 중국 상인이 일본 선박에 화물을 적재하는 것을 원세개가 금지하고 있다는 소식을 듣고 청국 정부에 항의하도록 명령했다가 철회했다. 동시에 아오키 슈조青木周蔵 외무차관은 상업 전망에 대한 다양한 보고를 받고 부산·서울·인천·원산의 일본영사들에게 "중국과 경쟁하기 위해" 경제 활동을 촉진하라고 지시했다. 8월에는 와타나베 영사가 "원산의 일본인 거주지에서 중국인을 몰아내는 방법"에 대한 생각을 보고했다.[54]

이 위기를 계기로 일본은 조선과의 무역 성격을 면밀히 분석하기 시작했고 그 결과 조선이 수입하는 일본 상품은 대부분 '옥양목'(유럽산 면제품)으로 분류돼 나가사키에서 일본 상인을 거치지만, 중국 항구에서 중국 상인을 통해 쉽게 처리할 수 있어 일본 상인을 완전히 배제할 수 있다는 사실을 발견했다. 일본의 운임은 중국 상선회사의 운임보다 불리한 것으로 나왔다. 상황을 개선하기 위해 비단을 비롯한 일본 토산품의 무역을 늘리도록 특별히 노력하고 일본 상인 조직을 개선해 '내부 갈등'을 없애며 조선의 현지 시장을 개방할 것 등이 강조됐다. 그러나 아오키 외무차관은 "일본 상인들에게 이런 일을 강요할 수는 없다"고 말했다. 전망은 '비관적'이었다.[55] 실제로 일본의 연구와 노력에도 청과의 무역 경쟁에서 주도권을 회복할 수 없던 것은 아래 3개 개항장의 수입 수치가 증명한다.[56]

이 항구들의 수출 무역에서 일본 상인은 1885~1893년 내내 중국 상인과 견줘 9대 1이 넘는 우위를 유지했다. 그러나 비율은 동일하게 유지됐지만 마지막 해인 1893년에는 대일 수출액이 321만 9887달러에서 227만 1928달러로 감소했다.[57] 아무튼 '콩 수출 논란' 뒤에는 청의 거센 경쟁에 맞서 조선의 대일 무역을 유지하려는 여러 해에 걸친 일본의 노력이 깔려 있다.

일본·조선·청 사이의 이런 여러 논란에 결론을 내리기 전 언급할 사안이 하나 더 있다. 1883년 이홍장이 P. G. 폰 묄렌도르프를 조선 해관 총세무사 겸 외교 고문으로 파견한 사실을 기억할 것이다. 묄렌도르프는 일본뿐 아니라 미국 등 조선 주재 외국 대표들에게서도 극심한 혐오를 받았다. 1885년 그는 러시아와 비밀리에 협약을 맺었다는 사실이 폭로되면서 축출됐다.[58]

수입 총액

수입항 인천

연도	중국으로부터(달러)	일본으로부터(달러)	중국(퍼센트)	일본(퍼센트)
1885	242,680	726,760	25	75
1886	406,856	941,550	30	70
1887	641,340	827,113	44	56
1888	636,092	1,049,486	38	62
1889	729,037	1,113,647	40	60
1890	1,312,614	1,259,218	51	49
1891	1,738,044	1,426,463	57	43
1892	1,716,231	1,323,588	56	44

수입항 원산

연도	중국으로부터(달러)	일본으로부터(달러)	중국(퍼센트)	일본(퍼센트)
1885	70,662	314,843	18	82
1886	31,057	905,910	4	96
1887	101,321	591,783	15	85
1888	224,236	504,390	31	69
1889	321,982	429,522	43	57
1890	343,352	392,266	47	53
1891	266,885	260,836	51	49
1892	310,382	234,790	54	43

수입항 부산

연도	중국으로부터(달러)	일본으로부터(달러)	중국(퍼센트)	일본(퍼센트)
1885	0	335,789	0	100
1886	17,102	416,893	4	96
1887	0	661,891	0	100
1888	0	642,239	0	100
1889	50,565	755,949	6	94
1890	3,576	1,436,413	0	100
1891	43,365	1,439,169	0.3	99.7
1892	28,940	997,297	0.3	99.7

세 항구 총합

연도	중국으로부터(달러)	일본으로부터(달러)	중국(퍼센트)	일본(퍼센트)
1885	313,342	1,377,392	19	81
1886	455,015	2,064,353	17	83
1887	742,661	2,080,787	26	74
1888	860,328	2,196,115	28	72
1889	1,101,585	2,299,118	32	68
1890	1,660,075	3,086,897	32	68
1891	2,148,294	3,226,486	40	60
1892	2,055,555	2,555,675	45	55

그러자 이홍장은 전 톈진 주재 미국영사 O. N. 데니O. N. Denny를 외교 고문으로 임명하도록 보냈다. 데니는 자신의 임명이 미국인을 조선 정부의 고문으로 임명하도록 일본이 규정한 톈진조약 회담의 결과라고 했다. T. F. 창은 톈진조약 직후인 6월 일본이 미국인 고문을 임명하라고 촉구한 사실을 중국 문서에서 찾아냈다. 이것은 이노우에가 이홍장에게 보낸 각서의 내용들 가운데 하나로 포함됐는데, 그 문서는 주청 일본공사 에노모토가 전달했다.

이노우에는 미국인의 임명을 촉구하면서 이홍장이 조선 국왕에게 압력을 행사해 유능한 대신들을 조정에 임명하고, 미국인 고문과 함께 새 중국 대리인을 서울로 파견하되 먼저 자신과 상의한 뒤 그들을 착임시키라고 요구했다. 그러나 이홍장은 이노우에에게 알리지 않고 원세개와 대원군을 직접 서울로 보냈다. 몇 달 뒤 원세개는 미국인이 오지 않을 것이라고 했지만 이홍장은 이번에도 이노우에에게 알리지 않고 데니를 보냈다.[59]

청의 친구로 여겨지던 데니는 원세개가 서울에서 세력을 확장하면서 그와 적대하게 됐고, 1887년 조선에서 미국으로 사절을 파견하는 것을 원세개가 막으려고 하면서 두 사람의 관계는 공개적으로 단절됐다. 데니는 이홍장을 설득해 원세개를 소환시키려고 기대하며 톈진으로 갔다. 하지만 이홍장은 그러지 않았다. 분노한 데니는 이듬해 2월 「중국과 조선」이라는 제목의 30쪽 분량의 소책자를 내 청의 조선 정책 전체와 특히 원세개를 신랄하게 비난했다.[60]

이것으로 그의 고문 경력은 끝났다. 데니의 후임도 미국인이었는데, 정말 흥미로운 인물이었다. 바로 르장드르 장군으로 정한론이 융성하던 시기 일본 외무성 고문을 지냈으며 일본에 우호적인 성향을 가진 것이 분명한 인물이었다. 원세개가 위세를 떨치던 때 일본이 어떻게 그를 임명하도록 만들었는지는 분명하지 않지만, 허드 미국공사는 그의 임명을 회고하면서 "주로 일본의 영향력"이 있었다고 확신했다. 데니와 마찬가지로 르장드르는 곧 원세개와 대립했고, 1890년 허드는 그가 축출될 것으로 예상했다. 그러나 부분적으로는 허드의 지지 덕분이라고 생각되는데 그는 아무튼 버텨냈고, 1892년 조선 정부의 임명으로 일본에 파견돼 어업 분쟁과 그 밖의 문제 해결을 위한 협상을 시도했다. 허드는 주일 미국공사에게 "그를 도와달라"고 부탁했는데, 실패하면 그가 축출되고 조선에서 미국의 영향력이 더욱 약화될 수 있었기 때문이다.[61]

1885년부터 1893년 초까지 일본·청·조선 관계에서 일어난 여러 논란의 근원을 관찰한 결과 일본 정부가 무엇을 하려고 했는지 결론을 도출할 수 있을까? 특히 일본이 청과 싸워 한반도를 점령할 수 있을 것으로 예상해 조선에서 서양의 영향력을 제거하고 청의 지배를 공고히 하려고 했다는 증거가 있을까? 이것에 대한 결론에 접근하는 가장 좋은 방법은 제시된 몇 가지 문제 가운데 중요한 시기인 1893~1894년에 대한 예상에 주목하는 것이다. 앞서 말한 대로 전보에서 일본은 조선과 직접 공식적으로 문제를 해결하려는 목표를 이뤘지만, 1891년 앨런은 청이 실제로 다시 통제권을 확보하고 있다고 보고했다.[62]

어업에 대해 르장드르는 일본 정부가 기꺼이 받아들이고 허드가 지지한 타협안을 마련했지만 영국 대표가 이의를 제기하고 청이 만족하지 않아 서울에서 타결이 지연됐다.[63] 주화 계획은 포기됐고 오미와는 일본으로 돌아갔다.[64] 식료품 수출 배상금 문제로 진짜 위기가 발생했다. 1893년 1월 서울에 착임한 신임 일본공사 오이시는 부적절한 시기에 이 문제를 거론하면서 조선의 배상금 지급 동의를 요구했고, 마침내 5월에는 14일 이내에 합의하지 않으면 국교를 단절하겠다는 최후통첩을 보냈다. 오이시가 외무성으로부터 협상을 끝까지 밀어붙일 수 있는 권한과 최후통첩이 성과를 내지 못하면 조선을 떠나라는 명령을 받은 것은 분명해 보인다. 그러나 최후통첩 기간이 길었던 것은 협상 타결을 계속 기대하고 있었다는 의미로 받아들일 수 있다. 주일 미국공사 쿰스Coombs는 미국의 중재가 받아들여질 것이라는 사실을 알게 됐다.

그러나 합의가 이뤄지기 전 이토는 이홍장에게 분쟁 해결을 도와달라고 요청했고, 이홍장은 그것을 원세개에게 알렸으며, 원세개는 조선 외무아문을 압박해 11만 엔이 제안됐다. 일본은 받아들였다.[65] 이렇게 특정 분쟁은 해결됐지만 곧 새로운 수출 금지 조치가 발표됐는데, 앨런은 그것이 원세개의 명령에 따른 결과라고 보고했다. "일본 무역의 사활이 걸린 문제입니다. 그 결과는 이곳의 일본 은행과 상인들의 실패로 이어질 것입니다. (…) 쌀 수출 금지를 가장해 관원들은 실제로 무역을 억제하기 위해 모든 농산물에 그런 세금을 부과하고 있습니다. (…) 조약 권리 위반입니다. (…) 일본인들이 주로 이해관계가 있지만 미국의 모스-타운센드사가 큰 영향을 받았습니다."66 한편 오이시는 소환되고 오토리 게이스케大鳥圭介는 조선공사로 파견됐으며 주청공사를 겸임하게 됐다.

일본이 오토리를 주한·주청공사로 겸임시킨 것은 추측의 물결을 일으킨 특별한 조처였고, 헤롯은 그것에서 자신의 '은밀한 목적' 이론을 도출했다. 도쿄에 있던 헤롯의 상관 던Dun 공사도 어떤 추측을 했지만 헤롯의 극단적인 견해를 반박했다. 그는 일본과 청이 조선에 대한 다른 세력의 침략을 반대하기 위해 어느 정도 합의에 도달할 것이고 일본은 조선에서 "청의 지나친 영향력"을 인식하고 있었을 가능성이 "매우 높다"고 헤롯에게 알렸다. 그러나 그는 일본이 "암묵적으로든 그렇지 않든" 조선에 대한 청의 종주권을 인정하지 않는다고 생각했고, "오토리가 중국에 오래 거주했고 조선과 일본 정부 사이의 복잡한 정치적 관계에 대한 지식이 이 시기에 조선에서 일본을 대표하기에 특별히 적합했다는 사실 외에는" 주한·주청공사를 겸임하게 된 것에 "특별한 의미를 부여하지 않는다"고 말했다.67

실제로 허드 공사는 2월에 위기가 고조되고 있을 때 이런 추측의 주요 출처가 될 수 있는 내용을 보고한 적이 있다. 주한 러시아공사 드미트레프스키Dmitrevsky가 자신에게 찾아와 베이징의 (러시아) 동료가 "반÷공식적으로" 한 말을 알려줬다는 것이었다. "일본은 자신들과 연합해 모든 서양인을 조선에서 몰아내고 함께 차지하자고 중국 정부에 요청했다. 중국은 거절하고 러시아에 알렸다." 드미트레프스키는 자신의 의견을 덧붙였다. "그들(일본인), 특히 오이시는 러시아에 대한 공포와 증오로 미쳐 있다."[68]

이것은 매우 흥미로운 지적이지만 1893년 일본의 조선 정책과 중국 정책의 상태에 대한 결론에 도달해야 하는 우리의 당면 목표를 놓치지 않기 위해 러시아 문제에 대한 논의는 조금 뒤로 미루겠다. 아마 그 상태는 긴장된 것이라고 표현하는 것이 가장 적절할 것이다. 그전 몇 년 동안의 상황을 살펴본 결과 적어도 이것은 잘 짜여진 계획이 그해에 절정에 이르렀다는 의미보다는 훨씬 더 정확해 보인다. 이토와 이노우에가 이끈 일본의 정책 결정자들은 현실적인 조선 정책의 주요 요소는 신중함이며 '좋은 결과'를 '화해적인 방식으로' 얻을 수 있다는 전제 아래 톈진조약 시대를 시작했다. 목표와 관련해 그들은 좋은 결과를 조선의 개혁과 독립으로 계속 정의했는데, 개혁은 근대 기술과 제도의 도입이고 독립은 청에 대한 의존에서 벗어나 주권으로 나아가는 움직임이었다.

그들은 '자유'를 위해서나 '의를 위해 죽기 위해서'가 아니라 불안정하고 비우호적이던 조선이 자신들의 성취에 힘입어 안정되고 일본에 합리적이며 우호적으로 될 것이기 때문에 그것을 추구했다. 크게 서두를 필요는 없었다. 실제로 이런 목표들은 점진적으로만 실현될 수 있었고, 1885년이 됐을 때 일본의 정책 입안자들은

1876~1882년 동안 극복했던 조선의 비타협적 태도뿐 아니라 청의 비타협적 태도도 고려해야 한다는 것을 알게 됐다.

그러므로 정치·외교적으로 직접 압박하기보다는 일본과 그 밖의 진보적 국가들이 무역과 온건한 개혁 계획을 후원하는 것이 더 느리지만 더 확실한(그리고 더 안전한) 추진력을 제공할 수 있었다. 이것은 특히 미국의 정책과도 부합되는 것이었고, 그들은 그런 미국의 정책에서 거듭 단서를 얻었다. 그 결과 그들은 미국인 데니와 르장드르를 지원해 청의 고문들이 독점하던 부산-서울 전신선 부설을 압박함으로써 청의 전신 독점 체제를 깨뜨리려고 했다(일본은 1892년 6월 23일 도쿄에서 체결된 조선-오스트리아 조약에도 도움을 줬다). 그들은 일본의 무역 활동을 촉진해 청의 영향력에 대항하려고 했다. 그들은 이를테면 주화 발행처럼 명백히 정치적이지 않은 방식으로 진보를 촉진하려고 했으며 청의 분노를 불러일으킬 수 있는 직접적인 외교적 도전은 피했다. 그 결과 미국이 관련된 사건에는 관여하지 않기로 결정했다.

이것과 관련해 일본이 그 계획을 지원하지 않은 것은 청에 대항하려는 미국의 노력을 약화시킨 증거로 간주될 수도 있지만, 그 사건은 그렇게 명확하지 않다. 서울의 미국 대표들, 특히 그 계획의 주요 후원자였던 앨런은 국무부보다 훨씬 적극적으로 조선의 독립을 강화하려는 태도를 보였고,[69] 국무부가 그 계획이 복잡하게 전개될 것을 예상했다면 앨런도 사직 명령을 받았을 가능성이 없지 않다. 곤도 일본공사도 초기 단계에서 이 계획에 동조하는 모습을 보였고, 일본 외무성은 문제가 불거질 때까지 그것을 억누르지 않았으므로 곤도에게 관여하지 말라는 명령을 내린 배경에는 음모보다는 신중함이 있던 것으로 보인다.

이런 배경에서 1893년 일본의 움직임을 살펴보면 깔끔한 계획과는 전혀 맞지 않는다. 만족스러운 결과를 얻으려는 주한공사 오이시의 과격한 행동은 허드 공사가 "독자적이고 밀어붙이는 정책"이라고 말한 것으로 일본이 바뀌고 있음을 알려주는 것 같았다.[70] 그러나 그 뒤 갑자기 이홍장에게 호소하고 즉시 외교관에서 사임한 오이시를 소환했으며 오토리를 주청·주한공사로 겸임시킨 것은 모두 이전과는 비교할 수 없는 화해의 조짐이었다. 오토리는 너무 유화적인 태도를 보여 11월까지 1600명의 재한 일본인이 그를 조선공사에서 해임해야 한다는 청원서에 서명해 의회에 제출할 정도였다.[71]

참으로 1893년 일본의 조선 정책은 사자처럼 들어왔다가 양처럼 나갔다. 왜 그랬을까? 처음부터 계획하지는 않았더라도 일본 외무성은 어쩌면 그해 중반쯤 갑자기 청을 회유해 그들이 서양인을 조선에서 축출하는 것을 도와 결정적 타격인 청·일 전쟁으로 가는 길을 닦음으로써 조선을 병합하려는 훌륭하지만 교활한 계획에 착수했는가?

앞서 살펴본 대로 이 주제에 대한 최고의 책들은 대부분은 아니더라도 다수가 이런 해석에 기울어져 있다. 그러나 이런 평가는 1893년 일본의 정책 입안자들이 조선 문제에 실제로 적용할 수 있던 것보다 훨씬 더 냉철한 계산을 했다는 전제에 서 있다고 생각한다. 오이시와 오토리 사례는 정책의 모순을 드러내는데, 계획에 따라 발생한 모순일 수도 있지만 망설임, 의견 충돌, 초조함에서 발생했을 가능성이 훨씬 더 높다. 1893년의 혼란이 발생한 까닭은 헤롯이 추측한 것만큼 교활하지 않았을 수도 있다. 일본의 입장에서 볼 때 조선 정책은 실패했고, 화해를 통해 '좋은 결과'를 얻지 못했다는 것이 분명해졌으며, 고통스런 재평가가 진행됐을 뿐이었다. 이것이 사실이었다는 증거는 무엇일까?

첫째, 실패의 증거다. 조선에 대한 청의 영향력은 일본을 포함한 조약 열강이 생각했던 것보다 훨씬 더 강력했다. 조약 체결 단계에서 일본은 다른 외국, 이를테면 미국보다 종속적인 국가 관계를 더 심각하게 받아들였고, 1882년 서울에서 전개된 청의 무력시위를 상당히 우려했다. 그러나 진보는 계속 진행됐다. 늘 허약했고 이제는 시대에 뒤떨어진 관계는 무력이 아니면 유지할 수 없었다. 게다가 톈진조약에 따라 일본군뿐 아니라 청군도 철수해야 했기 때문에 군대가 주둔할 수 없었다. 시간과 흐름은 진보(그리고 일본)의 편이었다. 그러나 놀라운 일이 일어났다. 1885년 이후 청은 군사력 이외의 다른 수단으로 자신들이 모든 일을, 그러니까 대신을 선발하는 것부터 일본인이 정착한 개항장의 무역까지 무엇이든 마음대로 처리한다는 것을 조선의 모든 외국인에게 분명히 보여줄 수 있을 정도로 조선에 대한 영향력을 주장할 수 있었다.

넬슨이 중국과 조선의 형제국 관계의 역사적·철학적 토대를 탐구한 이후 그들이 어떻게 그런 관계를 운영했는지는 동양의 수수께끼가 아니지만 원세개가 사용한 구체적인 방법은 아직도 조금 모호하다. 이 과정을 지켜본 미국인들은 청의 가식적인 태도에 몹시 분개하면서도[72] 때로 그들의 업무 처리 방식에 경외심을 보이기도 했다. 허드는 중국 체제를 설명하기 위해 '종주권'이라는 제목의 논문을 워싱턴에 보내 "그들은 군대를 주둔시키는 목적을 달성하기 위해 정책을 만든다"고 말한 적이 있다.[73]

그는 청·일본과 조선의 관계를 다음과 같이 평가하기도 했다. "일본인은 조선인에게 점점 더 무례하고 조선인은 일본인을 싫어한다. 중국인은 조선인의 기분을 맞춰주고 거들먹거리기도 하며 형의 역할을 한다. 조선인은 중국인을 믿고 존경한다. 그러나 우리가 이해하는 사대주의는 인정하지 않는다. 모든 조선인은 자기 나라의 독립을 믿는다고 말한다."[74]

허드는 휴가로 톈진에 갔을 때 조·청 관계에 대해 이홍장과 나눈 대화도 보고했다. "이홍장은 조선의 (…) 부와 번영을 위한 조약을 바랐지만 두 나라(청과 조선)의 상대적 지위에 어떤 변화가 생기리라고는 전혀 예상하지 않는다고 말했습니다. (…) 해외 열강은 조선을 독립국으로 대우해야 하지만 조선 국왕이 스스로 해방하고 독립을 주장하려고 하면 청이 간섭할 것이라고 했습니다. (…) 그는 이 점을 매우 강조했습니다. (…) 저는 거의 말하지 않았습니다."[75]

1885년 이후 벌어진 일련의 사건은 청이 참으로 형제 관계라는 철학과 기술에 통달했고 그것을 조선에 가장 효과적으로 적용할 수 있었음을 분명히 보여준다. 그리고 그것은 "군대를 보낸다는 목적을 달성할 수 있는 정책"이 국제관계에 미치는 광범한 영향에 대해 많은 것을 시사한다. 끊임없이 서로 전쟁을 벌이는 주권국들은 유교적 국제 사상에 대한 평가로부터 당시와 지금 모두 많은 것을 배울 수 있다. 최상의 경우 유교 체제는 중국이 약소국을 후원하고 지도하는 정교하고 자비로운 유형의 지역적 조직이었는데, 약소국은 그것을 준수함으로써 자신의 정치적 정체성을 잃지 않으면서도 경제적 이익과 어느 정도의 안보를 얻을 수 있었다. 그러나 19세기 후반 조선에서 청이 우위를 차지한 의미는 조선의 정세 및 일본의 정책 수립과 관련돼 있기 때문에 구체적인 측면에서도 평가해야 한다.

조선에서는 이홍장이 자신의 바람이라고 한 '부와 번영'을 가져다주지 못했다는 데 당시의 관찰자들은 동의했다. 1886년 포크는 이렇게 썼다. "개선하려는 조선의 열망과 능력은 분명하며 청이 조선을 자신의 이교異敎와 침체의 문명에 묶어두려는 정책도 분명하다."[76] 1887년 딘스모어는 이렇게 말했다. "조선인의 저항 정신은 거의 사라진 것 같다. 원세개는 (…) 무관심한 친절의 애정이 섞인 협박 체제 아래서 지시한다. 국왕은 (…) 허약하게 묵인하고 있다."[77] 1892년 앨런은 혐오감을 느껴 사직한 조선 관원 조 아무개의 말을 국무부에 보고했다. "나라라고 할 수 없을 만큼 우리나라의 공무는 엉망입니다. (…) 관직은 매매되고 간섭은 끊이지 않으며 명령은 상충됩니다. 재정은 악화되고 국민에게 부담을 강요합니다."[78] 허드는 그의 발언이 "지나치지 않다. 국왕은 개혁을 추진할 능력이 전혀 없다. (…) 혁명이 일어난다고 해도 더 나은 사람이 권력을 갖게 될지 나는 확신할 수 없다"고 말했다. 또 다른 보고에서 그는 서울의 상황을 "무지와 태만의 결과인 오물"이라고 묘사했다.[79]

이것은 허드가 이중의 부정적 암시, 다시 말해 혁명이 일어날지도 모르고 개혁은 신중한 방법으로 이뤄지지 않을 것이라고 거의 생각했다는 결론으로 이어진다. 그 결과 이토와 이노우에를 포함해, 시간의 흐름에 더해 여기저기서 신중하게 사안을 추진하기만 해도 조선에서 진보가 전통에 승리할 수 있다고 판단했던 모든 사람은 1893년 혼란에 빠졌다. 청은 2천 년의 역사를 이념의 전선戰線에 배치해 교묘하게 진보를 가로막으면서 전통을 밀고 나아갔다. 그리고 일본은 1880년대 초 명민한 젊은이들이 영감을 얻기 위해 일본을 바라보게 만들었던 강화도조약의 약속이 그들의 입안에서 쓴물로 변하는 것을 봤고, 그 결과 1890년대 초 조선은 일본을 더욱 혐오하게 됐다. 일본에 우호적인 태도를 보였던 조선인은 반역자라고 불렸다. 1893년 12월 임진왜란 승전 300주년을 기념하기 위해 궁궐에서 열린 경축 행사는 일본의 위치를 잘 보여주는 사례였다. 일본공사는 참석하지 않았다.[80]

청이 조선을 하나의 성省으로 편입할 수도, 그러지 않을 수도 있지만 어느 쪽이든 1881년 일본 정부가 기대했던 '조선의 새 시대'는 실현되지 않았다. 일본이 이것을 깨달은 결과 정한론 이후 1893년 정책 결정권 안에서 처음으로 조선 정책에 대한 심각한 분열이 일어났다. 에노모토, 특히 1893년 당시 외무대신이던 무쓰 같은 인물들은 1870년대 정한론에 동조했다. 실제로 무쓰는 사이고의 사쓰마 반란과 관련해 무장봉기를 모의한 혐의로 투옥된 적이 있었다.

그러나 그 뒤 사이고 다카모리의 동생 사이고 쓰구미치 등 많은 사람이 정부에 다시 합류했고, 에노모토와 영 공사의 대화와 쓰구미치가 톈진에서 이토를 지지한 데서 알 수 있듯 그들은 신중한 조선 정책을 묵인했다. 사실 그들은 묵인 이상의 행동을 했는데, 국정을 운영한 과두제의 책임 있는 일원으로서 이토와 이노우에가 설정한 정책 틀 안에서 오래 일했기 때문에 그들 안에서 정한론은 거의 죽었다고 할 수 있을 정도였다.[81] 그렇지 않았다면 이토는 1883년 이와쿠라가 사망한 뒤부터 청일전쟁까지 모든 국정을 장악했기 때문에 그들을 과두제 안에서 축출했을 것이다. 그러나 1893년 조선에서 화해가 나쁜 결과를 내고 있다는 증거가 너무 강해지면서 1870년대에는 긍정적으로 대답했던 질문이 다시 제기됐다. 신중한 정책은 정말 현실적이었는가?

허드 공사는 오이시 공사의 서울 도착을 기다리는 동안 다음과 같이 보고했다. "일본에는 늘 두 집단이 있었는데, 하나는 지금까지 정부가 추구해 온 정책이자 이홍장-이토 협약으로 대표되는 청과의 평화를 찬성하는 쪽이고, 다른 하나는 그것에 반대하면서 독자적이고 추진력 있는 정책을 지지하는 쪽입니다. 뒤쪽의 입지가 강화되고 있으며, 새로 임명된 오이시 공사는 그것을 대변하기 위해 파견된 것으로 알려져 있습니다."[82]

오이시가 추진력 있는 인물이라는 말은 맞지만, 허드의 말처럼 일본의 정책 결정권 안에 큰 분열이 있던 것은 아니었다. 이토를 등에 업은 무쓰가 10년 동안 일본이 조선에 파견한 공사 가운데 가장 추진력 있는 오이시와 가장 온건한 오토리, **두 사람을** 차례로 임명했다는 것을 주목해야 한다. 일본 외교의 핵심에서 1892년 8월 외무대신이 된 무쓰와 그전 1년 반 동안 조용히 그 자리에 있던 에노모토는 개인적 배경에서 볼 때 대담한 정책을 선호했지만, 이토와 이노우에는 신중함의 전범으로 자리잡은 인물이었다. 무츠는 오이시에게 자유를 주는 데 이토보다 더 호의적이었을지 모르지만, 그들은 정한론을 두고 다시 싸우지 않았다. 1893년 그들은 모두 현실주의자였다. 그들은 성급하지 않았고, 무모한 사업에 돈이나 인력을 낭비하려고 하지 않았다. 그들은 일본의 '영원하고 큰 국익'을 위해 필요한 일만 했다.

조선의 상황에 불만을 품은 과두정권은 실험을 하려고 생각했지만 조선의 위기를 감당할 수 없었다. 그들의 주요 사업인 조약 개정은 가까운 장래에 중요한 회의가 예정돼 있었고, 1872년 이와쿠라 사절단 때부터 조약 개정을 추진해 온 오랜 경험에서 그들은 열강, 특히 앞으로 회담하기로 예정된 영국이 협상을 연기하는 이유나 구실로 일본의 무책임함을 내세울 것임을 알고 있었다. 그래서 그들은 오이시와 함께 위협해보려고 시도했지만 조선과 청이 긴장할 것으로 생각한 14일 동안 오히려 자신들이 너무 긴장해 미국의 중재를 기다릴 수조차 없었다. 그 대신 그들은 이홍장에게 도움을 요청함으로써 어느 때보다 더 비굴하게 물러섰다.

그러나 조선에서 청이 우세하다는 사실 외에도 일본 지도자들이 조선 문제를 기다리는 것을 비현실적으로 보기 시작한 데는 여러 이유가 있었다. 청의 우세가 전부였다면 주한·주청공사공사로서 오토리는 개혁을 진지하게 추진하거나 조선에서 청의 종주권을 침해하지 않는 한 작은 문제에 대한 마찰을 최소로 유지할 수 있었을 것이다. 그러나 1893년에는 두 가지 다른 큰 문제가 일본 관료들의 마음을 불안하게 만들었다. 첫 번째는 러시아였는데, 일본 정책 입안자들이 보기에 그들은 1급 안보 문제를 제기하기 시작했다. 헤롯은 이 주제에 대한 '자신의 생각'을 말하기에 앞서 1893년의 동향에서 일본이 러시아를 크게 우려한다는 것이 '일반적 의견'이라고 지적했다.

일반적 의견은 어느 정도 맞았을 가능성이 높다. 예상할 수 있듯 과두정권의 군부를 이끌던 야마가타 아리토모는 러시아가 일본에 위협이라면서 특별한 주의를 요구한 대표적 인물이었다. 1892년 그는 시베리아 횡단 철도가 완공되면 극동지역에 위기가 닥칠 것이며 일본은 그것에 대비해야 한다고 천황에게 건의했다. 러시아는 발칸반도에 막혀 있지만 10년 안에 철도가 성공적으로 완공되면 몽골과 만주를 쉽게 통과해 베이징을 점령할 수 있을 것이라고 그는 말했다.[83] 1893년 10월 그는 의회의 군비 지출 논쟁에 적극 개입해 "대부분의 정치인과 의원이 감세를 찬성하지만 국가가 위험한 상황이니 지금은 예산을 줄일 때가 아니"라고 경고했다.[84]

러시아의 진출에 대한 이런 우려의 배경에는 캄차카에서 가끔 내려오는 '거대한 붉은 머리카락'에 대한 도쿠가와 시대의 큰 공포와 증오가 있었다고 지적된다. 이 때문에 하야시(린) 시헤이林子平, 혼다 도시아키本多利明(리메이), 사토 노부히로佐藤信淵 같은 저술가들은 페리가 도착하기 훨씬 전부터 쇄국에 반대했으며 러시아에 대항하기 위한 북진과 방어벽 설치를 요구했다. 이 글들은 감정적 과장이 심했지만 1873년 매우 계산적인 판단에서 정한론에 반대한 이와쿠라가 정한론자들을 러시아 관계와 사할린 문제에 "눈을 돌리게 함으로써" 그들의 관심을 다른 데로 돌리려고 했다는 점은 흥미롭다.

사이고는 "귀하가 사할린 문제를 가져오면 내가 러시아 특사가 될 수도 있지만 지금은 조선에 집중하고 싶다"고 대답했다.[85] 그러나 이것은 당시 이와쿠라의 전략일 뿐이었는데, 이듬해 일본 정부가 상트페테르부르크에서 협상에 착수해 가장 우호적이고 화해적인 접근 방식을 추구한 끝에 1875년 체결한 조약에서 러시아와 그 동안 해결되지 않았던 북방 경계 문제를 합의했다는 사실에서 분명하게 드러난다. 에노모토 제독은 이런 협상을 담당했기 때문에 1882년 그가 베이징에서 영 미국공사에게 "러시아는 일본과 매우 우호적"이라고 말한 것은 어느 정도 믿을만한 것이었다.[86]

그때까지만 해도 러시아와 조선 문제는 별다른 관계가 없었고, 1884년 러시아가 조선과 조약을 맺었을 때 일본은 아무런 이의를 제기하지 않았다. 이듬해 폰 묄렌도르프가 자신의 권한으로 주일 러시아공사관 서기관 알렉시스 드 스페이에르Alexis de Speyer를 통해 조선에 러시아 고문을 임용한다는 계약을 체결하는 돌발 행동을 일으키자 서울 외교가는 모두 놀랐고 조선과 러시아 정부는 당황했다.

그러나 그것은 폰 묄렌도르프의 해임으로 해결됐고 같은 때 일어난 거문도-원산만 사건 때문에 가려졌다. 그 사건에서 영국은, 묄렌도르프가 약속한 것이 분명한데, 러시아가 원산에 조계지租界地를 확보하려고 한 것에 대한 일종의 보복으로 거문도를 점령했다. 그러나 이 사건도 조선의 영토를 침해하려는 구체적인 계획이라기보다는 아시아 전체에 걸친 영국과 러시아의 경쟁이 표출된 것이었기 때문에 러시아에 대한 일본의 두려움을 지나치게 자극하지는 않았고, 일본 정부는 우려를 표명했지만 그 우려는 단순히 의도만 가졌던 러시아보다는 실제로 점령한 영국을 향한 것으로 생각된다. 아무튼 이 사건은 1887년 영국군이 철수하면서 마무리됐다.[87]

   1888년 러시아가 조선에 행사한 영향력을 일본이 어떻게 평가했는지는 서울에서 블라디보스토크까지 육상 전신 연결을 연장하자는 제안에 관련된 공문들을 참고하면 알 수 있다. 데니는 이 구상을 서울의 곤도에게 가져와 일본 정부가 도와줄 수 있는지 물었다. 곤도는 어떻게 대답해야 할지 몰랐다. 그는 그 방안이 청에 대한 의존도를 줄임으로써 "조선의 독립에 도움이 될 것"이라고 생각했지만 러시아가 구상하고 자금을 조달한다면 "좋지 않다"고 생각했다. 그는 일본이 그 계획에 약간의 자본을 제공하고 일본인 직원을 투입해야 한다고 봤다. 오쿠마 외무대신은 그에게 "걱정하지 말라"고 지시했다. 오쿠마는 이런 육상 전신을 설치하는 것은 기존의 조·일 전신협정을 위반하는 것이며 러시아 정부가 그것을 추진하기 위해 간섭할 것으로 생각하지 않는다고 말했다.[88]

   일본은 그 계획에 대해 구체적으로 알지 못했겠지만 같은 해 4월 러시아 고위급의 조선 관련 회의를 살펴보면 오쿠마 외무대신의 "걱정하지 말라"는 접근 방식은 당시 러시아 정책의 실제 분위기를 상당히 정확하게 평가했음을 알 수 있다. 회의에서는 다음과 같이 판단했다.

   조선 병합은 우리에게 아무 이익을 주지 않을 뿐 아니라 매우 불리한 결과를 가져올 것이다. (…) 그때(톈진조약) 이후 일본 정부는 청과 충돌할 위험에 노출되는 것이 현명하지 않다고 판단해 조선에 대한 관심을 포기했을 뿐 아니라 한동안 조선의 미래에 완전히 무관심한 태도를 보였다. 그러나 최근 일본 정부는 조선이 청에 점령되는 것을 막는 방법을 강구하기 시작했다. 이런 일본의 정책 방향은 우리의 관점과 완전히 일치하며, 우리는 이런 방향으로 일본을 지원하기 위해 최선을 다해야 한다. (…) 조선에 대한 청의 후견이 두 나라의 전통적 기존 관계를 보존하는 데 국한된다면 우리는 (…) 그런 질서에 반대하지 않을 것이다. (…)

불행히도 청국 정부는 최근까지 존재한 관계를 유지하는 데 국한되지 않고, 우리의 구상에 따른 불안감과 최근 몇 년 동안 깨어난 자신감의 영향으로 이제는 앞으로 이 나라를 자신의 성_省으로 만들겠다는 생각으로 조선의 내정까지 통제하려는 것으로 보인다. 이런 구상이 나중에 실현된다면 남우수리South Ussuri에서 우리의 위치는 지극히 위험해질 것인데, 우리 옆에 약하고 공격적이지 않은 이웃 대신 다양하고 상당한 물리적 수단을 사용할 수 있는 청이 나타날 것이기 때문이다. (…) 영국은 (…) 청 정치가들의 자신감과 야망을 장려한다.[89]

그러므로 야마가타가 예상한 위기에 대한 경고는 단순히 거대한 붉은 머리카락에 대한 오래된 괴담의 부활이나 폰 묄렌도르프가 조선에서 꾸민 책략에서 비롯된 단기적인 공포가 아니었다. 드미트레프스키가 일반적으로 일본인과 특히 오이시를 그렇게 평가한 것처럼 과두정치인들은 그러기에는 너무 현실적이었고 "러시아에 대한 공포와 증오에 미친" 것도 아니었다. 야마가타의 경고는 극동의 국제 정세에서 새 요인, 곧 러시아 철도가 이 지역에서 러시아의 힘을 크게 증가시켜 그들이 바란다면 몇 년 안에 무력으로 만주(실제로 1899년에 그랬다)와 어쩌면 중국 북부도 점령할 수 있을 것이라는 사실을 일본 정부의 핵심 세력에게 강력히 알려준 것일 뿐이었다. 야마가타는 군인들이 말하는 긴 안목으로 냉철하게 앞을 내다보는 자세를 지녔고, 문제가 임박했을 때 군인들이 늘 요구하는 것, 곧 더 많은 대비를 요구하고 있었다. 조선에 대한 결론은 분명했다. 좋은 결과를 추구하는 것이 1885년보다 더 시급한 문제가 됐고, 조선 정책이 현실주의를 유지하려면 신중함 이상의 무언가가 필요할 수 있었다.

일본 관료들의 마음을 혼란스럽게 하고 정부의 현실주의자들이 신중한 조선 정책의 수정을 고려하게 만든 또 다른 문제는 일본 정치의 상황이었다. 1890년 첫 의회가 개원했고, 이토와 그의 동료 헌법 제정자들이 신중하게 권한을 제한했음에도 과두제의 정치적 반대자들은 기회가 있을 때마다 그들에게 내각 개편을 강요하고 가능한 모든 방법으로 방해하고 있었다. 자유주의 정당(자유당과 개진당 改進黨)이 투쟁을 주도했고, 대부분의 일본 언론은 그들과 함께 과두정에 반대했다. 마지막 쟁점은 일본이 정말 의회정치를 실시할 것인지, 내각과 정부의 모든 집행기관이 선출된 국민의 대표에게 책임을 져야 하는지였다. 의회는 패권을 확립하기 위해 모든 무기를 동원해 싸웠고, 일본 자유주의의 미래에는 불행하게도 그 무기 가운데 하나는 외교 정책이었다.[90] 자유주의자들은 외교 문제에서 겁쟁이라고 부르면 과두정치인들을 당황하게 만들 수 있다는 것을 알게 됐다.

앞서 살펴본 대로 1880년대 초 후쿠자와와 오이가 이끈 자유주의 세력은 조선 문제에 뛰어들었다가 진압됐다. 그러나 1890년에 그들은 다시 활동하기 시작했다. 출소한 이노우에 가쿠고로는 자유당과 대동구락부大同俱樂部 소속으로 초대 의회에 선출됐는데, 그 단체들의 중점 분야는 조약 개정에 대한 정부의 '약점'을 비판하는 것이었다.[91] 오이는 처음에는 재산 자격을 충족하지 못해 1894년까지 당선되지 못했지만 그럼에도 왕성한 정치 활동을 펼쳤다. 그는 『아즈마신문東京曙新聞』이라는 신문을 창간해 1891년 8월 25일 자체적으로 비공식 여론조사 선거를 실시했다. 오이는 외무대신에 '선출'됐고 총리 후보 4위, 육군대신 후보 2위를 차지했다. 1892년 그는 동양자유당을 창당했다. 이는 사실상 자유당의 좌익을 대표했는데, 그들은 오이의 지도 아래 호시 도루星亨의 우익과 갈등을 빚고 있었다. 동양자유당은 보통 선거권, 노동자와 농민을 위한 광범한 사회 계획, 조약 개정, 적극적인 대륙 정책을 요구했는데, 모두 입헌 대의제와 대중 여론에 기초해야 한다고 주장했다.[92]

오이와 가쿠고로, 그리고 후쿠자와를 포함한 그 밖의 의회정치 옹호자들은 과두정부의 외교 정책을 공격하면서 헤어나기 힘든 상황으로 가고 있었다. 그들이 좀 더 적극적인 대륙 정책을 요구한 것은 철학적으로 그들이 국내에서 앞장서 옹호한 자유와 평등의 축복을 대륙의 다른 사람들에게도 확대하려는 열망에 뿌리를 두고 있었지만, 심각한 정치적 내분 때문에 쟁점은 약한 정책(과두정치) 대

강한 정책(자유주의자) 또는 심지어 평화(과두정치) 대 전쟁(자유주의자)으로 지나치게 단순화되는 경향이 있었기 때문이다.

자유주의자들이 이 문제를 쓰라린 결론까지 생각하지 않았다는 것은 국방 예산 확대를 막으려고 하는 동시에 더 강력한 정책을 요구한 일관성 없는 태도에서 알 수 있다. 1893년 한동안, 아마 원칙보다는 정치적 이득을 위해서라고 생각되는데, 호시 도루와 그의 자유당 파벌은 무츠 외무대신과 함께 신중한 외교 정책을 펼치라는 정부의 설득에 호응하는 모습을 보였지만 그해 말 호시는 강경책 지지자들이 제기한 부패 혐의로 의회에서 축출됐다. 그리고 1894년 봄 그 뒤 반세기 동안 의회정치를 대표하는 인물로 우뚝 선 오자키 유키오尾崎行雄는 "타협적이고 편법적인 외교"를 펼친 이토 내각을 공격하기 위해 의회 내 6개 정치 그룹을 하나로 묶는 데 성공함으로써 그 붕괴에 미리 기여했을지도 모른다.[93]

그는 의회에서 내각을 구성해야 한다는 오쿠마의 주장을 언급하면서 다음과 같이 지적했다. "정부의 모든 사업이 의회에서 부결됐다. 그 가운데는 가장 중요하고 즉각적인 조치가 필요한 것들이 있다. (…) 그러나 그것들이 부결된 까닭을 물으면 대답은 하나다. (…) 국민의 대표들은 내각을 신뢰하지 않는다."

1890~1894년의 바쁜 4년 동안 과두정치의 주요 적대 세력은 자유주의 정당과 그 친구들, 지식인, 특히 언론인, 불만을 품은 사업가와 농민 등 서양식 정치 과정을 통해 정부에 목소리를 내려고 한 사람들이었다. 이들의 지도자는 주로 서양의 제도와 사상, 특히 가장 진보적이고 가장 자유로운 사상을 폭넓게 알고 존경하는 남성들

이었다. 그들은 미국·영국·프랑스에서 자신의 모범을 찾았다(프로이센에서 모델을 찾았던 과두정치인들과는 대조적인 모습이다).

그러나 1890년대 초부터 과두세력에 대한 또 다른 적대 세력이 존재감을 드러내기 시작했고, 때로는 자유주의자들과 보조를 맞추며 행진하기 시작했다. 더 나은 용어가 없어 일단 반동주의자라고 부르지만, 이 연구의 뒷부분에서 이들을 좀 더 자세히 논의하고 정확한 정의를 시도할 것이다. 하지만 여기서 그들을 소개할 필요가 있다. 자유주의자들과는 달리 이들은 서양식 제도에 관심이 없거나 매혹되지 않았으며 오히려 서양에 격렬히 반대했다.

이들은 양이攘夷, 사이고 다카모리, 사쓰마 반란의 유산에서 직접 뻗어나왔다. 그 사건 뒤 패배하고 흩어진 이들 가운데 일부는 1881년 일본과 조선 사이의 현해탄을 뜻하는 현양사라는 이름으로 다시 조직됐다. 이들의 지도자는 규슈 출신 히라오카 고타로平岡浩太郎와 도야마 미쓰루頭山滿였다. 이념적으로 그들은 과거, 옛 동양, 유교적 유산, 사무라이 윤리의 목소리를 대변했다. 그들은 할 수만 있다면 되돌아갔겠지만 과거는 죽어가고 있었고 일본에서는 서양식 진보가 진군하고 있었다. 그들은 반란을 일으킬 수 없었고 사이고조차 실패했다. 그들은 서양식 정치에 참여하려고 하지 않았기 때문에 용기와 충성심이라는 사무라이의 잃어버린 미덕을 도덕화하며 감정에 도피했고, 서양에서 밀려오는 파도에 휩쓸리고 자신의 정부에 의해 팔려가는 아시아와 그 나라·민족에 대해 감상적으로 생각했다.

사실 메이지 시대에 사무라이 윤리와 아시아는 이상으로서도 뒤

떨어져 있었지만, 반동주의자들은 그것을 존경심으로 은폐하고 강력한 감정적 지렛대로 전환시켜 일본 전체의 양심을 뒤흔들 수 있는 방법을 발견했다. 그리고 일본은 아시아의 오랜 과거에서 바로 얼마 전에야 벗어났기 때문에 전진을 이끄는 지도자들조차 불확실한 시간을 겪었다. 반동주의자들은 자신들의 이상이 천황의 명예에서 필수적 요소라고 주장함으로써 새 일본의 근본적 모순을 이용할 수 있었다. 왜냐하면 천황은 '새 시대의 깃발'이었기 때문인데,[94] 서둘러 근대화를 이루기로 결심하고 반대를 억누를 필요가 있을 때마다 천황을 이용한 현실주의적 과두정치가들은 그를 그렇게 만들었다. 자유주의자들은 서양의 정치적 이상을 열망했으며 천황을 장악한 과두제에 거듭 희생됐지만, 그들조차도 천황을 공격할 엄두를 내지 못했다.

그러나 천황제에 내재된 의미는 궁극적으로 근대화와 진보와는 정반대의 방향으로 나아갔다. 마지막으로 분석하면 '신이자 황제'라는 위상과 오랜 전통과 신비한 작동 방식을 지닌 천황은 현실주의자나 자유주의자보다 반동주의자의 정신과 목적에 더 적합했는데, 특히 천황의 평화를 방해하는 서양 오랑캐에 대해 반동주의자만이 전적으로 반대한다고 주장할 수 있었다는 점에서 더욱 그랬다. 그들은 정부에 들어가지 않은 채 회의 탁자 너머에서 서양인들과 협상하는 현실(과 수치심)에 노출되지 않고 천황의 명예에 대해 순수주의자로서 말할 수 있었다.

반동주의자는 1890년대 초에야 자신들의 잠재적 유효성을 찾기 시작했는데, 사이고의 죽음으로 지도자가 없는 말 그대로 낭인浪人

이었고 일관된 계획도 없었으며 도쿠가와 시대의 원형처럼 조직적인 정치적 행동보다는 개인적인 복수에 더 치우쳤다. 그러나 열강과 맺은 조약을 개정하는 문제와 관련된 정부의 '약점'은 서양과 정부에 반대하는 감정을 불러일으킬 수 있는 훌륭한 표적이 됐다. 일본은 과감하게 서양의 특권 종식을 선언하고 반대자들은 모두 일본 밖으로 추방해야 했다. 도야마는 "예부터 우리의 원칙은 존왕양이"라고 말했다.[95]

앞서 살펴본 대로 자유주의자 가쿠고로와 오이도 조약 개정에 관련된 '약점'을 극복하기 위해 노력한 것으로 기록돼 있다. 이 문제와 관련해 자유주의자가 반동주의자와 연합해 과두제에 대항하는 공동의 목표를 세운 데는 이유가 있었다. 그런 연합은 자유주의에 대한 위험한 동맹으로 밝혀졌고, 정확한 이유를 밝히지 않은 채 조약 개정이 조선 문제에 섞여 들어가 '강력한 정책'에 대한 모호한 요구로 바뀌면서 자유주의의 초점을 잃게 만들고 민족주의가 자유주의의 목표를 대체하도록 만드는 데 크게 작용했다.

사실 1880년대에 일본 정부는 조약을 개정하는 데 상당한 진전을 이뤘다. 불만이 고조되기 시작하자 이토와 이노우에는 1881년부터 정당 지도자이자 뛰어난 정부 비판자로 활동한 오쿠마에게 1888년 외무대신직을 제안해 문제를 성공적으로 마무리하려고 노력했다. 자유주의자들은 그의 노력을 지지했더라면 좋았을 것이다. 그들은 서양에 비우호적이기는커녕 조약 열강이 조약 평등에 필수적 요소로 여겼던 서양식 법률과 정치 구조를 가장 열렬히 옹호한 세력이었다. 물론 이것은 거의 달성됐으므로 모든 민감한 일본인의 마음에는 완전히 인정받고자 하는 열망이 있었고, 그가 자유와 평등의 대의를 위해 싸우는 사람이라면 더욱 그랬다. 그렇다, 뒤처진 사람들을 가르쳐라.

그러나 한번 배우자 자유와 평등은 일본인들에게 천부적인 권리가 됐다. 서양의 책들에도 그렇게 명시돼 있었다. 조약 열강은 이것을 인식하고 지금보다 훨씬 더 빨리 근거를 마련했어야 했다. 1889년에 조약이 전면 개정됐다면 오쿠마에게는 엄청난 승리이자 일본 의회정치에는 좋은 송별이 됐을 것이다. 빙엄은 일본의 열망에 좀 더 일찍 공감했지만 아쉽게도 1894년이 돼서야 미국공사는 이 문제를 완전히 인식했다. 그때 던 공사는 적어도 5년 전에 했어야 할 말을 했다. "세계의 다른 강대국들과 나란히 서지 못하는 것을 일본이 참을 날은 지났다. (…) 현재 상태가 무기한 지속되면 일본 전체가 격앙될 수밖에 없고 시간이 지나면 일본 국민의 안녕과 외국의 이익에 모두 파멸적인 적대감을 초래할 수 있다."[96]

일본의 자유주의가 초점을 잃은 것에 대해 조약 열강은 분명히 많은 비난을 받아 마땅하다. 그러나 자유주의자들 스스로도 후쿠자와가 경고한 방종의 잘못을 어느 정도 저질렀다. 그들은 특히 오쿠마가 노력하는 동안 일정하게 인내심을 발휘할 수도 있었지만, 그러는 대신 정부를 괴롭히고 협상을 방해했다. 대표적인 방해 세력은 앞서 언급한 대동구락부로 고토 쇼지로와 가쿠고로 같은 자유당 인사들이 조약 개정을 쟁점화하려고 조직한 단체다. 오이도 그 회원이었고 타협적인 조약 개정에 가장 열렬히 반대한 인물이었다.[97] 오쿠마가 일시적으로나마 정부에 자신의 영혼을 팔았던 경쟁 정당의 지도자라는 사실은 의심할 바 없이 방종을 더 유도했고 비난은 격렬했다.

한편 자유주의자들이 반反오쿠마 정서를 부추기고 있을 때 반동주의자는 잘못된 자유주의를 어리석은 극단적 민족주의로 바꾸는 데 큰 영향을 준 방식으로 그들을 '도우려는' 음모를 꾸몄다. 현양사는 오쿠마를 암살하려는 음모를 꾸몄다. 이것은 그들에게 조약 개정 문제에 대한 새로운 접근 방식이 결코 아니었다. 그들은 앞서 이노우에 가오루가 외무경일 때도 그가 조약 개정에 '유화적으로' 접근했다는 이유로 그를 후쿠오카에서 암살하려고 계획했지만 어째선지 그 음모는 실현되지 않았다. 이제 오쿠마는 가장 호전적이지 않은 어조로 서양인들과 조약 개정을 논의함으로써 천황의 명예를 참을 수 없을 정도로 더럽히고 있었다.

구루시마 쓰네키來島恒喜라는 인물이 그 일을 맡았다. 처음에 그는 칼을 사용하려고 했지만 오쿠마 주변의 경비가 엄격하다는 것을 알게 되자 폭탄으로 마음을 바꿨다. 좋은 폭탄은 암살자도 구하기 어려웠기 때문에 그는 자신의 지도자 도야마 미쓰루에게 구해달라고 부탁했다. 도야마는 오이 겐타로를 찾아갔고, 아마 함께 오쿠마와 조약 개정을 비난한 뒤 폭탄을 구해왔다(그 폭탄은 오사카 사건에서 남은 것으로 추정된다).

또한 오이가 발간하는 신문의 편집장 다카노 린조는 구루시마와 이 음모를 논의한 것으로 보인다. 1889년 10월 18일 구루시마는 폭탄을 던졌고 오쿠마는 다리를 잃었지만 죽지 않았다. 그러자 구루시마는 황궁 정문에서 자살했다.[98] 그 결과 애국적인 동기가 널리 알려진 암살자보다 오쿠마에 대한 비난이 더 많이 제기됐고 조약 개정 협상은 결렬됐다. 그 뒤 오쿠마에 이어 외무대신을 잠시 역임한 아오키와 에노모토는 의회 회기 중 비교적 평온한 시기에 협상을 재개하려 했지만, 1893년 12월에야 무츠가 다시 협상을 본격적으로 시작할 수 있었다.[99] 그 무렵 오쿠마의 개진당은 물론 고토파·오이파 등 거의 모든 자유주의 전선이 반동주의자에 합류해 조약 개정에 대한 정부의 약점을 비난했고, 그들은 그 문제를 더 강력한 외교 정책을 주장하는 일반적인 요구로 확대했다.

요컨대 1893년 일본의 정책 입안자들이 조선 정책을 다시 평가하도록 유도하는 데 거창한 음모가 필요하지 않았다는 것은 분명하다. 다음의 고려사항이 제기됐다. (1) 청의 영향력 강화와 조선의 혼란스런 정치 상황 때문에 신중함과 화해가 필요했으며, 어느 쪽도 완화될 조짐이 보이지 않았다. (2) 가까운 장래에 극동지역에서 러시아의 세력이 크게 증강될 것으로 예상됐다. (3) 정당들은 일본 내 과두정권의 권력을 무너뜨리기 위해 필사적인 노력을 기울이고 있었고, 이 투쟁에서 그들은 반동주의 단체들과 결합해 더 강력한 외교 정책을 대중적 요구로 만들었으며, 일본의 조선 우호세력과 재한 일본인 등 조선에 관심이 있는 거의 모든 사람이 그것을 지지했다. 따라서 과거의 경험, 미래의 예후, 현재의 압력은 조선 내부와 그 주위, 또는 그들을 위해 과감한 행동을 요구하는 것처럼 보였다. 그러나 과두정권은 망설였다. 현실적으로 할 수 있는 일은 무엇이었을까? 1893년에는 아무 결정이 내려지지 않았지만 1894년 무츠 외무대신이 "예기치 못한 사건들"이라고 부른 일이 일어났다.[100]

5장

"예기치 못한 사건들"

1894년에 들어서면서 조선 정세가 표류하는 것에 불만이 표출됐고 일본의 정책 입안자들은 좀 더 과감한 외교 정책을 요구하는 의회의 요구에 방어적인 태도를 보였다. 과두정권 내부에서도 의견이 갈렸는데, 야마가타와 군부는 전체적으로 좀 더 대담해야 한다고 압박한 반면 이토와 그의 외무대신 무츠는 신중해야 한다는 입장을 고수했다.

이토와 무츠는 의견이 조금 달랐다. 이 시기 무츠 외교에 대한 표준적 연구의 저자인 시노부 세이자부로信夫清三郎는 이것을 다음과 같이 설명했다. "이토와 무츠는 평화라는 기본 목표 (…) 에는 동의했지만 약간 차이가 있었다. 이토의 생각은 '평화를 깨지 않는 한도에서 우리는 되도록 국가의 명예를 유지해야 한다'는 것이었다. 무츠는 '국가의 명예를 손상하지 않는 한도에서 되도록 평화적인 방법으로 사태를 해결해야 한다'고 말했다." 달리 말하면 위기의 순간에 무츠는 이토보다 좀 더 과감한 태도를 보일 것이었다. 그러나 시노부도 지적한 대로 무츠는 외교적 난관에 빠졌다고 느꼈는데,

조약 개정 협상의 성공은 조선에서 '적극적 행동'을 막았지만 조선 문제에 대한 해결책은 "절대적으로 필요"했기 때문이었다.[1]

1894년 무츠가 가장 먼저 관심을 기울인 것은 조약 개정이었다. 그는 평등한 조약을 열망하는 일본에게 오랫동안 주요 장애물이던 영국과 직접 단독협상에 착수했다. 이 협상은 매우 신중하게 진행될 것이 분명했는데, 영국은 자신이 일본에 큰 호의를 베풀고 있다는 사실을 잘 알았기 때문에 조금이라도 도발하면 언제든 협상을 지연시킬 것이기 때문이었다. 따라서 무츠는 2월 내내 영국 정부를 안심시키기 위해 일본이 조약의 일방적 파기 같은 극단적인 조치를 염두에 두고 있지 않다는 점을 강조해야 했으며, 그런 암시는 영국 당국자에게 보낸 『도쿄니치니치신문』의 기고문에 실린 것처럼 보였다.[2] 1894년 늦봄과 초여름은 이 협상의 중요한 시기였고, 이 시기에 일본 정부가 의도적으로 조선의 위기를 조장했다고 생각하기는 어렵다.

그러나 3월 28일 상하이의 김옥균 암살과 6월 6일 동학농민운동을 진압하기 위한 청군의 조선 파견이라는 두 가지 극적인 사건을 계기로 일본은 청과 전쟁에 돌입했고 단독으로 조선에 '개혁'을 강요하려고 시도했다. 이런 과감한 조치는 대담하고 의도적인 계획으로 보이지만 정책 결정 과정을 단계별로 살펴보면 일본 정책 입안자들의 행동에는 계산보다는 즉흥성이 놀랄 정도로 많이 깔려 있었음을 알 수 있다.

망설임·긴장·당황, 그리고 궁극적으로는 좌절이라는 형용사는 1894~1895년 대담하고 신속한 행동으로 조선 문제를 해결하려했던 과두정치인들에게 적용될 수 있는 단어다. 무츠 외무대신은 1894년 8월 16일 자 이토에게 보낸 각서에서 '조선에 대한 근본적인 정책'을 결정할 것을 내각에 촉구하면서 이 시기 이후 일본 정책의 추세를 관찰할 때 반복해서 떠오르는 단어, 곧 병합만이 조선 문제를 해결할 수 있다는 최종 결론에 이르는 단어를 사용했다. 그는 이렇게 말했다. "오토리가 조선에 파견될 당시 예상하고 대비했던 조선의 상황은 예상치 못하게 전개되고 변화했으며 예기치 못한 사건들이 한 걸음씩 현재 상황으로 이어졌습니다."[3]

김옥균 암살과 박영효 암살 미수라는 이례적 사건은 조선과 관련해 정부의 '유약한' 외교 정책을 수정해야 한다는 여론을 일본에서 일으켰다. 자유주의 언론은 즉시 김옥균을 문명이라는 대의의 순교자로 선포하고 그의 죽음을 환영한(또는 음모한) 청과 조선 정부, 그리고 그를 냉대했던 일본 과두정치인들을 규탄했다. 그리고 현양사 출신의 반동주의자도 김옥균을 위해 함께 (악어의?) 눈물을 흘렸으며 천황의 명예를 훼손했다고 선언했다.

김옥균은 이일직李逸稙과 홍종우洪鍾宇라는 두 조선인의 꾐에 빠져 살해됐는데, 그들은 김옥균의 신임을 얻는 데 성공한 뒤 이홍장이 조선에서 민씨 세력의 국정 운영에 불만을 품고 있으니 조선으로 돌아가 활동할 수 있도록 도와주겠다면서 그를 속였다. 그들은 김옥균이 함께 상하이에 가면 상하이은행에서 돈을 찾아 주겠다고 약속한 것으로 보인다. 홍종우는 "돈을 받을 수 있도록 도와주겠다"며 김옥균과 동행했고, 상하이에 도착한 직후 국제 조계지의 한 일본 호텔에 누워 있던 김옥균을 총으로 쏴 죽였다. 현지 경찰은 암살범을 체포했지만 청 관원들의 요구와 영국 총영사의 묵인 아래 그와 김옥균의 시신을 청 당국에 넘겼고, 청 당국은 시신과 암살범을 모두 중국 군함에 태워 조선으로 돌려보냈다. 외교계는 경악했지만 조선 정부는 암살범을 포상하고 김옥균의 시신을 토막 내 전시했다.

한편 김옥균과 그의 암살자가 상하이로 떠나는 것을 본 이일직은 얼마 전 미국에서 일본으로 돌아온 박영효를 살해할 음모를 꾸몄다. 그와 두 조선인(형제)과 가와쿠보 쓰네키치川久保常吉라는 일본인은 박영효를 도쿄의 엔라이칸 호텔로 유인하기 위해 치밀하게 준비했다. 그들은 그곳에 트렁크 네 개(시신 조각을 담기 위해)와 피를 닦기 위한 담요를 비치했다. 그러나 지인들의 경고를 받은 박영효는 호텔로 가기를 거부하고 한 사립학교로 피신했다. 주모자 이일직은 김옥균 사건이 보도되기 전에 암살을 끝내야 한다는 절박한 심정으로 3월 28일 학교에서 박영효를 살해하기로 결심했다. 가와쿠보는 이제 돕기를 거부했고 조선인 형제도 그를 멀리한 것 같다.

이일직은 학교로 갔다가 박영효의 지인들에게 붙잡혔고 예정된 김옥균 암살을 포함한 모든 음모를 자백했다. 박영효는 후쿠자와 유키치에게 김옥균의 위험을 알렸지만 그를 구하기에는 늦은 시점에 후쿠자와가 어떤 조치를 했는지는 분명하지 않다. 아마 후쿠자와는 박영효와 관련된 충돌을 일본 경찰에 알렸을 것이다. 아무튼 경찰은 학교로 출동해 가해자와 피해자를 정확히 구분하지 않은 채 이일직과 가와쿠보, 박영효와 그의 지인 몇 명을 체포했다. 이들은 3월 31일 도쿄 지방법원으로 이송됐다. 그러나 이일직과 함께 행동했던 두 형제는 조선공사관을 찾아갔고, 처음에 조선공사는 그들의 망명을 허락했다. 그러자 일본 외무성이 개입했다.

처음에 무츠 외무대신은 김옥균 시신 전시를 문제 삼고자 하는 강한 유혹을 느꼈을 것이고 거기엔 그의 외무성 부하 몇 사람이 영향을 줬겠지만, 전체적으로 이 김옥균·박영효 사건에 외무성이 접근한 방식은 청·조선과 심각한 외교적 교착 상태로 확대되는 것을 막는 것이었다. 그러나 일본 국내의 정치적 열기가 격화되는 것을 본 그와 이토는 즉시 '침착하고 일상적인' 외교 방식을 채택했고 결국 일본 정부가 김옥균 사건에 개입할 권리나 책임을 인정하지 않았으며, 그런 개입을 요구하는 일본인들을 경찰을 동원해 진압하려고 했다.

외무성은 3월 23일 고베에서 김옥균이 출국한 사실을 파악하는 것부터 시작했다. 이 사건은 무츠에게 보고됐고, 25일 그는 서울의 오토리에게 전신을 보내 김옥균이 일본에서 출국한 것을 조선 정부에 알리라고 조언했다. 오토리는 그렇게 했다. 그리고 김옥균이 사망한 뒤 상하이 주재 일본영사로부터 그 소식을 받자마자 외무성은 오토리에게 전달했다. 오토리는 즉시 이 정보를 조선 정부와 원세개에게 보냈다. 이미 알고 있었는지 모르지만 고종과 민씨 세력은 정보에 감사하고 암살자의 안전을 걱정하는 서신을 오토리에게 보냈다. 오토리는 암살자가 상하이에서 체포된 것 같다고 말하면서 일본 정부에 국왕 등의 우려를 알리겠다고 했다.

그러나 무츠는 이미 일본 여론의 반발을 느끼고 있었기 때문에 암살자보다는 사망자 편에 서서 대응했고, 가능하다면 서울의 다른 조약 열강 대표들과 협력해 김옥균의 시신이 훼손돼서는 안 된다는 취지를 조선 정부에게 알리라고 오토리에게 지시했다. 오토리는 시신이 4월 9일 인천에 도착했을 때 그렇게 했지만 혼자였는데, 다른 대표들은 그런 행위가 해외에서 어떻게 받아들여지는지 조선 외무아문에 비공식적으로 설명하는 것 외에는 그 문제에 간섭하지 않기로 결정했기 때문이었다. 또한 무쓰는 오토리에게 암살은 "악명 높은 반인도적 범죄"이므로 암살자를 기려서는 안 된다고 조선 정부에 항의하게 했다. 그렇게 하면 "세계 앞에서 조선의 명성을 손상시킬 것"이었다. 오토리는 답변을 받았는데, 조언은 감사하지만 동양은 서양과 법체계와 국민 정서가 다르고 암살자에게 포상할 수도 있다면서 『춘추』를 인용해 정당화하는 내용이었다. 이 답변을 들은 무쓰는 이 문제를 종결시켰는데, 그 까닭은 일본의 국내 정세에서 찾을 수 있다.[4]

김옥균의 암살 소식이 일본에 전해지자마자 오이 겐타로·이노우에 가쿠고로 등은 김옥균 추모회를 조직하고 긴자銀座에 사무실을 개설해 그의 시신을 수습해 영예로운 장례를 치르는 것을 당면한 목표로 삼았다. 이 조직에서 활동한 오카모토 류노스케岡本柳之助는 1894~1895년 일본의 조선 정책 진로에 상당한 영향을 끼친 인물이다. 그가 중요한 까닭은 몇 가지인데, 오이·가쿠고로와 달리 그는 정부에서 환영받지 못하는 인물이 아니었고 외무성에서 작은 직책을 맡았던 것으로 보이며, 무쓰와 어느 정도 친분이 있었고 김옥균 암살로 촉발된 흥분의 소용돌이 속에서 김옥균 추모회가 외무성 안에서 설명할 기회를 가질 수 있도록 만든 주요한 주선자였을 것이라는 점 등이다.

아무튼 일본 사회에서 김옥균의 시신을 요구해야 한다는 목소리가 높아지고 이토 총리까지 '시신 확보 전망'에 대한 문의로 시달리는 가운데 오카모토는 사이토 신이치로齋藤新一郎와 함께 상하이로 가서 '상황을 조사'하도록 허가받았다. 사이토는 선의의 조사자였던 것 같지만 오카모토는 주로 '시신을 확보하는 데' 치중했다. 말할 필요도 없이 그는 실패했는데, 시신은 이미 조선으로 보내졌기 때문이었다. 그러나 그의 노력으로 김옥균의 시신은 일본에서 정치적 쟁점이 됐고, 그 때문에 무츠는 오토리에게 앞서 언급한 시신 처리에 대해 항의하도록 지시한 것이 분명했다.[5]

한편 후쿠자와는 3월 30일 자 『시사신보』 사설에서 김옥균을 감동적으로 추모했고, 『시사신보』를 시작으로 도쿄의 여러 신문이 그를 추모하는 모금 운동을 시작했는데, 부분적으로는 시신 수습을 전제로 한 것이었다. 모인 성금은 장례식과 추모비 건립, 재일 조선인 망명자 지원 기금 등으로 사용하기로 했다. 4월 말 도쿄에서는 김옥균 관련 모임이 잇따라 열렸다. 오카모토는 외무성 인맥이 끊길까 봐 이 모임에 참석하지 않은 것으로 보이는데, 당시 일본 정부는 이 모임에 매우 소극적인 태도를 보이고 있었기 때문이다.

8백~1천 명이 모인 이 집회는 주로 정부의 정책과 김옥균에 대한 배신을 비난하는 것에 집중됐는데, 그때까지도 김옥균의 시신은 서울에 있었다. 연사들은 '메이지 정부 외교의 개요'(시가 주코), '현 내각의 조선 정책'(오이 겐타로), '이웃 민족에 대한 우리의 의무'(고무로 시게히로), '김옥균 사건에 대해'(이타쿠라 추) 등의 강연 제목으로 비판의 목소리를 쏟아냈다. 정부는 경찰을 보내 '질서를 유지'했는데, 연사가 격렬해지면 그를 차례로 제지했다. 이를테면 "연사가 '조선 정부와 중국 정부는 우리를 모욕했다 (…)'고 말하면 중단하라는 명령을 받았다". 그러나 많은 연사가 나왔고 정부에 대한 비판은 '격렬했다'. 오이 겐타로는 '큰 박수'를 받았다.[6]

5월 초 도쿄에서는 김옥균의 머리가 도쿄에 도착했거나 도착할 것이라는 소문이 돌았고,[7] 추모식을 위한 치밀한 계획이 세워졌다. 한편 5월 12일 제6대 의회가 개원하면서 김옥균 사건은 주목받기 시작했다. 5월 18일 모리야 고노스케守屋此助 의원은 일본 국민의 정서를 대변한다고 주장하면서 김옥균이 상하이로 출발하기 전 일본으로 돌아오는 배표를 끊었고 상하이에서 일본인이 운영하는 숙소에 묵었으며 "마지막까지 일본의 보호 아래 있기를 바랐다"고 했다. 그러나 그는 암살됐고 시신은 청과 조선에 넘겨졌다. 이것에 대해 무츠는 의회에 보낸 서면 답변서에 정부의 입장을 단호하고 명확하게 밝혔다. "조선인 김씨의 시신과 관련해 (…) 중국 영토에서 발생한 사건으로 중국 정부가 시신을 인도한 문제는 우리 권한 밖의 문제입니다."

그럼에도 5월 20일 많은 의원을 포함한 김옥균의 지인들은 아오야마 묘지에서 그를 기리는 성대한 제사를 지냈다. 시신은 물론 머리도 없었지만 그들은 그의 머리카락 한 다발을 경건하게 묻었다. 다음 날 마토노 한스케野半介는 대담하게 무츠를 방문해 김옥균의 복수를 위해 일본이 전쟁에 나서야 한다고 요구했다. 무츠는 애국적인 암살자들의 손에 정부 지도자들의 운명을 맡기려는 생각이 없던 것이 분명했다. 그는 다소 모호한 태도로 그런 요구를 거부하면서 "전쟁에 대해 이야기하고 싶다면" 가와카미 소로쿠川上操六 장군과 논의하라고 했다. 22일 자 『시사신보』는 이토 내각에 대한 불신임안을 지지하는 사람들이 많으며 대표적 인물은 이노우에 가쿠고로 등의 김옥균 동조자들이라는 머리기사를 실었다. 6월 1일 불신임안이 가결됐고 이토는 의회 해산으로 대응했다.[8]

물론 김옥균 사건은 과두정치인들에 대한 의회의 다각적 공격의 한 원인일 뿐이었고, 그것은 제6대 의회 해산으로 이어졌다. 실제로 김옥균에 대한 관심은 5월 20일 기념식 이후 급속히 사라진 것으로 보이며, 4월 중순부터 시작된 정부의 묵살 작전도 거기에 작용했다.

마찬가지로 일본 권력의 영역 안에 있던 도쿄의 박영효 사건도 잠시 긴장을 조성하기는 했지만 전쟁 요구로 발전하지는 않았다. 무츠는 박영효 암살 모의자 두 명이 조선공사관에 숨어 있다는 사실을 알게 되자 조선공사관 부副공사에게 이들을 색출해 달라고 강력히 요구했다. 공사는 조금 망설이다가 4월 3일 요구에 따랐지만 곧 일본의 압력에 항의하고 짐을 싸서 4월 5일 도쿄를 떠났다. 그는 공사관을 책임질 사람을 지정하지 않았기 때문에 이것은 관계를 단절하는 것처럼 보였다. 즉시 무츠는 조선 정부에 주일 조선공사관을 철수할 의향이 있는지 물어보라고 오토리에게 지시했다. 조선 정부는 임시공사를 파견해 공사관을 인수하도록 지시했고, 일본 언론에서 약간의 소란이 있었지만 사건은 순조롭게 마무리됐다. 박영효와 그 지인들은 6월 재판에 넘겨졌다. 박영효·이일직·가와쿠보에 대한 사건은 증거 부족으로 기각됐지만, 박영효의 추종자 가운데 일부는 이일직을 구타한 혐의로 징역 1개월과 벌금 2엔을 선고받았다. 이일직과 형제는 위험한 외국인으로 분류돼 조선으로 강제추방 명령을 받았다.[9]

그러므로 김옥균 암살과 거기 관련된 박영효 암살 시도는 때로 주장되듯 일본 정부가 개전 이유를 만들기 위해 계획된 것이라고 할 수 없다. 오히려 일본 정부는 그 사건으로 야기된 심각한 문제에 대응하지 않음으로써 그 긴장에 대응했다. 그들이 가장 중요하게 생각한 것은 조선에서 강경하게 행동함으로써 일본 국내의 민권이 어느 정도 강화되리라는 생각을 효과적으로 다시 강조하는 것이었다고 여겨진다. 과두정치인들은 김옥균이나 박영효를 그런 강력한 행동의 구실로 삼는 것을 거부했지만, 그들이 다른 이유에서 그렇게 하기로 결정했다면 민권옹호론자들이 할 수 있는 일은 그들을 응원하는 것밖에 없었을 것이다.

동학농민운동은 일본의 사쓰마 반란, 중국의 의화단義和團 운동, 아라비아의 와하브 운동Wahabi, 케냐의 마우마우단Mau Mau 운동의 조선판이었다.* 그것은 진보적인 이유보다는 반동적인 이유로 정부에 대항해 일어난 봉기였다. 토인비의 용어로 표현하면 그것은 젤롯주의로 변화에 맞서 전통을 다시 확인하려는 필사적이지만 비현실적인 노력이었다. 불만을 품은 유생과 몰락한 양반들이 주도하고

---

* 와하브단은 18세기 코란 교리를 엄수한 교파로 사우디아라비아를 통치했다. 마우마우단은 1950년대 케냐의 반反백인 비밀결사단이다.

항구 도시들의 상업 활동이 시골에 침투해 삶의 방식을 위협하는 것을 목격한 농민들이 지지한 동학은 외세와 외세에 오염된 정부에 맞서 옛 동양적 미덕의 수호자를 자처했다. 전통을 중시하고 반외세 정서가 강했던 대원군은 동학 지도자들과 접촉했을 가능성이 높다. 청이 귀국시켰지만 그는 청의 비호 아래 조정의 실권을 쥐고 있던 민씨 세력에 맞서 자신의 권력과 위신을 회복할 수 없었기 때문이다.

동학은 동양의 학문·풍습·의식을 배반하는 외국인, 곧 일본인과 서양인을 추방하라는 요구뿐 아니라 사회·경제적 성격의 실질적인 불만을 표출했다. 청에 대한 그들의 태도가 정확히 어땠는지는 분명하지 않지만, 원세개는 주한 영국공사에게 다음과 같이 말할 정도로 그들을 경멸했다. "그들은 모두 겁쟁이입니다. 머리 몇 개만 잘라내면 끝날 겁니다."[10] 실제로 동학은 반란을 피하기 위해 매우 열심히 노력했고, 그것이 원세개의 발언을 불러왔을 수도 있다. 철학적으로 그들은 불만을 해소하기 위한 소극적인 조치를 옹호했다. 1880년대부터 1893년까지 여러 차례에 걸쳐 그들은 국왕에게 자신들을 합법적 단체로 인정해 달라는 것을 포함해 여러 가지를 청원했다. 그러나 그들은 불법화됐고, 1893년 상당한 폭동을 일으킨 뒤 1894년 봄 조선 남부 전역에서 대규모 반란을 일으켰다.[11]

이 연구에서 동학농민운동의 가장 흥미로운 측면은 그것과 일본의 관계다. 김옥균·박영효와 그들이 이끈 개혁·독립단체가 동양의 자유와 해방과 관련해 일본 자유주의자들과 그 친구·동료 공모자들의 이념적 상대였던 것처럼 동학 세력은 일본 반동주의자의 이념적 상대였다. 유교적 미덕을 옹호하고 서양의 모범에 따른 근대화와 진보에 반대했으며, 일본이든 조선이든 중국이든 옛 전통을 훼손하는 정부에 분노한 그들은 동양 전통의 대의를 위해 자연스런 친구이자 동료 공모자였다. 1894년 봄 히라오카 고타로平岡浩太郞의 조카이자 도야마 미쓰루의 제자였던 우치다 료헤이內田良平가 조선으로 건너가 동학 지도자들을 찾아 자신과 자신이 동원할 수 있는 동료 모험가들의 봉사를 제안한 것은 놀라운 일이 아니다. 이 일본인들은 천유교天悠敎 대표단으로 동학에 입교했다.[12] 그러면서 우정이 쌓이고 인맥이 형성돼 오랜 세월 동안 이어졌고 일본의 조선 정책에도 상당한 영향을 줬다.

우치다와 그 세력은 전통주의자로서 동학과 공통점을 찾을 수 있었지만 외교·무역 공동체인 주한 일본인은 전통의 배신자로 동학의 격렬한 적대 대상이었다. 1893년 4월 주한 일본공사관은 "일본과 외국의 반란군과 도둑이 조선에 들어와 무정부 상태가 극도에 이르렀다. (…)"는 동학세력의 통지문이 서울에 나타나고 일본공사관 문에도 붙여지자 안전을 위해 일본인 가족들을 인천으로 임시 대피시켰다. 동학은 1876년 강화도조약의 '불명예'를 지적하면서 충효를 촉구했다. 그때까지 그 운동이 그렇게 과감한 조치가 필요할 만큼 위협적이라고 생각하지 않았던 주한 미국·영국공사는 일본의 철수에 놀랐고, 허드 공사는 스기무라 후카시杉村濬 대리공사에게 위험의 정도를 물었다. 스기무라는 소문에 따른 예방적 조처였다고 대답했다.

그가 허드에게 설명하지 않은 것은 특히 일본인이 다른 외국인보다 더 동학의 증오 대상이었다는 점이라고 다보하시는 말했다. 일본인(倭)을 그 밖의 외국인(洋)과 구분해 명시한 동학 구호는 그 증거로 여겨진다. 이런 공포의 결과 원산에 집결한 영국·미국·독일·청·일본 함선들은 만일의 사태에 대비했지만 곧바로 사건이 전개되지는 않았다.[13] 그러나 불만은 서서히 곪아 터졌다. 1894년 초 러시아 공사가 조선에서 보낸 보고서에서는 반군이 점령한 지역에서 현지 관원과 일본인들이 도망쳤다면서 "한동안 만연했던 동요가 점점 더 커지고 있다"고 언급했다.[14]

그 결과 일본인이 반일 운동에 참여하는 현상이 나타났다. 해링턴은 다음과 같이 설명했다.

아마 일본은 1894년의 위기를 만들기 위해 더 나아갔을 것이다. 동학농민운동은 일본에게 편리한 시기에 절정에 이르렀고 그것은 우연이 아니었는데, 일본은 그런 과정에 자금을 쏟아 부은 것으로 나타났기 때문이다. (…) 첫 단계인 동학 봉기는 이렇게 도쿄와 연결됐다. 두 번째 단계인 청군 파병 요청도 마찬가지였다. 앨런은 그 배경을 잘 알고 있었다. 그는 주한 일본대리공사 스기무라가 원세개에게 이 조치를 촉구했다는 사실을 알고 있었다. 앨런 등의 서양 외교관들은 동학이 순전히 국지적인 문제라고 주장하면서 가볍게 여겼다. 반면 일본인들은 조선이 반란군을 감당할 수 없다고 주장하면서 위험을 확대했다. 그래서 스기무라는 청이 종주국의 책임을 받아들여야 한다고 말한 것이다. 그리고 그것은 (…) 청군과 (…) 세 번째 단계인 일본의 개입을 가져왔다.

그러나 해링턴은 한쪽만 비난하지 않았다. "일본이 전쟁에 책임이 있다면 청도 마찬가지였다(청도 파병했다). 조선도 책임이 없지 않았다. 조선 정부는 완전히 무능하고 끔찍하게 부패했다. (…)"15

언뜻 보기에는 그렇게 보이지 않을 수도 있지만, 결국 이것은 일본에 대한 매우 가혹한 판단이다. 전쟁 책임의 일부를 청에, 그리고 심지어 조선에도 조금 할당하고 있지만 일본의 책임은 전혀 다른 차원에 두지 않았는가? 청은 실수를 저지르고 완고했으며 조선은 겁먹고 어리석었지만 일본은 반일 기조를 내세워 조선의 반란을 자연스럽게 보이도록 선동한 뒤 이것을 진압하기 위해 파병하도록 청을 선동했는데, 이것은 모두 일본의 군사 개입과 청과의 전쟁, 조선 점령의 발판을 만들려는 목적이었다는 것이다. 이것은 악랄한 국제 범죄라고 지목할 수 있을 것이다. 정말 이 사건이 이런 결론이나 함의를 뒷받침할 만큼 명백할까? 단언할 수는 없지만 다음과 같은 증거는 덜 가혹한 판단을 내리는 데 유리한 것으로 보인다.

먼저 주일 러시아공사 히트로보Hitrovo의 서신에 담긴 몇 가지 관찰이다. 1894년 2월 히트로보는 주한 러시아공사 베베르에게 서신을 보냈다.

저는 개인적 정보원情報源으로부터 다음과 같은 정보를 비밀리에 입수했습니다. 조선에 심각한 반란이 조성되고 있고 국왕의 아버지(대원군)가 그것을 이끌고 있다는 것, 오는 여름이나 늦어도 가을에는 반란이 일어나리라는 것, 공모자들의 요원들이 일본과 중국에서 무기를 구입하고 있다는 것, 구입한 소총 4천 정이 이미 가나가와의 한 창고에 은

넉돼 있다는 것, 증기선 3척을 구입했는데 한 척은 일본에서 왔다고 하는 것, 몇몇 일본인이 거기 가담해 공모하고 있다는 것, 일본 정부는 이 음모를 전혀 모른다는 것. (…)

그는 이 모든 자금은 대원군과 일부는 청이 제공하고 있으며, 음모자들은 요코하마의 은행가인 워커Walker로부터 돈을 받기를 희망했다고 덧붙였다.[16]

6월 초 청군이 봉기를 진압하기 위해 조선에 들어오고 일본도 파병하겠다고 발표하자 히트로보는 무츠 외무대신과 확대회의를 열고 그것을 자국 외무장관에게 자세히 보고했다. 보고서 끝에서 그는 민심 상황을 다음과 같이 언급했다.

아주 최근에야 청과 조선 정부에 대한 일본인의 오랜 증오가 상하이에서 발생한 김옥균 암살 사건과 도쿄의 박영효 암살 미수 사건으로 불붙었습니다. 생전에 이미 일본에서 상당한 인기를 누렸던 김옥균은 이제 전설적인 영웅이 됐습니다. 소문에 따르면 그의 친척, 특히 그의 남동생이 동학 봉기에서 두드러진 역할을 하고 있다고 합니다. 그뿐만 아니라 이미 조선은 물론 일본 민중들 사이에는 살해된 김옥균의 영혼이 반란군에게 나타나 지금까지 무적의 군대를 지휘하고 있다는 전설이 형성돼 있습니다.[17]

해링턴은 이 편지를 이용했지만 일본 정부와 동학·김옥균에 관련된 일본인을 구분하지 않았다. 물론 그의 책은 부수적으로만 일본 정치의 내막을 다루고 있다. 그러나 이런 내막에 충분한 주의를 기울이지 않음으로써 특히 조선 문제와 관련해 일본의 외교 과정을 지나치게 단순화했을 수도 있다. 히트로보가 이 두 서신 가운데 첫 서신에서 말한 대로 "일본 정부는 이 음모를 전혀 모른다"고 생각할 수 있을까? 물론 확신할 수는 없지만 나는 외무성이 이 운동을 후원하고 있었다는 것을 나타내는 어떤 증거도 발견하지 못했다. 일본 정부는 5월 반란이 절정에 이르기 전 일본인들이 이 일에 개입하고 있다는 사실을 알았거나 의심했다고 추정해야 할 것이다. 그러나 그런 개입은 분명히 이토와 외무성이 정한 논쟁 이후 경계했던 종류의 모험이었다. 그것은 일본 정부를 비판한 사람들이 결과를 생각하지 않고 정부를 결정적인 행동으로 이끌거나 그렇게 하도록 강요하려는 시도였다.

도야마 미쓰루와 우치다 료헤이는 단순한 정부 고용인으로서 경력을 시작했다고 볼 수 없다. 그들은 이 사건에서 메시아적·신비주의적 범아시아주의를 형성하려는 대담한 첫 시도를 했고, 결국 (1930년대에) 주저하는 과두정치가들을 끌어들이는 데 성공했다. 그때도 김옥균(암살된 서양식 개혁가)의 유령을 숭상하는 가운데 그들은 일본 자유주의자들과 협력하는 형식으로 시작했는데, 자유주의자들은 과두정치에 반대해 그들과 연합했으며 자신들이 설파한 서양의 자유주의가 서양의 제국주의에 오염된 것을 발견하면서 자연스럽게 초점을 잃고 있었다. 이때는 미묘한 이념적 전환의 시기로 의회에 대한 내각의 책임을 둘러싼 싸움에서 지친 자유주의자들은 조선 문제와 관련해 반동주의자와 연합했고, 그 연합은 결국 일본 자유주의의 파산으로 끝났지만 사이고의 전통을 계승한 사람들에게는 새로운 활력을 불어넣었다. 이것은 1895년 이후 정부에 반대하는 사람들이 걸은 길이다. 이것은 다음 장에서 좀 더 자세히 논의하겠다.

그러나 여기서 주목해야 할 점은 동학을 사랑한 일본인들은 김옥균을 사랑한 사람들과 마찬가지로 과두정치의 반대자·야유자·적대자였으며, 국가라는 배를 현실주의의 항로에서 이탈시켜 미지의 위험한 바다로 내보내려고 끊임없이 찌르고 재촉했다는 것이다. 이것은 과두정치가들이 피하려고 마음먹은 것이었다. 그들은 서양 국가들이 가르쳐준 방식에 따라 실용적이고 신중하며 현실적인 외교 경기를 하고 있었다. 이로써 그들은 조약 개정이라는 위대한 사업에서 일본을 성공 직전까지 이끌었고, 그것은 일본이 본격적인 서양식 근대 국가로 인정받는 광명의 장소였다. 자유주의에 입각했든 반동주의를 따랐든 전쟁과 대의는 이들에게 혐오스런 것이었다. 정책 결정권 안에 있는 인물들에게는 천유교·도야마·우치다처럼 동학에 동조해 유교적 덕목으로 조선을 구하거나 일본 자유주의자들의 주장처럼 억압적인 정부로부터 조선 민중을 해방시키려는 경향이 조금도 없었다.[18]

따라서 동학을 돕는 것은 일본 정부의 제안이 아니었다. 그러나 그들이 청의 개입을 유도하기 위해 반란을 경고했다는 제안은 무엇일까? 오토리는 청군이 파병되기 전 도쿄에 머물며 협의를 진행했기 때문에 이것은 서울에 남아 있던 영사 스기무라의 활동으로 귀결된다. 스기무라가 원세개에게 청군 파병을 촉구함으로써 함정을 놓았다는 앨런의 의견은 중국 자료에 의해 뒷받침되는 것 같다.[19]

중국 자료에 따르면 스기무라는 6월 3일 원세개를 방문해 자신은 청이 군대를 파견할 것으로 예상하며 일본은 이것에 반대하지 않는다고 말했다고 시노부는 서술했다. 스기무라가 일기에는 쓰지 않았지만 청의 '진짜 의도'를 알아내기 위해 그렇게 했을 것이라고 시노부는 추측했다.[20]

스기무라의 일기는 1894년 5월부터 1895년 명성황후 시해 사건까지 주한 일본공사관의 행적을 놀라울 정도로 자세하고 솔직하게 기록했다. 동학 사건과 청군 파병에 대한 그의 논의는 여기서 적절하다.

1894년 5월 4일 오토리 공사는 서울을 떠나 일본으로 갔고 그날부터 나는 대리공사로서 공사관 업무를 맡았다. 당시 동학은 전라도 남부와 서부에서 확산되고 있었고 그것을 진압하기 위해 홍계훈洪啟薰 장군이 임명됐다. 그는 임오군란 때 왕비를 도왔기 때문에 국왕과 왕비의 신임을 받았다. 그는 군사 800명을 이끌고 5일 수도를 떠났다. 민영익은 동학 토벌을 위해 군대를 보내는 데 찬성했지만, 많은 대신은 동학이 지방의 탐관오리에 맞서 폭동을 일으킨 선량한 백성이라면서 반대했다. 그러므로 그들을 안정시키기만 하면 된다는 것이었다.

이 때문에 민영익은 대신들에게 의지할 수 없다고 느꼈고 원세개와 비밀리에 의논하기 시작했다. 원세개는 조선이 매우 약하기 때문에 〔폭동을 진압하는 데〕 성공할 희망이 없으며 조선군이 패배하고 반란군이 서울로 오면 (…) 외국과 더 많은 문제가 생길 것이라고 판단했다. 따라서 원세개는 그것을 진압하려고 했다(원세개에게서 직접 들었다). 또한 그는 〔자신을 위해〕 큰 성공을 거두기를 바랐고 한때는 청의 경찰과 상인들을 직접 지휘해 〔반란 지역으로〕 진군하려고 했다. (…) 그는 조선군을 돕기 위해 청의 군함을 빌려줬다. 9일 홍계훈 장군과 조선군 800명은 청 군함 1척과 조선 배 2척을 타고 군산항으로 떠났다. 당시 나는 군함에 조선군과 합류한 청군이 타고 있다는 소문을 들었다. (…) 나는 〔이것에 대한〕 핵심 정보를 얻으려고 했지만 실패했다.

청 군함이 며칠 동안 돌아오지 않아서 나는 우리 외무부에 일본 군함을 파견해 조사해 달라고 요청했다. 군함 오시마호는 16일에 승인을 받았는데, 그날 청 군함은 인천으로 돌아와 다시 출항할 준비가 된 듯했다. 그러나 우리 군함 오시마호는 일본으로 돌아가야 했고, 나는 인천에 있는 다른 배의 선장과 이야기해 다른 일본 선박을 구하려고 노력했다. 일본으로 전보가 보내졌고 쓰쿠시筑紫호가 인천으로 왔다. 야마토大和호도 그곳에 있었다.

조선 관군은 동학군을 만나 패배했다. 관군의 절반 이상이 전투 전에 도망쳤다는 소문이 돌았다. 그래서 23일 인천에서 400명의 병력이 조선 배를 타고 추가로 파견됐다. 그러나 그들이 성공할 것이라고 아무도 예상하지 않았고, 청군에 의존하는 경향이 있었다. 그러나 나는 〔조선〕 외무대신에게 내부 폭동을 해결하기 위해 외국인에게 의존하는 것은 좋은 생각이 아니라고 말했다. 이 의견은 국왕에게 전달됐고 여러 대신을 제외한 조정의 거의 모든 사람이 내 의견에 동의하는 듯했다.

그러나 31일 전주성이 함락됐다는 소식을 듣고 조선 조정은 놀라 청에 도움을 요청하기로 하고, 6월 1일 원세개에게 군사 지원을 요청하는 공문을 보냈다(반대 의견 때문에 서신 발송이 늦어졌지만 6월 3일 저녁에 발송됐다고 들었다). 이미 6월 2일에 나는 정영방鄭永邦(조선인)을 청 쪽에 보내 그런 요청이 접수됐는지 물었다. 원세개는 공식 서한은 없었지만 비공식적으로 결정이 내려졌고 청은 파병할 것이라고 말했다. 6월 3일 나는 원세개와 3시간 동안 직접 대화를 나눴고, 여러 구체적인 내용을 들었다. 극동의 평화를 유지하려면 조선의 폭동을 조기에 막는 것이 현명하다는 것이 주요 내용이었다. 폭동의 원인은 조선 정부와 현지 관원들의 잘못된 행정 때문이라는 것이었다. 원세개는 이렇게 말했다. "그러나 우리가 방관자로 남아 있으면 정부가 전복되고 외국이 개입할 것이며 조선은 외국의 전쟁터가 될 것입니다. 따라서 나는 현재 조선 정부에 유리한지 불리한지 고려하지 않고 폭동을 해결해 외국 개입의 빌미를 주지 않으려고 합니다."

원세개는 이처럼 공평하게 들리는 의견을 표명했지만 실제로는 야망이 있었다. 최근 몇 년 동안 일본은 조선에서 경쟁력이 부족했기 때문에 그는 은밀히 일본을 낮게 평가했고 이 시기를 이용해 조선에 대한 [청의] 종주권을 분명히 하려고 했다. 그리고 자신의 공로를 세우려고 했다. 나는 이것을 감지할 수 있었고 조금 농담 섞인 말투로 말했다. "이 말을 들으니 매우 착잡하군요. 정말 청군을 파병한다면 일본도 군대를 보내야 할 것 같습니다." 그러자 원세개의 낯빛이 변했다. "무슨 이유 때문입니까?" 나는 대답했다. "우리 공사관과 우리 국민을 보호하기 위해서입니다." "그럴 필요는 없습니다. 외국인에게는 위험할 것이 없습니다." "조선 정부가 보호를 제공할 능력이 없다면 우리가 귀국 군대에 의존할 필요는 없습니다." 원세개가 말했다. "귀국이 파병하면 다른 외국도 군대를 보낼 것입니다." 나는 말했다. "환상적이군요. (…)"

6월 4일 원세개는 자신의 비서를 보내 [조선 정부로부터] 공식적인 파병 요청을 받았다고 말했다. 그래서 나는 이 사실을 우리 정부에 알렸다. "원세개의 비서에게 톈진조약을 준수하기 바란다고 말했습니다. (…) 웨이하이웨이威海衛에서 군사 1500명이 온 것 같습니다. 우리도 파병할 것인지요?" 다음 날 나는 비서인 정영방을 원세개에게 보냈는데, 그는 산해관에서 청군 1200명이 파견될 것이라고 말했다.
나는 도쿄에 전보를 보내고 초조하게 회신을 기다렸다. 6월 6일 오후 11시 30분 회신을 받았다. "오토리가 수병水兵 300명과 경찰 20명의 호위를 받으면서 군함을 타고 출항하지만 일본 해군의 파견 사실을 공개하지 말라." 그래서 나는 그 사실을 비밀로 했다. 6월 7일 우리 외무대신은 청국 정부에 이 사실을 알렸고, 나는 조선 정부에 일본이 톈진조약에 따라 파병했음을 통보하라는 지시를 받았지만 그 숫자는 알리지 않았다. 이것이 내가 전신으로 받은 지시였다(수병 300명 외에도 추가 병력이 파견될 것임을 전신에서 감지할 수 있었다). (…)[21]

스기무라는 서울에서 이렇게 썼다. 이 일기는 충분히 솔직해 보이며, 파병 문제에 대한 증언을 포함하면 스기무라가 청의 개입을 요청했다는 생각과는 모순된다고 판단해야 한다. 정반대로 그는 조선 정부에 청의 지원을 요청하지 말도록 촉구했고 청군의 파병 요청은 일본군까지 불러올 수 있다고 원세개에게 경고했음을 보여준다. 그가 "조금 농담 섞인 말투로" 경고한 것은 일본 외무성이 어떻게 행동할지 확신할 수 없었다는 것과 연결된다.
따라서 일본인이 동학농민운동에 참여했고 스기무라가 청군의 조선 파병과 관련해 원세개와 협의한 것은 사실이지만 그 배후에 일본 정부가 있었다고 단정해서는 안 된다. 그렇다면 일본의 개입 방식은 무엇이었을까? 이것을 파악하기 위해 문서와 행동을 되도록 면밀히 추적하면서 조선 파병이 청일전쟁으로 이어지는 과정을 관찰한 다음 두 범주로 나눠 살펴볼 것이다. 첫째는 이 연구에 더 중요한 사항인데 전쟁 중과 직후 조선을 '개혁'하기 위한 일본의 움직임이고 둘째는 적대 행위를 끝내고 극동의 '평화'를 재건하기 위한 청·열강과의 협상이다.

무츠의 회고록에 따르면 1894년 5월 말에도 그는 동학 문제를 심각하게 생각하지 않았다. "5월 스기무라 대리공사의 보고에 따르면 나는 동학이 정부를 전복할 만한 힘을 갖고 있다고 판단할 수 없다. 우리가 파병 문제를 논의하기에는 너무 이르지만 (…) 동학의 움직임과 조선 정부의 조치, 조선 왕실과 청의 관계를 지켜봐야 한다."[22]

그러나 6월 2일 그는 내각에 파병을 잠정적으로 권고했다. 다보하시는 그런 결정에 이르게 된 과정을 다음과 같이 설명했다. 처음 외무성의 태도는 아직 파병할 필요가 없다는 것이었고 그래야 할 정도로 상황이 전개되더라도 소규모 병력으로 충분하다는 스기무라의 의견을 반영했다. 그러나 일본 정부에는 주한 공사관의 보고 외에도 다양한 정보가 들어왔다. 이런 보고 가운데 일부는 의도적이든 아니든 사실을 확대해 상황을 판단하는 데 실수를 불러왔다. 그 결과 무츠 외무대신은 5월 동안 스기무라의 보고에 의존하면서 차분하고 냉정한 태도를 유지했지만 5월 말 특히 청이 파병할지도 모른다는 정보를 받은 뒤 흥분하기 시작했다.

5월 29일 그는 스기무라에게 전보를 보내 조선 정부가 청에 군사 지원을 요청한다는 소문을 언급하며 스기무라에게 조사할 것을 지시했다. 스기무라는 왕후가 청에 파병을 요청했지만 다른 대신들이 동의하지 않아 아직 확실하지 않다고 회신했다. 스기무라와 무츠는 〔아직〕 일본군 파병에 찬성하지 않았지만 군부, 특히 가와카미 소로쿠 참모차장은 파병을 촉구했다. 한편 이토 2기 내각은 의회와 심각한 갈등을 겪었고, 의회 해산을 결정한 이토는 6월 2일 내각 회의를 소집했다. 회의 직전 외무성에 스기무라가 보낸 전보가 도착했는데, 조선 정부가 청에 비공식적으로 파병을 요청했다는 내용이었다. "무츠는 이 전보를 들고 내각 회의에 참석했다. 그는 청이 아무 명분 없이 조선에 파병한다면 우리도 불의의 사태를 막고 조선에 대한 일본과 청의 세력 균형을 유지하기 위해 군대를 보내야 한다고 말했다." 육군대신은 조선에 파견되는 육·해군 부대를 통제할 총사령부大本營를 설치해야 한다고 말했다.[23]

사실 동학 진압과 관련해 청군과 일본군이 도착했을 때는 그들이 필요 없다는 것이 분명했는데, 5월 31일 이후 동학군은 더 이상 승리하지 못했고 조선 관군은 곧 남부지방의 상황을 통제했기 때문이었다. 그러나 6월 2일 내각 결정에 따라 무츠는 시노부가 '힘의 균형'이라고 부른 정책에 따라 청군과 상대할 수 있는 일본군을 파견하고 공동 철수를 협상한다는 방침을 세웠다. 그 법률적 근거는 톈진조약이었는데, 일본과 청은 조선에 군대를 주둔시키지 않되 소요가 일어날 경우 한쪽이 다른 한쪽에 통보하면 그도 개입할 수 있다는 '평등' 조항에 따른 것이었다. 이런 정책은 현상 유지를 회복하는 것이었을 뿐 1894년 6월 이전과 마찬가지로 조선에서 일본과 청의 상대적 지위와 그곳의 전체적 상황은 그대로 유지하는 것이었다. 그러나 일본의 정책 입안자들은 봉기 전부터 조선에서 일본의 위상을 불만스럽게 봤기 때문에 이것은 달성하기보다는 피해야 할 결과였다. 따라서 '힘의 균형'은 최소로 작동했고 '더 나은' 결과를 위해 추가적인 위험을 감수해야 하는지에 대한 질문은 결코 배제되지 않았다.[24]

6월 5일 천황의 승인을 받아 총사령부 조직이 설립됨으로써 군부는 당면한 '균형' 정책에 따라 최대한의 군사력을 투입하도록 압박할 수 있는 길을 열었다. 그렇다고 모든 군인이 큰 문제를 찾고 있었다는 뜻은 아니다. 6월 말 한 해군 제독은 일본 함선이 너무 많이 인천에 도착했다고 주장했다. "실제로 전쟁이 일어난 것 같은 모습입니다. 결과적으로 우리 조약 상황에 미칠 영향이 우려되고 우리나라에 대한 외국의 정서도 좋지 않을 것입니다. 이것이 우리의 미래 정책에 문제를 일으킨다면 유감스러운 일입니다. 러시아는 우리와 청의 갈등을 바라고 있으며 어떤 계략을 꾸밀 수도 있습니다. 우리 정부는 이것에 주의를 기울여야 합니다."[25]

그러나 총사령부는 청군과 맞서기 위해 충분한 병력을 갖춰야 한다는 가와카미 육군 사령관의 견해를 크게 반영했다. 그는 4월과 5월 육군 장교 두 명을 조선과 청에 보내 시찰하게 했고 그들의 보고에 따라 전쟁이 일어나도 일본이 승리할 수 있다고 확신하게 됐다. 그는 총리를 속이는 것도 마다하지 않았다. 6월 2일 내각 회의 다음 날 밤 가와카미는 무츠와 파병 숫자 문제를 논의했다.

그는 무츠에게 1882년과 1884년 청군이 서울에서 주도권을 잡았다는 사실을 상기시키며 이번에는 일본이 주도권을 잡아야 한다고 말했다. 그는 청이 5천 명을 파견한다는 보고를 받았다면서 이홍장은 이들이 패배하면 2만~3만 명을 더 보낼 것이라고 예측했다. 무츠는 7천~8천 명을 파병할 수는 없다고 했는데, 이토 총리가 그렇게 많은 병력을 파견하는 데 동의하지 않을 것이기 때문이었다. 그러자 가와카미는 우선 1개 여단 파병만 승인받으면 된다고 지적했다. "총리는 1개 여단의 병력이 2천 명 정도임을 알고 있기 때문에 반대하지 않을 것입니다. 하지만 연합여단을 파견하면 실제로는 7천~8천 명이 될 테니 그 정도면 충분할 것입니다." 무츠는 동의했고 다음 날 내각의 승인을 받았다. 그 뒤 총사령부가 설치되면서 파병 수와 철수 여부를 결정하는 데 핵심적 역할을 했다.[26]

무츠의 입장은 변칙적이었는데, 대규모 병력이 필요하다는 군사논리에 동의했음에도 (단순히 묵인했을 수도 있지만) 자신의 목적을 '균형'과 공동 철수를 위한 협상으로 해석하도록 오토리에게 지시했기 때문이다. 무츠가 서양 외교관들에게 일본이 파병한 유일한 목적은 조선의 공사관·영사관과 자국민을 보호하는 것이라고 발표한 것은,[27] 물론 그가 그런 제한된 목적을 갖고 시작했다는 증거는 아니지만, 오토리의 반응은 일본공사 자신이 인천에 도착하기 시작한 많은 일본군에 당황하고 놀랐음을 보여준다. 스기무라의 일기에 따르면 서울에 도착하자마자 (420명의 수병과 대포 4문을 이끌고 온) 오토리는 원세개를 만나 문제를 평화적으로 해결하고 앞으로 회의를 열어

철군을 준비해야 한다는 데 잠정적으로 합의했다.

그 뒤 6월 10일 오토리는 도쿄에서 공병대를 포함한 보병 1개 여단이 조선으로 출항했다는 소식을 들었다. 11일과 12일에도 도쿄에서 더 많은 병력이 오고 있다는 전보를 받았다. 그때마다 그는 무츠에게 회신했다. "너무 많은 병력이 상륙하면 문제가 생길 것입니다. 그러므로 저(공사)의 명령이 있을 때까지 일정 수 이상의 병력 상륙은 금지해야 합니다. (…)"

스기무라는 일기에 다음과 같이 썼다.

나는 이때 우리 정부가 대규모 병력을 파견한 데 숨겨진 이유가 있을지도 모른다고 생각했다. 그렇다면 공사는 이것을 고려해야 하며, 공사의 상륙 불허는 적절한 조치가 아니라고 생각했다. 그래서 나는 공사에게 개인적 해석을 밝혔다. 그(오토리)는 너무 많은 병력을 상륙시켜 문제를 일으키는 것은 결코 일본 정부의 의도가 아니며 그것을 허용하지 않을 것이라고 회신했다. 같은 날인 12일 공사는 와타나베 대위를 인천으로 보내 대규모 병력의 수도 진입을 막게 했고, 와타나베는 여단장(장군) 오시마에게 이것과 관련된 서신을 전달했다. 서신의 주요 내용은 조선의 상황이 평온하므로 많은 병력이 서울에 들어오는 것은 안보에 해롭다는 것이었다.

아울러 13일 나(스기무라)는 오시마의 도착을 기다리기 위해 인천으로 파견됐다. (…) 그는 16일 인천에 도착했다. 나는 그를 만나 오토리 공사의 명령을 전달했다. 그는 확답하지 않았지만 군사를 인천에 머물게 했다. 그러나 나는 새로 도착한 일본군의 사기가 높은 것을 보고 오토리 공사의 목적이 실현될 수 없음을 느꼈고, 앞으로의 계획은 그 바탕 위에서 이뤄져야 한다고 생각했다. 나는 육·해군 지휘관과 함께 서울로 돌아왔다. (…)[28]

시노부는 무츠가 실제로 오토리의 의견에 동의했지만 총사령부가 군대를 지휘하고 있었기 때문에 이미 파견된 병력의 철수를 준비하거나 추가 병력의 상륙을 막을 수는 없었다고 말했다. 이런 상황에서 그는 "자신의 지시에 따라 자신의 방침을 깨뜨려야만 했다". 무츠는 당시 상황을 다음과 같이 설명했다. "호랑이는 매우 빠르고 폭발적인 상황이다. 결정된 병력 수를 작전 도중에 변경할 수는 없으며 청국 정부의 외교를 보면 그들은 상상할 수 있는 모든 전술을 사용하고 우리를 속일 수 있다. 톈진과 베이징에서 온 전보에 따르면 청은 대규모 병력을 파견하고 전쟁을 준비하고 있었다. 그래서 한편으로는 오토리의 요청이 옳다고 생각했지만 다른 한편으로는 언제든 사건이 일어날 수 있다고 생각했다. 우리의 군사력이 부족한 상황에서 문제가 발생하면 위험한 상황으로 이어질 수 있었다. 그래서 지금은 연합여단을 보내는 것이 안전하다고 생각했다."[29]

6월 25일 주일 러시아공사는 상트페테르부르크에 보고했다. "제 개인적인 확신은 일본에서 매우 과열된 조선 문제에 대해 너무 멀리 나아간 현재의 내각은 그럴듯한 구실이나 가장된 성공 없이는 물러설 수 없다는 것입니다. 그러나 아무도 전쟁을 바라지 않는 것 같으므로 외국이 중재한다면 전쟁은 피할 수 있을 것입니다."[30] 그 무렵 일본 정부는 단순한 공동 철수만으로는 일본에 충분한 결과가 아니라는 결론에 도달했다. 이런 입장 변화의 성격은 일본과 청이 주고받은 서신에서 공식적으로 표현됐다. 6월 7일 톈진조약에 따라 두 나라는 조선에 파병할 것을 상대방에게 공식 통지했다. 청의 통지문에서는 "우리 속국의 평화를 회복하고 상업적 목적으로 조선에 거주하는 모든 국가의 불안을 해소하기 위한 것"이라고 목적을 규정했다.

일본은 청의 통지를 받아들이면서 조선을 청의 속국으로 규정한 것에 이의를 제기하고 1882년 제물포조약과 '톈진조약에 규정된 절차'에 따라 독자적인 개입을 선언했다.[31] 그러나 일본이 철군하지 않겠다는 결심은 속국 문제에서 비롯된 것으로 표현되지 않고 철군하기 전 앞으로 소요의 '악의 뿌리'를 끊기 위해 '청·일 합동 위원회'가 '철저히 조사'하고 조선 정부의 '폐정'을 개혁하는 '단호한 조처'를 '보장'해야 한다고 청에 제안하는 형태로 표현됐다. 청은 6월 22일 이 제안을 거절했고 이홍장은 그것을 일본이 청과 "공동으로 조선을 통치"하자는 제안이라고 불렀다.[32]

다보하시는 무츠가 이런 방식으로 문제를 제기한 것은 '정치적 이유' 곧 "개혁 계획 방식이 실패하더라도 유럽 국가들과 미국에 좋은 인상을 줄 수 있을 것"이지만 "조선의 정치 상황을 거의 이해하지 못하는" 그들에게 속국 문제는 좋은 이유가 되지 못했기 때문이라고 판단했다. 무츠는 오토리나 스기무라가 실행할 수 없는 '섬세한 정책'을 추진하고 있었다고 다보하시는 말했다.[33]

무츠의 정책은 너무 미묘해 누구도 실행하기 어려웠을 수도 있지만, 서울에서 일본 대표들의 반응은 그 변덕스러움을 아주 잘 보여준다. 앞서 본 대로 4월과 5월 무쓰에게 동학은 걱정할 것이 없다고 솔직하게 말했던 스기무라는 대규모 일본 부대가 조선에 상륙한 것에 '숨겨진 이유'를 발견했다. 발설하지는 않았지만 그는 일본 정부가 "원세개·민씨 세력·중국인을" 조선의 지배적 지위에서 "쓸어버리기 위해" 큰 결단을 내렸다고 추측했다. 그와 그의 비서인 마쓰이 게이시로松井慶四郎는 오토리에게 이 생각을 주입하려고 여러 번 노력했으며, 이 무렵 일본에서 도착한 다른 공사관 직원들과 오카모토 류노스케도 그랬다. 그러나 스기무라에 따르면 "그(오토리)는 60세가 넘었고 모든 일에 너무 조심스러웠다". 분명히 공사는 자신이 처한 양자택일의 상황에 짜증이 났을 것이다. 그는 외무대신의 명확한 지시를 바랐다. 6월 14일 많은 일본군이 도착한다는 자신의 불만에 아무도 관심을 기울이지 않자 그는 무쓰에게 전보를 보내 일본이 청과의 협상을 깨뜨릴 준비가 돼 있지 않으면 군대를 철수해야 한다고 직설적으로 말했다.[34]

그러나 무쓰는 청에 제출할 공동 개혁안을 마련하느라 바빴고, 18일이 돼서야 오토리 공사에게 정책 방향을 정확히 지시했다. "조선에 대한 우리의 제안과 관련해 (…) 청국 정부는 그것을 받아들일 의향이 없어 보입니다. 그렇게 판명되면 일본 정부는 우리 자신과 국민의 감정을 만족시킬 수 있는 어떤 일이 이뤄지지 않는 한 지금의 태도를 철회할 수 없습니다. (…) 그러므로 우리는 이 기회를 이용해 부산-서울의 전신선 양도, 내륙의 일본인에 대한 세금 폐지 등을 요구할 수 있습니다." 그는 오토리에게 "적절한 조치"를 할 수 있도록 "준비"하라고 말하며 마무리했다.[35]

오토리의 답변은 같은 편 외교관이 받기엔 무례에 가까운 것이었다. "6월 20일 오후 7시에 수신한 6월 18일 자 전보를 주의 깊게 검토했지만 조선에 그런 요구를 할 근거가 없기 때문에 전보에 언급된 조치를 할 수 없습니다. (…) 조속한 답변을 기다리겠습니다. 몇몇 열강은 우리가 조선에 이처럼 강력한 군대를 파견하는 태도를 의심하는 것 같습니다. 최선의 방법으로 우리의 목적을 설명해 주시기 바랍니다. (…)"36

아울러 그는 "6월 18일 열린 조선 내각회의 분위기에 대한 조선 관원의 비밀 보고"라는 형식으로 수많은 일본군의 도착에 대한 반응을 생생히 묘사해 보냈다. 거기서는 "군사 500명씩 태운 일본 군함 10척과 상선 30척이 도착"해 발생한 '위기 상황'과 '궁궐의 혼란'에 대해 이야기했다. 회의에서는 "일본인들이 교활한 계획을 갖고 있다"고 우려했다. 한 대신은 "러시아와 일본이 합세해 청과 조선을 공격하려고 한다"는 의견을 내놓았다.37

이때까지 오토리의 목소리는 너무 많은 병력과 너무 많은 요구 때문에 자신이 이해한 일본 정책의 목표인 균형·협상·공동 철수·평화 정착을 위태롭게 해서는 안 된다는 경고였다. 특히 6월 초 그는 도쿄에 있었고 이토와 무쓰에게 직접 지시를 받았다는 사실을 고려하면 이것은 중요한 지적이다. 그 뒤 조선의 사태 전환, 예상치 못한 대규모 병력 도착, 점점 호전적으로 변해가는 무쓰의 지시에 그가 눈에 띄게 당황한 것은 균형과 평화 정착이 실제로 그에게 주어진 정책 목표였으며, 그 정책은 미리 만들어진 계획에 따라서가 아니라 24시간 단위로 한 걸음씩 변화하고 있었음을 보여준다.

융통성 없는 인물인 오토리는 자신에게 설명해 줄 때까지 변화를 인정하지 않았고, 무쓰는 자신이 어디로 가는지 확신하지 못했기 때문에 그것을 설명해 주지 않았다. 경고로 분류할 수 있는 오토리의 마지막 연락은 6월 25일 무쓰에게 보낸 전보였다. "조선에 대한 일본의 태도를 보는 조약 열강, 특히 영국·러시아·프랑스의 성향과 그 변화를 수시로 제게 모두 알려주십시오." 이것은 특이한 종류의 연락이다. 그것이 무쓰로부터 오토리에게 전달됐다면 좀 더 정상적이었을 것 같은데, 외무대신은 긴박한 외교 상황의 모든 측면을 보고받기 때문이다. 하지만 오토리가 무쓰에게 보낸 것은 훈계처럼 보이는데, 오토리가 상관에게 조약 열강의 태도에 더 주의를 기울여야 한다고 말하고 있기 때문이다.[38]

하지만 그 무렵 무쓰는 '개혁 또는 다른 것'이라는 새 정책을 구상하고 있었다. 22일 그는 처음으로 정책 변경을 명확히 언급했다.

> 청은 더 많은 병력을 파견할 것으로 보이므로 충돌이 불가피할 것으로 보입니다. 일본군이 인천에 주둔하면 다른 나라 국민들과 문제가 생길 수 있습니다. 이런 일이 발생하면 우리 국익에 해가 될 것입니다. 따라서 일본과 조선 사이에 다소 문제가 생기더라도 우리 군대는 서울로 들어와야 한다는 것이 어전 회의의 결정입니다. 그들은 연합여단으로 들어와야 합니다. 이것은 중대한 결정입니다. 앞서 지시한 대로 조선 정부에 부산으로 가는 전신선을 수리하게 하고, 그들이 지체하면 일본군이 하도록 하십시오. 가토가 또 다른 지시를 갖고 갈 것입니다.[39]

23일에는 두 서신을 더 보내 정책 전반에 걸쳐 이것을 명확히 했다. 첫 서신은 다음과 같다. "청국 정부와의 교섭이 실패한 결과 이제 청군의 철수만을 조건으로 조선에서 일본군을 철수시킬 수 없게 됐으며, 이것은 동학의 소요가 진압되고 곧 청과 충돌이 불가피하게 되더라도 그렇습니다. 우리는 이제 우리가 청국 정부에 제안한 것을 단독으로 실행할 수밖에 없습니다. 자세한 지시는 가토가 가져갈 것이니 그의 도착을 기다리십시오. 모든 병력을 즉시 서울로 집중시키십시오."

오토리에게 전달하도록 가토에게 준 무츠의 두 번째 지시는 다음과 같았다. "오토리 공사 귀하. 조선 정부에 실질적이고 효과적인 개혁을 권고하는 형식으로 강력히 압박해 (…) 미래의 잘못된 정부를 방지하도록 귀하에게 지시합니다. 귀하는 가토가 가져간 청국 공사에 대한 내 답장에 제시된 이유를 근거로 귀하의 주장을 뒷받침할 수 있습니다. 귀하는 세계 앞에서 일본 정부의 행동을 정당화하기 위해 위의 내용을 외국 대표들에게 현명하게 공개할 수 있습니다."[40]

이 지시를 받고 오토리는 도쿄에서 실제로 정책 변경이 이뤄졌다고 확신하게 됐다. 그리고 흥미로운 반전이 일어났다. 오토리는 "그렇게 하려고 했다면 왜 그렇게 말하지 않았느냐"는 방식으로 도쿄의 상관들을 겁주면서 대담한 제안을 하기 시작했다. 그는 6월 26일 무츠에게 가토가 아직 도착하지 않았지만 많은 정보를 수집했고 "지금 이 순간 청의 종주권 문제를 결정하는 것이 절대적으로 필요하다"는 결론에 도달했다고 말했다. 그는 청의 장군이 '속국'을 돕기 위해 조선에 왔다고 선언했다면서 "그 선언을 철회하도록 압박할지" 물었다. 28일에는 "서울의 상황이 위험해지고 있다. 일본인 노인과 젊은이는 인천으로 대피해야 한다"고 보고했다. 그리고 29일에는 새로운 목표를 달성하려면 무엇을 해야 하는지 설명하는 긴 전보를 무쓰에게 보냈다.

> 가토가 도착했고 (…) 귀하의 지시를 충분히 보고받았습니다. 청을 무너뜨리고 조선을 우리 영향력 아래 놓지 않는 한 효과적인 개혁은 이뤄질 수 없다고 확신하고 있습니다. (…) 저는 6월 28일 조선 정부에 청의 주권을 인정하는지 하루 안에 설명할 것을 요구하는 공식 서한을 보냈습니다. (…) 그들이 인정하지 않는다고 대답하면 저는 (…) 청군은 조선의 독립을 침해하니 즉시 철수시키라고 원세개를 압박하고 조선 정부에도 청군을 몰아내도록 [압박]할 것입니다. 그들이 그렇게 하지 못하면 우리 손으로 문제를 해결해야 한다[고 말할 것입니다]. 그들이 청의 [종주권을] 인정한다고 대답하면 우리는 즉시 왕궁을 포위하고 강화도조약 제1조를 중대하게 위반한 것에 대한 해명과 사과를 요구해야 하며, 조선 정부가 모호하게 대답하면 (…) 저는 첫 번째 경우와 동일하게 조처할 것입니다. (…)[41]

무쓰는 '속국'이라는 표현을 포고문에서 삭제해야 한다는 오토리의 요구를 승인했지만 이제 청군이나 조선 왕궁에 무력을 사용해서는 안 된다고 경고했다. 6월 29일 오토리의 전보에 대한 그의 답변은 외무성 문서에 초안과 최종 수정본이 모두 실려 있어 특히 흥미롭다. 무쓰의 첫 답변은 다음과 같았다. "조선 정부의 설명을 요구하는 전보 12호를 승인하지만 폭력적인 방법을 사용하기 전에 추가 지시를 기다리십시오." 그러나 그는 '승인한다'를 '수신했다'로 바꾸고 "조선 정부에 설명을 요구한다"는 부분을 완전히 지워버렸다.

그 결과 그가 보낸 전보는 다음과 같았다. "전보 12호를 수신했습니다. 폭력적인 방법을 사용하기 전에 추가 지시를 기다리십시오."[42] 조선 정부는 6월 30일 정오에 강화도조약 제1조를 '확인했다'고 회신함으로써 오토리의 최후통첩을 모면했다. 오토리는 이 사실을 무쓰에게 보고했지만 그의 '폭력적 방법' 금지 명령에 반대 의견을 덧붙였다. 그는 "그런 방법을 사용하지 않고는 아무것도 할 수 없다"고 주장하면서 "그것을 위한 전권"을 요청했다.[43] 그런 권한이 즉시 부여되지 않자 그는 주한 공사관 직원 두 명을 일본으로 보내 외무대신을 설득했다.[44]

한편 6월 27일 일본 내각은 조선 개혁에 대한 기본 문서를 승인했다. 이 문서는 무쓰가 작성해 이토에게 제출하고 내각의 승인을 받은 뒤 오토리에게 목표에 대한 지침으로 전달된 것으로 보인다. 이 문건은 조선의 잘못된 행정과 부정부패 때문에 민심이 정부에 등을 돌리고 치안이 불안해졌다고 지적하면서 시작됐다. "결과적으로 일본은 조선 문제에 영향을 받고 있다. 지금 당장 구호 조치를 하고 적극적인 계획을 세우지 않으면 상황은 절망적일 것이다. 이것은 우리 독립의 기반에 영향을 미칠 뿐 아니라 동아시아 전체로 문제가 확대될 것이다. 이 때문에 일본 정부는 조선에 내정 개혁을 권고하기로 결정한 것이다."

그런 뒤 개혁해야 할 사항을 열거했다. 조선은 외국 대표를 존중해야 한다. 효율적인 사법 제도를 확립해야 한다. 정부 회계와 지출을 엄격하게 감독하는 체제를 갖춰야 한다. 근대적인 경찰 제도를 확립해야 한다. 군대를 개선해야 한다. 학교에 서양식 교육을 도입해야 한다. 적절한 화폐 제도를 확립해야 한다. 교통을 개선해야 한다. 정치범을 사면해야 한다. 조선인을 외국으로 유학 보내야 한다. 주한 일본 대표를 중국 대표와 동등한 지위로 대우해야 한다. 조선 내 일본인은 중국인과 동등한 대우를 받아야 한다. 인천항을 개선해야 한다.[45]

오토리는 이런 '권고'를 조선 정부에 제시했지만 7월 10일과 11일 무쓰에게 보낸 여러 공문에서 외교가 번번이 막다른 골목에 막히고 있다고 보고했다. 원세개는 일본군의 영향력이 오래 가지 않을 것이며 개혁을 하라는 일본의 조언을 조선 국왕이 받아들이고 싶어도 청과 조선의 친청파가 막을 것이라는 말을 퍼뜨리고 있다고 그는 말했다. 서울-부산 전신 수리 문제에서도 그는 만족할 만한 결과를 얻지 못했다. 조선 정부는 수리를 거부했을 뿐 아니라 전선 수리(또는 수리하지 않는 것)는 조선의 '주권적 권리'이므로 '어떤 외국'에게도 허용하지 않을 것이라고 그는 말했다. 조선 정부는 그와 개혁을 논의하기 위해 3인 위원회를 임명했지만 "제가 보기에 조선 정부는 개혁에 대한 열망이 없고 친청파의 영향력이 점점 더 커지고 있기 때문에 그들은 아무것도 하지 않을 것"이었다. 그는 일본군에게 전신 수리를 명령할 계획이라고 말했다.[46]

청·일 협상에서도 외교는 막다른 골목에 다다랐다. 일본과 공동 개혁 계획에 참여하기를 거부한 청은 함께 병력을 철수한 뒤 개혁에 논의하자는 방식에 기초해 먼저 러시아, 그다음은 미국과 영국에 제3자 분쟁 중재를 요청했다. 일본은 러시아의 조언을 '정중하지만 단호하게' 거절했다.[47] 미국은 양쪽을 중재하는 것 외에는 개입하지 않았고, 그 뒤 전쟁이 벌어지는 동안 일본에 대한 청의 이익과 청에 대한 일본의 이익을 보호하는 관리자라는 특권을 부여받았다.[48]

영국의 중재가 아마 성공 가능성이 가장 높았을 것이다. 무츠 스스로도 일본이 타협안을 받아들여야 할 가능성에 대비하던 것으로 보이는데, 7월 8일 오토리에게 다음과 같이 통보했다. "베이징에서 영국이 중재하면 머지않아 청국 정부와 협상하는 데 효과가 있을 것입니다. 미리 (…) 귀하는 가능한 모든 물질적 이점을 확보해야 합니다. (…) 이런 협상 전망에도 실제 도발이 발생할 경우 충돌을 피할 필요는 없습니다."[49] 영국의 중재를 주제로 7월 12일 오토리에게 보낸 무츠의 후속 전보와 함께 이 전보는 일본 내각이, 영국이든 그 밖의 열강의 후원에 따른 것이든, 더 이상의 중재와 협상을 배제하고 청에게 조선 철군이나 전쟁이라는 두 대안을 강요하기로 결정한 시점을 비교적 정확하게 알려준다.

그것은 서울에서 결정적인 일방적 조치를 시행함으로써 달성될 수 있었다. 나는 내각의 이 결정을 담은 정확한 문서를 찾을 수 없었지만, 증거에 따르면 7월 10일과 11일에 열린 회의에서 이 결정이 논의됐고 7월 11일 최종 결정된 것이 분명하다. 무츠는 7월 10일 오토리에게 무력 사용을 조건부로 승인했지만 '7월 11일 내각 결정 이후' 지시가 내려질 때까지 기다리라고 조언했다.[50] 7월 12일 무츠는 결정적인 지시를 내렸다. "38. 베이징에서 영국의 중재가 실패했으므로 이제 결정적인 조치를 취할 필요가 있으며, 따라서 귀하는 세계의 눈에 가장 적게 비판받도록 조심하면서 어떤 구실로 적극적인 행동을 시작하시오."[51]

이 두 문서로 7월 8~12일 사이에 일본 내각이 영국의 중재가 성공할 가능성을 기대하지 않기로 결정했음을 알 수 있다. "실제 도발이 발생할 경우 충돌을 피할 필요는 없다"에서 "어떤 구실로 적극적인 행동을 시작한다"로 발전한 것은 전쟁 또는 평화의 문제가 다른 사람들의 행동에 아직도 어느 정도 의존하는 망설임의 마지막 단계와 의도적으로 전쟁을 추구하는 결정의 첫 단계 사이의 차이를 보여준다. 이것은 영국의 중재가 '실패했다'는 두 번째 문서의 담담한 선언에서 더욱 잘 드러났는데, 그때 사실 영국은 러시아의 지원을 받아 일본군을 남쪽으로, 청군을 북쪽으로 이동시켜 조선에서 경쟁 세력을 분리하려는 마지막 노력을 진행하고 있었다.[52] 이것은 나흘 전 무츠가 영국의 노력이 성공할 수 있다는 가능성을 인정한 것과 대조된다.

이 시점에서 언제 일본 정부가 조선에서 청의 영향력을 무력으로 축출하기로 결정했는지 결론을 도출할 수 있다. 그것은 1876년이나 1882년, 1884년, 1885년, 1893년, 심지어 1894년 봄 김옥균이 암살되고 동학농민운동이 일어났을 때도 아니었다. 그것은 적대 행위의 시작으로 보는 고승호高陞號 침몰 사건(1894년 7월 25일)이 일어나기 겨우 2주 전의 일이었다. 물론 1885년 이후 속국 관계를 주장한 청의 성공, 일본 내 반정부 단체의 개입 압력, 일본 군부의 군사적 대비 태세와 자신감 증가,53 러시아에 대한 안보 문제 형성의 인식은 물론, 좀 더 직접적인 긴장 원인(김옥균과 동학 사건) 등 여러 배경 요인 때문에 이런 결정을 돕는 분위기가 조성됐다. 그러나 과두정치인들, 특히 이토는 신중함을 잃지 않았고 현실적으로 과감한 행동이 필요하다는 결론에 이르렀을 때도 그는 오토리에게 성급하게 행동하지 말 것을 촉구하는 특별 직통 전보를 보냈다.54

청일전쟁은 일본에게 짧고 영광스러우며 대중의 지지를 받은 전쟁이었다. 선전포고와 동시에 일본의 모든 정계는 파벌을 접고 과두정치인들의 뒤에서 전쟁을 지원했다. 특히 민권옹호론자들은 이 전쟁을 진보와 문명을 위한 전쟁으로 보고 열렬히 지지했다. 후쿠자와의 『시사신보』는 개전을 환영했다.

> 일본과 청이 전쟁을 시작했지만 그 기원을 추적해 보면 문명을 발전시키려는 나라와 문명의 발전을 방해하는 나라 사이의 전쟁이다. (…) 처음부터 일본인은 중국인에 대한 증오심이나 적대감이 없었다. 우리는 청국을 세계의 한 나라로 여기고 그들과 정상적인 교류를 바라지만, 그들은 올바른 국제적 방법에 무지하고 문명의 발전을 바라지 않는다. (…) 우리는 세계 문명을 발전시키고 그것을 방해하는 사람들을 물리치려고 할 뿐이다. 따라서 이것은 사람과 사람, 나라와 나라 사이의 전쟁이 아니라 일종의 종교 전쟁이다.55

10월 제7차 의회가 소집됐을 때 이전 의회를 특징짓던 내각에 대한 격렬한 반대는 모두 사라졌다. 4일 만에 의회는 제출된 모든 정부 법안을 통과시키고 막대한 전쟁 예산을 의결한 뒤 휴회했다.

따라서 과두정치가들의 관점에서 볼 때 전쟁에 뛰어든 것은 반대 당파들을 길들인 현명한 정치적 선택이었다. 또한 일본군이 육지와 해상에서 승리하면서 군사적으로도 빠르게 성공을 거뒀다. 이 사건과 앞서 1873년 사건 이후 과두정권의 관점이 정치와 외교에서 탁월한 현실주의였다는 점을 살펴봤으므로 물어야 할 질문은 이토와 동료 정책 입안자들은 왜 전쟁을 수행했는가 하는 것보다 기록에서 드러나듯 왜 그렇게 주저하고 두려워했는가 하는 것이 아닐까 싶다. 모든 증거를 볼 때 전쟁에 대한 그들의 생각은 국민국가 외교의 '현실주의자'들이 일반적으로 받아들인, 불행한 일이지만 때로는 필요한 외교의 연장선이라는 것이었다. 전쟁에 도덕적 또는 종교적 양심의 가책이 느껴지더라도 그들은 정책 심의에 그런 감정이 개입하는 것을 허용하지 않았다.

그러나 그들은 케넌이 미국 외교의 현실주의 강화를 주장하면서 말한 것과 같은 종류의 전쟁에 대한 '두려움'을 가졌는데, 그것은 제한된 현실적 목표가 감정과 분노에 가려져 일반 대중, 곧 '여론'이 비현실적인 감정 문제, 망상, 터무니없는 이상주의에 휘말리는 것을 우려한 것이다.[56] 그들의 두려움은 전쟁 상황이 불러올 수 있는 통제할 수 없는 요인들에 대한 것이었다. 그리고 이것은 그들을 케넌이 말한 가장 좋은 의미의 현실주의자, 곧 (일본의) 국가 안보를 위해 일한 외교 정책의 냉철한 전문가로 인정하는 것 같다.[57] 그들은 긴급한 상황에서 단기적인 기회주의에 불과한 전쟁을 최대한 경계했고, 따라서 일본의 정치적 반대파를 잠재우기 위해, 일본군에게 힘을 과시할 기회를 주기 위해, 영토를 차지하기 위해 전쟁을 결정했다고 말하는 것만으로는 충분하지 않다. 이것들은 배경적 고려와 전쟁에 대한 유혹이었지만 부차적이었다. 과두정치가들의 눈에는 일본의 안보와 관련된 조선 문제가 핵심이었기 때문이다.

그들은 일본이 만족할 만한 해결책을 찾기 전 청을 한반도 문제에서 배제해야 한다고 확신하게 됐지만, 이것만으로는 '좋은 결과'를 보장할 수 없음을 알고 있었다. 청이 물러간 뒤의 시대는 조선에서 특히 서구 열강과의 관계에서 또 다른 복잡한 문제를 가져올 수 있었다. 그래서 망설인 것이다. 그래서 적십자단과 국제법에 정통한 변호사가 군대와 동행하는 '기독교식'으로 전쟁에 나아갔고[58] 조선에 있는 서양인들을 모욕하지 않도록 조심한 것이다.

무쓰는 주한 영국영사가 일본군과 언쟁을 벌인 사건에 대해 오토리에게 다음과 같이 지시했다. "영국영사와 관련해서는 그의 행동이 매우 이상하고 비난받을 만하지만, 영국은 조약 개정과 관련해 우리에게 매우 우호적이었고 러시아가 개입한 뒤에도 모든 면에서 우리에게 선의를 보여 왔기 때문에 좋은 관계를 유지하고 적대적인 감정을 보이지 않는 것이 바람직합니다. 더욱이 우리의 목적은 청과 조선에 대항하는 것이며, 다른 열강과는 되도록 좋은 관계를 유지하는 것이 매우 중요하다고 생각됩니다. (…) 〔장군〕 오시마에게도 같은 내용을 지시했습니다."[59]

따라서 과두정치인들이 전쟁 결정을 주저한 구체적인 까닭은 관련된 두 가지 우려에 있던 것으로 보인다. (1) 비현실적 '이상주의자들'(과거지향적 반동주의자든 미래지향적 자유주의자든 동학이나 김옥균을 위해 전쟁을 옹호한 부류)에 의해 형성된 일본의 여론이 자국의 명분이 정당하다는 것에 너무 열광해 마침내 '현실적인' 타협과 타결을 어렵게 만들 수 있다는 것, (2) 서양 열강과의 심각한 갈등이 발생할 수 있다는 것이다. 그러나 이것에 대한 안전장치는 있었는데, 중앙 경찰은 내무성의 지휘를 받았고, 선전포고 직후 언론은 긴급령에 따라 내무성의 검열을 받았으며 외무성은 서양식 외교를 잘 훈련받은 상태였다. 과두정치인들은 이들이 자신들의 지시를 이행하고 불리한 상황과 사건의 전개를 막을 수 있다고 합리적으로 확신할 수 있었다. 청에 대한 군사 작전 분야에서와 마찬가지로 이런 영역에서 일어난 사건들은 그들이 망설이면서 도달한 자신감이 상황을 거의 완벽하게 반영했음을 입증했다.

어려움도 있었다. 뤼순旅順에서 일본군이 잔학 행위를 저질렀다는 비난이 일어났고, 광신적인 전 게이오대 학생(고야마라는 인물)은 시모노세키 강화회의에서 이홍장을 암살하려고 시도하면서 이홍장과 중국인이 "천황의 마음을 괴롭히고" "가난하고 고립된" 조선을 병합하려고 하며 대만 원정, 사가·사쓰마 반란, 임오군란 등에서 일본인이 죽게 만들었다고 주장하기도 했다. 러시아·프랑스·독일의 삼국간섭에 따라 랴오둥 반도를 반환하자 일본 국민의 분노가 폭발했으며 의회는 시모노세키조약에 반대했다.[60]

하지만 극복할 수 없는 어려움은 아니었다. 과두정권은 내무성·경찰·언론 검열을 이용해 국내의 소요를 억제하고 외무성은 열강을 달램으로써 모든 어려움을 견디고 나아가 뒤집을 수 있었다. 이 모든 것이 한꺼번에 작동해야 할 때도 있었는데, 이홍장 암살 미수 사건처럼 가해자를 체포한 뒤 피해자에게 최선의 의료 지원을 제공하고 이홍장의 쾌유를 수많은 사람이 기원했으며, 협상에서 어느 정도 양보하고 특히 그가 요구한 휴전을 허용했으며, 전 세계 외국 정부에 이 사건에 대한 일본의 진심 어린 유감을 표시했다. 메이지 천황의 휴전 제안이 발표됐다. "천황은 평화를 위한 협상을 일시적으로 중단시킨 뜻밖의 사건을 고려해 전권대신에게 임시 휴전에 동의할 것을 명령했다."[61]

위에서 고려한 여러 관점에서 볼 때 일본이 청과 전쟁을 벌인 것은 현실적 외교였을 뿐 아니라 가장 성공적인 현실적 외교라고 할 만하다. 그것은 비인도주의적이지 않았고 분노하지 않았으며, 적어도 국내의 열정을 억제하고 국제적 균형을 신중하게 존중하면서 싸워 승리한 전쟁이었다. 그러나 짧고 영광스러웠으며 현실주의에 입각한 전쟁이었다는 성공적 측면을 인정한다고 해서 전체적 모험이 반드시 성공적이었다고 말할 수는 없다. 국민국가 정치의 시행과 국가 안보에 대한 추구를 근대의 냉혹한 현실로 간주하는 기준틀 안에서만 판단해도 그렇다.

사실 핵심은 여전히 빠져 있다. 위에서 언급한 성공은 모두 주요 '문제'를 해결하는 데 필요한 주변적 조치의 범주에 들어간다. 일본 정책 입안자들에게 문제는 조선이었다. 조선을 교정 조치에 개방하려면 청을 축출하고 무찌르며 일본의 지나친 홍분을 견제하고 열강을 달래 간섭을 최소화해야 했다. 이런 목표는 적대 행위가 시작된 순간(1894년 7월 25일)부터 1896년 2월 고종이 러시아공사관으로 피신할 때까지 대체로 조선이 일본의 '교정'에 개방적인 태도를 보일 정도까지 이뤄졌다. 1894년 무렵 일본은 조선의 정치와 사정을 잘 알고 있었기 때문에 외교 실무자들은 냉철한 전문적 조치를 방해받지 않고 적용하는 데 더 좋은 환경으로 조선의 국제·국내 상황이 변할 것이라고 기대하기 어려웠다.

 1894년 일본의 전문가들은 조선의 "예기치 못한 사건들"이 자신들에게 열어준 기회를 어떻게 잡으려고 했는가 하는 이야기는, 좌절과 실패에 대한 흥미로운 연구며, 그 함의는 매우 크다. 실제로 일본의 경험은 넓은 범위에서 고려하면 이상을 무시하지만 국익을 증진시킬 수 있는 현실주의에 입각해 국제 문제에 접근한 것이라고 설명할 수 있는데, 사실 그것은 복잡함 위에 복잡함을 더하는 것일 뿐이었고 그 결과 현실주의는 계몽된 이기주의에서 순전한 편의주의를 거쳐 냉소적인 잔인함으로 한 걸음씩 내려갔다. 여기서 이상주의가 이끄는 독선적 성전聖戰보다는 적어도 이것이 덜 위선적이지 않느냐는 질문이 논리적으로 제기될 수 있지만 지금은 제쳐두고, 1894년 7월부터 일본이 조선을 '개혁'하려고 시도하면서 나타난 현실주의의 몰락을 구체적으로 살펴보겠다.

6장

좌절된 현실주의 1

이노우에의 실패, 1894~1895년

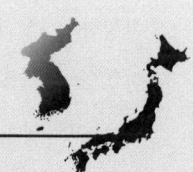

앞서 살펴본 대로 1894년 7월 10일 또는 11일 일본 내각이 전쟁을 결정하자 조선에 있던 일본 관료들은 조선 정부를 개조하는 사업을 진행할 수 있었다. 일본군은 이미 서울과 그 접근로를 통제할 수 있는 위치에 있었기 때문에 적대 행위가 시작될 때까지 기다릴 필요도 없었다. 그러나 그 뒤 2~3주 동안 일어난 사건들은 일본이 아직 개조 작업의 절차 계획을 결정하지 않았음을 보여준다.

오토리의 제안에 따라 며칠 동안 외무성은 자신들이 조선에 필요하다고 주장해 온 개혁을 민영익을 통해 추진하려고 고려했다. 그가 홍콩에 있을 때 무쓰는 일본영사 나카가와에게 그와 접촉해 그것을 제안하도록 했다. 나카가와는 자신이 "최선을 다해 설득했지만" 민영익은 상황을 지켜보자고 했다고 보고했다. 아울러 그는 민영익이 서울에서 그 밖의 민씨 세력과 대립하는 위치에 설 수 있음을 오토리가 매우 신중히 고려해야 한다고 경고했다.[1]

다음으로 주한 일본공사관의 오토리와 그의 부하들은 개혁을 이끌 인물로 철저히 보수적인 대원군을 내세우기로 결정했다. 이 구상을 지지한 주요 인물은 스기무라로 보이는데, 그는 그 전개 과정을 자세히 기록했다. 그는 7월 초 대원군과 간접적으로 접촉해 일본과 협력할 가능성을 파악했다. 대원군은 2~3일 전 오토리 공사가 간접적으로 초청했지만 7월 20일까지도 확실히 대답하지 않았다. 마침내 7월 22일 대원군의 한 시종이 보낸 전갈이 일본공사관에 도착했는데, 주인을 설득할 수 있다는 내용이었다. 그때 대원군은 고종의 명령으로 가택연금 중이었다.

오토리는 신속하게 행동하기로 결정했다. 그는 일본 경비병 10명에게 대원군을 연금에서 '풀어내' 일본공사관으로 데려오게 했고 거기서 스기무라가 그에게 상황을 설명하도록 했다. 그런 다음 자신은 오카모토가 이끄는 한 무리의 일본인들과 함께 대원군에게 행동에 나서도록 설득했고, 7월 23일 새벽 일본 분견대에게 왕궁을 포위하라는 명령이 내려졌다. 궁궐에서 조선군과 잠깐 마주쳤지만 해가 뜰 무렵 일본군은 통제권을 장악했다. 그러나 대원군은 자신을 설득하러 온 일본인들과 밤새도록 논쟁했기 때문에 거의 실패할 뻔했다. 그는 서두르기를 거부했다. 논쟁의 한 시점에서 오카모토는 "내가 모시는 공사의 체면을 지키기 위해" 할복하겠다고 위협했지만 대원군은 움직이지 않았다. 몇몇 일본인은 대원군을 납치하기 위해 가마를 준비했지만 오카모토는 그러는 것을 허락하지 않았고, 그 때문에 일본인들 사이에 격렬한 논쟁이 벌어졌다.

전령은 일본공사관으로 돌아가 어떻게 해야 할지 물었다. 오토리는 스기무라를 보내 대원군과 이야기하게 했다. 스기무라는 혼란에 대해 장황하고 설득력 있게 설명하며 대원군이 국정을 맡아야 한다고 지적했다. 대원군은 "작전이 성공하면 일본은 조선 영토를 단한 조각도 요구하지 않겠다고 천황의 이름으로" 약속할 수 있는지 스기무라에게 물었다. 스기무라는 자신은 하급 서기관일 뿐이어서 천황을 두고 약속할 수 없지만 "일본 정부를 대표하는 오토리 공사를 대신한다"면서 그 자격으로 약속하겠다고 말했다. 대원군은 종이와 붓을 갖고 나와 스기무라에게 오토리 명의로 약속에 서명하라고 말했고, 스기무라는 그렇게 했다.[2]

대원군은 궁궐로 가는 데 동의했다. 7월 23일 오전 11시 거의 같은 시각에 도착한 오토리와 대원군은 "민씨 대신들이 도망갔다"는 소식을 듣고 곧바로 국왕을 만나러 들어갔다. 대원군은 고종에게 "정국이 좋지 않다"고 비난하고 자신이 정권을 인수해 필요한 개혁을 실시하겠다고 발표했으며, 개혁의 세부 사항은 다시 논의하기로 했다. 7월 24일부터 스기무라는 '날마다' 대원군을 만났고, 7월 25일에는 오토리가 직접 대원군을 만나 청과의 종속 관계를 '폐지'하고 청군의 철수를 명령하라고 요구했다. 약간의 지연 끝에 그는 청이 누렸던 특혜 무역 협정의 폐지를 선언했지만, 곧 스기무라는 그가 "권력을 장악하고 정적을 숙청하는 데만 관심이 있고 개혁 정책의 필요성을 알지 못한다"고 느끼게 됐다. 한편 서울 지역의 모든 조선군을 무장 해제시킨 일본군은 조선 남부에서 벌어지는 청군과의 전투에 합류하기 위해 남쪽으로 진격하고 있었다.[3]

오토리는 정말 신속하게 행동했고, 일본 외무성은 몇 가지 우려 끝에 현재의 노선을 계속 따르라고 지시했다. 7월 28일 무쓰는 오토리에게 전보를 보냈다. "나는 귀하의 성공에 만족합니다. 이 기회를 놓치지 말고 조선 정부에 가장 급진적인 개혁을 최단기간에 시행하고, 대원군에게 모든 지원을 아끼지 말며 그의 위상을 공고히 해 계속 집권하도록 최선을 다해 주십시오. 가능하면 대원군이 유능한 일본인을 조선 정부에 고용하도록 유도하십시오. 그들은 일본 정부 안팎에서 선발할 수도 있고, 바란다면 우리가 추천해 보낼 수도 있으며, 이미 근무 중인 유럽인과 미국인을 조선 정부가 해고하지 않도록 각별히 주의하기 바랍니다." 그는 대원군 정권에 '금전적 지원'도 약속했다.[4]

그러나 무쓰는 조선군의 무장해제를 서울에서 즉각 결정한 것을 불만스러워했다. 그가 이 결정의 광범한 의미를 알고 있었다는 사실은 8월 7일 이토 총리에게 보낸 각서에서 분명히 나타나는데, 그는 다음과 같이 주장했다.

일본이 조선에 파병한 목적은 조선의 독립을 침해하는 것이 아니라 잘못된 행정을 개혁하는 데 있었습니다. 이것은 최고 회의에서 결정된 사항이며 다른 정부들에도 이 목적을 분명히 설명했습니다. 그러나 7월 23일부터 편의상 조선군의 무기를 빼앗고 조선 경찰의 권한을 제한했습니다. 그 결과 현실적으로 국가의 독립성이 침해되고 있습니다. 이 상황이 오래 지속되면 다른 열강, 특히 러시아의 의심을 불러올 것입니다. 그러면 개입을 초래할 수 있습니다. 따라서 우리는 조선이 우리의 동맹국임을 분명히 밝히고 조선 정부에 무기를 돌려줘야 합니다. 우리는 일본 장교들을 파견해 그들이 독립을 준비할 수 있도록 훈련시키고 지도함으로써 조선 민족에 대한 공평하고 사심 없는 의도를 보여주고 다른 열강들 앞에서 우리의 행동을 방어할 수 있게 해야 합니다. 물론 현재 우리는 청과 전쟁 중이기 때문에 평화로운 때와 같은 행동을 할 수는 없습니다. 그러나 조선 독립의 자존심을 지키고 조선인의 지지를 얻기 위해서는 긴급한 문제입니다. 최고 회의에서 결정해주시면 제가 오토리에게 지시하겠습니다.[5]

일본 내각은 다음 날 조선 군인과 경찰에 대한 무기 반환을 포함한 무츠의 제안을 승인했다.[6] 이어진 연락에서 무츠는 이토에게 조선을 "점령국이 아닌 동맹국으로 대우해야 한다"고 강조했다. 조선 정부와 "모든 일에 대해 협의해야 한다"는 것이었다. 일본은 조선의 독립을 방해하거나 조선의 자존심을 상하게 해서는 안 되며, 일본군이 필요로 하는 물품의 값을 지불해야 하고 "약탈해서는 안 된다"고 그는 지적했다.

그리고 그는 오토리에게 지시했다. "국제법을 벗어난 행동을 해서는 안 됩니다. (…) 조선은 적이 아닌 동맹입니다. (…) 일본군의 이동은 조선 정부의 승인을 받아야 합니다." 그는 조선을 배려해야 하며, 그렇지 않으면 조선인들이 "다른 유럽 강대국들에게 일본을 비난할 것"이며 특히 "늘 기회를 노리는 열강(러시아)이 개입할 것"이라고 말했다. 그는 "이미 러시아 정부는 개입을 시도하고 있으며, 명분이 주어지면 조선 정부에 고의적으로 영향을 미칠 것"이라고 경고했다.[7]

무츠는 조선인의 무기 보유 같은 구체적인 문제를 검토하는 동시에 조선에 대한 일본의 '기본 정책'의 정의도 모색했다. 그는 내각에 제출하기 위해 이토에게 긴 비망록을 보냈는데, 내각이 '단기적' 조치로 조선 정책을 다루고 있다고 지적하면서 "일본 정부는 조선의 행정 개혁과 독립을 위해 전쟁에 나섰고 지금은 청과 싸우고 있는데, 어느 쪽이 이길지 아직 확실하지 않지만 [조선에 대한] 근본 원칙을 결정함으로써 우리는 외교·군사 정책을 그것과 연결시킬 수 있다"고 말했다.

그리고 그는 "조선에 대한 우리의 미래 지위 문제는 다른 방법으로는 해결되지 않을 것"이라면서 네 가지 대안 원칙을 제시했다. (1) 조선은 독립국으로 취급돼야 한다. (2) 조선의 독립은 인정하되, 일본은 장기간 또는 영구히 조선의 독립을 직·간접적으로 지지하고 방어해 다른 나라의 침략을 견제한다. (3) 일본과 청은 조선의 영토 보전을 공동으로 보장해야 한다. (4) 일본은 유럽·미국·청 등 다른 강대국들에게 스위스·벨기에처럼 조선의 중립을 보장해 줄 것을 요청해야 한다.

이것들을 언급하면서 무츠는 (2)안을 선호한 것으로 보이지만, 각 방안에 내재된 어려움을 지적했다. 그는 (1)안을 선택할 경우 "개혁이 실패하고" 중국의 영향력과 전쟁이 반복될 것이라고 말했다. (2)안은 '보호주의 정책'을 의미하며 아마 러시아와 중국을 비롯한 다른 강대국들이 간섭을 시도할 것이다. "그렇게 되면 일본이 스스로의 힘으로 조선의 독립을 지킬 수 있겠는가?" (3)안은 "영국 정부가 제안했던" 것이었다. 그러나 이것은 "속국론이 다시 등장하는 것을 뜻할 것"이라고 우려했다. 그리고 종속 문제가 제기되지 않더라도 "조선에 대한 일본과 청의 이해관계는 항상 모순적이며 두 나라 정치가의 원칙이 다르기 때문에 충돌할 것"이라고 말했다. (4)안은 "이 전쟁은 일본과 청의 이해관계가 충돌해 발생한 것이므로 제3국이 개입해서는 안 된다"는 사실을 무시했다. 또한 "일본은 많은 군대를 파견하고 많은 자금을 지출했기 때문에 일본은 많은 것을 잃을 것이고 일본 국민은 만족하지 못할 것"이라고 주장했다.[8]

그 뒤 비망록에서 무츠는 내각의 결정을 다음과 같이 언급했다. "지난 8월 17일 나는 네 가지 방안을 제출했다. 내각은 당분간 (2)안을 선택하고 전쟁이 끝난 뒤 확실한 계획을 세우기로 결정했다. 그 뒤 나는 그 결정에 따라 정책을 추진했다."[9]

'당분간' 선택한 정책은 1894년 8월 26일 서울에서 오토리와 조선 외무대신이 체결한 조·일잠정합동조관(條款)에서 공식화됐다. 조약은 세 개의 짧은 조항으로 이뤄졌다.

> 제1조. 동맹의 목적은 청군을 조선 국경 밖으로 철수시키고 조선국의 독립 자주를 견고히 해 조·일 두 나라의 이익을 증진하는 데 있다.
> 제2조. 일본은 청에 대해 공격과 수비의 전쟁을 수행하기로 했으니 조선은 일본군의 이동과 식량 공급에 필요한 편의를 제공하는 데 최선을 다한다.
> 제3조. 이 조약은 청과 평화조약이 체결되면 폐지한다.[10]

그 뒷면에는 권력의 단순한 사실, 곧 7월 23일 일본의 궁궐 점거와 7월 25일 오토리가 국왕에게서 얻어낸 약속이 자리 잡고 있다. 그러나 그것을 폭넓게 적용하는 것은 아마 무츠 외무대신이 제기한 우려에 따라 조건부로 이뤄졌을 것이다. 일본은 "조선 독립의 자존심을 유지"하고 조선의 협력을 얻으며 동맹국으로서 조선의 입장을 배려하는 방식으로 조선의 개혁을 유도한다. 일본은 "국제법을 벗어나는 행동을 하지 않도록" 주의하되 일본의 안보와 밀접한 조선 같은 문제를 혼자 처리할 수 있다고 믿고 제3자, 특히 러시아의 '간섭'을 차단해야 한다.

이런 정책을 어떻게 평가해야 할까? 무자비한 공격성? 이것은 분명히 너무 가혹한 표현이다. "계몽된 이기주의"라는 표현이 적절할까? 아니면 양심적인 외교관들과 현실주의에 입각해 설득하는 국제관계 전문가들이 옹호하는 종류의 '현실주의', 곧 약자를 배려해 어느 정도는 절제할 수 있지만 '국익을 위해' 강경하고 실용적이어야 하는 현실주의가 적절할 것 같기도 하다. 말과 생각에는 맨 뒤쪽의 도장이 찍혀 있는 것처럼 보이지만 행동은 그럴 수도 그렇지 않을 수도 있었다.

현실주의에 입각한 "계몽된 이기주의"의 틀 안에서 안정되고 서로 수용할 수 있는 조·일 관계를 구축하려는 일본 정부의 적극적인 노력은 두 단계로 나눌 수 있다. 이 장에서 살펴볼 첫 단계는 겉모습으로 측정하면 18개월을 넘지 않는 비교적 짧은 기간 동안 지속됐다. 1894년 7월 23일 오토리의 궁궐 점령부터 1896년 2월 고종이 러시아공사관으로 피신할 때까지로 거슬러 올라갈 수 있지만, 1895년 10월 8일 명성황후가 시해된 뒤에는 일본인들이 말하는 것처럼 아무것도 할 수 없었다. 이 단계의 특징은 아마 서두름, 지나친 낙관주의, 그리고 관련된 문제의 깊이를 충분히 인식하지 못한 것으로 지적할 수 있을 것이다.

다음 장에서 살펴볼 두 번째 단계는 1898년 무렵부터 1910년 8월 22일 일본이 조선을 병합할 때까지 훨씬 더 오래 지속됐으며, 그 특징은 현실주의적 정치가의 전형인 이토 히로부미가 대부분의 기간에 걸쳐 세심한 주의와 경계, 외국 간섭을 막기 위한 국제 협정에 대한 관심, 개인적 감독을 수행했다는 것이다. 일본은 첫 번째 단계를 시도하면서 저지른 실수를 두 번째 단계에서는 반복하지 않았다. 그러나 두 경우 모두 좌절과 실패, 잔인함으로 끝났다. 단기적으로나 장기적으로나 노골적 억압은 일본이 계몽된 이기주의를 조선에 적용한 마지막 수단이자 최종 결과였다.

많은 사람이 그랬듯 일본은 처음부터 그렇게 계획했고 시간을 끌면서 철권을 내리칠 기회를 기다렸을 뿐이라고 말하고 싶을 수도 있다. 그러나 간단히 설명하려는 시도에는 아쉬운 일이지만, 증거의 무게는 일본 정부가 잔인함과 탄압을 계획하거나 바라지 않았고 오히려 조선 작전에서 예기치 않은 어려움에 직면해 그렇게 됐음을 보여주는 것 같다. 하지만 사건의 경과를 따라가 보자.

오토리는 열정적으로 개혁 계획에 뛰어들었다. 그는 고종에게 개혁 조치를 통과시킬 권한을 가진 17명의 위원으로 군국기무처軍國機務處를 구성하도록 유도했고, 거기서는 1894년 늦여름과 가을 그해의 간지를 따서 갑오개혁이라고 불리는 일련의 주목할 만한 개혁 법령을 발표했다. 그것은 1898년 강유위康有爲가 이끌던 중국의 유명한 변법자강變法自强운동을 떠올리게 할 정도로 대대적인 개혁이었다. 그것은 결코 편협한 제국주의적 장치에 불과한 것이 아니었음을 주목해야 한다. 그런 측면은 사회 계급에 대한 새로운 규정에서 가장 분명히 드러나는데, 그 규정은 일본의 지배를 확립하는 데 필요하지 않았고 장기적으로 지배를 위태롭게 할 수도 있었지만 조선의 구시대적이고 후진적인 제도를 제거한다는 일반적인 생각과 일치하는 것이었다.

한 규정에서는 "문벌을 가리지 않고 널리 인재를 등용한다"고 명시했다. 또 다른 규정에서는 "공·사 노비제를 모두 폐지하고 인신매매를 금지하며 누구나 군대와 공직에 나아갈 수 있다"고 밝혔다. 그 밖에도 신분제 폐지, 축첩 금지, 과부의 재가 허용, 환관의 정치 참여 금지, 실업 문제 해결, 연좌제 금지, 정당한 기관 외의 체포·처벌과 관원의 비리 금지 등을 규정했다. 이것은 당시의 정치·경찰·군사·재정, 그리고 아마 교육제도의 근간과 상당히 다른 것으로 모두 벌써 이뤄졌어야 했을 사안들이었다. 그리고 그것들은 사회·정치 구조의 폭넓은 개선 방향을 제시했다.[11]

그러나 9월 말 실 미국공사는 개혁이 지방에서 거의 효과가 없고 지방 관원들은 국왕이 무력한 포로라고 말하면서 그의 명령을 무시한다고 평가했다.[12] 그리고 오토리가 무쓰와 주고받은 서신을 보면 그는 곧 자신의 계획이 수렁에 빠졌다고 생각했음을 알 수 있다. 그는 대원군을 중심으로 개혁을 추진하려는 전술적 장치를 구축했지만 9월 21일 다음과 같이 확신했다. "대원군은 신뢰할 수 없습니다. 대원군은 권력과 유교적 방식에 관심이 있습니다. 다른 사람들은 개인적 이익과 기회주의에 관심이 있습니다."

오토리는 대원군과 민씨 세력의 경쟁이 심화되는 것도 불안하게 생각했다. 오토리는 대원군의 25세인 손자 이준용李埈鎔이 "일본에 호의적이고 진보적인 젊은이"지만 역시 변질됐고 자신이 왕위에 오르기 위해 왕비를 폐위시키는 데 주된 노력을 기울이고 있다고 한탄했다. 그리고 그는 "러시아와 영국공사들과 모의를 꾸미고 있었다".

그때 조선 정부를 개혁하려는 '음모'를 꾸미고 있던 박영효가 일본공사관을 찾아가 일본의 도움을 요청했지만 스기무라 대리공사는 거절했고 그 뒤로는 더 이상 그와 대화하지 않았다.[13] 10월 초 "대원군의 사주를 받은 것으로 추정되는 인물"이 군국기무처의 대신들이 일본군을 조선에 불러들여 나라를 어려움에 빠트렸다면서 탄핵하는 상소를 국왕에게 올리자 오토리의 고민은 더 깊어졌다. 탄핵받은 인물들은 사직했지만 "국왕이 아직 수리하지 않았습니다. 상소자는 체포됐습니다. 저는 〔대신들을〕 이전의 지위로 회복시키려고 노력하고 있습니다".[14]

오토리의 불만 속에서 무쓰는 그에게 보낸 한 서신에서 "귀하의 설득에 귀 기울이지 않는 집단에게는 무력을 사용하는 것이 더 현명하지 않을까 생각한다"고 말했다. 무쓰는 "냉담한 태도를 유지하지 않는 것이 낫다"고 생각했지만 "조선 정부의 어떤 인물도 유럽이나 미국 외교관들의 지원을 요청하려고 생각하지 않도록 각별히 주의해야 한다"고 조언했다. 오토리는 이것을 거부하고 "한편으로는 (…) 내각의 진보파를 돕고 다른 한편으로는 대원군을 지지하되 그의 독재를 견제"해 다양한 세력을 화해시키려고 노력하겠다고 말했다.[15]

아무튼 10월 초가 되자 대원군을 개혁의 수단으로 삼으려던 계획이 실패했다는 것이 분명해졌다. 일본 외무성에서 파견한 사이온지 긴모치西園寺公望와 스에마쓰가 서울에서 오토리의 상황 운영을 부정적으로 보고한 것으로 보이며, 10월 11일 오토리는 도쿄로 소환됐다. 무쓰는 "높은 위상과 검증된 능력을 지닌 인물" 곧 이노우에 가오루를 조선에 보내야 한다고 확신하게 됐고 그를 이토에게 추천했다. 오토리는 자신의 소환을 달가워하지 않았고, 실제로 스기무라가 "간접적인 해임 명령"이라고 말한 것에 즉시 대응하지 않았지만 이노우에가 자신의 자리에 임명됐다는 전보를 받은 뒤 10월 19일 서울을 떠나 도쿄로 갔다. 이노우에는 6일 뒤 조선 전문가 오카모토와 사이토, 자유당 지도자 호시 도루를 대동하고 조선에 도착했다.[16]

실 미국공사는 이 변화를 다음과 같이 평가했다. "오토리는 고종을 무시하고 모욕했으며, 곧바로 이중 거래의 오랜 관행을 시작한 대원군에게 지나치게 의존하는 실수를 저질렀다." 그는 이노우에가 "전임자와는 전혀 다른 노선을 추구하기로 결심한 것 같다"고 지적했다.[17] 무쓰는 런던·베를린·상트페테르부르크 등지의 공사들에게 변화를 설명했다. "조선의 개혁을 위해서는 훌륭한 능력과 경험을 지닌 인물의 도덕적 협조가 필요합니다. 또한 최고 계급의 우리 군 사령관이 조선에 주재하므로 높은 품계의 인물이 공사로 상주해야 합니다." 주재하고 있는 정부로부터 이 문제에 대해 질문을 받으면 "위와 같은 의미로 대답"하도록 했다.[18]

이노우에는 사람, 특히 조선인을 어떻게 대해야 하는지 안다고 자신하면서 침착하게 서울에 착임했다. 그는 힐리어Hillier 영국영사와 회담했는데, 외교적 인사와 날씨에 대한 잡담을 나눈 뒤 "제 성격은 단순하고 직설적이며, 우리의 조선 정책은 오랫동안 변함없이 조선의 독립을 유지한다는 것"이라고 말했다. 그는 1876년 조선 정부와의 협상, 1884년 갑신정변, 그 뒤 몇 년에 걸친 청과의 '협력 시도', 거기서 불거진 문제와 전쟁, 조선 정부의 파벌 싸움 등 자신의 경험을 회상했다. "조선은 병든 사람입니다." 그는 말했다. "문제는 어떻게 질병을 진단하고 약을 주고 신체를 회복시킬 것인가 하는 것입니다. 대체로 환자는 약의 쓴맛을 좋아하지 않지만 그것은 환자의 회복을 위한 것일 뿐 그 이상은 아닙니다."[19]

일본공사관 1등 서기관이었다가 신임 공사의 주요 보좌관이 된 스기무라에 따르면 이노우에는 상황을 검토한 뒤 왕실과 정부의 명확한 분리, 국왕·왕비와 주요 친족의 정확한 위치 정의, 각 정부 기관의 책임에 대한 분명한 규정이라는 정책의 세 기본 원칙을 결정했다. 그는 가장 큰 변칙은 "한 나라에 두 국왕이 있는 것처럼" 막강한 권력을 가진 대원군의 지위라고 즉시 지적했다. 따라서 그의 첫 조치는 "대원군을 배제하는 것"이었다. 이를 위해 그는 대원군을 방문해 그 활동을 비판하고 일본의 정책을 설명했으며, 동학 지도자들을 서울로 초청하자는 대원군의 몇몇 추종자의 반대 제안을 거부했다. 그 대신 동학교도 두 명을 투옥시키고 대원군을 압박해 은퇴를 선언하게 했다. 그는 대원군에게 "늘 방해가 된다"고 비난했다. 마침내 대원군은 정치에 간섭하지 않겠다고 약속하고 "그것을 문서로 적었다".[20]

이노우에는 무츠에게 보낸 보고서에서 조선인들과 벌인 논쟁을 자세히 서술했다. 총리대신 김홍집은 "임금을 섬기는 것은 부모를 섬기는 것과 같다"고 주장했지만 "나는 부모가 국정을 어지럽히는 데 충직한 자식은 침묵해서는 안 된다고 말했습니다. (…) 나라의 부모에게 충고해야 하며, 이것이 신하의 의로운 길입니다." 그리고 고종에게 20가지 개혁안을 제시하면서 "대신들이 왕명의 옳고 그름을 판단하지 않고 복종만 하면 나쁜 일이 일어날 것"이라고 경고했다. 그는 어느 오후 내내 고종과 대신들에게 개혁안을 설명했는데 "절반만 끝났는데 어두워졌다". 설명이 진행되는 동안 왕비와 대원군은 옆방에서만 듣도록 허용됐다.[21]

이노우에가 무츠에게 1882년 박영효가 조선 독립을 위해 일본에 차관을 요청한 문서를 찾아서 보내달라고 부탁한 것은 앞으로 이노우에의 과제를 상징적으로 보여주는 일이었다. 무츠는 일본 외무성에는 그런 문서가 없다고 회신했다.[22] 그러나 이노우에는 대원군의 수구세력을 이용해 개혁을 이루려던 오토리의 노력에서 모순을 발견했고, 그동안 자신이 개화파를 혐오했으며 국왕은 김옥균의 활동 때문에 그들을 철저히 증오한다는 것을 알았지만 개혁가인 박영효를 주목하기 시작했다.

그러나 그는 즉시 박영효를 전폭적으로 지지하지는 않았고, 우선 조정의 여러 세력이 그를 인정하게 하려고 노력했다. 12월 초 이노우에가 여전히 대원군의 말을 듣고 있으며 고종의 신임을 얻기 위한 일은 하지 않았다고 실이 보고한 배경에는 이런 관찰이 있었을 것이다.[23] 사실 이노우에가 대원군 세력에서 가장 관심을 둔 인물은 그의 손자 이준용이었다. 이노우에는 그에게 다음과 같은 생각을 촉구했다. "나는 그에게 낡은 관습을 따르면 안 된다고 했습니다. 유럽과 일본에서 교육받은 세 사람을 불러 그에게 유럽사와 미국사 등을 가르치게 했습니다. 그러면 방향을 바꿀 수 있을 것이라고 권고했습니다."[24]

그러나 이준용은 그를 실망시켰고 12월 말 동학과의 반역 연루 혐의로 고발됐다. 1895년 2월 민영익은 대원군이 고종을 살해하고 이준용을 추대하려는 음모를 꾸미고 있다고 고발했고 5월 이준용은 반역죄로 체포됐다. 이노우에가 무쓰에게 보고한 바에 따르면 조선의 특별재판소는 그를 처형하기로 결정했지만 "일본은 이 나라를 통합하려고 노력하고 있고 가혹한 형벌의 오랜 관습은 복수에 근거한 것이기 때문에 나는 처형하지 말라고 조언했습니다. 외국의 주재관들은 이 사건을 주목하고 있었고 나는 10년 이내의 유배형에 처하라고 권고했습니다. 마침내 그는 목숨을 건졌고 섬에 유배됐습니다."[25]

이런 실패에도 이노우에는 고종과 조정의 호의에 힘입어 박영효를 복권시키는 데 큰 성과를 거뒀다. 12월 8일(1894년) 고종(옆방에는 왕비)과의 비공개 면담에서 그는 자신을 폐위시키려는 음모가 있다는 고종의 토로를 듣고 "국왕과 왕비, 왕세자가 제 조언에 귀를 기울이고 왕비가 정치에서 물러난다면" 국왕을 지원하겠다고 약속했다. 그리고 "박영효 문제에 대한 그들의 의심을 없애고" 박영효를 예전의 자리로 복귀시키기로 합의했다. 이것에 따라 12월 17일 박영효는 내무대신에 임명되고 내각이 다시 구성됐다. 박영효의 친구

이자 일본으로 함께 망명했던 서광범이 법무대신이 됐다. 다른 '개화파'로는 호러스 앨런이 가장 좋아했던 '어리석은' 박정양이 학무대신에, 이완용李完用·정경원鄭敬源·이채연李采淵이 각각 외무·법무·농상협판協辦(차관)에 임명됐다.

실 미국공사는 새 내각의 구성을 다음과 같이 정리했다. 박정양·이완용·이채연은 '친미파'를, 박영효·서광범은 '친일파'를, 내무협판은 '친청파'를 대표했다. 그리고 궁내부宮內府 대신(이재면李載冕)은 고종의 형이자 대원군의 아들이었기 때문에 모든 세력을 대표한다고 그는 결론지었다. 김홍집이 1884년 이후 여러 정치적 풍파를 견딜 수 있던 가장 큰 요인은 아마 그의 전체적인 보수주의였을 텐데, 그는 일찍이 친청파로 알려졌지만 계속 총리로 재임했다. 일본공사관 서기관 스기무라는 내각을 김홍집이 이끄는 '구파'와 박영효가 이끄는 '신파'로 구성됐다고 설명했다.[26]

새 내각이 구성된 지 3주 만에 이노우에는 자신이 서울 문제를 잘 처리하고 있다고 확신했다. 그는 박영효를 "믿고 의지"했고 박영효를 국왕·왕비와 매우 긴밀한 관계로 끌어들이는 데 성공했다고 생각했다. "박영효와 국왕·왕비의 친밀함은 이제 대원군이 은밀히 국왕에게 영향을 미치려고 해도 의심할 수 없습니다. 그들은 그를 굳게 의지하고 있으며 궁궐에서 일어나는 모든 일은 늘 내게 보고됩니다."[27]

국제 정세도 고무적이었다. 무츠는 다음과 같이 들었다고 알렸다. "러시아는 우리가 조선의 독립을 침해하지 않는 한 우리에게 우호적입니다. 귀하가 늘 신경 쓴다는 것을 잘 알고 있지만 우리의 조선 정책은 다른 열강, 특히 러시아의 의심을 불러오지 않도록 추진해야 합니다." 그리고 이노우에는 기쁘게 회신할 수 있었다. "여기서도 러시아의 태도는 대답을 회피하는 것에서 내 처리에 감탄하는 것으로 바뀌었습니다. 솔직히 말해서 내 유일한 목표는 조선의 독립이며, 이것을 위해서는 국왕과 왕비의 간섭이 어느 정도 필요합니다."28 — 추측할 수 있듯 이것은 당분간이었다.

1월 7일 이노우에는 조선 정부의 진로를 성공적으로 설정한 자신의 업적을 기리기 위해 정교한 의식을 거행했다. 선조들을 모신 왕릉에서 고종은 왕비·왕세자·대원군·대신들·왕족들이 참석한 가운데 14개 조항으로 구성된 엄숙한 선언문을 발표했는데, 주요 내용은 청에 대한 옛 예속을 즉시 끝내고 국왕은 조선의 독립을 확고히 하기 위해 노력하겠다고 천명하는 것이었다. 그 밖에 궁궐을 포함한 정부의 여러 부서와 활동을 정리하고, 젊은이들을 해외로 유학 보내며, 법률을 명확히 하고 개선할 것 등을 밝혔다. 1월 11일에는 선언에 명시된 개혁을 실행에 옮기기 위한 왕명이 발표됐다.29 전체 절차는 메이지 천황의 헌장 선서를 연상시키는데, 이노우에의 머릿속에는 그것이 있었을 가능성이 매우 높다. 아무튼 1월이 되자 이노우에는 조선인들을 줄 세웠다고 느꼈고, 다음 큰 문제인 개혁 작업에 필요한 재원을 마련하는 데로 눈을 돌렸다.

고종의 '헌장 선서'를 보고한 같은 서신에서 그는 무츠에게 말했다.

나는 명목상으로는 조선의 독립을 확립하는 데 성공했지만 자금 없이는 한 발짝도 움직일 수 없다는 사실을 깨달았습니다. 이를테면 이전에 4개의 독립 기관으로 나뉘어 있던 군대를 모아 하나의 상위 부서에서 통제하게 했습니다. 이제 이것을 위해 새로운 조직을 짜고 인원과 물자를 보강해야 하는데, 곧 부적합한 사람을 해고하고 더 나은 사람을 뽑아야 하며, 5개월 동안 밀린 급료를 정산해야 하는데 자금 없이 어떻게 할 수 있겠습니까? 30만 엔과 500만 엔을 마련하기 위해 (…) 지금 조선 정부가 공공 대출을 받거나 은행이 투자하도록 하는 것은 어려울 겁니다. 이런 상황에서 일본 정부가 500만 엔을 대출하고 국방 예산에서 그것을 지불할 수 있다고 생각합니다. 나는 이 방안을 강력히 추천합니다. 의회에는 사후 승인을 받으면 충분하다고 생각합니다.[30]

그러나 무쓰는 다음과 같이만 회신했다. "조선 차관 문제는 현재 일부 주요 은행과 협의하고 있으며 성공 가능성이 없는 것은 아닙니다. 총리와 대장大藏대신도 많이 노력하고 있습니다. 따라서 이런 노력의 결과를 알 때까지는 귀하의 전보 161호에 대한 정부의 결정을 알려드릴 수 없습니다. 위 내용은 총리와 협의한 것입니다."[31]

이노우에는 도쿄의 이러한 미루기에 여러 번 강력히 항의했는데, 그런 모습은 그가 조선에서 자신의 임무를 단순히 조선을 일본에 복종시키는 것이 아니라 계몽하는 것 이상의 어떤 것으로 생각했다는 좋은 증거로 판단된다. 이노우에는 무쓰에게 즉시 엄중하고 불쾌한 어조로 회신했다.

귀하의 전보 195호를 받았습니다. 30만 엔 문제의 해결을 서둘러 주십시오. 시부사와 및 대장대신과 함께 이 제안을 받아들여 즉시 처리할 것을 가장 강력히 촉구합니다. 그렇지 않으면 조선 정부는 올해를 넘기지 못할 것입니다. 나는 위와 같은 뜻으로 시부사와에게 직접 전보를 보내도록 다이이치은행 지점장에게 알렸습니다. 내가 전보 161호에서 권고한 조치를 내각 회의에 즉시 제출하십시오. 귀하가 은행가들과의 협상한 결과 국방 개편이 추진되고 있으며, 이제 그들은 (?) 신속한 실현을 내게 끊임없이 압박하고 있습니다. 나는 이 상황에서 어떻게 해야 할지 모르겠습니다. 수락하는지 그렇지 않은지 확실한 대답(?)을 듣고 싶습니다. 결정되지 않은 상태에서 나는 더 이상 이곳에 머물 수는 없습니다. 은행가들과의 협상이 끝나기 전에 내각에서 나의 마지막 권고가 승인되면 그것을 채택합시다. 자금 출처는 내게 아무 상관이 없습니다. 내가 원하는 것은 신속한 합의이므로 귀하가 은행가들과 협상하는 동안 내각이 내 권고를 채택하도록 촉구하고 수락 여부를 즉시 알려주십시오.[32]

무쓰는 강화 조건을 논의하기 위해 청국 대표단을 만나러 간 히로시마에서 회신했다. "은행가들과의 협상은 성공적으로 타결될 것이 거의 확실하지만, 그들은 대출에 대한 특정 조건을 원하기 때문에 누군가가 세부 사항을 갖고 귀하께 갈 것입니다. 도쿄에서 의회가 열리고 있고 청국 사신단이 오고 있으며, 우리 군대가 파견되고 있고 총리를 비롯한 여러 사람이 지금 이 순간에도 최선을 다하고 있으니 조금만 기다려 주십시오."[33]

이 답변과 자신이 일본 금융계로부터 개인적으로 입수한 정보를 받자 이노우에는 전체 상황을 자세히 검토했는데, 일본 정부와 도쿄 금융기구 전체의 무지와 탐욕을 비난하고 경고와 명령으로 마무리했다는 것으로 가장 잘 표현할 수 있을 것이다. 그렇다, 그는 그들이 "지금 바쁘게 움직이고 있다"는 것을 이해했다.

그러나 나는 이 모든 것을 알기에 이 문제를 귀하에게 강요하지 않을 수 없습니다. 〔조선 정부가〕 내 조처로 살아났는데 내가 어디로 갈 수 있겠습니까? 방금 야스다 다카시에게서 개인적인 편지를 받았는데, 귀하와 대장대신이 미쓰이三井은행·이와사키 야노스케岩崎彌之助 등에 대출을 제의한 것과 이와사키가 거절했다는 내용입니다. 그는 이 거절이 나머지 자본가들에게 상당한 영향을 미치지 않는 것은 아니지만 그들이 모두 거절하면 미쓰이은행과 시부사와만으로도 전체 수요를 충족시킬 수 있다고 말했습니다.
그 밖에 그는 청에 대한 적대감이 극도로 고조된 현 시점에서 500만 엔 정도의 차관을 빌려 조선 정부에 8퍼센트의 이자를 약속받고 주당 80엔에 매각하는 것은 쉬울 것이라고 덧붙였습니다. 이것은 자본금에 대한 이자가 10퍼센트라는 뜻입니다. 이것은 불합리하며 내가 현직에 있는 한 도덕적으로 이런 불리한 조건의 차관 계약을 허용할 수 없음을 기억하기 바랍니다. 나는 이자가 8퍼센트 미만이어야 한다고 주장합니다. 우리가 실질적인 무정부상태라고 부른 기간 동안 조선이 중국 정부나 회사에서 대출했을 때나 영국 총영사의 알선으로 로스차일드에서 대출하기로 계약했을 때도 그렇게 높은 이자를 부담하지 않았기 때문입니다. 이 정부가 이제 실질적으로 우리 손에 있고 우리가 조선의 개혁을 다루고 있으며, 무엇보다도 그들의 독립을 돕고 있다는 점을 고려할 때 우리가 그렇게 높은 이자를 부과하는 것이 얼마나 일관성이 없는지 생각해 보십시오.

그의 경고는 다음과 같이 계속됐다. "아울러 금융권 전체를 우리 손에 넣는 것은 여러분뿐 아니라 나의 목표이기도 합니다. 우리는 조선에 있는 영국 은행가들을 간과해서는 안됩니다. (…) 이 마지막이자 가장 유용한 도움이 다른 곳에서 제공돼 결과적으로 금융권 전체가 그들의 손에 넘어간다면 우리는 어디에 서야 하겠습니까?" 그리고 그는 명령처럼 들리는 말로 마무리했다. "이와사키·미쓰이 은행·요코하마정금은행 같은 주요 은행의 대표를 되도록 빨리 한 명 이상 이곳으로 보내십시오."[34]

무츠는 특히 이노우에가 개별 은행가들과 "직접 소통"하는 것에 불쾌감을 드러냈다. 그는 그것이 "쓸모없을 뿐 아니라 나쁜 감정을 불러일으킬 가능성이 매우 높다"면서 "모든 은행가가 합심해 우리를 도와야 한다"고 강조했다. 그는 "만족할 만한 합의"가 있을 것으로 생각하며 "열흘쯤 안에" 확실한 대답을 얻을 수 있기를 희망했다. 그리고 그는 "총리와 상의한 뒤 이 전보를 보낸다"고 경고했다.[35] 이노우에는 은행가들과의 직접 협상을 중단하고 며칠 동안 부루퉁한 뒤 다시 강력히 항의했다.

조선에서 내 미래는 전적으로 이 질문(차관)에 달려 있으니 다른 모든 일보다 먼저 이 질문에 대한 가부可否를 알려주십시오. 신문에서는 차관에 대해 마치 조선 정부가 일본의 일반 금융기관에서 자금을 빌리는 것처럼 말하고 있습니다. 그렇다면 그것은 지폐로 지급될 수도 있습니다. 그렇지 않습니까? 다시 한번 말씀드리지만 차관 대금은 은괴나 동전으로만 받겠습니다. 조선 정부는 한 해를 넘기는 데 매우 큰 어려움을 겪었습니다. 3개월 정도 월급이 체불된 관원과 군인들의 어려움과 불만은 거의 폭동의 양상을 띨 정도에 이르렀습니다. 이 위기에서 조선 정부를 구하기 위해 나는 국립다이이치은행 인천지점장에게 담보로 세관 수입을 받아 13만 엔을 빌려주게 했습니다.[36]

원금과 이자, 조선 차관의 시급성을 둘러싼 이노우에와 무츠의 논쟁은 점점 더 격렬해졌지만 이노우에는 무츠가 폐결핵에 걸려 곧 아무 일도 할 수 없게 되고 목숨을 잃을 수도 있다는 사실을 갑자기 알게 됐다. 이노우에는 1월 31일 무츠에게 회신했다. "폐결핵을 앓고 있다는 소식을 신문에서 보고 매우 걱정됩니다. 잘 조리하십시오." 그리고 그는 이토 총리에게 직접 물었다. "외무대신은 현재 아프지 않습니까? 나는 이제 실제로 개혁 작업을 시작해야 합니다. 그들이 그렇게 하도록 밀어붙이고 있습니다. 차관 문제 해결을 서둘러 달라고 촉구했지만 아직 확실한 대답을 주지 않고 있는데, 바로 줄 수 없습니까? 그럴 수 없다면 그렇게 말해주십시오." 이어서 그는 조선의 부채와 채무에 대한 상세한 설명과 함께 일본이 3~4도道의 조세를 담보로 해 조선에 500만 또는 600만 엔을 차관하고, 조선 탁지부와 지방 세무부서에 일본 관리들을 배치시켜 상환을 보증하는 방안을 제시했다. 그는 원금 636만 5638엔과 이자를 9퍼센트로 설정한 20년 대출·상환 일정을 포함했는데, 자신의 기준에 따르면 비도덕적으로 높은 금액이었다.[37]

내무성은 이것도 받아들이지 않았고, 결국 3월 3일 이토는 특사를 보내 정책 발언을 전달하면서 자신이 전체 사건 과정을 검토한 의견을 알렸다.

작년 6월 7일 동학이 봉기하자 우리 정부는 군대를 보내기로 결정하고 갑자기 1개 대대를 서울로 보냈습니다. 그러다 조선 개혁 문제가 불거졌고 청일전쟁이 발발했습니다. 거의 1년이 지나는 동안 우리는 거의 모든 전투에서 승리했고 이제 최종 승리를 거뒀습니다. (…) 하지만 이제 우리는 확실한 조선 정책을 수립해야 합니다. 전쟁 결과 현재 두세 대국이 조선과 긴밀한 관계를 맺고 있습니다. 청은 더 이상 간섭할 수 없지만 영국과 러시아는 간섭하기 더 쉽고 일본만이 그들의 간섭에 반대할 수 있습니다. 우리가 실제로 조선의 독립을 보호한다면 어떤 나라도 간섭하지 않을 것이지만, 우리가 조선 정책에 실패하면 이 대국들이 모두 우리를 비판하고 조선 문제가 매우 심각해질 것입니다.

귀하는 착임 이후 적절한 정책을 추진하고 개혁의 원칙을 명확히 세웠습니다. 그것은 매우 좋지만 한 가지 우려되는 점은 전쟁이 끝난 뒤 재정 상황이 균형을 맞추기 어려울 것이라는 사실입니다. (…) 개혁에 너무 많은 비용이 든다면 상황이 나빠질 수 있습니다. 그러니 악순환에 빠지지 말기 바랍니다. 물론 나는 50년 뒤를 예측하려고 하지는 않지만 다른 나라들도 우리의 정책을 지켜보고 있는 것 같고, 차관에서는 국제법을 따르고 조건을 명확히 해야 합니다. 다른 자세한 내용은 스에마쓰에게 설명했으니 그에게 물어보십시오.38

그 뒤 두 달에 걸쳐 시모노세키조약 논의와 타결, 그리고 삼국 간섭이 일본의 가장 중요한 관심이 된 동안 자금만 있으면 조선에서 큰일을 해낼 수 있다는 이노우에의 한겨울 열정은 거의 사라졌다. 5월 19일 그는 무츠에게 비통한 전보를 보냈다. 자신은 왕실과 외무아문을 제외한 모든 조선 정부 부처에 일본인 고문을 배치하는 데 성공했으며, 거기에는 "일부러 배제한 것"이라고 말했다. 그러나 자신은 조선 정부에서 "외국인에 대한 질투와 음모와 모략"에 부딪치고 있었다. 조선 당파 사이의 화해는 "절대 불가능"해 보였다. "하나의 위기는 지나갈지 모르지만 또 다른 위기가 뒤따를 것입니다." 자신은 "무엇을 할 수 있을지" 모르지만 "간섭의 정도, 곧 일반적인 정책 노선을 결정할 필요가 있다"고 생각했고 "앞으로의 정책을 협의하기 위해" 휴가를 내 도쿄로 돌아가고 싶다고 했다. "게다가 저는 계속 류머티즘을 앓고 있습니다."39

이노우에는 6월 귀국했지만 이토가 교토에 있어 불참한 채 5월 25일 도쿄에서 열린 내각 회의에서 조선 정책을 논의하고 조선 작전에서 일본의 활동과 책임 범위를 지난해 8월의 전시 정책(무츠의 2안)보다 상당히 축소하기로 결정했다. 그들은 다음과 같이 발표하기로 계획했다.

일본이 청에 맞서 무기를 든 동기는 조선에 해롭다고 판단된 청의 영향력을 축출하는 것이었다. 그 열망은 시모노세키조약의 체결로 완전히 실현됐다.

조선의 독립을 영속화하는 것은 공동의 관심사다. 그러므로 제국 정부는 그런 독립 유지의 의무와 책임을 단독으로 맡는 것이 필요하다고 생각하지 않는다. 따라서 제국 정부는 조선의 상황 개선을 목적으로 하는 모든 조치에 대해 이해가 걸린 다른 열강과 협력할 준비가 돼 있음을 밝히면서 그들과 조선의 미래 관계를 그들의 기존 권리에 맡기겠다고 발표한다.[40]

이노우에는 일본에서 한 달을 지내면서 류머티즘을 호전시키고 열정을 어느 정도 회복했다. 자신이 주장하던 계획의 축소를 받아들여야 했지만 의회의 승인으로 "200만~300만 엔"을 받을 수 있다는 전망에 충분히 고무된 그는 조선으로 돌아가 '보수적 개혁'으로 가장 잘 표현되는 계획을 추진했다. 이 과정에서 그는 '개화파' 대신들이 아니라 국왕을 거쳐 업무를 추진했다. 자금의 대부분은 경인선 부설과 궁궐 건축(국왕의 위신을 높이고 그의 협력을 보장하기 위한 것으로 생각된다)에 사용되며, 정부 적자를 충당하고 국왕의 개인 지원을 위한 예비 기금을 마련하기 위해 적은 금액이 따로 책정될 것이었다. 100만 엔 정도는 지폐를 발행할 수 있는 특수 은행을 거쳐 자체적으로 자금이 회수될 것이었다. 서울에서 이노우에는 "외국(러시아)의 간섭을 피하려면" 200만 엔이 아니라 300만 엔이 필요하다고 주장했다.

8월 29일 그는 병든 무츠를 대신한 사이온지 외무대신 대행에게 전보를 보내 자금을 기대한다는 것을 다시 알렸다. "300만 엔은 내가 보낸 기밀문서 79호에서 제안한 이름으로 제공돼야 합니다. 자금과 관련해 나는 귀하의 지시를 받았고 내가 조선 국왕·정부와 나눈 대화는 엄격하게 그 이해를 전제로 한 것입니다. 대장대신이 교체될 경우 이 문제에 대한 준비가 너무 많이 진전돼 변경하기 어려우므로 정부에서 어떤 변화가 일어나더라도 귀하의 지시와 이 문서(185호)와 내 전보 184호를 준수해야 한다는 사실을 다시 한번 알려주기 바랍니다."41

스기무라는 다음과 같이 말했다. "이노우에는 일본 정부가 비밀리에 300만 엔을 보내주겠다고 국왕에게 약속했다. 국왕은 매우 기뻐했다. 이노우에는 궁궐을 자주 방문했고 (…) 그의 사무실은 궁궐에서 온 방문객들로 붐볐다."42

그러나 이노우에가 조심스럽게 부풀려온 거품은 일주일 만에 터져버렸다. 일본에서 미우라 고로三浦梧樓가 조선공사로 승인돼 도착한 것이다. 처음에 이노우에는 이것을 자신은 특명전권대사로 남아 있고 미우라를 공사로 임명해 자신이 이미 세운 정책을 수행하도록 하겠다는 뜻으로 받아들인 것 같다. 그는 미우라를 고종에게 소개하며 그렇게 암시했다. 하지만 상황은 그렇지 않았다. 9월 4일 사이온지는 미우라 공사에게 전보를 보내 이노우에 '공사'에게 전달하라고 지시했다. 이 전보는 이노우에에게 조선에 두 공사가 있을 수 없으니 일본으로 돌아와야 하며 "귀하의 전보 185호와 관련해" "〔자금을 받기 위해〕 긴급 의회를 소집하지 않기로" 결정했다는 사실

을 분명히 알렸다. 이 내용은 "총리와 협의해" 보낸 것이었다.[43]

이노우에는 이 사태에 매우 분노했다. 그는 이제 '갑작스럽게' 조선 국왕과 대화를 중단해야 하며 미우라는 "국내 정책에 대해 한마디도 할 수 없는" 처지에 놓이게 될 것이라고 사이온지에게 전보를 보냈다. 아울러 '두 공사' 문제와 관련해 그는 귀국하겠다고 했다. "나는 조선 국왕에게 신임장을 제출했으므로 더 이상 조선공사가 아닙니다. 민간인일 뿐입니다. 신임 공사에게 상황을 설명하기 위해 잠시 머물려고 했지만 (…) 이제 귀하는 내게 모든 일을 중단하고 돌아오라고 지시했습니다. 그래서 나는 모든 일을 중단하고 내일 떠나겠습니다."[44]

사이온지는 이노우에 **백작**에게 전달해 달라는 화해의 서신을 다시 미우라 **공사**에게 보냈다. 그는 이노우에 백작이 돌아오면 의회 회기에 대해 설명하겠다고 했다. (…) 그들은 정기 의회를 기다릴 것이다. 모든 일을 중단하고 돌아오라고 했지만, 당장 돌아오라는 뜻은 아니었다. 이노우에가 새 공사에게 상황 등을 설명한 뒤 되도록 빨리 귀국하기를 바랐다는 것이었다. 이노우에는 사이온지에게 다시 경고 전보를 보냈는데, 내각이 의회에서 예산안을 통과시킬 수 있는 길을 마련하지 않으면 "미우라는 설 자리가 없고 우리는 조선을 포기해야 하며 우리의 위신을 잃게 될 것"이라는 내용이었다. 그는 9월 17일까지 머물렀지만 그의 노력은 '당혹과 실망'으로 끝났다.[45]

조선을 일본의 입맛에 맞게 재편하려던 이노우에와 그의 개혁 계획이 실패한 것은 이노우에의 공문으로 볼 때 주로 자금 부족 때문인 것처럼 보인다. 그럴듯해 보일 수도 있다. 물론 자금은 많은 일을 '실제로' 해결할 수 있고 특히 '후진국'에서는 더 그렇다. 그러나 이런 간단한 설명을 받아들이기 전에 두 가지 질문을 할 필요가 있다. 첫째, 본국의 과두정치가들은 왜 이노우에에게 천천히 진행하라는 신호를 유지해야 한다고 느꼈을까? 둘째, 그런 신호와 거기서 유발된 자금 부족(이노우에의 기준에 따른)이 정말 그의 노력을 망친 결정적인 요인이었을까?

첫 번째 질문에 대답할 때 즉시 말해야 하는 것은 오토리의 경우처럼 이노우에에 대한 신뢰나 그의 능력에 대한 확신이 부족하지 않았다는 것이다. 그는 경험과 정신에서 과두정치인 가운데 한 명이었다. 그가 일본의 전반적인 재정 상황에 대해 국내의 과두정치인들보다 잘 알지 못하거나 덜 우려했다는 의문이나 그들보다 은행권과 덜 친밀해 거래할 때 어려움이 있었다는 의문도 제기될 수 없다. 그의 주요 경력은 금융 분야였으며 금융계 인맥은 가장 친밀한 사람들이었다.

이노우에가 알지 못한 걸림돌을 의회가 냈다고 주장할 수도 없다. 의회가 9월에 긴급 회기를 열었다면 300만 엔 차관을 제공하는 데 최종 거부권을 행사했을 것이다. 시모노세키조약과 삼국간섭 이후인 5월 의회는 자금 문제가 아닌 사안에서 강경한 태도를 보이면서 정부를 강하게 비판했다. 그러나 전쟁 내내 의회는 특히 자금 문제에서 정부가 요구하는 것은 무엇이든 표결에 참여했으며, 시모노세키조약과 삼국간섭 이후 반정부 감정이 극도에 이른 상황에서도 정부의 전후戰後 증세안에 찬성했다.[46] 조선에서 이노우에의 임기가 끝날 때까지 정부가 바란 자금을 확보하는 데 의회는 심각한 장애물이 아니었다는 결론을 피할 수 없다.

그렇다면 어째서 천천히 진행하라는 신호를 보냈을까? 어째서 재계는 이노우에를 적극 지지하지 않았을까? 그 까닭은 조선 정책을 열강과의 전체적 관계와 맞춰 추진해야 한다는 그들의 우려에서 찾을 수 있다. 조선의 독립이 이뤄지고 있다고 이성적인 얼굴로 말할 수 있다면 어떤 간섭도 받지 않겠지만 너무 성급하게 너무 많은 압력을 가하는 것은 위험함을 그들은 알고 있었기 때문이다. 물론 이노우에도 국내의 정치가들만큼 이것을 잘 알고 있었다. 그러나 그는 전쟁 막바지인 1895년 2~5월 일본의 국제적 입지가 점점 더 미묘해지는 것을 그들만큼 잘 알지 못했다.

계획을 수립하고 조선에서 그 방안을 시작했을 때 그는 비교적 순조롭게 항해했다. 그는 시모노세키 협상을 둘러싼 긴장이 고조되고 있다는 사실을 분명히 알았지만 조선 문제에 몰두한 나머지 본국 정부보다 덜 걱정했던 것은 틀림없다. 삼국간섭으로 이어진 외교적 전개는 그들이 조선에 대한 경계를 강화하게 만든 주된 원인으로 보이며, 앞서 삼국간섭 및 그것과 밀접히 관련된 시모노세키 협상을 통해 과두정권은 '안정'을 유지할 수 있었다고 말한 바 있지만,[47] 여기서는 조선 문제와의 관계를 더 잘 파악하기 위해 이런 문제들을 더 면밀히 검토할 필요가 있다.

이 문제들에 대한 일본 내각의 생각은 문제의 사건 직후 일본 외무성이 작성한 특별 연구 5호 '삼국간섭'이라는 제목의 문서에 잘 요약돼 있는데, 외무성 문서보관소에 보관돼 있다. 그 문서에는 신중하고 조심스럽게 국익을 추구한 현실주의가 스며 있다. 러시아·프랑스·독일의 개입은 "반드시 예상치 못한 것은 아니었다"고 시작된다. 1894년 6월 초 러시아와 그 밖의 국가들은 일본에게〔청과 함께〕조선에서 동시에 철수할 것을 촉구했다. 러시아공사는 6월 30일 이것을 지지하는 성명을 발표했다. 또한 주일 영국대표도 조선의 속국 지위에 대한 언급이 없다면 청은 조선의 독립 선언에 동의할 것이라고 무츠에게 말했다. 무츠는 그런 선언은 "그 자체로 일관성이 없다"고 대답했다. 러시아는 "개입할 기회를 노리며" 배후에 머물러 있었다.

일본의 승리 이후 유럽 열강들은 전쟁의 조기 종식을 촉구하기 시작했다. 10월 8일 주일 영국공사는 열강이 조선의 독립을 보장하고 청이 배상금을 지불하는 조건으로 전쟁을 중단할 것을 무츠에게 요청했다. 그는 러시아공사도 동의했다고 말했다. 무츠는 극동지역에 대한 러시아와 영국의 이해관계가 같지 않았다고 생각했지만 일본이 청을 너무 괴롭히면 러시아와 영국이 반대할 수 있다는 것도 알고 있었다. 그 결과 무츠는 영국과 러시아를 갈라놓으려고 했다. 10월 10일 『런던타임즈』사설에서는 (영국의) 개입에 반대했다. 무츠는 히로시마에 있던 이토에게 서신을 보내 청과의 평화를 위한 두 계획을 제시하면서 하나를 승인해달라고 요청했다.

1안은 다음과 같았다. (1) 조선의 독립을 보장하고 조선 내정에 새로 간섭하지 않도록 청은 다롄大連 지역을 일본에 할양한다. (2) 청은 일본에 군사비와 배상금을 지불한다. (3) 청은 유럽 열강과 동일한 조건(곧 불평등)으로 일본과 조약을 체결한다. (4) 청은 위의 세 조건을 완전히 보장한다. 2안은 다음과 같았다. (1) 열강은 조선의 독립을 보장한다. (2) 청은 대만을 일본에 할양한다. (3) 청은 일본에 군사비와 배상금을 지불한다. (4) 청은 유럽 열강과 동일한 조건으로 일본과 조약을 체결한다.

"이토는 1안에 동의했다." 그러나 그는 그 조건이 공개돼서는 안 된다고 말했다. 그 결과 10월 23일 일본이 영국에 보낸 답신에서는 "일본 정부는 종전 조건을 공개할 준비가 돼 있지 않다"고만 했을 뿐 계획은 언급하지 않았다. 그러자 미국공사가 11월 6일 중재 가능성을 물었지만 무츠는 "청이 직접 협상 의사를 밝히기 전에는 협상할 수 없다"고 대답했다. 열강은 일본군이 중국을 해체시킬 것을 우려했고, 일본이 중국 본토에서 영토를 할양받는 것을 볼 수 없다고 여러 경로로 밝혔다. 그러나 그들의 조언은 그리 강력해 보이지 않았다. 일부 열강은 아시아 본토 할양을 인정하지 않을 것 같았지만 그것이 자국의 이익을 손상시킬 것이라고 말하는 열강은 없었다. 따라서 그들은 공개적으로 항의하지 않았다.

그 뒤 청은 히로시마에 사절단을 파견했다. 무츠는 조약의 기초를 작성해 히로시마로 가져왔고, 천황이 참석한 최고 회의에서 조약이 채택됐다. 회의에서 이토는 개입 가능성을 경고했다. 무츠는 개입을 피할 수 없다면 협상 전에 평화조약의 조건에 대한 개요를 유럽 열강, 특히 영국과 러시아에 알려 그들의 사전 승인을 얻어야 한다고 제안했다. 이토는 대답했다. "개입을 피할 수 없는 것으로 보이지만 열강에게 조건을 알려주면 사전에 개입을 불러오는 것입니다. 그들은 우리의 조건을 비판할 것입니다. 그러면 우리는 이미 청이 반대한 몇 가지 조건을 수용해야 할 것입니다. 따라서 우리는 원하는 대로 청에 요구하고 청이 전쟁의 모든 결과를 받아들이게 하며, 다른 열강이 반대하면 그때 문제를 다시 검토해야 합니다." 그러나 청국 사절단의 자격을 조사한 결과 전권이 없는 것으로 밝혀져 강화 조건은 히로시마에 있는 청국 대표들에게도 제시되지 않았다.

두 번째 청국 대표단이 나타나기를 기다리는 동안 무츠는 강화 조건을 계속 숨기면 열강, 특히 러시아의 적대감을 자극할지 걱정했다. 그는 이토와 이 문제를 논의한 뒤 도쿄로 가서 2월 14일 러시아공사를 만났다. 무츠는 일본이 청과 전쟁을 치른 결과로 무언가를 요구할 자격이 있다고 생각했고 따라서 영토 할양은 "반드시 필요하다"고 말했다. 그러나 그는 이것이 러시아의 이익과 관련이 있음을 깨달았고 러시아의 이익을 해치는 것을 피하고 싶었으며 공사에게 솔직하게 말해달라고 요청했다.

러시아공사는 무츠에게 말했다. "러시아는 영토 할양에 반대하지 않지만 태평양으로 자유롭게 통행하고 싶습니다. 귀하의 의도가 조선의 독립이라면 우리는 그것 외에는 관심이 없습니다." 그는 대만 할양 또한 "반대하지 않을 것"이라고 "속삭였다". 그러나 그는 "일본이 중국 본토 영토를 얻기 위해 개입하는 것은 일본에 이익이 되지 않을 것"이라고 말했다. 무츠는 자신의 회담이 러시아의 이익을 확인하기 위한 목적이었다면서 "우리의 이해관계는 우리가 직접 고려해야 한다"고 대답했다. 그러나 그는 "러시아공사의 기분을 상하지 않게 하려고 했다". 무츠는 이 대화에서 러시아가 랴오둥 할양에 분명히 반대할 것이라고 결론지었다.

2월 16일 일본 정부는 청국 정부가 새로운 강화 사절을 파견하려고 한다는 사실을 알게 된 뒤 배상금 지급, 조선 독립 인정, 영토 할양, 청이 유럽 국가들과 맺은 것과 같은 확실한 통상 조약 등의 문제를 협상할 준비가 돼 있지 않으면 그런 사절의 파견은 "아무 쓸모가 없다"는 성명을 발표했다. 무츠는 하야시 차관에게 도쿄에서 러시아공사를 만나 위에서 언급한 네 가지 조건을 알려주게 했다.

2월 24일 러시아공사는 일본 정부가 조선 독립에 공식적 또는 실질적으로 간섭하지 않는다면 러시아 정부는 이런 조항에 반대하지 않을 것이라고 회신했다. 일본 정부가 이것을 보장한다면 러시아는 청에 협상을 시작하도록 조언하고 다른 열강에게도 이것을 따르도록 권고하겠다는 것이었다. 2월 27일 무츠는 "러시아가 바라는 조선 독립을 일본이 인정하면 러시아는 청에 강화 조건을 받아들이고 열강들이 승인하도록 권고할 것이라는 말을 들으니 기쁘다"고 회신했다. 그리고 그는 이렇게 말했다. "일본 정부도 조선에 대한 변함없는 정책에 따라 명목상·사실상 조선의 독립을 인정한다는 것을 이 자리에서 선언하는 데 주저하지 않는다."

3월 12일 러시아공사는 일본군이 발해만渤海灣으로 진군해도 톈진 지역의 러시아 무역이 방해받지 않아야 한다는 보장을 요청했다. 무츠는 확답했다. "러시아의 진의는 분명하지 않았지만 표면적으로는 조선의 독립만을 바랐다." 한편 가토 주영 공사는 러시아·프랑스·영국, 심지어 미국까지 극동 전쟁의 해결에 개입할 의향이 있는 것으로 보이지만 사적 이익의 동기가 아니라 중국 항구를 외국 무역에 개방시키려는 의도가 분명하다고 알렸다. 그들은 아마 중국 영토의 할양은 받아들일 수 없지만 다른 영토의 점령은 반대하지 않겠다고 일본에 제안할 것이었다. 무츠는 개입하려는 경향이 초기 단계지만 관련된 열강 사이에서 확실한 결정이 내려지지 않았다고 생각했다.

그 뒤 이홍장과의 협상이 막 시작될 무렵인 3월 24일 무츠는 구리노 주미공사에게서 전보를 받았는데, 미국 국무장관이 주러 미국 공사가 보낸 전보의 개요를 비밀리에 그에게 밝혔다는 내용이었다. 러시아의 야망은 매우 "높고 크다". 러시아는 어려운 상황을 이용해 청에 영향력을 주입할 것이다. 러시아는 중국 북부와 만주를 점령하려고 한다. 그들은 그 지역에서 일본의 영토 점령을 인정하거나 일본이 조선의 보호자가 되는 것을 허용하지 않을 것이다.

국무장관은 그 결과가 러시아와 일본의 '진정한 이익'에 부합하지 않을 수 있다고 우려했다. 무츠는 러시아를 조심해야 한다고 생각해 〔상트페테르부르크의〕 니시에게 정보를 요청했다. 니시는 실제 정보는 없었지만 일본의 영토 요구가 대만과 랴오둥반도의 진저우錦州 지역으로 제한된다면 러시아가 반대하지 않을 것이라고 생각했다. 아무튼 1월 27일 히로시마에서 열린 최고 회의의 결정에 따라 일본 정부는 "전쟁에서 최대한의 결과를 얻고자 했기 때문에 조약 초안에서 랴오둥반도의 할양을 빼지 않았다"고 밝혔다. 조약은 4월 17일 시모노세키에서 체결됐다.

4월 20일 베를린의 아오키는 독일 외무장관의 태도가 바뀌었으며 이제 일본이 남만주를 점령하는 것을 막아야 한다고 말했다고 보고했다. 아오키는 일본인의 피로 점령한 조선의 독립을 지켜야 하며, 전시戰時의 독일과 일본의 우호 관계를 유지해야 한다고 주장했다. 그러나 독일은 조약이 그대로 유지되면 일본은 "맞설 수 없는 경쟁자"가 될 것으로 봤고, 그는 "세계가 결코〔랴오둥에 대한〕일본의 욕망을 받아들이지 않을 것"이라고 덧붙였다.

무츠는 러시아가 프랑스와 독일을 이용하려는 의도로 개입을 조직하고 있다고 생각했다. 독일은 러시아와 프랑스가 "모든 일에 함께"하는 것을 막기 위해 동참하기를 원했다. 이탈리아의 다카히라 공사와 런던의 가토 공사도 이 생각을 지지했다. 다카히라는 이탈리아·영국·미국이 이 문제에 대해 일본을 지지하면 개입을 무력화할 수 있다고 생각했다. 하지만 일본은 그런 지원을 요청해야 했다. 무츠는 영국과 미국이 일본을 어느 정도까지 지원할지 알아보기 위해 가토(런던)와 구리노(워싱턴)에게 연락했다. 영국 정부는 "따뜻한 동정"을 표명했지만 중립을 유지하겠다고 말했고, 구리노는 미국이 중립을 어기지 않을 것이라고 회신했다.

4월 23일 일본은 개입 통보를 받았다. 4월 29일 니시는 러시아 외무장관을 만나 일본 정부가 군사적·대중적 정서를 따르고 권고를 거부하지 않도록 러시아 정부가 너무 고집하지 않기를 바란다고 말했다고 보고했다. 외무장관은 "깊은 우려를 표명"했지만 러시아는 개입을 포기하지 않을 것이라고 말했다. 4월 30일 무츠는 일본이 진저우 지역을 제외한 랴오둥반도의 할양을 포기하되 배상금을 지불할 때까지만 랴오둥을 점령하겠다고 러시아·프랑스·독일에 제안했다. 러시아는 거부했다. 러시아가 일본의 랴오둥 점령을 받아들이지 않겠다는 것은 표면적으로는 조선의 독립을 위한 것이었지만 "실제로는 앞으로 자신이 침략하려고 준비하는 것"이 분명했다. "일본이 새로운 적에게 도전하지 않는 한 이 권고를 받아들여야 한다."

이미 4월 24일 내각은 상황을 고려했다. 그들은 삼국이 군사적 개입에 나설지는 알 수 없었지만 "해외에 파병한 우리 군대는 랴오둥에 집중돼 있고 펑후제도澎湖諸島의 함대와 국내 군대는 거의 없기 때문에 스스로 방어할 수 없을지도 모른다고 생각했다. 우리 함대가 펑후제도에서 돌아올 때까지는 외교적 전술에 의존하더라도 10개월 동안 전쟁을 치른 뒤 어떻게 러시아만이라도 맞서 싸울 수 있겠는가?"

그 결과 4월 24일 내각은 세 가지 권고안을 전부 또는 일부 수용하기로 결정했다. 또한 일본이 청으로부터 배상을 받기 위해 삼국에 의존할 것인지 아니면 배상 문제를 전체적으로 열강 회의에 상정할 것인지도 고려했다. 5월 8일이 조약 비준일로 정해져 있었기 때문에 더 늦어지면 청이 비준하지 않을 기회를 줄 수 있다는 판단이 내려졌다. 또한 앞으로 일본과 청의 관계는 늘 열강 회의로 가는 선례가 만들어질 수 있다는 우려도 있었다. 그리고 일본 정부와 국민으로서는 "배상에 대해 삼국에 감사를 표시해야 한다는 것은 견딜 수 없는 일"이었을 것이다. 따라서 삼국에 대해서는 완전히 포기하되 청에 대해서는 아무것도 포기하지 않기로 결정했다. 5월 5일 일본은 삼국의 권고를 받아들여 랴오둥반도의 영유권을 최종적으로 포기한다고 통보했고, 5월 9일에는 세계 평화를 위해 행동한

것에 삼국의 축하를 받았다.[48]

 이 일본 외무성 요약문은 제2차 세계대전 이후 발간된 『일본외교문서』에서 모은 것이다.[49] 이 문서들을 살펴보면 요약문이 사건의 경과와 일본 정부 지도자들의 생각을 상당히 정확하게 묘사하고 있으며, 원본 문서에 있는 정확한 단어를 사용하고 있음을 알 수 있다. 그러나 이 연구와 관련된 몇 가지 추가 정보에 주목해야 한다. 첫째, 3월 24일 시모노세키에서 발생한 악명 높은 이홍장 암살 시도는 일본 정부를 매우 당혹시켰고 일본 지도자들은 "문명적이고 진보적인" 국가라는 일본의 명성을 지키려고 했다.

 해외의 일본공사들은 모두 이 사건에 대해 일본을 공식 비난하는 나라는 없다고 보고했지만 무츠 외무대신에게 전달된 몇몇 언론 보도는 그를 불안하게 만들었는데, 이를테면 오스트리아에서는 다음과 같은 기사가 나왔다. "일본은 아직 진정한 문명국이 아니다. 러시아 황태자와 이홍장에 대한 시도에서 알 수 있듯 일본인은 환대의 소중함을 모른다." 그리고 베를린의 아오키는 전 유럽이 "이 야만적인 사건에 분노"하고 "일본의 피상적인 문명을 경멸하고 있다"고 보고했다. 그는 "즉시 그들을 완전히 만족시켜야 한다"고 권고했다.

 이토와 무츠는 이홍장에게 사과하고 최선의 치료를 제공하는 것을 넘어 협상에 대한 일본의 진정성을 보여주는 확실한 증거가 필요하다고 생각해 이홍장이 요구했지만 그때까지 일본이 거부했던 휴전 협정을 체결해야 한다고 내각에 제안했다. 군 수뇌부는 반대했지만 이토는 야마가타 전쟁장관과 사이고 쓰구미치 해군대신을 설득하는 데 성공했고, 3월 30일 정식 휴전이 체결됐다. 이 휴전은 그사이에 평화 협상이 결렬되지 않는 한 4월 20일까지 지속될 예정이었고, 대만을 제외한 모든 전선이 포함됐다. 휴전 소식은 해외로 전달됐고 일본 대표들은 "진심으로 만족한다"고 보고했다.[50]

둘째, 삼국간섭 자체에 대해 몇 가지 추가 언급이 필요하다. 외무성 요약문은 어느 정도 매끄럽게 작성돼 일본 수뇌부를 다소 냉정하게 보이게 할 수 있다. 공문 내용 자체는 놀람·걱정·우유부단함의 징후로 가득하며 어조의 변화, 뚜렷한 침묵, 상충되는 비공식 정보를 파악하기 위해 필사적으로 노력하는 일본 외교관의 조금 우스운 모습을 보여준다(이를테면 런던의 가토는 영국 외무장관에게 삼국이 본격적으로 항의하고 있는지 여부를 알려달라고 요청했다. 외무장관은 아마 "정보원 가운데 일부는 그렇다고 하고 다른 일부는 아니라고 한다"고 정색한 얼굴로 대답했고, 가토는 그 '사실'을 정식 보고했다).[51] 그러나 그들은 상황을 상당히 정확하게 파악한 것으로 보인다. 독일이 러시아의 입장을 지지하는 쪽으로 돌아섰다는 그들의 판단은 개입에 관련된 러시아의 기본 정책 회의 기록에 따라 입증됐다.

이 회의에서 러시아 정책 입안자들은 독일의 '갑작스런 견해 변화'에 대해 이야기하며 그것을 상업적 이해관계와 최근 베이징에서 베를린에 도착한 브란트Brandt의 영향 때문이라고 판단했다(그러나 그들은 독일이 프랑스-러시아 협력의 영향 범위를 최소화하기 위해 들어올 가능성은 지적하지 않았다). 또한 개입 요구가 충족되지 않으면 러시아가 일본 본토를 공격할 가능성이 있었다는 일본의 추정은 이 문서에 따라 정확했다는 것이 밝혀졌다. 러시아는 이 요구를 압박할 것인지에 대해 서로 논쟁을 벌였는데, 대공 알렉시스Alexis 제독은 "어떤 경우에도" 일본에 적대 행위를 개시해서는 안 된다고 주장했고 오브루체프Obrucheff 부사령관은 러시아는 "서방과 코카서스에서도 안전하지 않으며" 전쟁은 "우리에게 큰 재앙"이 될 것이라고 비판했다.

그러나 세르게이 비테Sergei Witte 추밀원 고문은 일본이 남만주를 점령하도록 허용하면 "일본이 중국 황제가 될 수 있고 러시아는 자국 영토와 시베리아 철도를 방어하기 위해 수십만 명의 병력과 상당한 규모의 함대가 필요할 것"이라고 예측했다. 그는 러시아가 일본의 남만주 점령을 허용하지 않겠다고 "단호하게 선언"해야 하며 "우리의 목표를 실현하지 못할 경우 적절한 조치를 할 수밖에 없다"고 주장했다. 그는 "적절한 조치"에 대해 "우리의 기대와 달리 일본이 우리의 외교적 주장을 듣지 않는다면 우리 편대에게 일본 함대를 공격하게 하고 어떤 지점도 점령하지 않으면서 일본 항구를 폭격하라고 명령해야 한다"고 설명했다.

회의의 결론은 비테의 생각이 그 회의를 지배했음을 보여준다. "(…) 일본이 우리의 조언을 따르기를 단호히 거부할 경우 우리는 스스로 행동의 자유를 갖고 우리의 이익에 부합하는 행동을 할 것임을 일본 정부에 선언할 것이다." 로바노프Lobanoff 외무장관은 이것이 전쟁을 의미한다고 확신했기 때문에 니콜라이 황제에게 회의록을 제출하는 것을 나흘 동안 망설였다. 로바노프와 마찬가지로 일본의 랴오둥 점령을 내버려 둔 뒤 조선 동해안의 항구를 찾는 방안을 생각하고 있던 니콜라이는 비테, 로바노프, 반노프스키Vannovsky 전쟁성 장관, 알렉시스 대공을 궁궐로 불러 이런 결론을 논의했다.

비테는 "자신의 의견을 되풀이했고 다른 사람들은 매우 미약한 이의를 제기하거나 전혀 이의를 제기하지 않았으며, 마지막 분석에서 니콜라이는 비테의 제안을 받아들였고 그 자리에서 회의록을 승인했다". 러시아는 "만주를 놓고 일본과 전쟁에 직면했다".[52] 일본이 개입 통지를 완전히 준수하지 않으면 적대 행위를 개시하겠다는 러시아의 이런 결심은 일본이 최종 수락하기 전에 회신한 "진저우 지역만 할양하겠다"는 제안을 조금도 고려하지 않은 데서 좀 더 잘 드러나는 것 같다.[53]

셋째, 삼국간섭과 관련해 이노우에의 역할은 무엇이었는가? 조선에서 바빴던 그는 시모노세키 협상이나 일본 내각의 삼국간섭 이전 계획에 적극 참여하지 않은 것으로 보인다. 그러나 무쓰는 개입 통지서를 받은 직후(4월 23일) 이노우에에게 전보로 통지서 수령 사실을 알렸고, 이노우에는 48시간 이내에 조언을 보냈다.

> 러시아·프랑스·독일 장관의 각서에 관련된 전보를 받았습니다. 귀하의 어려움을 충분히 이해합니다. 지금이 우리 정부의 가장 성숙한 조언이 필요한 순간임은 말할 필요도 없습니다. 나는 우리의 주장을 대만과 배상금에 국한하는 것이 더 낫고 결국 더 유리할 것이며, 배상금은 반드시 증액돼야 한다고 생각합니다. 세르비아와 관련된 러시아의 요구를 다룬 베를린 회의의 결과는 지금 사건에서 우리에게 충분한 경고를 제공합니다. 나는 이런 의견이 군부의 큰 반대에 부딪힐 것임을 분명히 알지만, 그것이 국익에 부합한다고 진심으로 믿습니다. 이것이 내 의견입니다. 영국 정부의 태도는 어떻습니까?[54]

모든 일이 끝난 뒤 무쓰는 5월 15일 그에게 다음과 같이 알렸다. "5월 9일 러시아·프랑스·독일 장관은 일본이 펑티엔(랴오둥) 반도에 대한 확실한 영유권을 포기함으로써 자국의 지혜를 새로 증명했다고 공식 선언했으며, 세계 평화를 위해 축하했습니다."[55] 이노우에의 조언이 담긴 전보는 내각 결정 이틀 뒤인 4월 26일에야 무쓰에게 전달됐기 때문에 필요하다면 개입을 수락하기로 한 일본 내각의 결정에 이노우에가 발언권이 있었다고 주장할 수 없다. 그러나 그의 생각이 그들의 생각과 일치했으며, 더 큰 기준의 문제를 깨닫고 나자 그도 그들만큼이나 우려하게 됐다는 것은 분명하다. 따라서 이노우에가 신중함을 강조한 필요성을 그제야 이해하고 인정한 배경에는 5월에 겪은 절망과 '류머티즘'이 있었다고 봐야 한다.

이노우에를 포함한 일본 지도자들은 시모노세키 협상 과정에서 열강이 자신들을 주시하고 있다는 사실을 예리하게 인식하게 됐고, 삼국간섭을 정말 두려워했다. 그렇다면 이노우에가 조선의 개조를 추진하지 못한 근본적인 요인은 열강에 대한 두려움이었을까? 그것이 불러온 보수주의의 분위기는 일본이 조선을 최대한 압박하기에 충분한 자금 공급을 꺼리게 만드는 데 중요하게 작용한 것이 분명하다. 하지만 그것이 전체 계획에 정말 결정적이었을까? 5월 25일의 '내각 선언'을 다시 읽으면 바로 그렇다고 말하고 싶을 것이다.

그 '결정'에 따르면 일본은 조선의 '독립과 개혁'을 단독으로 후원하려는 접근을 완전히 포기했는데 "조선의 상황 개선을 목적으로 하는 모든 조치에 대해 다른 이해 열강과 협력하고 일본과 조선의 미래 관계를 일본의 전통적인 권리 위에 놓을 준비가 돼 있다"고 밝혔다.[56] 일본 내각은 삼국간섭으로 충분히 흔들렸고, 이노우에(와 그들)의 조선 개조 시도를 모두 포기하는 선언을 **작성했다고** 분명히 말할 수 있다.

그러나 이 선언은 발표되지 않았다. 무쓰는 6월 3일 자 조선 정책에 대한 일반 비망록에서 이것에 대해 언급했다.

> 지난달 25일 도쿄에 있던 각료들이 모여 여러 나라에 첨부해 보낼 선언문을 작성했습니다. 나는 교토에 있는 이토 총리에게 전보를 보내 그곳에 있는 다른 각료들과 상의하고 천황의 승인을 얻도록 요청했습니다. 그러나 총리는 천황이 곧 돌아올 테니 그때까지 기다려야 한다고 말했습니다. 그러나 그 뒤 프랑스공사가 조선과 관련된 모든 일은 러시아와 협의해야 한다고 내게 제안했습니다. 프랑스공사의 이 의견은 그의 정부를 대표한 것이 아니었습니다. 그는 러시아공사를 대신해 제안했다고 말했습니다. 이 때문에 우리는 선언을 발표할 기회를 잃었습니다.
>
> 삼국은 랴오둥 문제와 관련해서도 개입했습니다. 이제 그들은 대만 자유 통행도 개입하고 있습니다. 그들은 연이어 문제를 제기합니다. 분명히 그들은 조선 정책에 대해 물어볼 것이므로 또 다른 문제가 제기되기 전에 우리는 변화 없이 정책을 계속할 것인지(앞서 언급한 지난 8월의 2안), 아니면 간섭을 중단하고 일반적인 조약 관계의 상태로 돌아갈 것인지 능동적이든 수동적이든 결정해야 합니다. 아무튼 우리의 목표를 결정하는 것이 시급하므로 천황의 결정을 얻어주십시오.

이 문서의 부록을 보면 무츠가 요청한 정책 결정이 다음 날 내려졌음을 알 수 있다. 그러나 그가 제안한 것처럼 명확하게 결정된 것은 아니었다. 내각 스스로도 지난 1년 동안 일본의 조선 정책에 질적 변화가 있었음을 인정하지 않았다. 내각은 다음과 같이 결정했다.

> 과거 일본의 정책은 조선의 독립을 인정하고 청의 속국 주장을 무너뜨려 독립을 현실화하는 것이었다. 전쟁 결과 우리는 청이 조선의 완전한 독립을 인정하게 만들었고, 러시아에게도 명목적으로나 실질적으로 조선의 독립을 인정할 것을 촉구했다. 이것과 관련해 우리는 과거의 정책을 바탕으로 수많은 선언을 해왔다. 따라서 앞으로의 조선 정책은 되도록 간섭을 중단하고 조선이 스스로 일어설 수 있도록 하는 것을 목표로 삼을 것이다. 따라서 소극적인 목표를 설정하기로 결정했다. 위의 결과 우리는 조선의 철도·전신 문제에 강력히 간섭하지 않을 것이다.[57]

이것은 이노우에가 귀국해 6월에 휴가를 떠났을 때 나온 정책이었다. 분명히 강조점은 신중함에 있었지만 과두정권은 그것에서 크게 벗어나지 않았고, 일본이 일반적인 조약 관계로 후퇴하고 있다는 것을 전 세계에 알리려는 생각을 포기한 것이 주목할 만하다. 또한 조선의 상황이 '소극적'인 조치를 넘는 결과를 약속하는 것처럼 보이면 '되도록'이라는 단어는 상당한 탄력성을 가질 수 있다. 그리고 조선에 대한 개입도 없었고, 러시아가 조선의 절반이나 한 항구에 대한 요구도 없었으며, 랴오둥의 경우처럼 일본이 공개적이며 '완전하게' 점령과 지배를 포기하라는 요구도 없던 것이 사실이다. 실제로 랴오둥에 대한 개입은 그 지역을 외교 무대의 중심으로 끌어올림으로써 일본이 조선 정책에 대한 열강의 간섭에서 벗어나는 데 큰 역할을 했다고 판단된다. 물론 일본은 조선을 병합할 수 없었지만, 그 정책 결정자들이 그런 생각을 갖고 있었음을 보여주는 것은 없다.

이노우에의 모든 구상은 청의 견제가 깨지고 일본이 1년 정도 여유를 갖게 되면 조선 정부를 설득해 일본의 계몽된 이기주의와 일치하는 방향으로 나아가도록 할 수 있다는 가정에 기초해 있었다. 그러면 조선에는 발전과 개선이, 일본에는 안보가 있을 것이었다. 분명히 삼국간섭의 분위기는 일본의 정책 입안자들이 조선에 대해 어느 정도 주저하게 만들었지만 이노우에가 추진하려던 계획을 무너뜨릴 정도는 아니었다. 어쩌면 이노우에가 스스로 처리할 수 있다고 확신했던 서울의 '사소한' 정치적 변화가 국제정치의 높은 긴장보다 그의 실패에 더 근본적인 원인이었을지도 모른다. 따라서 이노우에가 아니라 다른 사람의 관점에서 이것들을 검토하는 것이 좋을 것이다.

스기무라의 일기는 이노우에가 서울의 정치적 정세를 조종하려 했던 흥미로운 내막과 다소 비판적인 설명을 담고 있다. 이노우에가 후원한 내각은 '구파' 김홍집 세력과 '신파' 박영효 세력으로 구성됐지만 곧 조화를 잃었다고 그는 말했다. 박영효는 국왕·왕비와 매우 가까워지는 데 성공했는데, 국왕은 그를 이노우에와 연결하는 연락자로 이용하려고 했고 왕비는 그를 이용해 '구파'의 세력을 축소하려 했기 때문이었다. 또한 일본인 고문 사이토는 박영효의 참모로, 호시 도루는 법무대신 서광범의 참모로 활동하면서 그들 측근의 입지를 확보하고 '구파'를 물리치려고 했다. 그들은 '구파' 대신들이 사임하고 박영효가 새 총리가 될 것이라는 소문까지 퍼뜨렸다. 한때 '구파'는 사임했고 박영효는 이노우에가 국왕에게 건의해 자신을 총리로 임명하게 할 것이라고 예상했다. 그러나 이노우에는 고종에게 사직을 윤허하지 말고 마찰을 조정하라고 촉구했다. 박영효는 점점 불편해지기 시작했다. 그는 이노우에의 권력과 일본군에게 자신의 자리를 빚지고 있다고 스기무라에게 말했다. 이것은 좋지 않았다. "이노우에는 이곳에 몇 년만 있을 것이고 군대는 철수할 겁니다. 그러면 나는 어디에 의지할까요? 그러니 내 자리를 지키는 것뿐 아니라 조국의 개혁을 이루기 위해서도 내 힘을 키워야 합니다." 박영효는 자신의 힘을 키우기 시작했다.

박영효는 친구 서광범과 다퉜고 그때 이노우에는 서광범을 옹호했는데, 박영효는 고종에게 가서 서광범을 파직하고 자신의 추종자를 법무대신으로 임명하도록 윤허받았다. 이노우에는 이 일을 그냥 넘겼다. 그 뒤 박영효는 '구파' 내각 대신을 하나씩 축출하기 시작했다. 뒤에서는 사이토와 호시가 박영효를 돕고 있었다. 마침내 김홍집 총리가 사임하자 이노우에는 걱정하기 시작했다. 그는 모든 것이 "너무 멀리 갔고 아무도 내 말을 듣지 않는다"고 불평했다. 사이토와 호시는 어떤 종류의 폭발이 일어나기 전에 그가 일본으로 돌아가는 것이 최선이라고 주장했다.

그 뒤 이노우에는 박영효의 새 내각을 전폭 지원하기로 결정하고 다카나 겐도를 중개인으로 선정해 모든 일을 원활히 진행하도록 지시했다. 6월 7일 이노우에가 서울을 떠나 일본으로 갔을 때 박영효의 입지는 매우 확고했다. 그는 '책임자'였다. 그는 스기무라에게 일본 기업이나 일본인이 정부의 행정 개선에 도움을 주는 것은 좋지만 "〔관리 임명〕 같은 문제에 간섭받는 것은 싫다"고 말했다. 그는 일본인 고문이 너무 많아지고 있다고 불평했다. "이런 일이 계속된다면 우리는 어떻게 독립할 수 있겠습니까? 특히 다른 나라들도 똑같이 한다면 말입니다. (…) 전임 총리는 기개가 없어 외국 사신(이노우에를 의미. 스기무라가 삽입)에게 절을 했으니 그런 무력한 대신들을 몰아내야 합니다." 이처럼 일본에 대한 박영효의 태도는 점점 나빠지고 있었다.

한편 박영효 세력은 두 집단으로 나뉘었는데, 하나는 영어를 잘하고 미국을 방문한 경험이 있는 친미파였다. 거기에는 당시 학부대신이던 이완용도 들어있었다. 하지만 박영효는 그들과 연합하지 않았다. 그는 이노우에가 일본으로 출국하기 전날인 6월 6일 '조선 독립 1주년'을 기념하는 대규모 연회를 열어 환송하는 등 이노우에와 사이가 좋았고 사이토·호시 등과도 우호적인 관계를 유지했다. 스기무라 등 다른 일본인들과의 관계는 좋지 않았지만 6월 23일 조·일 우호 증진을 위한 조선인 단체가 출범했으며 친미파는 거기에 반대했어도 박영효는 "일본인의 생각과 점점 더 가까워졌다".

그때 박영효와 국왕의 사이를 멀어지게 한 궁궐 근위대 문제가 발생했다. 궁궐 근위대에는 '미국인 교관'에게 훈련받은 700~800명의 부대와 일본인에게 교육받은 '훈련대'라는 두 대대(약 800명)가 있었다. 박영효는 훈련대가 궁궐 근위대 전체를 맡도록 고종에게 건의했다. 고종은 처음에는 반대하지 않았지만 그뒤 거부했고 박영효에게 분노하게 돼 그를 축출하기로 결정했다. 고종은 전해 여름 이후 줄어든 자신의 권력을 회복하기 위해 박영효를 이용하려고 했지만 그가 '독재자처럼' 매우 강력해진 것이 근본적 이유라고 스기무라는 주장했다. 7월 7일 이른 아침 외무대신이 일본공사관으로 국왕의 전갈을 전달하면서 사태는 절정에 이르렀다. 박영효는 전날 밤 축출돼 체포 명령을 받았다는 내용이었다.

나(스기무라)는 일본인들에게 박영효를 돕지 말라고 명령해달라는 요청을 받았다. 나는 상황이 이렇게 급변한 데 놀랐다. "나도 많이 놀랐지만, 물론 이것은 귀국의 내정에 관련된 것이기 때문에 내가 간섭할 수 없습니다. 일본인들에게 박영효를 돕지 말라고 최선을 다해 알리겠지만 너무 갑작스럽습니다. (…)" 국왕의 사신(외무대신)이 알았다고 한 뒤 나가려는데 갑자기 문에서 소리가 나더니 누군가 달려 들어왔다. 박영효였다. 외무대신은 자리를 떴다. 박영효가 들어왔고 나는 "어떻게 할 것이냐"고 물었다. 박영효는 "일본에 가야 한다"고 말했다. 나는 "알았다"고 말하고 그를 위층으로 숨겼다.
그런 뒤 나는 사이토와 호시를 불렀지만 그들은 오지 않았다. 오카모토가 왔다. 이미 아침 6시였는데, 경찰 50~60명이 내 사무실로 들어왔다. 책임자가 박영효를 요구했다. 나는 거절했다. 그들은 앉아서 기다렸다. 아침 7시쯤 박영효를 경호할 준비를 했는데 사이토·호시 모두 오지 않았다. 나는 오카모토를 보내 그들을 데려오게 했다. 마침내 그들이 왔다. 우리는 좋은 계획이 생각나지 않아서 박영효를 인천으로 보내기로 했다. 사복 차림의 일본 경찰과 우리 공사관 경비병 10여 명이 박영효를 후문으로 데리고 가서 샛길로 (…) 인천으로 떠났다. 도성 문에는 박영효의 체포를 명령하는 국왕의 포고가 붙어 있었다. 사람들이 돌을 던졌지만 일행은 무사히 통과했다.

박영효가 떠난 후 스기무라는 여러 차례 궁궐을 찾아가 '정중히' 대화했지만 고종은 "일본공사관이 박영효를 도운 것이 유감스럽다"고 발표했다. 그 무렵 이노우에가 돌아온다는 소식이 전해졌다. 국왕은 기쁘다고 말했지만 사실은 두려웠다. 이노우에가 군사 3천 명을 이끌고 박영효 사건의 책임자들을 응징할 것이라는 소문이 돌았기 때문이다. "그러나 조선인들의 예상과 달리 이노우에는 일본군을 데려오지 않았다. 그는 아내만 대동했다. 몇몇 일본인은 이노우에가 조정에 가서 고종의 목을 흔들 것이라고 생각했지만 반대로 그는 침착했다. (…)" 이노우에는 자신의 첫 계획이 너무 급진적이었음을 깨달았다. 일본으로 떠나기 전 그는 고종과 오래 이야기했다. 고종은 그에게 말했다. 대원군은 늘 외국에 반대했지만 민씨 세력은 그렇지 않았다. 민씨 세력은 일본에 우호적이었지만 일본이 그들을 거부했다. 이것은 "거꾸로 된 말"이었다.

일본에 있는 동안 이노우에는 곰곰이 생각했고 (…) "돌아왔을 때 그는 국왕과 친밀히 지냈다." 그는 일본 정부가 비밀리에 300만 엔을 보내주겠다고 고종에게 약속했고, 고종과 왕비의 많은 추종자와

친해졌다. "그의 사무실은 궁궐에서 온 방문객들로 붐볐다." 일본에서 돌아온 뒤 이노우에는 국왕·왕비와 매우 가까운 대신들을 제외하고는 조선의 대신들과 정치에 대해 이야기하지 않기로 결정했다. 그러면서 개혁 세력은 소외됐다. 박영효 세력은 분노했다.

"어제 이노우에는 개혁파의 친구였지만 오늘은 국왕의 친구다." 조정의 호의를 얻기 위해 이노우에는 가까웠던 세력을 소외시켰고 그들은 그의 적이 됐다.

이제 그의 주요 사업은 고종에게 자금을 전달하고 왕족들을 일본으로 유학 보내는 것이었다. 20~35세의 왕족 20명이 일본으로 유학을 떠났다. 그러나 내각에서는 알지 못했다. 그때 미우라가 착임했다. 그는 이노우에에게 자금은 오지 않을 것이라고 말했다. 이노우에는 "실망했다".[58] 스기무라가 이노우에의 업무 처리에 깊은 인상을 받지 못했다는 것은 그의 발언을 보면 분명해 보인다.

이런 사건들에 대한 실 미국공사의 관찰은 이노우에가 겪은 어려움에 대한 서술을 마무리하는 데 도움이 된다. 1895년 3월 1일 실은 내각이 "정치적 교착 상태에 빠져있다"고 보고했다. 박영효가 "주요한 악인"이었다. 그는 일본의 도움으로 내무대신에 올랐지만 "매우 영리한" 왕비는 그를 "자신의 도구"로 삼았다. 그는 "이노우에 백작이 제안한 철도에 대한 큰 양보"를 거부하고 있었다. 반일 세력은 그를 증오했고 이제 일본인들은 그를 버릴 수도 있었다. 대원군 세력은 음모를 꾸미며 세력을 키워가고 있었다. 고종은 러시아가 곧 자신을 도와줄 것이라고 은밀히 주장하고 있었다.

4월 3일 실은 조선이 "매우 긴급히" 필요로 하는 300만 엔의 일본 차관이 조선에 제공될 것이라고 보고했다. 그러나 일본은 "조선에서는 쓸모없는" 지폐로 받으라고 강요했다. 조선 정부의 강력한 반대로 "일본은 은화로 150만 엔을 제공했다". 그달 말 그는 "일본의 방법"을 설명했다. 일본은 왕실 재정과 관련해 매우 "소심해" 국왕에게는 5천 달러(은화), 전체 왕족에게는 50만 달러만 제공했다. 그들은 차관의 대가로 "철도 50년, 전신 25년, 우편 5년 사용권"을 요구했다. 그러나 망명자였다가 당시 내무대신이던 박영효는 일본에 큰 골칫거리였다. 그는 "사실상 독재자"가 됐고, "조국에 대해 진지하게 생각"하며 "모든 것을 독차지하려는 일본의 시도에 분개"하는 것처럼 보였다.

다음 보고서에서 실은 대원군의 손자가 반역 음모로 체포된 사건을 언급하면서 그 음모는 대원군의 소행일 가능성이 높지만 "일본 측에게는 아쉽게도 부족한 것, 곧 강력한 조선인 추종자를 갖고 있기 때문에 정부는 대원군 체포를 두려워하고 있다"고 관찰했다. 국왕과 정부는 일본의 "도구나 장난감"일 뿐이었다. 그러나 그 직후 실은 내무대신 박영효가 조선 전역에 시행하도록 명령한 88개 개혁안의 목록을 보냈다. 몇몇은 매우 인상적이었다. 87조에서는 "우리의 독립을 확보하는 데 일본이 제공한 원조의 구체적 내용을 국민에게 회람시켜야 한다"고 했다. 5월 25일 이노우에는 김홍집 총리의 사임을 보고했고, 박영효는 내무대신 겸 총리 대행을 맡았다. 그러나 "한때 진보파의 편에 섰던" 이노우에는 이제 "보수파를 지지"했고 진보파는 "일본의 요구에 저항"하고 있었다.

얼마 지나지 않아 실은 서울에서 다른 서양국 대표들과 함께 "이

나라의 가치 있는 모든 것을 장악하려는 일본인들의 시도에 반대하는" 공동 서한을 조선 외무대신에게 보냈다(국무부는 이런 행동과 조선이 "압제자들의 부담스러운 요구에 저항"하도록 그가 독려한 것을 질책했다). 연회 다음 날인 6월 7일 실은 박정양 전 주미공사가 새 총리가 됐지만 박영효가 "사실상 독재자"라고 보고했다. 박영효가 이노우에와 '독립' 1주년을 기념하기 위해 계획한 이 연회는 일종의 '혼선'이었는데, 실을 포함한 외국 대표들은 1년 전에야 비로소 조선이 '독립국'이 됐다는 사실을 받아들이지 않았기 때문이다(아디Adee 국무장관 대행은 이것에 대해 실의 입장을 인정하면서 미국은 1882년부터 조선의 독립을 '사실로' 받아들였다고 언급했다). 또한 실은 이노우에가 국왕에게 박영효를 '위험한 사람'이라고 비난했다고 들었는데, 그런 비난이 있었다면 연회 주최자와 귀빈 사이에 일정한 긴장감이 조성됐을 것이라고 생각했다. "박영효는 마음속으로는 정말 조선인"이라고 실은 결론지었다.

　미국공사관 서기관 호러스 앨런은 미우라가 착임하고 이노우에가 조선을 떠난 다음 날인 1895년 9월 18일 국무장관에게 보낸 보고서에서 1년 동안 서울에서 전개된 일본 정치를 요약했다. 먼저 앨런은 오토리가 대원군을 불러들여 "사실상 국정의 독재자"로 만듦으로써 고종을 모욕했다고 판단했다. 대원군은 "일본에 대해 음모를 꾸밈으로써 이 호의를 갚았다". 그러자 이노우에는 대원군을 거부하고 왕비를 배제했으며 "추방된 박영효를 받아들이도록 국왕에게 강요"했다. 처음에 이노우에는 이 (미국) 공사관에 우호적이었지만 박영효 세력에 의해 '다른 길'로 가도록 설득됐다. 총리 김홍집은 대원군 세력이었지만 박영효가 우위를 차지했다. 그 뒤 '혼돈'이 찾아왔다. 이노우에는 다시 대원군을 편들기 시작했고 박영효를 비난했다. 그리고 일본으로 건너갔다. 그는 돌아와서 "모든 사람과 매우 친해지려고" 노력했다.[59]

이런 분석의 행간을 읽어보면 이노우에가 서울의 정치 무대에서 어려움을 겪은 것은 그가 도입하려고 했던 개혁이 아무리 미래지향적이고 개혁 지도자인 박영효가 아무리 유능하고 열정적이며 일본에 우호적이었더라도 전체 계획은 결국 조선보다 일본의 이익을 중시했기 때문이라고 결론지을 수 있다. 그리고 박영효는 고종·왕비·대원군, 그리고 다른 모든 인물들과 마찬가지로 "마음속으로는 정말 조선인"이었다.

이런 상황에 내재된 난제는 표면적으로 드러난 정치적 왜곡보다 더 근본적인 것이었다. 이 단계에서 일본이 이것을 완전히 인식하지 못했다는 것은 분명하다. 당시 국내 과두정치가들은 물론 이노우에 자신도 열강의 간섭이나 간섭 위협이 더 큰 문제라고 생각했을 가능성이 크다. 그러나 10년 뒤 열강의 간섭은 멈췄지만 조선인은 여전히 설득되지 않았음을 우리는 보게 될 것이다. 이 현상은 앞으로 논의하겠지만 청일전쟁 당시 일본의 조선 개조 노력에 대한 장을 마무리하기 전에 '현실주의의 몰락'이라고 부를 수 있는 마지막 행위, 곧 미우라·시해·실패에 대해 논의할 필요가 있다.

1895년 10월 8일 새벽, 미우라가 주한공사로 착임한 지 한 달이 채 지나지 않았고 이노우에가 조선을 떠난 지 3주 만에 일본인과 조선인 자객들이 어둠 속에서 궁궐에 들어와 왕비와 궁녀 몇 명을 베어 죽이고 왕비의 시신을 기름에 적셔 바깥마당에서 불태웠다. 이것은 사전에 계획된 가장 극악한 종류의 살인이며, 무방비 상태의 여성을 자신의 처소에서 시해하고 처참한 시신을 뜰에서 불태우는 것으로 절정을 이뤘다. 이런 행위는 문명 사회의 최소한의 기준으로도 도저히 용납할 수 없는 행위라고 선고해야 한다. 아무리 느슨하게 만들어진 전쟁법, 외교적 음모의 필요성, 국가 안보에 대한 가장 집요한 요구라고 할지라도 가장 추악한 살인을 변명할 수는 없다. 미개인이라도 그런 행동에 반발하며, 일본이나 조선인 가해자 모두 미개인이라는 이유로 변명할 수 없다.

그러나 이 사건에 연루된 인물들의 부인할 수 없는 죄책 때문에 이 사건의 더 광범한 의미를 간과해서는 안 된다. 정식으로 승인된 주한 일본공사 미우라 고로 자작과 주한 일본공사관 초대 서기관 스기무라 후카시가 관련자에 들어 있었다는 명백한 사실은 이 사건을 국가 범죄의 수준으로 높인다(또는 낮춘다). 그러나 그것을 넘어 그동안 조심스럽고 신중하며 합리적으로 계몽된 '현실주의' 국민국가 외교로 타당하게 정의돼 왔고 국가 안보를 위해 전적으로 납득할 수 있는 목표에 기반한 일본 정부 최고 관료들의 정책·태도·우려의 배경을 고려하면, 이런 만행은 국제관계에서 '현실주의'라는 관행의 자연스럽고 거의 자동적인 결과가 아닌지 질문해야 한다.

물론 조선 정책을 기획한 일본 정부의 그런 고위 관료들이 사실상 공모자이자 살인자 집단이었으며 일본의 정부 조직을 장악하고 그것을 이용해 부국강병·노예화·침략 같은 범죄 행위를 추진했음이 드러나면 조선 왕비 시해 사건은 이 질문에 대한 긍정적인 답변을 뒷받침할 수 없다. 또한 미우라와 그 밖에 직접 관련된 사람들에게 모든 책임이 있음을 입증할 수 있고, 그들이 고의적이고 의도적으로 정부의 지시를 어겼거나 정부에게서 철저히 비난받을 만한 행위에 참여했다면, 이 경우도 긍정적인 답변을 뒷받침할 수 없다. 그렇다면 그들은 공모자이자 살인자가 되고 그들이 대표하는 정부는 그들과 분명히 단절하고 그들을 부인함으로써 비열한 행위에 대한 책임을 만든 정책과 스스로를 구조할 것이다.

이 두 경우 모두 음모는 문명사회의 법률과 관습 밖에서 활동하는 개인에게 맞춰질 수 있고, 국가 범죄나 국제관계를 처리하는 일종의 접근 방식에서 "어쩔 수 없이 나타난 결과"에 대한 의문은 해결할 수 없다. 그러나 음모가 명확하게 드러나지 않는다면, 반대로 일본의 통상적인 외교 업무가 그런 범죄로 직접 자연스럽게 이어졌다면 국가 범죄의 요소가 존재한다고 볼 수 있다. 그리고 일본의 "통상적인 외교 업무"가 미국 같은 '선량한' 국가를 포함한 국가들 모두에게 공통된 태도와 목표에 기반한 것으로 밝혀진다면 이런 태도와 목표는 가장 날카로운 비판적 조사를 받아야 한다고 여겨진다.

뒤쪽의 관점에서 볼 때 2년 전 다른 작고 후진적인 군주국인 하와이 왕국에서 난폭한 여왕을 축출한 선례가 있었다는 것은 흥미롭고 역설적인 일이다. 1893년 1월 릴리우오칼라니Liliuokalani는 왕국의 발전과 근대화를 촉진하고 자국의 안보를 염려한 이웃 강대국의 공사가 주도한 쿠데타로 왕좌에서 축출됐다. 바로 미국공사 존 L. 스티븐스John L. Stevens였다.

많은 측면에서 두 사건은, 관련된 두 사람의 성격까지도, 놀랍도록 비슷하다―릴리우오칼라니는 아름답고 구슬픈 노래 '알로하 오에 'Aloha Oe'의 작곡자로 "성숙한 여성성의 활기가 넘치고" 잘 교육받았으며 재능 있는 여왕이었고 왕비 민씨는 "쉰넷의 나이에도 검은 눈이 반짝이고 창백하며 마른 얼굴에 미소를 띤" 인상적인 인물이자 "[조선] 왕실의 유일한 남자"였다. 두 사람 모두 정치와 가족 문제 때문에 근대적 조치가 아닌 야만적 조치에 희생됐다.[60]

이 두 사건에 연루된 공사 스티븐스와 미우라는 모두 본국 정부에 의해 소환됐고 그들의 행위는 부인됐지만 두 왕국은 나중에 각 열강에 병합됐다. 그러나 한 가지 점에서 두 사례는 뚜렷이 다르다. 릴리우오칼라니는 살해돼 시신이 기름에 적신 장작더미 위에서 불타지 않았다. 그녀에게 일어난 최악의 상황은 가택 연금이었으며, 그녀의 지지자들은 공모자들로 구성된 군사위원회에서 반역죄로 유죄 판결을 받고 사형을 포함한 중형을 선고받았지만 모두 사면됐다.

왜 그랬을까? 이 미국 음모자들은 일본 음모자들보다 본질적으로 더 온화했기 때문이었을까, 아니면 그들의 전통과 훈련에 있던 어떤 것이 그들의 손에 남아 있기 때문이었을까? 아니면 단순히 릴리우오칼라니가 명성황후보다 더 쉽게 포기했거나 그 당시 조선이 일본에 그랬던 것보다 하와이는 미국 안보에 그리 중요하지 않았기 때문이었을까?[61] 이것은 매우 어려운 질문이다. 아마 이 연구의 결론에서 더 자세히 살펴볼 수 있을 것이다. 그러나 지금 우리의 과제는 명성황후 시해 사건의 책임과 그 의미를 규명하는 것이다.

첫째, 일본 내각과 관련된 고위 정책 차원의 음모가 있었을까? 과거의 정책과 인사의 연속성을 고려하면 그렇지 않은 것으로 보인다. 이토·마쓰카타·무츠·야마가타·사이고 쓰구미치·이노우에 등 주요 내각 각료들은 국제 문제와 조선 관계에서 이미 오래전부터 신중한 태도를 유지해 왔다. 무쓰와 사이고 쓰구미치는 1870년대 원로 사이고 다카모리의 모험적인 사상을 선호한 것은 사실이지만, 그들이 과두제의 핵심에 들어가면서 치른 값은 신중한 정책이었으며 다른 이들은 오쿠보와 이와쿠라의 전통에 확고히 기반을 두고 있었다. 몇 년 동안 조선 문제에 관심을 기울여온 그들의 기록은 왕비 시해 사건에 일본의 국제적 명성을 포함한 모든 것을 걸지 않았을 것이라고 말해준다.

물론 외무대신 무쓰는 병 때문에 상대적으로 활동이 적었다. 그의 자리에는 외국 경험이 있고 사실상 이토의 제자이며 배를 흔들 것 같지 않은 젊은 귀족 출신의 사이온지가 앉았다. 당시 반정부 성향의 자유당 지도자이자 농상공부대신으로 내각의 일원이던 고토 쇼지로가 가장 유력한 용의자로 보인다. 그는 1884년 갑신정변의 배후에 관여했다. 그는 다른 사람들보다 더 팽창주의적인 생각을 갖고 있었고 삼국간섭 수락에 비판적이었지만 정부에 재직하면서 누그러졌다. 이전의 어리석음 때문이라고 여겨지는데 그는 조선 정책에 거의 영향을 미치지 않은 것으로 보이며, 다른 내각 대신들에게 이 음모를 촉구하거나 그들의 뒤에서 그것을 조직했다는 증거는 없다.

내각은 1895년 6월 4일 조선 정책을 신중한 성격으로 다시 설정했으며, 나는 10월 8일 시해 사건이 발생하기 전까지 내각 차원에서 당시의 결정이 뒤집혔다는 증거를 찾지 못했다. 그렇다면 비교적 소극적인 정책을 유지해야 했다면 미우라 같은 모험적 인물이 주한공사를 맡았어야 했는지 의문을 제기할 수 있다. 명확한 대답은 없지만 몇 가지 증거를 모아볼 수는 있다.

서울의 여러 세력을 조종해 조선 정부의 정치·재정 구조를 크게 개편하려는 이노우에의 노력은 좌절에 빠졌다. 일본의 영향력은 여전히 컸지만, 가장 유망한 발전 분야는 일본군이 훈련시킨 조선군 조직인 훈련대를 더욱 발전시키는 것이었다. 군인인 미우라는 그것을 감독할 수 있었다. 그것이 아니면 할 수 있는 일이 거의 없었고, 일본이 기대할 수 있는 것은 점령 작전뿐이었다. 이것에 이노우에의 시간을 낭비할 필요는 없었다. 중요한 외교가 도쿄에서 이뤄지고 있었고, 미우라처럼 근엄한 표정의 인물이 조선인들을 노려보면 그들을 좀 더 겁먹게 만들 수 있을 것 같았다. 미우라는 조선에 대한 자신의 생각을 내각에 개괄적으로 설명한 뒤 착임했다.

그는 세 가지 정책이 가능하다고 말했다. (1) 청과의 전쟁에서 승리해 조선의 독립을 가져온 일본이 "스스로의 힘으로" 조선을 보호하고 개혁하는 것이었다. 이것은 최선의 정책이었지만 매우 어려웠고 자금과 인력이 필요했다. 그러나 일본이 인내심을 갖고 기다린다면 세계는 '몇 년 뒤' 조선이 일본의 보호 아래 있다는 생각을 받아들일 수도 있었다. (2) 일본은 "유럽과 미국의 공정한 열강"과 협력해 조선을 보호할 수 있지만, 이 경우는 조선이 여러 부분으로 분열되는 것을 피하고 외국인에 대한 일본인의 이익을 안전하게 보호해야 한다. (3) 일본이 한 강대국(러시아)과 공동으로 조선을 점령할 수도 있는데, 이 경우는 그 나라와 합의가 이뤄진 뒤 강력한 조치를 할 수 있으므로 모든 것을 기다려야 한다. 그는 어떤 정책을 따르든 상관없지만 그렇지 않다면 자신은 이노우에처럼 유능하거나 훌륭한 외교관이 아니기 때문에 "바람과 함께 떠돌" 수밖에 없으니 지시를 바란다고 말했다.62

나는 명확한 지시를 찾지 못했다. 그러나 사이온지는 시해 사건이 일어난 뒤 미우라의 임명을 둘러싼 상황을 주일 외국 공사들에게 해명하면서 미우라를 조선에 보내기 전 삼국간섭 및 대만과 관련된 열강과의 관계가 불안하며 일본의 조선 문제 처리에 의심을 유발해 문제를 복잡하게 만드는 것은 매우 좋지 않다고 '경고'했다고 말했다. "그런데도 미우라 공사는 우리 정부의 의사를 거스르고 제가 말씀드린 일을 했습니다. 저는 억누를 수 없을 정도로 놀랐습니다. 그가 그런 일을 한 까닭은 첨부 문서 (D)에 나와 있지만, 정부의 지시에 반대되는 행동을 했기 때문에 법률에 따라 처벌하는 것밖에 다른 방법이 없습니다. (…) 물론 우리 정부는 이 사건과 아무 관련이 없으며 미우라 공사는 자신이 받은 지시를 완전히 어기는 행동을 했습니다. (…)"

외무대신 대행의 사후 항변이긴 하지만 그 진정성을 의심할 이유는 없어 보인다. 이 발언의 목적은 해외에 선전하려는 것이 아니라 주일 해외 외교관들에게 설명하려는 것이 분명했다. 이 문서는 '기밀'로 분류돼 있으며, 미우라와 그 밖의 일본공사관 관계자들이 시해 사건에 연루된 것이 밝혀진 과정과 함께 미우라가 일본 정부의 '의도'와 '지시'를 위반한 것에 대한 언급이 인용돼 있다.63 또한 도쿄에서 정보와 설명을 요구한 다른 문서들, 특히 이노우에가 스기무라에게 보낸 문서에 따르면 본국 정부가 사태의 전환에 정말 놀랐음을 알 수 있다.[64] 따라서 미우라가 비밀리에 그런 폭력적인 조치를 하도록 지시한 고위 정책 차원의 음모는 없었다고 상당히 확실하게 말할 수 있다.

그렇다면 두 번째 질문은 주한 일본공사관에서 현지 차원의 음모가 있었는가 하는 것이다. 우리는 즉시 음모가 있었다고 대답하고 일본 내부 자료에서 그 전개를 추적할 것이다. 그러나 그 과정에서 일본 정부의 의도와 지시에 반대되는 현지 음모가 발견되든 그렇지 않든 일본 정부와 그들의 장기적인 정책은 비난을 피할 수 있는가 하는 질문은 잠시 대답을 열어둘 것이다. 음모의 전개에 관련된 가장 좋은 자료는 다시 스기무라의 일기다. 일본공사관 서기관은 이 사건에 샅샅이 관여했음에도 사건 전개에 대해 완벽하게 솔직한 설명을 남겼다. 다음은 그의 기록을 요약한 것이다.

이노우에가 조선을 떠난 뒤 조선 조정과 일본공사관 사이의 우정은 "완전히 식었다". 그동안 공사관에 오던 관원들은 발길을 끊었고, 동시에 왕실은 새 정권과 새 군대를 파괴하기 시작했다. 먼저 그들은 재정 구조를 파괴했다. 1895년 재정 대책을 수립할 때는 일본 고문 니오 고레시케仁尾惟茂의 조언을 따랐지만, 이제는 많은 세금을 왕실 자산으로 신고하고 화폐 발행을 통제하려고 했다. 둘째, 그들은 관원 임명의 법률적 절차를 무너뜨렸다. 왕실은 "하급 관원까지 통제했다". 그들은 궁내부 대신의 서명을 받아 법령을 공포했다. 셋째, 그들은 내각 체제를 무너뜨리기 시작해 10월 초 왕명에 따르는 것으로 변경했고 넷째, 일본 장교가 조선군을 훈련시킨 새 군사제도를 파괴하기 시작했다. 그 부대들에는 왕실의 총애를 받은 인물들이 새 지휘관으로 임명됐는데, 명목상의 군대 통제권 이상을 확보하지 못했다. 그러자 군대가 해산 명령을 받을 것이라는 소문이 돌았다.

왕실이 그렇게 오만해진 까닭은 이런 상황과 관련이 있었다 (일기의 앞부분을 다시 살펴보면 다음과 같은 내용을 확인할 수 있다). 왕비는 1895년 4~5월 대원군의 권력을 완전히 무너뜨리는 데 성공했고, 한동안 개화파 박영효를 이용하려고 했다. 그러나 박영효와 민씨 세력은 대립하게 됐고 박영효는 도망칠 수밖에 없었다. 그 뒤 왕비와 민씨 세력은 일본에 등을 돌리고 러시아와 미국 세력에 의존하기 시작했다. 미국인 왕실고문 르장드르와 러시아인 베베르가 왕비의 측근이 됐다. 러시아공사는 왕실과 협력하기 위해 10년 동안 노력했다. 미국공사는 조선이 고통을 받으면 미국이 도와줄 것이라고 말했지만 "사실 그의 유일한 의도는 미국인을 보호하는 것"이었다. 그러나 미국 선교사들은 왕실과 가까웠고 미국공사의 도움을 받았다. 그 결과 왕실은 미국공사와 러시아공사로부터 비밀리에 조언을 받았다. 삼국간섭의 결과 러시아의 위상은 높아졌다. 이노우에가 두 번째 체류한 동안 왕비는 겉으로 일본에 우호적이었다.

(스기무라는 이야기를 다시 시작한다) 일본인과 조선인 모두 조선 왕실의 오만한 태도를 우려했고 어떻게 끝날지 궁금해했다. "내가 보기에" 왕실과 러시아공사가 깊이 연결된 것 같았다. 한 정보원의 조사에 따르면 1895년 7월 초 왕실이 박영효를 처리하기로 결정했을 때 왕실과 러시아공사 사이에 비밀스러운 약속이 있던 것으로 보인다. 왕비의 대신들은 그와 비밀리에 이야기했고 그는 미국인 르장

드르를 거쳐 회신했다.

왕비와 민씨 세력은 하나며 일본과는 양립할 수 없습니다. 일본과 조선은 이웃이지만 바다로 나뉘어 있습니다. 반대로 러시아와 조선은 육지로 연결된 진정한 이웃입니다. 러시아는 세계에서 가장 강력한 국가로 일본은 러시아와 비교할 수 없으며, 이 사실은 올봄 일본이 랴오둥반도를 반환해야 한 것에서 알 수 있습니다. 러시아는 조선의 독립을 결코 해치지 않을 것이므로 조선이 러시아에 의존한다면 매우 안전해질 것입니다. 또한 러시아는 절대 군주국이기 때문에 자신들의 체제에 따라 조선 국왕을 보호할 수 있습니다.

위의 정보는 "조선 정보원의 비밀 보고서"에서 나온 것이다. 그 뒤 왕비는 "일본과 민씨 세력은 양립할 수 없다, 일본에 복수해야 한다, 러시아는 세계에서 가장 강한 나라이며 우리는 러시아에 의존해야 한다"는 등의 말을 자주 했다. "그러므로 러시아공사가 비밀리에 했다는 말에 대한 설명은 사실인 것 같다." 그러나 이노우에가 다시 착임하면서 왕비는 계획을 잠시 연기했다. 그리고 이노우에는 일본으로 돌아갔다.

한편 상황을 개탄하고 나라가 멸망할 위험을 예견하는 조선인은 점차 늘었다. 거의 모든 사람은 왕실의 진정한 의도는 우선 훈련대를 해산시킨 다음 내각 대신들을 암살하고 민씨 척족의 독재를 회복하는 것이라고 말했다. 왕실은 이미 러시아에 북부지방의 항구를 임대하기로 러시아공사와 비밀 계약을 맺었다는 말이 돌았다.

이런 일들에 반대하는 조선인들은 대원군 주변에 모여 그의 정치 참여를 요구하기 시작했다. 대원군의 조정 복귀를 바란 조선인은 내각 세력, 박영효 세력, 대원군 세력의 세 집단으로 나눌 수 있다. 일본인 아사야마 겐조는 박영효와 친분이 있었고 대원군의 집권을 진심으로 바랐던 인물로 그와 은밀한 관계를 맺었다.

(스기무라의 서술) 9월 하순 조선인 이수개라는 사람이 밤늦게 세 번이나 찾아왔다. 그는 분개하면서 대원군을 추대하는 것밖에는 나라를 건질 방법이 없다고 말했다. 나는 대원군의 태도는 변할 수 있다고 말했다. 대원군은 다시는 일본을 괴롭히지 않을 것이라고 그는 말했다. 그러나 나는 그가 도움을 기대할 수 있는지 없는지는 전혀 암시하지 않았다. 또 다른 조선인 조 아무개도 와서 같은 이야기를 했다. 한편 대원군의 정변이 임박했다는 소문이 돌았다. 나는 오카모토〔류노스케〕와 상의한 뒤 비밀리에 스즈키 준켄鈴木順見을 대원군의 처소로 파견해 그의 생각을 알아봤다. 그는 대원군이 조선의 정세에 분개하고 있지만 정변을 계획할 정도는 아닌 것 같다고 보고했다. (…)
정부의 일본인 고문들은 왕실의 간섭으로 개혁이 실패하고 있다고 보고하면서 미우라 공사에게 도움을 요청했다. 그는 국왕을 두 번이나 만났지만 성과는 없었다. 당시 나는 니오와 그 밖의 고문들에게 우리는 절박한 상황에 있으며 최대의 결단이 필요하다고 말했다. 9월 말 호리구치 구마이치堀口九萬一 영사관보補가 대원군을 만나 서신을 갖고 왔다. 나는 호리구치를 미우라의 집무실로 데리고 가서 호리구치에게 했나는 대원군의 말을 들었다. 현재 상황은 불길한데, 이노우에 전

공사의 정책에 책임이 있다고 신랄하게 비판하고 미우라 공사를 직접 만나 상황을 수습할 방안을 논의하고 싶다는 내용이었다.

미우라는 대답하지 않았지만 호리구치가 나간 뒤 자신은 도쿄를 떠날 때 적어도 1월이나 2월까지는 사건이 없을 것으로 예상했지만 지금은 사건이 "눈앞에 있다"고 내게 말했다. 10월 1일 또는 2일 미우라는 얼마 전 호리구치가 가져온 대원군의 서신에 회답해야겠다고 생각했다고 말했다. "대원군이 정말 집권할 만큼 세력을 키웠다면 어떻게 그를 도울 것인가?" 대원군은 권력에 굶주리고 변덕이 심해 중요한 일을 맡겨서는 안 된다고 나는 대답했다. 우리는 작년에 그런 쓰라린 경험을 했다. 그러자 미우라 공사는 그를 돕는 것 외에 다른 방법이 없느냐고 물었다. 나는 없다고 대답했다. 공사는 이대로 가면 러시아가 조선을 점령하는 것을 앉아서 지켜봐야 할 것이라고 말했다. 대원군의 단점은 나중에 통제할 수 있다고 했다. 나는 비상시에는 대원군을 도와주는 것도 좋지만 먼저 대원군으로부터 엄중한 약속을 받아야 한다고 대답하고 다음과 같이 합의서를 작성했다.

"대원군은 왕실 업무에서만 국왕을 보좌하고 정치적인 일은 하지 말아야 하며 인사 등에 간섭해서는 안 된다. 개혁적인 인물이 정치를 주도하고 일본인 고문들의 조언을 들으며, 행정을 개혁하고 조선의 독립을 확고히 해야 한다. 대원군의 장손은 궁내부 대신을 맡고, 대원군의 막내 손자는 3년 동안 일본에서 유학해야 한다." (…) 그러자 미우라는 이 계획을 갖고 호리구치를 보내 대원군과 모의하게 할지 물었다. 나는 호리구치는 너무 젊어서 대원군이 자신의 속내를 드러내지 않을 것이라고 대답했다. 오히려 가장 믿을 만한 사람은 오카모토 류노스케였다. 미우라가 말했다. "그럼 오카모토를 불러 의논하겠다. (…)"
사흘 뒤 공사관에서 열린 회의에서 오카모토에게 이 문제를 설명하고 대원군을 만나도록 요청했다. 그는 수락했고 네 가지 사항을 읽은 뒤 약간 수정을 제안했다. (…) 오카모토는 대원군을 만나고 돌아와 대원군 및 그의 손자들과 긴 대화를 나눴으며 대원군은 밀약에 기꺼이 동의하고 그렇게 서명했다고 보고했다. 오카모토는 대원군에게 때가 올 때까지 기다리라고 했다.

이제 우리는 일본공사관에서 대원군을 어떻게 도울지 의논했다. 훈련대와 조선인 모험가들이 대원군과 관계를 맺도록 자극하고, 우리는 뒤에서 그들을 지휘해야 한다는 것으로 윤곽이 잡혔다. 나는 전에도 박영효가 훈련대와 궁중 근위대를 교체하려고 했지만 왕실에서 기선을 제압하는 바람에 실패한 적이 있다고 했다. 이제 우리가 기다리면 왕실에서 훈련대를 해산할 것이므로 (…) 거사 날짜를 결정하고 준비해야 했다.

우리는 의논해 10월 10일로 날짜를 정했고, 그 준비는 내가 계획했다고 감히 말할 수 있다. 오카모토는 일본으로 돌아가는 척하면서 인천으로 가서 전보를 기다렸다가 돌아오기로 했다. 그는 6일 서울을 떠났다. 6일 미우라 공사도 훈련대 고문인 구스세 중령과 논의해 일본으로 돌아가는 척 인천으로 가서 명령을 기다리게 했다.

조선 경찰과 훈련대 사이에 다툼이 있다는 소문이 있었는데, 실제로는 왕실이 훈련대 해산의 명분을 얻기 위해 퍼뜨린 것이었다. 일본 장교들이 막사를 방문해 보니 그들은 침착한 상태였다. (…) 7일 오전 11시 조선 군부대신이 공사관을 찾아와 훈련대가 불안한 조짐을 보이고 경찰을 공격했으니 국왕은 훈련대를 해산하고 싶어 한다고 말했다. 미우라 공사는 우리 장교들이 경찰 사건을 조사한 결과 거짓 소문으로 왕실의 구실인 것 같고 우리 장교들은 훈련대를 매우 잘 훈련시켰다고 말했다. (…)

미우라와 헤어진 뒤 군부대신은 국왕의 지시에는 미우라에게 감히 언급하지 못했던 두 번째 사항, 곧 최근 혼란에 빠진 국정을 민영익에게 맡기겠다는 뜻도 포함돼 있었다고 내게 말했다. 나는 그 정보를 전달하겠다고 말한 뒤 낮 12시 20분 주한 일본군 지휘관 마야하라 츠토모토馬屋原務本를 찾아갔다. 나는 말했다. "상황이 임박했으니 10일까지 기다리지 않는 게 좋겠습니다. 준비는 잘 돼 있습니까?" 그는 그렇다고 대답했다.

점심 식사 뒤 나는 미우라와 문제를 논의했다. 그는 민영익의 임명을 임시로 승인해야 한다면서 말했다. "하지만 시간이 임박했습니다. 한 시간만 지체하면 왕실이 주도권을 잡을 것입니다. 귀하가 조언한 대로 우리는 내일 거사해야 합니다. (…)" 인천의 오카모토에게 세 차례 전보를 보냈고 오후 4시쯤 마침내 답신이 도착했다.

그때부터 계획이 시작됐다. 오카모토는 자정 12시나 새벽 1시까지 서울에 돌아와 대원군을 만나기로 했다. 한편 마야하라는 일본 장교들에게 훈련대를 지휘하게 했다. 새벽 2시쯤 훈련대 제2대대를 대원군을 맞이하기 위해 파견한다. 다른 훈련대 부대는 궁궐 경내에서 그의 입궐을 호위하기 위해 대기한다. 제1대대는 왕실을 보호한다는 명목으로 대원군과 함께 궁궐로 들어간다. 아사야마 겐조는 이수개 휘하에서 조선인들을 관리하고 대원군의 처소로 가서 조선인 경비병을 피해 오카모토가 들어오게 한다. (…)

그전에도 도쿄의 외무대신에게 상황이 점차 악화하고 있다고 가끔씩 전보했지만 회신이 없었다. 이노우에는 미우라에게 궁궐로 가서 국왕과 왕비를 만나 왕실의 오만함을 제어해야 한다고 전보를 보냈지만 그의 조언은 효과가 없는 것 같았다. 그래서 우리는 이노우에에게 사건을 피할 수 있을지 확신할 수 없다고 회신했다.

10월 7일 저녁 미우라 공사는 조선인들이 자력으로 궁궐에 들어갈 수 있을지 걱정돼 구니토모 시게아키라國友重章와 아다치 겐조安達謙藏에게 일본인 모험가 10명 정도를 데려와 조선인들을 돕도록 요청하기로 했다. 나는 아다치에게 일본인 모험가들이 대원군과 합류할 경우 조선 복장을 하고 되도록 궁궐에 들어가지 말아야 하며, 궁궐에 들어가더라도 새벽에 나와 외국인들이 우리와의 관계를 알지 못하도록 해야 한다고 말했다. 아다치는 동의했다. 그날 밤 미우라는 우치다 사다쓰치內田定槌 영사의 저녁 식사 초대를 받았고 나는 내 숙소로 갔다. 밤에 오카모토는 인천에서 돌아와 대원군을 만나고 10월 8일 새벽 3시 훈련대 군사들의 호위를 받으며 대원군의 관저를 떠나 궁궐로 향했다. 새벽에 그들은 궁궐로 들어갔다.

추기. 이 사건은 긴박한 상황 속에서 어쩔 수 없이 발생한 것이었고 내가 기획자 가운데 한 명이 아니라고 말할 수는 없다. 아니, 나는 정말 계획의 중심에 있었다. 내 첫 계획에 따르면 일본인은 거사에 동원하지 않고 훈련대에 의존하는 것을 선호했다. 오카모토와 아사야마, 그리고 대대마다 통역자 한 명만 참여하기로 했다. 또한 내 계획은 대원군의 정국 개입을 막고 대원군의 손자를 계속 배제함으로써 왕비와 왕세자의 만족을 얻으려는 것이었다. 하지만 결과는 처음의 목적과 달랐다. (…) 일본인과 조선인은 억제할 수 없게 됐고 스스로 일을 처리했다. 그 결과 50~60명이 참여했다. 이것은 예상치 못한 일이었다. 그리고 일본과의 연결은 숨길 수 없었다. 어쩔 수 없는 상황이었지만 나는 오히려 그 일을 후회하고 있다.[65]

다른 문서들은 여기에 거의 덧붙이지 않았다. 1896년 1월 히로시마에서 열린 미우라·스기무라·오카모토와 그 밖에 45명의 시해 사건 관련 일본인들에 대한 재판 기록에는 동일한 정황이 더 소략하게 나온다. 일본 신문 『시사신보』는 재판을 보도하면서 사건을 자세히 요약했는데, 스기무라가 명확하게 밝히지 않은 한 가지, 곧 미우라와 오카모토가 거사 목적으로 왕비 시해를 구체적으로 제시했다는 점을 추가했다. 미우라는 "20년 동안 악의 뿌리를 끊기 위해 너는 궁궐에 들어가면 왕비를 처단해야 한다"고 말했다. 그리고 진입한 무리의 책임자였던 오카모토는 "여우를 처리하라"는 명령을 내렸다.[66]

미우라와 스기무라는 사건 이후 도쿄에 있는 상관들에게 단계별로 자신들의 공모를 인정했다. 서울에서 보내 8일 도쿄에서 접수된 그들의 첫 보고서는 실제로는 거짓말을 하지 않으면서도 결백한 척하려고 노력했다. 스기무라는 이노우에에게 다음과 같은 전보를 보냈다. "일본군이 훈련대를 재촉한 증거는 없습니다. 참사관 가운데 오카모토가 대원군과 약간 관계가 있을 수 있습니다. 대원군으로부터 비밀리에 사신이 공사관에 왔지만 공사가 거절했습니다. 왕비는

'분명히' 살해됐을 것입니다." 미우라는 이 사건이 모두 조선인 '훈련대'와 대원군의 소행인 것처럼 사이온지에게 보고했다. "우리 경비대는 사태를 진정시키려고 노력했을 뿐입니다. 그들과 조선 훈련대 사이에 작은 충돌이 있었습니다. 두 발만 발사됐습니다. 국왕과 왕세자는 모두 안전했습니다. 왕비의 행방만 명확하지 않았습니다. 사건이 발생한 까닭은 훈련대가 무기를 빼앗기고 부대가 해산되며 그들의 지휘관이 처벌될 것이라는 소식을 들었기 때문입니다."

그러나 그날 밤 늦게 미우라는 사이온지와 이노우에가 "비밀로든 공개적으로든" 사건에 일본이 어느 정도 개입했는지에 대한 정보를 달라는 지적에 따라 전보 두 통을 더 보냈다. 한 전보에서 그는 자신이 서울에서 외국 사절들과 나눈 대화를 바탕으로 그날의 사건을 요약했다. 러시아공사는 다음과 같이 말했다. "일본 민간인 복장을 하고 칼을 든 30명 이상의 사람이 목격됐다. 그 가운데 일부는 왕비의 처소로 들어가 한 여성을 데리고 나와 정원으로 끌고 가서 칼로 살해하는 것이 목격됐다." 그러나 "대원군을 호위한 일본군은 없고 사태를 진정시키기 위해 출동한 우리 경비대장의 보고서에는 왕비 시해에 관련된 내용이 없다고 나(미우라)는 말했다. 칼을 든 일본 민간인에 대해서는 잘 모르겠다. 아마 폭도들이 있었을 것이다." 러시아공사는 "목격자가 있다"고 했다.

다른 전보에서 미우라는 "오전 사건에 일본인이 가담했는지 조사하라"는 사이온지의 '전보 명령'에 구체적으로 대답하고 있다고 말했다. 그는 그들이 그랬다고 인정했다. "이 사건은 표면적으로는 조선인이 저질렀지만 배후에는 일본인이 어느 정도 가담했습니다. 사실 저(미우라)는 그것을 눈감아줬습니다." 그는 그 까닭을 다음과 같이 설명했다.

> 우리가 훈련시킨 훈련대는 해체될 예정이었습니다. 이 상황을 그대로 두면 조선은 일본과 멀어지고 지난 1년 동안 우리나라가 한 모든 일이 실패로 끝날 것이라고 믿었습니다. 그러므로 (…) 위기였고 (…) 훈련대는 분노했습니다. 그들은 대원군을 이용해 이익을 얻으려고 한 것이 분명해졌습니다. (…) 왕비는 늘 다른 나라에 의존하는 경향이 있었습니다. 따라서 우리가 그녀를 돕더라도 그녀는 바닥이 없는 가방입니다.
> 그러나 대원군은 다릅니다. 그가 러시아나 미국에 의존할까 봐 걱정할 필요는 없습니다. 그는 바닥이 있는 가방입니다. 그를 통해 정부의 기초를 튼튼히 하고 조선의 독립을 이룰 수 있을 것입니다. 그래서 저는 눈감아주면서 그들을 보냈습니다. 그러나 우리 군대는 정말 사건을 진정시킬 목적으로 출동했고 한 번도 그들을 돕지 않았습니다. 다만 개인적 경로를 통한 요청에 따라 몇몇 일본인이 대원군을 호위해 궁궐로 갔습니다. 그때도 호위만 했을 뿐 폭력을 행사하지는 않았습니다.[67]

10월 14일 미우라는 이노우에가 일본으로 돌아간 뒤 왕비의 권력 장악 과정을 서술한 긴 공문에서 이토 총리에게 직접 자신의 '묵인'을 설명했다. 그는 왕비가 "친일 세력을 살해할 계획을 세우고 있었다"면서 자신의 "행동이 미숙했다"고 인정하고 "외교에 문제를 일으켰다면 저부터 교체하라"고 제안했다. 그러나 그는 '묵적'이 바뀌지 않기를 "깊이 바란다"고 말했다. 그리고 11월 5일 주한 영사 우치다 사다쓰치는 사이온지에게 사건 전말에 대한 상세한 설명을 보내면서 매우 분명하게 말했다. "이 사건은 대원군과 미우라 공사의 공동 계획에서 비롯된 것입니다. (…) 미우라는 일본인의 직·간접적 참여를 권유했고 스기무라는 그 준비를 맡았습니다."[68]

주한 일본공사관의 유죄 인정은 이렇게 끝났다. 미우라 공사와 그의 부하들이 현지 음모의 핵심에 있던 것은 분명하다. 상부·내각·고위층에서 음모가 없었다는 점과 함께 고려할 때 이것은 일본의 정책 전반이 면죄부를 받았다는 의미일까? 대답은 '아니다'여야 한다. 사실 일본의 정책 입안자들은 시해도, 폭력적인 정변에 의한 권력 장악도 계획하지 않았다. 또한 미우라와 그의 부하들이 일본으로 소환돼 "천황의 명령에 따라" 도착 즉시 체포돼 히로시마 지방법원에서 재판받은 것도 사실이다.[69] 그리고 실제로 일본 정부는 이 사건을 철저하고 정직하게 조사하기 위해 외무성 관료인 고무라 주타로小村壽太郎를 조선에 파견해 "일본공사관 직원과 중요한 일본인뿐 아니라 조선 정부 관원, 외국공사관, 중요한 외국인의 의견도 수렴"했으며 "조선을 위로하고 일본인이 사건에 가담한 데 유감을 표시하기 위해" 황실 대표로 이노우에 백작을 다시 서울로 보냈다.[70]

그러나 미우라·스기무라 등은 유죄 판결을 받지 않았다. 판사가 편협한 국가주의에 굴복해 판결했을 수도 있지만 아닐 수도 있다. 판사가 정부의 '좋은' 정책과 미우라의 '나쁜' 행동을 구분하지 못한 것은 시적詩的 정의감 때문이었을지도 모른다. 결국 미우라는 정책의 고갯길 끝에 놓인 하수구에 겁 없이 뛰어든 것일 뿐이지 않았을까? 이것과 관련해 가장 흥미로운 것은 10월 17일 불신임된 미우라의 후임으로 공사에 임명된 고무라가 왕비 시해 한 달이 되기 전날 사이온지 외무대신 대행에게 "국왕이 러시아공사관으로 도피하는 것을 막기 위해 일본군을 궁궐에 진입시킬 필요가 있다"고 조언한 것이다. 그는 "그래도 문제가 생기지 않을 것"이라고 생각했다.

이것은 일본이 조선 문제를 다루는 데 품위와 존경을 회복하기 위해 파견된 사람이 한 말이다. 사이온지는 단호하게 아니라고 대답했다. 그런 일은 용납될 수 없었고 외무성과 이노우에, 그리고 고무라도 평화적이고 외교적인 수단으로 그런 불상사를 막기 위해 모든 노력을 기울였으며 주한 열강 대표들과의 협의, 러시아에 대한 우호 보장과 안정 등을 강조했다.[71] 그러나 소용이 없었다.

11월 중순 이노우에는 주한 '3강'(러시아·프랑스·독일?) 대표들의 견해가 일본과 "매우 다르고" 자신의 체류가 "더 이상 필요없다"고 판단했다. 그는 조선 문제에서 마지막으로 손을 떼고 곧 일본으로 돌아갔다.[72] 고무라는 고종이 러시아공사관의 보호 아래 놓일 계획이 있다는 소문 속에서도 계속 주한공사로 있었다. 그는 평화적인 방법으로 고종을 막을 수 없었고, 이노우에가 "일본과 조선의 이익을 병행해 증진한다"고 말한 노선을 따라 조선을 개조하려는 일본의 거대한 노력을 최종적으로 비난할 수밖에 없었다. 2월 11일 이른 아침 고종과 왕세자는 러시아공사관으로 갔고 친일 세력은 숨어 있었다.[73]

고무라는 군대를 동원할 수도 있었지만 러시아와의 충돌을 피하고 싶었다고 말했다. 5월 14일 서울과 6월 9일 모스크바에서 일본 대표들은 러시아와 협정을 체결해 일본의 일방적인 조선 문제 '해결' 노력을 공식적으로 끝냈다. 필요한 경우 조선에 대한 우호적 조언과 상호 재정 지원, 그리고 서울-부산 전신선 경비警備를 위해 조선에 허용된 일본 경비병 200명과 여러 일본인 거주지에 분산 배치된 800명의 숫자를 러시아에 상응하도록 신중하게 제한하는 데 중점을 뒀다. 조선 경찰과 군대는 발생할 수 있는 '기타 사항'과 마찬가지로 상호 관심사가 될 것이었다. 이 협정은 서명자의 이름을 따서 각각 베베르-고무라 각서, 로바노프-야마가타 협정으로 명명됐다.[74]

청일전쟁 시기인 1894~1895년은 일본 외교의 현실주의자들이 조선 문제에 대한 해결책을 모색하던 기회의 시기였다. 1885~1894년, 그들은 냉철한 머리로 조선 문제에서 소극적 태도와 심지어 후퇴까지 필요한 신중함이 요구된다는 것을 뼈아프게 깨달았지만 1894년 여름 일련의 사건을 통해 한반도에서 청이 축출되고 일본의 세력이 강화됐으며 일본 국내에서는 반정부 비판세력이 억제되고 열강의 묵인이 이뤄지면서 그들이 활동하기에 매우 유리한 환경이 조성됐다. 그리고 일본의 정책 입안자들은 자신들이 동원할 수 있는 모든 기술과 속도를 동원해 움직였다. 하지만 실패했다. 1895년 가을 그들의 외교는 무력과 잔인함, 시해만이 자신들의 '진보' 계획을 되찾을 수 있는 막다른 골목에 이르렀다. 이때부터 그 대가로 그들은 공포에 질려 움츠러들었다.

그들은 왜 실패했을까? 이노우에의 전기는 미래의 정책을 지표로 삼아 대답을 제시했는데, 일본 지도자들은 그것을 받아들인 것으로 보인다. "이노우에는 오토리의 뒤를 이어 조선 상황을 개선하기 위해 모든 노력을 기울였다. 6개월 동안 그는 성공적이었다. 그러나 불행히도 삼국간섭으로 그의 계획은 무너졌고 왕비 시해 사건으로 일본의 국제적 위상은 매우 위태로워졌다. 그 뒤 러·일협정으로 이노우에의 정책은 완전히 폐기됐다. 이런 일이 없었다면 그의 정책은 훌륭한 결실을 맺을 수 있었을 것이다."75 걸림돌은 한때 청이었지만 이제는 러시아였다. 러시아만 조선 문제에서 배제할 수 있다면 그 '훌륭한 결실'은 여전히 실현될 수 있을 것이었다.

7장

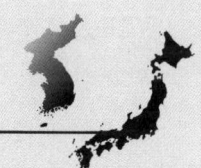

좌절된 현실주의 2

이토의 실패, 1905~1909년

1896년 일본의 조선 정책은 다시 혼란에 빠졌고 정책 입안자들은 "일본을 겨누고 있는 단검"인 조선에 대한 불안감이 한없이 연장되고 심화될 것이라는 전망에 암울해했지만, 그 뒤 10년은 일본에게 우호적이었다. 1905년 말 일련의 우발적인 사건과 일본의 강력한 군사적 노력으로 러시아는 조선 문제에서 배제됐고, 나아가 일본이 남만주 지역을 장악하게 되면서 1895년 정책 결정자들이 바랐던 조선에서 자유롭게 행동할 수 있는 권한을 이중으로 보장받게 됐다. 또한 영국과 미국 등 조선에 이해관계가 있는 다른 열강들은 조선에 대한 '간섭'을 중단하고 일본이 조선의 '낙후한' 상태를 치료하고 "근대 문명의 혜택"을 부여하는 "세계의 일"을 하도록 맡기는 데 만족했다.[1]

1896년부터 1905년까지 10년간의 사건 과정을 자세히 추적하는 것은 이 연구의 관심사가 아니다. 이 시기의 외교는 1885~1894년을 연상시키는데, 러시아는 옛 청의 안장에 올라탔고 일본은 등자에 매달리려고 했으며 서울에서는 음모가 만연했다. 물론 차이점도 있었다. 러시아는 유교의 '상국上國'이 아니었기 때문에 청의 영향력보다 덜 애매하고 덜 침투적이었다. 그리고 러시아의 극동 정책은 사실 조선보다 만주에 더 관심이 많았다. 그러나 러시아는 일본이 조선에서 하려는 모든 것을 저지할 수 있었기 때문에 일본으로서는 앞서 청과 맺은 톈진조약처럼 만족스럽지 못한 상황이었다. 이런 상황에서 철저한 현실주의자인 일본의 과두정치가들은 성질을 참으며 8년 동안 신중하고 끈질긴 협상을 통해 탈출구를 찾으려고 노력했지만 소용이 없다고 판단하고 많은 우려를 안은 채 다시 전쟁에 뛰어들었다.

러일전쟁의 전체 배경이 된 이 시기의 사건들은 그 자체로도 흥미로운 이야기지만, 일본과 조선의 관계에서는 근본적으로 새로운 상황이 아니기 때문에 여기서는 주요 내용만 간략하게 소개하고 자세한 내용은 다른 연구를 참고하기 바란다.[2] 일본의 정책 입안자들이 조선에 대해 근본적으로 변화된 상황을 발견한 것은 전쟁을 끝내고 나서야였는데, 그때는 모든 열강이 갑자기 모두 사라져 더 이상 조선의 상황이 복잡해지지 않게 됐다. 외국의 모든 채무에서 해방된 일본은 오랫동안 지연돼 온 개조 작업을 조선인과만 진행할 수 있었다. 현실 외교에서 이것보다 더 유리한 상황은 없었을 것이다. 반드시 "훌륭한 결실"이 맺힐 것이었다. 이 장의 주된 목적은 1905~1910년 과일나무를 심은 것에 대해 논의하는 것이지만 먼저 1896~1905년의 외교를 간략히 살펴보자.

앞서 언급한 1896년 5~6월의 러·일협정 뒤 일본은 2년 동안 거의 완전히 침묵했다. 그 기간 동안 온화한 인물로 조선의 진보에 우호적이던 베베르가 교체되고 알렉시스 드 스페이에르가 주한 러시아공사로 착임했다. 드 스페이에르는 호전적이고 전향적인 정책을 펼친 인물로 눈에 띄게 자신의 영향력을 행사했다. 매우 일방적 방식으로 수많은 러시아 군사·재정고문이 영입되면서 일본과의 협정은 제재를 받지 않고 위반됐다. 처음에 비테는 이런 조치를 지지한 것으로 보이지만, "〔재정적〕 손실에 대한 두려움"을 느꼈고 1898년 4월 드 스페이에르는 "조금 덜 공격적인" 공사로 교체됐다.

의심할 바 없이 이런 긴장 완화의 주요 원인은 뤼순과 웨이하이웨이를 둘러싼 러시아와 영국의 팽팽한 경쟁이었다.[3] 아무튼 얼마 지나지 않아 러시아는 4월 25일 도쿄에서 니시-로젠 협정을 체결하면서 일본과 조금 가까워졌다. 그것으로 러시아와 일본은 사전에 상호 합의 없이 조선에 군사 교관이나 재정 고문을 임명하지 않겠다는 1896년 협정을 다시 확인했다. 이것은 일본에게 이득이 아니었지만, 마지막 조항에서는 일본이 조선에 대규모 산업·상업 기업을 보유하고 있음을 인정하고 러시아는 "일본과 조선의 상업·산업 관계의 발전을 방해하지 않을 것"이라고 밝혔다.[4]

조선에서 일본 경제 활동의 중요성은 다음 장에서 살펴볼 것이다. 여기서는 정치적 사안의 방향에 영향을 미치지 않고 조선에 투자할 수 있는 기회는 일본의 과두정치인들에게 '안보'를 의미하지 않았다고 말하는 것으로 충분한데, 특히 일본이 보기에 러시아의 경제 활동은 빠르게 발전하는 시베리아-만주 철도 체제에 조선을 연결하는 데 열중하는 것으로 보였기 때문이다.

이토와 야마가타는 니시·고무라·하야시 곤스케 林權助(고무라의 후임)·가토와 함께 정책 전반에 관련된 문제를 논의하고 자신들이 만·한滿韓 교환이라고 부른 것을 앞으로 러시아와 협상의 목표로 삼기로 결정했다. 거기에 모두 동의했지만 가토만은 "분노하면서 반대했다". 러시아는 자국이 만주에서 절대적인 행동의 자유를 누려야 한다고 주장하면서 조선에서는 일본을 자국과 같은 지위로 끌어내리고 있기 때문에 그들과 협상하는 것은 아무 소용 없다고 가토는 지적했다. 가토는 영국공사로서 영국과 긴밀한 관계를 위해 일하는 것을 선호했다. 아무튼 일본은 1902년 유럽의 정치적 경쟁과 신임 외무대신이 된 가토와 영국공사직을 이어받은 하야시의 영리한 외교가 결합돼 영국과의 동맹을 성사시키면서 러시아와 협상하는 데 필요한 영향력을 갖게 됐다.[5] 특히 원로 정치가인 이토는 이것에 대해 엇갈린 감정을 가졌는데, 일본이 영국과 확실히 연합함으로써 러시아와 단절이 심화되기보다는 치유되기를 바랐다.

그러나 그들은 동맹을 이용해 러시아를 압박함으로써 만·한 교환의 합의를 이끌어내기로 결정했다. 1903년 6월 이토·야마가타·마쓰카타·이노우에·오야마 등 원로 정치가들은 총리 가쓰라·외무대신 고무라·육군대신 데라우치·해군대신 야마모토를 만나 러시아와 진지한 협상을 시작하기 위한 기본 정책안을 마련했다. 거기서 그들은 다음과 같이 강조했다. "조선은 일본 방위선의 중요한 전초기지며, 따라서 일본은 조선의 독립이 자국의 안위와 안전에 절대적으로 중요하다고 생각한다. 더욱이 일본이 조선에 갖고 있는 정치적·상업적·산업적 이익과 영향력은 다른 강대국들보다 가장 중요하다. 일본은 자국의 안보를 고려할 때 이런 이익과 영향력을 다른 열강에 포기하거나 공유할 수 없다." 이런 정책 기조에서 고무라 외무대신은 니시의 후임 주러공사로 임명한 구리노에게 일본과 러시아를 이해하는 기초로 다음과 같은 사항을 제안하도록 승인했다.

(1) 청과 조선의 독립을 존중하고 그 나라들에서 모든 국가가 균등한 상업·산업적 기회를 갖는다는 원칙을 유지하기 위해 서로 참여한다. (2) 조선에 대한 일본의 우세한 이익과 만주의 철도 사업에 대한 러시아의 특별한 이익, 그리고 제1조에 따라 일본이 조선에서, 러시아가 만주에서 가질 수 있는 권리와 각자의 이익을 보호하기 위해 필요할 수 있는 조치를 서로 인정한다. (3) 제1조에 위배되지 않는 한 조선에서 일본, 만주에서 러시아의 산업·상업 활동의 발전을 저해하지 않을 것을 서로 약속한다. (4) 제2조에 따른 이익 보호 또는 국제적 혼란을 야기할 수 있는 반란이나 무질서를 진압하기 위해 일본이 조선, 또는 러시아가 만주에 군대를 파견할 필요가 있을 경우 파견된 군대는 어떤 경우에도 실제로 필요한 수를 초과하지 않으며 임무가 완료되는 즉시 철수한다고 서로 약속한다. (5) 군사 지원을 포함해 조선의 개혁과 좋은 정부를 위해 조언과 지원을 제공할 일본의 배타적 권리를 러시아가 인정한다. (6) 이 협정은 조선에 대한 일본과 러시아 사이의 모든 이전 협정을 대체한다.[6]

일본이 만주에서 러시아의 이익('특별'과 '철도')을 조선에서 일본의 이익(단순히 '우세')보다 더 좁게 정의함으로써 약간의 협상 영역을 허용한 것은 분명히 만·한 교환론이었다. 이 제안 뒤 몇 달의 협상 끝에 러시아는 만주와 그 연안을 "모든 면에서 일본의 이익권 밖에 있는" 지역으로 유지하면서 조선에 대해서는 일본과 절반 정도만 타협하기로 했다. 그 결과 협상은 결렬되고 일본은 적대 행위를 시작했다. 전쟁이 끝난 뒤 러시아는 1905년 9월 포츠머스Portsmouth조약에 따라 조선을 일본에 넘기기로 합의했다. 한편 시어도어 루스벨트 대통령은 "우리는 일본에 대항하는 조선인을 위해 간섭할 수 없다"고 결정했고 7월 가쓰라-태프트 밀약을 승인함으로써 포츠머스 회의가 열리기 전부터 일본에게 조선에 대한 미국의 승인 신호를 보냈다. 영국도 1905년 8월 영·일 동맹을 갱신할 때 같은 조치를 했다.[7]

그 결과 1905년 가을 외교 무대는 일본의 현실주의 정치가들이 국가의 기본 안보 문제를 해결하기 위한 거의 완벽한 질서를 갖추고 있었다. 문명의 일본 의사들이 조선 수술을 진행하는 데 필요한 모든 서류에 서명했고, 환자의 몸부림과 의사들에게 적용될 수 있는 직업 윤리만이 방해 요인으로 작용할 뿐이었다. 일본인은 문명의 의사가 아니라 침략자였기 때문에 이 비유는 적절하지 않으며 그들에게 직업 윤리가 있다고 추정할 수 없다는 반론이 즉시 제기될 수 있다. 이것은 매우 흥미로운 질문을 제기한다.

이노우에가 조선에서 전성기를 누리던 기간 동안 일본이 조선에서 시도하던 일을 설명하면서 "환자에게 약을 준다"는 표현을 사용한 것과 이 장 첫머리에서 예일대의 F. W. 윌리엄스F. W. Williams와 조지 트럼불 래드 교수가 사용한 어법을 기억할 것이다. 물론 윌리엄스의 의견은 "예일대의 영리한 일본인 학생이 저술한 책에 대한 유쾌한 소개를 쓰려는 중국 전문가"라는 제목 아래 무시될 수 있다.

그리고 1907년 몇 달 동안 조선에서 이토의 손님이자 일종의 비공식 고문으로 지냈던 래드는 장미빛 안경을 쓰고 일본의 동기를 봤다고 추정할 수도 있다. 그러나 이 연구의 앞부분에서 살펴본 대로 W. E. 그리피스와 페이슨 J. 트리트의 좀 더 진지한 역사적 연구는 ─넬슨·선우학원·해링턴 등의 똑같이 진지한 연구는 그것을 완전히 거부하지만─이런 생각을 수용하는 방향으로 나아가고 있다.

이 모든 것을 염두에 두고 우리는 이 은유를 신중하게 정의되고 제한된 의미로만 받아들이는 중간노선을 선택해야 한다. 지금까지 관찰한 일본 과두정치인들의 사고와 행동 양식은, 이노우에가 의학적 은유를 잠깐 제시했지만, 그들의 주요 목표, 곧 일본의 안보를 설명하는 그런 이상주의적 헛소리에 빠져들기에는 그들이 너무 강경하다는 것을 분명히 보여준다고 생각된다(이것도 헛소리일지는 일단 미뤄두자). 그러나 안보가 그들의 목적이었다고 인정하는 것은 수단에 대해서는 아무 말도 하지 않는 것이다. 과두정치가들은 수단에도 관심이 있었고 거기에는 은유를─제한적 용법으로─적용할 수 있다.

현대 사회에서 '좋은' 정부는 국가 안보를 추구하는 것에 사과하지 않는다. 사실 '좋은' 정부 아래 사는 시민은 이 점에 대해 그리 우려하지 않는다면 '좋은' 시민으로 간주되지 않으며, 공직자라면 반드시 크게 우려해야 한다. 그렇지 않으면 그는 '안보 위험'이 된다. 물론 '나쁜' 정부 아래서 '좋은' 시민의 위치는 변칙적인데, '나쁜' 정부는 합법적인 국가 안보 추구를 고의로 넘어 불법적인 침략 추구로 나아갈 것이기 때문이다. 그러나 이런 추구는 모두 한 국가가 자국의 국경을 벗어나 다른 국가에 영향을 미치려는 노력과 관련된다는 점에서 간섭의 정도만으로는 그 경계를 확정하기 어렵다. 이런 어려움은 어떤 국가가 자국의 안보 요건을 다른 국가가 필요하다고 생각하는 것보다 높게 설정하는 자연스러운 경향 때문에 더욱 커진다.

일본과 조선의 경우 러일전쟁 동안 열강이 일본의 조선 간섭을 승인했기 때문에 조선 문제가 일본의 안보 문제임을 충분히 인정했다고 주장할 수 있다. 그러나 이것은 무능력이나 무관심을 이유로 침략을 묵인했을 가능성을 무시하는 것이다. 따라서 수단의 문제는 일본의 죄책감을 측정하는 중요한 척도가 되는데, 조선에 대한 일본의 행동을 정당한 안보 이익을 추구하는 '선한' 정부의 행동으로 분류할 수 있는지 아니면 침략에 집착한 '나쁜' 정부의 행동으로 분류할 수 있는지 판단할 수 있기 때문이다. 물론 1910년 병합이라는 결과는 곧바로 후자인 침략을 암시한다.

그러나 너무 성급한 판단이 되지 않도록 1898년 미국이 하와이와 필리핀을 병합했지만, 그것을 단순히 침략 사례라고 부르기는 꺼려진다는 점을 떠올려야 한다. 실제로 1905~1910년 조선 계획을 조직한 일본 정부 지도자들의 생각을 드러내는 문서를 살펴보면, 그들은 다른 나라의 간섭을 받지 않으면서도 자국의 안보 요건을 충족하되 조선인이 수용하고 조선인에게 도움이 되는 방식으로 조·일 관계를 발전시키고자 애썼던 것을 알 수 있다. 따라서 일본의 안보가 우선돼야 한다는 제한된 틀 안에서 그들은 이상주의적 헛소리가 아닌 가장 계몽된 이기주의에 입각한 현실주의로 조선에 계몽과 개혁을 가져오려고 했던 문명의 의사로 불릴 수 있다. 적어도 그들은 그렇게 시작한 것 같다.

일본 정부는 1904년 2월 23일「조선 상황에 대해 일본과 조선 사이에 체결된 의정서」에서 조선 계획에 대한 독자적인 공소시효를 설정했다. 제1조에서 그들은 매우 폭넓은 권한을 스스로에게 부여했다. "한일 양국 사이의 항구적이고 변함없는 친교를 유지하고 동양의 평화를 확고히 이룩하기 위하여 대한제국 정부는 대일본제국 정부를 확고히 믿고 시정施政 개선에 관한 충고를 받아들인다." 그러나 2조와 3조에서 그들은 스스로에게 일정한 제한을 뒀다. 이런 '개선'을 수행하면서 동시에 "대한제국 황실을 확실한 친선과 우의로 안전하고 편하게 하고 대한제국의 독립과 영토 보전을 확실히 보장"하겠다는 것이었다.8 일본 지도자들은 왜 이런 제한을 적었을까? 조선은 무력했고 전쟁은 진행되고 있었으며 일본군은 조선을 점령하고 있었는데 말이다. 물론 이런 조항이 포함되면 세계인의 눈에 일본의 행동이 정당화될 수 있지만, 다른 한편으로 그것은 나중에 일본이 대한제국 황실을 버리고 조선의 독립을 완전히 소멸시키려고 할 때 매우 난처해질 수도 있었다.

1905년 9월 주한 일본공사였던 하야시 곤스케(런던의 하야시 다다스林董 백작과는 다른 인물)는 제국 전권 공사 자격으로 조선에 파견돼 일본 통감부 설립을 위한 준비 작업과 권고 사항을 작성했다. 9월 25일 가쓰라 당시 외무대신에게 보낸 긴 보고서에는 그의 태도와 의도가 잘 드러나 있다.

그는 고종이 러일전쟁에서 친러·반일 성향이 강했고 러시아와 접촉을 시도한 것으로 묘사하면서 대한제국 황실을 집중적으로 공격했다. 고종의 '기본 정책'은 "한 대국을 이용해 다른 대국에 맞서게 하는 것"이었고 황실 안에서는 "다양한 집단이 황제의 이익을 위해 서로 반대하도록 하는 것"이었다. 그의 "꿈"은 "황제가 독재자"가 되는 것이었다. 일본의 재정 고문은 많은 노력을 기울였지만 고종의 반대에 부딪혔다고 하야시는 말했다. "따라서 황실을 청산하는 것은 매우 어렵지만 조선 정치의 악의 뿌리를 잘라내려면 매우 중요한 일입니다. 황실을 정화한 뒤 잡초를 뿌리부터 잘라낼 수 있다면 조선의 정부 행정을 전체적으로 개선하는 데 성공할 수 있습니다. 약간의 압력이 필요하겠지만 몇몇 일본 관료들을 높은 자리에 앉혀 황제를 감시하고 황실의 질서를 개혁해야 합니다. 그러면 고집 센 군주와 야심적인 인물들을 견제하고 (…) 평화롭게 조선을 경영할 수 있습니다."

반일적 정치 추세와 관련해서는 '청년회'와 '의병'으로 불리는 '폭도'를 지목했다. 청년회는 "몇 년 전 미국 선교사들이 장려했고 처음에는 나도 동조"했지만 점차 반일 정치 단체로 '변질'됐다고 그는 말했다. "황실이 의병과 청년회를 지휘하는지는 아직 판단할 수 없지만 의심스럽습니다."9

1905년 가을 일본 정부의 지도자들은 대체로 조선을 병합하지 않고 잔혹한 방법을 쓰지 않으면서 '개선'을 이루려고 했다고 할 수 있다. 그리고 그 시점에서 그들은 전체 조선 계획의 지휘를 그들의 수뇌부 가운데 한 명인 이토 히로부미에게 넘겼는데, 그는 조선은 조선인의 감성을 존중하고 문명화된 방법만을 사용하는 방식으로 교정돼야 하고 교정될 수 있다고 가장 강력하게 주장한 인물이었다.

국제적으로는 1905년 11월 17일에 체결된 제2차 한일협약과 11월 22일에 발표된 조선에 관련된 '일본 정부의 선언'으로 이토가 조선 문제에 매우 강력한 영향력을 행사할 수 있는 길이 열렸다. 첫 번째는 "서울에 주재하는 통감"이 외교 문제를 '주로' 담당할 수 있는 권한을 갖게 된 것이다. 이것은 다른 모든 나라에 공사관을 폐쇄하고 조선을 떠나라는 공개적인 초청이었다. 11월 22일의 '선언'에서는 그 까닭을 설명했다.

> 선린 관계에 입각해 일본은 자국의 안전과 안위와 밀접하게 관련된 이유로 조선의 정치·군사 문제에 가장 중요한 관심과 영향력을 행사하고 행사할 필요가 있다. 지금까지의 조치는 순전히 권고적인 것이었지만, 최근 몇 년의 경험은 권고 조치만으로는 충분하지 않음을 보여줬다. 특히 국제적 관심사의 영역에서 조선의 현명하지 못하고 즉흥적인 행동은 과거에 가장 많은 문제를 야기한 원인이었다. (…)[10]

앞서 언급한 미국·영국·러시아와의 사전 합의는 그 정부들의 이의 제기가 없을 것을 보장했고, 그 정부들은 곧바로 조선에 상주하는 공사들을 소환했으며, 다른 국가들도 일본의 통감부 설치 의도를 차례차례 '승인'했다.[11] 일본이 외국 정부에 최종 통보한 문구는 언어적 흔들림에 관련된 흥미로운 사례인데, 그것은 갑오개혁 시도를 망친 어설픔을 이번에는 피하겠다는 일본의 결의를 잘 보여준다.

1906년 1월 19일 가토 외무대신은 모든 해외 주재 대사와 공사들에게 다음과 같은 공문을 보내 각자의 인준받은 정부에 전달하게 했다. "언급된 날짜(2월 1일) 이후 외국 영사의 직무에 속하는 모든 현지 사무 가운데 지금까지 서울에서 조선 정부에 직접 연락된 것은 통감에게 전달하고, 지금까지 그들이 조선 지방 관청에 연락한 것은 통감부에 전달해야 한다." 줄을 그어 삭제한 판본에서는 '전달한다' 대신 '관할 아래 있다'로, '전달한다' 대신 '처리한다'는 더 가혹한 표현이 사용됐다.[12]

한편 이토는 일본 정부의 다른 기관, 특히 군부의 간섭에서 되도록 자유로운 통감부를 만들려고(그리고 자신은 통감으로 활동하려고) 했다. 나는 이 주제에 관련된 문서를 몇 개밖에 찾을 수 없었지만 매우 흥미롭다. 친다 스테미珍田捨己 외무차관, 당시 주청공사이자 친다의 절친한 친구인 고무라, 그리고 총리였던 가쓰라 사이의 삼각 서신 교환은 이 문제의 한 측면, 곧 통감부와 일본 외무성의 관계를 잘 보여준다. 친다는 12월 12일에 고무라에게 서신을 보냈다.

> 통감부의 행정 조직은 현재 우리 정부가 논의하고 있습니다. 원로와 내각 대신들 사이에는 두 가지 의견이 있습니다. 하나는 통감부를 완전히 민간 조직으로 만드는 것입니다. 다른 하나는 군사 조직으로 만드는 것입니다(여기서 사용된 단어는 무관武官 조직이다. 처음에는 군사정부라는 표현을 썼다가 줄을 그어 지웠다). 그러나 일반적인 경향은 통감부를 외무성에서 완전히 분리해 천황의 직접 통제 아래 두는 것입니다. 이렇게 되면 귀하가 예상했던 것과는 근본적으로 달라집니다. 또한 이것은 일본의 외교 정책이 일관성을 잃을 수 있으며 우리에게 매우 좋

지 않을 것입니다. 따라서 의견이 있으면 가쓰라에게 직접 말씀하십시오. 귀하의 의견을 알려주십시오(친다는 원래 마지막 문장을 이렇게 썼다. "대신에게 먼저 물어보고 설명을 들은 뒤 귀하의 의견을 알려주십시오." 하지만 그는 문장의 앞부분을 지우고 "귀하의 의견을 알려주십시오"라는 부분만 남겼다).[13]

고무라는 가쓰라에게 의견을 표명했다.

이전에는 통감이 중요한 일을 하기 전에 외무대신에게 보고한다고 하셨는데, 이제는 통감이 주도권을 가질 수 있을 것 같습니다. 그렇게 되면 명령이 충돌할까 우려됩니다. 앞서 우리는 조선에 관련된 모든 외교 업무는 도쿄의 외무성에서 처리하고 현지 문제만 통감이 처리하기로 결정했고, 이것에 따라 외국인은 단계적으로 조선에서 철수할 것입니다. 그러나 통감에게 이 문제에 관련된 실권을 주면 조선에 주재하는 모든 외국 공사는 그대로 남게 돼 곤란한 상황이 될 것입니다. 이 점을 고려해 주시기 바라며 다른 점에 대해서는 의견을 유보합니다.[14]

가쓰라가 회신했다.

귀하의 서신을 받았습니다. 사실 통감제도의 결함은 귀하의 지적이 고려되지 않았다는 것입니다. 규정상 통감은 천황의 직접 통제를 받아야 하며, 외교 문제는 외무대신을 거쳐 총리에게 보고해 결정하게 돼 있습니다. 통감은 조선에서 일본을 대표하며 외국인에 관련된 사항을 포함한 외교 문제를 통제합니다. 중요한 외교 사안은 사전에 외무대신과 협의하도록 규정돼 있습니다. 따라서 외교와 관련해서는 통감과 외무대신 모두에게 외교 권한이 존재한다는 의미로 해석할 수 있습니다. 문제가 없을 것으로 생각합니다.

이것이 이중적인 이야기처럼 들린다면 가쓰라가 이 서신에서 썼다가 지운 마지막 문단을 인용하는 것도 좋을 것이다. "일반적으로 우리는 아무런 문제가 없을 것으로 생각할 수 있습니다. 우리는 이렇게 이해하기로 결정했고 나도 동의했습니다. 하지만 귀하의 제안을 받은 뒤 되도록 명확하게 귀하의 요점을 전달하고 싶어서 어제 바로 이 문제를 제기했습니다. 그러나 그 규정은 이미 결정돼 오늘 인쇄를 주문했습니다. 미안하지만 변경하거나 개선할 수 있는 방법이 없습니다. 하지만 걱정 말기 바랍니다."[15]

통감이 도쿄의 간섭을 최소로 받도록 결정했다는 또 다른 증거는 이토가 통감으로서 자신이 주한 일본인 수행단의 민간인 수장이자 최고 군사령관이 돼야 한다고 주장한 데서 찾을 수 있다. 오시마 겐이치大島健─ 장군은 이것에 대해 날카로운 논평을 남겼다.

이토는 이 새 직책(통감)을 맡으면서 야전사령관에 해당하는 막강한 권한을 요구했다. 그래서 우리(군부)는 매우 불평했다. 나는 고다마 참모차장에게 이 사실을 알렸고 그는 내 의견에 동의했다. 그런 다음 나는 이토를 만나 군부가 반대한다고 설명했다. 이토는 〔자신이 요구한 권한이 없다면〕 그 자리를 맡지 않겠다고 말했다. 당시 일본 정부의 흥망은 조선 통감이라는 큰 직책을 어떻게 처리하느냐에 달려 있었고, 이 토만이 할 수 있는 일이었기 때문에 나는 내 주장을 접었다.
그 결과 이토가 야전사령관 자리를 요구했을 때 큰 논쟁이 벌어졌다. 야마가타는 반대했지만 이토가 초대 통감이 되기를 원했기 때문에 다른 방법이 없었다. 그래서 마지못해 야마가타는 이토의 요구를 들어줬다. 고다마도 주저했다. 그는 겉으로는 찬성했지만 내게 전화를 걸어 공개적으로 반대하라고 말했고, 나는 그렇게 했다. 그 뒤 나도 마지못해 굴복했다. 결국 군부는 이토의 요구를 받아들였지만 민간인이 군권을 갖는 것은 나쁜 선례가 될 것이라고 생각했다. 이토가 통감으로 조선으로 떠나려고 할 때 우리는 연회를 열었다. (…) 그는 내게 쾌활하게 말했다. "귀하가 나를 반대했지만 나는 군사 지휘권을 가졌습니다. (…)"16

이토가 이렇게 주장한 까닭은 그가 조선 주재 일본군의 행동을 통제하기 위해 내린 명령에서 유추할 수 있다. "외국인과 조선인은 우리 점령군을 매우 면밀히 감시하고 있다"고 그는 상기시켰다. 따라서 군사들은 "매우 조심해야 한다". 특히 "여성에게 거칠게 행동해서는 안 되며 (…) 문명인임을 잊지 말아야 한다"고 강조했다. "조선인에 대한 우리의 책임"은 "조선인을 보호하는 것뿐 아니라 그들의 행정에 개선을 제안하는 것"이라고 그는 정의했다. 그는 군인이든 민간인이든 조선에 있는 모든 일본인은 이것에 대한 책임이 있으며, "조선인이 일반적으로 상황을 이해하지 못하고 있다"는 사실이 이 일을 더욱 어렵게 만들고 인내심을 더욱 요구한다고 말

했다.[17]

조선으로 출발하기 전날 이토는 언론인들을 초청한 자리에서 "조선에 대한 기본 정책"에 대해 설명했다. 그는 기본 관계는 조약으로 정해져 있지만 세부적으로 적용해야 한다고 말했다. 그는 조선이 부패하고 빈곤하다고 지적했다. 그는 이것을 개선하고 "조선인의 신뢰를 쌓고 싶다"고 말했다. "안타깝게도 많은 일본인이 조선에 대해 나쁜 태도를 갖고 있지만 조선은 이제 우리의 보호 아래 있다. (…) 우리 스스로를 경계하고 이런 나쁜 태도를 없애야 한다."[18]

물론 언론사 대표들이 있는 자리에서 한 이 마지막 발언은 이토의 실제 태도를 대변하는 것으로 진지하게 간주하기보다는 일단 '보도 자료'나 '선전'으로 분류해야 한다. 그러나 많은 증거는 군부와 외무성의 압력으로부터 최대한 자유롭고 싶었던 그의 열망이 실제로 일본 안보의 요구 사항 안에서 조선인에게 되도록 온화하고 호의적이며 도움이 되는 통감부를 만들려는 결심에서 비롯된 것이라는 결론을 가리킨다.

이런 요구 사항과 관련해 이토는 이 연구에서 1873년 이후 과두주의자들의 일반적인 특징이라고 지적한 일종의 현실주의, 곧 "계몽된 이기주의"의 전형이었다. 그는 그들 가운데 가장 유능하고 냉철한 사람이었다. 그는 모든 요소의 균형을 맞출 수 있었다. 오토리는 판단이 느릴 수 있고 무쓰는 위기 상황에서 결핵에 걸렸으며, 가토는 러시아에 분노할 수 있었고 미우라는 음모와 살인에 빠질 수 있었다. 야마가타 등의 군인들은 군대와 무력에만 지나치게 의존하는 경향이 있었고, 이노우에도 돈의 힘을 너무 크게 평가하고 타락한 왕실의 방해 가능성을 너무 낮게 평가해 초점을 잃을 수 있었다. 그러나 이토보다 더 완벽한 현실적 정치가의 모습을 역사의 현장에서 만나기는 어렵다.

적과 외교적 적대자를 분노 없이 바라보고, 자신과 동료들의 과도한 열정을 배제하며, 극도의 긴장감 속에서도 지극히 냉정하고 신중한 태도를 유지하는 능력은 그의 경력을 처음부터 끝까지 돋보이게 했다. 이것을 가장 잘 보여주는 사례는 청일전쟁이 끝나고 승리의 기쁨이 일본 전역에 퍼질 무렵 그가 동료 과두정치가들과 천황에게 요구한 행동에서 찾을 수 있을 것 같다. "신중하게 생각하고 기회를 포착하며 유연하게 대처하십시오."

그리고 이런 태도에 따라 그는 국제적 관행에 입각해 청에 최대의 요구를 제시하되 삼국간섭이 제기되자 그들에게 '항복'할 것을 주장했다. 그는 이 개입이 "조선에서 우리의 입지를 약화시키기 위해" 러시아가 조직적으로 개입한 것이라고 봤다. 프랑스와 독일은 "유럽의 정치적 상황 때문에 가담했다. 그들은 조선에 특별한 관심이 없었다. (…) 러시아가 그들을 초대했다. 러시아는 아직 극동에서 자신의 야망을 보여주지 않았지만 땅속의 대나무와 같다. 그 야망은 밖으로 나올 것이다. 우리는 미래를 주시해야 한다. (…)"[19]

그러나 미래를 주시한 그는 그 뒤 10년 동안 러시아와의 화해의 기초로 만·한 교환을 추구하다가 실패하자 전쟁을 승인하고, 국제 사회의 승인을 받으면서 일본이 조선에서 자유롭게 활동할 수 있는 타협적 평화를 위해 노력했다. 이토는 무엇보다도 몇 년의 우여곡절을 겪으면서 1906년 2월 1일 현재 일본이 풍부한 경험과 인력과 자금, 국제적 지지를 바탕으로 조선 계획을 준비할 수 있도록 균형을 유지했다.

또한 이토는 직접 통감을 맡으면서 문제 해결에 조선인에 대한 배려라는 균형추를 하나 더 추가해야 한다고 인식했으며(그의 전임자들은 그것에 서툴렀다) 그 때문에 자국민의 압력으로부터 통감부를 격리시키려고 노력했다는 증거를 보여줬다. 물론 이것은 조선인에 대한 진심 어린 우려를 뜻하는 것이 아닐 수도 있다. 그러나 이것은 그가 조·일 관계에 미묘한 인간적 방정식이 얽혀 있음을 알았다는 것을 의미한다. 그는 조선인의 지지가 필요했고 지지를 바랐으며, 자신의 행정을 위해 그것을 충분히 얻을 만큼 계몽된 정책을 추진하려고 계획했다.

1930년대 이후 학계와 대중의 여론이 일본의 조선 병합 과정을 단순한 침략 사건으로 간주하는 경향 속에서 이것의 중요성은 거의 간과돼 왔다. 나는 지금 세대의 유능한 젊은 한국인과 대화한 적이 있는데, 그는 한국인은 아무도 어떤 일본 관료가 선한지 악한지, 온화한지 가혹한지 구분하지 않는다고 확언했다. 그들은 모두 폭군이었고, 그 가운데서도 '온화한' 부류는 폭군일 뿐 아니라 기만적이었기 때문에 가장 악랄했다고 했다.

특히 이토에 대해서는 1909년 하얼빈에서 그를 암살한 한국인이 그 뒤 동포들에게 영웅이 됐다는 것만 말해도 충분하다고 그는 지적했다. 한국인의 정서에 대한 이런 설명이 정확하다는 것은 의심할 필요가 없다. 실제로 나는 1959년 봄 제작된 인기 한국 영화 〈고종황제와 의사 안중근〉을 보면서 그것을 확인할 수 있었다. 안

중근에 대한 한국 관객들의 환호와 눈물, 이토에 대한 야유 뒤에는 수십 년에 걸친 일본의 조선 탄압이 자리 잡고 있었다. 그럼에도 당시 전 세계의 책임감 있고 실제적인 사람들은 어리석은 이상주의자나 특별한 탄원자들과는 달리 일본의 조선 후견은 필요하고 이토의 행정은 칭찬할 만하다고 생각했음을 기억해야 한다.

이것에 대한 좋은 보기는 앞서 언급한 조지 트럼불 래드가 1907년 몇 달 동안 조선을 방문한 뒤 이듬해 뉴욕의 찰스 스크리브너사 Charles Scribner's Company에서 출판한 이 주제에 대한 방대한 저서다. 그는 "이토 후작과 그에게 공감하는 유능한 지지자들이 일본 국내와 통감부에서 5년 동안 위상을 유지할 수 있고, 그들과 동일한 목적과 성향을 지닌 사람들이 한 세대 동안 계승할 수 있다면 조·일 관계의 문제는 해결될 것"이라고 결론지었다. 나아가 그는 이것을 통해 일본은 "문명 세계의 일류 국가들 사이에서 합당한 위치를 확보하고 유지함으로써 국내의 번영을 누리고 인류의 축복을 위해 자신의 몫을 충분히 기여할 수 있을 것"이라고 생각했다.[20]

래드의 책은 수많은 한국 관련 연구들이 지나가면서 언급했고 별다른 의미가 없다고 일축했다. 최근 한국인 학자 동천董天(동덕모董德模)은 "래드는 조선에 대한 일본의 진정한 야욕을 파악하지 못했다"고 간결히 요약했다.[21] 래드는 이토 통감의 초청으로 조선을 방문했다고 알려져 있기 때문에 그의 견해가 선전이나 선동으로 의심된다는 추정은 자연스레 성립될 수 있다. 그러나 래드를 자세히 살펴보면 그는 인간 행동을 꿰뚫는 학자였으며 이토 정권에 대한 그의 평가가 그가 몇 년 동안의 학문적 연구를 거쳐 도출한 결론과 완전히 일치한다는 점에서 그를 그렇게 쉽게 무시해서는 안 된다는 것을 알 수 있다.

래드는 미국의 저명한 철학자이자 심리학자였다. 그는 조합교회주의 목사로 경력을 시작했지만 공식적인 종교는 그에게 너무 좁았고, 그 뒤 예일대 철학과 교수가 됐으며 윌리엄 제임스William James 등과 협력해 심리학 연구에도 많은 노력을 기울였다. 그는 미국심리학회 창립을 도왔고 2대 회장을 역임했으며, 철학과 심리학 분야에서 20여 권의 저서와 수많은 논문을 집필했다.

그는 어느 한 철학 학파를 신봉하지 않았고 모든 철학 학파를 분리해 비판하는 것을 선호했지만, 그보다는 극단적인 측면을 비판하면서도 윌리엄 제임스의 실용주의에 많은 영향을 받았다는 것은 분명하다. 그는 사상이나 윤리의 가치가 그 실천적 결과에 있다는 주장을 전적으로 받아들이지는 않았지만 "삶의 현실이 도덕주의자들의 추상적 분류와 사례론적 논쟁보다 구체적인 의무 문제를 성공적으로 해결하는 데 더 많은 기여를 했다"는 사실을 발견했다.

그는 "고상한 도덕적 종류의 꿈과 열망에서 영웅과 순교자, 위대한 도덕적·영적 고양의 선지자와 선구자들이 만들어진다"고 인정했지만, 그럼에도 실용성이 최고의 지침이라고 말했다. "공정하게 정착된 법과 관습 속에서 계산된 의무가 만들어질 수 있다." 그리고 어떤 사람이 무엇을 하든 "할 수 있다는 단어가 제시하는 한계"가 있었다. 낙관적으로 생각하고 "자신이 가진 자원의 극한까지" 일해야 하지만 "공정하게 확립된 법과 관습"을 뒤집을 수 있으리라고 기대하는 것은 아무 소용이 없었다.[22]

이런 래드 사상의 대체적 윤곽은 그와 세상의 실용주의적 인물들이 조선에서 이토 정권을 옹호하고 일본의 잔인함이나 억압의 사례를 해명했던 까닭을 설명하는 데 도움이 된다. 래드는 지적으로 부정직하지도 않았고, 단순히 이토의 환대에 넘어간 것도 아니었다. 또한 이토 정권의 잔인한 면모가 드러나기 전에 너무 일찍 글을 써서 근시에 걸렸다고 말할 수도 없다. 실제로 그는 이토 암살로 일본에 대한 조선인의 격렬한 반감이 드러나고 일본이 병합을 강행하는 과정에서 극단적이고 억압적인 조치를 실시한 뒤에도 이토에 대한 우호적인 평가를 되풀이했다.

1912년 7월에 발표된 「조선 병합―자비로운 동화同化에 대한 에세이」라는 제목의 글에서 래드는 다음과 같이 썼다. "초대 통감인 고 이토 공이 솔직하고 일관되게 주장한 것은 조선을 보호국으로 만들어 그 국민을 자국 정부의 억압에서 구제하고 근대 문명의 혜택을 부여하는 동시에 일본에 감사하고 공감하며 우호적인 동맹국이 되게 하는 것이었다. (…) 〔일본의〕 보호령은 순전히 강압적인 질서에는 관심 없는 척하지도 않았지만 자비에 대한 주장도 위선으로 비판할 수는 없다. (…) 조선뿐 아니라 일본의 안녕을 위해서도 조선에서 개혁을 시행할 필요가 있었다."[23]

래드는 자신의 저서 『이토 후작과 함께한 조선에서』에서 호머 B. 헐버트를 시작으로 일본의 행동과 동기를 비난하는 '너무 잘 속는' 선교사들을 길게 비판했으며, 반일적인 『대한매일신보』는 단순히 "일본과 관련된 모든 것을 반대하고 배척"하기로 결정했다고 지적했다.[24]

미국인 선교사이자 한때 조선 정부의 고문으로 활동한 헐버트는 1886년부터 조선에 체류했는데 1904년까지는 일본의 조선 개혁 노력을 대체로 지지했다. 그러나 1905년의 사건들, 특히 앞서 언급한 1905년 11월 17일의 을사조약에 따라 조선 정부가 통감부를 받아들이도록 유도하기 위해 일본이 사용한 전술을 보면서 그는 일본이 조선의 최악의 적이라고 확신했다. 그는 11월 조약 체결 직후 일본에 저항하는 데 미국의 지원을 호소하는 내용을 담은 고종의 친서를 갖고 그의 비공식 대표로 워싱턴에 가기도 했다. 또한 그 얼마 전 주한 미국공사관에서 은퇴한 의료 선교사 H. N. 앨런은 조선과 조선인에 대한 우정 때문에 국무부를 비판하기도 했는데, 고종은 그에게 1만 달러를 주면서 일본에 맞서 미국의 도움을 일으키도록 강력히 탄원했다.[25]

헐버트와 앨런은 워싱턴에서 청문회를 열려고 했지만 국무부와 시어도어 루스벨트 대통령은 허용하지 않았다. 그러나 그 뒤 헐버트와 영국 작가 맥켄지F. A. McKenzie는 일본이 조선으로부터 통감부 설치 동의를 얻기 위해 공포와 무력 전술을 사용했음을 보여주는 기록을 발표했다. 구체적으로 공사 하야시와 장군 하세가와, 그리고 이토 자신이 일본군 병력을 대궐 안뜰에 배치한 채 밤늦게까지 조선 대신들을 회의에 참석하게 했고, 하세가와는 한규설韓圭卨 참정대신이 서명을 거부하자 칼을 뽑아 방에서 끌어내기도 했다고 그들은 말했다.[26]

래드는 일본인들과 함께 있던 경호원은 몇 명뿐이었고, 칼을 뽑거나 끌고 다니는 일도 없었으며, 한규설 대신은 서명에 찬성하는 다른 대신들을 발견하고 눈물을 흘리며 방에서 도망쳐 여자 숙소로 비틀거리며 들어갔는데, 이토가 중재하지 않았다면 처벌됐을 것이라고 주장했다. 물론 조선은 "일본의 압박에 시달렸기 때문에" "기꺼이" 또는 "환희에 넘쳐" 조약을 체결한 것은 아니라고 래드는 인정했지만, "그런 조건에서 체결된 모든 조약이 부정될 수 있다면 (…) 세계 평화는 아무리 많은 조약으로도 보장되거나 증진될 수 없다"고 결론지었다.[27]

마찬가지로 래드는 1907년 헤이그 만국평화회의에 파견된 조선 특사단이 일본에 제기한 혐의에 대해서도 반박한다. 이 사건은 그가 조선을 떠난 직후에 일어났고 그 회의는 물론 일본인들도 매우 당혹케 했다. 고종은 일본의 조선 지배에 항의하기 위해 파견한 이 밀사단의 활동으로 강제 퇴위당했고, 일본은 심약한 아들을 대신 황제의 자리에 앉히고 해외는 물론 국내의 모든 실질적 권한을 통감부에 두는 새로운 '협약'을 제정했다.[28] 래드는 이 사절단 파견을 "황제와 조정의 마지막 미친 배반 행위"라고 부르며 고종의 퇴위 요구를 시작한 것은 그 자신의 내각이었다고 주장했다. 퇴위 소식이 알려지자 서울 등지에서 일어난 항일 폭동에 대해서는 군인이라는 이름을 붙일 자격이 전혀 없는 조선인 군인들이 선동한 것이라고 설명했다. 그들은 "군대의 정당한 목적을 위해 본질적으로 쓸모없고 온갖 불법을 도발하고 강화하는 세력으로서 극단적으로 위험했다"는 것이다.

그들은 "훈련되지 않은 난폭한 군대"였으며 병영을 "탈영"한 뒤 "모든 선동·방화·살인 세력의 중심"이 됐다. 조선의 이병무 李秉武

군부대신이 하세가와 일본군 사령관 관저에서 상급 장교들에게 조선군 해산 명령서를 낭독한 뒤 '반란'이 확산됐다. 래드는 일본 군 당국이 "도망친 반란군을 수색하는 경찰과 군인을 돕겠다고 나선 일본인 민간인 30여 명을 받아들인 것은 '실수'였으며, 그 결과 보복하려는 마음을 품은 그들의 지나친 행동이 있었음은 분명했다"고 설명한다. 그러나 "그것을 제외하면 일본 정부는 조선 군대의 반란으로 서울에서 일어난 매우 어려운 상황을 칭찬할 만한 절제와 기술로 대처했다."[29]

래드가 말한 이 절제와 기술은 당시 조선의 시골을 순회한 맥켄지가 자세히 설명했다. 그는 일본군이 '반란군'을 찾아 수많은 조선인 마을을 불태운 일과 "일본의 노예로 사는 것보다 자유인으로 죽는 것이 낫다"고 생각한 조선 '의병'의 절박한 영웅심을 목격하고 증언했다.[30] 맥켄지가 헤이그 사건 뒤 "일본의 강한 손"(그의 장 제목 가운데 하나)의 적용에 대해 실체적 진실을 말한 것은 의심할 수 없다. 일본 정부 문서에서도 폭동과 마을 방화를 포함한 진압을 언급했다.[31]

래드는 어떻게 이처럼 눈이 멀 수 있었을까? 대답은 그가 눈먼 것이 아니라 현실적이었을 뿐이었다는 것이다. "상당히 안정된" 국제관계의 관행 속에서 조선처럼 약하고 불안한 나라는 세계 정치 무대에서 전략적 대상이 되기 때문에 안정된 강대국이 가능하면 자비롭게, 필요하다면 단호하게 통제해야 했다. 래드 교수뿐 아니라 다른 현명하고 영향력 있는 외국인들도 같은 결론에 이르렀다. 조선을 특별히 변호한 헐버트와 그의 동료들은 양심을 찌르기도 하고 당혹스런 질문을 던지기도 했지만 세계 여론의 무력함을 자극할 수 없는 찻잔 속의 태풍일 뿐이었다.

일본 문서에는 이 사실과 함께 일본 정부 지도자들이 처음에는 걱정했다가 곧 안심했다는 사실도 기록돼 있다. 이토의 통감부에서는 1907년 7월 헤이그 밀사 사건에 앞서 5월 헐버트가 "재산을 팔고" 조선을 떠난 일에 대한 보고서를 작성했다. 보고서에 따르면 그는 "조선에서 20년 동안 살았다". 그는 "아무 재산 없이" 조선에 들어왔지만 "부동산 관련 활동으로 16만 엔을 벌었다". 그의 사업적 인맥은 주로 '보스트윅Bostwick과 콜브란Collbran'과 연관됐고 "러일전쟁 뒤 그들의 사업이 쇠퇴하기 시작하자 헐버트는 조선 왕실과 관계를 맺었고 보스트윅의 비밀 명령을 받아 일본을 공격하는 데 집중하기 시작했다".

이 보고서는 그가 "일본에 적대적인 방식으로 행동할 것"이라고 예상했다.[32] 헤이그에서 일본 대표 스즈키는 헐버트와 조선 사절단의 도착과 활동을 보고하면서 "줄을 당기고 있는 것은 헐버트"라고 말했다.[33] 스즈키는 하야시 외무대신에게 "이곳 회의는 압도적으로 많은 약소국들로 구성돼 있기 때문에" 이 사건이 "약소국에 대한 동정의 입구"가 돼 "세계 일반의 여론에 비교적 지속적인 영향을 미칠 수 있다"고 충고했다. "폐위나 퇴위처럼 [조선] 황제의 인격이나 지위에 반대되는 움직임은 은밀하거나 공개적인 병합 같은 순전히 정치적 움직임보다 친한파의 동정을 불러일으킬 가능성이 더 크다"고 그는 생각했다.[34]

하야시는 외교 기관에 헐버트의 움직임을 면밀히 주시하라고 지시했고, 하야시 자신도 헐버트의 비난에 대한 반박문을 작성하는 등 몇 달 동안 그런 작업을 수행했다. 이를테면 샌프란시스코 주재 일본영사는 헐버트가 샌프란시스코 상공회의소에서 다음과 같이 말했다고 그에게 보고했다. "일본이 조선에서 추진하고 있는 조치들은 조선뿐 아니라 중국에서도 미국의 영향력을 파괴할 것이다. 현재 7퍼센트의 관세를 내고 있는 미국 상품은 40~50퍼센트의 관세를 내야 할 것이다. 아울러 일본은 조선에서 면화와 밀을 재배해 미국 산업과 경쟁할 것이다." 하야시는 영사에게 "미국의 모든 조약 권리는 가장 철저하게 존중된다"며 "조선은 경작지가 1만 7000제곱마일(약 4만 4030제곱킬로미터)에 불과하고 대부분 쌀이기 때문에 면화와 밀의 경쟁 가격은 터무니없다"고 말하라고 지시했다.[35]

일본 외무성은 헐버트의 효과에 불안해했지만 서양인들이 그의 비난을 그대로 받아들이지 않는다는 해외 보도와 일본 거주 외국인들의 질의를 받고 안심했다. 워싱턴의 아오키는 헐버트가 일본을 비난하고 있지만 국무장관 대행과 이 문제를 논의하자 다음과 같이 대답했다고 보고했다. "우리는 선동가들의 수법을 잘 알고 있습니다. 그들을 어떻게 다룰지도 정확히 알고 있습니다."[36] 이노우에 가오루의 양아들인 이노우에 가쓰노스케井上勝之助는 베를린에서 다음과 같이 발언했다. "헤이그의 조선 대표단은 1905년 11월 17일 서울에서 조선이 일본의 보호국이 되는 조약이 체결됐다는 사실을 잊은 것 같다. (…) 이토는 타락한 나라의 진정한 은인이다."[37]

주러 일본공사 모토노는 이즈볼스키Izvolsky가 조선인들을 "꾸짖었다"며 "일본을 공격한 신문은 없다"고 보고했다.[38] 주이탈리아공사 다카히라는 이탈리아 대중과 언론은 "무관심했다"고 알렸다.[39] 주영공사 고무라는 『런던타임즈』를 인용해 일본이 조선에서 "단호하고 요령 있게 인내심을 발휘하면 이집트에서 영국이 성취한 것, 곧 불만을 가진 국민과 외국 행정부가 화해해 그들에게 이익이 될 것"이라고 제안했다.[40] 스코틀랜드 글래스고의 언론도 일본을 우호적으로 보도했다.[41] 가나가와(요코하마)현의 지사는 일본에 거주하는 서양인들이 "조선의 어리석음을 조롱하고 있다"고 보고했다.[42]

책임감 있는 세계 여론을 가장 잘 표현한 것은 아오키 공사가 일본 외무성에 보고한 1907년 7월 20일과 26일 자 『뉴욕트리뷴New York Tribune』 사설이었을 것이다. "조선은 러시아에게 정복될 뻔했지만 일본의 구원을 받았고 일본 정부를 통해 외교 문제를 수행하기로 합의했다. (…) 이것은 전 세계가 인정한 합의다. (…) 부하라Bokhara의 에미르Emir가 자신과 차르 사이의 중재를 요청하기 위해, 또는 베트남 국왕이 프랑스에 맞서기 위해, 또는 인도 국왕이 인도 북부에서 영국을 추방하기 위해 헤이그에 사절단을 보냈다고 상상해 보면 일본이 모르게 대표단을 파견한 조선 황제가 얼마나 큰 범죄를 저질렀는지 짐작할 수 있다. 일본이 조선을 다스리는 직함은 러시아·프랑스·영국 또는 그 밖의 열강이 피지배 국가를 다스리는 것만큼 좋다. (…) 조선은 많은 문제의 근원이었으며 (…) 평화를 위협했다. (…) 위협은 제거하는 것이 좋다. 세계의 평화와 진보가 더 중요하다."

과학적 표현도 사용됐다. "적자생존의 법칙은 동식물뿐 아니라 국가 간에도 적용된다. 조선은 현저하게 뒤떨어졌다. (…) 조선이 일본의 10분의 1의 힘과 능력을 발휘했다면 주권을 확립하고 유지할 수 있었을 것이다. 그러는 대신 잔인하고 부패하고 무지했으며 주권국의 필수 요소를 하나도 보여주지 못했다."⁴³

이토와 그 밖의 일본 정부 지도자들이 조선의 '어리석음'을 막기 위해 무력을 사용해야 한다는 사실에 양심적으로 괴로워했다면 그들은 이런 이해理解의 표현에서 위안을 찾을 수 있었을 것이다. 그들은 괴로웠을까? 죄책감을 느꼈을까? 잠깐 이런 흥미로운 질문을 던져본다. 이 연구의 앞부분에서 오쿠보와 이와쿠라가 만들고 이토가 계승한 메이지 과두정치가들의 가장 두드러진 특징은 분노나 수치심, 두려움 같은 개인적 감정을 제쳐두고 자신들이 만들고 있는 근대 국가의 이익을 추구하는 능력이었다고 말했다. 그들은 영원한 가치의 척도로 문제를 측정할 시간이 없었다.

그렇게 하려고 노력한 어느 철학 교수가 자신들의 업적을 칭찬하자 그들은 분명히 기뻤을 것이며, 그들은 문명의 진보에 결코 무관심하지 않았다. 그러나 그들이 그 안에서 일한 기구, 곧 일본이라는 국가는 그들의 모든 힘을 소진시켰다. 그들은 국가가 없으면 문명의 발전은 없다고 생각했기 때문에 국가를 보호하고 그 이익을 먼저 확보해야 했다. 죄책감 같은 개인적 감정은 방해가 될 수 없었다. 그러나 그들은 애국심에 사로잡힌 바보가 아니었다. 그들은 국가의 **계몽된** 일꾼으로서 일본에 대한 세계 여론을 악화시킬 수 있는 국제적 약탈과 침해 행위가 일본의 장기적 이익에 도움이 되지 않는다는 사실을 충분히 알고 있었다. 이런 의미에서 그들은 죄책감을 느끼지 않았더라도 헤이그 특사 사건이 해결되기 전에 힘이 작용한 것을 괴로워했을 것이다.

고종의 퇴위와 관련된 일본 문서에서 퇴위를 강요한 것은 통감이 아니라 조선의 내각 대신들이라고 주장한 것은 이런 측면을 보여준다. 앞서 살펴본 대로 래드는 이 점을 매우 강조했다. 물론 그의 주장은 그 구분이 중요하다는 그의 신념을 드러낸 것일 뿐이다. 그리고 일본이 해외에 설명하는 데 그런 주장을 사용한 것은 암시와 선전이라고 할 만하다.

그러나 이토·사이온지 총리·하야시 외무대신이 주고받은 서신을 보면 그들은 구분의 선전적 가치는 그리 고려하지 않은 채 그것이 사실이라고 생각했음을 보여준다. 헤이그 사건 소식이 도쿄에 전해지자마자 하야시는 서울로 가서 이토와 협의하고 본국 정부의 견해를 전달하기로 결정했다. 하야시를 기다리는 동안 이토는 친다 외무차관에게 다음과 같은 상황 보고와 함께 사이온지에게 전달하는 지시를 보냈다.

헤이그 특사단이 일본의 여론을 들끓게 하고, 외무대신이 이곳에 왔다는 소식을 들은 조선 대신들은 단호한 조치가 필요하다고 판단했습니다. 그들은 매일 회의를 열고 황제를 퇴위시키기로 결정했습니다. 그들은 내 도움을 피하고 스스로 해결하려고 하고 있습니다. 이완용 총리가 황제를 만나 퇴위를 건의했지만 황제는 거절했습니다. 어제 내각 전체가 퇴위를 권고했지만 황제가 분노하자 그들은 중지했습니다. 그러자 황제는 내게 방문을 요청했습니다. 나는 하야시로부터 우리 본국 정부의 의견을 들을 때까지 기다리고 싶었지만 황제를 뵈러 갔고 황제는 내 의견을 물었습니다. 나는 아무 대답도 할 수 없다고 했습니다. 그러자 조선 대신들은 외무대신이 서울에 도착한 것과 동시에 황제의 퇴위를 압박했습니다. 고위 대신 9명이 오늘 새벽 1시에 황제와 협의에 들어갔습니다. 그들은 황제의 퇴위를 받아내고 새벽 3시에 그것을 공포했습니다.[44]

며칠 뒤 이토는 "대신들에 의해 강제로 퇴위당한 전 황제"가 "다양한 물밑 수단으로 주권을 되찾으려고 한다"고 썼다. 황제는 "근위병들에게 대신들을 살해할 준비를 하라고 명령"했지만 "(시도) 30분 전에 일본군이 도착해 실패했다".[45]

하야시는 외무성 부하들에게 보낸 서신에서 자신의 입장을 표명했다. 그는 조선에 가기 전 런던의 고무라에게 다음과 같이 말했다. "조선 황제가 헤이그에 특사를 파견해 일본의 활동을 비판한 것은 배신행위로 보이며 우리 정부는 이것을 깊이 유감스럽게 생각합니다. 우리 정부는 우리의 명예와 이익을 보호하려고 합니다. 따라서 이토 통감과 협의하기 위해 직접 서울로 갈 것입니다."

서울에서 그는 친다에게 다음과 같이 알렸다. "대신들에 대한 서울 백성들의 적개심이 격렬해졌고, 황제의 근위대는 더욱 그랬습니다. 7월 19일 궁궐로 들어가 대신들을 모두 죽이려는 시도가 있었습니다. 그들은 도망쳐 밤 11시 30분에 겨우 통감 관저에 도착해 보호를 요청했습니다. 그래서 하세가와에게 행군 명령을 내렸고 우리 군사들은 11시 58분 진주했습니다." 그는 상트페테르부르크의 모토노에게 퇴위 사실을 설명한 뒤 덧붙였다. "퇴위는 결코 일본 정부의 암시나 제안에 따른 것이 아니며, 일본이 무거운 요구를 할 것으로 예상해 그것을 완화하려는 조선 정부의 의도에서 비롯된 것임을 알립니다."46

이토가 통감으로서 첫 1년 반 동안 구축한 조·일 관계의 균형을 일본 내 특정 관련 활동을 배경으로 분석해 보면 헤이그 사건과 퇴위는 이토와 사이온지·하야시 지도부에 매우 곤혹스러운 일이었음이 분명해지는데, 그들은 야마가타 중심의 가쓰라 정부보다 이토의 인정을 받았고 그의 섬세한 운영에 훨씬 더 적합했다. 이토는 통감부를 만들면서 가쓰라 정부로부터 통감부를 격리하려고 매우 신경 썼음을 기억할 것이다.

나는 메이지 말기 과두정치의 민간세력(이토와 사이온지)과 군부세력(야마가타와 가쓰라)의 분열에 대해 많은 사람이 너무 과장했다고 생각한다. 두 집단의 과두정치가와 후견인들은 오쿠보의 현실주의적 전통에 젖어 있었으며, 정치적 패권에 대한 외부 세력의 위협이 조금만 있어도 서로의 차이를 조율할 수 없을 정도로 크게 갈라서지 않았다는 점을 기억해야 한다(가장 두드러진 보기는 그들이 자유주의 정당들을 제압한 것이다).

그러나 특히 일본의 해외 사업을 지원할 때 어느 정도의 무력을 사용해야 하는지에 대해 두 세력 사이에 상당한 이견이 있었다는 사실은 부인할 수 없다. 이토의 이런 인식은 무력 사용을 최소화하기 위해 조선에서 군사 지휘권을 자신이 맡겠다는 결심에서 분명히 드러났다. 그러나 물론 대규모 무력 사용은 군사적 사고방식이 더 강한 부류에게 새로운 기회를 제공할 수 있다.

또한 이토의 행정은 고종, 또는 고종과 그를 둘러싼 '진보적' 대신들의 상당히 위태로운 균형 유지에 적지 않게 의존하고 있었다. 이 과정에서 이토는 앞서 박영효를 통해 내켜하지 않는 왕실에 자신의 개혁 계획을 밀어붙이려고 했던 이노우에의 시도를 개선했다. 이노우에는 실패했지만 이토는 많은 이점—뛰어난 능력, 서울에서 자신의 지휘권을 합법화하는 조약 구조, 일을 복잡하게 만들 왕비나 대원군이 없고 외국의 간섭도 없다는 사실, 이노우에의 이전 경험에 대한 충분한 지식—을 갖고 있었다.

이토가 자신의 지시에 따르면서도 황제의 신임을 받을 수 있는 조선의 개혁 내각 구성 문제에 접근한 방법은 박영효를 등용하지 않되 자신 가까이 두고, 협조를 유도할 수 있는 서재필의 독립협회 인사들을 활용하는 것이었다. 1895년 몇 달 집권하는 동안 보여준 반일 성향 때문에 이토는 박영효를 의심했고, 아무튼 박영효는 1898년 안경수安駉壽 장군이 기획한 황제 양위 음모에 연루된 것으로 추정되는 등 황제가 기피하는 인물이었다. 안경수는 1900년 처형됐다.[47] 물론 박영효는 이 과정 내내 일본에 있었다. 그는 통감부가 설치된 뒤 서울에서 부르리라고 기대한 것 같지만 요청은 오지 않았고, 결국 스스로 귀국을 준비하기 시작했다. 일본 당국은 그의 모든 행동을 감시하고 보고했다.

한편 1906년 3월 이토는 박영효를 포함한 "재일 조선인 고위층의 귀국" 문제를 고종에게 제기했다. 고종은 15명의 귀환을 승인했지만 나머지 14명은 거부했다. 박영효는 거부 명단에 포함됐다. 이토는 이 14명의 송환에 대해 고종의 허가를 받기는 어렵지만 '나중에' 할 수 있을 것이라고 사이온지에게 말했다. 그 뒤 4월 17일 통감부의 하급 관리는 "조선 황제가 귀국자 14명의 모든 작위를 취소했으며, 그 조건으로 귀국을 허락할 것"이라고 외무차관에게 보고했다. 그는 이 정보를 일본에 있는 조선인들에게도 전달하라고 조언했고, 그들 사이에서는 귀국 여부에 대한 논의와 우려의 목소리가 나온 것으로 보인다. 내무성으로 가던 것으로 보이는 일본 당국의 보고서에서는 '친구와 이웃'과 이야기를 나눈 한 조선인이 다음과 같이 말했다고 알렸다. "조선의 상황이 변하고 있으니 돌아가기에 좋은 시기가 아닐 수도 있다. 돌아가더라도 공식적인 직책을 맡을 수 없고 사업을 해야 할 것 같다."[48]

박영효는 이듬해 도쿄 당국이 자신의 계획에 대한 여러 소문을 보고하기 시작할 때까지 귀국할 움직임을 보이지 않다가 1907년 6월 10일 자 보고에 따르면 갑자기 귀국하겠다고 선언했다.

> 박영효는 6월 6일 비밀리에 출국해 6월 8일 부산에 도착해 자신의 비서에게 전보로 이 사실을 알렸습니다. 그의 비서는 상당히 놀랐습니다. 우리는 그렇게 비밀리에 조선에 간 그의 의도를 이해할 수 없습니다. (…) 아마 그는 대한제국 황제의 특별 초청으로 돌아온 것 같습니다. 며칠 전 도쿄에서 특사가 그를 방문했다는 소문이 있습니다. (…) 나카무라라는 일본인이 박영효와 조선으로 함께 갔습니다. 이 나카무라는 도박꾼인 것 같습니다. 그는 동아동문회東亞同文會의 회원입니다. 추신: 동아동문회의 청년회원이자 『마이니치신문』 기자인 한 인물은 자신이 박영효의 밀서를 이토 통감에게 전달했다고 했는데, 박영효와 그의 친구가 조선으로 돌아가고 싶다는 내용이라고 했습니다. 그에 따

르면 이토는 친구의 귀국을 승인했지만 몇몇 조선인은 박영효의 귀국을 반대한다고 말했습니다. 이토는 "그러나 나중에 내가 주선해서 그를 총리로 만들겠다"고 했습니다.

이 문서에는 '추신'과 함께 "이것은 삭제"(이토에게 전달되기 전?)라는 흥미로운 표기가 있다. 또한 박영효와 동행한 나카무라에 대한 '첨부 문서'가 있다. "나카무라 다하치로. 1868년 나가노현 출생. 국가사회당원. 직업 없음. 연설가. 도박꾼. 1904년 동아동문회의 지부인 동아청년회 조직. 이 단체의 목표는 청과 조선의 진보·발전·지도." 나카무라는 일본에 있는 망명자들을 돕기 위한 운동도 조직했다.

또 다른 보고는 일본 경찰이 도쿄에 있는 박영효 비서의 서신을 검열하고 있었음을 알려준다. "박영효의 비서가 어제 박영효로부터 한 통의 편지를 받았습니다. 그 편지에서 박영효는 다음과 같이 말했습니다. '나는 조선으로 돌아갈 수 있는 특별 허가를 받기 위해 부산에 갔다. 이 허가를 받기 전까지는 일본으로 돌아가지 않을 것이다. 지금 그것에 대해 노력하고 있다. 허가를 받으면 돈을 보내겠다. 일본을 떠날 준비를 하라.'"

또 다른 보고는 박영효의 재정에 관련된 것이었다. "소문에 따르면" 그는 2월에 평양에서 1000엔을 받았고 4월에는 700엔을 더 받았다고 했다. 외무성은 이 모든 보고('추신' 유무는 보고마다 다름)를 이토에게 전달한 것으로 보이며, 다음과 같은 친다 외무차관의 통지도 첨부했다. "박영효가 일본을 떠나 8일 부산에 도착했습니다. 부산 주재 일본 기관에 그의 보호와 계획에 대한 문의를 요청합니다."[49]

6월 22일 이토는 하야시에게 박영효의 활동에 대한 논평을 보냈다.

6월 8일 부산에서 박영효가 급히 편지를 보내와 귀국한 것을 사과하고 나의 보호를 요청했습니다. 나는 부산에 있는 요원에게 그를 그곳에 머물게 하고 추가 명령을 기다리라고 명령했습니다. 박영효가 다른 조선인들과 접촉하는 것을 제한하고 소문을 막아야 했기 때문입니다. 또한 나는 기관에 박영효의 귀국 이유를 알아내라고 지시했습니다. 추정되는 이유는 다음과 같습니다. 황제의 은밀한 명령, 다른 조선인의 초청, 개인적인 소원. 아니면 그가 일본을 떠나기 전 일본 정부와 특별한 '합의'를 했을까? 〔상호 의혹? 위의 '추신' 참조〕 박영효는 오랫동안 조선으로 돌아오기를 바랐고, 그의 말과 행동을 보면 황제의 명령이나 다른 조선인의 초청이 아니라 개인적인 소원이 귀국 이유인 것 같습니다. 그는 처벌을 받지 않을 것으로 생각하고 왔습니다. 박영효는 부산에서 어빙Irving이라는 미국인 선교사와 함께 머물고 있습니다. 나는 박영효의 전보를 황제에게 보여주고 다음 날 박영효에게 서울에 오라는 공식 허가가 나올 때까지 조용히 부산에 머물라고 지시했습니다. 나는 또한 조중응趙重應 법부대신에게 비밀리에 박영효를 방문하도록 주선했습니다. 박영효 주변 사람들은 믿을 만하고, 그에게 정치적 의도는 없다고 생각합니다. 그래서 나는 11일 황제에게 박영효의 입국을 허락해 달라고 요청했고, 황제는 즉시 허락했습니다. 나는 박영효에게 서울에 와도 좋다는 말을 전달했습니다. 그러자 그는 황제에게 자신이 벌을 받아 마땅하다며 사죄의 편지를 보냈고, 황제의 대답이 있을 때까지 부산을 떠나지 않겠다고 알려왔습니다. 나는 황제에게 대답을 촉구했고 황제는 대답했습니다. 박영효는 서울에 와서 일본인이 운영하는 한 호텔에 머물고 있습니다.50

조금 길게 인용한 조선인 망명자의 귀환에 관련된 이 문서들은 박영효의 귀국과 등용 가능성에 대한 통감부의 태도뿐 아니라 두 가지 사실, 곧 귀환자에 대해 매우 민감한 고종의 뜻을 존중해야 한다고 이토가 강조했다는 것과51 일본에 있던 조선인들을 감시하고 보고한 방식도 자세히 보여준다. 분명히 이토는 이때부터 돌발 상황에 대비해 경계하고 있었지만 박영효의 사례에서 알 수 있듯 감시자들은 때로 혼란스러워하기도 했다.

박영효를 배제하고 그는 허수아비일 뿐이라고 황제를 안심시키려고 애쓰면서 이토는 1896~1897년 조선을 발전의 길에 올려놓기 위해 주목할 만한 노력을 기울였던 독립협회의 옛 구성원을 중심으로 서재필의 지휘 아래 '개혁' 정부를 구성하기 시작했는데, 주요 인물은 통감부 아래서 총리가 된 이완용과 박제순朴齊純이었다. 일본에 협력한 이런 독립협회 회원들은 반역자로 비판되는 반면 서재필·이승만 같은 인물은 해외에서 일본을 비판했고 한규설·이재연 등은 조선에 남아 협력을 거부하고 그 대가로 관직과 지위를 포기했으며 이재연은 목숨까지 잃었다.

그러나 클래런스 윔스는 독립협회에 대한 매우 뛰어난 연구에서

'반역자'에 대한 너무 가혹한 판단을 경계했다. 1896년 독립협회가 활동을 시작하기 위해 서재필과 독립협회 세력 전체는 "지배적인 러시아와의 좋은 관계"에 의존해야 했고, 1907년 '반역자'들은 고종을 퇴위시키는 데 가담했지만 고종은 조선이 독립 국가로서 생존할 기회를 조금이라도 가지려면 분명히 필요한 개혁을 추진하려는 독립협회의 용감한 노력을 파멸시키는 데 중요한 역할을 했다고 그는 관찰했다.

고종은 서재필의 권고를 무시하고 조정에서 반동주의자를 총애했으며, 반개혁적인 '황국협회皇國協會'를 강력하게 후원했고 마침내 독립협회의 해산과 지도자 체포를 명령했다. 이런 활동으로 독립협회는 절망적인 상황에 빠졌고, 그 결과 그 세력은 앞서 언급한 안경수의 고종 폐위 음모와 이미 반역자로 낙인찍힌 박영효를 일본에서 불러들여 정부를 맡기자는 결의안을 의결하는 행동을 하게 됐다. 이런 행위들은 일본의 압력에 따른 것이 아니라 조선인들이 스스로 한 것이었는데, 그것들이 일어난 1898년에는 일본이 압력을 행사할 수 없었기 때문이다.

윔스는 안경수, 꼭두각시 총리 이완용, 1905년과 1907년 통감부를 위한 핵심 문서에 서명한 박제순, 그리고 심지어 박영효에게도 관용적인 시각을 보였다. 그는 조국의 안녕을 위한 그들의 헌신이 일본과의 거래를 거부한 동료 개혁가들에 견줘 크게 부족하다고 생각하지 않았다. 그들이 일한 어려운 상황은 그들 모두를 조선과 이해관계가 전혀 다른 외국인과 타협하도록 압박했고, 그들 가운데 몇몇은 일본인을 신뢰했다는 사실은 놀라운 일이 아니었다. 나는 이 점에서 윔스에 동의하지만, 협력자들의 동기와 시도가 아무리 좋았더라도 1905년이나 1907년 그들은, 많은 서양 관찰자들과 마찬가지로, 일정 기간에 걸친 일본의 지도가 자국에 도움이 될지 확신할 수 없었고 결국 그들의 협력은 자국민이 길고 가혹한 식민 통치에 종속되는 데 기여했음을 인정한다.

윔스는 독립협회의 개혁 운동에 대한 최종 평가에서 그 실패 원인은 일본과 협력한 것보다 서양 지향적 지도자들―특히 서재필―이 동학에 구현된 보수적 민족주의 개혁 운동의 잠재적 기여를 인식해 그들과 협력하지 못한 것에 훨씬 많이 돌리고 있다. 조선에서 "적극적인 개혁 계획"이 성공적으로 발전하려면 그 안에 "보수주의의 요소"가 있어야 했다고 그는 말한다. 그러나 서재필과 독립협회 세력은 "변화를 설교하면서 문화적 공백 속에 서 있으려고 했다".[52] 다시 말하건대 윔스는 매우 날카롭게 관찰했지만, 동학에 대한 자세한 언급과 특히 일본과 관련된 동학의 역할에 대한 평가는 다음 장으로 미루자.

여기서 주목해야 할 것은 이토가 **자신의** '개혁 설계'를 수립하는 데 보수주의적 요소를 포함시킬 만큼 현명했다는 점이다. 이것은 이토가 동학 세력을 선호했다는 뜻이 아니라(특히 1907년 이후 이토와 동학의 관계는 흥미로운 의문을 제기한다) 고종과 왕실을 중시하면서도 조선 정부의 모든 부문에서 근대화의 방향으로 급격한 변화를 일으키기 위해 개혁적 대신들을 활용했다는 것이다. 이토는 자신의 개혁 계획이 폭력 없이 순조롭게 진행되려면 고종을 신중히 다뤄야 한다는 것을 매우 잘 알고 있었으며, 고종의 안녕을 유지하면서 그가 개혁의 진행을 방해할 기회를 최소화하려고 했다.

이토는 상황이 유리했고 기민하게 처리했지만 이 문제에서 실패했다. 1907년 그 자신의 통감부는 이 문제를 상당히 하소연하듯 보고했다. 근본적 문제는 대신들이 진정한 내각이 아니라 의정부로 구성됐다는 것이라고 그는 말했다. 일본은 1895년 개혁에서 궁내부 대신이 포함되지 않은 진정한 내각을 만들려고 노력했는데 "그 목적은 왕실과 국가 사이의 명확한 경계선을 그리는 것"이었다. 그러나 그 뒤 1898년 6월 궁내부 대신이 의정부에 다시 포함되면서 옛 체제로 돌아갔다. 1905년 궁내부 대신은 다시 의정부에서 배제됐고 황실 업무에만 국한시킴으로써 국가와 황실의 분리는 다시 '시도'됐다. 하지만 궁궐에는 점쟁이와 그 밖에 모호한 출신과 의심스러운 성향의 사람들이 자주 드나들었고, 그들의 유일한 목적은 속임수를 써서 황실 재정에서 돈을 빼내는 것이었다. 이런 위험한 상황에 직면해 통감은 침묵을 지킬 수 없었다. 그 결과 1906년 보고서에 명시된 대로 통감은 황실의 동의를 얻어 1906년 경찰 고문에게 궁궐 문마다 경찰을 배치해 의심스러운 사람들을 막게 하고 황실과 합법적인 사업을 하는 사람에게만 통행권을 발급하는 조례를 공포했다.

"그 결과 통감은 황실에 뿌리 깊게 자리 잡은 만성적 부패 상태를 정화하고 고문과 자문관의 개입을 통해 궁궐 업무 관리를 개선하기 위해 최선을 다했습니다. 그러나 황실은 자신의 뜻에 따라 이 조언을 받아들이거나 거부할 수 있었기 때문에 황실 개혁은 만족스럽게 실행되지 못했습니다. (…)"[53] 보고서는 이렇게 불평했다.

헤이그 특사단 사건으로 이토는 연로한 황제를 더 이상 용납할 수 없다고 확신했을 가능성이 매우 크다. 황제는 오래 통치하면서 흔들리고 나약해졌지만, 특히 개혁자(내국인이든 외국인이든)들의 왕권 침입에 완강히 맞섰고 음모로 가득한 서울에서 오래 지내면서 수많은 비밀 인맥을 만들었을 뿐 아니라 당장 적을 물리치지는 못해도 당황하게 만드는 데 뛰어났다. 그는 새 체제가 마음에 들지 않았고, 궁궐 문을 경비했어도 그가 그런 불만을 세상에 알리는 것을 막을 수 없었다. 이토는 새로운 해법을 찾아야 했다. 보수적 황제가 군림한 가운데 개혁적인 조선인 대신들을 통해 일하는 신중한 통감은 "충분하지 않았다".

그러나 이토는 삼각형의 한 축인 통감부가 더 적극적인 역할을 맡고 다른 한 축인 황실이 더 유연해지면 협력은 회복될 수 있다고 생각했다. 이 시점에서 대신들은 걸림돌이 되지 않았고 오히려 도움이 됐다. 이토에게는 다행스럽게도 그들은 황제 퇴위를 밀어붙여 7월 19일 관철시켰으며 그 결과 그는 그것이 조선 지도자들 스스로 요구한 조처였다고 잘 구분할 수 있었다. 또한 그들은 1907년 7월 24일 통감이 법령 제정과 중요한 행정 처분 등을 미리 승인하고 고등 관리의 임명을 동의하며, 가장 중요한 것으로 일본인을 조선 정부의 관리로 임명하는 막강한 새 권한을 통감에게 부여하는 7개 조항의 한일신협약에 서명했다. 분명히 여기에 새 황제가 매우 둔한 소년이라는 사실까지 더해지면 충분할 것 같았다.

이토는 그렇게 되기를 바랐지만 몇몇 문제가 생길 것으로 예상했다. 7월 19일 그는 하세가와 장군에게 "서울의 평화를 유지하기 위해 합리적인 조치를 하도록" 명령했다고 외무성에 알렸다. 7월 21일에는 사이온지 총리에게 전보를 보냈다. "서울 상황이 복잡합니다. (…) 일본에서 여단을 더 파견해야 할 것 같습니다. 지방은 서울에서 소식이 거의 전해지지 않아 조용하지만 며칠 안으로 소요가 예상됩니다." 사이온지는 군사를 보내겠다고 회신했다.[54]

7월 19일 서명한 퇴위 조서는 7월 22일 정식으로 공포됐다. 이완용의 집이 불타고 그 밖의 친일파가 공격받았으며 이토의 암살 시도가 실패하는 등 서울에서 소요가 발생했다. 그러나 일본군은 수도에서 발생한 이런 사태를 진압했고 "모든 일본인 거주지역은 경계에 들어갔으며" 조선군에 배치된 일본인 장교들은 탄약과 무기를 창고에 넣고 "열쇠를 보관"하기 시작했다. 전반적으로 상황은 '평온'했다.[55]

도쿄에서는 문제가 더 컸는데, 조선 학생들은 일본을 규탄하는 집회를 열기 시작했고 당국은 크게 놀랐다. 일본 경찰에 따르면 "한 조선인 학생이 권총을 가져와 일본인 교사를 죽이겠다고 말했지만 그의 형이 권총을 빼앗았다". 다른 학생들은 일본을 떠나 미국이나 프랑스로 가겠다고 말했다. 도쿄의 옛 조선공사관에 모인 한 무리는 퇴위를 받아들이느니 죽겠다고 했다. 그러나 '선배'들이 참으라고 조언했다. 도쿄의 조선 유학생 대표는 청·일본·조선의 우호가 필요하다고 강조하면서 일본이 "50년 동안 부패해 온 조선 왕실만 정리하는 것으로 끝내면 조선인은 반란을 일으키지 않을 것"이라고 밝혔다. 박영효의 일본인 친구들은 서둘러 일한친선협회를 조직하고 박영효가 이끄는 새로운 조선 정부를 지지하기 위해

나섰다.[56]

그러나 고종의 퇴위가 조선인의 감정에 회복할 수 없는 상처를 입혔다는 첫 번째 심각한 징조는 박영효 자신에게서 나왔다. 그는 퇴위한 황제로부터 '궁내부 대신'이 돼 달라는 요청을 수락했고, 곧바로 퇴위 철회 운동의 중심이 됐다. 이토는 사이온지에게 "박영효도 앞으로 통치권을 회복하려는 옛 황제의 의도에 동의한다"고 알렸다. 이토는 이 '배반'을 그대로 두지 않았다. 그는 박영효를 체포해 제주도로 유배 보냈고, 도쿄에서 "박영효를 총리로 지지하는" 움직임은 이 소식에 크게 당황했다.[57]

이토가 보기에 훨씬 더 불길한 것은 조선군의 문제였다. 1894년 오토리는 조선군을 무장 해제하려고 했지만 무츠는 그들이 일본의 '동맹국'이라는 사실을 상기시키며 제지했다는 사실을 기억할 것이다. 이 문제에서 이토는 확실히 무츠의 편에 서 있었다. 통감부 설립과 함께 일본군 고문단은 그동안 청·일본·러시아 등의 지도를 받았지만 아직도 용병들의 집합체였던 조선군을 '개량'하기 위해 노력했다. 1907년 7월 2일 일본의 제안으로 17~40세의 모든 조선인 남성이 병역 의무를 지는 징병법이 제정된 것을 보면 이토는 상당히 일관된 조선군 조직을 만들려고 했던 것 같다.[58]

분명히 그는 자신이 추구한 한·일 행정의 균형에 [충실히] 그들을 맞출 수 있을 것으로 기대했다. 그러나 이토는 자신의 정권에 대한 지지를 얻는 문제에서 가장 어려운 측면이 반드시 정부·왕실·대신 등 고위층에만 국한된 것이 아니라는 점도 알고 있었다. 헤이그 밀사 사건이 일어나기 전해에 자신을 위해 기록한 것으로 보이는 여러 비망록에서 그는 조선인의 일반적인 반일 감정을 언급하면서 그것이 커지고 있음을 인정했다.

"최근 조선 황제는 신의 있는 태도를 보이고 있지만 반일 주장은 날로 증가한다. (…) 히데요시가 조선을 공격했을 때 일본군은 많은 조선인을 살해했고 지금도 조선인들은 그것을 기억한다. 반일 감정 선동가들은 '일본이 조선인을 돕는 것이 목적이라고 말하지만, 그들의 진짜 목적은 조선인을 몰살시키는 것'이라고 주장한다. (…) 지금도 조선인은 각성하지 않고 있다. 황제는 말만 할 뿐 정직하지 않으며, 나는 반일 감정이 커지고 있다는 것을 알고 있다."[59]

이런 발언들은 이토가 모든 수완을 발휘했음에도 불안해했음을 보여준다. 그는 조선인의 적대감이 치료는커녕 커지고 있음을 느낄 수 있었다. 그러므로 박영효의 급작스런 체포가 증언하듯 퇴위가 불러온 위기가 그를 예민하게 만들었음은 의심할 여지가 없다. 그는 박영효를 관대하게 대해왔고, 그 시점에서 그가 유용하다고 생각했을지도 모른다. 그러나 갑자기 이토의 행정 전체가 "고집 세고 어리석고 나약하며 작은 인물"에게 흔들렸고 외무대신이 이토를 만나러 오고 있었으므로 일본 국내에서는 이토에 대한 비판이 있었을 것이다. 이토는 기회를 잡지 못한 채 서둘러 일을 정리해야 했다.

협력하는 대신들을 통해 정치적 울타리를 수리하는 동안 그는 조선군에 의심의 눈초리를 보냈다. 특히 그는 7월 19일에 보낸 상황 관련 초기 보고에서 "새벽 4시쯤 일부 조선군이 우리 경찰을 공격했다"면서 공격이 일어난 서울의 거리 위치까지 적었다.[60] 군인들의 탈영으로 조선군의 무기가 시골에 퍼지면 큰 문제가 생길 수 있었고, 이토는 그것을 막기로 결심했다. 그래서 무기를 창고에 넣고 "열쇠를 보관"하도록 조용히 추진했다.

그러나 무기를 회수한 채 군대를 오래 유지할 수는 없었기 때문에 그는 조선 내각을 거쳐 군대 해산을 요구했고, 새 황제의 첫 번째 조처 가운데 하나로 그 칙령을 얻었다. 어차피 새로운 징병제가 시행되고 있었기 때문에 그것을 준비할 시간이 필요하다는 핑계였다. 또한 "유용한 기업을 육성하는 데 자금을 투입한다는 관점에서 경제를 발전시키는 데 모든 노력을 기울여야 한다. (…) 따라서 황실 경호에 필요한 인원만 선발하고 나머지는 모두 일시적으로 해산할 것을 명령한다." 이 칙령은 1907년 8월 1일 공포됐다.[61]

이로써 이토 정권은 '폭동 통제' 단계라고 표현할 수 있는 새로운 국면을 맞이했다. 일본은 군대 해산 명령을 수행하는 동안 뜻밖의 사건을 방지하기 위해 특별한 예방 조치를 했지만 서울에서 한 애국적 대대장이 장렬히 자결했고, 그 사건은 수도를 넘어 멀리 남쪽부터 압록강까지 전국에서 연쇄적 반란을 불러온 기폭제가 됐다. 이를테면 원산에 있던 일본 군함의 함장은 그 지역의 폭도 수백 명이 일본인 우체부를 납치하고 서울 행진을 계획하는 회의를 열었으며 군함으로 피신한 일본 경찰 11명을 추격했다고 보고했다. 질서 회복을 위해 육군 중대가 투입됐다. 9월 3일 하세가와 장군은 폭동 진압 활동을 지휘하다가 상황에 대한 총괄 보고서를 작성했다.

그는 몇몇 조선 단체가 "황후를 잃었고 이제 황제를 잃었다"고 주장하면서 "조선 반역자들을 죽이라"고 촉구하는 "폭력적인 연설"로 폭동을 선동했다고 지적했다. 그러나 그는 목숨을 걸고 저항하는 사람은 극소수일 뿐이며 "6개월 정도 지나면 평온해질 것"이라고 예측했다. 그는 조선을 계층별로 다음과 같이 분석했다. "상류층은 일본인이 관료가 될 수 있다는 사실에 큰 충격을 받았고, 중산층은 그다지 충격을 받지 않았으며 새로운 협약이 사실상 상황을 인정한다고 느낍니다. 새 협약에 대한 찬반은 절반 정도씩입니다. 하층민은 관원과 지배층에게 억압 받아왔으며 일본 관료들을 민중의 보호자로 여기게 될 것입니다." 군대 해산에 대해서는 "압록강 지역을 제외하고는 성공적으로 이뤄졌다"고 평가했다. 조선인들은 군인이 "오만하고 돈이 많이 들고 약하고 아무것도 하지 않는다"는 것을 알고 있었기 때문에 대체로 군대 해체를 반대하지 않았다고 그는 생각했다.[62]

하세가와의 보고는 지나치게 낙관적인 것으로 드러났다. 11월 말 이토는 하야시 외무대신에게 폭동을 진압하기 위해 매우 가혹한 조치가 취해졌다고 비밀리에 인정했다. 10월 진압 전 베델의 신문은 서울 시민들에게 일본의 잔인성을 있는 그대로 보도했고, 시찰을 마친 맥켄지는 그것을 대체로 지지했다. 영국의 정책이 친일적이었고 영국영사의 법정이 베델을 침묵시켰지만[63] 이 두 영국인의 고발에 따라 영국 당국은 조사를 시작했으며, 또는 적어도 이토는 그렇게 생각했던 것 같다.

그는 하야시에게 "기밀 보고에 따르면" 영국 정부는 "지방에서" 일본군이 "너무 가혹하다"는 소문을 듣고 조사 중이라고 알렸다. 그는 "일부 주민이 폭도들을 집에 머물게 했다는 이유로 일본군이 마을 전체를 불태우기도 했다"고 인정했다. 그는 개탄스러웠고 이것을 막아야겠다고 생각했다. "내가 없는 동안 폭도들에 대한 군의 조치가 너무 가혹하다는 것을 알게 됐고 그것을 바꾸라고 군에 명령했습니다. 일본군은 가리지 않고 불태웠습니다. 그러나 최근 우리 군은 내 명령에 주의를 기울이고 있습니다."64

일본 폭동 진압군이 더 온순해졌는지는 알 수 없지만 그들은 몇 달 동안 매우 활발히 활동한 것은 분명하다. 통감부 총무장관 쓰루하라 사다키치鶴原定吉는 12월 중순 외무성에 매우 비관적인 보고서를 제출했다.

조선군 해산으로 서울 제1대대에서 첫 폭동이 일어난 뒤 (…) 경부선 일대를 제외한 모든 곳으로 퍼져나갔고 북동부 지역 철도는 완전히 폭동 상태에 빠졌습니다. 낮에는 평화롭다가 밤에는 농민이 무기를 숨겼다가 일본 군인과 민간인이 약해 보이면 공격하는 폭동이 일어났습니다. 해안 지역을 제외한 모든 곳이 계속 불안합니다. 해산된 군인과 완고한 지방 유학자들이 이끌고 있습니다. 친일 인사는 이유 없이 살해됐고, 단지 서양 옷을 입었거나 머리가 짧은 조선인도 살해됐습니다. 반일 감정은 뿌리 깊습니다. (…) 폭도들은 도둑이나 강도와는 다릅니다. 그러나 전통적인 도둑과 강도들도 폭도 집단에 동화되고 있습니다. 평범한 사람들은 일상적인 일을 하며 살아갈 수 없습니다. 가족과 함께 도망치거나 살해되기도 하고 집을 잃은 사람도 있으며 이제는 추위와 굶주림을 겪고 있습니다. (…) 끔찍한 상황입니다. 일본인 거주자와 사업가들은 모두 내륙에서 후퇴하고 있습니다. 폭동 진압대가 모든 지역에 파견됐습니다. 조선 정부는 무기와 화약에 대한 통제

를 명령했습니다. (…)65

  일본군 사령관은 1907년 7월부터 1908년 7월 4일까지 약 1만 1962명의 조선인 '폭도'가 사망하고 4961명이 '투항'했다고 외무성에 보고했다.66 다른 보고서에서는 수치가 조금 다르지만 동천이 동의한 일본군에 대항한 조선인 숫자는 사실에 가까울 가능성이 매우 높다. 1907년에는 324건의 교전에서 5만 명의 조선인이 일본군과 싸웠고, 1908년에는 1450건의 교전에서 7만 명, 1909년에는 950건의 교전에서 2만 8천 명, 1910년에는 147건의 교전에서 1900명이 싸웠다.67

  이토는 "평화롭고 조용하려고" 노력했지만68 1909년 6월 사임할 때까지 '폭동 통제'는 통감부의 지속적인 특징이었다. 이토가 할 수 있던 최선의 노력은 가끔씩 일본군에게 유화적 태도가 바람직하다는 점을 상기시키는 것 외에 조선 국경에 지리적 한계를 설정하는 것이었다. 이것마저 어려웠다. 1908년 8월 어느 지역까지 '길들이기 임무'를 수행하는가에 관련된 문제가 대두됐는데, 그때 이토는 도쿄에 있었고 그가 유화적 기술을 세심히 가르쳤던 소네 아라스케 曾禰荒助 부통감이 서울에 남아 있었다.

  많은 조선인 '폭도'가 두만강과 압록강을 건너 만주로 갔고 소네는 그들이 다시 조선으로 들어올 가능성에 대해 매우 우려했다. 그는 이토에게 일본군을 만주로 보내 반란군을 소탕할 수 있도록 허락해 달라고 요청하면서 이것을 위해 중국 정부와 교섭할 것을 촉구했다. 이토는 단호히 반대했지만, 소네는 이 문제가 매우 시급하다고 생각해 데라우치와 고무라에게 이 문제를 알리고 다시 검토해 달라고 요청하는 전보를 보냈다. 그는 특히 당시 외무대신 고무라에게 지시를 요청했다. 고무라는 "우리 정부의 의견은 그 지역에 조선인 폭도들이 있더라도 강을 건너 군대를 파견할 수 없다는 것입니다. 통감이 지시할 것입니다."[69]

퇴위 사건, 조선군 해산, 폭도 진압 등을 생각하면 어차피 병합을 계획하고 있던 이토는 이런 일들이 일본의 조선 지배를 더욱 굳힐 수 있는 구실을 줬기 때문에 결국 기뻐하지 않았을까 하는 의문이 자연스럽게 떠오른다. 앞서 지적한 대로 많은 연구는 '처음부터' 일본 정부의 조선 '계획'은 병합이었으며, 그것에 바탕했지만 이토는 아닌 척하면서 냉소적으로 병합을 추구했고 통감부는 그 방향의 중간 단계였을 뿐이라고 가정한다. 신중한 학술 연구 가운데 가장 최근 이런 주장을 펼친 것은 1955년 콜로라도대에서 박사 학위를 취득한 동천의 논문이다. 그는 이토의 이중성과 위선을 강조하기 위해 애썼다. 그는 이토의 행동이 "제국주의자들의 계략을 연구한 전술"이었으며 "일본 독립의 안전을 확보"하기 위해 보호령이 불가피했다는 그의 주장을 "완전히 터무니없다"고 비판했다.[70]

이것에 대한 동천의 핵심 증거 가운데 하나는 1907년 7월 한일 신협약 체결 당시 이토가 통감부 직원들에게 한 연설이다. 그는 다음과 같이 인용했다. "(…) 오늘 조선 병합에 관련된 논의가 있습니다. (…) 필요한 조치는 모두 이뤄졌습니다. (…) 여기서 그런 논의를 반복할 필요는 없습니다. 물론 조선이 〔병합에 대한〕 우리의 제안을 거부한다면 무력적 수단에 의지해야 한다는 것은 의문의 여지가 없습니다. (…) 조선에서 그런 의견 충돌이 일어난다면 나는 본국에서 군대를 불러 완전한 진압을 위한 조치를 할 것을 결심했습니다." 그리고 그는 같은 날 이토가 신문 편집자들에게 "일본이 조선을 병합할 필요는 없다"고 말한 것은 위선이라고 지적했다.

동천은 통감부 직원을 대상으로 한 이 연설을 흑룡회에서 펴낸 『일한합방비사日韓合邦秘史』에서 인용했으며, 1905~1910년에 관련된 자신의 논의는 "거의 모두 그 책에 근거했다"고 설명했다. 그는 그 책은 "흑룡회 관계자가 편찬했고 일본의 병합론자들은 그 단체의 회원이거나 밀접한 관련이 있었기 때문에" 신뢰할 만한 자료로 간주했다. 나는 이 『비사』가 1905~1910년 조·일 관계에서 가장 중요한 사료며 거기 인용된 문서들이 매우 구체적이고 아마 정확하다는 데 동의하지만, 나중에 더 자세히 검토할 이유 때문에 매우 신중히 사용해야 한다고 생각한다. 사실 동천은 그 책을 이용하는 데 핵심적인 문제는 그것이 일본의 병합론자들에 의해 저술됐다는 점이라고 지적했다. 그러나 그는 그 책 전체의 분위기가 이토와 그의 통감부에 대한 반감, 곧 병합을 열렬히 지지하는 이들이 이토를 자신들의 대의에 장애물로 간주했다는 매우 중요한 사실을 구체적으로 지적하지 못했다.

이토와 이들 흑룡회 병합론자들의 전체적 관계는 매우 복잡하기 때문에 잠시 제쳐두는 것이 좋지만, 병합론자들이 즉각적이고 확실한 조선 병합을 옹호하고 요구까지 했으며 통감부의 부하들 가운데 일부가 그런 생각을 품고 있었다는 맥락에서 이토가 통감부 직원들에게 한 연설의 인용문을 다시 읽어보자. 그러면 이 연설은 훈계가 된다. "우리는 여기서 병합에 대한 어떤 논쟁도 하지 않을 것입니다. (…) 물론 조선이"—동천은 여기서 "병합에 대한"이라는 구절을 삽입했는데 그것이 아니라—"우리가 작성한 한일신협약에 대한 우리의 제안을 거부한다면 나는 본국에서 군대를 부르기로 결심했습니다. (…)" 이렇게 보면 이토는 자국의 극단주의자들에게 저항하면서도 그들이 자주 제기하는 '유약하다'는 비난을 피하려고 노력했다는, 완전히 다른 시각으로 파악될 수 있다. 그리고 신문 편집자들에게 한 그의 발언은 위선이 아니라 이 주제에 대한 자신의 견해를 분명히 밝힌 것이 된다.[71]

그렇다면 이토를 '계략적 제국주의자'로 해석하는 것을 거부해야 할까? 그런 해석을 거부함으로써 이토의 지시를 받은 기관들이 저지른 잔혹 행위에 대한 이토의 책임을 면제하지 않는다면—또는 조선과 그 국민에 대해 그가 품은 아주 작은 동정심을 훼손하지 않는다면—우리는 그를 '계략적 제국주의자'로 해석하도록 강요하는 상황에 작동하는 힘을 이해하기 위해 적어도 '계략적 제국주의자'라는 그 용어의 평범하고 명백한 의미에서는 그런 해석을 거부해야 한다. 가장 최근이며 아마 가장 깊이 연구한 '계략적 제국주의자' 학설의 옹호자로 꼽을 수 있는 동천은 『비사』 자료를 주의 깊게 설명하면서, 이미 그 학설을 옳다고 결론 내리지 않았다면, 분명히 그것과 모순됨을 인정했을 증거를 제시했다. 이 증거는 1907~1909년 이토와 그의 분신 소네가 병합 요구에 저항하고 있음을 거듭거듭 보여준다.

동천은 그것을 다음과 같이 설명했다. '일본 정부'는 병합을 피할 수 없는 것으로 간주했다. 이토의 목적은 '같았지만' 그는 더 '신중'했고 "이토는 자유주의자도 조선 독립의 옹호자도 아니었으며 일본 제국에 유리한 모든 것을 위해 일한 기민하고 신중한 외교관이자 행정가였다".

소네에 대해서는 다음과 같이 말했다. "소네를 통감에 임명한 목적은 조속한 조선 병합을 위한 것이었다. 소네가 그 자리에 임명되기 전 스기야마는 송병준宋秉畯과 우치다(병합론자. 뒤에서 좀 더 설명)에게 '소네가 최종 음모에 충분히 헌신하지 않으면 우리는 그냥 해임할 것'이라고 말했다." 그러나 그는 소네가 해임된 사실과 병합을 추진하면서 가쓰라 총리가 이토의 사임 당시 이토와 소네에게 한 '비밀 서약'을 위반했다는 사실(『비사』를 근거로 한 서술)에 대해서는 아무 문제가 없다고 봤다. 그 서약은 적어도 앞으로 7~8년 동안은 조선을 병합하지 말아야 한다는 것이었다.[72]

동천의 자료가 다른 방식으로 해석될 가능성이 있다는 것이 이토의 병합 반대가 허울뿐이지 않았다는 충분한 증거는 아니다. 하지만 추가적인 증거가 있다. 1907년 7월 29일 자 서신에서 이토는 사이온지 총리에게 조선군 해체를 통보하면서, 당면한 목적을 위해서는 그리 필요 없는데도, 나중에 "징병법에 따라" 조선에 "강력한 군대를 다시 조직"해야 한다고 말했다.[73] 그는 조선인을 영구적으로 억압하지 않겠다고 스스로에게 말하고 있는 것 같다.

1907년 9월 6일 도쿄 경시청은 하야시 외무대신에게 다음과 같이 보고했다. "야마가타 세력의 한 인물에 따르면 이토 후작의 태도는 너무 평화롭고 차분합니다. 그는 유약한 인물들 가운데 가장 유약합니다. 그것은 일본이 조선 재정을 지원하고 협약을 준수하게 한 다음 점차 상환하도록 하려고 한다는 사실에서 알 수 있습니다. 하지만 야마가타 세력은 10년이나 20년 뒤 조선이 금융 자립을 이루면 조선 정부가 반란을 일으킬 것이라고 생각합니다. 그러므로 강력한 정책을 촉구합니다. 조선은 영구적으로 의존해야 하고 조선인에게 세금을 부과해야 합니다."74

도쿠토미 이치로德富猪一郎는 가쓰라 문서록에서 이토와 관련해 가쓰라가 야마가타에게 보낸 글을 인용했다. 날짜는 1909년 4월 17일로 가쓰라는 총리로 재직하고 있었다. "그가 교체되는 날이 빠를수록 우리 정책의 다음 단계에 더 좋습니다. 영향력 있는 사람은 필요하지 않습니다. 나는 소네 씨를 후임 통감으로 추천하는데, 우리가 원하는 대로 그를 움직이기 쉬울 것이기 때문입니다. 그렇게 하지 않으면 모든 일의 진전이 어려울 것입니다. 지금이 가장 좋은 때입니다. 데라우치와 고무라도 내 의견에 동의합니다."75

뒤쪽의 이런 통신들은 1909년, 그리고 아마 이르면 1907년 초 야마가타-가쓰라 군부파가 조선 문제의 궁극적인 해결책으로 병합을 염두에 두고 있었음을 보여주지만, 1909년 4월 말까지도 이토는 계속 병합에 반대했으며, 그들의 생각으로는 그것을 두고 충돌할 수도 있었다는 사실도 알려준다. 만약 그가 그런다면 그들은 과두체제 안의 갈등에서 거듭 그랬고 이토가 그동안 무척 자주 그랬던 것처럼 통감으로서 설정한 조건과 타협해야 한다는 것을 잘 알고 있었다. 그러나 이토는 가쓰라가 그토록 간절히 바란 직후 통감을 사임하고 일본으로 돌아가 추밀원 의장을 맡겠다고 제안했다. 1909년

6월 14일 천황이 수락함으로써 이토는 새 직책을 맡았다. 조선 부통감이던 소네는 통감으로 임명돼 6월 26일 공식 취임했다.[76]

이것은 이토가 야마가타파에 항복하고 그 뒤 병합 계획을 지지했다는 뜻일까, 타협했다는 뜻일까, 병합하지 않겠다는 보장을 요구했다는 뜻일까, 아니면 무슨 뜻일까? 증거는 상충되고 아마 그것은 완벽히 풀 수 없을 것인데, 이토는 1909년 10월 26일 만주 하얼빈 역에서 한국의 애국자에게 불운하게 또는 운 좋게, 역설적이게 또는 자연스럽게 너무 일찍 죽었기 때문이다. 그가 죽었을 때 병합론자들은 여전히 조선의 정세에 매우 불만스러워했고, 몇 달 뒤 병합이 본격적으로 추진됐다.

하지만 이토는 이것을 돕기 위한 계획을 세우고 있었을까? 그것에 반대하려고 했을까? 아니면 계획이 전혀 없었을까? 이런 구체적인 질문에 긍정적으로 답변할 수 있는 증거는 없지만 일부는 흥미롭고 암시적이다. 앞서 언급한 대로 이토는 사임하면서 가쓰라에게 7~8년 동안 병합을 하지 않겠다는 '비밀 서약'을 요구했으며, 소네는 가쓰라 세력에 소속됐다.

가쓰라는 이토가 죽은 뒤 이 서약을 "고의적으로 잊었다".[77] 그것을 사실로 받아들인다면 서약 사건은 이토가 이제 병합에 찬성했지만 신중히 계획하고 철저히 실행하려고 했다는 뜻으로 해석될 수도 있다. 또는 그 반대, 곧 병합을 완전히 피하고 일본과 분리해 조선의 정체성을 유지하는 것을 포함해 그가 세운 나름의 원칙에 따라 통감부가 좀 더 잘 작동할 수 있는 시간을 벌려고 했다는 뜻으로 받아들여질 수도 있다.

두 해석 모두 가능하지만 『비사』가 서약서에 대한 정보의 출처라는 점을 기억한다면, 적어도 흑룡회 편찬자들의 마음에는 뒤쪽의 '병합 회피' 해석이 옳았을 가능성이 높다고 판단해야 한다. 대동아大東亞에서 일본의 지도력을 강화하기 위해 헌신한 애국 단체로서 그들이 메이지 시대의 역사를 편찬한 기본 목적은 '진정한 애국자'와 '유약한 인물'을 구분하는 것이었다. 앞서 말한 대로 그들의 『비사』는 이토에 반대한다. 그들은 이토와 소네가 조선 병합에 반대했다는 증거를 일본의 애국적 이상에 대한 고위 인물들의 배신이라는 충격적인 증거로 간주했다. 가쓰라는 서약을 파기함으로써 (그들과 함께) 자신의 명예를 되찾았다.

이토가 조선인의 특성을 지키기 위해 감정적으로까지 강하게 우려하다가 1909년 7월 갑자기 병합 계획을 지지하는 것으로 바뀌었다는 기이한 방식의 『비사』서술에 이의를 제기하는 또 다른 기본 자료가 있다는 것은 흥미롭다. 이 역설은 이토의 개인 비서로 그 뒤 외무성 정무국장이 된 구라치 데쓰키치倉知鐵吉의 진술에 담겨 있다. 구라치는 1939년 11월 일본 외무성에서 다음과 같이 말했다. "조선 병합의 실상을 아는 사람은 이미 모두 죽었고, 지금은 나만 남았다. 조선 병합의 내부 기록이라고 불리는 것은 때로 진실과 거리가 멀기 때문에 후대의 역사가들을 위해 사실을 적고 싶다." 그 발언은 길지만 핵심은 다음과 같다.

1909년 봄 이토가 통감직에서 물러나려고 하자 후임에 대한 논란이 있었고, 결국 비공식적으로 소네 부통감이 선출됐다. 그때까지 조선 관련 문제는 통감에게 맡겨져 있었기 때문에 본국 정부는 크게 간섭하지 않는 것을 방침으로 삼고 있었다. 통감이 이토였을 때는 괜찮았지만 소네가 임명되면 상황이 달라질 수도 있었다. 소네가 통감이 되면 정부의 지시에 따라 정책을 수행해야 한다는 주장이 있었다. 소네에게 이 사실을 알려야 했고, 그가 동의하면 임명될 수 있었다.

당시에도 이토의 정책은 아무것도 하지 않는 정책이라는 비판이 있었다. 따라서 정부의 조선 정책 노선을 확립하는 것이 중요했고, 이것을 문서로 작성할 필요가 있었다. 외무성 정무국장이었던 나(구라치)는 고무라 외무대신으로부터 초안을 작성하라는 명령을 받았다. 그가 의견을 제시하면 내가 초안을 작성하고 그가 수정해 최종 초안을 만들었다. 이 초안은 다음과 같이 두 조문과 서문으로만 구성된 매우 단순한 것이었다.

"조선에 대한 일본의 정책은 한반도에서 우리의 힘을 확립하고 그 힘을 엄격히 유지하는 것이다. 러일전쟁 이후 조선에서 우리의 힘은 점점 커지고 있으며, 특히 재작년 한일신협약이 체결된 뒤에는 더욱 그렇다. 상황은 크게 개선됐지만 우리의 힘은 여전히 충분하지 않고 조선 관료들과의 관계도 만족스럽지 않다. 따라서 이제부터는 우리의 실질적 힘을 키우고 비교할 수 없는 힘을 구축하기 위한 기반을 더욱 공고히 할 필요가 있다. 이런 목적을 달성하기 위해 일본 정부는 현시점에서 다음과 같은 주요 정책을 수립하고 그에 따른 여러 계획을 실시할 필요가 있다고 판단한다.

제1조. 적절한 시기에 조선 병합을 실시한다. 이것이 조선에서 우리의 힘을 확립하고 한반도를 병합해 우리 영토의 일부로 만드는 가장 확

실한 수단이다. 국내외 정세를 고려해 적절한 기회가 되면 병합을 실시해 한반도를 명목과 실질 모두 우리의 통치 아래 두고 모든 조약 관계를 종결하는 것이 우리의 장기적인 정책이다. 제2조. 병합의 시기가 올 때까지 병합 정책에 입각해 보호자로 실질적 힘을 보존하고 조선에서 그 힘을 키워야 한다."

이 초안은 비밀로 유지됐다. 3월 30일 가쓰라 총리에게 제출됐지만 원로들이나 그 밖의 내각 구성원들에게도 공개되지 않았다. 그 까닭은 먼저 이 문제에 대한 이토의 의견이 명확하지 않았기 때문이다. 이토는 조선의 미래에 대해 아무 말도 하지 않았기 때문에 그의 진의를 가늠하기 어려웠다. 사실 나는 이토가 도쿄에 돌아올 때마다 그의 개인 비서를 맡았다. 매일 그를 만났기 때문에 그의 활동과 의견을 잘 알 수 있는 위치에 있었지만, 조선에 대한 그의 의견이 무엇인지 나조차 알 수 없었다.

이것과 관련해 다음과 같은 일화가 있었다. 이토가 사임하기 꽤 오래 전인 1908년 어느 날 나는 오모리에 있는 그의 집에서 저녁 식사를 대접받았고 식사 뒤 이야기를 나눴다. 이토는 다다미에 누워 내 말을 듣고 있었는데, 내가 현재의 통감부 제도를 강화할 필요가 있다는 취지로 말하자 자리에서 벌떡 일어나 그 까닭을 물었다. 그래서 나는 일본이 외교권과 국방권을 장악했지만 경제적 측면에서는 관세·화폐·은행 등 모든 것이 외국과 같다는 점 등을 그 이유로 들었다. 그러자 이토는 매우 흥분하며 내 주장을 하나씩 반박했다. "우리는 외교·군사·법률적 권한이 있다. 다른 것은 필요 없다. 귀하는 관세·화폐·은행 등이 모두 다르다고 했다. 하지만 한 나라와 식민지 사이에도 그런 차이는 있다. 대만도 일본과 다르다. 이것들은 아무 문제가 아니다. 이것들을 왜 강화할 필요가 있는가?" 나는 더 공부하겠다고 말하고 논쟁을 중단했다.

이처럼 이토는 조선에 대해 이야기할 때 자신의 진의를 표출하지 않았다. 그리고 이 정책 초안과 관련해서는 가쓰라와 고무라조차 이토의 진의를 알지 못했다. 이토가 반대하면 상황이 매우 나빠질 수 있었기 때문에 가쓰라와 고무라는 매우 조심스럽게 접근해 비공식적으로 이토를 설득하기 시작했다. 이에 따라 4월 초(1909년) 다카나와(도쿄 메구로구)에 있는 모리의 집에서 열린 연회에서 가쓰라와 고무라는 며칠 안으로 만나자고 그에게 요청했다.

4월 10일 그들은 그의 (도쿄) 관저로 찾아가 "우리는 조선을 병합해야 하며 이 정책을 따라야 한다"고 솔직하게 말하며 앞서 언급한 문서들을 보여줬다. 그러자 이토는 전적으로 동의한다고 분명하게 말했다. 두 장관은 반대를 예상하고 그와 논쟁을 벌일 준비를 하고 있었기 때문에 오히려 당황했다. 그 뒤 가쓰라와 고무라는 초안을 소네에게 보여줬다. 소네도 동의하고 야마가타에게 보여줄 것을 제안했다. 그 뒤 초안은 7월 6일 내각 회의에 상정돼 승인될 때까지 비밀로 유지됐다.

그런 다음 구라치는 "병합이라는 단어의 문자적 의미"를 설명했는데, 다음 장에서 좀 더 깊이 논의하겠다. 그 뒤 그는 병합이 어떻게 진행됐는지 몇 가지 언급했다. "기본 방침이 수립됐지만 (…) 그때는 병합이 그렇게 빨리 진행될 것으로 예상하지 못했고 (…) 오랜 시간과 연구 등이 필요할 것으로 예상했다." 그는 고무라에게 제출할 긴 세부 계획 초안을 작성해 이토에게도 보여줬는데 "만주로 떠나기 직전 이토에게 물었더니 '그 정도면 된 것 같다'고 했다".

구라치는 다음 장의 제목을 '우치다 료헤이의 기억'이라고 붙였다. 우치다는 1905~1910년 조선에서 활동한 흑룡회의 주요 인물이었으며, 그의 회고와 저술은 흑룡회의 『비사』에 주요 자료가 됐다. 우치다가 남긴 발언을 바로잡는 것이 구라치가 이런 진술을 하게 된 주된 이유임은 분명하다. 우치다에 대해 그는 이렇게 말했다.

고 우치다 료헤이는 조선 병합에 크게 기여한 인물이다. 생전에 그는 내게 다음과 같이 말했다. "고마쓰 미도리小松綠의 책에는 귀하(구라치)가 고마쓰에게 보낸 각서가 있는데, 그 내용은 사실과 다릅니다. 귀하의 각서에 따르면 1909년 4월 초 가쓰라·고무라·이토·소네가 모두 동의한 가운데 기본 병합 방침이 수립됐다고 했습니다. 그러나 당시 우리 정부는 조선에 대한 확실한 정책이 없던 것이 사실입니다. 따라서 당연히 신임 통감인 소네는 조선에 대한 기본 방침을 알지 못했습니다. 그래서 그는 우리(우치다와 그 세력)의 병합 운동을 탄압한 것입니다. 마침내 병합이 실현된 것은 우리의 운동 덕분이었습니다."

또한 우치다는 『비사』에 실린 조선 병합 회고에서 다음과 같이 말했다. "(…) 7월 조선 병합이 결정됐다는 외무성 발표는 (…) 개인의 이익을 위해 꾸며낸 오류다. (…) 사실 두 세력이 있었다. 야마가타·데라우치 군부 세력은 병합을 지지했고 이토·이노우에·고무라 민간 세력은 현상 유지 정책을 지지했으며 가쓰라는 뒤쪽 세력에 속했지만 중간에 서 있었다. 1909년 2월 야마가타는 일본 천황이 조선 황제도 돼야 한다고 말했다. 이토는 반대했다. 6월 이토는 사임하면서 가쓰라·소네와 비밀리에 회담했다. 그들은 조선의 현재 상황을 유지하면서 결과를 기다리기로 결정했다. 그렇다면 7월 내각 회의에서 병합이 결정됐다는 사실을 누가 믿을 수 있었을까? 이토·가쓰라·소네 세 수뇌가 밀약했다는 사실은 소네가〔내게〕말해 줬다."

구라치는 이것을 다음과 같이 정정했다. "표면적으로 우치다와 내 설명은 일치하지 않는 것처럼 보인다. 하지만 중요한 것은 7월 어전 회의에서 결정한 고위 인사들이 이 사실을 비밀로 했다는 점이다. 소네조차도 이것에 대해 아무 말도 하지 않았다. 우치다는 이것을 몰랐고 자신의 견해가 옳다고 생각했다. 그러나 이것에 대해 우리의 의견은 반대되지 않는다. 오히려 우리는 동의한다."

구라치는 진술의 마지막 두 부분에서 일본에 대한 조약 개정의 마지막 단계가 협상 중이었기 때문에 "조약 개정 뒤로 병합을 연기해야 한다는 의견도 있었다"고 설명했다. 그러나 10월 26일 이토가 갑자기 하얼빈에서 암살됐다.

나(구라치)는 조사를 위해 만주로 파견됐다. (…) 대규모 계획이 아니라 조선인들이 블라디보스토크에서 계획한 소규모 계획이었음을 알게 됐고, 우리 정부에 사건을 최소화할 것을 건의했다. 그러나 조선의 일본인들은 이 암살 사건이 대한제국 황제의 사주를 받은 것이라며 병합을 빨리 이뤄야 한다고 생각했다. (…) 조선의 상황은 점점 더 악화됐고 일본 안팎의 상황은 변했다. 병합은 조약 개정에 아무 지장을 주지 않을 것으로 판단됐고 1910년 1월 즉시 병합 방침이 수립됐다. 5월 데라우치 장군이 이것을 실행할 통감으로 임명됐다. (…)[78]

구라치는 이토를 포함한 정부 지도자들이 병합에 상당한 '공로'를 세웠다는 것을 보여주려고 노력했고 우치다는 많은 사람, 특히 이토가 그들의 발목을 잡았다는 것을 보여주려고 노력했음을 인정한다면 우리는 공로가 아니라 책임의 비율을 배분해야 할까? 먼저 우리는 일본 정부 지도자들을 둘 또는 몇 집단으로 나누고 그들 사이에 그럴듯한 차이를 설정하려고 시도하지 않을 것이다. 우리는 야마가타의 군사적 요소가 이토의 민간적 요소보다 강경책을 더 선호했고, 일부(가쓰라나 고무라?)는 그 중간에 섰을 수 있음을 안다. 그러나 그들은 본질적으로 각 구성원이 완전히 동의하든 그렇지 않든 집단적 결정을 내리는 단일한 과두체제를 구성했다.

따라서 1905년 통감부가 설치될 때 조선 문제의 처리는 이토에게 맡기고 그가 고안할 민간적 방법에 맡겨야 한다는 것이 대체적 의견이었다. 야마가타는 불안했겠지만 일본 정부가 보기에 위험 지역이 분명한 조선에서 이토가 군 통수권을 갖는 것까지 양보할 정도로 그 주장에 충분히 감명받았다. 이것은 어느 정부의 군부라도 꺼릴 만한 양보였다. 그렇다면 통감부를 설립할 때 일본 정부의 집단적 결정은 이토의 계획을 따르는 것이었다.[79]

이토의 계획은 무엇이었는가? 그것은 병합도 **아니었고** 잔인한 폭정도 아니었다. 그것은 통감부와 조선 황실, 조선의 개혁 내각으로 이뤄진 일종의 삼각 균형을 형성해 조선과 일본이 협력함으로써 조선의 개혁과 근대화를 이루고, 조선을 거쳐 시작될 수 있는 위협에서 일본을 안전하게 보호하는 것이었다. 두 목표 가운데 두 번째인 일본의 안보가 가장 중요한 목표였지만 이토는 둘 다 달성할 수 있다고 확신했고, 안보가 보장되는 한도 안에서 협력을 위해 노력했다.[80]

조지 트럼불 래드는 이것을 인정할 수 있었고 전 세계의 책임 있는 정부 관계자들도 그랬다. 그것은 적절하고 현실적이었다. "근대적 질서를 수립하는 데만 관심이 있는 것처럼 가장하지 않았지만" 그것은 현실적인 사람, 심지어 도덕과 윤리를 직업으로 삼은 사람에게도 기대하거나 바랄 수 없는 것이었다. "삶의 현실"과 국가와 민족의 현실을 고려해야 했다. "공정하게 정착된 법과 관습 속에서 적절한 의무"가 이뤄져야 했다.[81] 국가 문제에서는 당연히 자국의 안보가 가장 중요했다.

그러나 1909년 7월이 되자 일본 과두세력의 집단적 의견은 이토 체제가 일본 안보의 요건을 충족시키기에는 충분하지 않다는 것이었다고 자신 있게 말할 수 있다. 구라치의 조선 정책 성명 초안에는 '힘, 힘, 힘'이라는 단어가 반복해서 등장한다. 상황은 잘 풀리지 않았다. 조선 황실이 문제를 일으켰고 해산된 군대가 문제를 일으켰으며, 폭동과 불안은 끝이 없어 보였다. 조선에서 일본의 권력을 강화하는 것이 명확한 해결책이었다. 이토 자신도 실망했고[82] 그가 자신의 체제에 대한 더 긴 시험 기간을 원했든 아니든 상황이 개선되지 않으면 죽기 전에 병합이 '필요하다'는 명제를 묵인했으리라는 것은 의심의 여지가 없다. 이토의 암살은 좀 더 시간을 갖고자

했던 사람들의 마음을 아프게 했고, 소네는 버티려고 애썼지만 병합의 기운이 감돌기 시작하면서 말 그대로 물리적으로 무너졌다.[83]

1910년 7월 데라우치 장군은 서울에 착임했고 "마치 한기가 도시를 덮친 것 같았다. 그는 공개적으로 거의 말하지 않았지만 (…) 일이 일어나기 시작했다. 하룻밤 사이에 4개의 신문이 정간됐다. 사설의 한 부분이 불온하다는 것이었다. 다른 사람들도 조심해야 했다. (…) 날마다 체포 소식이 들려왔다. 가장 가혹하고 잔인한 형태의 제국주의 행정"이 조선을 옭아맸다.[84]

그렇게 일본의 현실 외교는 계몽된 이기주의의 높은 길을 버리고 억압과 잔인함, 살인의 낮은 길로 다시 한번 나아갔다. 1894~1895년 이노우에의 갑오개혁은 미우라에서 끝났고, 이제 이토는 데라우치로 이어졌다. 두 길은 서로 연결된 것처럼 보였다. 물론 이노우에는 짧은 기간에 외국의 간섭, 자금 부족, 대원군, 왕비 세력 등 많은 어려움에 부딪혔다. 하지만 가장 기민하고 가장 유능한 이토 또한 외국의 간섭, 자금 부족, 잘 조직된 조선의 반대 세력이 없었는데도 실패했다. 그를 무너뜨린 것은 무엇이었는가? 헐버트와 그가 일으킨 일련의 기이한 사건들―헤이그 특사, 고종의 퇴위, 군대 해산, 폭동―이었을까?

분명히 이것은 조선인들 사이에서 반대의 불길로 번졌고, 폭동이 계속되는 동안 조선은 '안전'하다고 할 수 없었다. 하지만 그들은 점차 통제되고 있었다. 그들은 통감부에 심각한 물리적 위협이라고 할 수 없었고, 일단 폭동이 끝나면 이토의 균형이 맞을 수도 있었다. 외부에서 볼 때 1909년 말 일본 지도자들이 생각했던 것처럼 병합이 그렇게 시급하거나 필요했던 것 같지는 않다. 일본 내부의 다른 요인이 있었을까?

앞서 본 대로 우치다 료헤이는 "병합이 마침내 실현된 것은 우리의 운동 때문이었다"는 취지의 발언을 했다. "우리의 운동"이란 무엇이었고 어떻게 설명할 수 있을까? 이것을 고려하면 앞의 두 장 거의 전체에서 일본의 과두체제와 현실주의자들을 다뤘음을 떠올릴 수 있을 것이다. 그것에 대해 해명할 필요는 없다. 근대 국가에서는 이례적으로 일본 정부의 구조는 최고 정책 결정자들을 일본 사회 전체의 영향으로부터 고립시키고 그들의 폐쇄적인 결정을 결정적으로 만들었다. 이것은 당시의 대중적 분위기에 휘둘리지 않고 외교 문제를 지적이고 현실적으로 다룰 수 있는 외교 정책 지도층의 훌륭한, 어쩌면 가장 좋은 사례라고 할 수 있다. 그러나 메이지 시대의 과두정치가들도 완전히 고립된 것은 아니었다. 앞서 우리는 조선 문제를 둘러싼 과두정치가들의 적을 자유주의자와 반동주의자로 구분했다. 이제 그것으로 돌아가 보자.

8장

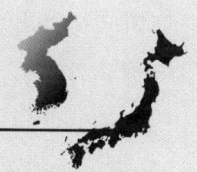

역행한 이상주의
반동주의자들의 대두와 자유주의자들의 혼란

한때 과두제 반대 세력은 자유주의자로 각광받았지만 초점을 잃어가고 있었다. 그들은 청일전쟁 동안 의회의 주도권을 둘러싼 투쟁에서 과두정치인들에게 패배하면서 조선 문제에서 반동주의자와 연합했다. 이것은 일본 자유주의의 종말이 시작된 순간이자 반동의 새날이 밝아온 순간이었다.

일본 역사학자 오카 요시타케岡義武는 전후 연구와 저술의 대부분을 메이지 시대의 정치 세력에 관련된 것으로 채웠는데, 일본 자유주의자의 주요 경향으로 시대가 지날수록 민족주의는 강해지고 자유주의는 약해졌다는 점을 강조했다. 그는 오이와 후쿠자와, 그리고 그 밖의 많은 사람도 마찬가지였다고 말했다. 조선에서 민권을 증진하려는 그들의 계획은 분명히 이런 경향의 한 원인이 됐는데, 오이는 일본 국내 활동의 이런 '격화'가 일본의 민권 실현을 위한 "기회를 만들" 것이라고 주장했지만 결과는 정반대로 나타났다. "청과 조선은 스스로 민주주의를 확립할 가능성이 없다"는 확신에 국제적 경쟁과 위기감이 더해지면서 자유주의자들은 동아시아에서 일본의 지도력이나 패권(동아의 맹주)을 옹호하는 입장으로 바뀌었다. 그리고 실제로 그들은 민권보다 국력에 더 많은 관심을 갖게 됐다.[1]

이것은 분명히 그들의 종말 이야기에서 중요한 부분이다. 과두정치가들이 국력을 키우고 국가 안보를 매우 성실하게 관리하면서 그것을 자신들의 주요 목표로 받아들인 일본의 자유주의자들은 논쟁할 이유가 거의 없었다. 오쿠마와 고토처럼 당내 인맥과 결별하고 과두제의 조건에 따라 공직을 수락하지 않는 한 그들은 정책 결정에서 실질적인 발언권을 갖지 못했다. 그리고 내각의 책임을 둘러싼 투쟁에서 패배한 그들은 원로들이 엄선한 대신들을 축출함으로써 원로들을 당황하게 만들 수 없었다. 의회에서 그들은 약간의 명성을 누리고 애국적인 연설을 할 기회를 가졌으며, 사소한 문제를 방해하고 충분히 냉소적이 되면 뇌물을 받아 돈을 벌 수 있었다.

그러나 1900년 무렵 메이지 자유주의자들의 힘과 이상주의는 사라졌고, 그들 대부분은 어디서 어떻게 그것을 잃어버렸는지 몰랐다. 후쿠자와조차 1901년 세상을 떠나기 직전 "나는 지금까지의 일본 발전에 매우 만족한다"고 말할 수밖에 없었다.[2] 후쿠자와의 제자 가운데 한 명이 오자키 유키오는 아흔이 넘도록 살면서 자신과 자신의 친구들이 청일·러일전쟁 동안 열렬히 옹호했던 국력과 강력한 외교 정책이 제대로 실현되지 않는 것을 목격했다. 적어도 제1차 세계대전 중과 그 뒤 그는 대륙 팽창에 반대하기 시작했고, 1930년대에는 극단적 민족주의에 반대하는 용감한 태도를 보였다.[3] 그러나 이노우에 가쿠고로와 오이, 자유당의 불같은 창시자 이타가키 다이스케 같은 사람들은 그리 오래 살지 못했고 메이지 말기에는 과두정권의 국정 운영을 비판하는 일이 점점 줄었다.

특히 조선 문제와 관련해 1905~1910년 외무성은 도쿄 경시청을 통해 자유주의 야당의 후예들을 면밀히 감시했다. 1880~1894년 후쿠자와·오이·가쿠고로 등이 주도해 일본과 조선의 권리와 진보를 무시한 정부 정책을 강력히 비난한 것과 달리(1895년 1월 도쿄에서 발행된 한 잡지에 김옥균과 박영효의 발언과 많은 삽화가 실린 가쿠고로의「경성의 잔몽」이 그것들 가운데 마지막이었을 것이다)[4] 경찰 보고서는 이들이 대체로 이토와 정부 정책을 지지한다고 파악했다. 이를테면 1907년 7월 헤이그 밀사 사건과 퇴위 사태는 이 세력들 사이에서 조선 상황에 대한 상당한 논의를 불러일으켰는데, 경찰은 다음과 같이 보고했다.

이토-야마가타의 과두정치에 맞서 싸우기 위해 오쿠마의 지도 아래 조직돼 에토 신페이의 아들인 에토 신사쿠가 이끌던 헌정본당 憲政本黨은 사이온지 총리를 만나 위기 상황에서 정부 정책이 무엇인지 알아보기 위해 대표단을 보냈다. 그에게서 '한일신협약'(7월 24일 서명)의 성격에 대해 설명을 들은 뒤 그들은 회의를 열어 그것에 대해 논의했다. '유약한 정책'이라고 비판한 당원도 있었지만 그들은 반대하지 않고 "어떻게 될지 주의 깊게 지켜보기로" 결정했다.[5]

오자키 유키오가 이끈 유흥회猶興會는 "조선의 전면 숙청"을 거론하며 두 회원에게 총리·외무대신을 면담하도록 위임하고 조선에 사절단을 파견해 진상을 조사할 것을 논의했다. 그러나 "조선 정책은 이토 통감이 구상하고 있으니 너무 흔들어서는 안 된다"는 의견이 우세했다. 그들도 신협약에 찬성했다. 박영효의 일본인 지인들이 조직한 일·선친선협회에서는 박영효의 친구로 동행했다고 앞서 언급한 나카무라 다하치로의 친척인 나카무라 야로쿠라는 인물이 "일본 국민은 침묵하고 있지만 정부는 (조선) 문제를 마음대로 처리해도 된다고 생각해서는 안 된다"고 주장했다고 밝혔다. "가장 중요한 것"은 "조선을 철저히 개혁하는 것"이었다. 이토 통감은 "과실 혐의로 기소해야 한다. (…) 조선의 일본 경찰은 거칠고 친절하지 않다. (…) 그들의 태도는 바뀌어야 한다". 그러나 이 단체의 비판적 태도는 조선의 총리 후보였던 박영효가 서울에서 체포되자 "실망"해 점차 사라졌다.6

오쿠마의 이른바 진보당 추종자들은 "이토와 정우회政友會의 명예를 높일까 봐 의회에서 공개적으로 승인하고 싶지 않다"면서도 새 전당대회와 이토의 퇴위 사건 처리를 승인했다고 보도됐다.7 훗날 유명한 이누카이 기犬養毅도 이들 가운데 한 사람이었다(물론 정우회는 1900년 이토가 창당하거나 장악한 정당으로 사이온지에게 계속 대체로 호응하면서 갈등을 일으키지 않았다). 또한 의회에서 다수당인 정우회와 소수당인 헌정본당 사이에 서 있던 '대동구락부'라는 다소 큰 규모의 단체에 소속된 의원들은 전당대회를 승인하는 결의안을 통과시켰다. 그들은 이것을 "국가적 목표 달성을 향한 (…) 전진"이라고 불렀다.8

지바현 지사는 그곳 기자들이 모인 자리에서 협약에 찬성표를 던졌다고 보고했고, 독자적인 경찰 보고서를 작성할 정도로 중요한 인물로 보이는 구바타 요시로라는 인물은 다음과 같이 말했다. "협약이 좋습니다. 정식 병합은 조선인을 분노하게 만들 것이므로 협약이 더 낫습니다. 조선은 미개한 나라이므로 유능한 관료가 필요하며 근대화가 덜 된 일본 관료들은 퇴출시켜야 합니다."9 그동안 과두정치인들의 행동을 자주 신랄하게 비난했던 자유주의 계열의 주요 신문들도 온건히 비판할 뿐이었다. 후쿠자와의 『시사신보』는 다음과 같이 썼다. "〔일본〕 정부가 그런 일(헤이그 특사)을 몰랐다면 그 책임이 크다. (…) 이토 통감이 어떤 의견을 가지고 있는지는 묻지 않는다. (…) 그가 되도록 빨리 적절한 조치를 하기 바란다. 아무 조치도 하지 않으면 우리의 위신이 손상될 것이다."[10]

조선에 대한 과두세력의 신호를 따르는 자유주의자들의 모습은 병합이 끝날 때까지 계속됐다. 1909년 12월 이토의 후임인 소네가 극단적 친일 세력인 일진회의 직접적인 병합 '청원'을 받고 그 문제에서 물러나려고 하자 『시사신보』는 그를 지지하면서 경고했다. "일진회가 왜 그런 제안을 했는지 이해할 수 있지만 그것은 대다수 조선인의 의견이 아니다. 따라서 일진회의 의견을 과대평가하고 다수의 의견을 무시하는 일이 없도록 주의해야 한다. 미래는 알 수 없지만 당분간은 현재의 상황이 변하지 않기를 바란다."

오쿠마 진보당의 정론지로 출발한 『도쿄마이니치신문』은 사설에서 이렇게 말했다. "병합을 즉시 실현해야 하는지는 의문이다. 일본에 경제적 부담이 될 것이며 다른 열강이 그것을 인정할지는 더욱 불확실하다." 『도쿄아사히신문』은 이렇게 말했다. "현재 일본은 조선을 병합할 수 있는 위치에 있지 않다. 물질적·정신적 상황이 거기에 적합하지 않다. 경제적으로도 일본은 그 부담을 감당할 수 없다." 오쿠마는 『아사히신문』과 대담하면서 지금은 "적절한 시기가 아니"라고 동의했다.[11]

그러나 이듬해 8월 내각이 병합을 밀어붙이고 데라우치 총독이 착임하자 자유주의 언론과 자유주의 지도자들은 말 그대로 환희의 눈물을 흘렸다. 『시사신보』의 열기는 특히 뜨거웠다. 1910년 8월 27일 병합 기념 특별판을 발행했는데, 메이지 시대의 인쇄물 가운데 가장 뛰어난 기술적 성취였을 것이다. 예쁜 꽃과 새, 닭이 그려진 화려한 테두리 안에는 야마가타·이토·데라우치·가쓰라·고무라·사네, 그리고 조선 어용 총리 이완용의 대형 초상화와 이타가키·오쿠마·하나부사·모리야마 등의 작은 사진이 실려 있었다. 이어서 오랜 세월 조선 문제에서 두드러진 역할을 했던 사람들이 자신의 생각을 밝혔다. 자유주의자들이 과두정권의 하위 관료들과 어떻게 섞여 있는지, 그 지도자들의 눈 아래서 보는 것은 흥미롭다. 이타가키는 1873년 정한 논쟁을 돌아보며 감회에 잠긴 감상적인 한시를 기고했다.

> 우리 일본은 병합을 반드시 좋아하지도 않고 탐내지도 않았다.
> 그러나 조선이 우리의 주권을 존중하고 문화 발전과 사회 안정에 도움을 준다면 무엇을 더 요구할 수 있겠는가?
> 조선 여론이 하나가 돼 국경을 없애고 싶다고 한다면 나는 병합에 찬성한다.

오쿠마도 정한 논쟁 시기를 회상하며 특히 르장드르의 역할에 대해 이야기했다.

소에지마 외무대신이 베이징에 갔을 때 르장드르라는 미국인을 만났는데, 첫 만남부터 소에지마는 그의 생각에 전적으로 동의했다. 그 뒤 소에지마의 추천으로 르장드르는 외무성에 들어왔다. 르장드르의 의견은 일본이 조선·대만·만주를 병합해 중국을 반원 형태로 감싸고 시베리아에서 러시아를 위협하며 아시아에서 주도권을 잡아야 한다는 것이었다. 당시 많은 사무라이가 르장드르의 강연을 듣기 위해 외무성을 방문해 긴 줄을 서기도 했다. 르장드르의 생각은 사이고와 불만을 품은 그의 사무라이 추종자들을 흥분시키는 데 어느 정도 영향을 미친 것이 분명하다. (…)

그러나 정한은 이뤄지지 않았고 그 때문에 우리나라는 중요한 사람을 많이 잃었다. 세이난 사건(사쓰마 반란)이 일어났지만, 다른 한편으로는 내정에 힘을 기울여 의회가 개원하게 됐다. 오랜 세월 우리는 피를 흘리면서까지 조선을 다스리려고 노력했고, 이제 평화적인 병합을 이뤘다. 꿈만 같다.

"현재 의원이자 사업가"로 소개된 이노우에 가쿠고로는 「경성사건 전후」라는 글을 기고했다. 그는 조선에 간 목적을 "한마디로 조선이 문명을 향해 나아가도록 하는 것"이었다고 말했다. 그는 후쿠자와와의 인연을 떠올리고 자신이 쓴 「경성의 잔몽」을 인용하며 글을 맺었다.

이 밖에도 조선에서 재직한 다양한 사람들이 자신의 경험을 이야기했다. 현재 참의원이 된 모리야마 시게루는 「일본·조선의 협상의 시작」이라는 글에서 1869~1876년 일곱 번이나 조선을 방문했다고 회고했다. 그는 "다음 협상 시도가 실패하면 사무라이 50만 명을 한반도로 보내야 한다"고 말할 정도로 조선인의 '완고함'은 대단했다고 했다. 임오군란 이후 외교관직을 사임하고 황실에서 근무한 하나부사는 그 사건과 관련된 자신의 모험을 회상했다.

현재 남작이 된 오토리는 청일전쟁이 일어나기 전 정신없이 바빴던 시절을 떠올렸다. "청이 조선에 파병했을 때 나는 병으로 일본에 있었다. 요코하마에서 조선으로 떠날 때 무츠 외무대신이 배웅하러 왔다. 나는 '살아서 돌아올 수 있을지 지금은 말할 수 없다'고 했다. 무츠는 눈물을 흘리며 말했다. '당신이 조선에서 죽으면 내가 뼈를 수습하겠소. 최선을 다해 주시오.' 나는 〔조선에서〕 우리 정부의 명령에 따라 행동했을 뿐이지만 그때는 우리를 방해하는 외국 외교관도 많았고 속임수로 가득한 청국 관료도 많았으며 완고한 조선인도 많았다."[12]

『시사신보』의 기사 가운데 정부의 조선 문제 대처를 암시적으로나마 유일하게 비판한 것은 8월 27일 자 기념판에 광고돼 8월 30일부터 연재된 후쿠자와의 회고록에 등장했다. "많은 비밀 문제를 다뤘으며" "후쿠자와 생전에 공개되지 않았다"고 소개된 이 회고록의 제목은 「경성사건의 전말」이었다. 거기서 후쿠자와는 일본 정부의 정책을 '후퇴와 경계警戒'로, 정부가 김옥균·박영효에 대한 지원을 확대하지 않은 것과 다케조에가 '진실하겠다는 약속'을 지키지 않은 것을 '실패'로 비난했다.[13] 그러나 그것은 갑신정변에 대한 언급이었고, 1910년의 만족스런 결과 안에서 이야기를 전개했기 때문에 비판적인 내용은 없었으며 그 뒤의 성공으로 순화된 고난의 이야기였을 뿐이다. 『도쿄마이니치신문』은 병합에 대한 보도에서 『시사신보』만큼 정교하지는 않았지만 똑같이 열광적이었다. 그 기조는 8월 23일 자 「세계의 행복」이라는 제목의 사설에서 확인할 수 있다. 거기서는 합병에 대해 일본 국민은 찬성할 것이고 외국인들도 반대하지 않을 것이라고 확신했다. "세계는 모든 나라가 같은 문명 수준에 도달해야만 평화를 누릴 수 있다. (…) 문명 수준이 낮은 나라는 허용할 수 없다." 흥미롭지만 특이하지는 않은데, 지나친 열광을 경계한 유일한 신문은 자유주의 언론이 아니라 정부 기관지인 『도쿄니치니치신문』이었다. 그 신문은 사설에서 이렇게 촉구했다. "조선 병합은 축하해야 한다. 그러나 지나쳐서는 안 되는데, 간토關東지방에 큰 홍수가 났기 때문에 이재민들은 그리 기뻐하지 않을 것이기 때문이다. (…)"14

일본 자유주의자들이 일본에서 민권을 위해 투쟁한 기록과 다른 아시아 국가들의 민권에도 자주 관심을 표명한 것을 고려할 때 일본과 조선이 '하나'가 됐으니 조선인도 대표권과 투표권을 가져야 한다는 발언이 있는지 특별히 찾아봤다. 중요하게도 그 문제는 전혀 언급하지 않았다. 사실 찾을 수 있던 한 자유주의자의 발언은 조선인의 정치 참여를 반대하는 것이었다.

후쿠자와가 세운 게이오대 출신으로 정부의 유혹을 모두 거부해야 한다고 주장한 헌정본당을 이끌었고 입헌정부 수호와 족벌정치 근절을 위한 모임을 조직한(1912년) 이누카이 기는 『시사신보』에 실린 기명記名 기사에서 다음과 같이 말했다. "조선인은 기본적으로 의심이 많고 정치에서 뇌물을 받는 데 익숙하다. 그들에게 정치 참여권을 부여하는 것은 의회에 감염병을 퍼뜨리는 것이다."15

정당인 가운데 조선인의 정치 참여에 우호적인 인물은 관료로 분류할 수 있는 오이시 마사미뿐이었다. 그는 1892~1893년 잠깐 조선공사를 지냈고 그 뒤 정부와 협력을 선호하는 헌정본당을 이끌었다가(1907) 가쓰라의 지도를 받아들였다(1913). 그는 1910년 10월 잡지 『타요』의 '잡설'에서 다음과 같이 말했다. "병합의 목적은 동화가 돼야 한다. 조선의 중앙·지방정부 모두에서 되도록 빨리 유능한 조선인을 고용해야 한다. 조선의 문명이 발전함에 따라 자치 체제를 완성해야 한다. 궁극적으로는 조선 대표를 의회에 보내야 한다. 한편으로는 자치 통치가 실현되고 다른 한편으로는 병역 의무가 받아들여질 때 동화가 완성됐다고 말할 수 있을 것이다."[16]

도쿄제국대학 법학부 교수 도미즈는 "완전한 동화 이후 조선인에게 정치적 권리를 부여해야 하지만" 그럴 의무는 없다고 지적했다. "우리 헌법이 만들어질 당시에는 (조선) 병합을 예상하지 못했다. 따라서 우리 헌법이 새로운 영토에 적용된다고 주장하는 것은 옳지 않다."[17] 하세베 준코 중의원 의장은 이 주장을 되풀이했다. "일본 헌법이 공포될 당시 일본 영토와 국민의 일부가 아니었던 영토와 국민에게는 일본 헌법이 적용되지 않는다. 조선인에게 그런 권리를 줄 수 있는 날은 여러 이유로 아직 멀었다(이유는 설명하지 않았다)."[18]

가니감보(게를 보는 사제)라는 필명을 쓰는 어떤 사람은 『오사카아사히신문』에 기고한 '개인 의견'에서 이 문제를 잘 요약했다. "한 국가가 식민지를 갖는 목적은 식민지 주민의 이익이 아니라 모국의 이익을 위한 것이다. 이것을 볼 때 식민지 주민의 권리가 모국의 권리와 동등해서는 안 된다는 것은 당연하다."[19] 일본에서는 "헌법은 일본의 모든 영토에 적용돼야 하는가" 하는 주장도 제기됐다. 실제 논쟁은 없었는데, 그것에 대해 사실상 아무 언급이 없었기 때문이다. 일본의 자유주의자들은 이 문제를 제기할 생각조차 없던 것 같다.

그러나 일본 자유주의를 조선 병합의 무덤에 묻기 전에 한두 가지 정보를 추가로 밝혀야 한다. 일본의 역사학자 마루야마는 민권 옹호론자들이 일본 제국주의의 지지자가 된 과정을 추적한 뒤(구가 가쓰난陸羯南·도쿠토미 소호德富蘇峰·후쿠자와를 주요 사례로 거론) 이것과 관련해 청일전쟁 이후 나타난 두 가지 중요한 발전, 곧 비정치적 개인주의와 사회주의를 지적했다. 이들은 자유주의 운동이 남긴 유산의 일부이기 때문에 살펴볼 가치가 있다. 앞서 논의한 후기 자유주의자들, 곧 과두제의 조건에 따라 조선 병합에 순응한 이들은 1910년 무렵에는 시민의 자유와 내각 책임제가 없는 헌법 체제에도 순응했다. 그러지 않은 사람들은 어떻게 됐을까?

마루야마는 민권에 대한 요구가 주요 정치 무대에서 사라지고 대학에서 언론과 학문의 자유가 소홀해지면서 다음과 같은 현상이 나타났다고 지적했다. "일본 지식인들 사이에 비정치적 개인주의가 퍼졌다. 이를테면 학생들 사이에서 자살이 만연했고 (…) 언론인 야마지 아이잔山路愛山의 말을 인용하면 '정부는 교육기관을 통해 충신들을 만들려고 했지만 학생들은 사랑과 별과 제비꽃을 생각했고 자신의 욕망을 충족시키는 데 목적을 두기로 결정했다. 그 결과 그들은 국가의 미래를 고려하지 않고 극단적인 개인주의에 빠져들었다.'" "산과 숲에는 자유가 있다"는 시인 구니키다 돗포國木田獨步의 말을 인용한 뒤 마루야마는 말했다. "그러나 메이지 30년대(1897~1907)에는 산과 숲 바깥에 자유가 없었다."[20]

마루야마는 사회주의자들에 대해 "메이지 30년대의 사회주의자들은 메이지 20년대의 민권옹호론자들의 진정한 계승자였다"고 말했다. 정부가 이들을 강력하게 탄압했다는 사실은 그들의 '감정의 힘'을 보여주는 증거라고 그는 생각했다. 하지만 "전반적인 상황을 고려할 때 그들의 운동은 너무 일렀다. 그들은 [당시] 일본 정치에서 많은 추종자를 얻거나 영향력을 행사할 수 없었다."[21] 마루야마는 일본 사회당을 지지하는 사람으로서 초기 사회주의자들이 실제보다 더 올바른 관점을 갖고 있었다고 평가했을 수도 있다.

아래의 네 지도자에 대한 간략한 언급을 통해 그들의 행동과 사상이 어느 정도 달랐는지 알 수 있지만, 서민층의 향상을 옹호하고 당시의 제국주의에 반대한다는 점에서 그들은 공통된 관점을 가졌다고 할 수 있다. 미국에서 랠프 벨라미Ralph Bellamy의 사상을 연구한 와세다대 교수 아베 이소安部磯雄는 일찍부터 노동자의 단결권을 주장했고, 1920년대 후반에는 일본에서 사회민주당 건설을 위한 노력에 앞장섰다 정부의 반대와 박해로 두 번 모두 실패했지만 그는 진정한 사회민주주의자로 남아 의회 절차를 통한 평화적 변화를 주장하며 흔들리지 않았다.

반면 초기에 자유당 지식인 나카에 초민中江兆民과 밀접한 관계를 맺고 그 뒤 미국을 방문한 고토쿠 덴지로小德田次郞는 이상적인 무정부주의 사회를 달성하기 위해 테러 방법을 옹호하게 됐다. 그는 크로포트킨Kropotkin을 읽었지만 사회주의 운동에 대한 정부의 탄압도 그가 '직접 행동'을 결심하는 데 큰 영향을 미쳤을 것이다. 그는 가담하지 않은 것으로 보이지만, 메이지 천황 암살 음모로 1911년 교수형에 처해졌다. 그의 마지막 저서 가운데 하나는 『기독교에 대한 반박』이었다.

우치무라 간조內村鑑三는 기독교인(무교회·무종파)이자 사회주의자·평화주의자였다. 그는 1875년 삿포로 농과대학의 학장이 되기 위해 일본에 온 매사추세츠 농과대학 학장 윌리엄 클라크William Clark 박사 밑에서 공부한 적이 있다. 우치무라에게는 많은 추종자가 있었는데, 그 가운데는 도쿄대 총장이던 야나이하라 다다오矢內原忠雄도 있었다.

끝으로 초기 일본 사회주의자 가운데 미국을 가장 자주 방문했던 가타야마 센片山潛이 있다. 그는 고토쿠와 마찬가지로 구질서의 폭력적 전복을 주장하게 됐지만, 산발적인 폭력이 아닌 공산주의 혁명에 의한 것이었다. 그는 미국 공산당의 초기 구성원 가운데 한 명으로 모스크바에서 말년을 보냈으며, 1933년 사망해 붉은 광장에 묻혔다고 한다.

고토쿠와 우치무라의 짧은 인용문은 제국주의를 큰 악으로 지목한 일본 사회주의자들이 국제관계에 일반적으로 어떻게 접근했는지 보여줄 것이다. 고토쿠는 이렇게 말했다.

제국주의는 얼마나 널리 퍼져 있는가? 그것은 산불처럼 퍼져간다. 전 세계 모든 국가가 경외심을 갖고 복종하고 있으며, 그것을 찬양하고 존경하며 지지하지 않는 나라는 없다. 보라! 영국 전체가 그것을 믿고 호전적인 독일 황제가 열렬히 옹호하며, 그것이 러시아의 전통적인 정책임은 말할 필요도 없다. 프랑스·오스트리아·이탈리아도 그것을 열렬히 환영한다. 최근 미국도 그것을 따르기 시작한 것 같다. 그리고 우리나라 일본으로 눈을 돌려보면 청일전쟁 승리 이후 온 나라와 정부 안팎에서 그것을 열광적으로 수용하고 있다.

다음은 우치무라의 글이다.

우주의 조화에 대해 강의하는 철학자는 없지만 육지에는 많은 군인이 있고 모든 곳에서 무기가 충돌하는 소리가 들린다. 백성들의 슬픔을 위로하는 시인은 없지만 바다에서는 수천 톤의 군함이 파도를 격렬하게 만든다. 나라 안에서는 가정이 무질서하고 아버지와 아들이 서로 서운해하며, 자식들은 갈등하고 시어머니와 며느리는 서로를 경멸한다. 그러나 밖을 향해 일본은 자신을 동쪽 바다의 벚꽃 피는 나라, 신사의 나라라고 부르며 자랑스러워한다. 이것이 바로 제국주의의 실체다.[22]

훗날 그들의 길은 갈라졌지만 이런 지도자들이 대표한 집단에서 나온 일본의 사회주의자들은 잠시 모여 주간 신문인 『평민신문平民新聞』을 만들었는데, 1903년 11월부터 1905년 1월까지 1년 조금 넘는 기간 동안 발행되다가 결국 정부의 탄압을 받았다.[23] 이 신문은 부수적으로 조선 문제와 관련돼 있을 뿐 실제로 조선에 대한 구체적인 언급은 전혀 없었지만, 당시 조선 문제에 대한 사회주의의 입장을 상당히 명확하게 언급한 몇 가지 발언을 실었다. 1904년 4월

3일 자에는 '무력으로 문명을 팔다'라는 제목의 사설이 실렸다.

현재 동양의 외교를 보면 러시아 정부의 조선에 대한 폭력적인 태도와는 대조적으로 일본이 조선을 대신해 의병을 일으켰다고 봐야 한다. 조선의 소심한 신문들은 보도해야 할 것을 보도하지 않고 소심한 정치인들은 논쟁해야 할 것을 논쟁하지 않으니 여기 사실이 있다. 일·조 동맹은 1월 20일 하야시 특사가 조선 조정에 처음 제안했고 (…) 2월 9일 인천에서 발생한 총격 사건 때문에 대한제국 황제는 그것을 받아들일 수밖에 없었다. 조선 대신들 사이에 약간의 이견이 있었지만 우리 특사는 강력한 조치로 동의를 얻었다. 그 뒤 친러 단체들의 반대가 일어났고 그 가운데 일부는 외무대신 집에 폭탄을 던졌으며 반일의 목소리가 커졌다. 그러자 하야시는 친러 단체를 진압하고 일·조 합의를 방해하려는 자들을 군령에 따라 처형했다. 그러나 여전히 많은 반대가 있고 황제조차 우리를 믿지 않는 것 같다.

이것이 신문이 보도한 내용이다. (…) 의심할 바 없이 일부 조선인은 친러파고 일부는 친일파지만 이것은 대부분의 조선인의 감정이 아니다. 그들은 왕실과 정부의 고위 대신들일 뿐이며 자신의 이름과 이익만을 생각한 결과이기 때문에 신뢰할 수 없다. 전쟁 때문에 그들은 고통과 아픔을 겪었지만 스스로 불러온 일이다. 조선 백성들도 앞서 말한 인도 사람들처럼 자기 야망이나 탐욕이 없다면 일본이나 러시아나 다른 나라에 아첨하지 않을 것이다.

그리고 그들이 그 작은 반도의 자연에 만족하고 그곳에서 평화롭게 여생을 보내고 싶다면, 일본의 도덕적 제국주의자들이 그들의 땅에서 피를 흘릴 이유도 권리도 없다. 무력으로 문명을 파는 것은 분명히 부당하고 불의한 행위다. 우리의 국가 정책이 팽창과 침투고 단순히 전쟁에서 승리하는 것이라면 말할 필요가 없지만 우리의 정책이 정의와 인류애에 기반한 것이라면 무력으로 문명을 팔아서는 안 된다는 것을 다시 한번 강조해야 한다.[24]

6월 19일 『평민신문』은 조선에 대한 또 다른 긴 기사를 썼다. 주제는 조선을 존중해야 한다는 것이었고 다음과 같이 주장했다.

조선을 어떻게 구해야 할까? 정치인들은 우리가 조선의 독립을 위해 청일전쟁의 위험을 무릅썼다고 말한다. 이제 러일전쟁이 시작됐고, 그들은 우리가 조선을 정치적으로 구출할 것이라고 자랑스럽게 말한다. 그러나 그들이 말하는 정치적 구출이 어떻게 조선의 독립을 지켜낼 수 있을지 의문이다. 청일전쟁은 조선에서 청의 세력을 몰아내기 위한 전쟁이었고 러일전쟁은 조선에서 러시아 세력을 몰아내기 위한 전쟁이다. 그래서 일본 정치인들은 이것을 정의의 전쟁이라고 부른다. 그러나 일본의 태도가 그들의 말대로 정의에 근거한 것인지는 우리의 비판이 필요하다.

이를테면 우리는 조선인의 입장을 고려해야 한다. 청·러시아·일본의 정치적 야망이 조선에서 경쟁하고 있지 않은가? 조선은 늘 승자의 발 아래 놓여 있다. 그들은 어느 것이 옳고 어느 것이 그른지 모른다. 현재 조선은 승리가 곧 정의라는 야만적인 국제도덕의 희생양일 뿐이다. 조선인을 경멸하는 일본인은 그들이 민족도 애국심도 모른다고 늘 말하고 있다. 조선인의 행복과 평화는 그 국가 지도자들에 의해 훼손됐기 때문에 조선인에게 민족주의적 감정이 없어야 하는 것은 당연하다고 우리는 생각한다.

역사적으로 조선은 중국과 인도에서 문학·과학·기술지식·종교·도덕을 일본에 전수한 공헌자였다. 그러나 일본은 그 대가로 조선에 침략만 안겨줬다. 조선인의 관점에서 보면 청·러시아·일본은 차이가 없다. 그들은 모두 침략자다. 조선의 정치를 구조하는 작업은 조선 정부를 중심으로 계획됐지만 최악의 문제는 거기서 발생한다. (…) 조선 정부는 국민의 피를 빨아먹는 독충이다. 황실와 양반은 부유하지만 백성은 가난하다. (…) 조선 백성은 게으르고 교활하며 노예밖에 할 줄 모른다고 말하는 사람도 있다. 그들은 본질적으로 그렇지 않다. 오히려 부지런하고 인내심이 강하다. 다른 나라의 침략을 받은 역사가 그들을 오늘날의 상황으로 이끌었다.

우리는 조선의 과거에 동정심을 느끼고 현재의 상황을 안타깝게 생각한다. 하지만 우리가 어떤 민족주의적 형태로 그들을 이끌 수 있을지는 의문이다. 일본의 정치인들은 '조선의 독립'을 이야기한다. 그러나 외세가 조선의 독립을 인정하지 않을 수도 있고, 조선의 독립을 말하는 일본 정치인들조차 마음속으로는 독립을 원하지 않을 수도 있다. 조선 전체에 〔유능한〕 사람이 하나도 없는가? 우리는 세계사에서 사람이 곤경에서 벗어나는 유일한 길은 자기 자신을 아는 것임을 봤다. 이것은 "민족주의 사상에 대한 거부"를 뜻한다. 바로 그것이다! 민족이라는 개념을 거부하는 것에 놀라지 말라. 국가적 자부심과 야망을 가진 사람들에게는 악마의 말처럼 들릴 수도 있다.

하지만 조선인의 귀에는 좋게 들릴 것이다. 이를테면 청일전쟁을 생각해 보라. 일본은 겉으로는 조선이 독립했다고 선언하지만 속으로는 늘 자국의 특권과 명예를 주장한다. 그래서 항상 고난과 피해를 입는 것은 조선이다. 그러나 강자의 권리를 인정하는 국제도덕은 여기에 아무 관심을 기울이지 않는다. 따라서 조선이 이런 국제도덕의 관념을 깨뜨리지 못하면 국제 분쟁의 현장으로서 큰 어려움을 피할 수 없다. 조선의 일부 지식인들은 이미 이 사실을 알고 있을 것이다.

조선인의 성품에 대해 희망을 가질 수 있다. 조선인은 매우 실용적이며 어떤 억압 속에서도 결코 비관적이지 않다. 그들의 소망은 내세가 아닌 현세에서의 행복이다. 그들은 이미 계급 제도와 침략 정책의 악영향에 지쳐 있다. 따라서 민족주의를 넘어선 위대한 정책으로 그들을 이끌고 인류애를 발휘한다면 언젠가 한반도의 평화를 기대할 수 있을 것이다. 조선 황실과 정부를 좋은 정책으로 이끌 수 있을지는 우리가 알 수 없다. 그 정부를 중심으로 개혁을 추진하겠다는 정치인들의 생각은 이해하기 어렵다. 정치인은 팔을 흔들면서 조선인에게 권유하는 데는 주저한다. 우리가 기대하는 것과 일본 정치인들이 기대하는 데는 어느 정도 차이가 있어야 하는 것은 당연하다. 그들은 그들의 정책을 사랑하고 우리 사회주의자들은 조선을 사랑한다! 그것이 바로 그 이유다.[25]

1907년 양위 사건 당시 도쿄 경시청에서는 외무대신에게 다음과 같은 '조선 문제에 대한 사회주의자들의 결의'를 보고했다. "우리는 조선인의 자유와 자치권을 존중한다. 우리는 제국주의 정책으로 침략하는 것이 민중의 이익에 반대되는 것임을 인식한다. 따라서 우리는 일본 정부가 조선 독립에 대한 앞서의 보장에 충실할 것을 촉구한다. 1907년 7월 21일 사회주의 지도자들이 서명." 두 번째 경찰 보고서는 사회주의자들이 인도주의적 이유로 정부의 조선 정책에 반대하고 새로운 협약에 반대한다고 언급했지만 "공식 결의안은 실제로 총회에서 통과된 것이 아니었다. 이치카와 한 사람이 작성하고 고토쿠 덴지로가 승인한 것일 뿐이었다".[26]

따라서 비정치적 개인주의자와 사회주의자는 자유주의 운동의 분파로 간주될 수 있으며, 이들은 1910년 병합에 항의했을 것이지만 그 무렵 전자는 별과 제비꽃에 몰두하고 있었고(또는 자살했거나) 후자는 감옥으로 가고 있었다(또는 고토쿠와 함께 처형됐다). 요컨대 인도주의 원칙, 국제적 사고, 진보적 제도, 의회주의, 민주적 권리를 옹호하던 자유주의적 이상주의는 적어도 조선 문제와 관련해서는 그 본질을 훼손한 것이었다. 결국 이토의 인내심 있는 균형 잡기든 데라우치의 갑작스런 진압이든 과두정권의 '현실적' 상황 대처를 별다른 불평 없이 따랐다.

자유주의자들은 현실주의자들에게 힘을 실어준 것을 제외하면 마지막 단계에서 일본의 조선 문제 해결 과정에 별다른 영향을 미치지 않았다고 할 수 있지만, 같은 정한론에서 시작한 두 번째 이상주의자 집단인 반동주의자는 그 반대였다. 앞서 이들을 소개할 때 인정한 대로 정확한 명칭을 찾는 것은 어렵기 때문에 계속 그 이름으로 그들을 지칭하겠다.[27] E. 허버트 노먼E. Herbert Norman은 그들의 활동을 알려주는 일본 자료를 바탕으로 선구적인 작업을 수행해

1944년 논문을 발표함으로써 그들에 대한 서구 학계의 주목을 끌었는데, 몇 가지 고려 사항을 제시했다. 그는 적절하다고 생각되는 다양한 호칭에 주목한 뒤 각각에 문제가 있음을 발견했다.

이를테면 '비밀 단체'는 많은 음모와 활동을 비밀리에 계획했지만 그 지도자들은 잘 알려진 유명 인사들이었고 그들의 '비밀' 활동을 알리기 위해 출판 단체를 운영했다는 사실을 기억하면 그런 이름은 어울리지 않는 것 같다고 지적했다. 노먼은 '반동적'이라는 용어는 "너무 부정적"이라면서 폐기했다. 그들은 역동적이고 긍정적이고 활기찼으며 결코 만족하지 않았다. 그들은 자신들의 기준에 비춰 '나쁜' 정책에 관여한다고 판단되면 자신의 정부나 심지어 천황에게도 충성하지 않을 수 있었음을 기억하면 '충성지상주의자'나 '민족주의자' 또는 '국수주의자'라는 표현이 더 적절할 수도 있다.

노먼은 일본 정치계에 이들을 배치하면서 그들이 사이고 다카모리와 긴밀한 개인적·정서적 관계를 맺었고 사쓰마 반란의 초기를 이끌었으며 그 뒤 사이고의 이름을 미화한 것에 특별한 주의를 기울였다. "그들의 첫 공식 출판물 가운데 하나가 사이고와 그의 부관들, 그리고 가장 평범한 동료들의 풍부한 전기적 자료를 담은 방대한 6권짜리 사쓰마 반란사인 것은 매우 적절하다. 살아남았다면 사이고는 그의 사후에 생겨난 유형의 단체를 조직하지는 않았더라도 영감을 줬을 것이다."[28] 이 '애국적' 역사에서 사쓰마 반란은 '세이난西南전쟁'으로 불리는데, 이것은 미국의 완곡한 표현인 '주州들 사이의 전쟁'이라는 이름을 연상시키며 사이고와 존 C. 캘훈의 낯선 조합이 완전히 부적절하지는 않을 수 있음을 알려준다.

노먼은 일본의 침략에 관련된 주요 책임을 그들에게 돌리며 그들은 어떻게 불리든 나쁘다고 결론지었다. "침략에 찬성하는 여론을 형성한 것은 어떤 정당이 아니라 바로 이 단체들이다. (…) 1931년 이후 이들의 역할은 자신들의 다양한 조직에 있는 복잡한 기구를 고도로 가동하는 것이었다. 거기서 쏟아져 나온 선전의 홍수는 군대의 침략에 대한 대중의 승인을 얻기 위해 탐욕과 맹목적 애국심이라는 가장 기본적인 감정에 작용했다."[29]

노먼의 비판은 치밀하고 정확하며, 제2차 세계대전 동안 작성됐지만 그 기간에 수많은 국제 문제 잡지를 가득 채운 일본의 침략에 대한 표준적 논쟁을 훨씬 뛰어넘는다. 이것은 마치 오늘날, 아니 오히려 서방과 소련의 치열한 전쟁이 벌어지던 시기에 미국(또는 캐나다) 학자가 공산주의 음모 안에서 어떤 집단이 죄가 덜한 다른 집단을 오도해 우리를 침략하도록 이끌었는지 알아내려고 노력하는 것과 같다. 이것은 전시 상황에서 대부분의 사람들이 할 수 있는 것보다 훨씬 더 높은 수준의 비판이다. 그러나 이것은 악행을 설명하기 위해 악당을 찾는 노력의 일부로 역사 서술에서 우리가 오랫동안 사용해 왔고 국제 문제를 연구하는 학생들에게 특히 매력적으로 보이는 접근 방식이다.

이 연구에서 우리는 비난보다는 설명에 더 관심이 있지만, 결론적으로 비난이 정당하다고 생각되면 비난을 피하지 않을 것이다. 사실 비난의 문제라면 많은 사람이 말한 대로 조선과 그 뒤 동아시아 전역에서 일본의 지배 아래 악랄한 일들이 벌어졌다고 말할 준비가 돼 있어야 한다. 따라서 스스로 국외로 이주한 사람들을 제외한 모든 일본인을 포함해 '일본'은 비난을 받아야 했는데, 그들의 정부는 그들의 이름으로 행동했고 그들은 그 진로를 바꾸기 위해 아무것도 하지 않았거나 너무 적게 했기 때문이다. 그러나 이런 포괄적인 비난은 좀 더 민감한 사람들을 만족시키지 못하는데, 그들은 역사와 사회 연구를 통해 사람이 어디서나 거의 비슷하다는 것을 알고, 한 국가 전체가 난동을 부리는 것은 그 국가 사회의 악한 요소가 우위를 차지해 그 국가를 타락으로 이끌었기 때문이라고 추론하기 때문이다.

일본의 경우 야마가타부터 데라우치·다나카·도조에 이르는 군국주의자들이 이런 차별화된 비난의 가장 확실한 후보였으며, 대부분의 초기 연구는 일본의 공격적 행동을 '군벌' 탓으로 돌렸다. 그러나 민간 과두정치가들에게 면죄부를 주기를 거부하고 이토·사이온지·고노에의 두 얼굴을 발견하면서 군국주의자들은 양쪽 모두 책임이 있는 정책을 수행하기 위한 강력한 무기를 제공했을 뿐이라고 주장한 연구들도 있었다. 제2차 세계대전 기간과 그 직후에는 노먼이 지적한 재벌(금융계 파벌),[30] 천황제,[31] 반동적·국수주의적·애국적 단체 등 다른 집단도 비난의 대상으로 지목됐다.[32]

그러나 이 집단을 모두 합치면 좌절된 '민주 세력'을 제외하고는 전전 일본에서 활동한 지도층이 거의 모두 포함되는데, 미 점령군은 민주 세력이 일단 속박에서 풀려나면 일본은 국제적으로 존경받는 길을 걷게 될 것이라고 생각했다. 미 점령군은 1947~1948년 공산주의자들과 그 동조자들이 민주적 세력들 사이에서 주도적 역할을 하겠다고 위협하는 것을 발견하고 이런 생각을 접었으며, 옛 정당인들과 그들의 대기업 제휴 세력이 입지를 재건하도록 도왔다. 온건하고 보수적인 "자유민주주의자인" 이들은 이타가키·오쿠마·하라·시데하라 전통의 후예로 의회정치를 옹호하고 실천했지만 국민 주권을 믿지 않았으며, 국민 주권의 개념을 오늘날 전후戰後 새 헌법에서 삭제하려고 한다. 그들의 직계 전임자들은 조선 강점에 박수를 보냈고 그 뒤 전체주의 정부에 굴복했다는 사실을 떠올린다고 해서 그들에 대한 신뢰가 커지는 것은 아니다.33

여기서 실망한 사람은 이런 지친 자유주의자들의 왼쪽, 곧 현재 의회에서 두 번째로 큰 정당인 사회당(또는 사회민주당)을 바라보면 희망이 솟는 것을 느낄 수 있다. 여기에는 활력과 이상주의, 개헌을 통해 국민 주권이 헌법에서 제외되는 것을 막을 수 있을 만큼의 표를 가진 국민 주권에 대한 결연한 지지, 서민들의 생활수준 향상, 무기와 전쟁 반대, 새롭고 더 나은 세상을 향한 중립주의의 지도자로서 일본의 잠재적 역할에 대한 강한 자부심이 있다.

하지만 그러면 미국을 반동적이라고 비난하는 그들의 치열한 자부심을 의아해 하는 사람도 있다. 이것은 1880년대 후쿠자와와 오이 겐타로가 청을 비난하고 있는 것일까? 이들은 놀라운 이상주의와 담력과 용기로 일본에서 좌절감을 느끼고 조선에서 "의를 위해 목숨을 바치려다 결국 극단적 민족주의의 길로 간" 당시 가장 활발히 활동한 자유주의자들의 직계 후손들일까? 우리는 평행관계가 있다고 제안하는 것이 아니라 그것이 생길 수 있다고 말하는 것일 뿐인데, 중립주의는 민족주의가 될 수 있고 히로시마 평화 신사가 새로운 형태의 야스쿠니 신사로 바뀌는 것은 상상할 수 없는 일이 아니기 때문이다.

마리우스 잰슨Marius Jansen은 메이지 시대의 가장 활동적인 자유주의자들이 민주주의에 대한 열망은 지극히 진지했지만 조선뿐 아니라 동아시아를 일본 제국주의 아래 두기 위한 방법을 모색하는 과정에서 반동주의·국수주의·애국주의 단체와 매우 긴밀히 협력했다는 사실을 불편할 정도로 또렷이 보여줬다.[34] 그리고 책임 당사자 목록에 '지친' 자유주의자들과 '활기찬' 자유주의자들을 추가하면 우리는 다시 '일본' 전체에 대한 기소로 돌아간다.

조선 문제를 넘어서는 이런 생각을 여기 소개하는 까닭은 일본의 조선 강점이 일본의 일반적 계획이었다는 설명을 반동주의·국주수의·애국주의 단체의 차별화된 계획으로 대체하는 것—우리는 그것을 타당하지 않다고 생각한다—을 왜 경계해야 하는지 보여주려는 데 있다. 사람들은 그렇게 하려는 강한 유혹을 느낀다. 그들의 다양한 '비사'에 실린 문서들을 처음 봤을 때[35] 나는, 노먼도 그랬을 것인데, 거기에 조선 강점뿐 아니라 근대 일본 팽창의 모든 과정에 작용한 배후의 원동력을 보여주는 진정한 열쇠가 있다고 느꼈다. 침략 범죄를 옹호한 것을 전혀 사과하지 않고 일본이 조선·청과 나머지 아시아, 나아가 전 세계를 지배해야 한다면서 그것이 마치 고결한 과정인 것처럼 뻔뻔스럽게 자랑하는 모습에 충격을 받을 것이다.

여기 악당들, 거짓말과 음모를 꾸미는 자객과 암살자 무리가 있다. 과두정치인들은 양심의 이유는 아니더라도 적어도 실용적인 이유로 문명적 관행의 위반과 세계 여론의 비난에 대해 우려했지만 그 동포들은 그것을 전혀 걱정하지 않았다. 그들에게 조약과 법률은 아무것도 아니었다. 미덕을 온 세계에 전파한다고 생각한 위대한 목표 외에는 그들에게 아무것도 중요하지 않았다. 그러나 적대적인 지역으로의 위험한 여정, 개인적인 자기희생, 대의를 위한 평생의 헌신에 대한 이야기를 읽다 보면 점차 그들이 진지하고 냉혹하다는 것을 깨닫게 된다. 그리고 그들이 위선자가 아니라 어쩌면 미친 사람일 수도 있다는 것을 마지못해 인정하게 된다. 그러나 그들은 미치광이가 될 만큼 미치지는 않았다. 그들은 자신이 무엇을 하고 있는지 알고 있었다.

의심할 바 없이 그 단체들의 지도자였던 도야마 미쓰루는 거기서 직책을 맡지는 않았지만 기차에서 우연히 만난 사람조차 "그를 결코 잊을 수 없을 정도로" 성실함과 위엄, 헤아릴 수 없는 지혜, 비난할 수 없는 정직함의 자질을 뿜어냈다고 한다. 그의 제자 가운데 한 명인 스기야마 시게마루杉山茂丸는 도야마와의 만남을 계기로 인생의 목적을 찾게 됐다고 말했다. 도야마의 주요 제자이자 조선 관련 사건에서 가장 중요한 인물인 우치다 료헤이는 놀라울 정도로 활동적이었고 그의 방식대로 뛰어난 사람이었다. 그는 1900년 이전에 시베리아는 물론 조선과 중국까지 폭넓게 여행하며 그 지역의 지리와 풍습, 언어에 매우 정통했다.[36]

도야마·우치다·스기야마는 이 연구가 시작되기 훨씬 전에 모두 세상을 떠났지만, 나는 반동주의와 국수주의 전통에 젖어 있는 한 일본 가문의 진정한 미덕을 알 수 있는 특별한 기회를 가졌다. 그것은 마사키(또는 마자키) 가문이었는데, 가장 유명한 인물은 1930년대 육군 교육총감敎育總監을 지낸 마사키 진자부로眞崎甚三郎 장군으로 아라키 사다오荒木貞夫 장군과 함께 황도파皇道派 '청년 장교'의 우상이었다. 마사키 장군은 1956년 8월 3일 81세로 세상을 떠났지만 마지막 병세가 시작되기 전인 1954년 여름 나는 도쿄의 자택에서 그를 면담할 기회를 가졌고, 그 자리와 그의 조카인 마사키 마사루 씨와 나눈 많은 대화로 메이지 시대나 그 뒤의 반동주의자를 단순히 고발하고 비난하는 것만으로는 부족하다는 것을 깨달았다.

마사키 씨와 토론하기 전 나는 청년 장교 운동과 중요하게 관련된 인물을 만난 적은 없었지만 혼자 연구하면서 당시 최고의 연구인 로열 월드Royal Wald의 「청년 장교 운동The Young Officer Movement」을 주의 깊게 읽어 그 운동에 대해 꽤 많이 알고 있었다.[37] 나는 이 운동이 일본의 전체주의 발전에 얼마나 큰 영향을 줬는지 잘 알고 있었기 때문에 비판하는 마음으로 대화에 나섰다. 자신의 삼촌은 태평양 전쟁에 아무 역할을 하지 않았다는 젊은 마사키의 신중한 설명에도 이런 생각은 사라지지 않았다.

그것은 마사키 장군이 1936년 2월 26일 쿠데타를 시도해 미숙한 군사 독재정권을 수립하려던 음모를 꾸미다가 도조 세력에 의해 쫓겨났기 때문일 뿐이라고 나는 판단했다. 마사키 씨는 그 사건에서도 삼촌은 이 청년 장교 음모에 관여하지 않았기 때문에 억울한 누명을 썼고, 실제로는 봉기에 놀랐을 뿐이라고 주장했다. 그것은 사이고의 가르침에 선동된 추종자들이 그의 명시적인 허락 없이 사쓰마 반란을 일으켰으므로 사이고는 사쓰마 반란에 아무 책임이 없다고 말하는 것과 같았다.

삼촌의 책임에 대한 논의는 교착 상태로 끝났지만, 젊은 마사키 씨에 대한 내 관심과 존경은 커졌다. 삼촌의 명예를 지키려는 그의 노력에 내재된 충성심은 감동적이었고, 나는 사무라이의 방식을 떠올렸다. 충성심과 함께 정직과 성실도 있었다. 우리는 문서를 함께 번역했는데, 번역을 부드럽게 하면 일본과 일본 국수주의자가 더 신뢰할 만하게 보일 수 있는 부분이 많았지만 마사키 씨는 결코 번역을 부드럽게 하지 않았다.

마사키 장군과의 대담은 사무라이의 덕목에 대한 교훈과도 같았다. 장군은 변명하지 않았다. 그는 간결하고 직설적이었으며, 일본어에 가득한 우회적인 표현을 피했다. 그는 간소하게 옷을 입고 소박하게 살았으며 물질적 소유에는 전혀 관심이 없었다. 그는 진실과 불의, 의무에 관심이 많았고 어떤 질문에도 대답하겠다고 했다. 그는 매우 쇠약해 보였지만 대담을 진행하다가 옆의 소파에서 쉬라는 제안을 거절했다. 그는 자신이 일본어만 할 수 있어 미안하지만 자신의 마음을 잘 아는 조카가 이해되지 않는 부분을 명확히 설명해 줄 수 있을 것이라고 했다.

그와 나눈 대화와 그 뒤의 해명에서 반동주의자를 이해하려는 우리의 노력과 관련된 몇 가지 요점이 드러났다. 첫째, 마사키 장군은 일본의 역사를 주로 가문과 씨족의 관계와 경쟁의 관점에서 이해했다. 특히 메이지 시대부터 이어진 조슈 파벌의 지배와 횡포가 중요했다. 그는 일본군에서 평생을 보낸 경험을 바탕으로 '조슈 파벌'이 "사가 출신을 끔찍하게 억압했다"고 말했다(마사키 가문은 1874년 처형된 에토 신페이의 고향인 사가 출신이다). 청년 장교들은 조슈 출신들뿐 아니라 그들이 설립하고 계속 지배해 온 사관학교가 영속적으로 유지해 온 조슈의 억압을 돌파하기 위한 가장 큰 노력을 대표했다. 쿠데타는 실패로 돌아갔고 마사키는 실제 쿠데타 미수에는 관여하지 않았지만 투옥됐다. "중요한 일은 아니었지만" 도조가 지도자로 떠오른 통제파統制派가 국정을 장악하고 일본을 파멸로 이끌었다. 도조는 더 높은 열망과 깊은 충성심을 배신하고 청년 장교들, 특히 사가 출신들의 '개인주의'를 억압한 '거북이'였다.

일본의 씨족과 가족 관계에 대한 마사키의 지식은 놀라웠고, 족보에 의거한 일본의 역사는 쓸 필요가 분명히 있지만, 젊은 마사키조차 미국에서의 경험을 쓴 회고록에서 "아이젠하워Eisenhower 형제와 덜레스Dulles 형제"를 중심으로 미국 정치가 돌아간다고 말한 것은 씨족의 경쟁에 대한 그들의 집착을 알려준다.[38]

마사키 장군은 조슈 지도부가 일본에서 저지른 잘못을 의회의 수단으로 바로잡을 수 있다는 확신이 거의 없었다. 그는 적어도 일본에서는 때로는 정치적 암살도 필요하다고 생각했다. 왜 그랬을까? 정치가는 자신의 원칙을 위해 죽을 각오를 해야 하고, 일본은 작은 나라였기 때문에 사회적·정치적 압력이 매우 강했기 때문이다. 때로는 유능한 사람이 체제를 뚫고 지도자가 될 수 있는 다른 방법이 없었다. 이것은 전면적인 사회적·정치적 혁명이 필요했다는 뜻이었을까? 결코 그렇지 않은데, 최근 몇 년 동안의 비극 가운데 하나는 '하층민'이 정상에 오를 수 있었다는 것이기 때문이다. 이 역설을 생각하며 나는 사이고와 에토, 그리고 불만을 품은 사무라이들을 대신한 그들의 노력을 기억했다.

마사키 장군은 조슈의 압제가 일본 국내 문제의 주요 원인이라고 생각했지만, 뿌리 깊은 러시아 혐오증은 그의 국제관을 특징짓는 요소였다. 그것은 단순한 반공주의가 아니라 차르 시대까지 거슬러 올라갔다. 러시아는 늘 최고의 악당이며, 그 자체로 사악하고 일본을 위협하는 존재였다. 이 말을 듣고 나는 우치다 료헤이의 첫 번째 중요한 저술은 시베리아 여행 뒤 씌어졌는데 "러시아 내부의 큰 결함"이라고 번역할 수 있는 제목이었다는 사실을 떠올렸다. 그리고 러시아와 비밀 음모에 대한 마사키 장군의 집착은 그의 조카가 미국 회고록에서 로젠버그Rosenberg 스파이 사건, 스탈린의 죽음, 그리고 (미국인에게는) 의아하게도 세르지 루벤스타인Serge Rubenstein의 기괴한 살해 사건에* 많은 지면을 할애한 것에 반영됐을지도 모른다고 나는 생각했다.[39]

마사키 장군에게 일본과 세계의 현재 상황은 눈물을 흘릴 정도로 심각했다. 사람들은 돈과 향락과 쾌락을 좇아 광란의 질주를 하고 있었다. 모든 것이 나빠지고 있었고 그것을 막을 방법은 없어 보였다. 영웅적인 조치를 할 사람이 없었다. 그는 "일어나서 무언가를 하고" 싶어 했지만 소용없었고 그는 너무 약했으며 그의 삶은 끝나

---

* 에델 그린글래스 로젠버그Ethel Greenglass Rosenberg(1915~1953)와 줄리어스 로젠버그Julius Rosenberg(1918~1953)는 미국의 공산주의자로 원자폭탄 기밀을 소련에 넘긴 혐의로 기소돼 1953년 6월 19일 사형됐다. 미국 역사에서 스파이 혐의로 민간인을 사형한 첫 사례였다. 세르주 루빈스타인(1897~1955)은 러시아 태생의 미국 사업가로 주식·통화 조작으로 여러 번 수사받았다. 1955년 1월 27일 뉴욕에서 손발이 묶인 채 목이 졸려 사망한 채로 발견됐지만 범인을 찾지 못했다.

가고 있었다. 그는 러시아를 조심하라는 경고로 이야기를 마무리했다. 일본 정치인들이 필요성을 느끼지 못하더라도 미국은 러시아를 경계해야 한다는 것이었다.

나는 예상했던 것처럼 분노하기보다는 깊은 슬픔을 느끼며 대담을 마치고 나왔다. 용기와 품위, 기사도 정신, 정직함을 지닌 노인은 세상이 자신을 지나쳐버린 것에 대한 비통함과 좌절감, 후회 속에서 말년을 보내고 있었기 때문이다. 그는 1870년대 에토와 사이고의 반란으로 무너진 사무라이의 가치를 회복하기 위해 평생을 싸웠는데, 그 가치는 한때 그 안에 많은 미덕이 있었을 테지만 계급이라는 수평적 장벽과 신분이라는 수직적 장벽 때문에 사회적 이동과 국제적 접촉이라는 더 넓은 세계에서는 모든 효용성을 잃었다.

그는 주로 조슈와 러시아를 비난했는데, 전자(이토·야마가타 등)는 사무라이 제도를 무너뜨린 세력으로, 후자는 서양이 지배하는 새로운 국가와 관습의 세계로 일본이 들어오도록 강요한 서양의 압력을 가장 두드러지게 보여주는 사례로 꼽았다. 그는 자신의 교육에서 가장 필요했던 것은 배운 적이 없었다고 그 뒤 나는 생각했다. 그는 기사도 정신의 영향을 받았지만 돈키호테의 교훈은 배우지 못한 것이다.

마사키 장군을 만나고 나니 어째서 도야마 미쓰루가 일본에서 존경받고 심지어 숭배받는 인물이었는지, 그리고 어째서 우리가 그를 따르는 사람들을 '반동주의자'라고 불렀고 조선과 그 밖의 지역에서 그들이 행동한 동기를 "역행한 이상주의"로 정의했는지 이제 좀 더 잘 이해할 수 있게 됐다. 그들이 보기에 자신들의 가장 큰 임무는 옛 사무라이의 가치와 아시아적 유산의 붕괴를 막고 동아시아를 휩쓸고 있던 서구의 물결을 되돌리는 것이었다. 1870년대의 패배는 너무 압도적이었기 때문에 그들은 한동안 일관된 계획 없이 개인적 복수라는 사무라이의 '좋은' 해결 방법에 주로 의지했다. 조약 개정 문제와 청일전쟁은 그들의 재능을 발휘할 수 있는 기회를 제공했지만, 일반적으로 그들은 전쟁에 대한 자유주의자들의 지도를 따랐다. 그러나 조선의 서양식 독립과 개혁을 위해 반동적인 중국에 대항하는 진보적 전쟁은 그들의 기본 태도와는 맞지 않았고, 그들은 1900년 이후에야 일관된 초점을 찾기 시작했다.

그것은 러시아와의 전쟁과 조선과의 '합병'이라는 두 목표였는데, 러시아와의 전쟁은 서구 세계 전체와의 전쟁으로, 조선과의 합병은 중국을 포함한 동아시아 지역으로 팽창할 수 있는 더 큰 전체의 일부였다. 사무라이 윤리, 천황 숭배, 유교 문화를 배우지 못한 민족은 야만인이라는 생각에 둘러싸인 이런 생각은 전통 일본의 토양에 깊은 뿌리를 두고 있었다. 이런 모든 연결이 1900~1910년대에만 이뤄졌다고 생각해서는 안 된다. 1920년대와 1930년대 오가와 슈메이大川周明·기타 잇키北一輝·다치바나 고자부로橘孝三郎·후지사와 치카오, 그리고 흑룡회 출판물의 저자들과 같은 '우익 철학자'들은 그 조각들을 모아 세련된 이념적 유형을 만들었다.[40] 그러나 그것들은 "동양의 전통에 뿌리를 두고 있다"고 느끼게 한 덕분에 반동주의자는 일관성과 지속성이 부족했음에도 수백만 일본인의 감성을 건드릴 수 있었다. 요컨대 일본인들은 낡은 아시아의 과거로부터 벗어난 지 얼마 되지 않았기 때문에 전진을 이끄는 지도자들조차 미래를 확신할 수 없는 시간을 겪었고, 스스로의 전통을 위반하고 있다는 것을 거듭 떠올리며 수치스러워했다.

또한 반동주의자에게는 전통에 대한 호소 외에도 더 근본적이고 긍정적인 힘의 요인이 있었다. 사실 1900년 무렵 동아시아 최고의 지성인들은 낡은 전통과 잘못된 계급 구조, 전반적인 침체에 지쳐 있었고 일본·청·조선의 동아시아와 심지어 동남아시아·필리핀 등 어느 나라에서든 자유주의자나 현실주의자라고 불릴 수 있는 사람들은 근대 서구에서 불어오는 새로운 진보의 바람에 활력을 얻고 환영했다. 그들은 오래된 전통을 위반하는 것을 때로 부끄러워했지만 전통으로 돌아가려고 하지는 않았다. 따라서 전통에만 호소했다면 반동주의자는 일본에서 그랬던 것처럼 진보를 단호히 옹호한 세력이 주도권을 잡은 뒤에는 사태의 흐름에 큰 영향을 미치지 못했을 것이다.

그러나 아시아인들은 진보를 배우기 위해 일시적으로나마 서양인보다 열등한 위치를 인정하고 그들의 언어를 배우며, 그들의 제도를 관찰하고 그들의 무례함을 받아들여야 했다. 불행하게도 마지막에 많은 일이 있었다. 전 세계의 맥락에서 볼 때 동아시아는 하나의 지역이자 부분이었고 그런 부분적 자부심은 일본 반동주의자가 떠오르는 데 기여한 요인이었다. 그들은 동아시아인이 다른 사람, 특히 서양인만큼은 아니더라도 그 누구보다 뛰어나다는 말을 동아시아 전역에서 반복했다. 이 주제에 대해 그들은 전통주의자뿐만 아니라 아시아의 개혁가들과도 연결될 수 있었다. 잰슨은 그들이 이것을 바탕으로 어떻게 일본 자유주의자들뿐 아니라 중국의 개혁 세력인 량치차오梁啓超와 쑨원孫文, 필리핀의 아귀날도Aguinaldo의 신뢰를 얻게 됐는지 보여줬다.⁴¹ 그밖에 동남아시아인과 인도인, 심지어 아랍인과의 관계는 연구되지 않았지만 존재했다.⁴²

이런 태도와 이념을 배경으로 이제 메이지 말기의 두 가지 구체적인 목표인 러시아와의 전쟁과 조선과의 합병에 관련된 반동주의자의 활동을 살펴보자. 첫 번째는 우리의 주요 주제와 간접적으로만 관련이 있기 때문에 빨리 넘어갈 수 있다. 우치다 료헤이는 시베리아 여행에서 돌아온 뒤 1901년 흑룡회라는 단체를 조직했다. 우연의 일치로 흑룡은 아무르강의 한자 표기인 흑룡강을 뜻하기도 한다. 당시 이 단체의 주요 목표는 일본 여론을 형성하고 러시아와 전쟁을 하도록 정부를 압박하는 것이었다.

1903년 흑룡회와 그 모체인 현양사 회원들은 반러연맹인 대로동지회對露同志會를 창설했고, 러일전쟁 말기에는 평화문제동지연합회를 조직했다. 후자의 목적은 타협적인 포츠머스 강화조약에 반대하는 것이었고, 그것을 위해 도쿄의 히비야 공원에서 '완전한' 승리를 거둘 때까지 전쟁의 연장을 요구하는 대중 집회를 후원했다.⁴³ 반동주의자가 모든 수단을 동원해 일본 정부를 러시아와의 전쟁으로 몰아붙이고 포츠머스 강화조약을 막으려 했다는 것은 분명하다. 그러나 그들이 실제로 얼마나 많은 영향력을 행사했는가 하는 질문은 대답하기 어렵다. 그들 스스로 편찬한 책은 자신들에게 유리하게 서술했으며, 그들이 과두정치인들—특히 이토는 러시아와 협상하려고 했기 때문에—에게 편지를 보내고 위협까지 한 것은 분명하다.

이를테면 내가 이토의 자료에서 봤기 때문에 배달됐다고 확신할 수 있는 한 서신에서는 이토가 "강력한 정책"을 시행하지 않으면 "즉시 천벌을 내리겠다"고 경고했다.44 도야마가 격식에서 어긋난 유카타 차림으로 이토를 찾아가 '유약한' 방식을 계속 고수하면 끔찍한 결과를 불러올 것이라고 협박했다는 이야기도 있다.45 그리고 히비야 공원에서 대규모 집회가 열렸다는 것도 분명하다. 그러나 과두정치인들이 이 모든 것에 영향을 받았는지, 아니면 그들 자신의 현실적 상황 분석에 따라 전쟁을 시작하고 강화조약을 체결했는지 추정하기는 어렵다. 그들이 위협과 압력에 호응해 전쟁을 시작했다고 주장할 수 있다고 해도 포츠머스조약 이후에도 전쟁을 연장하라는 요구에 대응하지 않은 것은 분명하기 때문에 다른 주장도 의심스럽다. 반동주의자의 전체적 영향력을 측정할 때는 많은 사항, 곧 앞서 말한 전통, 진보, 아시아적 감수성과 관련된 복잡한 태도, 협박 편지나 공개 시위 같은 좀 더 구체적인 문제, 무엇보다도 반동주의자와 정부기관·군대·관료·의회 사이의 개인적인 연결 등을 고려해야 한다. 이를테면 그들 가운데 많은 사람은 육군 정보망과 가깝거나 그 일부였으며, 동아시아의 지리·내부 정치·관습에 대한 그들의 지식은 가장 유용했다.

러일전쟁과 관련해 나는 반동주의자의 영향력을 정확히 추정하려고 시도하지 않을 것이다. 그들은 과두정치가들이 전쟁 여부·시기·기간을 결정할 때 고려한 일반적 상황의 일부였다고 말하면 충분하다. 그러나 러일전쟁이 끝나고 그 결과에 만족했든 그렇지 않았든 반동주의자는 조선 문제로 주요 관심을 돌렸다. 우리는 이것에 관련된 그들의 활동에 가장 큰 관심을 갖고 있으며, 되도록 정확하게 그 효과를 평가하려고 노력할 것이다. 그들의 행위에 대한 주요 전거가 그들 자신이 펴낸 『일한합방비사』이기 때문에 과장이나 자랑이 있을 수 있다는 것을 다시 한번 주의해야 한다.

그러나 그 책은 특히 이 주제에 집중한 두 권의 방대한 자료로 편지 인용문, 면담 비망록, 회상 등으로 가득하며 1905~1910년 조선 상황에 대한 가장 내밀한 지식을 보여준다. 그것들은 주로 흑룡회의 수장으로 이 시기 조선 현지에서 반동주의 단체를 이끈 우치다 료헤이의 기록이다. 평가자의 가장 큰 어려움은 과장된 자랑인데, 반동주의자는 합병에 대한 공로를 가장 많이 차지하고 싶어 했기 때문이다.

이를테면 그 책에는 우치다와 그의 세력이 이토와 가쓰라 같은 정부 고관들에게 보낸 편지는 많이 들어 있지만 그들에게서 받은 답장은 거의 없음을 알아챌 수 있다. 그렇다면 그들은 얼마나 많은 관심을 받았을까? 말보다는 행동이 가장 좋은 지표가 될 테지만, 앞서 인용한 이토의 비서 구라치의 증언과 이토의 문서, 그리고 그 밖의 정부 문서와 언론에서 우치다와 그의 세력을 언급한 부분은 『비사』를 보완하고 그들의 역할이 중요했음을 충분히 증명한다.

조선에 대한 궁극적인 영향을 고려할 때 놀라운 것 가운데 하나는 일본 반동주의자에게 조선인 친구가 많다는 것이다. 그들은 조선 조직에 100만 명의 회원이 있다고 주장했는데,[46] 과장이 분명하지만 조선 사회에서 우호 세력을 찾는 데 어려움이 없던 것 같다. 기본적 관계는 1894년 동학농민운동에 일본 천유교 파견대가 참여하면서 발전했다.

클래런스 웜스는 동학운동이 보수적이고 반외세적인 시각을 갖고 있었지만 정말 조선적이었고 국가의 이익을 위해 헌신했다고 주장하면서 동학이 이 시기에 일본과 협력했다고 여러 책에서 제기한 생각을 반박했다. 일본은 "1904년 초 동학(천도교)을 지원했을 수도 있지만 그전에는 어떤 방식으로도 그렇게 하지 않았다"고 그는 생각했다. 그는 그 부분적 근거를 조선 왕실이 일본과 동맹을 맺고 그 통제를 받아들인 것(1894년 7~8월)에 대한 동학의 반발에서 찾았는데, "동학이 역사의 어떤 단계에서 일본의 원조를 받았다는 주장의 진실이 무엇이든 일반적인 동학교도와 많은 지도자는 깊이 분노했다"고 지적했다.[47]

그러나 반정부적이고 전통을 중시하는 일본 반동주의자의 접근 방식을 기억하면 그들이 동학에서 환영받았다는 생각은 그리 허황돼 보이지 않는다. 중앙이 부패했다는 주장에 동의한 일부 일본인 모험가를 동학이 받아들였다는 것은, 그들의 판단력을 훼손할 수는 있어도 그들의 진정성은 훼손하지 않는다. 아무튼 웜스가 사용하지 않은 일본 자료는 1894년에 그런 접촉이 이뤄졌다고 매우 분명히 말한다. 우치다는 1930년대 대표적인 국수주의자가 된 아다치 겐조와 함께 천우교 세력의 일원이라고 구체적으로 언급된다.[48]

이 관계가 어떻게 발전했는지는 정확히 알 수 없지만 『비사』에 따르면 1905~1910년 일본 반동주의자와 그들의 조선인 동지들을 연결해 준 단체인 일진회는 "동학당의 변화된 형태"였다.[49] 주요 변화 가운데 하나는 러일전쟁 동안 조선에 있던 일본군이 친일 성향을 장려하기 위해 이 단체에 보조금을 지급하기 시작하면서 나타난 것으로 보인다.50 그러나 앞으로 보겠지만 그렇다고 그 회원들이 그 뒤 단순히 통감부의 하수인이 됐다는 뜻은 아니다.

통감부 시기 일진회의 조선인 지도자는 이용구李容九와 송병준이었고 일본인 고문은 우치다 료헤이였다. 그 뒤 일진회는 서북학회와 대한협회라는 두 단체와도 긴밀한 관계를 발전시켰다. 이 두 단체는 "대체로 반일" 성향의 단체였지만 이용구와 우치다는 일진회와 함께 한일합병 운동에 협력하도록 만들었다.51

일본의 반동주의자와 그들의 조선인 세력이 협력한 이념적 기반은 조선에 대한 그들의 목표를 정의하면서 합방이라는 용어를 사용한 것을 논의함으로써 가장 잘 설명할 수 있다. 일본어로 '합방合邦 (갓포)'이라는 단어는 『비사』의 제목에 나오며 그들이 끈질기게 사용하는 단어다. 그것은 일본인의 귀에는 일본어라기보다는 중국어에 가깝다고 들린다고 하는 신기한 단어다. 내 팔꿈치에 놓여 있는 겐큐샤硏究社의 커다란 일본어 사전에도 나오지 않고 중국어 사전에도 없다. 이 단어를 구성하는 두 글자는 각각 "동의하다 또는 연합하다"와 "나라"를 뜻하는데, 뒤의 글자는 일본인에게 '일본'을 의미하기도 한다.

따라서 일한합방은 "일본과 한국이 하나로 합쳐진 나라"나 "일본과 한국이 하나로 합쳐진 일본"인데, 이것은 중복된 표현이지만 장기적인 결과를 고려할 때 오히려 역설적이게도 그럴듯하다. 병합을 뜻하는 일반적인 일본어 단어(갓페이合倂·헤이고倂合·헤이돈倂呑)는 모두 겐큐샤 사전에 나온다. 합방이라는 단어는 조선 문제와 관련해 반동주의자들이 사용한 특수한 용어였던 것 같은데, 충분히 흥미롭게도 정부도 그들만 특별히 사용한 '병합倂合(헤이고)'라는 단어도 있었다. 하나는 사전에 있고 다른 하나는 그렇지 않다는 사실 자체가 결국 어떤 집단이 병합 행사를 진행했는지에 대한 일종의 미세한 해설일 수 있다.

아무튼 이토의 비서였던 구라치는 바로 이 주제에 대해 「병합의 문자적 의미」라는 제목의 흥미로운 담론을 남겼다. 그는 1909년 고무라 외무대신을 위해 작성한 조선 관련 정책 문서에서 다음과 같이 말했다. "병합이라는 단어가 처음으로 사용됐고 그것에 상당한 주의를 기울였다. 당시는 조선을 합병해야 한다는 주장이 있었지만 그 의미가 명확하게 이해되지 않았기 때문이었다." 이어서 그는 '기업의 결합'에 자주 쓰이는 합병과 '오스트리아-헝가리 같은 연방 형태'를 뜻하는 합방이라는 단어가 일부에서 사용됐지만 적절치 않았다고 설명했다.

고무라 외무대신에 따르면 조선은 완전히 일본에 편입되고 조선과 다른 외국 사이에 조약은 없을 것이라고 했다. [그러나] 병탄이라는 단어는 너무 공격적이어서 여러 고려 끝에 나(구라치)는 그때까지 사용하지 않았던 병합이라는 새로운 표현을 생각해 냈다. 이것은 상대방의 영토가 일본 영토의 일부가 돼야 한다는 의미의 합병보다 더 강한 표현이었다. 그 뒤 병합이라는 용어는 공문서에서 널리 사용됐지만 이 조선 정책 문서에서 처음 사용된 것이다. 병합이라는 단어를 새로 만들고 그것에 대한 논란이 있을 것을 알았기 때문에 나는 그것을 크게 강조하지 않았다. 그래서 가쓰라 총리도 정책 문서를 읽을 때 자신도 모르

게 병합을 합병으로 읽기도 했다.52

구라치는 병합이라는 단어를 자신이 만들었기 때문에 그것에 관련된 감춰진 이야기를 알려준 것이 분명하지만 적어도 반동주의자가 사용한 합방의 의미를 이해하기에는 너무 많이 교육받은 것 같다. 서양적 사고방식을 가진 비서는 "오스트리아-헝가리 같은 연방"을 뜻한다고 생각했지만 그것은 너무 법률적인 설명이다. 우치다와 그의 세력에게 그것은 더 낭만적인 일이었고, 연방일 수도 있지만 제도적 노선이 분명하지 않은 연방, 곧 대동합방大東合邦이라는 이상을 추구하는 일종의 아시아 형제애였으며, 그 첫 단계는 조선과 일본의 '연방', 더 나아가 '합방'이었다. 이 관계는 '입술과 치아'처럼 매우 친밀한 관계가 될 것이었다(이것은 중국과 그 속국의 관계를 설명할 때 사용돼 온 한문 표현이다).53

그 관계의 정확한 형태는 명시되지 않았고 그것이 조선 지지자들의 열광을 유지하게 한 요인이었지만, 대동합방이라는 용어는 제2차 세계대전 동안 일본이 지배한 극동지역에서 두드러지게 나타났던 대동아공영 사상을 떠올리게 하는 것은 분명하다. 또한 그것은 공영이라는 주제와 마찬가지로 반서구적인 색채가 강했는데, 이용구가 일본인 지인에게 보낸 조선 문제의 근원에 대한 분석은 그것을 잘 보여준다. "조선인을 오도하는 것은 기독교고, 더 깊이 들어가면 기독교를 통해 조선인의 뇌리에 침투한 것은 미국인이다."54

합방의 궁극적 의미는 모호했지만 구체적 목표는 뚜렷하게 드러났다. "근본적 개혁 없이는 조선의 2천만 백성을 구할 수 없으므로" 미봉책으로는 충분하지 않았다. 조선의 황제제도를 폐지하고 이완용 내각을 해체하며 통감부의 화폐·조세·지방행정 제도를 혁파해야 했다. 이것들 때문에 "조선인들은 2천만 달러의 손실을 입었고" 분노하게 됐다. 점진주의와 우유부단함은 일본과 조선 모두에 나빴다. 해결책은 즉각적이고 단호한 합방이었다.[55]

이런 요구는 이토 정권에 대한 암묵적인 공격이었고, 이것을 통해 조선 문제에 대한 반동주의자와 일본의 정책 입안자, 특히 통감의 관계를 살펴볼 수 있다. 앞서 본 대로 일본의 계몽된 이기주의를 추구한 이토는 통감부를 일본과 조선의 공동 조직으로 만들려고 했다는 상당한 증거가 있다. 적어도 1909년 봄이나 여름까지 그는 병합에 단호히 반대했다.

그러나 우치다 료헤이가 때로 통감부의 급여를 받았고 일진회가 일본 정부 관료, 아마 이토로부터 돈을 받았다는 증거도 있다. 그렇다면 이토는 공식적으로는 병합에 반대하면서 비밀리에 그것을 지지한 위선자였다는 결론으로 돌아갈 수 있을까? 겉으로는 그렇게 보일 수 있다. 그러나 이런 결론의 증거를 도출한 『비사』는 이토가 정반대의 죄, 곧 병합 명분을 배신했다는 견해를 제시하고 있기 때문에 되도록 신중하게 문제를 분석하는 것이 현명해 보인다.

『비사』에 따르면 이토의 '가문 어른'인 스기야마 시게마루는 우치다를 극찬하며 이토에게 추천했다. "스기야마는 말했다. '세상에 이만한 좋은 말馬도 없지만 이 좋은 말을 몰 수 있는 사람도 없습니다. 이토 공도 할 수 없을 겁니다.' 이토는 그가 누구냐고 물었다. 스기야마는 '우치다 료헤이'라고 대답했다."[56] 그 직후 우치다가 조선에 있던 것을 볼 때 이 추천은 1905년 말이나 1906년 초에 이뤄진 것으로 보이며, 이토는 그를 통감부에 고용해 그의 도전을 수락한 것으로 추정된다.

이 일화의 자랑은 흥미로운데, 이야기의 궁극적인 출처가 아마 우치다 자신일 것이기 때문에 더 그렇다. 하지만 가장 흥미로운 사실은 이토가 그때까지 우치다에 대해 들어본 적이 없음을 무의식적으로 인정했다는 것이다. 이것은 우치다가 유명한 병합론자가 아니라 조선에 가본 적이 있는 모험심 많은 청년이었을 가능성이 매우 큼을 알려준다. 『비사』에는 우치다의 직책이 나와 있지 않지만, 적어도 처음에는 이토가 그에게 큰 관심을 두지 않았다고 추정할 수 있다.

스기야마와 관련해서는 『비사』 외에도 이토와 상당히 잘 알고 있었다는 증거가 있다. 1864년 후쿠오카에서 유학자의 아들로 태어난 그는 대부분의 현양사·흑룡회 구성원들과 달리 여러 공식 직책을 맡으며 이토는 물론 야마가타·가쓰라·데라우치 등 여러 인물과 접촉했다. "그는 일본 군부와 정계의 유명한 지도자들의 가까운 친구이자 동료였다"고 잰슨은 평가했다.[57] 『비사』에는 그가 이토의 도쿄 저택에서 저녁 식사를 하고 가쓰라를 자택으로 방문했으며, 우치다를 위해 야마가타·가쓰라·데라우치와 면담을 주선하고 그들에게서 서신을 받아 우치다에게 전달했다고 나온다(1909년).[58]

스기야마가 일본 정부의 최고 지도자들 사이에서 움직였다는 것은 의심할 이유가 없지만, 그런 제휴를 추진한 것은 그들이 아니라 그였다는 확실한 인상을 받게 된다. 이를테면 나는 이토의 자료에서 스기야마가 이토에게 보낸 편지는 상당수 발견했지만 이토가 스기야마에게 보낸 편지는 찾을 수 없었다. 1898년 11월 29일 자 편지다. "귀하가 긴 여행에서 돌아왔다고 들었습니다. 뵙고 싶지만 병 때문에 가지 못하고 있습니다. 하지만 아라히나에게서 귀하가 안녕하다는 소식을 들으니 기쁩니다." 다시 1900년 10월 19일 자 편지다. "새 내각을 구성했다고 들었습니다. 건강을 잘 챙겨 우리나라를 위해 일할 수 있기를 바랍니다." 그리고 1901년 5월 20일 자 편지다. "내가 일본을 떠날 때 귀하가 친절히 도와주셨습니다. 미국에 도착한 지 얼마 되지 않아 아직 경제 문제에 대한 적절한 정보가 없습니다. (…)"[59] 아마 스기야마는 거대한 조선 사업이 시작되기 몇 년 전부터 이토에게 '아첨'하고 있었다고 할 수 있다.

1907년 1월까지 우치다와 스기야마는 이토의 통치에 매우 비판적이었는데, 두 사람의 서신에서 알 수 있다. 하세가와 장군은 "조선 황제의 전술에 빠졌고" 경찰 고문 마루야마는 "일진회를 방해하고 있으며" 통감부의 개혁안은 "완전히 실패"했다면서 우치다는 스기야마에게 "도쿄의 고위 관료들에게 조선 상황의 진상을 알리고" 정책의 근본적인 변화를 모색하라고 충고했다. "합방을 즉시 이뤄야 합니다."[60]

그러나 우치다는 분명히 합방의 수단으로서 일진회를 발전시키기 위해 열심히 노력했고 기회가 있을 때마다 통감부에 그들을 칭찬했지만[61] 이토와의 관계에서는 상당히 신중한 태도를 유지했다. 그는 자신이 일진회 고문이라는 사실을 통감부에 알리지 않았고, 이토가 그것을 알고 화냈다는 사실을 알게 되자 사실상 고문직을 사임했으며,62 1907년 2월 이토에게 보낸 일련의 정책 건의서에서는 한 달 전 스기야마에게 보낸 편지에서 보였던 통감부에 대한 적대감을 전혀 드러내지 않았다. 그는 조선 황제가 "너무 게으르고 너무 영리하므로" 교체돼야 한다고 촉구했지만, 그의 권고에 담긴 전체적 의미는 통감이 더 많은 일을 하고 더 많은 권한을 가지며 더 광범한 활동에 참여해야 한다는 것이었다. 그는 일진회가 "좋은 일을 한 것에 보상을 받아야 한다"고 촉구하고 그것은 정치 단체라기보다는 종교 단체라는 견해를 밝히면서 글을 마무리했다.63

1907년 봄 『비사』에 따르면 우치다는 일진회의 송병준과 함께 일본을 방문하고 돌아왔다. 거기서 스기야마는 그들이 데라우치와 야마가타를 만나도록 주선했다. 우치다는 이 두 사람에게 차례로 일진회의 장점을 설명하고 선의를 표명해 줄 것을 요청했다. 데라우치가 말했다. "스기야마에게 귀하의 의견을 듣기로 약속했으니 한번 들어보겠습니다." 야마가타가 말했다. "조선 문제는 통감의 책임이며 나는 그 문제에 대해 잘 모릅니다. 그러나 귀하의 의견에 대해서는 친절한 조언을 해줄 수 있습니다. (…) 많은 어려움 (…) 언어의 어려움이 있으므로 우리는 계획을 점진적으로 발전시켜야 합니다. 그러면 조선인들은 분노하지 않을 것이고 우리는 행정에서 성공할 수 있습니다. (…) 또한 조선 황제는 매우 영리하기 때문에 이토가 아닌 나는 그 아래서 사흘도 버티지 못할 것입니다. 이토는 일본 최고의 정치인이니 그를 믿으면 모든 것이 잘될 것입니다. 인내심을 갖기 바랍니다." "송병준은 이 격려에 감사하며 기뻐했다"고 『비사』는 언급했다.64

이때 우치다가 가장 바랐던 '격려'는 돈이었다. 주한 일본군으로부터 받은 전시戰時 보조금이 떨어졌거나 떨어질 위기에 있었기 때문이다(하세가와는 송병준에게 '격노했다').⁶⁵ 아무튼 일진회의 재정 상태는 '나빴고' 우치다는 이것을 해결하기 위해 통감부로부터 직접 돈을 받기를 바랐다. 일본에서 서울로 돌아온 뒤 그는 일진회를 대표해 이토에게 직접 지원서를 제출했다. 이토는 우치다에게 일진회가 일본(이토는 통감부와 같은 뜻으로 썼을 것이다)에 반대하는 단체인지 상당히 날카롭게 질문한 것으로 보이며 우치다가 그렇지 않다고 확답하자 "일진회가 빚을 갚도록 돕겠다"고 동의했다.

『비사』에 따르면 1907년 5월 15일 일본군은 하세가와 장군의 명령에 따라 일진회에 10만 엔을 지급했다. 우치다는 그 지출에 대해 "크게 주의하겠다"고 약속했고, 그것과 관련해 하세가와에게 회계 장부를 제시했다. 그것에 따르면 5만 엔은 은행 대출금 상환에, 4700엔은 전국 순회 연설에, 6300엔은 단체 운영 지원에, 2500엔은 가까운 단체 지원에, 나머지는 자본금으로 예치하기로 됐다.⁶⁶

한편 일진회는 현재 구성된 조선 내각(박제순·이완용 등)을 비난하는 서한도 이토에게 제출했고, 이토는 이것에 대해 우치다와도 이야기를 나눈 것으로 보인다. 우치다는 새로운 일진회 내각을 주장했는데, 이토는 거부했지만 새로운 인물과 친일파를 기존 내각에 통합할 수 있다는 가능성에 깊은 인상을 받은 것으로 보인다. 5월 말 그는 당시 총리였던 박제순에게 일진회와의 협력 방안을 제안했다. 이 생각에 박제순은 매우 분노하며 사임했다. 이것은 박제순이 이미 일본과 협력하고 있었다는 점에서 흥미로운데, 일진회에 대한 그의 반감은 그들이 일본과 연결된 것보다는 동학의 배경을 지녔다는 것과 더 관련됐을 수 있음을 시사한다. 그러나 총리직을 승계한 이완용은 "처음에는 꺼렸지만" 송병준을 농상공부대신으로 입각시켰다.[67] 고종이 송병준을 동학 세력으로 생각했다면 그의 입각은 고종이 헤이그 특사를 파견한 주된 이유였을 것이다. 송병준은 특사 사건 이후 7월 고종을 비난하고 퇴위를 요구하는 데 앞장섰다는 사실을 주목해야 한다.

이처럼 이토는 일진회의 부채 해결을 돕고 회원 한 명을 입각시켰지만 헤이그 특사와 퇴위 사건을 겪으면서 일진회의 목적이 자신과 다르다는 의심을 품게 됐고, 반대로 우치다와 그 세력은 이토에 대한 의심을 품게 됐다. 일본과 조선에 있던 일본인 반동주의자들은 이런 사건을 이용해 요청이 아닌 요구를 하기 시작했다. 일본에서는 도야마와 그의 동료들이 하야시 외무대신에게 조선 황제의 주권이 "우리나라에 위임"돼야 한다는 것을 "주장하고 확인"하면서 "타협적이고 편법적인 방법으로 행동하려는 시도"를 강력히 경고하는 각서를 보냈다. 아다치 겐조 등은 가쓰라를 직접 방문했다.[68]

서울에서 헤이그 특사 소식을 처음 들은 우치다는 이토에게 달려가 "결정적인 조치"를 촉구했지만 이토는 서두를 것이 없다며 자세한 내용을 기다리겠다고 말했다. 실망한 우치다는 일진회원인 이용구·송병준과 함께 회의에 들어갔다. 그들은 "지금이 바로 그때다. 조선 황제를 강제로 퇴위시켜야 한다"고 결심했다. 그러나 그들은 총리 이완용에게만 의지할 수 없었다. 이완용은 통감이 이미 퇴위를 승인했다고 판단되면 동의할 것이라고 송병준은 지적했다. 우치다는 퇴위 문제에 대해 통감을 믿을 수 없다고 경고했다. 송병준은 말했다. "물론 그렇지는 않지만, 우리는 이완용의 동의를 얻기 위해 통감의 승인을 받았다고만 말하겠습니다."69

그 결과 『비사』에 따르면 송병준이 고종의 퇴위를 전격적으로 요구하기로 결정됐다. 퇴위 위기가 절정에 이르렀을 때 대신들이 고종과 회담을 하는 동안 우치다는 스기야마에게 전보를 보냈다. "어젯밤 대신들이 퇴진을 요구했지만 거부됐습니다. 통감의 의도를 모르겠습니다. 박영효를 궁내부대신으로 임명한 것은 매우 이상한 일입니다. 저는 일진회와 협력해 조치할 것입니다. 그래서 저는 통감에게 경비를 요청하기가 주저됩니다. 여윳돈이 있으시면 얼마가 됐든 보내 주시기 바랍니다."70

그 결과 우치다와 일진회는 자신들이 돈을 받은 통감을 **상대로** 친일 음모를 꾸미는 기이한 현상이 나타났다. 그러나 이것은 단지 미세한 차이를 부조리로 몰고 가는 것일까? 이토는 책임자였다. 그에게 책임을 전가하고 끝내면 어떨까? 아니면 단순히 일본의 음모라고 할까? 이런 미세한 구분은 정당화하거나 비난하려는 목적이 아니라 국제적 악행의 기술을 설명하는 데 도움이 될 수 있기 때문에 도입된 것임을 다시 한번 강조해야 할 것이다. 그럼에도 1907년 7월 이후 전개된 일진회와 통감 사이의 관계 유형에 부합한다는 점을 제외하면 이 한 가지 사례는 중요하지 않은 것으로 간주해야 한다.

우치다는 7월 사건의 결과에 매우 실망했다. 고종의 퇴위는 확보됐지만 그에게 새 조약은 "1905년 을사조약을 약간 확대한 것일 뿐 최종 목적과는 여전히 거리가 멀었다".71 그래서 그는 합방을 실현하기 위해 이토를 압박하는 데 더욱 힘을 쏟기 시작했다. 일진회는 조선군 해산으로 발생한 폭동을 진정시키기 위해 이토에게 자원해 봉사했다. 이용구는 마을에 '반란군'을 막기 위한 '자위대' 창설을 촉구하는 연설을 했고, 우치다는 북부지방의 상황을 조사하는 '비공식 임무'를 수행하면서 이토에게 자주 보고해 합방 구상을 강조했다.72

그러나 이토는 계속 그를 '실망'시켰다. 그는 메이지 유신 이후 일본 정부가 "사무라이 가문에게 채권을 주고 (…) 산업에 진출하도록 권장"한 것처럼 일진회 사람들에게 돈을 줘 '산업'에 진출할 수 있도록 하는 계획을 이토에게 촉구했다. 이것은 이토를 기쁘게 하려고 잘 계산된 것임을 알 수 있는데,『비사』에 따르면 이토는 실제로 그 계획에 50만 엔을 '약속'했다. 또한 일진회는 금전적 보상뿐 아니라 더 많은 회원이 내각에 임명됨으로써 "퇴위에 세운 공로"를 보상받아야 한다고 우치다는 생각했다. 그러나 이토는 자금 약속을 어기고 내각 교체를 거부했다.73 또한 그는 우치다에게 "일진회에 너무 깊이 들어가는 것은 귀하의 앞날에 좋지 않을 것"이라고 경고했다. 우치다는 대답했다. "제 손을 자른다고 해도 지금 그들과의 관계를 끊을 수는 없습니다."74

『비사』의 말을 빌리면 우치다는 "자신뿐 아니라 일진회에 대한 이런 전술을 보면서 이토의 속마음을 매우 의심하게 됐고, 이토가 조선 문제의 최종 해결을 수행할 의사가 없다는 것을 확신하게 됐다". 그 결과 "그는 즉시 과감한 방법을 사용하기로 결심했다".75

과감한 방법은 먼저 스기야마에게 이토의 사임을 강요할 필요가 있다는 내용의 서신을 교환하는 것이었다. 그 뒤 우치다는 일진회 소속 대신인 송병준을 찾아가 사퇴를 촉구했는데, 이토를 불편하게 하려는 의도였다. 그러자 송병준은 총리 이완용의 여러 실정을 비난하며 사임했다.

그러나 『비사』에 따르면 이토는 영리했다. 그는 이완용이 송병준에게 사과하도록 한 뒤 송병준에게 "이완용이 사과했으니 사직할 필요가 없다"고 말했다. 송병준은 "이미 결정된 일"이라고 했다. 그러자 이토는 화제를 바꿨다. "국가를 재건하는 이 시기에 기본 정책을 운용하고 국민을 안심시키는 것은 매우 어려운 일입니다. 귀하는 분명히 이것에는 반대하지 않을 겁니다." 그러자 송병준은 "이토에게 끌려가는 줄도 모르고" 매관매직을 막기 위해 지방행정을 개정하려는 자신의 오랜 계획에 대해 이야기했다. 그러자 이토는 "무릎을 치며 그의 훌륭한 생각을 칭찬"했다. 이토는 물었다. "이 일을 처리할 적절한 인물이 있어야 합니다. 내무대신직을 맡아 실행해 보겠습니까?" 그러고는 이완용에게 '눈짓'했고 이완용도 그 생각을 지지했다. 이런 전술에 송병준은 '당황'했고 그 자리를 맡았다.[76]

그러자 일진회 회원들은 송병준에게 분노해 내각을 공격하려고 했지만 우치다는 이들을 진정시키려고 했고 1908년 6월 20일 스기야마에게 조언을 구하는 편지를 보냈다.[77]

1908년 여름부터 가을까지 우치다와 스기야마는 이토를 약화시키고 송병준을 내각에서 사직시키기 위해 이곳저곳에 열심히 편지를 썼다. 송병준이 사임하지 않은 것은 이토가 그를 그 자리에 붙잡아왔기 때문이라고 그들은 생각했지만, 우치다와 송병준 사이에는 점차 '감정의 골'이 생기기 시작했다.[78] 또한 우치다는 가쓰라와 데라우치에게 이토를 격렬히 비난하는 서신을 보내기 시작했다. 그는 가쓰라에게 통감부 관리들이 '위대한 사명'을 잊고 있다고 썼다. 이토는 조선의 유일한 구리 광산에 대한 권리를 미국인 콜브란Collbran에게 넘겼으며 조선의 신분 체계, 특히 황제는 지배층의 황제일 뿐이고 다른 조선인은 모두 불만스러워하기 때문에 "나라가 어지럽다"는 것을 이해하지 못했다. 그의 화폐 개혁은 실패했고 많은 사람이 파산했다. 이토는 "위대한 정치가가 아니"며 "이 나라에 큰 불행을 초래"했다. 그가 통감에 임명된 것은 "유감스런 일"이었다.[79]

9월 도쿄에 있던 우치다는 데라우치에게 편지를 보냈다. "이용구가 도쿄에 왔지만 신문 기자들에게 둘러싸여 그와 이야기할 기회가 없었습니다. (…) 하지만 조선의 상황은 위험합니다. 반일 단체들의 세력이 강화되고 있습니다. 일진회 내부의 갈등도 커지고 있습니다. 이용구는 이것을 보고하기 위해 도쿄에 온 것 같습니다. 편지로 다 설명할 수는 없으니 직접 뵙고 자세히 설명하고 싶습니다."[80] 이때까지만 해도 우치다는 이토의 대척점에 있던 인물로 조선으로 돌아오지 않고 일본에서 활동한 것이 분명하다. 그는 11월 이토에게 편지를 보내 이용구의 말을 인용하고 다음과 같이 썼다. "좋은 정책이 있으면 저는 서울로 돌아가겠지만 최근 송병준의 태도를 싫어하며 그를 사직시킬 것을 촉구합니다. 이것은 저만의 의견이 아니라 이름 없는 모든 회원의 의견입니다. (…)"[81]

1909년 2월 이토가 직접 도쿄에 왔고『비사』는 다음과 같이 서술했다. "2월에 도쿄로 돌아온 이토는 조선 황제가 국내 순시를 성공적으로 마쳤기 때문에 마음속으로 만족감을 느끼고 있었다. 이토는 일본에서 환영받을 것으로 기대했다. 그러나 그의 성공을 칭찬하는 목소리는 높든 낮든 없었다. 그는 실망했다."[82]

5월 도쿄에 있던 이토는 다시 우치다를 자신의 집으로 불렀다.『비사』에는 다음과 같이 면담 내용이 기록돼 있다. "우치다가 도착했을 때 이토의 태도는 이례적으로 엄격했다. 그는 단호히 말했다. '귀하는 통감부에 반대를 표명해 왔고 그런 생각을 편지로 보냈다고 들었습니다. 이것이 사실이라면 그 동기를 듣고 싶습니다.' 우치다는 그가 분노했음을 알았지만 그의 주장을 반박할 필요가 있다고 생각했다. '저는 통감의 정책이 일본의 국가 정책과 반대된다고 한 것 외에는 반대를 표명한 적이 없습니다. 저는 그것을 비판합니다. (…)' 당황한 이토는 입술을 떨며 갑자기 주제를 바꿨다. 그는 보검을 꺼내 우치다에게 보여줬다."[83]

그 뒤 우치다는 스기야마·가쓰라·야마가타를 방문해 이 일을 알렸고『비사』에서는 다음과 같이 설명했다. "이토가 세이요켄精養軒에서 긴 연설(1909년 4월 자신의 조선 정책을 옹호한 연설)을 하면서 우치다를 비난하자 그들은 이토처럼 노련한 정치가조차 이성을 잃었다고 느꼈다. 그 직후 그가 사임해야 한다는 비공식적인 결정이 내려졌다. 그 뒤 가쓰라는 이토와 권력 투쟁을 벌였고 거기서 합방 문제까지 이용했다." 이 때문인지 1909년 초가을 이토는 우치다에 대한 적개심을 누그러뜨린 것으로 보이며,『비사』에 따르면 우치다에게 '고생한 일'에 대해 개인적으로 1만 엔을 주기도 했다. 그러나 가쓰라는 [병합에] 동의했지만 스기야마는 "이토가 만주에서 돌아오면 반대를 제기할지 모른다"고 우려했다. 그러나 '다행히도' 그는 이토의 저택에 저녁 식사에 초대받았고 그곳에서 "이토의 승인을 얻었다". 그렇게 "결정이 내려졌다".[84]

마지막 몇 쪽에 나온 대부분의 정보는 앞서 언급한 대로 반동주의자들의 태도를 매우 잘 보여주지만 '이토의 마음'에 대한 분석과 관련해 완전히 믿을 수는 없는 『비사』에서 가져온 것이다. 이토가 가쓰라에게 보낸 두 통의 편지로 통감부와 일진회의 금전 거래를 좀 더 조명할 수 있는데, 그 편지들은 『비사』가 아니라 가쓰라 자료에 들어 있다. 1908년 10월 5일 자 첫 번째 편지에는 일진회를 대신해 송병준이 통감에게 보낸 자금 신청서가 동봉돼 있었다. 송병준은 이 편지에서 이용구의 '무례한' 행동을 사과하고 "일진회의 식비와 의복비 문제"를 언급했다. 그는 이토에게 요청했다. "이것을 이해해 주십시오. 그렇지 않으면 일진회는 절망으로 내몰리고 이른바 친일파는 몰살될 것입니다." 이토는 가쓰라에게 "잘 읽어봐 달라"는 부탁을 덧붙였다.[85]

1908년 12월 6일 자 두 번째 편지는 그가 그들의 금전적 요구를 피하려 했다는 것을 암시한다. 이토는 말했다. "얼마 전 소네 부통감과 일진회에 대해 논의한 적이 있습니다. 중요한 일이니 귀하에게 알리고 동의를 얻고 싶습니다. 그들을 어떻게 처리할 것인가 하는 문제에 대해 나는 귀하와 그 밖의 대신들이 합의한 노선을 따르기로 결정했고 소네에게도 똑같이 말했습니다. 우리는 일진회에 최종적인 혜택을 줄 것이고 그렇게 함으로써 우리의 의도를 이해하도록 노력할 것이며, 그들이 우리에게 너무 많이 의존하지 말고 여러 직업을 갖도록 설득할 것입니다."[86]

우치다와 그 세력은 이토의 사임이 확정되면 합방이라는 큰 목표를 향해 순조롭게 항해할 수 있을 것이라고 생각했던 것 같다. 그러나 그들은 유연한 인물로 평가되는 소네와 곧 얽히게 됐다. 소네의 태도는 1909년 9월 가쓰라에게 보낸 보고서에 잘 나타나 있다. 거기서 그는 "일진회에 대해 매우 냉정한 태도를 보이는 것이 최선"이라고 주장했다. "우리는 이미 그들에게 많은 지원을 해왔고 최근에는 회원들에게 사업에 전념하라고 말했습니다. 우리가 더 많은 지원을 하면 그들이 우리에게 너무 의존하게 될 것입니다. 그러면 그들은 더 많은 지원을 요청할 것이고 그것은 우리나라에 문제가 될 것입니다."[87] 10월 우치다의 측근들은 소네가 "실수할까" 걱정되니 사임해야 한다는 의견을 표명했다.[88]

10월 26일 하얼빈에서 이토가 암살되면서 상황은 급박하게 돌아갔다. 『비사』에 따르면 많은 일본 신문이 암살에 분노했지만 합방을 실시해야 한다고 말한 신문은 거의 없었다. 대부분은 조선 문제를 "이 일 때문에 함부로 다뤄서는 안 되며 관대함을 보이는 척해야 한다"고 말했다. 또한 "가쓰라는 우치다를 만류"했는데, 이 때문에 우치다는 가쓰라가 주로 "이토와의 권력 투쟁"에 관심이 있었기 때문에 이제 "서두를 필요가 없다"고 생각한 것으로 추측했다.[89]

그러나 이토의 장례식을 계기로 많은 일진회 지도자가 도쿄에 모여 조선 문제 관련 동지회를 결성했고, 우치다와 송병준의 지시에 따라 다케다 노리유키武田範之가 합방 제안서를 작성했다. 스기야마는 이것을 가쓰라·야마가타·데라우치에게 보내게 했다. 데라우치는 몇 가지 비판적인 질문을 했지만 "일본에서는 우치다 등의 준비가 진행되고 있었다". 그러나 서울에서 소네 총독은 우치다에 대해 불평하는 편지를 야마가타에게 보내는 등 우치다와 사이가 매우 '나빠졌다'. 11월 28일 우치다는 일본을 떠나 서울로 갔다.[90]

서울에서 일진회는 친일 단체인 서북학회·대한협회와 논쟁을 벌였는데, 그들은 이완용 내각을 축출하는 정도까지는 협력할 의사가 있었지만 합방까지는 지지하지 않으려고 했던 것 같다. 일진회는 이들을 배제하고 진행하기로 결정했다. 1909년 12월 3일은 "조선 합방의 역사에서 가장 뜻깊은 날"이었다. 이날 일진회는 다른 세력과 결별하고 다케다의 제안을 수정한 방안을 채택했다. 12월 4일 이용구는 "100만 회원의 대표로" 대한제국 황제, 소네 통감, 이완용 총리에게 합방 청원서를 제출했다.[91]

이용구와 그의 '100만 회원'은 황제에게 '2천만 조선인'을 대표해 아뢨다. "우리 2천만 민족의 아버지이자 이 땅의 하늘인 황제께 백 번 절하며 아룁니다. 우리나라는 말할 수 없는 어려움을 겪었고 (…) 정치·경제적 상황은 끔찍합니다. (…) 외국에서 떠들썩한 이야기가 있을 수 있지만 실제로는 우리의 재건이 걸린 문제입니다. (…) 역사를 보면 일본과 조선은 갈라놓을 수 없으며 (…) 반일 감정이 있었지만 일본 천황은 우리에게 자비를 베풀겠다고 했습니다. (…) 이것을 거부하는 것은 하늘에 침을 뱉는 것과 같습니다. 세계정세는 늑대 같은 나라들 때문에 위태롭습니다. 20세기에 작은 나라 조선은 큰 나라에 의존해야 합니다. 따라서 조선은 일본 천황의 의리에 기대야 합니다. (…) 이 세상에서는 강한 나라가 약한 나라를 물리치는데 이를테면 인도·버마·인도차이나는 패배했습니다. 갑신정변 때 일본이 우리를 도와주지 않았다면 우리는 전멸했을 것입니다. 지금 조선이 존재하는 까닭은 일본의 보호가 있었기 때문입니다. 그러므로 우리가 일본에 군사·외교·사법권을 주더라도 그것은 우리의 존재를 유지하기 위한 것일 뿐입니다. 우리는 혼자 존재할 수 없으므로 우리 민족과 나라의 평화를 유지하는 유일한 길은 일본과 조선의 합방을 실현하는 것뿐입니다."[92]

. 대체로 조선 사회는 합방의 의미를 이해하지 못했지만 "이해한 사람들은 모두 동의했다"고 『비사』는 말했다. 상황은 '평화적'이었다. 그러나 서울의 일본 기자들과 특파원들은 "좋아하지 않는 태도를 보였다". "소네는 우치다의 행동을 좋아하지 않았고 정부 돈으로 기자들을 매수했기 때문"이었다. 그들은 일본에 "거짓 전보"를 보내 "일본 대중이 오해하도록 유도"했다. 그리고 소네의 조언에 따라 총리 이완용은 12월 7·9·16일 이 제안을 거부했다. 그러나 네 번째 제안이 제시됐을 때 "통감은 가쓰라로부터 제안을 받아들이라는 명령을 받았기 때문에 최종적으로 거부되지 않았다". 소네는 이 제안을 거부할 수 없었고 다만 "그 제안을 자신의 손 아래 뒀다".[93]

나는 『비사』의 이 정보를 아래 범위를 제외하고는 다른 자료에서 확인할 수 없었다. 데라우치 육군대신이 가쓰라에게 보낸 1909년 12월 9일과 16일 자 편지가 있다. 첫 번째 편지에서 데라우치는 이렇게 말했다.

조선인의 폭동을 더 이상 방치할 수 없는 시기가 왔지만 진압할 힘이 없으니 걱정할 수밖에 없습니다. 최근 폭동 이후 공식적인 보고를 받지 못했습니다. 제가 우치다의 전보를 수시로 전달했으니 그 내용은 이미 알고 있을 것입니다. 우리는 일진회가 문제를 일으키는 것을 막으려고 노력했습니다. 소네 통감은 이완용 내각의 활동에 개입하지 않았고, 그 결과 이완용 내각은 토론회를 개최하고 뇌물을 주선했으며, 옛 대신들은 반일적인 토론회에 특별히 참석했습니다. 이런 활동은 우리 제국에 대한 저항으로 간주되며 그들은 우리 제국의 정책을 방해할 것입니다. 최대한 신중하게 행동하려고 노력했지만 이런 상황이 계속되면 친일 단체 회원들에게도 좋지 않을 것이고 불만이 생길 것입니다. 우리는 이 점을 고려해야 합니다. 뵐 때까지 건강하십시오.[94]

데라우치가 보낸 두 번째 편지에는 서울에 있는 것으로 보이는 오쿠보(도시미치의 아들?)라는 인물에게서 받은 전보가 동봉돼 있었다. 오쿠보의 전보에는 이렇게 적혀 있었다,

어제 우사가와·사가키바라·아카시 씨를 초청해 대화한 결과 병합 조치와 관련해 일진회를 구조해야 한다는 결론에 이르렀습니다. 첫째, 서울의 신문과 정계가 일진회를 공격하고 병합에 냉담한 태도를 보이고 있는데, 일본인 사이의 이런 의견 차이는 반일 선동가에게는 좋은 일입니다. 따라서 우리는 신문의 의견을 조화시키고 일진회에 더 가까

이 다가가도록 노력해야 합니다. 이것을 위해 우리는 일정한 돈을 줘야 합니다. 둘째, 이완용 일파가 선전하는 병합 반대와 일진회 반대 주장을 억압해야 합니다. 이 두 가지 조치를 하면 반일 주장을 완전히 물리칠 수 있습니다. 그래서 오늘 아침 저는 우사가와 씨에게 통감을 설득해 달라고 부탁했고 저도 노력했습니다. 통감은 이해하고 승인했습니다.

목표를 달성하기 위한 방법을 고민하기 위해 아카시 씨와 이시즈카 씨를 보내 통감과 이야기를 나누게 했습니다. 이시즈카 씨는 병합에 대한 서울의 여론을 반전시키거나 일진회 반대의 주장을 약화시키는 데는 큰 비용이 들지 않을 것이라고 생각했습니다. 이시즈카 씨는 정부의 취지를 이해하며 돕겠다고 말했습니다. 따라서 저는 당분간 통감의 행보에 밀접히 관계하지 않고 사태의 추이를 지켜보겠습니다. 하지만 귀하가 제게 내린 명령이 있으니 제 임무를 마칠 때까지는 통감을 계속 돕겠습니다.

데라우치는 이렇게 썼다. "어젯밤 오쿠보에게 받은 전보를 전달합니다 중요한 점을 찾아 말씀해 주시면 오쿠보에게 보내겠습니다."⁹⁵

12월에도 반동주의 단체들은 도쿄에서 여러 차례 합방 모임을 개최했고 흑룡회는 "지식인에게 보내는 편지"를 발표해 통감의 "큰 실수", "이토 정권의 실상", 소네의 실패를 지적했다. 이 편지는 "일본인과 조선인을 분리"하는 치외법권 제도가 조선인과 "일본의 융합"을 막기 때문에 나쁘다고 주장했다. 조선인은 "이토 정권 아래서 가혹한 시간을 보냈다". 소네는 이토처럼 "점진적 정책"을 추진했지만 그것을 '산업 정책'이라고 부르기를 좋아했다. 그 이름은 '아름답게' 들릴지 모르지만 조선에 도움이 되지 않았다. 합방은 "회복제"였고, 합방에 대한 요청은 "조선인 쪽에서" 나온 것이었다. 그것은 그들의 "간절한 소망"을 대변했다. 일본 여론은 "소네의 탄압"과 "허위 보도" 때문에 이 생각에 냉담했지만, 흑룡회는 "10년 동안 이 문제를 연구"했고 "귀하의 현명한 판단"을 촉구했다.[96]

그러나 『비사』에 따르면 소네는 우치다를 서울의 "가장 큰 골칫거리"라고 부르며 그를 도쿄로 돌려보내려고 했다. 또한 암살자들이 이용구를 찾고 있다는 소문이 돌자 데라우치는 서울의 일본군 헌병대에 이용구를 보호하라고 명령했다. "소네는 이 사실을 알고 데라우치가 우치다를 지원해 일진회의 제안을 만들게 했다고 생각했다. 그는 데라우치를 비난했고 우치다에 대한 증오심은 더욱 커졌다." 아무튼 "합방 제안 뒤 20여 일이 지났지만" 아무 일도 일어나지 않았고 "조선에 있는 동지들"은 '실망'했다.[97]

12월 26일 우치다는 소네의 해임을 촉구하기 위해 도쿄로 돌아왔다. 그는 야마가타·가쓰라·데라우치를 직접 만나지는 못했지만 스기야마를 통해 그들에게 "소네의 무지"를 알렸다. 마침내 가쓰라는 소네를 일본으로 소환했다. 1910년 1월 돌아온 소네는 "가쓰라를 만나 합방에 대해서는 아무 말도 하지 않고 자신의 별장으로 갔다". 그 뒤 우치다는 소네의 해임을 "강력히 촉구"했다. 야마가타와 가쓰라는 "앞서 소네의 임명을 승인했고 그의 실패를 아직 천황에게 보고하지 않았기 때문에" 주저했다.

2월 2일 가쓰라는 "합방은 적절한 시기에 받아들일 것이며 반대

의견은 모두 배격될 것"이라면서도 "합방에 걸리는 시간은 일본 정부 정책의 문제이므로 조선인은 건의할 수 없다"는 각서를 스기야마에게 전달했다. 그 뒤 가쓰라는 소네를 해임하고 싶지 않아 그에게 병을 이유로 사직할 것을 제안했지만 소네는 "모르는 척하며 병상에 누워만 있었다". 이때 스기야마는 소네의 친구에게 아름다운 나이프와 포크를 "자신이 준 것"이라면서 그에게 선물하게 하고 그의 의도를 직접 물어보게 했다. 소네는 "즉시 복통을 호소하며 누워버렸다".[98]

『비사』에는 소네의 해임이 언제 최종 결정됐는지 정확히 나오지 않는다. 원로와 내각이 마침내 만나 데라우치를 후임으로 임명해 육군대신과 통감을 겸직하도록 했다고만 돼 있다. 그 뒤 "데라우치는 병상에 있는 소네를 방문해 사임을 요청했고 마침내 소네는 사임했다".[99] 우치다의 측근인 다케다는 합방 이후 '권리와 의무'를 모든 조선인이 '평등하게' 공유해야 한다고 주장하면서 조선의 여러 부조리에 대한 긴 보고서를 작성했다. 그리고 데라우치가 새 직책을 맡자마자 우치다는 합병을 실시하고 이완용 내각을 "신뢰할 수 없으니" 일진회 내각을 구성해야 한다고 촉구하는 긴 서신을 그에게 보냈다.[100]

반동주의자의 합방 운동이 병합 전체 과정에 미친 영향을 정확히 측정하기는 어렵지만 그 영향력이 상당했다는 것은 확실하다. 아마 반동주의자들은 이토 같은 현실주의자들이 온건하고 자비로운 조선 계획을 수행할 수 없을 정도로 떠밀어 환자를 무자비하게 수술하도록 강요한 결과 그들은 환자가 퇴원할 수 있으리라는 희망을 품을 수 없었다고 요약할 수 있을 것이다.

이것이 반동주의자들의 의도였을까? 그랬을지도 모르지만 합방 개념을 둘러싼 이상한 이상주의(우리는 그것을 '역행한 이상주의'라고 불렀다)는 쉬운 대답을 허용하지 않는다. 우리를 혼란스럽게 하는 것은 두 가지다. 첫째, 일본 반동주의자들은 재정적 보상이 크지 않은 이런 종류의 사업에 평생을 보냈으며 온갖 위험을 감수했다. 왜 그랬을까? 둘째, 적어도 몇몇 조선인들은 그들과 협력하고 그들을 신뢰했으며 합방이 조선에 좋은 일을 약속한다고 믿었다. 그들은 어떻게 그리 어리석었을까?

일진회의 일본인 지도부와 조선인 지도부의 관계에서 마지막 단계의 어떤 변화는 이런 질문에 흥미로운 빛을 던져준다. 사실 1910년 여름 일본 정부가 **합방**이 아니라 **병합**을 실시하면서 일진회의 일본인과 조선인 지도자인 우치다 료헤이와 이용구는 결별하게 됐고 그 분열은 분명히 일진회의 일반 구성원 전체도 갈라놨다. 그것은 병합으로 일진회의 목적이 충분히 달성됐는가 하는 의문이었다. 몇 년 동안 우치다가 추구한 주요 목표 가운데 하나는 완전히 일진회 회원으로 구성된 내각을 구성하는 것이었다는 사실이 떠오를 것이다. 그는 이완용 내각을 공격하면서 이토와 소네에게 이것을 직접 매우 강력히 촉구했다.

그러나 송병준이 입각했지만 이토와 소네는 더 이상 이 방향으로 나아가지 않았다. 데라우치가 통감이 됐을 때 우치다는 그에게도 일진회 내각을 구성하라고 압박했다. 그러나 이때는 조금 덜 단호한 것 같다. 1910년 6월 초에 쓴 것으로 추정되는 앞서 언급한 데라우치에게 보낸 서신에서 우치다는 흥미로운 역설을 사용했다. 그는 일진회 내각을 옹호하고 이완용 내각을 비난하면서도 데라우치에게 말했다. "이완용은 의심스러운 사람이지만 스스로 행동하는 사람은 아닙니다. 그는 대부분 다른 사람에 의해 움직이는 꼭두각시이기 때문에 해를 끼치지 않고 이용할 수 있습니다."[101]

또한 우치다는 데라우치가 자신들이 아니라 오랜 비판 대상이던 이완용을 통해 합방이라는 큰 목표를 추진할 가능성에 대해 일진회의 조선인 지인들에게 대비하도록 했다. 그는 일진회장 이용구에게 데라우치가 서울에 온다면 "지금은 아무것도 하지 않는 자세를 보이는 것이 가장 좋다"고 말했다. 그는 일진회 내각을 제안하는 것이 "좋지 않은 결과를 가져올 수 있다"고 우려하면서 이용구에게 "내 지도력 밖에서" 행동하지 말라고 촉구했다.[102]

7월 서울에 도착한 데라우치는 실제로 이완용과 거래하면서 일진회를 거의 무시했다. 『비사』는 데라우치가 서울에 도착하자마자 "소네 밑에서 일본의 큰 정책을 방해하던 오카·마쓰이·기쿠치 같은 사람은 통감부에서 해고됐다"고 설명했다. 그리고 "소네 아래서 꼭두각시 노릇을 했던" 이완용 세력은 "어쩔 줄 몰라 했다". 그러나 데라우치는 "활을 끝까지 당겼지만 화살이 〔그들에게〕 날아가지 않게 했다". 그 대신 그는 이완용을 회의에 초대해 '처음으로' 병합이 '불가피하다'고 말한 뒤 병합 조약 초안을 건넸다. 이완용 내각은 8월 22일 이것을 채택해 병합의 길을 열었고, 8월 29일 자 최종 병합 조약에는 이완용이 서명했다.[103]

당연히 우치다의 조선인 동지들에게 설명이 필요했다. 8월 29일

자 이용구와 송병준에게 보낸 서신에서 그는 그들의 상처받은 마음을 달래주려고 했다. 그는 스기야마 시게마루가 8월 23일 야마가타 공작을 방문했고, 이 자리에서 일본 천황과 공작의 면담에서 병합의 경위가 논의됐다는 이야기를 들었다고 설명했다. 야마가타는 순종의 병합 승인은 이완용을 통해 얻었다고 말했다. "아마 이완용이 아니고서는 그런 일을 감당할 수 없었을 것이다." 그리고 천황은 말했다. "이완용은 비범한 사람이 분명한데, 지난날 정적을 매우 잔인하게 숙청했기 때문에 오늘날 이런 일을 감당할 수 있었다." 이것은 일본 천황은 이완용의 '불충함'을 알고 있었다는 뜻이라고 우치다는 강조했다.

그리고 우치다는 계속해서 썼다. "다음 날 스기야마는 가쓰라를 만나 우리의 두 친구 이용구와 송병준이 목숨을 잃을 상황에 놓이지 않은 것에 감사를 표시했다." 스기야마는 "내 두 친구 이용구와 송병준을 마지막으로 보게 될지도 모른다"고 걱정했지만 이제 그들의 상황은 '좋은' 반면 이완용의 상황은 '나빴다'. 그리고 스기야마에 따르면 그들이 해야 할 일은 "당분간 조용히 지내는 것"이었다.[104]

"사실 일본 정부가 합방을 실현할 기회를 가진 것은 일진회의 공로였다"고 『비사』는 평가했다. 그리고 이것을 인정해 이용구와 송병준에게 작위를 수여하기로 결정했다. 송병준은 그것을 수락했다. 그러나 이용구는 "합방이 성립되더라도 2천만 조선인의 행복과 조선 황실의 평안한 안식을 돌보는 것이 앞으로 내 책임"이라면서 거절했다. 1910년 9월 12일 데라우치는 일진회 해산을 명령하면서 '해산 비용'으로 5만 엔을 제시했다. 이용구는 대답했다. "우리는 일본에 우호적이며 통감부의 명령을 물불 가리지 않고 수행하면서 도왔지만 오늘의 상황은 해산할 수 없는 지경에 이르렀습니다. 그러니 조금만 시간을 주십시오."

하지만 끝내 해산 명령이 내려졌다. 우치다는 도쿄에서 스기야마에게 이 문제에 대해 이야기한 뒤 이용구와 송병준에게 편지를 보내 설명했다. "일진회의 해산은 피할 수 없습니다. 천도교天道敎만이 유지될 수 있는데, 이 교단을 통해 일본과 조선의 융합이 이뤄질 것입니다." 이용구는 너무 열심히 일한 나머지 "탈진했다". 그는 "병에 걸렸다 (…)".105

일본 반동주의자들이 조선인 반역자들을 배신한 이 이중의 배신에 대해 길게 이야기할 수도 있다. 그러나 그들을 가장 잘 표현하기 위해 반동주의자들은 유구한 전통에 따라 합방의 마술로 "아시아인종의 부활"을 정말 기대하는 '역행한 이상'을 믿었다고 말하자(이 가정을 옹호하기 위해 우치다와 그의 흑룡회 세력은 아시아인을 통합하고 동양 전통을 고양하려고 계속 노력했으며, 그런 노력은 시간이 흐르면서 지지자들을 모아 1930~1940년대 대동아전쟁의 이념적 기반을 형성했다는 것을 지적할 수도 있다).106

이렇게 보면 조선 병합 과정에서 그들의 역할은 자유주의자들의 그것과 놀라울 정도로 닮게 된다. 비록 '역행한' 이상에서 출발했지만 결국 그들은 현실주의와 타협했다. 일본의 자유주의자가 대부분 조선의 진보와 자유의 증진을 포기하고 일본의 통치가 안정되면 언젠가 이런 자유주의적 목표가 실현될 것이라고 가정하면서 조선의 상황을 안정시키려는 현실주의 과두세력의 노력을 지지했던 것처럼 반동주의자들은 일본의 통치가 안정되면 아시아의 통합과 부흥이

다시 올 것이라고 가정하면서 낭만적 합방 대신 현실주의적 병합을 받아들였다.

이런 타협 과정에서 일본의 자유주의자와 반동주의자 모두 자신들의 조선인 세력을 잃었다는 점은 주목할 만하다. 조국의 자유와 발전을 위해 일본과 협력했던 박영효나 동양의 유산을 되살리고자 그렇게 했던 이용구에게 최종 타협의 여지는 없었다. 결국 일본의 자유주의자와 반동주의자가 모두 동의한 조선 문제의 '해결책'인 병합은 교류와 우호를 없애고 일본이 지배하고 조선이 지배되는 날카로운 구분선을 그렸다.

그렇다면 반동주의자의 대의는 자유주의자의 대의와 마찬가지로 파산했고, 조선을 짓밟은 바탕 위에서 순전히 일본의 국가이익에 따라 이뤄진 병합은 현실 외교의 승리라고 말해야 할까? 이것에 대한 우리의 대답은 부정적이다. 둘 다 현실주의와 타협한 것은 사실이지만 그 타협의 본질은 매우 달랐다. 자유주의는 확실히 파산했다. 자유주의자들이 조선 문제를 과두정권의 처리에 맡기는 경향이 점차 커졌다는 사실은 그것을 명확히 보여주는데, 1905년 이후 그들은 온건(1905~1907)하든 강경(1907년 이후)하든, 또는 소네든 데라우치든, 이토의 통감부 체제를 지지했다. 그들은 조선인의 자유민권을 훼손했고 그렇게 함으로써 조선인과 돌이킬 수 없이 멀어졌다.

그러나 반동주의자들의 타협은 훨씬 덜 양보했다. 그들은 과두정권이 조선을 마음대로 처리하도록 전권을 위임하지 않았다. 그들은 온건하든 강경하든 이토나 소네는 인정하지 않았고 데라우치만 인정했다. 그 결과 그들은 좀 더 섬세한 형태의 현실주의적 정책, 곧 일본의 국가 안보 이익에 전적으로 기반을 두면서도 전체적으로는 국제 여론의 틀 안에서, 특별하게는 조선의 발전에 대한 개화된 관심의 틀 안에서 그것을 얻으려고 노력한 정책과는 타협하려고 하지 않았다. 그들은 잔인하고 오만한 데라우치라는 인물과만 동의하려고 했다. 거기에는 동양 전통에 대한 사무라이의 자부심, 폭력, 진보에 대한 경멸, 국가와 민족 사이의 유교적 위계질서의 함의 같은 역행한 이상주의의 여러 요소가 포함돼 있었다는 점에 유의해야 한다.

데라우치 자신은 이런 말을 공개적으로 외치기에는 너무 과두정치의 현실주의적 접근의 산물이었으며, 실제로 조선 총독으로서 그의 보고서는 매년 영어로 발간됐고 자비로운 개혁 지도자의 모범적인 발언으로 짜여 있었다.[107] 그러나 반동주의자들은 그의 인맥·행동·태도를 통해 그가 모든 현실주의자 가운데 옛 전통에 가장 가까운 사람의 하나고 대동아주의가 시작되면 그 같은 인물들이 그것을 이끌 것이라고 확신할 수 있었다. 요컨대 병합에 대한 자유주의자들의 지지는 자유주의의 핵심적 가치를 훼손했지만, 반동주의자들은 자신들이 추구하는 방향으로 나아가는 하나의 걸음으로 그것을 지지할 수 있었다. 병합을 추진하면서 현실주의는 반동에 가까워지고 있었다.

현실주의가 이처럼 반동으로 변모한 것은 매우 흥미로운 현상이다. 조선 문제라는 구체적 현상과 관련해 말하면 우리는 마지막 분석에서 그것은 왜 이토가 아니라 데라우치였는지 질문할 수 있다. 이토의 현실주의 정책은 일본의 안보 이익에 충분하지 않았을까? 물론 외부인이 보기에는 그렇게 보일 수 있다. 그렇다면 이토를 끌어내리고 데라우치로 옮겨간 것은 단순히 역행한 이상주의자 우치다와 그 세력이 책략을 꾸민 결과라고 설명할 수 있을까? 앞서 살펴본 그들의 활동은 그들이 계몽된 현실주의를 실천하려는 이토의 노력을 무효로 만들기 위해 노력했음을 분명히 보여준다. 그러나 그들이 자랑스럽게 주장하는 것처럼 그들은 이 모든 공로를 가질 자격이 있을까? 그렇지 않을 것 같다. 그들은 음모와 계략을 꾸미고 설득하고 위협할 수 있었지만 끝내 정부 권력의 자리가 아닌 변두리에만 있었으며, 권력의 자리를 차지한 일본의 메이지 과두정치가들은 잘 조직되고 대중의 지지를 받는 반대 세력을 저지하는 데 결코 무능하지 않았다.

조선 문제에 대해 그들은 『평민신문』에 보도된 대로 사회주의 비판자들의 주장에 전혀 동요하지 않았지만, 이토조차도 우치다와 그 세력이 자신의 입지를 약화시킨다는 것을 알면서도 그들을 억누를 수 없었다. 왜 그랬을까? 앞서 논의한 증거는 이토 등의 개인적 위선이라는 쉬운 답을 인정하지 않는다고 생각한다. 오히려 더 복잡한 현상이 작용한 것 같다. 그것은 일반적으로 말해서 "국제 문제에서 현실주의는 반동으로 돌아서기 쉽다는 것"이라고 할 수 있다. 현실주의 외교의 분위기에서 자유주의가 약화되고 반동주의가 팽창하는 핵심적 원인은 바로 여기 있다고 할 수 있다. 케넌·모겐소·니버와 그 밖에 국제정치에서 냉철하고 신중한 현실주의를 주창한 모든 사람이 서 있던 반석이 바로 이것이다.[108] 그들은 이토와 계몽된 현실주의를 기대했지만 그들이 세운 것은 데라우치의 무대다.

이것은 일본과 조선의 한 가지 사례에서 도출하기에는 너무 큰 결론으로 보일 수 있지만, 그렇지 않다고 생각하는 데는 좋은 까닭들이 있다. 그것들은 다음과 같은 명제를 중심으로 전개되는데, 일본이 조선을 다루는 데 계몽된 현실주의에서 잔혹성으로 전락하게 만든 근본적인 힘은 모든 현실주의 외교의 핵심인 국가 안보라는 것이다. 그러나 이 주제를 자세히 설명하기에 앞서 한 가지 대안적 가설을 처리해야 하는데, 그것은 조·일 사례의 적용을 좀 더 작은 범위의 국가, 곧 일반적으로 "빈곤하다고" 묘사되는 국가에 제한해야 한다는 것이라고 할 수 있다. 이 가설은 간단히 말하면 일본이 조선 병합을 추진한 근본적 힘은 경제, 곧 시장·원자재·이윤이었다는 것이다.

9장

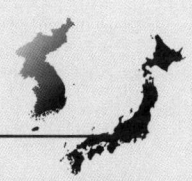

몇 가지 경제적 문제

서양의 연구에서는 조선 병합을 일본의 음모로 설명하는 경향이 나타난 데 견줘 일본의 역사 서술에서는 그것을 일본 자본주의가 제국주의 '단계'에 도달한 필연적 결과로 보는 경제 결정론의 경향이 발전해 왔다. 이것에 마르크스주의자라는 딱지를 붙이고 고정관념으로 치부하고 싶은 충동이 먼저 들 수 있다. 그러나 이런 해석이 나온 지적 배경을 고려하면 그렇게 쉽게 무시하는 것은 부당한 것이 분명하다. 그 주장은 단순히 공산당 노선 선전에서 나온 것이 아니라 전전 일본에서 학문을 빙자한 값싼 맹목적 애국주의를 넘어선 품위 있고 학문적이며 때로는 영웅적인 설명을 모색하면서 나온 것이기 때문이다.

기본 작업은 1930년대 이른바 노농파勞農派와 강좌파講座派의 역사가들이 수행했다.[1] 노농파의 주요 학자는 도쿄대의 츠치야 다카오土屋隆夫, 도쿄대와 이후 호세이대의 오우치 효에이大內兵衛·이노마타 쓰나오猪俁津南雄·사키사카 이쓰로向坂逸郎 등이며, 강좌파의 주요 학자는 핫토리 시소服部之總·라니 고라·시노부 세이자부로·히라노 이

시타로平野義太郎 등이다. 노농파는 조직된 공산주의와 관련이 없었고 강좌파는 관련되기는 했지만 그 규율과는 무관했으며[2] 두 학파 모두 마르크스주의 이론을 일본 근대사의 해석에 적용했는데, 경제 세력의 역할을 강조하고 일본 제국주의의 원인을 봉건적 기원과 자본주의 발전에서 찾았다.

이렇게 말한다고 해서 노농파와 강좌파가 같은 의견을 가졌다고 가정해서는 안 된다. 그 반대였다. 그들은 격렬한 논쟁을 벌였다. 또한 그들이 조선 병합 같은 구체적인 사안에 자신들의 이론을 적용하는 방법을 구체적으로 제시했다고 가정해서는 안 된다. 그들의 주된 관심은 메이지 유신의 성격을 규명하는 것이었고 그들의 주요 노력과 주장은 그 문제에 집중됐으며, 메이지 후기와 그 뒤의 시대에 대해서는 다소 광범하게 일반화시켜 추정했을 뿐이었다. 하지만 그 추정은 경제학이나 마르크스주의적 해석의 방향을 분명히 가리켰다. 또한 그들의 연구는 특히 전전 일본의 지평을 채웠던 어용학자들의 객관적이지 않은 민족주의적 저술과 비교할 때 매우 인상적이어서 민족주의적 압력에서 벗어난 전후 일본 학문이 참고할 수 있는 일종의 기준틀을 세웠다.[3]

조선 문제와 관련해서는 1951년에 출간된 하타다 다카시의 『조선사』를 보기로 들 수 있는데, 그 책은 메이지 시대 조·일 관계의 전체 과정을 40쪽의 짧은 분량으로 다뤘지만 경제 문제에 상당한 지면을 할애하면서 이것과 관련해 매우 강력한 주장을 폈다. 하타다에 따르면 1880년대 초 조선은 "일본 자본주의의 시장으로 편입"되고 있었다. 곧 대량의 일본 직물과 그 밖의 제조품이 조선으로 보내졌고, 조선의 식량 수출은 '거의 모두' 일본으로 보내졌다.

"일본 자본주의는 조선에 침투해 그곳을 상품 시장과 식량 공급처로 만들었다. 조선은 일본 자본주의의 성장에 없어서는 안 될 시장이었다. (…) 따라서 일본 자본주의의 성장은 정치적 패배를 만회하고 경제적 침투를 더욱 촉진해야 했으며" 그것은 청일전쟁을 불러왔다.⁴ 그렇다고 하타다가 경제를 강조하기 위해 다른 모든 요소를 무시한 것은 아니다. 앞서 지적한 대로 그의 말은 때로 일본 정부의 음모 접근법을 암시하고⁵ 외교·정치적 발전에 많은 지면을 할애했다. 그러나 경제 문제를 말할 때 그는 경제 결정론의 언어를 사용해 자본주의는 "성장하고 연결하고 침투하며" 시장은 "반드시 필요하다"고 썼다.

여기서 하타다는 전전 일본 학문의 가장 뛰어난 해석을 보여주는데, 맹목적 애국주의를 경멸하고 좀 더 만족스런 설명을 찾으면서 그것을 경제적 힘의 느린 작용에서 발견했다. 그의 참고문헌 목록은 그가 1930년대의 경제사학자들에게 빚지고 있음을 보여준다. 그들은 누구였고 그들의 자료는 하타다에게 전달한 포괄적 결론을 어느 정도까지 정당화할 수 있을까? 하타다가 참고한 인물 가운데 시노부 세이자부로·기타가와 오사무·시카타 히로시四方博가 조선 문제에 대한 경제적 해석을 적용한 인물로 가장 많이 나온다. 물론 시노부는 강좌 마르크스주의 학파의 대표적 인물이었다. 그렇게 두드러지지는 않았지만 기타가와도 강좌파의 주요 학술지인 『역사과학』에 연구 결과를 발표한 데서 알 수 있듯 분명히 설득력이 있었다.⁶

시카타는 분류하기가 더 어렵다. 그는 경성제국대학의 교수로서 일본 국내 학설과는 조금 거리가 있었다. 또한 그가 재직한 곳 때문으로 생각되는데, 그의 주요 관심은 조선이었고 당연히 통감부와 총독부의 기록을 가까이에 뒀다. 경제사학자 가운데 가장 많은 성과를 남겼고 조선에 대한 지식도 가장 인상적이었는데, 주요 논문인 「조선에서 근대자본주의의 성립 과정」이라는 제목이 알려주듯 그도 자본주의가 일종의 자동적 힘에 따라 작동한다고 봤다.[7]

하지만 일본의 조선 침투의 배후에 경제적 힘이 있음을 발견한 1930년대 일본 학자 한두 사람의 주장과 근거를 좀 더 자세히 살펴보자. 시노부의 대표 업적은 '청일전쟁 외교사 연구'라는 부제가 붙은 『무츠 외교陸具外交』(1935)다. 그것은 세부 사항·사건·대화·외교적 교류 등으로 가득 찬 인상적인 저서다. 그 전거에는 무츠·스기무라·하야시의 회고록, 이노우에 가오루 등 저명한 일본 지도자들의 전기, 서양, 특히 미국인들의 연구, 당시의 여러 신문 기사, 그리고 이론적 보강을 위해서라고 생각되는데 핫토리 시소의 연구 등이 들어 있다.

그는 전쟁을 일으킨 요인들의 균형을 맞추려고 노력했으며, 대체로 훌륭하게 처리했다. 당시 이용 가능한 자료를 고려할 때 그는 외교적·정치적·군사적 동기를 매우 철저히 탐구했고, 거기서 얻은 발견을 연구의 적절한 부분에서 활용했다. 그러나 균형의 요인 가운데 하나는 경제적 요인인데, 시노부는 연구의 앞부분에서 "조선은 이미 (1894년 봄) 일본 자본주의에 반드시 필요한 시장이었다"고 단정적으로 말했다. 이 때문에 일본은 전쟁에 '강한 관심'을 가졌다고 판단했다.[8]

경제적 요인에 대한 그의 주장을 가장 잘 뒷받침하는 것은 경제인 잡지인 『도쿄경제잡지』의 두 인용문일 것이다. 하나는 1894년 6월 16일 자로 다음과 같이 주장했다. "청국 정부가 조선 정부를 도와 동학을 진압하면 조선 전체가 청의 소유가 될 것이다. (…) 〔그 결과〕 일본은 큰 타격을 입을 것이다. 현재 조선의 모든 무역은 일본이 지배하고 있지만 청이 개입해 반란군을 진압하면 대외 무역의 혜택은 점차 청으로 돌아갈 것이다. 그것은 분명하다." 1894년 8월 4일 자의 다른 논문은 매우 포괄적이다. "우리는 이미 청과 전쟁을 시작했으므로 조선에서 청의 영향력을 추방할 뿐만 아니라 청으로 진출해 전쟁의 이익을 최대한 늘려야 한다. 전쟁의 이익은 무엇인가? 여러 가지가 있겠지만 그 하나는 청의 무역과 해운을 막고 그들이 차지한 시장의 이익을 우리에게 돌리는 것이다. (…) 이것이 청과 전쟁을 하는 주요 목표다."[9]

그러나 시노부는 이것 말고는 일본 자본주의에 조선이 반드시 필요하다는 판단을 뒷받침할 증거를 거의 제시하지 않았다. 사실 그가 제시한 근거는 모순적이다. 그는 발전하는 일본 면화 산업의 중요성에 대해 말하면서도 전쟁이 일어나면 중단될 가능성이 큰 중국산 면화 수입의 필요성을 우려하는 당시 신문 기사를 인용했다.[10] 그는 1894년 6월 정부의 상선 징발이 "사업에 큰 피해를 입혔다"고 지적했다.[11] 그는 전쟁이 "기사도에 입각한 전쟁이 아니라 우리의 이윤을 위한 전쟁"이라는 취지의 『시사신보』 사설을 인용했다 (전전 인쇄본에서 검열관들은 '우리의 이윤'이라는 표현을 삭제했다). 하지만 그는 이것과 상반되게 그 전쟁은 '문명'을 위한 "일종의 종교 전쟁"이

었다고 말하는 같은 신문의 사설도 인용했다.[12]

요컨대 시노부의 면밀하고 전문적인 연구에는 1942년 출간된 그의 좀 더 일반적인 해석적 연구인 『근대일본외교사』, 『근대일본산업지침』과 전후 저작에 퍼져 있는 경제 결정론의 무게를 정당화할 만한 것은 아무것도 없다. 여기서 우리는 정부 검열관이 그의 인용문에서 이윤 동기를 삭제한 것이 근대 일본의 진정한 비밀이 자본주의와 제국주의의 복합체에 있다고 그가 확신하게 되는 데 얼마나 큰 영향을 줬을지 추측할 수 있다.

기타가와는 1875~1884년 "조선 시장에서 일본의 독점적 지위"에 대해 말하면서 일본이 청과의 전쟁으로 점차 다가가게 된 것은 1885~1894년 청과 경쟁에 맞서 이 시장을 유지하고 확대하려는 노력에 근본적 원인이 있다고 판단했다. 그는 수출입 통계를 제시하고 특히 일본 자본주의의 발전을 강조했는데, 1878년에는 일본의 조선 수출에서 22퍼센트만 일본산이고 나머지는 유럽산으로 일본 중개인을 거쳐 수출됐지만 1897년에는 이 수치가 90퍼센트에 이르렀음을 보여줬다.[13] 전거 자료에서 그는 조·일 관계의 경제적 요인에 대한 모든 후기 연구에서 두드러지게 나타나는 두 저작에 크게 의존했는데, 1895년 시오가와 이치타로塩川一太郞가 쓴 『조선통상사정朝鮮通商事情』과 1905년 일본어로 번역된 『러시아 재무성 한국지韓國誌』가 그것이다.[14] 기본 자료로서 이것들의 역할은 뒤에서 논의하겠다.

시카타 히로시는 「조선에서 근대자본주의의 성립 과정」에서 개항 당시 "자본도, 기계도, 기술도, 진취적 정신도, 경제 발전에 대한 관심이나 욕망도 없던" 조선이 어떻게 자본주의의 '침투를 받게' 됐는지 설명했다. "외국 자본과 기술자들이 발전에 기여했고 조선은 사실상 경제적으로나 정치적으로나 일본에 흡수됐다."[15] 그는 토지 경제에서 화폐경제로 변화하는 과정에 초점을 맞추며 이야기를 시작했다. 개항 전에는 토지가 유일한 자본의 형태였다. 그것은 아버지로부터 아들에게 자동적으로 물려졌고 정부는 세금을 부과했지만 "토지를 상품으로 간주할 필요는 없었다". 그러나 자본주의 아래서는 "모든 것을 화폐 가치로 표현해야 하기 때문에 조선 자본주의에서 가장 먼저 필요한 것은 토지 개혁이었다". 이것을 위한 공식적인 첫걸음은 1898년 양지아문量地衙門이 설치되면서 시작됐다. 그것은 비효율성과 백성의 적대감 때문에 곧 폐지됐지만, 1905년 일본인의 자문을 받아 다시 설립됐다.[16]

시카타는 그동안 개항장에서 외국인이 활동하면서 토지 소유권에 관한 개념과 관행이 변화했다고 설명했다. 외국인이 토지와 건물을 구입해 자신의 재산으로 삼을 수 있는지에 대한 의문이 제기됐다. 조약에 따르면 법률적으로는 불가능했다. 그러나 그들은 외국인 정착지를 넘어 시골로 확장해 그렇게 할 수 있는 방법을 찾았다. 개발은 불법이었기 때문에 추적이 어려웠지만 다양한 방법이 사용됐는데, 조선인 명의로 토지를 취득한 뒤 관원에게 뇌물을 주고 승인을 받거나 토지세를 조선 관원에게 납부하면 (그 돈을 기뻐한) 관원은 그들의 명의로 등기하도록 허락해 주기도 했다. 그는 농상공부 기록에서 일본인이 이 마지막 방법을 시행한 사례를 인용했다.

1902년 조선 최초의 일본인 농업조합이 목포에 설립됐다. 조합은 상당한 규모의 토지를 매입하기 시작했다. 또 다른 토지 매입회사인 조선흥업주식회사가 1904년 9월 설립돼 곧 2700여만 평의 토지를 보유하게 됐다. 러일전쟁 이전까지는 일본인보다 다른 외국인이 더 많은 토지를 보유하고 있었지만 그 뒤 일본인의 토지 매입 활동이 증가하면서 남부지방의 땅값이 급등했다. 1906년 10월 조선 정부는 통감부의 조언에 따라 외국인 소유권을 인정하는 '토지 및 건물의 규제에 관한 포고령'을 발표했다. 시카타는 이것을 "법체계를 현실에 맞게 조정한 것"이라고 평가했다. 이제 토지는 "움직일 수 있는(교환할 수 있는) 재산"이 됐다. 이런 "신속한 토지 개혁"은 "외국 자본주의의 필요성"에 의해 요구됐다. 국내의 필요에 따랐다면 더 느린 과정으로도 충분했을 것이다. 그리고 "새로운 규정을 성급히 발표해" 실패했지만 "다른 의미에서 그것은 아무것도 없던 곳에 법률적 근거를 마련함으로써 성공했다".[17]

다음으로 시카타는 "자본주의가 발전하면서 요구된" 건전한 화폐제도가 조선에서 확립되는 과정을 다뤘다. 개항이 이뤄지던 조선 말의 화폐제도는 매우 혼란스러웠다. 동전의 종류가 많았고 그 가치가 확실치 않았기 때문이다. 일본 돈 1몬文 정도의 가치를 지닌 동전만이 상당히 안정되고 널리 쓰였다. 혼란스런 화폐 상황은 개항장의 외국인들에게 많은 문제를 일으켰다. 청일전쟁이 일어나기 직전 오토리는 조선 정부에 화폐 개혁을 촉구하면서 은·니켈·구리·황동의 네 종류의 동전을 정해진 가치로 유통시키려고 노력했다. 그러나 주화 주조는 제대로 통제되지 않았고, 정부의 공식 주조 외에도 왕실의 특별 허가를 받은 민간 주조나 아무런 허가 없이 이뤄진 민간 주조도 있었다. "외국 상인들은 혼란스런 화폐 상황을 견디지 못해 1902년 일본영사관에 모여 이 문제를 논의하고 조선 정부에 화폐제도 안정화를 건의하기로 결정했다." 그러나 아무것도 이뤄지지 않았다.[18]

하지만 그전부터 일본 동전과 화폐가 조선에서 유통되기 시작했다. 주로 1엔짜리 은화와 일본은행 지폐였다. 1897년에는 약 300만 엔의 은화가 유통됐고, 가치가 안정적이어서 표준 화폐의 역할을 했다. 그러다 일본에서 금본위제가 채택되면서 은화는 조선에서 회수됐고 외국 상인들은 '혼란'에 빠졌다. 상황을 수습하기 위해 조선에 지점을 두고 있던 일본 다이이치은행은 조선에서만 사용할 수 있도록 특별히 도장이 찍힌 1엔짜리 은화를 발행했다. 이 동전이 조선의 표준 화폐가 되면서 다이이치은행은 조선의 중앙은행 역할을 맡게 됐다. 이런 일들은 조선 정부의 승인 아래 이뤄졌는데, 그 재정고문 "브라운(맥리비 브라운McLeavy Brown)이라는 영국인이 이런 조치에 동의했다". 1898년과 1901년 브라운을 축출하려고 러시아가 시도하고 그 과정에서 러시아 은행이 설립되면서 1901년 조선 정부는 인장 찍힌 동전의 유통을 금지하는 등 상황이 악화했다. 그러나 러시아 은행은 곧 문을 닫았고 1901년 가을 다이이치은행은 직접 은행권을 발행하기 시작하면서 '금융 지배권'을 확립하기 시작했다.[19]

점차 "일본인뿐 아니라 조선인들도" 다이이치은행에 계좌를 개설하기 시작했고 1902년에는 약 1600만 엔의 지폐가 발행될 정도로 지폐 발행이 증가했다. "러시아가 사주했을 가능성이 큰" 조선 정부의 방해가 있었고 블라디보스토크에서 위조지폐가 등장했지만 다이이치은행의 입지는 더욱 견고해졌다. 그리고 1904년 8월 메가타 다네타로目賀田種太郎는 조선 정부의 재정 고문이 됐다. 그는 일본 화폐제도에 따라 옛 조선 화폐의 유통을 중단하고 새 화폐의 주조를 준비했다. 그 결과 "조선에 대한 일본의 금융 지배권이 확립되고 조·일 경제 통합으로 한 걸음 나아갔다".[20]

다음으로 시카타는 조선의 '대외 무역과 상업 자본의 발전'을 논의했다. 그는 주로 시오가와의 저서와 『러시아 재무성 한국지』에 실린 통계를 사용했다. "농업을 존중하고 상업을 경멸하던" 조선인들은 점차 외국과의 무역에 뛰어들었다. 1876~1881년 일본 상인들은 조선 무역에서 사실상 '독점적 지위'를 유지했는데, 외세를 배격하는 조선인의 태도와 빠른 이익을 위해 조잡한 상품을 전당포에 팔아넘기는 경향만 그것을 방해했을 뿐이다. 그 뒤 1881~1904년 중국과 일본 상인의 치열한 경쟁이 벌어졌고, 다른 외국인들은 선교사나 인·허가 알선자 정도의 사소한 역할을 했다. 이 기간 동안 중국인은 일반적으로 가장 좋은 물건을 갖고 있어 행상 운영에서 일본인보다 훨씬 우월했다. 그러나 러일전쟁 이후 일본 상인은 중국인을 "완전히 압도했다".[21]

조선에 외국 문물이 들어오면서 조선 경제와 사회는 큰 영향을 받았다고 시카타는 말했다. 조선 농부들은 농작물을 팔아 돈을 벌었고 점점 더 화폐경제에 얽혀갔다. 1894년 이후에는 세금을 돈으로 내야 했다. 수확하기도 전에 농작물을 일본 상인에게 파는 일이 많았다. 이것은 방곡령防穀令 같은 조처의 근원이었는데, 그것으로

조선 정부는 필요한 식량의 국외 반출을 막으려고 했다.[22]

연구의 모든 과정에서 경제 문제를 강조하고 경제 결정론에 상당 부분 입각한 시카타는 조선 병합에서 경제적 요인의 중요성을 규명하려는 지금 우리의 노력에 비춰 가장 흥미로운 결론으로 나아갔다. 그는 토지·화폐·무역이라는 주제를 다루면서 "자본주의가 외부에서 물처럼 상업을 타고 흘러들어온 과정을 보여주려고" 했다. 그러나 "나라 안의 기반이 필요했던" 자본주의는 토지를 상품화함으로써 화폐와 금융제도의 발전을 가져왔다. 일본은 조선에 자본주의가 들어온 주요 거점이었지만 그런 역할을 한 동시에 불평등 조약에 시달리고 국내에서 외국 투자를 받으면서 자국의 자본주의 산업을 구축한 것도 주목할 만한 사실이다. 따라서 조선에 자본주의를 전파한 주체로 "우리가 보는 것은 자본 없는 자본주의와 자본이 부족한 자본가다". "자본주의로 가는 길목에서 조선을 재편한 나라는 조선의 문을 두드린 세계열강 가운데 가장 후진국이었다. 일본의 조선 진출에서 주역은 적은 자본을 가진 사람들이었다. (…) 대규모 사업가는 병합 뒤에야 나타났다." 따라서 "정치가 경제를 이끌었다"고 말할 수 있다.[23]

잠정적으로 말하면 조선 문제를 구체적으로 연구한 이 세 경제 해석 옹호자들의 성과는 경제적 요인을 강력히 주장한 하타다의 견해를 뒷받침하는 데 충분한 근거를 제시하지 못했다고 판단된다. 그러나 그가 인용하지 않은 다른 학자들도 그가 연구 성과를 발표한 경제적 요인을 중시한 전전의 해석에 기여했다. 이를테면 1941년 호소카와 가로쿠細川嘉六는 『식민사』에 실린 「조선」이라는 중요한 연구를 발표했는데, 일본이 청과 러시아를 제치고 조선에 대한 경제적 지배권을 확보하는 과정을 네 시기로 나눠 서술했다.

그에 따르면 1896년 조선에는 일본인 상점이 210개 있었지만 중국인 상점은 42개, 그 밖의 외국인 상점은 6개뿐이었고, 1898년 조선에 거주하는 일본인은 1만 5062명이었지만 중국인은 2530명, 다른 국적의 외국인은 220명이었다. 그는 1902~1910년 수출입 통계는 일본이 다른 모든 외국인보다 70퍼센트 정도 많았다고 지적했는데, 흥미롭게도 이 비율은 1910년보다 1902년에 조금 더 높았다(역행한 자본주의?). 호소카와는 1900년 이후의 수치에 대해서는 출처를 밝히지 않았지만, 그 이전의 자료는 시오가와에게 크게 의존했다.[24]

1944년 유럽 경제사학자 미야모토 마타지는 오랫동안 많은 노력을 기울인 연구인 「조선 무역의 증감과 청일전쟁對鮮貿易の消長と日淸戰爭」을 발표했다. 그는 시카타·기타가와의 2차 연구와 하타다가 자신의 전후 연구에 사용한 오쿠다이라 다케히코의 조선 개항 관련 연구도 활용했다.[25] 그는 시오가와와 『러시아 재무성 한국지』, 몇몇 일본 외무성 문서, 조·일 상공회의소 보고서, 메이지 시대의 신문, 경제인 잡지인 『도쿄경제잡지』 같은 오래된 '자료집'도 사용했다.

미야모토는 '쇄국기 조선'의 대외무역 상황을 서술하면서 시작했는데, 그 기간 일본은 주로 구리를 조선에 수출하고 면화·후추·인삼·호랑이 가죽 등을 수입했다고 지적했다. 그러나 메이지 유신 무렵부터 이런 무역 품목은 바뀌었고 분량도 증가했다. 일본은 영국에서 수입한 면제품을 수출하기 시작했고, 조선은 쌀·콩·해산물·소가죽 등을 수출하기 시작했다. 일본은 영국산 면제품을 점차 줄이고 자국산 제품을 많이 수출했다. 1876년 무역액은 16만 3946엔이었다.

계속해서 미야모토는 강화도조약과 그 결과로 나타난 발전을 "경제적 관점에서" 설명했는데 첫째, 1877~1884년 일본은 "조선 시장에서 독점적 지위"를 확보하고 유지했다. 1884~1894년에 나타난 핵심 사항은 "중국의 조선 시장 침투와 일본·중국 상인의 갈등"이었다. 다른 외국인들도 선교 사업과 인·허가 알선에 참여했고 그들의 몇몇 행동은 널리 알려졌지만 중요성은 작았다. 주요 주제는 부산·인천·원산에서 서울로 진출하려는 일본인의 노력과 서울에서 부산과 그 밖의 일본 개항장으로 진출하려는 중국인의 노력이었다. 이 경쟁에서 "중국 상인들이 우세했다". 그들의 생활 방식과 풍습은 조선인과 더 비슷했고, 홍콩이나 상하이에서 영국산 면포를 직접 가져왔기 때문에 나가사키와 고베의 일본인 중개인을 거쳐 조선으로 가져온 일본인보다 싼값에 팔 수 있었다. 또한 일본 정부의 수출세 징수 관행도 일본인들의 발목을 잡았다.

그러나 1894년 "일본이 상업 자본주의에서 산업 자본주의로 전환"하면서 일본은 다시 우세해졌다. 1894년 "한 달에 일본인 1천 명이 조선으로 갔으며" 일본 정부에 조선의 어업·광산·철도회사를 후원할 것을 촉구한 사카타니 등의 의견들이 들려오기 시작했다.[26]

이 연구에서 미야모토는 청일전쟁의 원인이 경제적인 것이었다고 명확히 말하지는 않았지만 중요한 논거를 기타가와에 의존했고 전체적인 강조점을 보면 그렇게 생각한 것으로 여겨진다. 그리고 방곡령과 청일전쟁에 대한 또 다른 논문에서 그는 경제 문제를 둘러싼 이런 논란이 "일본 여론을 조선에 적대적으로 만들고 청일전쟁의 심리적 배경을 형성했다"고 강조했다.[27] 그러나 물론 이것은 일본 자본주의가 어떤 냉혹한 방식으로 조선을 집어삼키려고 움직였음을 증명하는 것과는 매우 다르다. 요컨대 1930년대 경제사학자들의 저술에 대한 이 탐색을 요약하면 그들은 조·일 관계의 구체적인 내용을 파악하면서 경제적 요인을 매우 열심히 찾았지만 그것이 결정적이었음을 분명히 증명하지 못했다고 말할 수 있다.

이제 해석과 평가의 문제는 미뤄두고 이런 2차 연구 뒤로 가서 당시의 주요 자료에 어떤 사실과 수치와 의견이 들어 있는지 살펴보자. 우선 일본 정부의 여러 부서와 기관에서 발행하거나 편찬한 공식 통계 기록은 매우 방대하지만 너무 분산돼 있기 때문에 조선 문제와 관련된 정보를 철저히 살펴보려면 전문가 집단이라도 여러 해가 걸릴 것이 분명하다. 내 목적은 일본의 조선 병합 과정에서 다른 요인들에 견줘 경제적 요인이 얼마나 중요했는지만 평가하는 것이기 때문에 할 수 있다고 해도 그것에 대한 포괄적인 연구는 필요하지 않다고 생각했다. 따라서 나는 현재의 논의를 병합 이전 시기의 사실·수치·의견에 대해 좀 더 일반화된 당시의 자료로 제한하되 그 아래에는 좀 더 일반적인 작업의 정확성을 추정하기 위해 교차 확인이 이뤄졌지만 체계적인 방식으로 탐구되지 않은 방대한 세부 사항이 깔려 있음을 기억하려고 한다.[28]

1900년 이전 조·일 관계의 경제적 측면에 대한 정보를 수집·정리한(해석하지는 않았다) 가장 좋은 자료는 앞서 언급한 시오가와의 『조선통상사정』(1895)과 『러시아 재무성 한국지』(1905)다. 후대의 거의 모든 일본 학자는 기본적인 사실과 수치를 얻는 데 이 자료들에 크게 의존하고 있다. 이 자료들의 신뢰성에 의문을 제기할 까닭은 없어 보인다. 시오가와는 주한 일본공사관 서기관으로 자신이 잘 알던 1차 기록을 바탕으로 신중하고 성실하게 자료를 모았다. 그는 1876~1894년 무역의 증감과 변화하는 구조를 보여주려는 의도 밖에 없던 것 같다.[29] 『러시아 재무성 한국지』는 편찬 의도가 의심스러울 수 있는데, 조선에서 전개된 러·일 경쟁의 배경 정보로 작성됐을 가능성이 매우 높기 때문이다. 그 책에 포함된 모든 정보는 1900년 이전의 것이기 때문에 러시아어 원본은 1900년 무렵 상트페테르부르크에서 출판됐을 가능성이 매우 높지만 내가 사용한 일본어 번역본에는 정확한 출판 날짜가 나와 있지 않았다.

그러나 번역의 정황을 보면 의심은 사라진다. 번역은 일본 농상무성의 후원으로 이뤄졌는데, 그 책이 번역할 만큼 충분히 가치 있고 신뢰할 수 있다는 결론은 물론 해당 주제에 대한 깊은 지식에 근거한 것이었다. 일본과 러시아의 경쟁이 격화되던 상황을 고려할 때 이 책의 객관성과 냉철함은 분명히 놀랍다. 1895년 이후의 자료를 다루면서 반일주의가 스며있을 수도 있지만 그 밖에는 공정성이 완벽하다. 일본인 편집자는 서문에서 "이 책은 매우 정확하다"면서 경의를 표시했다. 요컨대 외교적 경쟁 관계에 있는 두 나라가 정확하다고 평가한 『러시아 재무성 한국지』는 높은 신뢰성을 인정해야 한다.

그 보고서에는 아래 표와 같이 1872~1882년 초기 조·일 관계의 매우 상세한 정보가 실려 있다.[30]

1872~1882년 수출 및 수입액(1876년 수치 없음. 단위는 엔)

연도	수출 (조선에서 일본으로)	수입 (일본에서 조선으로)	총계
1872	52,382엔	59,664엔	
1873	55,935	57,522	
1874	59,787	68,930	
1875	82,572	81,374	
1877.7.1.~ 1878.6.30.	119,538	228,554	348,092
1878.7.1.~ 1878.12.31.	154,707	142,618	297,325
1879	677,061	566,953	1,244,014
1880	1,373,671	978,013	2,351,684
1881	1,882,657	1,944,731	3,827,394 (원문대로)
1882.1.1.~ 1882.6.30.	897,225	742,562	1,639,787

일본에서 조선으로 들어오는 수입품의 제조국

연도	일본 제조(엔)	외국 제조(엔)
1877.7.1.~1878.6.30.	81,149	141,405
1878.7.1.~1878.12.31.	19,332	113,286
1879	55,647	511,306
1880	116,130	861,883
1881	202,069	1,742,668
1882.1.1.~1882.6.30.	47,519	695,043
합계	537,846 (원문대로)	4,065,591

이 두 번째 표는 제품에 따라 더 세분된다.[31]

일본에서 조선으로의 수입(1877.7.1.~1882.6.30.)

일본 제조		외국 제조	
제품	가격(엔)	제품	가격(엔)
쌀	22,692	셔츠	2,305,990
술	22,755	린넨	907,446
구리	197,909	면 티셔츠	151,457
주석	6,666	기타 면직물	145,470
철기	7,862	면사	38,403
질긴 천	75,935	솜	20,703
비단 제품	29,717	깃털	38,819
모슬린	2,980	비단	13,337
린넨	9,983	염료	180,889
우산	4,921	주석	67,644
거울	6,528	니켈	27,775
래커 도자기	8,067	아연	10,596
모기장	2,761	동전	37,681
성냥	22,262	총기류	8,604
기타	109,405	유리제품	9,595
		의약품	18,272
		기타	82,910
합계	537,846 (원문대로)	합계	4,065,591

아래 표는 조선에서 일본으로 이뤄진 수출을 특정 상품에 따라 분류한 것이다. 1877년 7월 1일부터 1882년 6월 30일까지 5년 동안의 수치다.[32]

제품	가격(엔)
콩	557,057
가죽	829,131
뼈	67,131
두부	9,395
쌀	1,529,636
구리	7,356
금	972,242
은	87,056
전복	19,298
머리카락	4,432
해삼	171,382
건어물	86,620
해초海草	178,016
담요	67,175
아마亞麻	43,342
생사生絲	174,019
밧줄	62,463
인삼	60,202
의약품	48,805
기타	130,098
합계	5,104,859(원문대로)

그 결과 일본이 독점적 지위를 누렸던 1877~1882년 조·일 무역 총액은 1000만 엔 정도로 수입과 수출이 거의 균등하게 나뉘었다. 이것은 강화도조약 이전인 1872~1875년의 총액보다 20배 정도 늘어난 것이지만, 수입과 수출의 비율은 거의 비슷하게 유지됐다. 또 하나 분명하게 드러나는 사실은 1877~1882년 일본이 조선으로 수

출한 것 가운데 8분의 1 정도만 일본산이었고 대부분은 다른 외국에서 생산돼 일본을 거쳐 조선으로 수출됐다는 점이다. 『러시아 재무성 한국지』에 따르면 표에 포함된 정보는 주로 일본 세관의 수치에서 나온 것이며, 이 보고서의 일본인 번역가들은 그 수치를 부정하지 않았다.

1880년대 후반과 1890년대 초반에 대한 정보는 시오가와의 자료집에서 더 자세히 확인할 수 있다. 그는 특히 일본과 청의 조선 무역을 비교하는 데 관심이 많았는데, 1885~1892년 조선이 청과 일본에서 수입한 내역을 비교한 표는 앞서 제시한 바 있다.[33] 그것에 따르면 1885년 청 19퍼센트, 일본 81퍼센트였던 수입 비율은 1892년 청 45퍼센트, 일본 55퍼센트로 바뀌었다. 이 10년 동안 일본 수입액은 2배쯤 증가한 반면 청 수입액은 7배 가까이 늘었다. 다음 수출 표를 보면 해당 기간의 상황을 파악하는 데 도움이 된다.[34] 시오가와의 가치는 달러로 표시돼 있으며, 일본 엔화에 대한 비율은 4~5 정도였다.

인천·원산·부산의 총수출액

연도	합계(달러)	청으로(달러)	일본으로(달러)	청(퍼센트)	일본(퍼센트)
1885	388,023	9,479	377,775	3	97
1886	504,225	15,977	488,041	4	96
1887	804,996	18,873	783,752	2	98
1888	867,058	71,946	785,238	8	92
1889	1,233,841	109,796	1,122,276	9	91
1890	3,550,478	70,922	3,475,098	2	98

1891	3,366,344	136,464	3,219,887	4	96
1892	2,443,739	149,861	2,271,928	6	94

『러시아 재무성 한국지』는 1890~1891년 인천 세관의 기록을 바탕으로 한 표에서 다시 조선으로 수입된 각종 물품의 원산지(제조국)을 다음과 같이 제시했다.[35]

제조국	퍼센트
영국	54
일본	24
청	13
독일	6
미국	2
러시아·프랑스	1

보고서에 따르면 1890년 무렵 일본에서 제조된 면제품이 조선에 처음 등장했다. "아주 짧은 시간 뒤" 그것들은 "영국 제조업체의 위상에 성공적으로 도전"하기 시작했다. 그 이유는 다음과 같이 "알려져 있다". "맨체스터 상품보다 일본 제품은 품질은 떨어지지만 값이 싸다. 일본의 임금이 낮고 운송비가 저렴하기 때문이다." 다음 가격 비교는 "1898년 영국영사관의 보고서에 따른 것"이다.[36]

달러로 표시된 단段 당 가격

	영국(달러)	일본(달러)
셔츠감	3.20~5.10	3.00~4.00
시트천(회색)	4.50~4.60	4.30~4.50
시트천(붉은색)	1.90~3.30	2.60~3.40
회색 거친 천	4.70~4.90	4.20~4.30
T마크를 받은 면직물	2.60~2.70	2.40~2.50

『러시아 재무성 한국지』는 1884~1894년을 다음과 같이 요약했다. "이 10년은 일본이 평화적인 방법으로 조선에서 경제적 지위를 확립한 기간이었지만, 그런 경제적 지위는 필연적으로 정치적 영향력의 기반이 됐으며 그것을 쉽게 만들었다."[37]

이 보고서는 1895~1899년의 다양한 자료 가운데 러시아 금융 대리인 알렉셰프Alexieff가 제공한 1899년 조선에 있는 일본 상인 수를 제시했다.

조선에 있는 일본 상인(1899.7.1.)[38]

지명	합계	유형		
		수입·수출 중개상	도매상	소매상
부산	949	294	18	637
인천	800	24	25	751
원산	133	54	22	57

『러시아 재무성 한국지』에서 가장 중요한 점은 다음이라고 생각된다. 1892년 조선의 수입 시장에서 일본은 1881년보다 50퍼센

트 넘게 증가해 총 255만 5675달러(약 294만 엔)로 1881년의 194만 4731엔보다 크게 늘었으며, 이 가운데 30~40퍼센트가 일본산으로 1881년 12퍼센트를 넘지 않았던 것에 비하면 큰 비중을 차지했다.[39] 그러나 청은 계속 비율이 줄어 1892년 45퍼센트인 205만 5555달러(약 237만 엔)를 차지했다. 조선의 수출 시장에서도 일본은 비슷하게 50퍼센트 이상 상승해 1881년 188만 2657엔에서 1892년 227만 1928달러(약 250만 5000엔)였는데, 이것은 수입 시장과 달리 일본 94퍼센트 대 청 6퍼센트로 일본이 청을 훨씬 앞섰다.

이 시기에 대해 경제 해석학자들처럼 조선에서 일본의 경제 활동이 증가하고 있었지만 수입에서 청과 격렬한 경쟁을 만났으며, 일본의 무역에서는 더 많은 상품이 일본에서 만들어지고 있었다고 말하는 것이 분명히 맞다. 하지만 그렇다고 해서 일본 자본주의가 청일전쟁의 원인이라고 단정할 수는 없다.

사실 시노부가 인용한 것보다 경제적 목적을 강조한 주장은 『도쿄경제잡지』에서 찾아볼 수 있다. 이를테면 거기서는 청일전쟁의 "가장 중요한 목적"은 "조선 무역을 독점하는 것"이라고 주장하면서 개전은 일본과 청의 무역에 "그리 나쁜 영향을 주지 않았다"는 통계적 '증거'를 제시했다. 전쟁이 시작된 뒤에도 일본의 대청 수출은 1년 전보다 높은 수준을 유지한 반면 일본의 대청 수입은 감소한 것으로 나타났다는 것이다.

또한 그 잡지에서는 경인선과 관련해 다음과 같이 강력히 주장했다. "일본처럼 협궤를 채택해야 한다. 그러면 일본 열차를 이용할 수 있다. (…) 청이 광궤를 쓰니까 조선 철도도 광궤를 써야 한다는 의견도 있다. (…) 우리는 동의하지 않는다." 그리고 연말에는 "메이지 27년(1894)과의 작별"을 이렇게 말했다. "청일전쟁이 일어나기 전 대중은 그 경제적 영향을 두려워했지만 올해 대외 무역은 수입과 수출 모두 증가했으며 전쟁 채권은 8천만 엔까지 판매됐다. (…) 사업이 빨라졌다. (…) 그 결과 메이지 27년은 우리 일본제국이 세계열강 공동체에 진입한 해이며 세계 강국으로 첫발을 내디딘 해였다. (…)"[40]

그러나 이것에 대해 『시사신보』는 주로 "문명을 위한 전쟁"으로 평가했고 『도쿄니치니치신문』은 "청의 태도" 때문에 전쟁을 "피할 수 없었다"고 봤으며 『국민신문國民新聞』은 일본이 "세계 정치 무대에 서기 위한" 사건으로 서술했다.[41] 증거는 다소 상충될 수 있지만 청일전쟁의 주요 원인을 일본 자본주의의 조선 시장 침투에서 찾는 해석을 정당화할 수는 없다고 생각한다. 조선 무역은 그 규모와 가치가 증가했음에도 여전히 미미한 수준이었으며, 그 옹호자들이 일본 정부의 정책 결정에 큰 영향을 미칠 수 있는 위치에 있었는지도 의문이다. 이것과 관련해 흥미롭게 지적할 사실은 최근 일본 학자들 사이에서, 심지어 경제적 해석을 선호하는 사람들 사이에서도 다시 생각해야 한다는 주장이 제기되고 있다는 것인데, 경제적 주장의 약점을 인식했음을 알려준다. 이 점에 대해서는 이 장의 끝부분에서 좀 더 말하겠다.

청일전쟁 이후(1910년까지) 경제 문제에 대한 당시의 자료들을 살펴보면 안타깝게도 시오가와나 『러시아 재무성 한국지』처럼 확실한 통계 자료는 찾을 수 없다. 그러나 여러 항목을 종합하면 주요 발전 상황을 상당히 명확하게 파악할 수 있는 자료가 몇 가지 있다. 아마 시노부 세이자부로의 아버지인 시노부 준페이의 『한반도』(1901)와 간베 마사오의 『조선농업이민론朝鮮農業移民論』(1910)이 가장 폭넓은 나침반이 될 것이다. 시노부 준페이는 아들과 달리 이론가가 아니었다. 그는 1897~1901년 주한 일본공사관 직원으로 근무하면서 그 책의 자료를 수집했다. 다음은 그가 재한 일본인의 활동과 입장에 대해 제공한 이력서다.

1892년 부산·서울·인천에 거주하던 일본인들은 스스로 '정착법인'을 조직해 공무를 처리했다. 이들은 "공동의 이익을 유지하고 결정을 내릴 수 있는" 권한을 가진 대표를 선출했다. 최종 권한은 각 항구의 일본영사에게 있었지만, 정착민 대표들은 부산에 병원과 수도水道 사업을 설립하고 인천에 갯벌을 개간하는 등 많은 일을 했다. 부산·인천·서울(그리고 시노부가 언급하지 않은 원산도)에서 정착법인은 학교 설립에 매우 적극적이었다. 부산에서는 1897년 총예산 2만 8000엔 가운데 7000엔이 교육에 지출됐다. 인천에서는 총예산 1만 8000엔 가운데 4700엔이 교육에 사용됐다. 조선에 온 일본인은 나가사키현과 야마구치현 출신이 가장 많았고 오이타현·히로시마현·효고현·오사카시 순이었다. 가장 활발한 상인은 오사카 출신이었고, 나가사키와 야마구치에서는 주로 소상인과 노동자가 왔다.[42] 아래 1896~1899년 총교역량 표에서 볼 수 있듯 오사카와 고베는 일본의 조선 무역 중심지였다. 시노부는 "직접 수집한 일본 세관의 보고서"에서 수치를 얻었다.[43]

연도	총수입(엔)		
	모든 나라에서 조선으로	일본에서 조선으로	오사카고베에서 조선으로
1899	10,279,474	6,658,200	5,149,785
1898	11,921,296	5,844,331	3,866,640
1897	10,179,196	5,196,572	3,469,272
1896	6,669,612	3,367,693	1,352,397

연도	총수출(엔)		
	조선에서 모든 나라로	조선에서 일본으로	조선에서 오사카고베로
1899	4,997,845	4,205,382	3,004,556
1898	5,709,489	4,796,032	1,995,166
1897	8,973,895	8,864,359	5,774,082
1896	4,728,700	4,528,925	3,559,880

시노부는 "중국 상인이 일본 상인보다 더 성공하는 까닭은 무엇인가?"라는 질문에 대답하기 위해 일본과 중국 상인의 "장단점을 비교"했다. 중국인은 "상업 자본이 풍부하다"고 그는 말했다. 그들은 "높은 이자 때문에 어려움을 겪지 않는다". 중국인은 "상업적 도덕성이 일본인보다 우월하다". 중국 상인의 고객은 "중국인뿐 아니라 조선인과 그 밖의 외국인도 있지만 일본 상인의 고객은 주로 일본인"이다.

일반적으로 중국 상인의 상품은 "도매가에서 일본 상인보다 저렴"했다. 일본 상인은 "투기"하는 경향이 있지만 중국 상인은 그렇지 않았다. 중국 상인들은 "서로 좋은 관계"를 맺고 있다. 중국 상인의 성격은 "평범하고 인내심이 강하다". 중국인은 "비생산적인 소비"에 빠지지 않았다. 이것에 대해 그는 자세히 설명했다. 일본의 높은 도매가에 대해 그는 "일본의 높은 수입세"와 오사카와 고베에 중개인이 있기 때문이라고 말했다. 중국인은 홍콩과 상하이에서 세금을 내지 않거나 아주 조금만 냈다. 투기와 관련된 문제는 중국 상인은 조선에 가서 체류하지만 일본인은 3~5년 정도만 가서 돈을 벌고 일본으로 돌아간다는 것이었다. 비생산적 소비와 관련해서는 서울과 인천에 거주하는 일본인 6천여 명 가운데 200여 명이 게이샤·매춘부 등으로 생산에 종사하지 않으면서 소비만 하는 사람이 많다는 점을 들었다. 중국인들은 "매우 검소했다".[44]

1899년 서울의 외국인 거주자 수와 관련해 시노부는 아래 표를 제시했다.

국적	가호수	인구수	남자	여자
일본	512	1,764	997	767
중국	181	989	931	58
미국	32	62	33	29
영국	15	42	18	24
프랑스	6	17	10	7
독일	4	9	6	3
러시아	2	9	8	1
합계	757 (원문대로)	2,054 (원문대로)	1,165 (원문대로)	889

그는 수치가 집계된 12월과 1월에는 많은 중국인이 '고향'을 방문하기 때문에 실제로는 이 수치보다 훨씬 많을 것이라는 각주를 덧붙였다. "작년(1898년) 청국영사관 관계자는 2월이나 3월에 서울에 약 1500명의 중국인이 있었다고 말했다." 시노부는 외국인의 토지

및 건물 소유권과 관련해 "명확한 규정이 없다"면서 "현대적 개념의 소유권"을 가진 일본인은 많은 문제에 직면해 있다고 말했다.[45]

시노부는 특히 소규모 사업자에게 돈을 빌려주는 옛 자본주의의 좋은(또는 나쁜) 관행에 대해 서술했다. 서울에는 일본 전당포가 40개쯤 있었는데, 주로 조선인이 고객이라고 그는 말했다. 일본인이 일본인에게 대출할 때 토지나 건물을 담보로 제공하면 이자율은 월 2.5퍼센트밖에 되지 않았다(토지나 건물의 소유권이 분명하지 않았기 때문에 더 낮았을 수도 있었을 것이다). 담보를 제공하지 않으면 이자율은 월 4~5퍼센트였다. 일본인이 조선인에게 돈을 빌려줄 때 담보 가치가 7엔 미만이면 이자율은 월 10퍼센트, 35엔이면 7퍼센트, 35엔 이상이면 5퍼센트의 이자율이 적용됐다. 조선인끼리 대출할 경우 이자율은 각각 8퍼센트, 6퍼센트, 5퍼센트였다. 소액 은행 대출의 이자는 일반적으로 하루 5센錢(월 1.5엔)이었다.[46]

시노부는 원래 조약의 세 항구 이외 지역의 상황을 보기로 들면서 평양을 언급했다. 그곳에는 1899년 12월 현재 일본 가옥 42채와 일본인 119명이 있었다. 평양에는 미국 선교사도 20명 있었다. 일본인은 주로 대외 무역에 종사했지만 사탕 가게와 약국도 운영했다.[47] 직접 수집한 이런 정보들이 694쪽에 이르는 『한반도』를 가득 채우고 있으며, 조선 역사와 궁궐, 옛 전쟁터에 대해서도 자신이 아는 사실과 인물을 곁들여 서술했다. 조선에 거주한 일본인의 숫자가 적고 조금 오류가 있지만 일본은 자국의 전체 수입 가운데 절반 이상을 조선으로 보냈고 조선의 수출을 거의 모두 가져왔다는 것 외에는 특별한 결론을 내리지 않았다.

간베 마사오의 연구에는 '학문과 조국'에 대한 헌사가 들어 있는데,[48] 그 책의 전체적 성격을 잘 요약하고 있다고 여겨진다. 교토제국대학 법학부 교수이자 경제·금융 전문가였던 간베는 농업뿐 아니라 조선에서 일본 경제 활동의 다양한 측면에 대한 사실과 수치를 세심하게 제시했다(그는 농업을 강조했다). 그는 상충되는 통계의 문제를 인식하고 있었으며, 다양한 전거를 사용해 자신의 수치를 검증하려고 노력한 것으로 보인다.

이를테면 인구 문제에 대해 그는 통감부의 1909년 말 농업·상업·산업 부문 수치를 인용해 조선인 1248만 4621명, 일본인 14만 4735명, 기타 외국인 1만 3109명으로 파악했다. 하지만 그런 뒤 같은 시기인 1909년 말 통감부의 내무 자료에는 조선인 1236만 3400명, 일본인 14만 3045명, 기타 외국인 1만 1791명으로 조금 달리 나온다고 지적했다.[49] 분명히 그의 사실과 수치는 신뢰할 수 있지만, 비판적인 독자들은 그가 "조국을 위해" 때로는 무의식적으로 일본인의 조선 이민을 촉구했음을 알게 될 것인데, 그는 농업이민이 침체돼 많이 필요하다고 생각했다.

첫 장에서 그는 조선의 일본인 농부에게 영향을 미친 '일반적 상황'을 조사했다. 그는 1908년 12월 현재 조선의 일본인 직업 현황을 다음과 같이 제시했다.[50]

직업	종사한 일본인 수
상인	47,398
잡업	16,815

공무원	15,584
노동자	15,237
산업	11,763
농업	4,889
무직	4,424
기생 또는 매춘부	4,253
어업	2,956
의사 또는 조산사	1,166
교사	918
언론인	379
성직자 또는 선교사	278
변호사	108

상인의 비율이 높은 까닭은 외국에서 외국인이 가장 쉽게 할 수 있는 직업이기 때문이라고 간베는 (한탄하듯) 말했다. 일본인만큼 많지는 않지만 다른 외국인도 상인의 비율이 비슷하게 높다. 그는 이 상인들이 취급한 무역량을 보여주는 수출입 표를 제시했는데, 이 수치는 1908년 통감부 보고에서 가져온 것이다.[51]

	조선의 수출(엔)		
모든 나라로	16,248,888	일본으로	12,157,885
	조선의 수입(엔)		
모든 나라로부터	36,648,770	일본으로부터	21,814,091
합계(수출·수입)	52,897,658		33,971,976

그런 뒤 간베는 일본인들이 관심 있는 농업과 경쟁 관계에 있던 다른 경제 활동에 대해 이야기했다.

대부업은 전업으로 하는 경우도 있었지만 부업이 더 많았고, 이자가 매우 높았기 때문에 많은 일본인이 거기 종사했다. 반면 일반 노동직은 재한 일본인의 관심을 끌지 못했고, 상당수가 노동직에 종사했지만 "조선인 노동자가 일본인보다 낫다", "미국이나 하와이의 일본인 이민자와는 달리 재한 일본인은 노동자로 일하는 것을 좋아하지 않는다"는 인식이 분명했다. 산업 분야에서 일본 이민자들은 1909년 현재 공장 78곳에 총자본금 191만 엔에 지나지 않았지만 관리직과 기업가는 "전망이 좋았다". 이자율·노동임금·석탄가격이 높고 교통시설이 열악한 것은 이 분야의 발전을 가로막는 장애물이었다.

일부 일본인은 조선에서 지주가 됐다. 1908년까지 약 8472명의 일본인이 2억 2809만 529정보(약 6842억 7158만 7천 평)의 토지를 소유했는데 1억 3503만 2353엔으로 평가됐다. 또 일본인이 소유한 주택은 7580채였으며 1208만 8450엔으로 평가됐다. 이 일본인 소유 부동산의 가치는 특히 도시 근처에서 상승하는 경향이 있었기 때문에 임대료도 마찬가지로 올랐으며, 토지와 주택 임대 수익이 증가함에 따라 일본인 집주인은 자주 대부업자가 되기도 했다.

어업과 관련해 어업 종사자 2956명이라는 수치는 조선에 거주하고 있는 일본인만 포함하며 일본에서 출발해 조선 해역에서 어업에 종사하는 사람은 제외했다고 간베는 지적했다. 어부의 전망은 상당히 좋았다고 그는 생각했다. 광업에서는 "조선인이 일본인보다 낫지만 일본 자본의 광업 전망은 좋다"고 봤다. 간베는 "일본인 선교사의 수가 적다"는 사실에 "매우 아쉬워"했다. 그는 조선에 거주하는 미국인 464명 가운데 338명이 선교사로 일본인 선교사보다 절대적으로 많고, 전체 주민 수에서는 비교할 수 없을 정도로 많음을 표로 제시했다.[52]

다양한 직업을 검토한 간베는 농업으로 돌아와 일본인 '대지주'는 많지만 '소농'은 적다는 점을 지적했다. 그는 이것을 "좋지 않다"고 평가했다. 그는 일본인 이민자의 주체는 '소규모 자작농'이 돼야 한다고 주장했다. 조선의 경제 발전은 "주로 농업에 의해" 이뤄질 것인데, "체격이 강하고 부지런하며 전국 각지에서" 조선인과 가까이 사는 일본인 소농이 그 길을 이끌 수 있기 때문이다. 이런 '소규모 자작농'은 도시에서 "유흥을 즐기며 조선인 및 토지와 직접적인 관계가 없는" 지주보다 훨씬 더 선호될 것이었다.[53]

간베는 조선에 일본인 농업 이민자가 들어올 여지가 있는지 묻고 '그렇다'고 대답할 수 있음을 보여주는 사실과 수치를 83쪽에 걸쳐 제시했다. 당시 전체 경작지의 3분의 2에 해당하는 120만 397정보(약 30억 평)의 미경작지가 개발을 기다리고 있다는 것이다. 아울러 이미 경작하고 있는 토지의 생산성을 높일 수 있는 여지도 많았다. 이를테면 일본에서는 벼농사 1헥타르당 쌀 1.78섬을 생산한 반면 조선은 0.91섬에 불과했다. 조선의 인구가 많아져도 이런 일본인의 이민은 계속돼야 하며, 이것을 위해 일부 조선인은 조선과 기후가 비슷한 일본의 '추운 지역'으로 이주할 수도 있었다. "일본인이 조선으로 이주하고 반대로 조선인이 일본으로 이주해야 한다. 그래야 국방력을 확보하고 국부를 증진할 수 있다."54

간베는 일본인의 조선 이민, 특히 농업이민이 바람직하지만 잘 이뤄지지 않은 것 같다고 인정했다. 그리고 그는 한 장을 할애해 일본인들이 조선으로 이민을 원하지 않는 이유를 설명했다. 첫째, 전형적인 일본인은 고향을 사랑한다. 그는 조선에서 살거나 죽기를 꺼린다. 부산은 예외일 수 있는데, 그곳의 일부 일본인은 그곳을 거의 나가사키현의 일부로 간주한다. 1907년 3월 현재 부산에는 일본인 무덤이 2700기나 있지만 "서울·인천·원산에는 전혀 없다". 또한 "특히 조선의 시골에서는 생명과 재산이 불안했다". 조선은 "교육·오락·의료 시설이 부족했다". 조선의 토지제도는 "매우 복잡했다". 일본인은 이런 조건과 다른 조건을 "이해하지 못해" 자주 "사업에 실패했다". 홍수·가뭄 등 자연재해로 농작물이 피해를 입으면 "농사짓기가 힘들었다". 대부분의 일본인은 조선에 오면 "농부가 아니라 신사가 되고 싶어 한다". 하지만 "이자율이 높아" 돈을 많이 벌지 못하기도 했다.

이런 문제는 극복할 수 있지만 "조선 이민을 장려하는 기관이 적다"고 간베는 지적했다. 그나마 몇 개 있는 단체도 이민 사업에 투자할 자금이 거의 없었다고 그는 설명했다. 그 결과 오이타현에는 이민을 장려하는 협회가 있었지만 1910년에도 지출이 600엔에 불과했다. 오카야마현은 1908년 이후 연간 6000엔, 이시카와현은 1908년 이후 연간 1500엔, 시마네현은 연간 4000엔(1907년부터), 가가와현과 나가노현은 1000엔씩 지출하며 더 나은 성적을 거뒀다. 그 결과 6개 현만이 자금을 냈고 그 기여는 매우 적었다.55

이어서 간베는 일본인의 조선 이주를 촉진하는 방법에 대해 논의했다. 그는 특히 오카야마현에 설립된 조선농업장려조합 같은 형태의 협회나 기관을 더 많이 만들 것을 제안했다. 또한 1908년 정부 후원으로 설립된 동양척식주식회사 같은 조직도 "조선의 토지를 매입해 일본인 이민자에게 쉬운 조건으로 판매할 수 있기 때문에" 매우 필요하다고 생각했다. 그러나 "공기업이 실패하면 정부가 체면을 잃을 수 있지만 민간 기업은 상관없기 때문에 민간 협회나 기관이 공기업보다 낫다".

그는 이민자들을 위한 조언으로 마무리했다. 가장 좋은 부류는 몸과 의지가 강하고 일하는 농부다. 가족을 데리고 오면 좋지만 그러려면 돈이 어느 정도 필요하고 조선에 친구나 친척이 있으며 '일정한 종교'가 있어야 했다. 군 복무 경험이 있는 사람은 "이민자가 가진 낡은 군복 하나만으로도 조선인들을 겁주기에 충분하기 때문에" 유리했다. 1월은 조선으로 이주하기 가장 좋은 시기인데, 그 무렵 조선 지주들은 돈을 절실히 원하고 땅값이 낮기 때문이다. 조선인 소작인은 가을 추수 직전에 돈이 필요하지만 지주는 1월에 돈을 원하고 조선의 설은 2월에 있다. 그는 많은 일본인이 조선에 가기를 바랐다.[56]

간베의 책은 일본의 조선 침투에 대한 기초 경제 세력의 기여, 토지의 유혹과 침체된 일본 농업 대중의 새로운 출발을 자세히 살펴봤다. 그러나 그가 제시한 증거는 그것이 병합 과정에 중요한 동력을 제공했다는 생각을 결코 암시하지 않는다. 정반대다. 병합이 이뤄진 바로 그해 그는 일본이 조선을 토지와 인구의 개척지로 관심을 두지 않는다고 비판하고 있다. 이를테면 일본이 병합하지 않았거나 병합을 시도하지 않았던 하와이와 비교해 개척지로부터 기층민의 압력은 거의 없었다고 해야 한다.[57]

하지만 상층의 경제 활동은 어땠는가? 이것과 관련해서는 조선에 진출한 일본 은행과 철도, 그리고 앞서 언급한 동양척식주식회사에 대한 정보가 도움이 될 것이다. 다이이치은행의 활동은 이미 어느 정도 논의됐다. 서울과 개항 도시에 여러 지점을 둔 이 은행은 1909년 11월 새로 조직된 조선은행으로 기능이 모두 이관될 때까지 조선에서 이뤄진 일본 경제 활동의 중심이었다. 이 은행은 폐점 직전 일종의 공식적인 조선 사업 연혁을 발간했는데, 그 은행의 발전 과정을 살펴보는 데 유용하다.[58]

1878년 6월 부산에 지점을 설립하면서 출범한 조선의 다이이치은행의 목적은 본래 일본과 조선의 상업 교류를 지원하고 일본 화폐를 조선에서 유통〔및 환전〕하며 조선에서 생산된 금을 매입하는 것이었다. 시간이 지나면서 그 은행은 관세·통화 행정, 조선 정부에 대한 대출, 은행권 발행, 조선 국가 예산 처리, 조선 중앙은행 역할 등 다른 기능도 수행했다. 1884년 2월 그 은행의 부산 지점장과 당시 조선 해관 총세무사 폰 묄렌도르프가 맺은 합의에 따라 여러 개항장에 있는 지점이 조선 관세 징수의 대리인이 됐다. 비슷한 때 일본은 금과 은을 매입하기 위해 일본 정부가 다이이치은행에 30만 엔을 빌려줘 태환 준비금 마련에 착수했다.[59]

이것이 1897년까지 다이이치은행의 주요 활동이었지만, 시카타의 논의에서 본 대로 당시 일본 화폐는 조선에서 300만 엔 정도 유통되고 있었다. 그해 11월 알렉셰프는 조선 정부의 재정 고문으로 임명된 뒤 한러은행을 설립하고 조선 정부에 일본 화폐의 유통을 금지하도록 했다. 이 좌절은 1905년 조선 정부가 〔강압에 따라〕 통화 관리권을 다이이치은행에 넘기고 그 은행권을 인정하며 조선 화폐를 일본식 형태로 개편하면서 회복됐다. 또한 당시 재정 고문 메가타의 조언에 따라 이 은행은 조선 국고 및 예산 감시 기관의 금고가 됐다. 그 결과 다이이치은행은 조선의 중앙은행이 됐다. 대출 업무와 관련해서는 1884, 1895, 1899, 1900, 1901, 1902, 1905년 일곱 차례에 걸쳐 일본으로부터 조선 정부에 대출을 제공했다.[60]

이런 공식 서술은 다이이치은행의 후신으로 조선의 중앙은행이 된 조선은행의 후원으로 1921년 출간된 영문 서적에서도 이어졌다. 그것은 엄밀히 말해 당시의 기록은 아니지만, 경제적 해석을 둘러싼 학문적 논쟁이 일어나기 훨씬 전 출판됐기 때문에 당시의 증거에 가깝다고 인정할 수 있으며, 특히 그 은행의 연구부장이던 호시노 도쿠지가 병합 당시 자신의 심정을 서술하고 있다는 점에서 더욱 그렇다.

호시노는 조선의 화폐경제 발전을 이야기하면서 식당의 역할을 강조했다. 시장 상인들은 물물교환으로 대부분의 물품을 거래할 수 있었지만 그들은 모두 집을 떠나 있었기 때문에 식사할 식당을 찾아야 했고 식당 주인들은 간편한 교환 수단이 필요했다고 그는 말했다. 이런 거래에는 동전이 사용됐고 "정부는 사람들에게 돈의 사용법을 가르치기 위해 자주 식당을 세웠다". 그는 메이지 초기 조선 주화의 변천사, 1905년 다이이치은행의 활동과 그것이 중앙은행의 업무를 인수한 상황을 서술했다.

다이이치은행은 "일본에서는 민간 합자 은행"이었지만 조선에서는 "임시 중앙은행"이 됐다고 그는 말했다. 그는 이 은행이 관세 업무를 처리한 것은 폰 묄렌도르프와의 계약에 따른 것이라고 거듭 밝혔다. 다이이치은행과 함께 1906년 총자본금 100만 엔으로 11개 지점을 가진 8개의 농업 및 산업은행이 통감부 아래 설립됐다. 이들은 1907년 지방 신용조합과 연계됐으며 규모는 작았지만 농업에 어느 정도 도움을 줬다. 1909년 10월 30일 조선은행이 설립돼 다이이치은행의 중앙은행 업무를 인수했다. 이것은 이토가 처음 구상한 것으로 다이이치은행의 시부사와 총재를 비롯한 주요 금융가들의 지지를 받았다.[61]

이토는 "조선의 광산에 대한 외국인 투자에 호의적이던 것 같다"고 호시노는 말했다. 그 결과 보호국 말기 미국 기업 4곳과 미국인 개인 4명, 영국 기업 2곳과 영국인 개인 1명, 프랑스인 개인 2명, 러시아인 개인 1명, 이탈리아인 개인 1명이 허가를 받았다. 철도는 일본이 건설했는데, 1898년 일본 합자회사가 미국인 제임스 R. 모스 James R. Morse로부터 매입한 경인선이 그 첫 번째다. 그것은 1900년 완공됐다. 경부선은 1905년 또 다른 일본 합자회사가 완공했고 경의선은 1906년 일본군이 부설했다.[62]

호시노의 가장 흥미로운 발언은 아마 서문에서 병합 당시의 전반적인 사건 경과에 대한 해석과 자신의 감정을 이야기한 부분일 것이다. 그는 조선에 대해 안타까움을 느꼈다. "정치적 관점에서 볼 때" 조선의 위치는 "가장 불행했다". 조선은 외세의 침략을 많이 겪었기 때문이다. 그러나 한반도는 "미국의 한 작가가 표현한 대로" 일본의 심장부를 단검처럼 겨누고 있었기 때문에 일본은 "침략적 성향을 보이는 어떤 나라의 손에 그것을 안전하게 맡길 수 없었다". 그러나 "그 땅에서 벌어진 전쟁의 명분이 무엇이든 그 주민에게는 똑같았다. 그들에게 그것은 끔찍한 불행을 의미할 뿐이었다".

그러나 "적어도 경제적 관점에서 볼 때 (…) 시장에 대한 쉬운 접근 (…) 인구 증가 등으로 인해 불행에서 행운의 위치로 전환될 때 (1921년)가 가까워지고 있는 것 같다. 나(호시노)는 병합 다음 날 아침 『경성일보』에 다음과 같이 썼다. '(…) 겉보기에는 잔인한 행위지만 일본은 환자의 생명을 구하기 위해 훌륭한 외과의사가 환자에게 했을 법한 일을 한 것뿐이다. (…) 〔조선〕 국민은 살아있고 번영할 것이다. (…) 하지만 우리는 그 일시적인 굴욕감에 공감한다. (…) 영국인은 그가 노르만족의 후손이든 색슨족의 후손이든 영국인임을 자랑스럽게 여긴다. 시간은 기적meracles(원문대로!)을 일으킨다. 다른 두 기원을 가진 우리 일본인들이 이 기억에 남는 사건을 기념하기 위해 한 마음으로 위대한 축제를 개최하는 것은 전혀 이상한 일이 아니다".[63]

1921년 피상적인 저서로 여겨지는 『조선경제사 Economic History of Chosen』를 쓴 호시노가—실제로는 역사를 잘 알고 있었을 테지만—경제 발전을 병합의 명분이 아니라 미래의 일로 간주한 것은 흥미롭다.

조선 철도 건설에 관한 또 다른 공식 사료인 조선총독부 철도국의 『조선철도사朝鮮鐵道史』는 사실에 근거한 정보를 제공하는 가장 좋은 자료일 것이다. 1894년 8월 조선 정부는 일본의 경인선과 경부선 부설에 동의했지만, 실제로 경인선의 첫 허가를 받은 것은 1896년 3월 미국인 모스였다는 사실을 그 책은 알려준다. "고무라 외무대신은 조선 정부에 항의했지만 소용없었다."

계약에 따르면 모스는 12개월 이내에 공사를 시작해야 했지만 자본이 부족해 그렇게 할 수 없었고, 일본 합자회사에 이 구역을 매각하겠다고 제안했다. 이 합자회사는 이와사키·시부사와·미쓰이·야스다 등 16명으로 구성됐다. 협상이 진행되던 중 모스는 프랑스 합자회사 대표로부터 제안을 받았다. 그는 이것을 일본 합자회사에 보고하고 가격을 올렸다. 시부사와는 이토 총리를 방문해 "이 철도는 매우 중요하므로" 정부의 도움을 요청했다. 이토는 그것에 동의했고 합자회사는 "1898년 12월 31일 허가 대가로 170만 2452엔을 지불했다". 합자회사는 1899년 5월 유한회사가 됐고 공사가 시작됐다. 노선은 1900년 7월 8일 완공됐으며 궤도 폭은 142.24센티미터 (일본 표준궤도는 106.68센티미터)였다.[64]

경부선 사업도 우여곡절을 겪었다. 일본은 1894년의 협정을 이행하지 못하다가 1896년 2월에야 조선에 대리인을 파견해 사업을 추진했다. 그러나 "이 무렵 고종은 러시아공사관으로 피신했고 반일 감정이 만연해 있었다". 대리인은 "성공하지 못했다". 그러나 1898년 러일협정("러시아 정부는 일본과 조선의 상업 및 산업 관계 발전을 방해하지 않는다"고 명시한 니시-로젠 협정) 이후 유럽 열강의 태도가 우호적으로 바뀌고 가토 주한 일본공사도 조선 정부와 협상을 재개했다.[65] 그는 조선 정부가 이미 1894년 철도 부설을 허가했으며 "우리의 요청을 다시 미루더라도 우리는 아무튼 철로 건설을 시작할 것"이라고 주장했다.

1898년 8월 이토는 조선을 방문했고 조선 정부는 "이토를 환영하기 위해" 협상을 재개하기로 결정했다. 1898년 9월 8일 일본에 철도 부설권을 부여하는 계약이 체결됐다. 계약에 따르면 3년 안에 공사를 시작해야 했지만, 일본의 경제 상황이 "그리 좋지 않았기" 때문에 공사를 시작하지 못한 채 기한이 거의 지나갔다. 마침내 1901년 6월 25일 경부철도주식회사가 설립돼 그해 8월부터 이 회사의 주도로 공사가 시작됐다. 1903년 경부철도주식회사는 경인철도합자회사와 합병됐다. 경부선은 1905년 1월 1일 완공됐다.[66]

경의선은 1896년 7월 프랑스 회사가 부설권을 처음 획득했다. 그러나 이 회사는 공사를 시작하지 못했고 1899년 2월 러시아 정부에 이 부설권을 매각하겠다고 제안했다. 당시 러시아 정부는 "만주 철도 건설로 바빴기" 때문에 거절했다. 그 뒤 일본 정부에 부설권 매각을 제안했지만 "협상은 성공적이지 못했고" 결국 부설권은 소멸됐다. 한편 조선 정부는 자국 회사에 부설을 허가했고 "공사가 매우 느리게 진행되고 있었을 때 1903년 2월 16일 갑자기 주한 러시아공사가 철도 완공 허가를 요청했다".

하야시 공사는 고무라 외무대신의 지시에 따라 러시아공사에게 이 '소문'이 사실인지 확인했고 러시아공사가 "목표를 달성할 수 있을지 의문"이라고 회신하자 조선 정부에 러시아에 부설권을 양도하지 말라고 촉구했다. 2월 20일 조선 외무아문은 러시아의 요청을 공식 거부했고 2월 21일 러시아공사는 주한 일본공사관을 방문해 더 이상 부설권 확보를 추진하지 않겠다고 말했다. 러일전쟁 발발 직후인 1904년 2월 일본 정부는 군용 철도 건설을 결정하고 곧바로 공사에 착수했다. 이 철도는 1906년 4월 완공됐다.[67]

경원선은 1896년 프랑스 회사가 부설권을 먼저 신청했지만 조선 정부는 승인하지 않았고 이듬해에는 외국인에게 허가하지 않겠다는 성명을 발표했다. 1898년 러시아인·독일인·미국인이 조선 정부에 허가를 요청했지만 실패했고, 1899년 6월 일본 정부도 문의했지만 마찬가지로 거부됐다. 1904년 8월 일본 정부는 서울에서 원산까지 군용 철도를 건설하기로 결정하고 9월 조선 정부에 관련 통지를 보냈다. 그러나 건설은 지연됐고 노선은 1914년에야 완공됐다.[68]

은행과 철도에 이어 조선에서 일본 경제 활동의 세 번째 상층부는 동양척식주식회사를 꼽을 수 있다. 이것은 말년에 원로 정치가이자 사업가로 활동한 이노우에 가오루가 처음 제안한 것으로 보인다. 그의 전기 작가에 따르면 이노우에는 1907년 8월 이토와 가쓰라에게 조선 경제 개발 문제를 제기했고, 특히 미쓰이 기업의 경영자들과 협의를 주선했다.[69] 통감부는 그 회사가 다뤄야 할 문제를 공식 보고서에서 다음과 같이 정의했다. "잘 조직된 기업이 충분한 자본과 숙련된 노동력으로 농업과 공업의 개발을 시작하지 않는 한 이 나라(조선)는 결코 발전할 수 없을 것이다. 그동안 이런 방법은 후진국에서 물질문명을 선도한 것으로 증명돼 왔다."[70]

동양척식주식회사의 조직과 초기 운영에 대한 공식적인 설명은 1908~1909년 통감부 『시정연보』와 1910~1911년 총독부 『시정연보』, 1918년 발간된 그 회사의 『10년사』 등에 담겨 있다. 거기에는 이노우에의 초기 활동은 언급돼 있지 않고, 1907년 10월 가쓰라가 조선을 방문했을 때 이토를 만나 조선 경제 발전의 필요성을 논의한 것이 회사 설립의 시초로 기록돼 있다. 귀국한 뒤 가쓰라는 "정치가·사업가·은행가·경제학자 등으로 구성된 위원회"를 구성해 이 문제를 조사하도록 지시했다. 이 위원회는 자본 조달 방법, 회사의 기능 등을 고려한 회사 설립 계획을 수립하고 정부 보조금이 필요하다고 지적했다.

그 뒤 1907년 12월 22일 가쓰라는 대장대신에게 '정식 인가 신청서'를 제출했다. 이 신청은 내각 회의에서 승인됐고 1908년 3월 18일에 정부가 제안한 회사에 관한 법률 초안이 의회에 제출됐다. 이 법안은 3월 26일까지 상하 양원을 모두 통과했다. 이 법은 8월 26일 일본 정부에 의해 공포됐고, 다음 날 조선 정부에서 "법률 제22호로" 승인됐다. "이로써 그 회사는 일본 정부와 조선 정부의 법률에 따라 '동양척식주식회사'라는 이름으로 존재하게 됐다."

이 회사는 1908년 12월 28일 주당 50엔에 20만 주를 발행해 총 자본금 1천만 엔의 주식회사로 정식 영업을 시작했다. 이 가운데 조선 정부는 6만 주를 받고 5700초町(1708만 9470평)의 논과 동일한 분량의 밭을 그 회사에 넘겼는데 총가치는 300만 엔으로 계산됐다. 나머지 14만 주 가운데 8400주는 "한·일 양국의 황실에게 우선적으로 배정"됐고 1000주는 회사 이사들이 가져갔다. 나머지 13만 600주는 일반에 매각됐다. 결국 전체 20만 주 가운데 13만 6138주는 일본인 6590명이, 6만 3862주는 조선인 499명이 가져갔다.

회사 사장은 조직법에 따라 일본 정부가 임명하도록 돼 있었고 우사가와 가즈마사宇佐川一正 남작이 임명됐다. 부사장·이사·감사는 일본인 5명과 조선인 3명으로 이뤄졌다. 일본 정부는 주식 매각으로 조달한 자본금 외에 1908년부터 8년 동안 매년 30만 엔의 보조금을 지급하되, 회사의 연간 배당금이 8퍼센트를 초과할 경우 그 초과분을 보조금에서 공제한다는 단서를 달았다. 이 회사의 주된 목적은 일본인과 조선인 농민의 정착과 개발을 도와 조선 농지 개발을 장려하는 것이었지만 "부수적으로 어업이나 개발에 필요하다고 인정되는 그 밖의 사업"에도 종사할 수 있었다.

회사의 시작은 순조로웠다. 회사 주식이 매물로 나왔을 때 "일반인"들은 모집 금액의 약 35~36배에 이르는 주식을 청약했다. 그리고 조선 정부가 주식으로 넘겨준 토지를 정확히 측량한 결과 필요한 면적보다 거의 두 배나 많은 것으로 "밝혀졌다". 그럼에도 회사는 착수한 어업 활동을 포기하고 조선 정부가 지정한 토지 외의 땅을 찾아야 할 필요성을 곧 느꼈는데, 특히 고지대는 적합하지 않은 것으로 판단됐다.

그 결과 회사는 1910년 말까지 임차 7485초(약 2244만 6456평), 매입 8599초(약 2578만 9675평) 규모의 토지를 추가로 매입 또는 임차했다. 운영 첫 3년간의 배당금은 매년 6퍼센트에 불과해 보조금의 일부를 돌려받을 수 없었다. 동양척식주식회사의 후원으로 조선에 들어온 일본인 이민자 수는 1910년 말 현재 총 160가호로 이 가운데 45가호는 체류하지 않았다. 동양척식주식회사는 1235가호의 신청을 받았지만 "어떤 종류의 불량한 부류도 한반도로 오지 못하도록 상당히 보수적으로" 선발했다.[71]

1910년 말까지 동양척식주식회사가 조선에 데려온 일본인 가족은 160가호뿐이었지만 그 뒤 그 회사의 이민 계획 변화는 병합에서 경제적 요인의 중요성을 측정하는 데 어느 정도 도움이 될 수 있다. 아래 표는 1910~1918년의 수치다.[72]

특히 조선과 일본이 가깝다는 점과 동양척식주식회사의 토지를 차지할 기회가 일본에서 잘 홍보됐다는 사실을 기억한다면 이 수치는 그리 인상적이지 않았다.[73] 이것은 일본인의 하와이 농업이민과 비교하면 매우 저조한데, 하와이 농업이민은 일본 정부로부터 거의 아무 자극을 받지 않았고 후기에는 하와이 정부로부터도 그랬다.[74] 아무튼 체류하지 않은 45가호를 빼고 1910년에 조선으로 간 160가호는 병합을 위한 '경제적 압력'으로 간주할 수 없다. 동양척식주식회사에서 가장 인상적인 것은 아마 서울에 있는 거대한 사옥이었을 것이다.[75] 이것은 경제 활동이 없는 곳에서 그것을 촉진하기 위해 그 회사가 상당히 인위적인 노력을 기울였다는 사실을 보여주는 것으로 여겨진다.

연도	모집인원(가호수)	지원자(가호수)	채용자(가호수)
1910	—	1,235	160
1911	1,000	1,714	720
1912	1,045	2,086	1,167
1913	1,200	3,472	1,330
1914	1,500	1,964	1,108
1915	1,560	1,284	774
1916	1,530	1,101	542
1917	1,050	1,553	650
1918	1,060	1,282	—

동양척식주식회사의 조직에 대해 한 가지 더 언급할 수 있다. 1908년 3월 초 일본 정부가 동양척식주식회사 설립 법안을 의회에 제출할 준비를 하고 있을 때 이토는 이 계획을 세 가지 점에서 상당히 강하게 비판하는 편지를 가쓰라에게 보냈다. "1. 조선 정부와 국민을 고려하지 않았습니다. 2. 조선 정부의 이익을 고려하지 않았습니다. 3. 일본과 조선의 정치적 관계는 다른 국가와의 일반적인 관계와 다르지만 토지 소유권에 대해서는 차이가 없습니다. 이 계획이 일본인만 토지를 취득할 수 있도록 규정할 경우 다른 나라 국민이 같은 권리를 요구하면 어떻게 할 것입니까?"[76]

이것은 이토의 통감부에 대한 도쿄(가쓰라)의 간섭이 동양척식주식회사 계획에 내포됐음을 암시하는 것일 수 있다. 이토는 동양척식주식회사와 직접 대립하지는 않은 것으로 보이지만 다음 세 가지 점에 주목해야 한다. (1) 최종 규정에는 일본인 정착자뿐 아니라 조선인도 회사 토지를 차지할 자격이 있어야 한다고 규정했다. (2) 회사는 "일본과 조선 양국 정부의 엄격한 통제 아래" 놓여 있었다(이토에게 이중의 영향력을 부여한 것일까?).[77] (3) 이토가 조선을 떠날 때까지 회사는 거의 아무것도 하지 않았다.

이제 병합 과정에서 경제적 요인의 중요성에 대한 결론을 도출해보자. 되도록 정확하게 말하기 위해 연대순으로 구분해 1900년 이전 청일전쟁 시기부터 이야기하는 것이 현명할 것 같다. 여기서 결론은 분명하다. 경제적 요인은 무시할 수 있고 충분하지도 중요하지도 않았다. 청일전쟁은 일본이 조선을 병합하기 위한 첫 번째 큰 발걸음이었지만, 조선에서 청일 무역 경쟁이나 일본 자본주의의 한

반도 침투에 기인한 경제 전쟁이 아니었다. 이런 결론은 이 기간 조선의 경제적 지분이 적었고 소수의 일본인만 관여했으며 일본 정부가 그들에 관련된 부침을 평온하게 받아들였다는 사실에 따라 도출된다. 최근 일본 역사학자들 사이에서 가장 흥미로운 경향으로 떠오르고 있는 경제 결정론도 그것을 강력히 뒷받침한다.

전전 노농파와 강좌파의 연구는 앞서 언급했으며 그들이 전후 일본 학문의 기준을 확립했다는 사실은 지적한 바 있다. 메이지 역사의 다양한 측면에 대해 쏟아져 나온 전후의 저술들은 이들의 주장을 정교하고 구체적으로 뒷받침하는 방향으로 이뤄졌고, 하타다의 『조선사』는 조선 문제 분석에 대한 이들의 영향력을 보여주는 사례로 꼽혀왔다. 봉건주의-자본주의-제국주의라는 주제는 계속 중심에 있었지만 사실에 대한 더 많은 지식을 쌓고 원인을 다시 평가하면서 모든 역사학자, 심지어 가장 단호한 마르크스주의자로 알려진 학자들까지 일반적으로 받아들이는 해석을 중요하게 수정한 것은 전후 일본 학계의 독립성과 관점에서 높이 평가해야 할 부분이다. 이것은 특히 청일전쟁 문제와 관련된다.

청일전쟁의 원인은 팽창하는 일본 자본주의의 대륙 시장 개척이나 일본 내부의 경제적 계급투쟁에서 찾을 수 있는 경제적 문제가 아니라는 것은 이제 일반적으로 받아들여지고 있다. 이런 사실은 순수 마르크스주의 역사학을 대표하는 이노우에 기요시도 인정하고 있다. 기요시는 「일본 제국주의의 형성」이라는 연구에서 청일전쟁이 일본 자본주의에서 비롯된 것이 아니라고 구체적으로 말했다. 오히려 "표면적으로뿐 아니라 실질적으로도" 그것은 "절대주의에 입각한 천황 정권"에 의해 "계획되고 준비되고 수행"됐다.[78] 이 것과 관련해 흥미롭게 관찰할 수 있는 현상은 많은 미국 학자가 지지했고 이 연구 앞부분에서 부적절하다고 비판하고 배제한 음모론에 한 일본 마르크스주의자가 매우 가까이 다가간다는 것이다. 아무튼 기요시까지 보낸 지지를 바탕으로 우리는 청일전쟁의 모든 과정에서 경제 가설을 자신 있게 폐기할 수 있다.

그러나 그 뒤 기요시는 제2차 세계대전까지 음모가 계속됐다고 추정하는 미국인들, 그리고 그 밖의 정치적·외교적 설명과 결별했다. 그런 주장은 자본주의와 그 파생물인 제국주의라는 좀 더 자동적인 힘이 나타나면서 틀린 것으로 입증됐다고 그는 봤다. 기요시에 따르면 청일전쟁 이후 일본 자본주의는 전쟁 배상금을 이용해 산업 자본주의 단계로 나아갔고 거기서 제국주의가 시작됐다.

그는 "일본 제국주의는 언제 시작됐는가?"라는 구체적 질문을 던지고 그 전환점은 1900년 무렵이라고 대답했다. 그는 1900년을 주장하든 1904~1905년을 주장하든 '중요하지 않다'고 했지만 자신은 "1900년을 전환점으로 생각한다"고 했다. 그해 "일본은 제국주의 전쟁(의화단 진압)에 적극 참여했고" 국내에서는 이토 히로부미의 정우회가 등장하면서 부르주아와 절대주의 천황 정권의 동맹이 발전했다. 물론 이것은 부르주아가 정치권력을 장악했다는 뜻은 아니었고 그런 일은 "제2차 세계대전에서 패배한 뒤에야 일어났지만" 러일전쟁은 "10년 전의 전쟁과 매우 달랐다". 산업 자본주의와 부르주아의 발전이 개입하면서 그것은 진정한 자본주의-제국주의 전쟁이 됐다.[79]

그러나 기요시는 러일전쟁을 넘어 일본 제국주의의 첫 번째 영토적 결실이라고 할 수 있는 조선 병합의 구체적 내용까지 주장을 전개하지 않는다는 점을 주목해야 한다. 그는 일본 산업 자본주의와 부르주아가 병합에 어떻게 기여했는지 정확하게 보여주지 않았다. 사실 그는 러일전쟁 이전 짧고 제한된 시기와 관련해서만 조선을 논의했고, 그가 제출한 증거는 그의 가설을 뒷받침하기보다는 오히려 부정하는 것처럼 보인다. 청일전쟁 때 일본은 조선에서 자신이 생각한 개혁을 수행하기에 돈과 권력을 충분히 갖지 못했지만 러일전쟁 때는 두 가지 모두 충분했다고 그는 지적했다. 그러나 그는 1904년까지 조선에 대한 일본의 투자는 공적이든 사적이든 크게 이뤄지지 않았다고 인정했다. 유일한 "생산적 자본 투자"는 "경제적 이유보다는 군사적 목적으로 건설된" 경인선뿐이었다.[80] 그러므로 이노우에 기요시는 청일전쟁 이후 작동한 경제적 요인이 조선 병합을 가져왔다는 생각을 이론적 구성에서 암시했지만 입증하지는 못했다.

1890년대 후반~1910년의 구체적 정보와 관련해 앞서 일본의 은행, 철도 건설, 농업 개발(동양척식주식회사)을 서술한 시노부 준페이(1901)와 간베 마사오(1910)의 당시 저작을 살펴봤다. 그 증거들은 경제적 힘이 병합을 압박한 결정적 조건은 아니었으며, 낙후된 철도와 농업 계획은 일본 자본주의의 큰 자극이 없었음을 분명히 보여줬다. 무역과 그 파생 분야인 은행업과 관련해서는 그 분야에서 일본 자본주의의 촉수가 정치·외교적 요구와 무관하게 또는 뒤에서 그것들을 끌어당기면서 뻗어나갔다고 주장할 수 있는 여지가 있다.

이미 인용한 자료 외에도 조선에 큰 경제적 기회가 있다고 생각한 몇몇 일본 사업가들의 탄원을 지적할 수 있다. 이를테면 하카타(규슈) 상공회의소 대표 오타 세이조는 1904년 12월 14일 후쿠오카 지사를 거쳐 고무라 외무대신에게 다음과 같은 내용의 제안서를 보냈다. 일본은 러시아에 "완전히 승리"했으며 "세계 시장에서 더 나은 위치를 차지하기 위해" 전후 정책을 계획해야 할 때다. 자본을 "내부(일본)"에서 "외부(조선과 만주)"로 이동하도록 장려해야 한다. 그러려면 "서둘러" 개선해야 한다. "동양 은행", 통화 제도의 개선, 무역·광업·제조업의 자유화, 일본인의 "자유로운 대륙 왕래"가 필요하다는 것이었다.[81] 부산 주재 일본영사, 부산 상공회의소, 군산 일본인 농민조합장 등도 1904년 외무성이나 농상공부에 조선의 경제 전망에 주의를 기울일 것을 촉구하는 비슷한 내용의 서한을 보냈다.[82]

또한 K. 아사카와는 마르크스주의자는 분명히 아니지만 친일적으로 평가될 수 있는 러일전쟁의 배경에 대한 연구(1904)를 발표하면서 머리말에서 다음과 같이 말했다. "일본에게 정치적 문제는 부수적이었고 핵심적 문제는 주로 경제에 있던 것으로 보인다. (…) 최근 몇 년 일본 경제의 가장 주목할 만한 경향은 무역과 산업의 큰 성장과 함께 인구가 급증했다는 점이다." 그는 조선에 거주하는 일본인의 수를 "거의 3만 명"으로 보고 대장성 통계를 인용해 일본의 총 대외 무역이 1873년 4974만 2831엔에서 1903년 6억 663만 7959엔으로 증가했으며, 여기서 조선 무역은 1903년 2067만 6000엔에 이르렀다고 말했다. 이 마지막 수치는 1897년의 조·일 무역 총액보다 약 650만 엔이 증가한 것이다.

아사카와는 일본이 조선의 '주권'을 적극 '원조'해야 한다고 '이익 공동체'가 요구했다는 자신의 주장을 뒷받침하기 위해 이 무역의 중요성과 조선 농업으로 일본인이 이민한 사실의 중요성을 강조하려고 노력했다.[83] 그러나 그는 일본인 이민자 가운데 조선에서 농업에 종사한 사람은 드물었고 장기 체류를 고려한 사람도 거의 없었다는 사실이나 보호 비용 대비 무역 가치와 같은 부정적인 측면은 고려하지 않았다. 아사카와도 경제적 주제를 강조한 당시의 다른 기록과 마찬가지로 미래를 강조하는 경향이 강하다. 미래는 그때까지 희미하게만 보였던 경제 전망이 실현될 것으로 예상했다.

그러나 적어도 병합과 관련해서 미래는 계속 어두웠다. 일본의 '보호국' 5년(1905~1909)의 수치는 3년 동안 급증하다가 급감했다. 병합(1910)은 무역 확대의 결과라고 할 수 없다. 오히려 그것은 무역을 쇠퇴에서 구해낸 것으로 보인다.

한·일 무역액(엔)[84]

	1905	1906	1907	1908	1909	1910
수출	5,611,925	7,234,934	12,948,247	10,963,353	12,081,738	15,378,643
수입	24,041,216	23,266,234	28,293,381	24,040,465	21,852,245	25,348,085
합계	29,653,141	30,501,168	41,241,628	35,003,818	33,933,983	40,726,728

물론 일본 사업가들은 이런 일련의 사태에 실망했다. 하카타 상공회의소의 오타는 1906년 외무성에 '정부의 규제'와 '열악한 설비'

가 조선과 만주에서 경제적 기회를 실현하는 데 방해가 된다고 주장하면서 다시 한번 호소했다.[85] 그러나 1910년 병합 뒤에도 기업인들은 불만을 표출하지 않을 수 없었다. 『도쿄경제잡지』는 「조선 병합에 대한 설명을 읽으면서」에서 다음과 같이 불만을 토로했다. "우리는 정치적 측면에서는 동의하지만 경제적 측면에서는 실망스럽다. 정부에 따르면 10년 동안 일본과 조선의 관세율은 유지될 것이라고 한다. 따라서 수출과 수입은 관세를 내야 한다. (…) 이것은 좋지 않다. 고무라 외무대신은 병합의 주된 이유로 정치적 필요성을 들면서 우리가 조선에서 외국의 이익에 나쁜 영향을 줘서는 안 된다고 한다. (…) 우리는 반대한다. 우리는 관세를 철폐하고 다른 외국인의 이익에 대해 걱정하지 말라고 말한다."[86]

이 증거만으로는 1900년 이후 급격히 성장한 일본 자본주의가 조선 병합의 원동력이라는 논리를 무너뜨리기에 충분하지 않을 수도 있지만 그것에 심각한 의문을 제기한다고 여겨진다. 그리고 학술적 해석의 차원에서 소개해야 할 증거가 하나 더 있다. 최근 일본 학계의 발전은 마르크스주의 성향의 학자들도 1900년 **이후** 경제적 요인의 중요성을 의심하기 시작했음을 보여주는 것 같다. 이것은 1956년 12월에 발표된 후루야 테츠오의 「일본 제국주의의 성립을 둘러싸고」에 대한 '검토와 비판'에서 명확하게 드러났다.

후루야는 일본에게 러일전쟁은 제국주의 전쟁이었고, 유럽 열강의 의화단 진압에 일본이 참여하면서 시작된 제국주의의 산물, 곧 "일본의 첫 제국주의적 발걸음"이었다는 논지를 지지하려고 한다. 그러나 그는 그 안에 경제적 요인이 없다는 사실에 고민했다. 그는

(마르크스주의자가 아닌) 두 일본 역사학자 시모무라 후지오와 후지무라 미치오가 "러일전쟁은 일본 부르주아가 일으킨 것도, 만주 시장에 대한 부르주아의 요구에서 발생한 것도 아니었다"고 말한 것을 발견했다. 그러나 후루야는 이들이 "오류를 저질렀고 제국주의에 대한 그들의 정의는 정확하지 않다"고 주장했다. 그는 러일전쟁이 일본 부르주아들이 대륙 시장을 노린 결과가 아니라는 데 동의했지만, "어떤 전쟁이 제국주의적인지 아닌지는 자본주의 내부의 경제 발전에 전적으로 의존하지 않는다"고 한다. 오히려 일본 같은 '후발 개발도상국'에서는 "내부 경제구조보다 국제정치 상황이 의사 결정에 더 큰 영향력을 발휘할 수 있다". 그 결과 그는 일본 제국주의의 형성과 대외 진출은 의화단의 난과 러일전쟁 사이의 기간에 일어난 것으로 볼 수 있다고 결론지었다.[87]

지금 우리는 조선 병합과 관련된 경제적 문제를 파악하는 데 관심이 있기 때문에 비경제적 제국주의가 실제로 제국주의인지 논쟁할 필요는 없다. 그렇다면, 순전히 정치적 제국주의 같은 것이 존재한다면 이 연구의 이전 몇 장은 제국주의의 구성 요소를 해명하려는 노력이라고 할 수 있다. 그러나 후루야가 1900년을 전후로 전개된 제국주의적 충동에 의해 일본이 조선과 만주로 진출했다는 생각을 옹호하면서도 경제적 요인을 제거할 필요성을 느낀 것은 실제로 러일전쟁과 그 뒤 조선 병합에 경제적 이유가 존재하지 않았거나 매우 적었을 가능성을 지적하는 데 아주 중요한 의미를 갖는다고 생각된다.

그런 이유를 찾을 수 있었다면 그는 그것들을 지적했을 것이고,

그럼으로써 시모무라와 후지무라의 주장을 무너뜨리고 자신의 제국주의 주장을 훨씬 더 효과적으로 뒷받침할 수 있었을 것이 분명하기 때문이다. 그렇다면 우리는 노농파와 강좌파의 추정을 따라 일본의 아시아대륙 팽창을 자본주의와 제국주의에 입각해 설명하는 데 가장 열심인 학자들조차 청일전쟁 이전뿐 아니라 러일전쟁 시기에 대해서도 그렇게 할 수 없다는 결론에 도달할 수밖에 없다.

이제 우리는 이 장의 결론에 이르렀다. 경제 문제는 일본이 조선 병합으로 나아가기로 결정하는 데 중요한 영향을 주지 않았다는 것이다.

10장

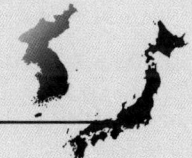

결론

역사적 문제를 면밀히 연구하는 것은 순화의 경험이다. 혐오할 것으로 예상했던 개인이나 집단의 마음에 드는, 또는 적어도 이해할 수 있는 특성, 의도와 실행 사이의 기이한 차이, 대조가 예상되던 곳의 비교 등 많은 놀라움을 발견하게 된다. 이번 연구도 분명히 그랬다. 나는 일본의 조선 병합이 본질적으로 시기 선택의 문제였고 일본 지도자들은 시간을 끌며 유리한 기회를 기다렸다고 확신하면서 연구를 시작했다.

그러나 그것에 대한 증거를 찾기보다는 미국이 일본(이나 다른 강대국)의 팽창을 장기적인 범죄의 설계라는 관점에서 바라보는 성향이 얼마나 강한지 점점 더 깨닫게 됐다. 내부의 논쟁·모순·압력에 거의 관심을 기울이지 않는 외부에서 볼 때 미국은 자신의 적지 않은 대외 활동이 상당히 사악한 것으로 보일 수 있음을 알지 못하고 있다. 일본의 음모를 축소하기 위해 미국의 확장에 일종의 계산자R를 사용한 것은 이 함정을 피하는 데 상당한 도움이 됐다. 시어도어 루스벨트가 듀이를 마닐라만으로 보낼 계획을 세웠다는 사실은 미국이 필리핀을 점령하기 위해 35년 동안 계획을 세웠다는 것을 의미할까? 아니, 그렇지 않으며 일본의 조선 강점도 그런 단순한 음모 가설로 설명할 수 없다.

이것이 우리의 첫 번째 결론, 음모론에 대한 거부다.[1] 문서에는 음모론이 드러나지 않으며, 미국의 확장과 비교하는 것은 대조보다는 비교에 가깝기 때문에 정황 증거에 근거해 그것을 입증하려는 시도는 그저 〔터무니없이〕 짜맞춘 것일 뿐이다.

그 대신 더 나은 명칭이 필요해서 자유주의자·현실주의자·반동주의자라고 불렀던 일본의 경쟁 세력이 자신들의 사회·정치·철학적 태도와 관련된 이유로 조선 문제에 접근하는 그림이 등장한다. 각 세력을 가장 좋은 관점에서 보는 것, 물론 그것은 그들이 스스로를 보는 방식〔이며 우리 사회의 비슷한 세력이 스스로를 보는 방식〕인데, 자유주의자는 일본과 조선, 그리고 그 밖의 모든 곳에서 모든 인간의 자유와 진보를 추구하는 대범하고 열정적이며 낙관적인 사람들이었고 이런 올바른 방향으로 나아가려는 가장 최근의 충동은 서양에서 왔기 때문에 그들은 때로 서양인의 오만함에 당황하고 짜증을 내기도 했지만 대체로 '서양식'을 찬미하고 옹호했다.

현실주의자는 실용적이고 조심스럽게 진보적이지만 무엇보다도 일본의 안보와 국익에 관심이 많았으며 국제정치의 체스 게임에서 사려 깊고 신중한 선수였다. 반동주의자는 자부심이 강했다. 새롭고 이질적인 흐름에 의해 약화하고 있는 오래된 전통에 집착했던 그들은 비관적이고 분개했지만, 야만적인 서양인보다 문명화된 동양인을 위엄 있게 만든 그 생활양식과 유산을 지키기로 결심했다.

조선 병합을 향한 일본의 과정은 하나의 흐름, 하나의 명확한 국가적 접근이 아니라 산속에 있는 세 개의 샘처럼 이념적으로나 철학적으로 멀리 떨어져 있던 세 개의 물줄기가 점차 합쳐져 조선을 집어삼킨 홍수가 된 것이었다.

그러나 이런 합방 과정, 곧 조선에 대해 어떤 결정을 내릴 것인지 목표를 타협한 결과 조선 문제에 대한 해결책으로서 대체로 합병이나 강점(합방·합병·병합·병탄 등 구별할 수 없게 됐다)으로 결정된 것은 단순히 세 부분을 동등하게 혼합한 것이 아니었다. 현실주의자는 1873년 이후 지속적으로 주도권을 쥐고 운영을 관리했으며, 80년대와 90년대에는 자유주의자에게, 그 뒤에는 반동주의자에게 방해 받았지만 결코 주도권을 잃지 않았다. 그러나 그들의 목표는 미묘한 변화를 겪었는데, 조선을 일본의 부분적 통제와 지시를 받는 별도의 정치적 실체로 유지하겠다는 처음의 결심(계몽된 국익)에서 한반도를 완전히 일본의 통치 아래 두겠다는 결정으로 바뀐 것이다. 왜 그랬을까?

국제정치의 현실주의자들과 그 옹호자들은 누구보다도 냉정하고 계산적인 안목으로 상황을 냉정하게 바라볼 수 있고, 장기적인 관점에서 '국익을 위해' 전술적으로 유연하게 행동할 수 있다고 자부한다. 그러나 조선 병합의 경우는 철권통치가 일본의 장기적인 국익에 도움이 되지 않았다고 볼 수 있다. 이웃인 2천만 한국인은 철저히 소외돼 한 세기가 지나도 그 피해를 회복할 수 없는 것 같고 일본의 반동주의자는—그들의 역행한 이상주의는 1930년대 일본을 국가적 재앙으로 몰고 갔지만—처음으로 자신감에 찬 성공을 맛봤다. 이것은 35년 동안 신중하고 조심스럽게 조선 문제와 씨름하던 일본의 현실주의자들이 갑자기 이성을 잃고 일종의 공포증의 희생자가 됐다는 뜻일까? 그들은 이토가 암살되자 미쳤고 조선인의 폭동에 겁을 먹었으며, 우치다 료헤이와 일진회의 설득에 확신을 갖게 됐고 갑자기 격렬한 대중의 압력을 받았으며, 긴장된 국제 정세에 직면했던 것일까?

이토 암살의 심리적 효과는 추정하기 어렵지만 오쿠보의 암살과 기도·이와쿠라·무쓰의 갑작스런 죽음은 다른 이들의 평정심을 깨뜨리지 않았으며, 아무튼 이토는 암살 전 병합에 동의한 것으로 보인다. 충격적인 헤이그 특사 사건 이후 통감부의 통치가 강화되자 조선인들은 저항하며 폭동을 일으켰고 그것은 의심할 바 없이 이토를 괴롭혔으며, 그는 타협적 체제를 만들어낼 수 있는 자신의 능력에 대한 자신감을 잃게 됐을 것이다. 진압은 그들을 처리하는 가장 쉬운 방법이었지만, 그것은 타협적 체제를 더욱 불가능하게 만들 것임을 이토는 잘 알고 있었다. 우치다의 합방 운동은 폭동으로 인한 즉각적인 위기감에 장기적인 이념적·제도적 위기감을 더했다. 통감부의 문제점은 아시아의 전통과 유교적 관계의 토대 위에 세워지지 않았다는 것인데, 근대의 외부 영향에 맞서 그것을 다시 일으키고 지키는 것이 일본제국의 신성한 의무라고 우치다는 말했다. 이토는 그것을 믿지 않았지만 우치다와 그의 일진회 동지들은 이미 죽은 (또는 곧 죽을) 문제에 대해서였음에도 일본과 조선의 협력을 보여준 살아있는 본보기가 됐다. 그들은 때로 그가 돈을 주면[2] 폭동 진압 임무를 수행할 수 있었고, 그는 조·일 연대에 대한 그들의 열렬한 '충성심'을 단지 잘못됐다는 이유로 꺾을 수 없었다. 그 결과 일진회는 더 강해질 수 있었고, 도쿄 정부의 고위층은 큰 위기에서 과감하게 행동해야 한다는 그들의 생각에 주목하게 됐다. 그들은 최선을 다했다. 그러나 물론 그들이 말하는 큰 위기는 근대의 전깃불에 의해 부적절함이 드러나고 있는 동양 문화, 곧 구질서의 위기였다. 그리고 정부의 현실주의자들은 전깃불을 끄고 유교의 초소에 칼을 든 사무라이를 배치하는 데는 관심이 없었다. 그것들은 1868년, 최종적으로는 1873년에 모두 배제됐다.

다른 점에서도 대답은 매우 부정적이다. 특별한 대중적 압력도 없었고 국제적으로 큰 위기도 없었으며, 일본은 지난 100년 그 어느 때보다 모든 면에서 가장 안전했고 조선에 대한 다른 열강의 간섭도 없었다. 그러나 갑자기 이토가 포기하고 소네가 '병'에 걸리자 심각한 불협화음이 없던 과두정치인들은 협력적 정부의 실험인 통감부를 포기하고 철권통치인 병합을 결정했다.

1909~1910년 조선 병합에 특별한 강요가 없었다는 사실은 이 문제를 국지적 배경에서 파악하지 말아야 한다는 것과 좀 더 심층적인 힘이 작용했다는 것을 알려주는 듯하다. 자본주의-제국주의 논제는 강력한 경제적 저류가 일본을 최종적인 병합 조치에 이르게 했는지 확인하기 위해 검토했다(9장). 그러나 아주 간단히 말해서 조선 사업에 돈이 없었고 아무도 조선에 가려고 하지 않았기 때문에 그것은 거부됐다. 우리는 마르크스 경제학의 지하가 아니라 국가가 서열에 따라 등급이 매겨지고 권력이 여왕인 국제정치의 체스판에서 설명을 찾아야 할 것 같다.

여기서 현실주의 국제관계학자들에 따르면 그 게임은 지리·자원·군사력의 사실과 의미에 대한 충분한 지식을 갖추고 사회적 조건과 문화적 유형, 그리고 옳고 그름을 어느 정도 객관적으로 파악할 수 있는 냉정한 전문가가 수행하면 차분하고 비교적 평화롭게 진행할 수 있다. 큰 변화는 없거나 매우 빠르게 일어나지 않을 것인데, 강자 사이에서 균형이 유지되고 약자는 완충장치·위성·중립지대 등의 역할을 하게 될 것이기 때문이다. 일부 국가는 능숙한 관리 아래 어느 정도 성장하고 다른 국가는 쇠퇴할 것이지만 졸 $^{\tiny 쭈}$은 기사騎士가 될 것을 기대할 수 없으며 대변인이 협상 탁자에서 기사의 목소리를 대신 내주리라고 기대할 수도 없다. 국가의 내부 구조는 적어도 강자에게는 그들 자신의 일이며 약자는 강력한 이웃의 모습을 따르는 것이 현명함을 알게 될 것이다.

미국이 어리석고 파괴적인 이상주의인 윌슨주의에 빠지지 않고 그것이 작동하도록 도왔다면 20세기의 첫 25년에 이런 종류의 세계 균형이 이뤄졌을지도 모른다. 그리고 미국인(과 공산주의자?)이 세상을 다시 만들 수 있거나 만들어야 한다는 착각을 멈춘다면 그것은 여전히 작동할지도 모른다. 특히 걱정스러운 것은 맥아더 형태의 이상주의(역행한 이상주의?)인데, 미국이 중국 공산주의자들의 도시를 폭격해야만 그들로부터 벗어날 수 있다는 것이다. 인간의 오류로 가득 찬 세상에서 우리는 이성적이고 조심스럽고 신중하며, 우리의 힘과 적의 힘을 가늠하고 완충장치를 협상하며, 부드럽게 말하고 군사력을 유지하되 평화적으로 협상해야 한다. 그렇지 않으면 세계대전이다.

국제정치에서 이런 현실주의를 가장 훌륭하고 통찰력 있게 옹호한 케넌은 세력균형을 옹호하는 부류가 변화와 흐름을 무시하고 국제 행동의 법과 규칙을 만들 수는 없음을 알고 있는데, 일부 사람은 "경기의 규칙을 받아들이는 데 너무 불만스러워하기 때문"이다. 변화를 쉽도록 하는 것이 '외교의 과제'다.[3] 그리고 그는 안보(현실주의의 표어)를 절대적 측면에서 생각하면 "미국의 완전한 군사 안보 같은 것이 있을 수 있거나 있어야 한다"는 환상이 생길 수 있음을 알고 있다.[4]

정의의 왕국을 세우고 악을 몰아내며 심지어 전쟁을 종식시키기 위한 역사의 안타까운 전쟁 목록은 이 주장을 부정할 수 없게 한다. 물론 그런 불완전한 안정이 확립될 수 있다면 십자군 전쟁과 반십자군 전쟁으로 인한 혼란과 거기서 유발된 행성의 자멸 가능성이 분명한 지금보다는 나을 것이다. 그러나 케넌 자신은 그것을 위해 일하고 주장하지만 민주주의의 과정을 통해 대중의 열정이 외교 정책 형성에 큰 영향력을 행사할 수 있는 곳이라도(또는 그런 곳에서 특히) 그것을 성취할 수 없다고 걱정한다. 그는 외교 업무 수행의 전문성이 높아지면 이런 문제가 해결될 수 있을 것으로 기대했지만 미국의 비이성적인 매카시즘 광기 안에서 글을 쓰면서 자신처럼 협력보다는 힘의 경쟁을 가정해 전후 소련 정책을 주장한 전문가들의 견해가 "완전히 원숙하지는 않았다"고 인정했다.

그는 이렇게 말했다.

우리는 소련 권력의 본질을 옳게 파악했지만 이 단계의 미국 민주주의가 불안정과 불편함과 군사적 위험으로 가득 찬 상황을 오래 견딜 수 있는 능력은 잘못 판단했다. 아마 해리 홉킨스Harry Hopkins와 프랭클린 루스벨트는 모든 것이 소련 정권의 태도 변화 가능성에 달려 있다고 믿었을 것이다. 그러나 만약 그렇다면 이것은 우리 모두가 실제로 인식하는 것보다 난제가 더 잔인했고, 제2차 세계대전의 거대한 혼란조차 그 일부에 지나지 않았을 정도로 우리 시대의 위기가 심각했음을 보여줄 뿐이다.[5]

일본의 조선 강점이 주는 교훈은 근대사의 한 단면일 뿐이지만 케넌이 생각했던 것보다 훨씬 더 잔인한 난제가 실제로 존재할 수 있다는 무서운 가능성을 알려준다. 그가 주장한 일종의 현실적 균형(또는 반半균형)은 이론적으로는 논리적이고 실행할 수 있는 것처럼 보이지만 실제로는 그럴 수 없다는 것을 시사하는 듯싶다. 조선의 사례는 **거의 완벽한 조건 속에서** 두드러진 실패를 보여주기 때문이다. 그것은 현실주의 외교의 실험실 시험이라고 인정할 수는 없겠지만 역사적 상황이 우리에게 줄 수 있는 가장 근접한 결과일 것이다.

1905~1909년 외교의 진정한 전문가 가운데 한 명인 이토 히로부미는[6] 대중의 압력이나 급박한 국제적 위기에 시달리지 않으면서 넓고 좁고 길고 짧은 모든 문제를 오랫동안 잘 알고 있는 배경에서 큰 권력을 행사했지만 일본의 장기적 국익에 필요하다고 그 자신이 생각한 자제력을 유지하지 못했다. 왜 그랬을까? 케넌의 공식은 그릇된 이상주의가 작용해 전문가의 냉철한 작업을 망치고 있음을 알려준다. 실제로 상황의 세부 사항을 살펴보면 일군의 이상주의자(우

치다의 반동주의자들)가 정책에 영향을 미치기 위해 열심히 노력했고, 결과로 판단하면 성공한 것처럼 보인다. 이때까지는 케넌의 생각이 매우 좋았다.

그러나 마지막에 들어온 것이 **역행한** 이상주의자라는 사실은 가장 흥미로운 현상이다. 그것은 초기에 자유와 진보를 열렬히 추구해 훨씬 더 골칫거리였던 자유주의자들이 왜 아니었을까? 일본에서는 과두정치에 굴복하고 조선에서는 그들의 정책(그것이 무엇이든)을 지지하거나 정치 일선에서 물러난 자유주의자들은 사회주의를 통해 저항하려다가 실패한 소수 집단을 제외하고는 사라졌다. 이토와 그의 동료 현실주의자들은 이들을 제압할 수 있었지만 반동주의자들은 제압할 수 없었다(또는 그러지 않은 것일까?). 그리고 이것은 우리가 "국제 문제에서 현실주의는 반응에 민감하다"고 정의한 현실주의 학파의 접근 방식이 잘못된 것은 아닌지 생각하게 만든다.

현실주의 학파는—케넌은 이것을 매우 분명하게 밝히고 있다—'이상주의자'의 '완벽주의'를 개탄하는데, 미국의 유형을 고려할 때 그것은 윌슨-루즈벨트 유형이든 맥아더-매카시 유형이든 하나의 이상에 따라 세계를 다시 구성하려는 과정에서 정상적인 '현실적' 국민국가 외교의 관행을 방해하기 때문이다. 둘 가운데 어느 한 유형의 이상주의를 따르든 그것은 일종의 큰 모험이므로 구분할 필요가 없어 보이기도 한다. 하지만 그것들을 구분하면 관련된 문제를 좀 더 잘 이해할 수 있다. 이 연구의 용어에서 윌슨-루즈벨트적 이상주의는 분명히 자유주의적 다양성에 속하며, 일본의 자유주의자인 후쿠자와와 그 세력의 이상주의에서 그 일본적 대응을 찾을 수 있다. 그것은 넓은 시야와 진보적인 시각으로 더 넓은 세상을 바라보며 전 세계 사람들이 상호 인정과 이해에 도달할 수 있다는 관심과 동정심과 희망을 갖고 있다.

그러나 이것의 미국적 형태는 변색됐는데, 사무라이 유산이 일본적 형태를 변색시킨 것과 마찬가지였다(서부영화와 사무라이 영화는 서로 정확하게 대응되는 대중 예술 형식으로 그 유산을 보존했다). 폭력에 빠지는 것은 나락으로 떨어지는 것이라는 사실은 여러 행동 수준에서 설명될 수 있지만 자유와 진보를 위한 투쟁은 때로 폭력에 의존해 도움을 받을 수 있다는 것은 모든 곳의 자유주의자들이 지닌 가장 큰 망상이었으며, 갑신정변과 미국의 제1차 세계대전 참전은 매우 다른 지역과 시점의 사례로 제시할 수 있다. 그러나 자유주의의 망상은 목적이 아니라 수단에 관한 것이었음을 강조해야 한다(그들의 시야는 그들이 물려받은 인종·사회·신념·국가의 경계境界에 의해 가려졌지만, 그들은 자존심의 훼손이라는 어려운 대가를 치르면서도 그것에서 끊임없이 벗어나려고 노력한 것은 제외해야 한다).[7]

맥아더와 매카시의 이상주의는 다른 도장이 찍혀 있다. 그것에 대응하는 일본의 이상주의는 사이고·도야마 미쓰루·우치다 료헤이와 그 세력의 이상주의다. 그것은 과거의 관행과 사상에 확고한 기반을 두고 있으며, 침입자가 자신의 좋은 유산을 방해할 수 있다는 의심과 적대감과 걱정으로 더 넓은 세상을 바라봤다. 그것은 일반적으로 방어적이지만(태프트 상원의원과 일본의 양이攘夷) 위기 상황에서는 방어선을 최대한 확장하려고 노력하며, 그 과정에서 고립주의자들은 전쟁을 부추기는 세력이 됐다.[8] 그 결과 반동적 이상주의는

"더 나은 세상을 만들기 위해" 자유주의 진영보다 훨씬 더 기꺼이 그리고 분명히 더 절실하게 자신의 유산을 지키기 위해 폭력에 의지했다(남북전쟁에서 남부의 필사적인 투쟁과 그것에 대응하는 일본의 사쓰마 반란이 그 보기다).

그러나 이것은 자유주의적 다양성과 정반대되는 반동적 이상주의의 본질적인 망상으로 우리를 데려간다. 그것은 수단이 아니라 목적에 대한 망상이다. 반동주의자들은 시대착오적인 구조를 힘으로 유지하려고 하지만, 그 구조는 더 넓은 세계에서 공정한 경쟁의 시험을 견딜 수 없다. 그 구조는 제한된 시·공간적 환경에서는 '특이한 제도'로서 어느 정도 타당성을 가질 수 있지만, 거기에 가장 필요한 것은 새로운 생각의 교차 흐름과 변화의 기회다. 힘의 기술은 그런 구조를 보존할 수 있는 유일한 방법이라는 점에서 그것을 지탱하는 데 적합하지만, 후쿠자와의 말에 따르면 그것은 "제도의 과시적 성격"이라는 측면에서 '방종'이 된다. 후쿠자와는 이것을 일본의 봉건제에 적용했다.

그러나 이것은 오늘날 미국 자본주의(옛 체제)에도 똑같이 적용할 수 있는데, 그것은 19세기에는 위대한 업적을 이뤘을지 모르지만 좀 더 공평한 재화 분배를 외치는 세상에서는 양쯔강이나 그 어디서도 방어할 가치가 거의 없다. 소련 공산주의(망치와 낫)도 마찬가지인데, 그것은 러시아 국민에게 새로운 삶의 기회를 줬지만 100만 명의 군대와 비밀경찰을 동원해 변증법의 순수성을 지켜야 한다면 특이한 제도를 옹호하는 또 다른 사례일 뿐이다.

이제 너무 많은 긴장이 존재하는 세계에서 균형과 바라건대 평화를 위해 합리적으로 보이는 현실적인 공식을 둘러싼 문제점은, 아마 그렇게 하려는 의도는 없지만, 논쟁의 범위를 명확하게 규정하고 그것을 국익과 동일시되도록 함으로써 이런 특이한 제도를 강화하는 작용을 한다는 것이다. 국민국가 체제 전체가 낡아가고 있다는 명제는 그만두더라도 세계의 관점에서 볼 때 옹호할 수 없는 제도와 태도가 면밀히 검토되지 않고 방치되고 있는 것은 사실이다. 왜냐하면 그것들은 국가나 지역과의 역사적 연관성 때문에 현실 외교의 관행에 따라 보호될 뿐 아니라 암처럼 커지기도 하기 때문이다.

그 결과 조선의 경우 동아시아 전체가 신과 유교적 미덕에 뿌리를 둔 일본 제국주의 체제의 자비 아래서 살아야 한다는 환상은 합병에 의해 조장됐는데, 일본의 현실주의적 지도자들은 조선에 미안한 것보다는 안전한 것이 낫다는 이유만으로 그것을 강행했고, 다른 나라의 '현명한' 지도자들은 그것이 다른 강대국의 이해 영역을 침해하지 않는다고 판단했기 때문에 그것을 받아들였다. 일본의 반응이 가져온 궁극적 결과는 잘 알려져 있다.

그러나 조선의 사례는 아무리 전문적이고 당시의 대중적 생각에 영향을 받지 않는 정치가라도 그의 기준이 국익이라면, 그것이 계몽된 국익일지라도, 미안한 것보다는 안전한 것이 낫다는 가정에 따라 행동하지 않으리라고 기대할 수 없음을 보여주는 것 같다. 이렇게 되면 그의 정책은 자동적으로 반동 쪽으로 기울고 현실주의는 잔인함에 빠지게 된다. 균형과 절제 대신 방종이 일어나고, 현재의 군비 상태가 지속되면 머지않아 지구 전체를 파괴할 장치를 작동시킬 수밖에 없다.

다른 대안이 있을까? 있을 수 있지만 그것은 국가가 자신의 국제적 행동에서 그저 영리하게 자신의 이익만 추구하는 것이 아니라 선해져야 하며 추상적인 정의와 도덕의 문제에 더 많은 관심을 두고 정책을 수립해야 한다는 도전 과제들을 제시한다. 그 도전은 국가 제도의 뿌리, 그 철학과 가정, 그리고 그 행동에 대한 것이다. 그것은 체스 경기가 경품 행사로 바뀌어야 한다고 말하는 것과 같다. 그러기는 어렵지만, 특히 오랫동안 진지하게 경기했어도 우승자가 나오지 않았다면 경품 행사는 이상하게 상쾌하고 신기하게 전염성이 강할 수 있다.

국제정치는 집안에서 하는 놀이가 아니지만, 몇 안 되는 사람만이 도달한 더 높은 차원에서 많은 사람이 행동하는 법을 배울 수 있다는 가정 아래 인간의 더 높은 열망과 일치하는 접근방식을 시도하는 것은 가치 있을 수 있는데, 다른 많은 것들이 실패했기 때문이다. 여기에는 열망이 표현된 이상주의가 분명히 포함될 것이므로 과거에 이상주의가 빠졌던 함정을 이해하고 피해야 한다. 이것을 염두에 두고 또 다른 서툰 용어를 사용해 이 '더 나은' 접근 방식을 "꾸준한 이상주의"라고 부를 수 있다. 그 구성 요소는 다음과 같을 것이며, 흥미롭게도 자유주의적 이상주의, 현실주의, 반동적 이상주의가 각각 기여할 수 있는 무언가가 있을 것이다.

그 기본 가정과 목표는 부끄러울 정도로 낙관적이고 자유주의적인 것으로 세상과 모든 사람은 총천연색이 그들을 보여주는 것처럼 아름답고 선하다는 명제에서 출발해 모든 인간의 자유, 물질적 안락, 깨달음, 행복을 추구할 것이다. 모든 인간 제도는 이 기준에 따라 평가되고 궁극적으로 수정돼야 하며, 모든 외교 행위는 이런 관점에서 고려돼야 한다고 그것은 주장할 것이다. 그러나 꾸준한 이상주의는 격렬함과 폭력을 동반한 십자군 전쟁과 쿠데타가 결실을 맺지 못할 뿐 아니라 스스로 멸망할 것임을 인식할 것이다. 그것은 욥의 인내와 간디의 온화함을 동시에 지닐 수 있을 것이다. 어쩌면 현실주의로부터 그것은 더 높은 열망을 배반하지 않으면서도 인내와 신중함의 방법론을 얻을 수 있을지도 모른다. 그리고 그 반응을 통해 자부심에 대해 배울 수 있는데, 인간은 자부심이 있기 때문에 구시대적인 태도와 제도에 집착하며 자부심의 내적 핵심은 자존심이기 때문에 단순히 죄가 아니라는 것을 알게 될 것이다. 꾸준한 이상주의는 자존심을 짓밟지 않고 진보의 바퀴를 돌릴 수 있을 것이다.

조선 문제의 구체적 상황으로 돌아가 이것을 어떻게 적용할 수 있을까? 흥미롭게도 프랭크 윌리스턴(「미국-한국 관계의 고찰」, 1948)은 미국의 정책이 국제정치의 더 넓은 관심사를 먼저 고려했기 때문에 합병 이전 시기에 "조선인에게 기본적으로 옳고 괜찮은 것"에 관심을 기울이지 못했다고 지적하면서 그 책임의 일부를 그 시대의 조지 케넌에게 돌렸다(조지 케넌은 현재 활동하는 케넌의 삼촌으로 그의 기고와 주장은 시어도어 루스벨트가 조선에 대해 냉정하게 현실을 직시하도록 결심하는 데 큰 영향을 줬다). 윌리스턴은 새로운 조지 케넌이 역사의 반복을 대표할 수 있다고 생각하는 것 같다.[10] 윌리스턴은 자신의 논문이 발표되고 2년 뒤 일어난 한국전쟁을 그 증거로 여길지 궁금하다.

그 뒤의 영향과는 상관없이 시어도어 루스벨트가 조선을 '구했어야' 했다고 말하기는 쉽지만 어떻게 구한다는 말일까? 조선은 "스스로 방어하기 위해 주먹 한번 날리지 못했기" 때문에 그에게 대안은 유망해 보이지 않았다. 미국은 러시아와 협력해 일본이 조선의 분단(38도선에서?)을 받아들이도록 강요하거나 "조선의 독립을 지키기 위해" 일본(그리고 러시아와 영국?)과 전쟁을 벌였을 수도 있다. 이런 대안을 피한 루즈벨트의 지혜에 의문을 제기할 수는 없지만 다른 대안은 없었을까? 꾸준한 이상주의는 무엇을 말해야 할까? 그것은 "조선인에게 기본적으로 옳고 괜찮은 것"이라는 윌리스턴의 처방에서 시작될 수 있다.

조선인에게 기본적으로 옳고 괜찮은 것은 무엇이었을까? 중국의 유교 아래 낙후됐지만 중립적 국가로 내버려두는 것이 옳았을까? '선진국'들의 간섭이 가져온 안타까운 결과를 생각하면 그런 판단을 수긍하게 되며, 넬슨의 『조선과 동아시아의 구질서』는 그런 생각을 분명히 담고 있다. 그러나 19세기 후반 조선의 정치·사회 구조를 동정적으로 보는 시각도 그것의 부적절함과 심지어 타락을 인정한다. 클래런스 윔스는 다음과 같이 평가했다. 고립의 안전에 안주한 관원들이 "도덕적 모범을 통한 유교적 정치 통제 원칙을 조롱했다. (…) 가짜 학자 (…) 뿌리 깊은 악습 (…) 강탈, 뇌물 수수, 관직 매매, 그리고 가장 광기 어린 불의 (…)".[11]

이 연구는 일본과 일본의 조선 정책 수립 과정에 초점을 맞췄기 때문에 조선에 개혁이 얼마나 절실했는지에 대한 질문은 부수적으로 다뤘을 뿐이다. 그러나 우리는 조선의 상황이 매우 나빴다는 윔스와 그 밖의 많은 학자의 결론을 받아들이지 않을 까닭이 없다.

물론 "자치 정부가 좋은 정부보다 낫다"는 명제를 근거로[12] 다른 국가의 내정에 어떤 형태의 외부 간섭도 용납할 수 없다고 주장할 수도 있다. 물론 조선의 사례는 외부인의 간섭이 외부인에 의한 잘못된 통치로 이어지는 방식을 잘 보여주고 있으며, 이것은 어떤 척도로 보더라도 자체의 잘못된 통치보다 훨씬 더 나쁜 상태였다.

그러나 역사 연구는 진보가 모두 환상이라는 결론을 인정하지 않는다. 인간의 기술과 제도는 몇 세기에 걸쳐 분명히 발전해 왔으며, 발견의 본질상 세계의 모든 지역이 항상 똑같은 수준에 있어야 한다고 기대하는 것은 불합리하지만 외부의 새로운 생각과 소통조차 허용하지 않는 고립과 자기중심성은 인간의 기본적 관심뿐 아니라 기본적 본능에도 반대되는 것으로 여겨진다.

그러므로 우리는 조선인에게 기본적으로 옳고 괜찮은 것은 무엇이었는가 하는 기준틀 안에서 조선에는 외부로부터의 새로운 사상의 흐름이 필요했다는 결론을 내릴 수밖에 없다. 그런 점에서 앨런·포크·하나부사·이노우에 가쿠고로·베베르 등의 활동을 그저 냉소적으로 볼 수는 없다. 그들은 특히 조선의 젊은이들이 새로운 사상에 관심을 갖도록 영감을 줬다는 점에서 진정한 의미에서 조선에 문명을 전파한 사람들이었다. 조선 진보주의의 현상은 아마 200년 동안 조선에서 발전한 것 가운데 가장 건강했을 것이다. 그러나 윔스가 잘 지적한 대로 진보주의자들은 지나치게 나아갔고 그 결과 자신들의 유산과 자신들을 도와줄 수 있는 보수 개혁가들로부터 스스로를 소외시켰다. 갑신정변은 그들의 미래 전체에 불신의 그림자를 드리웠다. 다케조에와 포크도 그들을 폭력에 의존하지 말도록 말리지 못한 것에 무거운 책임이 있다.

장기적으로 보면 일본과 미국이 국익에 기반한 정책을 펼치기보다 꾸준한 이상주의를 적용했다면 조선과 자신들에게 훨씬 더 큰 도움이 됐을 수도 있었음을 알 수 있다. 미국 국무부가 좀 더 적극적으로 개입했다면 일본은 조선을 안전하게 확보해야 한다는 긴급함을 덜 느꼈을 것이다. 다케조에와 포크는 갑신정변 세력을 설득했을 뿐 아니라 그들의 후계자들은 고종이 동학의 청원을 받아들이도록 설득함으로써 유쾌한 놀라움을 선사했을지도 모른다. 그리고 1898년 독립협회는 자금과 현명한 조언을 모두 활용할 수 있었을 것이다. 세기가 바뀌고 태평양의 경쟁국이 된 뒤에도 미국과 일본은 각각 필리핀과 조선에 문명을 전파한다는 일정한 이념적 친연성이 있었기 때문에 영향권을 구분하지 않고 동질성을 확인하기 위해 조사단을 교환했을 수도 있다. 그리고 조선의 밀사들이 헤이그에 나타났을 때 미국은 일본이 조선에 대해서도 같은 것을 허용했다면 헤이그 재판소가 미국의 필리핀 경영을 조사하도록 자원했을 수도 있다.

끝으로 세계의 전략적 분쟁 지역인 회랑지대·반도·섬을 기회 지역으로 다시 정의한다면 그곳에서 강대국들은 국제 여론의 조명 아래 사람들과 함께 각성해 자신들의 진정한 이익이 어디 있는지 찾을 수 있을 것이라고 제안하고 싶다.

주

1장 정한론—모욕과 복수, 그리고 긴 그림자

1 Nobutaka Ike, *The Beginnings of Political Democracy in Japan* (Baltimore: Johns Hopkins University Press, 1950), 53쪽.
2 山本有三,『西鄕と大久保』(東京: 角川文庫版, 1954).
3 渡邊幾治郎,『明治史硏究』(東京: 共立出版, 1944, 개정판), 111쪽. 와타나베의 연구는 정한을 둘러싼 내각 안의 논쟁을 자세히 다룬 그의 주저다. 조금 옛 방식이긴 하지만 와타나베 교수는 다른 학자들이 접근할 수 없던 황실 문서를 포함한 많은 자료에 접근할 수 있었기 때문에 아직도 그 책은 이런 세부 사항에 대한 최고의 저작이다.
4 같은 책, 87, 112~116쪽. 이 문제들은 이 장 뒷부분에서 더 자세히 논의하겠다.
5 遠山茂樹,『明治維新』(東京: 岩波書店, 1951), 332쪽.
6 遠山茂樹,「征韓論·自由民權論·封建論」,『歷史學硏究』143, 1950. 1., 5쪽.
7 이 책 8장 425~430쪽 참조.
8 George M. McCune, "The Exchange of Envoys between Korea and Japan during the Tokugawa Period," *Far Eastern Quarterly*, V (1946), 308~325쪽; "The Japanese Trading Post at Pusan," *Korean Review*, I, (1) (1948), 11~15쪽; "Korean Relations with China and Japan, 1800-1864" (Ph.D. diss., University of California, Berkeley, 1941). Carl F. Bartz, Jr., "The Korean Seclusion Policy, 1860-1876" (Unpub. Ph.D. diss., University

of California, Berkeley, 1952), 30~34쪽.

9　外務省,『日本外交文書』1-1권(東京, 1936~현재), 69~80쪽.
10　같은 책, 573쪽.
11　같은 책, 574쪽.
12　같은 책, 657~659쪽.
13　같은 책, 791쪽.
14　같은 책, 931쪽.
15　같은 책 1-2권, 690, 692~693쪽.
16　같은 책 2-2권, 217쪽; 2-3권, 410~412쪽.
17　같은 책 2-1권, 205~208쪽.
18　사다의 질의, 1870년 5월 15일: 같은 책 3권, 131~138쪽.
19　외무성에서 태정관으로, 1870년 5월 15일: 같은 책 3권, 138~143쪽.
20　1870년 1월 8일: 같은 책 2-3권, 473~474쪽.
21　사다의 질의, 같은 부분.
22　『日本外交文書』3권, 147쪽.
23　태정관이 외무성으로, 1870년 1월 4일:『日本外交文書』2-3권, 437쪽; 기도가 태정관으로, 1870년 7월 24일:『日本外交文書』3권, 145~147쪽.
24　田保橋潔,『近代日鮮關係の硏究』1권(朝鮮總督府 中樞院, 1940), 300쪽.
25　『日本外交文書』3권, 148~149, 170~171쪽.
26　1870년 9월 14일 대화 내용,『日本外交文書』3권, 150~154쪽.
27　1871년 1월 9일:『日本外交文書』3권, 173~174쪽.
28　사와 등이 오쿠마에게, 1871년 5월 25일: 大隈文庫目錄, 早稻田大學, Doc. No. K679.
29　요시오카가 외무경에게, 1872년 2월 24일(서한 두 통)·26일; 요시오카가 부산 왜관에, 1872년 2월 24·26일:『日本外交文書』5권, 304~308쪽.
30　소에지마 외무경이 총리에게, 1872년 9월 12일:『日本外交文書』5권, 341~342쪽. 외무경이 총리에게, 1872년 6월 12일:『日本外交文書』5권, 317쪽 이하도 참조.
31　田保橋潔,『近代日鮮關係の硏究』1권, 293~294쪽; 같은 책 2권, 891~893쪽.
32　이토 히로부미는 당시 비망록 141호에서 이 표현을 사용했다. 헌정자료실.

33　中山泰昌 編,『新聞集成 明治編年史』1권(東京: 財政經濟學會, 1934~1936), 338~339쪽. 田保橋潔,『近代日鮮關係の硏究』1권, 309~310쪽; 大久保利謙, 『森有禮』(東京: 文教書院, 1944), 8~9쪽도 참조.

34　田保橋潔,『近代日鮮關係の硏究』1권, 309~310쪽.

35　같은 책 1권, 328쪽; 渡邊幾治郎,『明治史硏究』, 95~96쪽; 遠山茂樹,「征韓論」, 4쪽; 淸澤洌,『外政家としての大久保利通』(東京: 中央公論社, 1942), 11쪽; 田中惣五郎,『征韓論·西南戰爭』(東京: 白揚社, 1939), 63쪽; Smimasa Idditti, The Life of Marquis Shigenobu Okuma (Tokyo: Hokuseido, 1940), 155쪽.
최근 번역 출간된 사이고의 편지 세 통에는 조선에서 죽고 싶다는 그의 바람이 또렷이 담겨 있다. Wm. Theodore deBary (ed.), Sources of Japanese Tradition (New York: Columbia University Press, 1958), 655~656쪽.

36　山本有三,『西鄕と大久保』, 84~85쪽. Idditti, The Life of Marquis Shigenobu Okuma, 153쪽, "weary of this world"도 참조.

37　New York: Alfred A. Knopf, 1950, 331쪽. Idditti, The Life of Marquis Shigenobu Okuma, 138~139쪽도 참조.

38　토머스 C. 스미스Thomas C. Smith는 그런 과정에서 이와쿠라와 오쿠보의 역할에 주목했다. Political Change and Industrial Development in Japan: Government Enterprise 1868-1880 (Stanford: Stanford University Press, 1955), 33~34쪽.

39　的野半介,『江藤南白』1권(東京: 南白顯彰會, 1928), 머리말, 4쪽.

40　조선에 관련된 양이사상은 渡邊幾治郎,『明治史硏究』, 69쪽; 田中惣五郎,『征韓論』, 61쪽 참조. 사이고에 대한 최근의 연구에서 그는 그 뒤의 명성에 걸맞지 않게 작고 무지한 인물로 평가된다. 그렇다고 해도 그가 이런 면모를 지녔다는 사실은 바뀌지 않는다. 津田左右吉,「西鄕隆盛論」,『中央公論』, 1957. 10., 280~287쪽. 아래 주 73도 참조.

41　이를테면 田保橋潔,『近代日鮮關係の硏究』1권, 323~325쪽; 田中惣五郎, 『征韓論』, 3, 8, 60~61쪽; 黑龍會 編,『西南記傳』1-2권(東京: 黑龍會本部, 1908~1912), 648~649쪽에서는 10여 개의 하위 집단을 나열했다.

42　Idditti, The Life of Marquis Shigenobu Okuma, 143쪽에서는 이것에 대해 서명된 합의가 있다고 했다. 나는 찾지 못했다.

43 葛生能世,『日支交涉外史』1권(東京: 黑龍會, 1938~1939), 69~70쪽; 葛生能世,『東亞先覺志士記傳』1권(東京: 黑龍會, 1933~1936), 38쪽; Marius Jansen, *The Japanese and Sun Yat-sen* (Cambridge: Harvard University Press, 1954), 24쪽.

44 『日本外交文書』7권, 5~6쪽. 吉野作造,「日本外交の恩人 將軍李仙得」,『明治文化硏究』2, 1927. 7~8.; Edward H. House, *The Japanese Expedition to Formosa* (Tokyo, 1875), 5쪽과 부록; 葛生能世,『日支交涉外史』1권, 48쪽; 黑龍會 編,『西南記傳』1-2권, 551쪽도 참조. Payson J, Treat, *Diplomatic Relations Between the United States and Japan* (Stanford: Stanford University Press, 1932), I, 474~483쪽에서는 드롱 장관이 르장드르를 외무부 관료로 추천했다가 국무부의 질책을 받았다고 언급했다. 트리트는 그를 'L. P.' 르장드르라고 불렀는데, 그에 대한 많은 부분이 모호하다는 사실을 강조하는 것으로 그의 이름은 '찰스 W.'가 가장 자주 사용되는 것 같지만 그것도 확실치는 않다.

45 堀誠,「米人李善得建言書について」,『國家學會雜誌』51-5, 1937. 5., 114~117, 123~128쪽.

46 Ernest L. Presseisen, "Roots of Japanese Imperialism: A Memorandum of General LeGendre," *Journal of Modern History*, XXIX, 2 (June 1957), 108~111쪽.

47 "General" LeGendre, *Progressive Japan: A Study of the Political and Social Needs of the Empire* (New York and Yokohama: C. Levy, 1878), 7~9, 25, 97~99쪽.

48 田保橋潔,『近代日鮮關係の硏究』1권, 317~318, 321쪽; 渡邊幾治郎,『明治史硏究』, 86쪽; Hyman Kublin, "The Attitude of China during the Liu-ch'iu Controversy, 1871-1881," *Pacific Historical Review* XVIII, 2 (May 1949), 217~219쪽; 吉野作造 編,『明治文化硏究』5권(東京: 日本評論社, 1928~1930), 65쪽. 葛生能世,『日支交涉外史』1권, 57~60쪽; Treat, *Diplomatic Relations Between the United States and Japan*, I, 450~483쪽; Alfred Stead(ed.), *Japan by the Japanese* (New York: Dodd, Mead & Co., 1904), 158~159쪽.

49 이 회의에 대한 내 설명은 주로 渡邊幾治郎,『明治史硏究』, 85~91, 95, 109~

121, 127~128쪽을 따랐다(이 책에 대한 평가는 주 3 참조). 田保橋潔, 『近代日鮮關係の硏究』 1권, 319~327쪽; Idditti, *The Life of Marquis Shigenobu Okuma*, 152, 155쪽; Nobutaka Ike, "Triumph of the Peace Party in Japan in 1873," *Far Eastern Quarterly*, II, 3 (May 1943), 293~294쪽; Sanematsu Takamori (adapted by Moriaki Sakamoto), *Great Saigo: The Life of Saigo Takamori* (Tokyo: Kaitakusha, 1942), 348, 364쪽; Sidney D. Brown, "Kido Takayoshi (1833-1877): Meiji Japan's Cautious Revolutionary," *Pacific Historical Review*, XXV, 2 (May, 1956), 154~155쪽도 참조했다. 이 자료들은 몇 가지 세부 사항을 더 알려주지만 와타나베의 설명과 배치되지는 않는다.

50 大久保利謙, 『大久保利通文書』 5권(東京: 日本史籍協會, 1927~1931), 708호, 53~63쪽; Nobutaka Ike, "Triumph of the Peace Party in Japan in 1873"에서는 이 문서의 조금 다른 판본을 제시했다(294쪽). 또 다른 판본은 deBary, *Sources of Japanese Tradition*, 658~662쪽 참조. 브라운은 '평화당'의 승리에서 기도의 역할을 과대평가하고 오쿠보의 역할을 과소평가했다(Sidney D. Brown, "Kido Takayoshi," 151, 154~155쪽).

51 大塚武松, 『岩倉具視關係文書』 5권, 390~392쪽.

52 遠山茂樹, 「征韓論」, 2쪽. 『유빈호치신문』 1875년 10월 22일; 『도쿄니치니치신문』 1875년 10월 19일 참조.

53 모리야마 시게루의 건의서, 1874년 1월 11일, A695호; 데라시마가 산조에게, 1874년 1월 10일, A694호; 모리야마의 보고서, 1874년 10월 2일, A698호; 외무성 조선과에서 데라시마에게, 1874년 12월 25일, A699호: 大隈硏究室.

54 니시무라 테이요가 산조와 이와쿠라에게, 1874년 1월 20일, A695호: 大隈硏究室.

55 『明治編年史』 2권, 109, 180쪽.

56 반란 과정은 당시 신문에서 추적할 수 있다. 『明治編年史』 2권, 117, 122, 124, 127~129, 134, 136, 140~141, 145~146, 151, 157쪽. Sanematsu, *Great Saigo*, 377쪽도 참조.

57 『日本外交文書』 7권, 1~2쪽.

58 『明治編年史』 2권, 138, 164쪽.

59 Treat, *Diplomatic Relations Between the United States and Japan*, I, 543~

553쪽; U.S. Department of State, Papers Relating to the Foreign Relations of the United States (1874), 676~677쪽; House, *The Japanese Expedition to Formosa*, 160~170쪽;『日本外交文書』7권, 38~40쪽; 黑龍會,『日支交涉外史』1권, 82~85쪽;『明治編年史』2권, 156, 164~165쪽.

60 『日本外交文書』7권, 225, 306쪽;『明治編年史』2권, 238, 245쪽; 黑龍會,『日支交涉外史』1권, 103~116쪽; Treat, *Diplomatic Relations*, I, 553~556쪽; House, *The Japanese Expedition to Formosa*, 195쪽.

61 遠山茂樹,『明治維新』, 320쪽.

62 淸澤洌,『外政家としての大久保利通』(東京: 中央公論社, 1942), 1, 5~6쪽.

63 田保橋潔,『近代日鮮關係の硏究』1권, 350~352, 363~366쪽; 일본 외무성, 기록 보관소(의회도서관 마이크로필름), "기밀 지시", SP 5, 10, 이하 '외무성 문서'로 표기.

64 田保橋潔,『近代日鮮關係の硏究』1권, 396~397쪽.

65 『明治編年史』2권, 362~363쪽.

66 Treat, *Diplomatic Relations*, I, 591쪽; 田保橋潔,『近代日鮮關係の硏究』1권, 398~400쪽.

67 Treat, *Diplomatic Relations*, I, 592~593쪽; 田保橋潔,『近代日鮮關係の硏究』1권, 416~417, 421쪽; 遠山茂樹,「征韓論」, 5쪽; Robert A. Scalapino, *Democracy and the Party Movement in Prewar Japan* (Berkeley: University of California Press, 1953), 60~61쪽.

68 외무성 문서, SP 5, 7~9쪽.

69 같은 자료, 10~12쪽.

70 같은 자료, 13쪽. Bartz, "The Korean Seclusion Policy," 177~182쪽 참조. 서울에서의 협상은 1873년 외세에 반대하는 대원군이 '하야'한 사실 때문에 더 쉽게 이뤄졌다(Bartz, 125쪽). 일본이 이 사실을 잘 알고 있었다는 것은「조선정세」에서 이 주제를 논의한 데서 알 수 있다. 1876년 2월 11일, A715호: 大隈硏究室.

71 M. Frederick Nelson, *Korea and the Old Orders in Eastern Asia* (Baton Rouge: Louisiana State University Press, 1946), 126~134쪽; 외무성 문서, SP 5, 13~16쪽; 田保橋潔,『近代日鮮關係の硏究』1권, 515~519, 529~

543쪽; Bartz, "The Korean Seclusion Policy," 160~164쪽; T. C. Lin, "Li Hung-chang: His Korea Policies, 1870-1885," *Chinese Social and Political Science Review* XIX, 2 (July 1935), 214~217쪽; T. F. Tsiang, "Sino-Japanese Diplomatic Relations, 1870-1894," *Chinese Social and Political Science Review* XVII (1933~1934), 56~57쪽.

72 '사과' 사절은 1876년 5월에 왔다. 외무성 문서, SP 5, 23쪽.

73 1956년 어느 날 나는 점심을 먹다가 한 일본인 학생에게 오쿠보와 사이고를 비교해 달라고 무심코 물었다. 그는 잠시 생각한 뒤 대답했다. "간단히 말해서 오쿠보는 저 위에서는 위대한 사람이었지만 사이고는 여기 우리 곁에서 위대한 사람이었습니다." 오쿠보의 날카로운 지성을 충분히 보여주는 것은 그의 「오사카 천도 기념사」로 다음에 인용돼 있다. John R. Black, *Young Japan: Yokohama and Yedo* II (London: Trubner & Co., 1881), 184~187쪽. 그가 사이고·고노에·시마즈에게 보낸 편지도 참조. W. G. Beasley, *Select Documents on Japanese Foreign Policy, 1853-1868* (London: Oxford University Press, 1955), 301~303, 311~313쪽에 번역돼 있다. 이 자료들은 유신 이전 그의 생각을 보여준다. 그러나 1950년대 초 일본 젊은이들에게 가장 존경하는 일본인 10명을 꼽으라는 설문조사에서 사이고는 높은 순위에 올랐지만(원자 물리학자 유카와 히데키湯川秀樹와 비슷했다) 오쿠보는 물론 이와쿠라·기도·이토·야마가타 등 메이지의 과두정치인은 아무도 없었다. 그 명단에는 사이고와 함께 이타가키의 자유주의 전통을 따르거나 개선한 것으로 평가되는 후쿠자와 유키치와 오자키 유키오가 있지만 이타가키 자신은 없다. Jean Stoetzel, *Without the Chrysanthemum and the Sword: A Study of the Attitudes of Youth in Postwar Japan* (New York: Columbia University Press, 1955), 235쪽 참조.

74 E. Herbert Norman, "The Genyosha: A Study in the Origins of Japanese Imperialism," *Pacific Affairs* XVII, 3 (Sept. 1944), 265쪽.

75 遠山茂樹, 『明治維新』, 319쪽; 「征韓論」, 8쪽. 메이지 자유주의자 가운데 가장 위대한 인물로 꼽히는 후쿠자와 유키치는 사이고에 동의하지 않았지만 죽기 직전 발표한 글에서 "독재에 저항한 사이고의 정신"에 경의를 표시한 것도 주목된다. 石河幹明, 『福澤諭吉傳』 2권, 508~523쪽.

76 사쓰마는 사우스캐롤라이나처럼 전통을 유지하는 데 남달리 능숙했고 한 심할 정도로 정체돼 있었다. Robert Sakai, "Feudal Society and Modern Leadership in Satsuma-han," *Journal of Asian Studies*, XVI, 3 (May 1957), 365~373쪽 참조.

77 Hans J. Morgenthau, *Politics Among Nations* (New York: Alfred A. Knopf, 1948; 2nd ed.: 1954), 특히 1장 5쪽; Friedrich Meinecke, "Das Wesen der Staatsrason," *Die Ideeder Staatsrason in der neueren Geschichte* (2nd ed.: Munich and Berlin: Verlag von R. Oldenbourg, 1925); Edward H. Carr, *The Twenty Year Crisis, 1919-1939* (London: Macmillan, 1951); George F. Kennan, *American Diplomacy, 1900-1950* (Chicago: University of Chicago Press, 1951).

78 Kenneth W. Thompson, "Theories and Problems of Foreign Policy," Roy C. Macridis (ed.), *Foreign Policy in World Politics* (Englewood Cliffs, New Jersey, Prentice-Hall, 1958), 특히 351~352쪽.

79 Kennan, 앞의 책, 4장과 6장.

80 岩倉公舊蹟保存會, 『岩倉公實記』 3권, 1927, 407쪽. 이것은 도쿄 정부에서 조사를 위해 파견된 야나기하라 젠코가 가고시마에서 사이고 부하들의 활동에 대해 작성한 공식 보고서다.

2장 확립된 현실주의—"안전하고 온건한" 조선 정책

1 시마다 이치로 외 6명이 서명한 문서, 『岩倉公實記』 3권, 536~541쪽. 사이고 당파에 따르면 가와지는 경찰 관리로 1877년 1월 정부의 비밀 지시에 따라 사이고 암살을 시도했다. 이 '소문'은 사쓰마 반란을 촉발하는 요인이 됐다. 야나기하라의 「가고시마에 대한 보고서」, 『岩倉公實記』 3권, 404~411쪽 참조. 그러나 학술적이지는 않지만 상세한 한 연구에서는 이것을 근거 없는 소문이라고 일축했다. 日高節, 『明治秘史―西鄕隆盛暗殺事件』(東京: 隼陽社, 1938).

2 야나기하라, 같은 글.

3 Seiji G. Hishida, *The International Position of Japan as a Great Power*

(New York: Columbia University Press, 1905), 164쪽.

4   W. E. Griffis, "Japan's Absorption of Korea," *North American Review* CXCII (Oct. 1910), 516, 525~526쪽; G. Trumbull Ladd, "The Annexation of Korea: An Essay in Benevolent Assimilation," *Yale Review*, N.S.I (July 1912), 639~659쪽; Payson J. Treat, "China and Korea, 1885-1895," *Political Science Quarterly* XLIX (1934), 514, 542~543쪽; Treat, *Diplomatic Relations between Japan and the United States, 1853-1895*, 28, 40장; *Diplomatic Relations between Japan and the United States*, 1895-1905, 275~277쪽; 統監府, 『韓國施政年報』 1907년, 1908~1909년; 總督府, 『朝鮮施政年報』 1910~1911년.

5   Nelson, *Korea and the Old Orders in Eastern Asia*, 296쪽; Homer Hulbert, *The Passing of Korea* (New York: Doubleday, Page & Co., 1906); Fred A. Dolph, "Briefs for Korea" (presented to U.S. House and Senate Committees on Foreign Affairs, 1919); *Japanese Stewardship of Korea, Economic and Financial* (Washington, 1920); "Statement," *Congressional Record*, 66차 회의 1차 회기, 1919년 9월 19일; Sunoo Hagwon, "A Study of the Development and Technique of Japanese Imperialism in Korea, 1904-1910," *Korean Review* I, 1 (June 1948), 27~51쪽; F. A. McKenzie, *Korea's Fight for Freedom* (New York: Fleming H. Revell Co., 1920); Younghill Kang, *The Grass Roof* (New York: Scribner's, 1932); Henry Chung, *The Case of Korea* (New York: Revell, 1921); Lin, "Li Hung-chang"; Tsiang, "Sino-Japanese Diplomatic Relations"; Andrew J. Grajdanzev, *Modern Korea* (New York: Institute of Pacific Relations, 1944); Robert T. Oliver, *Korea: Forgotten Nation* (Washington: Public Affairs Press, 1944). 이런 연구들은 일본이 "진보와 문명"의 전달자로 조선에 왔다는 생각을 반박하는 데 도움을 줬다.

6   Paul Eckel, *The Far East Since 1500* (New York: Harcourt, Brace & Co., 1948), 270~271쪽. 프랭크 윌리스턴Frank Williston은 미국이 조선 문제를 다시 검토해야 한다고 지적했다. "Reflections on American-Korean Relations," *Korean Review* I, 1 (June 1948), 3~10쪽.

7   앞 장에서 언급했고 앞으로 더 많이 이용될 다보하시의 연구는 해석을 최소화하면서 사실을 보고한 전전의 경향을 보여주는 사례다. 그럼에도 다보하시는 철저한 사실주의적 서술방식을 유지하면서 이런저런 어려움을 겪었다. 전후에 그가 쓴『日淸戰役外交史の硏究』(東京: 刀江書院, 1951) 서문 참조. 또 다른 사례는 Takeuchi Tatsuji, *War and Diplomacy in the Japanese Empire* (Chicago: University of Chicago Press, 1935).
8   旗田巍,『朝鮮史』(東京: 岩波書店, 1951), 166, 168쪽.
9   조약 2·4·7조.
10 내무대서기관이 외무대서기관에게, 1877년 6월 26일:『日本外交文書』10권, 206~207쪽.
11 아래 문서는 모두『日本外交文書』10권에 실려 있다. 오쿠보 내무경이 데라시마 외무경에게, 1877년 2월 13일, 93호, 199~200쪽; 데라시마 외무경이 내무성에, 1877년 3월 2일, 94호, 201쪽; 내무성에서 데라시마 외무경에게, 1877년 3월 15일, 95호, 201~202쪽; 데라시마 외무경이 내무성에, 1877년 3월 19일, 96호, 202~203쪽; 내무서기관이 외무서기관에게, 1877년 4월 14일, 98호, 204쪽; 외무대서기관이 곤도 부산 관리관에게, 1877년 5월 25일, 99호, 206쪽; 곤도가 외무대보에게, 1877년 6월 21일, 100호, 206쪽; 내무대서기관이 외무대서기관에게, 1877년 6월 26일, 101호, 206~207쪽; 외무서기관이 내무서기관에게, 1877년 7월 2일, 102호, 207~208쪽; 곤도 부산관리관이 외무대보에게, 1877년 7월 9일, 105호, 210~211쪽; 내무경대리가 데라시마 외무경에게, 1877년 7월 17일, 103호, 208~209쪽; 데라시마 외무경이 내무경대리에게, 1877년 7월 20일, 104호, 210쪽; 데라시마 외무경이 산조 총리에게, 1877년 8월 27일, 106호, 211쪽.

다음은『日本外交文書』11권에 실려 있다. 오쿠보가 데라시마에게, 1878년 3월 14일, 129호, 273~276쪽; 나가사키 지사가 외무성과 내무성에, 1878년 3월 30일, 131호, 276~277쪽; 외무경이 부산영사에게, 1878년 4월 17일, 132호, 277~279쪽.
12 앞의 주 11, 문서 99·100·105호 참조.
13 데라시마가 이와쿠라에게, 1877년 5월 4일, 107호:『日本外交文書』10권, 214~215쪽.

14 하나부사에게 보낸 비망록, 데라시마가 해군성에 보낸 서신에 동봉, 1877년 9월 12일, 113호:『日本外交文書』10권, 219쪽; 해군성에서 데라시마에게 보낸 서신, 1877년 9월 10·20일, 112·116호도 참조.『日本外交文書』10권, 219, 221~222쪽.
15 Henry Chung (comp.), *Treaties and Conventions between Corea and other Powers* (New York: H. S. Nichols, Inc., 1919), 209~212쪽.
16 강화도조약, 제2조.
17 부록, 제4조.
18 田保橋潔,『近代日鮮關係の研究』1권, 613~619, 637쪽. 데라시마는 미야모토를 환대해준 것에 대해 조선 예조판서에게 감사 서한을 보냈다. 1877년 6월 날짜 없음, 134호:『日本外交文書』10권, 310쪽.
19 데라시마가 하나부사에게, 1877년 9월 24일, 117호 및 동봉 1:『日本外交文書』10권, 222~226쪽.
20 이것과 달리 1885년 이노우에 가오루의 양아들은 하와이 호놀룰루에 도착했는데, 타고 간 이민선에서 천연두가 발병해 17일 동안 배에 머물러야 했다. Hilary Conroy, *The Japanese Frontier in Hawaii, 1868-1898* (Berkeley: University of California Press, 1953), 72~73쪽.
21 하나부사의 임무에 대한 이런 서술은 1877년 12월 18일 자, 하나부사가 조선 예조판서에게, 132호:『日本外交文書』10권, 239~288쪽에 '첨부 문서 1호'로 나오는 그의 일기를 바탕으로 작성했다. 하나부사가 데라시마에게, 1877년 11월 28일, 130호:『日本外交文書』10권, 236~237쪽도 참조. 이 문서에서 하나부사는 부산에서 해안을 조사한 결과 작은 마을은 대부분 항구가 열악해 "용흥龍興만 논의하기로 했다"고 보고했다. 그러나 일기에 따르면 그는 조선인들과 그곳에 대해 전혀 논의하지 못했다.
22 사실 일본이 동해안에서 가장 먼저 선택한 곳은 원산이 아니었지만, 조선이 다른 곳을 거부하고 원산에 대해 논의할 수 있다고 암시했기 때문에 주요 목표로 삼게 된 것이다. 1878년 조사에 대해서는 다음 자료 참조. 데라시마가 산조에게, 1878년 2월 20일, 139호:『日本外交文書』11권, 284~286쪽; 데라시마가 해군 고위 장교에게, 1878년 4월 16일, 148호: 같은 책 11권, 286~287쪽; 해군성에서 외무성에, 1878년 10월 5일, 148호: 같은 책 11권, 295쪽.

23 외무성 문서, SP 5, 26~30쪽. 하나부사가 데라시마에게, 1879년 1월 날짜 없음, 190호:『日本外交文書』11권, 304~306쪽; 데라시마가 산조에게, 1879년 2월 27일, 120호:『日本外交文書』12권, 211~213쪽. 田保橋潔,『近代日鮮關係の硏究』1권, 698~700쪽.

24 데라시마가 산조에게 및 동봉, 1879년 3월 31일, 122호:『日本外交文書』12권, 216쪽. 외무경 이노우에가 산조에게, 동봉, 1879년 9월 11일, 123호: 같은 책 12권, 217쪽. 이노우에가 산조에게, 동봉, 1879년 10월 4일, 124호: 같은 책 12권, 220~221쪽.

25 하나부사가 이노우에 외무경에게, 1881년 2월 2일, 141호 및 1881년 2월 28일, 146호:『日本外交文書』14권, 331~342, 352~354쪽. 田保橋潔,『近代日鮮關係の硏究』1권, 729~730쪽. 외무성 문서, SP 5, 34쪽.

26 위의 서술은 아래 서신에 따랐으며 모두『日本外交文書』14권에 실려 있다. 하나부사가 이노우에 외무경에게, 1881년 2월 10일, 123호, 290~303쪽; 수・발신인 같음, 1881년 4월 15일, 125호, 303쪽; 우에노 외무소보外務少輔가 아리스가와 왕자에게, 1881년 4월 28일, 126호, 1881년 5월 8일, 127호, 204~205쪽; 이노우에가 산조 총리에게, 1881년 6월 2일, 128호, 306쪽; 우에노가 산조에게, 1881년 7월 23일, 129호 및 1881년 6월 8일, 153호, 307~308, 365~369쪽; 곤도(부산)가 이노우에에게, 1881년 9월 2일, 130호, 308쪽; 이노우에가 후쿠다(서울)에게, 1881년 12월 16일, 137호, 313~314쪽.

외무성 문서, SP 5, 33~36쪽; 田保橋潔,『近代日鮮關係の硏究』1권, 748, 751쪽; Bartz, "The Korean Seclusion Policy," 186쪽도 참조. 조선 조정의 배경은 Bartz, 같은 글, 125~135, 183~184쪽 참조.

27 우에노 외무소보가 산조에게, 1881년 4월 14일, 152호, 동봉 (하나부사의 보고서):『日本外交文書』14권, 362~364쪽; 수・발신인 같음, 1881년 3월 28일, 151호: 같은 책, 360~361쪽.

28 Nelson, *Korea and the Old Orders in Eastern Asia*, 139~140쪽.

29 Treat, *Diplomatic Relations between Japan and the United States, 1853-1895*, II, 122~126, 138~139쪽.

30 외무성 문서, SP 5, 31~32쪽.

31 Tsiang, "Sino-Japanese Diplomatic Relations," 64쪽.

32 F. A. McKenzie, *The Tragedy of Korea* (New York: E, P, Dutton & Co., n.d.), 16~17쪽; "Report" by Ensign George C. Foulk, encl. in U.S. Min., Lucius Foote, to Sec. State, Dec. 17, 1884, No. 128: U.S. Diplomatic Despatches, Seoul. 이 보고서는 George M. McCune and John A. Harrison (eds.), *Korean-American Relations* (Berkeley: University of California Press, 1951), I, 101~113쪽에 수록. 특히 103쪽 참조.

33 외무성 문서, SP 5, 36~37쪽; 田保橋潔, 『近代日鮮關係の硏究』 1권, 759~784쪽; 旗田巍, 『朝鮮史』, 170~171쪽. 당시의 설명은 『유빈호치신문』 1882년 7월 31일; 『도쿄니치니치신문』 1882년 7월 31일; 『시사신보』 1882년 8월 10일. 『明治編年史』 5권, 117~118, 128~130쪽 참조.

34 하나부사가 이노우에 외무경에게, 나가사키에서 보낸 전보, 1882년 7월 30일, 116호: 『日本外交文書』 15권, 215쪽; 수·발신인 같음, 서신, 1882년 7월 30일, 118호: 같은 책, 216~221쪽; 곤도(부산)의 보고, 7월 27일 및 하나부사가 조선 국왕에게 보낸 서신, 1882년 7월 26일 동봉. 田保橋潔, 『近代日鮮關係の硏究』 1권, 788~790쪽; 黑龍會, 『日支交涉外史』 1권, 169~178쪽도 참조.

35 포크의 보고서, 같은 책.

36 외무성 문서, SP 5, 37~40쪽; 田保橋潔, 『近代日鮮關係の硏究』 1권, 788~820쪽; Tsiang, "Sino-Japanese Diplomatic Relations," 73~76쪽.

37 외무성 문서, SP 5, 41, 45~46쪽; text of "trade agreement", *Papers Rel. to For. Rel. of U.S.* (1883), 173~176쪽.

38 Treat, *Diplomatic Relations between Japan and the United States, 1853-1895*, II, 165쪽.

39 Frank F. Ross, "The American Naval Attack on Shimonoseki in 1863," *Chinese Social and Political Science Review* XVIII (1934~1935), 146~155쪽.

40 Treat, *Diplomatic Relations between Japan and the United States, 1853-1895*, II, 167쪽 이하.

41 Nelson, *Korea and the Old Orders in Eastern Asia*. 메리 C. 라이트Mary C. Wright는 최근 글에서 1860년 이후 중국 외교는 놀라울 정도로 적응력이 뛰어났지만 특히 조선과 관련해서는 유교적 기반을 벗어날 수 없었다고 강조했다. "The Adaptability of Ch'ing Diplomacy: The Case of Korea," *Journal of*

Asian Studies, XVII, 3 (May 1958), 363~381쪽.

42 Kennan, *American Diplomacy*, 55~56쪽.

43 Lin, "Li Hung-chang," 203쪽.

44 총리아문이 실제로 청의 외교를 근대화하려고 했음을 보여준 메리 라이트의 중거는 모리가 이렇게 가정한 데 충분한 근거가 있었음을 알려준다.

45 Nelson, 앞의 책, 109~163쪽, 특히 144~145, 157쪽. 프렐링후이센이 영에게, 1882년 8월 4일, 30호: 미국 국무부의 중국 지침 참조.

46 또한 루시우스 푸트Lucius Foote는 초대 주한 미국공사로서 서울에 도착했을 때 조·청 관계를 1636년까지 거슬러 올라가 신속하면서도 상당히 정확하게 평가해 국무장관에게 전달했다. 푸트(조선공사관)가 국무부에, 1883년 8월 21일. 넬슨은 미국의 태도가 중국의 국제 체제를 이해하지 못했기 때문이라고 지적했지만, 나는 국무부가 중국에 대해 상당히 좋은 정보를 갖고 있었다고 말하고 싶다.

47 『岩倉公實記』 3권, 897~899쪽. 田保橋潔, 『近代日鮮關係の硏究』 1권, 902~903쪽도 참조.

48 이노우에가 이토에게, 1882년 11월 17일. 伊藤博文 編, 『朝鮮交涉資料』 1권(東京: 秘書類纂刊行會, 1936), 251~253쪽 수록; 田保橋潔, 『近代日鮮關係の硏究』 1권, 904~905쪽.

49 이노우에가 이토에게, 1882년 11월 17일, 『朝鮮交涉資料』에 수록. 田保橋潔, 『近代日鮮關係の硏究』 1권, 905~907쪽.

50 田保橋潔, 『近代日鮮關係の硏究』 1권, 841~843, 907쪽. Tsiang, "Sino-Japanese Diplomatic Relations," 75쪽도 참조.

51 Tsiang, 앞의 글, 84~85쪽. "법률적으로 다케조에는 일본 정부의 대표자였고, 일본 정부는 그를 부인하지 않는 한 그가 한 일에 책임져야 했지만 그러지 않았다. (…) 다케조에의 열성은 정부의 의도를 뛰어넘었다." 넬슨은 이렇게 세밀히 구분하지 않고 일본만 비난했다. *Korea and the Old Orders in Eastern Asia*, 170~171쪽.

52 田保橋潔, 『近代日鮮關係の硏究』 1권, 910~911, 919쪽. 무역에 대해서는 四方博, 「朝鮮に於ける近代資本主義の成立過程」, 『朝鮮社會經濟史研究』(東京: 刀江書院, 1933), 160~164쪽; 農商務省 옮김, 『露國大藏省韓國誌』(東京, 1905), 114~115쪽 〈일·한 수입·수출표〉 참조. 좀 더 자세한 논의는 아래 9장

참조.

53 푸트(조선공사관)가 국무부에, 1883년 10월 23일, 34호; 1883년 11월 8일, 39호 및 동봉 1; 1883년 11월 10일, 기밀, 번호 없음. 이 마지막(11월 10일) 문서에는 이홍장이 고종에게 새 무역 협정을 설명하는 서신의 번역본이 포함돼 있었다. "그러므로 저는 상업에 관한 모든 문제는 주상께서 적절하다고 생각하는 대로 자유롭게 정할 자유를 가져야 하지만 이런 [외국의] 전권대사들과 성급히 논의할 수 없으며, 그것은 앞서 톈진 날짜로 9월 24일 조선이 청의 속국이라는 통지의 취지를 수정하는 것임을 진심으로 알려드리고 싶습니다." 푸트는 고종이 "큰 분노를 표명하며 중국이 자신의 왕국 문제에 이렇게 직접 간섭하려는 시도를 한 적이 없었다고 말했다"고 덧붙였다. 영(청국공사관)이 국무부에, 1882년 12월 26일, 85호도 참조.

54 Wright, 앞의 책, 380~381쪽.

55 빙엄에 대해서는 Treat, *Diplomatic Relations between Japan and the United States, 1853-1895*, II, 163쪽 참조. 중국의 서신은 외무성 문서, SP 5, 39쪽에 인용돼 있다.

56 영(청국공사관)이 국무장관에게, 1882년 12월 28일, 87호, 기밀; 수·발신인 같음, 1882년 12월 27일, 86호.

57 영(청국공사관)이 국무부에, 1883년 1월 2일, 92호. 이노우에의 편지는 1882년 12월 4일 자다. 이노우에는 모노카시호 선장에게도 감사 편지를 보냈다.

58 무역장정에 대한 체스터 홀컴의 논평, 1882년 12월 19일, 동봉 2, 영(청국공사관)이 국무부에 보내는 서신, 1882년 12월 26일, 85호.

59 영(청국공사관)이 국무부로, 1882년 12월 26일, 85호.

60 Treat, *Diplomatic Relations between Japan and the United States, 1853-1895*, II, 179쪽.

61 프렐링후이센 국무장관이 푸트(조선공사관)에게, 1883년 3월 17일, 3호; 프렐링후이센이 영(청국공사관)에게, 1883년 3월 16일, 4월 11일, 5월 26일, 94·107·124호.

62 푸트(조선공사관)가 국무장관에게, 1884년 9월 4일, 104호, 기밀.

63 외무성 문서, SP 5, 44쪽.

3장 이상주의의 진입—정부의 신중한 태도에 도전한 자유주의적 열망

1   Fred Harvey Harrington, *God, Mammon and the Japanese* (Madison: University of Wisconsin Press, 1944), 240~241쪽.
2   푸트 미국공사는 이전의 파견에서 조선을 "정체되고 빈곤한 나라"라고 묘사하면서도 "선의를 지닌 사람이 많다. (…) 그들은 진보세력을 구성하고 있으며 고립에 반대한다"고 덧붙였다. 푸트(조선공사관)가 국무부에, 1883년 6월 26일, 9호.
3   Harrington, 앞의 책, 228쪽.
4   푸트(조선공사관)가 국무부에, 1883년 7월 13일, 14호; 1884년 12월 17일, 128호 및 동봉. 프렐링후이센이 푸트(조선공사관)에게, 1883년 10월 16일, 27호, 지시. McCune and Harrison, *Korean-American Relations*, I, 32~34, 105~106, 112~113쪽; Bartz, "The Korean Seclusion Policy," 186쪽도 참조.
5   푸트, 128호 (동봉) 및 프렐링후이센, 27호, 같은 자료.
6   Scalapino, *Democracy and the Party Movement in Prewar Japan*, 66쪽. "〔1873년〕 이타가키의 주된 목적은 조선을 공격하는 것이 아니라 좋은 헌법을 만드는 것이었다"는 주장도 있다. 黑龍會 編, 『西南記傳』 1-2권, 650쪽.
7   遠山茂樹, 『明治維新』, 329쪽. 그는 『유빈호치신문』 1876년 1월 6일 자와 『평론신문』 등의 신문을 인용했다. 같은 책, 339쪽.
8   Carmen Blacker (trans.), "Kyuhanjo (Conditions in an Old Feudal Clan) by Fukuzawa Yukichi," *Monumenta Nipponica*, IX, 1-2 (1953), 304~329쪽.
9   丸山眞男, 「福澤諭吉の哲學」, 『國家學會雜誌』 61-3, 1947, 129~163쪽. 후쿠자와의 경력과 사상은 宮川透, 「福澤諭吉に於ける啓蒙思想の構造」, 『東洋文化研究所紀要』 6권, 1954. 11., 241~264쪽; John W. Morrison, "Japan and the West: The Career of Fukuzawa Yukichi," *The Western Humanities Review*, VII, 3 (1953) 233~244쪽도 참조.
10 石河幹明, 『福澤諭吉傳』 3권(東京: 岩波書店), 1933, 289쪽.
11 오카 요시다케岡義武, 도쿄대 강의, 1954년 5월 28일.
12 Scalapino, *Democracy and the Party Movement in Prewar Japan*, 103~108쪽. George M. Beckmann, *The Making of the Meiji Constitution: The Oligarchs and the Constitutional Development of Japan, 1868-1891*

(Lawrence: University of Kansas Press, 1957), 53~95쪽도 참조.
13 外務省,『條約改定關係槪要』(東京, 1950), 序文, 3쪽. Conroy, *The Japanese Frontier in Hawaii*, 52~53쪽도 참조.
14 2장 주 55 참조.
15 石河幹明,『福澤諭吉傳』3권, 340쪽.
16 같은 책, 369쪽; 近藤吉雄,『井上角五郎先生傳』(東京: 井上角五郎先生傳記編纂會, 1943). 1~31, 135~142쪽. 石河幹明,『福澤諭吉傳』3권, 341, 367쪽도 참조.
17 가쿠고로는 1886년 마지막으로 조선을 떠나기 직전 고종에게 이 문서를 제출하면서 이런 개혁이 이뤄지지 않으면 자신은 "더 이상 아무것도 할 수 없으며" 일본으로 돌아갈 것이라고 말했다. 井上角五郎,「京城の殘夢」(東京: 春陽書樓, 1891), 104~106쪽. 이 작은 책자는 잡지『풍속화보風俗畵報』(1895년 1월)에 같은 제목으로 다시 실렸다.
18 石河幹明,『福澤諭吉傳』3권, 297~298쪽; 近藤吉雄,『井上角五郎先生傳』, 31~34쪽; 田保橋潔,『近代日鮮關係の硏究』1권, 910쪽.
19 近藤吉雄, 같은 책, 35쪽.
20 『시사신보』1910년 8월 27일.
21 田保橋潔,『近代日鮮關係の硏究』1권, 909쪽.
22 石河幹明,『福澤諭吉傳』3권, 277~278, 295~297쪽.
23 井上角五郎,「京城の殘夢」, 15~16쪽.
24 田保橋潔,『近代日鮮關係の硏究』1권, 912~914쪽. 17만 엔의 차관에 관련된 문서는『日本外交文書』15권, 283~289쪽에 있지만 결정적 자료는 아니다. 외무성 문서, SP 5, 73쪽에서는 조선이 17민 엔을 차관했다고 했다.
25 井上角五郎,「京城の殘夢」, 21쪽.
26 石河幹明,『福澤諭吉傳』3권, 300쪽.
27 田保橋潔,『近代日鮮關係の硏究』1권, 916~917쪽.
28 近藤吉雄,『井上角五郎先生傳』, 41~46쪽.
29 田保橋潔,『近代日鮮關係の硏究』1권, 919, 923쪽.
30 푸트(조선공사관)가 국무장관에게, 1884년 9월 3일, 105호 및 1884년 12월 17일, 128호(동봉). 푸트가 국무장관에게, 1883년 10월 19일, 32호, 같은 자

료 및 McCune and Harrison, *Korean-American Relations*, I, 53~55, 106~109쪽도 참조.

31 田保橋潔,『日淸戰役外交史の硏究』, 3~4쪽; 石川諒一,『自由黨大阪事件』(東京: 自由黨大阪事件出版局, 1933), 12~23쪽; 板垣退助,『自由黨史』 2권 (東京, 1913), 346~347쪽; 近藤吉雄,『井上角五郞先生傳』, 50쪽.

32 田保橋潔,『近代日鮮關係の硏究』 1권, 923~924쪽; 近藤吉雄,『井上角五郞先生傳』, 49~50쪽.

33 푸트(조선공사관)가 국무성에, 1884년 9월 17일, 110호 및 1884년 11월 15일, 124호. McCune and Harrison, 앞의 책 1권, 56쪽.

34 포크의 '보고서', 1884년 12월 17일, 제128호, 푸트(조선공사관)가 국무성에 보낸 서신에 동봉. McCune and Harrison, 앞의 책, 106~111쪽.

35 田保橋潔,『近代日鮮關係の硏究』 1권, 924, 928쪽; 石河幹明,『福澤諭吉傳』 3권, 316, 327쪽.

36 외무성 문서, SP 5, 47~48쪽. 다케조에가 이토·이노우에 가오루에게, 1884년 11월 12일. 伊藤博文 編,『朝鮮交涉資料』 1권, 266~267쪽 수록. 이토가 다케조에에게, 1884년 11월 28일. 같은 책, 295쪽 수록. 다케조에에게 보낸 회신에서 이토는 다음과 같이 말했다. "첫 번째 계획은 적절하지 않습니다. 두 번째 계획이 좋습니다. 우리 정부는 공개적으로 조선의 어느 한 세력을 지지하거나 간섭하려고 하지 않습니다. 가장 좋은 방법은 일본의 단체가 온건한 노력을 통해 조선을 계몽하도록 하는 것입니다. 이것을 유의하기 바랍니다."

37 『시사신보』 1910년 9월 1·2일. 후쿠자와가 세상을 떠난 뒤 발표된 기사로 "후쿠자와의 생전에는 알려지지 않은 (…) 여러 비밀스런 문제"를 다뤘다고 했다 (『시사신보』 1910년 8월 27일). 黑龍會,『日支交涉外史』 1권, 183쪽 참조.

38 田保橋潔,『近代日鮮關係の硏究』 1권, 924~926쪽.

39 같은 책, 937~941쪽.

40 포크의 보고서, 같은 책.

41 石河幹明,『福澤諭吉傳』 3권, 324~325, 344쪽; 近藤吉雄,『井上角五郞先生傳』, 54~55쪽.

42 푸트(조선공사관)가 국무장관에게, 1884년 12월 5일, 127호. McCune and Harrison, 앞의 책 I, 96쪽.

43 푸트(조선공사관)가 국무장관에게, 1884년 12월 17일, 128호. McCune and Harrison, 앞의 책 I, 97~101쪽.

44 포크(조선공사관)가 국무장관에게, 1885년 1월 11일, 146호. McCune and Harrison, 앞의 책 I, 116~117쪽.

45 田保橋潔, 『近代日鮮關係の硏究』 1권, 948쪽.

46 井上角五郎, 「京城の殘夢」, 69쪽.

47 近藤吉雄, 『井上角五郎先生傳』, 65, 67쪽; 石河幹明, 『福澤諭吉傳』 3권, 344쪽.

48 近藤吉雄, 같은 책, 65쪽.

49 이토가 이노우에에게, 1884년 12월 26일. 伊藤博文, 『朝鮮交涉資料』 1권, 336~337쪽 수록; 외무성 문서, SP 5, 48~49쪽; 田保橋潔, 『近代日鮮關係の硏究』 1권, 1015~1018; 1043쪽.

50 푸트(조선공사관)가 국무장관에게, 1884년 12월 31일, 136호 및 1885년 1월 2일, 138호.(기밀). McCune and Harrison, 앞의 책 I, 114~116쪽.

51 외무성 문서, SP 5, 50~51, 53쪽; 田保橋潔, 『近代日鮮關係の硏究』 1권, 1059~1060쪽.

52 Treat, *Diplomatic Relations between Japan and the United States, 1853-1895*, II, 215쪽. 푸트가 국무장관에게, 1885년 1월 9일, 140호 (및 동봉); 외무성 문서, SP 5, 50~51, 53쪽.

53 포크(조선공사관)가 국무장관에게, 1885년 3월 12일, 153호.

54 近藤吉雄, 『井上角五郎先生傳』, 78~79쪽; 石河幹明, 『福澤諭吉傳』 3권, 344~345쪽. 주한 일본공사관에서는 가쿠고로가 "갑자기 우리의 조언과 반대로" 조선을 떠났다고 이노우에 외무경에게 보고했다. 주한 대리공사 곤도가 이노우에 외무경에게, 1885년 3월 12일, 129호: 『日本外交文書』 18권, 207~208쪽.

55 Scalapino, *Democracy and the Party Movement in Prewar Japan*, 103~108쪽; Marius Jansen, "Oi Kentaro; Radicalism and Chauvinism," *Far Eastern Quarterly*, XI, 3 (1952), 307~308쪽; 平野義太郎, 『馬城大井憲太郎傳』(東京: 大井馬城傳編纂部, 1938), 1~4장.

56 이들의 약력은 石川諒一, 『自由黨大阪事件』, 35, 37, 41, 43~51, 78, 151~

154쪽 참조. 가게야마에 대한 내용은 『가이조改造신문』 1885년 12월 2일과 『明治編年史』 6권, 200쪽 참조. 여기는 그녀의 나이가 19세, 石川諒一, 『自由黨大阪事件』에는 21세로 돼 있다.

57 平野義太郎, 『馬城大井憲太郎傳』, 92~94쪽.

58 도쿄 경시청장이 이노우에 외무경에게 보낸 보고, 1885년 12월 15일. 『日本外交文書』 19권, 518~519쪽.

59 石川諒一, 『自由黨大阪事件』, 65~80쪽. 프랑스 차관 계획과 오사카 사건에 관련된 많은 자료에 대해 다보하시는 "정확성에 결함이 있고 모순이 적지 않다"고 평가했지만 "조작으로 판단해 버려야 할 정도는 아니"라고 강조했다(『日清戰役外交史の研究』, 4~5쪽). 다보하시는 참고하지 않은 것으로 보이지만 이시카와石川諒一의 『自由黨大阪事件』은 이 사건에 대한 가장 상세한 보도일 것이다. 제대로 정리되지 않고 반복되는 내용이 많지만 편자가 상세한 내부 정보를 갖고 있던 것은 분명하다. 板垣退助, 『自由黨史』와 平野義太郎, 『馬城大井憲太郎傳』, 石河幹明, 『福澤諭吉傳』도 주요 전거다. 이 자료들은 다보하시와 젠슨("Oi Kentaro: Radicalism and Chauvinism")이 이용했다. 그들은 이런 편견을 반영하지 않도록 주의했지만 모두 음모자들을 옹호한 경향이 있다. 사건의 세부 사항은 일본 정부의 조사 보고서를 보면 잘 교차 검증할 수 있다. 오이·고바야시와 그들의 동료들을 영웅이 아닌 '범죄자'로 간주하는 것을 제외하면 앞서 언급한 전거와 상당 부분 일치한다.

오사카 지사 대행이 내무경에게, 1885년 11월 3일 및 12월 23일; 도쿄 경시청장이 이노우에 외무경에게, 1885년 12월 15일; 이노우에가 다카히라(조선공사관)에게, 1885년 12월 날짜 없음. 이 문서들은 다카히라(조선공사관)가 이노우에 외무경에게, 1886년 1월 3일: 『日本外交文書』 19권, 513~520쪽에 수록. 다카히라의 서신에는 그가 서울의 '정보원'에게서 얻은 정보가 담겨 있다. 당시 신문 보도는 다음을 참조, 『가이조신문』 1885년 11월 25일; 『도쿄니치니치신문』 1885년 12월 2일. 『明治編年史』 6권, 192, 196~197쪽. 이것들은 자세하고 정보에 근거한 서술이다.

60 일본 외무성 색인에는 '1885년 불온분자' 항목에 가쿠고로가 실려 있다. 도쿄 외무성 자료 참조.

61 구리노가 이노우에 외무경에게, 1886년 1월 4일: 『日本外交文書』 19권, 524~

525쪽; 近藤吉雄, 『井上角五郞先生傳』, 95~96, 101~102, 133쪽; 포크(조선 공사관)가 국무장관에게, 1886년 6월 3일, 267호.

62   石川諒一, 『自由黨大阪事件』, 145~146쪽; 平野義太郞, 『馬城大井憲太郞 傳』, 148~166쪽; Jansen, "Oi Kentaro," 310~311쪽.

4장 재개된 현실주의

1   외무성 문서, SP 5, 56쪽.
2   田保橋潔, 『近代日鮮關係の硏究』 1권, 1023쪽. Treat, *Diplomatic Relations between Japan and the United States, 1853-1895*, II, 216쪽에서는 1885년 4월 2일 영(베이징)이 프렐링후이센 국무장관에게 보낸 서신을 인용했다.
3   포크는 일본군 600명이 있었다고 구체적으로 말했다. 포크(조선공사관)가 국무장관에게, 1885년 3월 9일, 152호, 기밀. 청군의 숫자는 구체적이지 않지만 일본군보다는 분명히 많았기 때문에 2000명이면 공정한 추정인 것 같다.
4   田保橋潔, 『近代日鮮關係の硏究』 1권, 1066쪽.
5   일본 외무성 문서에서는 이 용어를 사용했다. 외무성 문서, SP 5, 56쪽
6   『유빈호치신문』 1885년 4월 21일; 『시사신보』 1885년 4월 22일; 『도쿄-요코하마마이니치신문』 1885년 4월 21일.
7   이 신문을 포함한 메이지 시대의 모든 주요 신문과 많은 군소 신문은 도쿄대 메이지 신문 문고에 보관돼 있으며, 나는 그것을 이용했다. 그 가운데 많은 기사는 『新聞集成 明治編年史』에 다시 실려 있지만(수많은 교차 확인을 해본 결과 매우 신중하고 정확했다) 『編年史』에 해당 기사가 없는 경우는 원본을 사용했다.
8   『유빈호치신문』 1885년 5월 28일 이하; 『시사신보』 1885년 5월 27일 이하; 『도쿄-요코하마마이니치신문』 1885년 5월 28일 이하. 『유빈호치신문』은 오쿠마의 진보당進步黨의 의견을 반영했고, 편집자 누마 모리카즈가 진보당의 지도자였던 『도쿄-요코하마 마이니치신문』도 마찬가지였다. 『도쿄니치니치신문』 1885년 5월 28일과 『明治編年史』 6권, 91쪽 참조. 이 신문들은 대체로 정부의 기관지였다.

9   Treat, *Diplomatic Relations between Japan and the United States, 1853-1895*, II, 216~218쪽.
10 외무성 문서, SP 5, 57~61쪽. 『도쿄니치니치신문』 1885년 5월 28일 자에는 태정관에서 발표한 조약 내용을 보도했다. 『明治編年史』 6권, 91~92쪽. 田保橋潔, 『近代日鮮關係の硏究』 1권, 1079~1122쪽도 참조.
11 외무성 문서, SP 5, 63쪽.
12 田保橋潔, 『日淸戰役外交史の硏究』, 8~9쪽.
13 포크(조선공사관)가 베이어드Bayard 국무장관에게, 1885년 12월 12일, 262호 및 1885년 12월 29일, 265호 (모두 기밀); 다카히라(조선공사관)가 이노우에 외무경에게, 1886년 1월 3일, 209호: 『日本外交文書』 19권, 513~514쪽.
14 1886년 1월 20일 이노우에 외무경은 오이 등이 음모를 꾸몄지만 이미 체포됐다고 조선 정부에 공식 보고하도록 서울의 다카히라에게 지시했다. 212호: 『日本外交文書』 19권, 544쪽.
15 平野義太郞, 『馬城大井憲太郞傳』, 174쪽.
16 田保橋潔, 『日淸戰役外交史の硏究』, 7~8쪽.
17 井上角五郞, 「京城の殘夢」, 106쪽.
18 近藤吉雄, 『井上角五郞先生傳』, 108, 128~145쪽; 石河幹明, 『福澤諭吉傳』 3권, 363~369쪽.
19 田保橋潔, 『日淸戰役外交史の硏究』, 6, 8쪽; 도쿄 경시청장이 이노우에 외무경에게, 1885년 12월 15일: 『日本外交文書』 19권, 518쪽.
20 田保橋潔, 『日淸戰役外交史の硏究』, 9~10쪽.
21 외무성 문서, SP 5, 64쪽.
22 이노우에 외무경이 야마가타 내무경에게, 1886년 6월 9일, 238호: 『日本外交文書』 19권, 573, 74쪽.
23 외무성 문서, SP 5, 64쪽. 이노우에가 야마가타에게, 1886년 8월 2일, 247호 및 야마가타가 이노우에에게, 1886년 8월 4일, 248호 및 동봉: 『日本外交文書』 19권, 582~583쪽. 내무소경(동봉 3)은 김옥균을 미국으로 보내려고 했지만 실패해 보닌으로 보냈다고 보고했다.
24 외무성 문서, SP 5, 75쪽. 黑龍會, 『日支交涉外史』 1권, 218쪽도 참조.
25 포크(조선공사관)가 국무장관에게, 1885년 8월 16일, 214호; McCune and

Harrison, *Korean-American Relations*, I, 126쪽.

26 Hugh Borton, *Japan's Modern Century* (New York: Ronald Press Co., 1955), 167쪽.

27 같은 책, 169쪽 주 13.

28 Nelson, *Korea and the Old Orders in Eastern Asia*, 205~206쪽과 206쪽 주 42.

29 혜롯(조선공사관)이 그레셤에게, 1893년 7월 29일, 428호.(기밀).

30 Treat, *Diplomatic Relations between Japan and the United States, 1853-1895*, II, 394쪽. U.S. Dept. of State, *Register* (corrected to Jan. 1, 1895) (Washington: Government Printing Office, 1895), 17쪽.

31 나는 허드와 혜롯이 혼동됐다는 것을 우연한 기회에 발견했고 몇 년 전 국립문서보관소에서 이 공문을 읽었을 때 어떻게 쓰일지 전혀 생각하지 못한 채 간단히 적어뒀는데, 내게 깊은 인상을 남겼음을 보여준다. "이 편지는 장황하고 사변적이지만 매우 흥미롭다."

32 포크(조선공사관)가 국무장관에게, 1885년 8월 16일, 214호.

33 프렐링후이센이 푸트에게, 1884년 7월 14일, 58호., 지시; 푸트(조선공사관)가 국무장관에게, 1884년 9월 17일, 112호. McCune and Harrison, 앞의 책 I, 36~38쪽.

34 포크(조선공사관)가 국무장관에게, 1886년 2월 18일, 279호. McCune and Harrison, 40~41쪽.

35 포크(조선공사관)가 국무장관에게, 1886년 9월 7일, 2호. McCune and Harrison, 42~44쪽.

36 Harrington, *God, Mammon and the Japanese*, 205~246, 특히 223, 245~246쪽.

37 같은 책, 247~248쪽. 해링턴은 특별히 1893년 8월 21일 혜롯의 공문을 인용하면서 자신의 이론을 되풀이했지만 7월 29일의 공문에서처럼 강한 어조는 아니다.

38 포크(조선공사관)가 국무장관에게, 1885년 11월 25일, 255호.(기밀). McCune and Harrison, 138쪽.

39 포크(조선공사관)가 국무장관에게, 1885년 10월 14일, 237호; 1885년 10월 15일,

240호; 1885년 10월 20일, 243호. 240호와 243호는 McCune and Harrison, 135~137쪽에 다시 실려 있지만 237호는 그렇지 않다.
40 포크(조선공사관), 255호; 파커(조선공사관)가 베이어드에게, 1886년 7월 20일, 번호 없음; 1886년 8월 26일, 26호. 26호는 McCune and Harrison, 144쪽에 실려 있다.
41 포크(조선공사관)가 국무장관에게, 1886년 9월 8일, 3호. McCune and Harrison, 148~154쪽; Harrington, God, Mammon and the Japanese, 215~216쪽.
42 포크(조선공사관)가 국무장관에게, 1886년 6월 2일, 206호(기밀) 및 1886년 10월 14일, 13호(기밀). 13호는 McCune and Harrison, 154~156쪽에도 실려 있다.
43 딘스모어(조선공사관)가 국무장관에게, 1887년 5월 27일, 20호 및 1887년 10월 14일, 62호. 다카히라의 '무관심'은 신중한 일본 정부를 만족시킬 만큼 확고하지 않았다는 징후가 몇 가지 있다. 이를테면 그는 이토 총리가 그의 후임자에게 다음과 같이 지시한 광산 채굴권을 확보하고자 노력했다. "우리는 앞으로 마찰을 피해야 한다. 따라서 공식 협상을 중단한다. (…) 물론 가끔 사적인 만남을 권유하는 것은 괜찮다." 이토가 곤도에게, 1877년 11월 22일, 번호 없음: 『日本外交文書』 20권, 269~270쪽과 같은 책, 요약, 31~33쪽.
포크의 축출은 다음 참조. 딘스모어(조선공사관)가 국무장관에게, 1887년 5월 3일, 14호.(기밀); 1887년 5월 9일, 16호; 1887년 6월 20일, 29호. *Foreign Relations*, 1885, 335쪽 이하에 실린 포크의 '보고서'.
44 딘스모어(조선공사관)가 국무장관에게, 1887년 9월 30일, 53호; 10월 3일, 60호; 10월 15일, 63호; 11월 17일, 번호 없음(기밀). Harrington, *God, Mammon and the Japanese*, 228~241쪽도 참조.
45 외무성 문서, SP 5, 65~66쪽.
46 부산 관리관이 외무성에, 1888년 1월 14일, 98호: 『日本外交文書』 20권, 270~276쪽. 100호, 277쪽도 참조. 곤도(조선공사관)가 외무경에게, 1888년 1월 16일, 99호: 『日本外交文書』 20권, 276~277쪽; 외무경이 곤도에게, 1888년 3월 6일, 101호: 『日本外交文書』 20권, 278~279쪽. 102~105호, 279쪽 이하도 참조.

47 외무성 문서, SP 5, 70~73쪽. 허드(조선공사관)가 블레인Blaine 국무장관에게, 1891년 3월 16일, 135호 및 허드가 포스터Foster 국무장관에게, 1892년 12월 18일, 345호(기밀).

48 곤도가 외무경에게, 1888년 7월 12일, 121호 및 7월 13일, 122호:『日本外交文書』21권, 358~364쪽.

49 부산 관리관이 외무성에, 1888년 12월 11일, 123호 및 외무경이 곤도(조선공사관)에게, 1888년 12월 24일, 124호:『日本外交文書』21권, 364~369쪽.

50 외무성 문서, SP 5, 67~70쪽;『日本外交文書』20권, 요약, 34쪽. 허드(조선공사관)가 블레인에게, 1892년 4월 28일, 267호.

51 포크(조선공사관)가 국무장관에게, 1885년 12월 29일, 265호.(기밀). 전신에 대해서는 포크가 국무장관에게, 1886년 9월 2일, 1호, 9월 25일, 2호, 1885년 9월 25일, 231호도 참조. McCune and Harrison, 41~44, 131~133, 141~144쪽; Harrington, God, Mammon and the Japanese, 215쪽.

52 『日本外交文書』20권 (1887), 요약, 33~35쪽. 곤도가 외무경에게, 1888년 6월 12일, 7월 2일, 16일, 8월 5일~12월 17일, 73~75, 80~87호:『日本外交文書』21권, 201~224쪽; 딘스모어(조선공사관)가 베이어드 국무장관에게, 1888년 7월 18일.

53 외무성 문서, SP 5, 73~74쪽;『日本外交文書』20권 (1887), 요약, 31~32쪽.

54 스즈키(인천)가 외무성에, 1888년 3월 18일, 4월 4일, 6월 1일, 107, 108, 91호:『日本外交文書』21권, 311~313, 230~246쪽; 다카히라(상하이)가 외무성에, 1888년 3월 17일, 109호:『日本外交文書』21권, 313~317쪽; 외무성에서 부산·인천·원산영사에게, 1888년 6월 1일, 92호:『日本外交文書』21권, 246~251쪽; 와타나베(원산)가 외무경에게, 1888년 8월 22일, 115호:『日本外交文書』21권, 326~342쪽; 외무경이 시오다(베이징)에게, 1888년 7월 5일, 113호 및 시오다가 외무경에게, 1888년 8월 3일, 114호:『日本外交文書』21권, 324~326쪽.

55 외무차관이 영사들에게, 92호, 위의 자료. 일본 NYK 라인과 중국 상선회사를 비교한 표는 첨부한 문서 112호:『日本外交文書』21권, 323쪽 참조. 조·일 무역표는『日本外交文書』20권, (1887) 요약, 28쪽 및 논의, 28~29쪽 참조.

56 다음 표들은 塩川一太郎,『朝鮮通商事情』(東京: 八尾書店, 1895), 56, 61,

63쪽에서 발췌한 것이다. 이 책에 대한 평가는 9장 참조.
57 塩川一太郎, 『朝鮮通商事情』, 64쪽.
58 포크(조선공사관)가 국무장관에게, 1885년 7월 5일, 192호(기밀) 및 1885년 8월 4일, 211호. McCune and Harrison, 81~83, 120~123쪽.
59 포크(조선공사관)가 국무장관에게, 1885년 11월 25일, 255호, 1886년 4월 23일, 297호, 1886년 6월 2일, 306호. 모두 '기밀'. 255호와 297호는 McCune and Harrison, 137~140, 147~149쪽에 재수록.
60 딘스모어(조선공사관)가 국무장관에게, 1887년 11월 11일(기밀) 및 1888년 8월 24일. 두 문서 모두 번호가 매겨져 있지 않으며, 두 번째 문서에는 1888년 2월 3일 자 데니의 소책자가 동봉돼 있다.
61 허드(조선공사관)가 국무장관에게, 1890년 6월 3일, 12호 및 1892년 4월 28일, 267호. Treat, *Diplomatic Relations between Japan and the United States, 1853-1895*, II, 392쪽에 인용된 다음 문서도 참조. 쿰스(도쿄)가 국무장관에게, 1892년 12월 19일, 63호 및 허드가 쿰스에게, 1892년 11월 4일.
62 앨런(조선공사관)이 블레인 국무장관에게, 1891년 6월 16일, 174호(청·일 전신협정 동봉).
63 허드(조선공사관)가 국무장관에게, 1893년 1월 17일, 358호.(기밀). Treat, *Diplomatic Relations between Japan and the United States, 1853-1895*, II, 392쪽 참조.
64 외무성 문서, SP 5, 75쪽.
65 허드(조선공사관)가 국무장관에게, 1893년 3월 27일, 4월 6일, 5월 6일, 5월 20일. Treat, *Diplomatic Relations between Japan and the United States, 1853-1895*, II, 412~414쪽; Funaoka Seigo, *Japan im Sternbild Ostasiens* (Tokyo: Toho Shoten, 1942), II, 568쪽; Tsiang, "Sino-Japanese Diplomatic Relations," 105쪽도 참조. 창은 이토가 이홍장에게 보낸 전보를 인용했다. "조선은 곡물 손실에 대한 배상금 지급을 거부했습니다. 원세개에게 조선이 이자 없이 원금을 갚도록 설득해 달라고 부탁해 주십시오. 그렇지 않으면 일본은 대표를 철수시키고 조선과의 관계를 끊을 것입니다."
66 앨런(조선공사관)이 국무장관에게, 1893년 11월 7일, 11월 28일, 12월 20일, 481, 490, 504호.

67 헤롯(조선공사관)이 국무장관에게, 1893년 8월 21일, 436호, 던 인용.
68 허드(조선공사관)가 국무장관에게, 1893년 2월 10일, 364호.(기밀).
69 이를테면 베이어드(베이어드가 딘스모어에게, 1888년 2월 9일, 64호, 지시)는 딘스모어와 베이징의 덴비Denby 공사에게 조선의 완전한 독립을 위해 미국 대표들이 선동하는 것은 현명하지 않다고 조언하면서 미국은 조약 의무를 준수하는 데에만 관심이 있다고 지적했다.
70 허드(조선공사관)가 국무장관에게, 1892년 12월 18일, 345호.(기밀).
71 앨런(조선공사관)이 국무장관에게, 1893년 11월 20일, 483호.(기밀).
72 앨런(조선공사관)이 국무장관에게, 1893년 11월 4일, 479호.(기밀) 참조. 원세개는 가마를 타고 궁궐로 갔고 나머지 사람은 진흙탕을 걸었다 등.
73 허드(조선공사관)가 국무장관에게, 1891년 2월 23일, 제125호 및 동봉.
74 수·발신인 같음, 1892년 12월 18일, 345호.(기밀).
75 수·발신인 같음, 1891년 6월 22일, 175호.
76 포크(조선공사관)가 국무장관에게, 1886년 11월 1일, 15호.
77 딘스모어(조선공사관)가 국무장관에게, 1887년 5월 27일, 20호. Harrington, *God, Mammon and the Japanese*, 226쪽도 참조.
78 앨런(조선공사관)이 국무장관에게, 1892년 8월 12일, 294호 및 동봉.
79 허드(조선공사관)가 국무장관에게, 1892년 11월 10일, 327호 및 1893년 3월 1일, 368호.
80 앨런(조선공사관)이 국무장관에게, 1893년 12월 13일, 503호 및 1893년 12월 20일, 504호.(기밀).
81 아마 무쓰가 품었던 정한론의 마지막 거친 모서리는 1880년대 후반 주미공사로 부임하면서 다듬어졌을 것이다. 에노모도 제독은 1891~1892년 8월 외무대신을 지냈는데, 그 기간 동안 일본의 정책은 눈에 띄게 조용했다.
82 허드(조선공사관)가 국무장관에게, 1892년 12월 18일, 345호.(기밀).
83 黑田甲子郎, 『元帥寺內伯爵傳』(東京: 元帥寺內伯爵傳記編纂所, 1920), 183~184쪽.
84 信夫淸三郎, 『陸具外交』(東京: 叢文閣, 1935), 158쪽; 『大日本帝國議會史』 1권, 1409쪽.
85 渡邊幾治郎, 『明治史硏究』, 188쪽.

86 2장 주 55 참조.

87 포크는 이 사건들을 면밀히 관찰하고 보고했다. 포크(조선공사관)가 국무장관에게, 1885년 5월 19일, 7월 5일, 10월 14일, 179·192·258호. McCune and Harrison, 73~75, 81~83, 85~86쪽.

88 곤도(조선공사관)가 외무대신에게, 1888년 3월 18일, 72호 및 1888년 7월 16일, 76호:『日本外交文書』21권, 200~201, 208~209쪽; 외무대신이 곤도에게, 1888년 8월 11일, 78호: 같은 책, 209~210쪽.

89 1888년 5월 8일(4월 26일) 개최된 특별위원회 회의록. Krasny Archiv, "First Steps in Russian Imperialism in Far East," *Chinese Social and Political Science Review* XVIII (1934~1935), 236~244쪽.

90 쿰스 주일 미국공사는 국무장관에게 보낸 긴 서신에서 의회 상황을 상세히 언급했다. 1893년 2월 3일, 89호. 그는 국회에서 내각을 구성해야 한다는 오쿠마의 주장을 언급하며 다음과 같이 지적했다. "정부의 모든 사업은 국회에서 거부됐습니다. 그 가운데 몇 가지는 가장 중요하고 즉시 주목해야 하는 것입니다. (…) 그러나 그들이 거부한 까닭을 조사하면 대답은 하나입니다. (…) 국민의 대표들은 내각을 신뢰하지 않는다는 것입니다."

91 近藤吉雄,『井上角五郎先生傳』, 169~172쪽과 부록 3쪽.

92 平野義太郎,『馬城大井憲太郎傳』, 273~276, 278, 283, 291, 300쪽; Jansen, "Oi Kentaro," 313~314쪽.

93 岡義武,「自由黨左派とナショナリズム」,『社會學評論』2-1, 1951. 5.; 岡義武, 도쿄대학 강의, 1954년 5월 28일.

尾崎行雄,『咢堂回顧錄』1권(東京: 雄雞社, 1951), 214~216쪽에서는 그와 그의 동료들이 강경정책을 지지했다고 인정했다. Scalapino, *Democracy and the Party Movement in Prewar Japan*, 158~167쪽에서는 1894년 6월 1일까지 첫 여섯 차례의 의회 회기를 검토했다. 오자키에 대한 장기적 평가는 다음 참조. Douglas H. Mendel, Jr., "Ozaki Yukio: Political Conscience of Modern Japan," *Far Eastern Quarterly*, XV, 3 (May 1956), 343~356쪽.

94 Masaharu Anesaki, *History of Japanese Religion* (London: Kegan Paul, 1930), 329쪽.

95 Jansen, *The Japanese and Sun Yat-sen*, 40쪽.

96　Treat, *Diplomatic Relations between Japan and the United States, 1853-1895*, II, 422~423쪽. 트리트는 스위프트 공사가 1889~1891년에 이것에 부정적이었다고 말했다.
97　平野義太郎,『馬城大井憲太郎傳』, 227쪽; Jansen, "Oi Kentaro," 312쪽.
98　『도쿄니치니치신문』 10월 19일;『시사신보』 10월 20일;『明治編年史』 7권, 326~328쪽; 平野義太郎,『馬城大井憲太郎傳』, 230쪽; 葛生能世,『東亞先覺志士記傳』 2권, 432~436, 721~722쪽; Jansen, "Oi Kentaro," 312~313쪽. 경찰이 폭탄을 제공한 인물로 오이를 추적하지 않은 것은 이상하다. '애국적인' 소식통이 말하는 것처럼 그가 음모에 그렇게 가깝지 않았음을 뜻할까? 또는 어쩌면 내무성은 오쿠마가 피습되는 것을 보고 기뻐했을까? 이노우에와 오쿠마에 대한 공격 외에도 1889년 4월 모리 유레이의 목숨을 앗아간 또 다른 습격이 있었다.
99　Treat, *Diplomatic Relations between Japan and the United States, 1853-1895*, II, 430쪽. 311, 314, 365, 371쪽도 참조.
100　무츠가 이토에게, 1894년 8월 16일: 외무성 문서, MT 1.6.1.5, 539~540쪽.

5장 "예기치 못한 사건들"

1　信夫清三郎,『陸具外交』, 134, 141~142쪽.
2　Treat, *Diplomatic Relations between Japan and the United States, 1853-1895*, II, 418~421쪽.
3　무츠 외부대신이 이토 총리에게, 1894년 8월 16일: 외무성 문서, MT 1.6.1.5, 539~540쪽.
4　이 사건은 田保橋潔,『日清戰役外交史の硏究』, 30~36쪽에 서술돼 있다. 당시의 설명은 앨런(조선공사관)이 국무장관에게, 1894년 4월 6일, 551호 및 1894년 4월 17일, 554호 참조.『시사신보』 1894년 5월 2일 자에서는 그의 판단을 지지했다.
5　田保橋潔,『日清戰役外交史の硏究』, 38쪽. 이토 비망록. 날짜 없음, 101호: 헌정자료실(이토 관련 자료).

6 『시사신보』 1894년 3월 30일, 4월 5일 이하 참조(추모 기금); 같은 신문, 1894년 4월 21·22·23일; 『도쿄니치니치신문』 1894년 4월 22일(집회 관련).
7 『국민신문』 1894년 5월 6일 자는 어떤 일본인이 김옥균의 머리가 담긴 가로 8~9촌, 세로 1자ℝ 크기의 상자를 받았다는 '소문'을 전했다. 조선에서 나가사키와 고베를 거쳐 도쿄의 신바시역으로 왔다고 했다. 『明治編年史』 9권, 62쪽.
8 田保橋潔, 『日清戰役外交史の硏究』, 39~41쪽; 信夫淸三郎, 『陸具外交』, 162쪽; 『시사신보』 1894년 5월 23일과 6월 3일.
9 외무성 문서, SP 5, 75~76쪽; 田保橋潔, 『日清戰役外交史の硏究』, 38~47쪽; 石河幹明, 『福澤諭吉傳』 3권, 386쪽; Stead, *Japan by the Japanese*, 201~202쪽; 黑龍會, 『日支交涉外史』 1권, 219~220쪽; 『시사신보』 3월 30일, 4월 18·24일; 『도쿄니치니치신문』 1894년 3월 30일과 4월 18일; 『明治編年史』 9권, 46~47, 53~54, 57쪽; 앨런(조선공사관)이 국무장관에게, 1894년 4월 6일, 551호 및 4월 17일, 554호.
10 허드(조선공사관)가 그레셤 국무장관에게, 1893년 4월 6일, 383호(기밀).
11 Clarence N. Weems, Jr., "The Korean Reform and Independence Movement, 1881-1898" (Unpub. Ph.D. diss., Columbia University, 1954; University Microfilms, Ann Arbor "Doctoral Diss. Series," No. 8859), abstract, 85~100쪽; 旗田巍, 『朝鮮史』, 180~184쪽; William E. Griffis, *Corea, The Hermit Nation* (New York: Scribners, 1907), 473~475쪽; Benjamin B. Weems, "Grass Roots Nationalism in Nineteenth Century Korea: The Tonghak Movement, 1860-1905," 1956년 4월, 필라델피아 극동학회 회의에서 발표된 논문.
12 葛生能世, 『日韓合邦秘史』 1권(東京: 黑龍會, 1936), 9쪽; 黑龍會, 『日支交涉外史』 1권, 220쪽; 信夫淸三郎, 『陸具外交』, 164쪽과 여러 일본 자료에서 이를 언급하고 있다. C. N. 웜스는 1894년 초 일본인의 동학 참여를 약간 의심했는데(앞의 논문, 83, 101쪽), 이런 일본 자료를 참고하지 않았다. 이 문제는 8장에서 논의하겠다.
13 田保橋潔, 『近代日鮮關係の硏究』 2권, 224~226, 251쪽; 허드(조선공사관)가 국무장관에게, 1893년 4월 4·6·20일, 381·383호(기밀), 391호; Treat, *Diplomatic Relations between Japan and the United States, 1853-1895*, II,

445~446쪽.

14 카시니Cassini(주청 러시아공사)가 러시아 외무장관에게, 1894년 3월 10일, 9호: Krasny Archiv, "Russian Documents relating to the Sino-Japanese War, 1894-1895," *Chinese Social and Political Science Review* XVII (1933~1934), 481쪽.

15 Harrington, *God, Mammon and the Japanese*, 250~252쪽.

16 히트로보가 베베르에게, 1894년 2월 21일, 50호: Krasny Archiv, 앞의 자료, 480~481쪽.

17 히트로보가 외무장관에게, 1894년 6월 8일, 31호: Krasny Archiv, 앞의 자료, 489~490쪽.

18 1894년 6월 14일 자 『도쿄마이니치신문』은 개진당의 의견을 대변하는 자유주의적 주장을 다음과 같이 표현했다. "동학은 조선 정부의 나쁜 정책에 맞서 반란을 일으켰다. (…) 중국과 일본 정부가 조선 정부를 도와 반란군을 진압한다면 이것은 일종의 동양의 성스런 동맹이 된다. 그런 조치는 조선 정부에게는 친절할지 모르지만 조선 국민에게는 친절하지 않을 것이다." 信夫淸三郞, 『陸具外交』, 41~42쪽에서 인용.

19 앞의 주 15 참조.

20 信夫淸三郞, 『陸具外交』, 79~82쪽.

21 杉村濬, 『在韓苦心錄』: 외무성 문서, PVM 3, 285~301쪽.

22 信夫淸三郞, 『陸具外交』, 47쪽에서 『蹇蹇錄』을 인용.

23 田保橋潔, 『近代日鮮關係の硏究』 2권, 291~294, 304쪽; 信夫淸三郞, 『陸具外交』, 83~84쪽.

24 信夫淸三郞, 같은 책, 125~126쪽. 무츠는 6월 14일까지 '균형' 정책을 따랐으며 그 뒤 일본 정부는 철군의 대가로 개혁을 요구하기로 결정했다고 시노부는 말했다(5~6쪽).

25 田保橋潔, 『近代日鮮關係の硏究』 2권, 312~313쪽.

26 黑龍會, 『日支交涉外史』 1권, 225~227쪽; 信夫淸三郞, 『陸具外交』, 169~170, 214~215쪽; 田保橋潔, 『近代日鮮關係の硏究』 2권, 304쪽. 이토가 '연합여단'에 속았다는 판단은 많은 일본 책에 나타나지만, 모두 흑룡회의 설명에 따른 것으로 보이기 때문에 당연히 회의적이다. 그러나 다음과 같은 추가 증거는

주목된다. 일본 황실 시종 도쿠다이지 사네노리의 일기 『닛시』(미발간. 1894년 6월)에는 6월 6일 천황에게 3천 명 정도의 병력을 조선에 파견한다고 보고했다고 적혀 있다. 그리고 6월 13일 천황에게 8천 명의 병력이 인천에 도착했다고 보고했다고 썼다. 6월 6~13일의 일기에는 이 문제와 관련된 내용이 없다. 천황이 속았다면 아마 이토도 그랬을 것이다.

27 Treat, *Diplomatic Relations between Japan and the United States, 1853-1895*, II, 449쪽. 히트로보(도쿄)가 러시아 외무장관에게, 1894년 6월 8일, 31호: Krasny Archiv, "Russian Documents relating to the Sino-Japanese War," 490쪽.
28 杉村濬, 『在韓苦心錄』: 외무성 문서, PVM 3, 307~314쪽. 信夫淸三郞, 『陸具外交』, 209~210쪽도 참조.
29 信夫淸三郞, 『陸具外交』, 214~215쪽에 인용된 『蹇蹇錄』.
30 히트로보(도쿄)가 러시아 외무장관에게, 1894년 6월 25일: Krasny Archiv, "Russian Documents relating to the Sino-Japanese War," 498쪽.
31 Treat, *Diplomatic Relations between Japan and the United States, 1853-1895*, II, 450~451쪽; 고무라(베이징)가 무쓰에게, 1894년 6월 8·9·10일: 외무성 문서, MT 1.6.1.5, 23~39쪽.
32 외무성 문서, SP 5, 81쪽; 히트로보가 러시아 외무장관에게, 1894년 6월 25일 및 카시니(베이징)가 러시아 외무장관에게, 1894년 6월 24일: Krasny Archiv, 앞의 자료, 496~497쪽.
33 田保橋潔, 『近代日鮮關係の硏究』 2권, 355~356쪽.
34 杉村濬, 『在韓苦心錄』: 외무성 문서, PVM 3, 504쪽 및 311쪽; 田保橋潔, 『近代日鮮關係の硏究』 2권, 323~326, 328쪽; 信夫淸三郞, 『陸具外交』, 229쪽.
35 무쓰가 오토리에게, 1894년 6월 18일, 전보 218호: 외무성 문서, MT 1.6.1.5, 20~21쪽.
36 오토리가 무쓰에게, 1894년 6월 20일, 전보 291호: 외무성 문서, MT 1.6.1.5, 49~50쪽.
37 서신, 같은 자료, 115~125쪽.
38 오토리가 무쓰에게, 1894년 6월 25일, 308호: 외무성 문서, MT 1.6.1.5, 53쪽.
39 무쓰가 오토리에게, 1894년 6월 22일: 외무성 문서, MT 1.6.1.5, 41~43쪽. 가

토는 가토 마사오로 가토 고메이加藤高明(다카아키)와 혼동하지 말아야 한다. 고메이 또한 일본 외무성의 떠오르는 젊은이로서 곧(1894년 7월) 정무과장이 될 정도로 이 시기에 중요한 인물이 됐다. 伊藤正德, 『加藤高明』 1권(東京: 加藤伯傳記編纂委員會, 1929), 235쪽.

40 무츠가 오토리에게, 전보 343호와 무츠가 가토에게 보내 오토리에게 전달, 암호 전보, 번호 없음, 모두 1894년 6월 23일: 외무성 문서, MT 1.6.1.5, 46, 50쪽.

41 오토리가 무츠에게, 1894년 6월 26·29일, 317·327호: 외무성 문서, MT 1.6.1.5, 56~57, 102~105쪽. 327호는 12호로도 번호가 매겨져 있다.

42 무츠가 오토리에게, 1894년 6월 30일, 266호(20호로도 돼 있음): 외무성 문서, MT 1.6.1.5, 111쪽. 무츠가 오토리에게, 1894년 6월 28일, 259호: 같은 자료, 112쪽; 田保橋潔, 『近代日鮮關係の硏究』 2권, 365쪽도 참조.

43 오토리가 무츠에게, 1894년 6월 30일, 343호(15호로도 돼 있음): 외무성 문서, MT 1.6.1.5, 112쪽. 실(조선공사관)이 국무장관에게, 1894년 7월 2일, 23호도 참조.

44 田保橋潔, 『近代日鮮關係の硏究』 2권, 366쪽.

45 무츠가 이토에게 제출하고 내각 회의에 상정돼 채택, 1894년 6월 27일: 외무성 문서, MT 1.6.1.5, 58~75쪽. 6월 28일 오토리에게 지시 형식으로 전달돼 구리노가 서울로 가져감: 같은 자료, 78쪽.

46 오토리가 무츠에게, 1894년 7월 10일(전보 4통) 및 7월 11일(전보 401호와 번호가 없는 전보): 외무성 문서, MT 1.6.1.5, 191~197, 252~255, 265~274쪽.

47 카시니(베이징)가 러시아 외무장관에게, 1894년 7월 7일: Krasny Archiv, 앞의 자료, 511쪽.

48 Treat, *Diplomatic Relations between Japan and the United States, 1853-1895*, II, 455~456, 468, 472~474쪽. 실(조선공사관)이 국무장관에게, 1894년 8월 7일, 39호.

49 무츠가 오토리에게, 1894년 7월 8일, 307호(와 33호): 외무성 문서, MT 1.6.1.5, 181쪽.

50 무츠가 오토리에게, 1894년 7월 10일, 313호(와 34호) 및 오토리가 무츠에게, 1894년 7월 18일, 451호: 외무성 문서, MT 1.6.1.5, 194, 291~292쪽.

51 무츠가 오토리에게, 1894년 7월 12일, 338호.(와 38호): 외무성 문서, MT 1.6.1.5, 202쪽. 외무성 자료에는 일본어 문서 외에 이 지시의 다소 서툰 영역본이 포함돼 있다. 핵심 문구는 '有る故實'인데, 나는 그것을 'some pretext어떤 구실'라고 번역했다. 영역본에서는 'any pretext모든 구실'라고 옮겼는데, 특히 그 문장 끝에 있는 수식어를 고려할 때, 조금 강해 보인다. '有る故實'는 '구실'이나 '변명'이라고 번역할 수 있다. 田保橋潔, 『近代日鮮關係の硏究』 2권, 418쪽 참조.

52 중재 노력의 마지막 시도는 "Russian Documents," Krazny Archiv, in *Chinese Soc. and Pol. Sci. Rev.* XVII, 638~657쪽 참조. 외무성 문서, SP 5, 223~226쪽(영국과의 관계) 및 250~253쪽(러시아와의 관계)도 참조.

53 야마가타가 청의 군사적 잠재력을 어떻게 평가했는지는 Stead, *Japan by the Japanese*, 107~108쪽 참조.

54 田保橋潔, 『近代日鮮關係の硏究』 2권, 419쪽.

55 『시사신보』 1894년 7월 29일. 岡義武, 「日淸戰爭と當時における對外意識」, 『國家學會雜誌』 68권, 1954·1955, 101~130, 223~254쪽도 참조.

56 Kennan, *American Diplomacy*, 19~20, 37, 52~54, 65~73, 91~103쪽.

57 같은 책, 93쪽.

58 Griffis, *Corea, the Hermit Nation*, 477쪽.

59 무츠가 오토리에게, 1894년 7월 18일, 372호: 외무성 문서, MT 1.6.1.5, 290쪽. 영일동맹의 성립 과정을 상세히 연구하고 있는 하기하라는 영국영사와 관련된 이 사건의 수습이 "그 과정에 대한 이야기를 시작하는데 좋은 출발점이 될 수 있다"고 말했다. 일본이 영국과 새로운 (평등) 조약을 체결하기 위한 복잡한 협상을 거의 서명 직전까지 밀어붙였을 때 조선에서 분쟁 소식이 런던에 전해졌다. 영국의 킴벌리Kimberley 백작이 7월 14일 예정대로 서명하지 않자 일본인들은 잠시 당황했다. 그러나 런던의 일본 협상가 아오키를 통해 일본으로부터 다시 보장을 받은 뒤 그는 16일에 서명했다. 이 문서에서 무츠가 언급한 러시아의 개입은 베이징의 카시니가 시작한 러시아의 중재 시도를 가리키는 것으로 보인다. 카시니가 러시아 외무장관에게, 6월 22일, 7월 7일: Krasny Archiv, 앞의 자료, 494~495, 511~512쪽.

60 이런 문제들은 Takeuchi, *War and Diplomacy in the Japanese Empire*, 112, 116~120쪽; Treat, *Diplomatic Relations between Japan and the*

United States, 1853-1895, II, 433~435쪽; 田保橋潔, 『日淸戰役外交史の硏究』, 487~490쪽 참조.
61 휴전협정문은 『日本外交文書』 28권, 문서번호 1071, 324~327쪽 수록. 해외 반응에 대한 대응은 같은 책, 327~329쪽; 田保橋潔, 『日淸戰役外交史の硏究』, 487~488, 491~493쪽 참조.

6장 좌절된 현실주의 1—이노우에의 실패, 1894~1895년

1 오토리가 무츠에게, 1894년 7월 13일; 무츠가 나카가와(홍콩)에게, 7월 14일; 나카가와가 무츠에게, 7월 15일, 24, 25호: 외무성 문서, MT 1.6.1.5, 218, 220~221, 224~225쪽.
2 田保橋潔, 『近代日鮮關係の硏究』 2권, 436~441쪽.
3 같은 책, 442~449쪽. 실(조선공사관)이 국무장관에게, 1894년 8월 17일, 43호에 동봉된 김홍집(외무독판)이 실 미국공사에게, 1894년 8월 15일 자도 참조.
4 무츠가 오토리에게, 1894년 7월 28일, 446호: 외무성 문서, MT 1.6.1.5, 416~418쪽.
5 무츠가 이토에게, 1894년 8월 7일: 외무성 문서, MT. 1.6.1.5, 488~494쪽.
6 내각 결정, 1894년 8월 8일: 외무성 문서, MT 1.6.1.5, 495쪽.
7 무츠가 이토에게, 1894년 8월 15일 및 무츠가 오토리에게, 8월 21일: 외무성 문서, MT 1.6.1.5, 528~538, 559~570쪽.
8 무츠가 이토에게, 1894년 8월 16일: 외무성 문서, MT 1.6.1.5, 539~557쪽. 伊藤博文 編, 『朝鮮交涉資料』 3권, 599~604쪽에 수록된 1894년 8월 17일 무츠의 내각회의 제안서 초안도 참조.
9 무츠가 이토에게, 1895년 7월 3일, 298호: 『日本外交文書』 18-1권, 440쪽. 이 문서도 伊藤博文 編, 『朝鮮交涉資料』 3권, 597~598쪽에 수록.
10 William W. Rockhill (ed.), *Treaties and Conventions with or concerning China and Korea 1894-1904* (Washington: Government Prtg. Off., 1904), 429쪽. 실(조선공사관)이 국무장관에게, 1895년 1월 15일, 83호도 참조.
11 개혁 조치는 다음 문서에서 열거·논의됐다. 실(조선공사관)이 국무장관에

게, 1894년 9월 24일, 55호. 무츠가 주일 러시아공사에게: 외무성 문서, MT 1.6.1.5, 343~334쪽도 참조(쪽수는 역순). 같은 시대의 자세한 연구는 W. H. Wilkinson, *The Corean Government: Constitutional Changes, July 1894-October 1895* (Shanghai: Statistical Dept. of the Inspectorate General of Customs, 1897). 旗田巍, 『朝鮮史』, 185~189쪽에도 잘 설명돼 있다. 사회적 차별에 영향을 준 개혁 조치는 Herbert Passim, "The Paekchong of Korea: A Brief Social History," *Monumenta Nipponica* XII, Nos. 3-4 (1956), 57~60쪽 참조.

12 실(조선공사관)이 국무장관에게, 1894년 9월 24일, 55호.
13 오토리가 무츠에게, 1894년 9월 21일: 외무성 문서, MT 1.6.1.5, 617~625쪽.
14 수·발신인 같음, 날짜 미상(그러나 내부 증거에 따르면 1894년 10월), 870호: 외무성 문서, MT 1.6.1.5, 117쪽.
15 무츠가 오토리에게, 1894년 9월 30일 및 오토리가 무츠에게, 1894년 10월 1일: 외무성 문서, MT 1.6.1.5, 613~612(쪽수 역순), 616쪽.
16 杉村濬, 『在韓苦心錄』, 외무성 문서, PVM 3, 498~507쪽; 오토리의 소환, 1894년 10월 11일: 외무성 문서, MT 1.6.1.5, 672쪽; 무츠가 나베시마에게 보내 이노우에 가오루에게 전달, 1894년 10월 9일: 같은 자료, 683~684쪽.
17 실(조선공사관)이 국무장관에게, 1894년 11월 2일, 65호.
18 무츠가 우치다(런던)·아오키(베를린)·니시(상트페테르부르크) 등에게, 1894년 10월 15일: 외무성 문서, MT 1.6.1.5, 689~688쪽(쪽수 역순).
19 이노우에와 힐리어의 회담 각서, 1894년 10월 29일, 서울: 외무성 문서, MT 1.6.1.5, 745~756쪽.
20 杉村濬, 『在韓苦心錄』, 외무성 문서, PVM 3, 511~527쪽.
21 이노우에가 무츠에게, 1894년 11월 4·16·20·21일: 외무성 문서, MT 1.6.1.5, 974~975, 1055, 1056~1057, 1130~1229쪽.
22 무츠가 이노우에에게, 1894년 11월 22일: 외무성 문서, MT 1.6.1.5, 846~847쪽.
23 실(조선공사관)이 국무장관에게, 1894년 12월 4일, 68호.
24 이노우에가 무츠에게, 1894년 11월 24일: 외무성 문서, MT 1.6.1.5, 1125~1127쪽.

25 이노우에가 무츠에게, 1894년 12월 28일, 1895년 2월 12일, 1895년 5월 23일: 외무성 문서, MT 1.6.1.5, 1279~1301, 1480~1486, 1568~1581쪽; 무츠가 이토에게, 1895년 5월 22일: 같은 자료, 1566쪽.
26 실의 목록과 의견은 실(조선공사관)이 국무장관에게, 1894년 12월 18일, 74호. 이노우에의 목록은 외무성 문서, MT 1.6.1.5, 1248쪽 참조. 김홍집에 대해서는 푸트(조선공사관)가 국무장관에게, 1884년 12월 17일, 제128호에 동봉된 포크의 서신을 보라. 스기무라의 발언은 杉村濬, 『在韓苦心錄』, 외무성 문서, PVM 3, 590~591쪽 참조.
27 이노우에가 무츠에게, 1895년 1월 7일, 255호: 『日本外交文書』 28-1권, 377쪽. 이노우에가 무츠에게, 1894년 12월 25·28일: 외무성 문서, MT 1.6.1.5, 1242, 1349쪽 참조.
28 무츠가 이노우에에게, 1894년 12월 23일 및 이노우에가 무츠에게, 1894년 12월 25일, 1166, 1189호: 외무성 문서, MT 1.6.1.5, 1238~1236, 1245~1242쪽(쪽수 역순).
29 실은 선언문과 군국기무처에서 내린 왕명을 번역해 워싱턴에 보냈다. 실(조선공사관)이 국무장관에게, 1895년 1월 17·18일, 84·85호.
30 이노우에가 무츠에게, 1895년 1월 8일, 9호(아울러 161호): 외무성 문서, MT 1.6.1.5, 1262~1260쪽(쪽수 역순); 동일한 문서는 『日本外交文書』 28-1권, 315~316쪽 수록. 191호로 돼 있다.
31 무츠가 이노우에에게, 1895년 1월 10일, 193호: 『日本外交文書』 28-1권, 316쪽.
32 이노우에가 무츠에게, 1895년 1월 11일, 194호: 『日本外交文書』 28-1권, 317쪽. 물음표는 일본인 편집자가 삽입한 것으로 보인다.
33 무츠가 이노우에에게, 1895년 1월 15일, 196호: 『日本外交文書』 28-1권, 318쪽.
34 이노우에가 무츠에게, 1895년 1월 16일, 197호: 『日本外交文書』 28-1권, 318~319쪽.
35 이노우에기 무츠에게, 1895년 1월 19·26일, 199·200호: 『日本外交文書』 28-1권, 320~321쪽.
36 이노우에가 무츠에게, 1895년 1월 31일, 201호: 『日本外交文書』 28-1권, 321쪽.
37 이노우에가 이토에게, 1895년 2월 1일, 203호 및 무츠에게, 1895년 2월 17일과 동봉, 222호: 『日本外交文書』 28-1권, 322, 334~342쪽.

38 이토가 이노우에에게, 1895년 3월 3일. 伊藤博文 編, 『朝鮮交涉資料』 3권, 556~557쪽 수록.

39 이노우에가 무츠에게, 1895년 5월 19일, 279호: 『日本外交文書』 28-1권, 420~421쪽.

40 내각 결정, 1895년 5월 25일, 288호: 『日本外交文書』 28-1권, 434~435쪽. 伊藤博文 編, 『朝鮮交涉資料』 3권, 596쪽에도 수록. 그러나 발표는 이뤄지지 않았다. 아래 서술 참조.

41 이노우에가 사이온지에게, 1895년 8월 6일, 248호(아울러 79호., 기밀) 및 1895년 8월 29일, 249호(아울러 185호): 『日本外交文書』 28-1권, 369~375쪽.

42 杉村濬, 『在韓苦心錄』, 외무성 문서, PVM 3, 684~685쪽.

43 사이온지가 미우라에게, 1895년 9월 4일, 250호: 『日本外交文書』 28-1권, 375쪽.

44 이노우에가 사이온지에게, 1895년 9월 4일, 251호: 같은 책. 杉村濬, 『在韓苦心錄』, 692~695쪽도 참조.

45 사이온지가 미우라에게, 1895년 9월 5일 및 이노우에가 사이온지에게, 1895년 9월 5일, 253·254호: 『日本外交文書』 28-1권, 376~377쪽; 杉村濬, 『在韓苦心錄』, 692~695쪽. 앨런이 국무장관에게, 1885년 9월 18일, 146호에는 이노우에가 떠난 날짜가 나와 있다.

46 Takeuchi, *War and Diplomacy in the Japanese Empire*, 113~114, 119~120쪽.

47 이 책 5장 278쪽 참조.

48 외무성 문서, SP 5, 446~504쪽.

49 삼국간섭에 관련된 개별문서는 '일·청전쟁에서 열강의 중재'(『日本外交文書』 28-1권, 685~767쪽)와 '삼국간섭'(같은 책 28-2권, 1~223쪽) 항목에 실려 있다.

50 무츠가 니시(상트페테르부르크)·아오키(베를린)·소네(파리)·오야마(비엔나)·구리노(워싱턴)·가토(런던) 등에게, 1895년 3월 24일, 제1027호: 『日本外交文書』 28-2권, 292~293쪽; 오야마가 무츠에게, 1895년 3월 27일: 아오키가 무츠에게, 3월 25일; 니시가 무츠에게, 3월 31일, 1041, 1032, 1076호: 『日本外交文書』 28-2권, 302, 295, 329쪽; 일·청 휴전, 1895년 3월 30일, 1071호: 같은 책, 324~327쪽; 田保橋潔, 『日淸戰役外交史の硏究』, 474~478쪽; 黑龍會,

『日支交渉外史』1권, 324~328쪽. 러시아 황태자 암살 시도는 1891년 오츠에서 일어났다.

51 가토가 무츠에게, 1895년 4월 25일, 704호: 『日本外交文書』 28-2권, 35~36쪽.

52 특별위원회 회의록(러시아어), 1895년 4월 11일: Krazny Archiv, "First Steps of Russian Imperialism in Far East, 1888-1903," *Chinese Social and Political Science Review* XVIII (1934-1935), 265~272쪽; 로바노프가 차르에게, 1895년 4월 15일: 같은 자료, 265쪽; B. A. Romanov, *Russia in Manchuria, 1892-1906* (trans. from the Russian by Susan Wilbur Jones) (Ann Arbor: J. W. Edwards, 1952), 52~60쪽, 특히 57, 59쪽. 맨 뒤의 책은 레닌그라드의 A. S. 에누키제 동양연구소Enukidze Oriental Institute에서 펴낸 *Rossiya v Manchzhurii*(1928)를 번역한 것이다.

53 실제 개입 공문은 일본 외무성 자료에 실려 있다. 『日本外交文書』 28-2권, 14~17쪽. 이 통지문들은 모두 같은 날인 4월 23일 도쿄에서 접수됐지만 완전히 동일하지는 않다. 외무성에서 이것을 받은 하야시는 즉시 전시 정부가 있는 히로시마와 무츠 외무대신이 치료하고 있던 고베 근처의 마이코로 러시아어와 프랑스어 통지문의 영어 번역본을 보냈다. 하야시는 러시아 장관이 통지문을 전달하면서 일본에 랴오둥 반도의 영유권을 포기할 것을 권고하면서 '결정적'이라는 단어를 "특별히 강조"했다고 덧붙였다. 일본이 진저우 지역(전체 면적의 약 8분의 1)에 대해서만 세 번이나 동의를 얻으려고 노력한 것은 여러 문서에 자세히 설명돼 있다. 이를테면 무츠가 하야시에게, 748·753호: 같은 책, 63~65, 67쪽. 5월 5일 자 일본의 완전한 준수에 대한 각서는 786호에 수록: 같은 책, 81~82쪽. 5월 9일 자 삼국의 '축전'은 806·807·808호: 같은 책, 98~99쪽. 이것들도 완전히 동일하지는 않지만 모두 일본 정부의 '지혜'(러시아는 '높은 지혜')에 경의를 표시하고 있다.

54 이노우에가 무츠에게, 1895년 4월 25일, 705호: 『日本外交文書』 28-2권, 36~37쪽.

55 무츠가 이노우에에게, 1895년 5월 15일, 822호: 같은 책, 114쪽.

56 앞의 주 40 참조. 이 '선언'이 작성되기 일주일 전 무츠 외무대신은 런던의 가토에게 영국이 조선 독립을 위한 열강의 공동 보증 제안을 지지할 것으로 생각하는지 물었다. 그는 그런 보장을 받으면 일본은 즉시 그곳에[조선에] 주

둔한 군대를 철수할 것이라고 말했다. 가토는 영국이 그것을 지지할지 의심을 표시했다. 무츠가 나베시마에게(이토에게 전달), 영국공사에 대한 지시 초안, 1895년 5월 18일, 272호: 『日本外交文書』 28-1권, 414~415쪽; 무츠가 가토에게, 1895년 5월 18일, 277호: 같은 책, 419쪽; 가토가 무츠에게, 1895년 5월 19일, 278호: 같은 책, 419~420쪽.

57 무츠가 이토에게, 1895년 6월 3일 및 부록, 298호: 『日本外交文書』 28-1권, 440~441쪽.
58 이상은 스기무라의 일기를 요약한 것이다. 외무성 문서, PVM 3, 589~694쪽.
59 아래 문서 참조. 실이 국무장관에게, 1895년 3월 1일, 4월 3·17·29일, 5월 10·11·25일, 6월 7일, 94·103·107·108·110·111·115·120호; 앨런이 국무장관에게, 1895년 9월 18일, 146호; 올니Olney가 실에게, 1895년 6월 21일 및 아디가 실에게, 1895년 7월 9일, 83·87호, 지시. 조지 맥큔 조선 문서집(마이크로 필름)도 참조.
60 Ralph S. Kuykendall and A. Grove Day, *Hawaii: A History* (New York: Prentice-Hall, 1948), 174~179쪽; Harrington, *God, Mammon and the Japanese*, 264~271쪽.
61 '문명 단계'는 이 책 162쪽 참조. 하와이의 '반역' 재판은 Kuykendall and Day, 앞의 책, 185~186쪽 참조.
62 미우라 고로, 조선 정책 의견서, 1895년 8월 7일, 350호: 『日本外交文書』 28-1권, 482~484쪽. McKenzie, *The Tragedy of Korea*, 58쪽 참조.
63 사이온지가 해외 공사들에게, 1895년 11월 8일, 430호: 『日本外交文書』 28-1권, 566~568쪽.
64 이노우에가 스기무라에게, 1895년 10월 8일, 356호: 같은 책, 492쪽.
65 杉村濬, 『在韓苦心錄』, 외무성 문서, PVM 3, 709~757쪽.
66 1896년 1월 23일. 이 재판에 대한 공식 기록은 외무성 기록보관소 자료에 스기무라의 일기에 첨부돼 있다. PVM 3, 758~798쪽. 영문 전문은 McKenzie, *The Tragedy of Korea*, 263~268쪽에 부록으로 실려 있다. 이노우에 가오루가 주일 미국공사 던에게 보낸 보고서는 Treat, *Diplomatic Relations between Japan and the United States, 1895-1905*, 9~10쪽에 수록되어 있다. 앨런(조선공사관)이 국무장관에게 보낸 보고서, 1895년 10월 10일, 156호(맥큔 문서집

에도 수록). Harrington, 앞의 책, 268~274쪽도 참조.
67 스기무라가 이노우에에게, 미우라가 사이온지에게, 이노우에가 스기무라에게, 사이온지가 미우라에게, 미우라가 사이온지에게, 모두 1895년 10월 8일, 각각 357·354·356·353·359호: 『日本外交文書』 28-1권, 491~492, 494~495쪽. 미우라가 사이온지에게, 1895년 10월 9일, 358호: 같은 책, 493~494쪽.
68 미우라가 이토에게, 1895년 10월 14일, 378호: 『日本外交文書』 28-1권, 512~514쪽; 우치다가 사이온지에게, 1895년 11월 5일, 424호: 같은 책, 552~562쪽.
69 『도쿄아사히신문』 1895년 10월 27일; 『明治編年史』 9권, 314쪽.
70 사이온지가 고무라에게, 1895년 10월 10일, 27일, 367·406호: 『日本外交文書』 28-1권, 499~500, 532쪽.
71 고무라가 사이온지에게, 1895년 11월 7일 및 사이온지가 고무라에게, 10월 17일, 11월 8일, 427, 384, 428호: 『日本外交文書』 28-1권, 565, 517, 566쪽. 일본군은 문제없이 궁궐에 들어갈 수 있었을 것이라는 고무라의 판단은 옳았을 가능성이 큰데, 며칠 뒤 서울의 외국인들이 상황을 안정시키기 위해 그런 조치가 필요하다고 제안했기 때문이다. Treat, *Diplomatic Relations between Japan and the United States, 1895-1905*, 11~12쪽.
병상에서 무츠는 "상황을 지켜보고 아무것도 하지 않는 것이 바람직하다"고 강조했고, 사이온지는 이노우에와 고무라, 그리고 일본 외교 기관의 다른 사람들에게 지시하면서 외국 대표들과 협의할 것을 강조했다. 이를테면 무츠가 사이온지에게, 1895년 10월 9일; 사이온지가 고무라에게, 1895년 10월 18일, 26일; 사이온지가 이노우에에게(기밀), 10월 23일, 362, 388, 402, 395호: 『日本外交文書』 28-1권, 469, 519, 536, 523쪽. 이노우에와 앨런의 대화, Harrington, 앞의 책, 277~288쪽도 참조.
궁궐에 "주둔해" 일본군의 보호를 요구한 훈련대 지도자들(다무라 중령과 가와카미 중장, 1895년 11월 3일, 417호: 『日本外交文書』 28-1권, 537쪽) 때문에 평화는 어려워졌다. 그리고 국왕은 스스로 황제의 칭호를 갖고 그 사실을 알리기 위해 해외에 사절을 파견하는 계획을 시작했다. 앨런은 이것이 일본이 계획한 일이라고 생각했지만(앨런이 국무장관에게, 1895년 10월 19일, 161호), 일본 문서에 따르면 그들은 매우 괴로워했다(사이온지가 미우라에게, 1895년 10월 14일; 미우라가 사이온지에게, 10월 14일; 고무라가 사이온지에게, 10월

26일, 373·375·403호: 『日本外交文書』 28-1권, 510~511, 530쪽).
72 이노우에가 사이온지에게, 1895년 11월 13일, 441호: 같은 책, 578쪽. 말년에 이노우에는 원로 정치가로서 조선 문제에 자문했지만 1907년 동양척식주식회사 조직을 활성화하는 데 도움을 준 한 번을 제외하고는 적극적이거나 강력한 역할을 수행하지 않은 것으로 보인다(9장 참조). 그는 주로 사업과 정토종淨土宗 니시혼간지파西本願寺派 조직에 전념했다. 井上馨候伝記編纂會, 『世外井上公傳』 4·5권(東京: 內外書籍株式會社, 1934. 특히 5권 39~48쪽).
73 고무라가 사이온지에게, 1896년 2월 11일, 352호: 『日本外交文書』 29권, 682쪽; 수·발신인 같음, 1895년 2월 13일, 353호: 같은 책, 683~684쪽. 오카 요시타케는 1954년 5월 28일 도쿄대 강연에서 1895년 2월 17일 자 이노우에가 무쓰에게 보낸 편지를 인용했으며, 여기서는 그것을 이용했다.
호러스 앨런은 훈련대 궁궐 경비병을 피하기 위해 짐꾼으로 변장하고 러시아공사 베베르를 도와 국왕이 러시아공사관으로 도피할 수 있도록 준비했다. Harrington, 앞의 책, 288~290쪽.
74 전문은 Rockhill, *Treaties and Conventions with or concerning China and Korea 1894-1904*, 430~432쪽 수록.
75 『世外井上公傳』 4권, 538쪽.

7장 좌절된 현실주의 2—이토의 실패, 1905~1909년

1 여기서 사용한 표현은 아래 연구들을 따랐다. Frederick Wells Williams' Introduction to K. Asakawa, *The Russo-Japanese Conflict* (Cambridge: Riverside Press, 1904), p.vi 및 George Trumbull Ladd, "The Annexation of Korea: An Essay in Benevolent Assimilation," *Yale Review*, N.S. I (1911-1912), 639쪽.
2 이용한 일본 자료에 대한 논의는 Asakawa, 앞의 책, 267~372쪽; Takeuchi, *War and Diplomacy in the Japanese Empire*, 121~159쪽; A. M. Pooley (ed.), *The Secret Memoirs of Count Tadasu Hayashi* (New York: G. P. Putnam, 1915), 61~211쪽 참조.

러시아 자료는 Romanov, *Russia in Manchuria, 1892-1906*, 102~387쪽과 Andrew Malozemoff, *Russian Far Eastern Policy, 1881-1904* (Berkeley, 1958) 참조.

미국 자료는 Treat, *Diplomatic Relations between Japan and the United States, 1895-1905*, 167~259쪽과 Harrington, *God, Mammon and the Japanese*, 283~335쪽 참조.

유럽 자료는 William L. Langer, *The Diplomacy of Imperialism* (2nd ed.; New York: Alfred A. Knopf, 1951), 특히 460~473, 690~692, 720~727, 747~784쪽 참조.

3 Harrington, 앞의 책, 296~301쪽; Romanov, 앞의 책, 108~117쪽; Clarence N. Weems, Jr., "The Korean Reform and Independence Movement," 277~299, 360~462쪽.

4 Rockhill, *Treaties and Conventions with or concerning China and Korea 1894-1904*, 433쪽.

5 伊藤正德, 『加藤高明』 1권, 274쪽; Takeuchi, *War and Diplomacy in the Japanese Empire*, 124~128쪽.

6 Asakawa, 앞의 책, 296~305쪽.

7 Asakawa, 앞의 책, 305~362쪽, 특히 308~309쪽; Romanov, 앞의 책, 291쪽; A. Whitney Griswold, *The Far Eastern Policy of the United States* (New York: Harcourt, Brace & Co., 1938), 125, 115~116쪽; J. V. A. MacMurray (comp. and ed.), *Treaties and Agreements with and concerning China, 1894-1919* (New York: Oxford University Press, 1921), I, 522쪽 이하.

8 Chung, *Treaties and Conventions between Corea and Other Powers*, 213쪽. Asakawa, 앞의 책, 367쪽도 참조.

9 하야시가 가쓰라에게, 1905년 9월 25일, 2498호: 외무성 문서, MT 1.6.1.24 (조선 왕실 개선에 관련된 문서), 2~11쪽.

10 Chung, *Treaties and Conventions between Corea and other Powers*, 221~223쪽.

11 미국공사관은 11월 24일 폐쇄됐다. Treat, *Diplomatic Relations between Japan and the United States, 1895-1905*, 254~256쪽. 다른 나라들의 '승인'

은 외무성 문서, MT 1.1.2.40(통감부 설치 관련 문서), 330~390쪽 참조.
12 가토가 모든 대사·공사에게, 1906년 1월 19일: MT 1.1.2.40, 312~310쪽(쪽수 역순).
13 친다가 고무라(베이징)에게, 1905년 12월 12일, 135호: MT 1.1.2.40, 72~73쪽.
14 고무라가 가쓰라에게, 1905년 12월 19일, 77호: MT 1.1.2.40, 86~87쪽.
15 가쓰라가 고무라에게, 1905년 12월 21일: MT 1.1.2.40, 239~243쪽.
16 平塚篤, 『伊藤博文秘錄』1권(東京: 春秋社, 1929), 314~315쪽. 이토가 통감부를 설치하면서 자신이 바란 것을 얻었다는 추가 증거는 다음에서 찾을 수 있다. 가쓰라가 하야시에게, 1905년 11월 19일, 20일, 22일: 외무성 문서, MT 1.1.2.40, 17, 18~19, 26~29쪽 및 하야시가 가쓰라에게, 1905년 12월 4일: 같은 자료, 62~71쪽.
    11월 22일 자 서한에서 가쓰라는 "이토의 의견에 따라 다음과 같이 황실 법령을 공포하기로 결정했다"고 했다. 통감의 지위를 규정하는 황실 법령은 이런 배경 논거를 통해 가장 잘 이해할 수 있다. 그는 천황에 직속돼 내각의 통제를 받지 않으며, 조선 정부에 고용된 일본인을 포함해 조선에 있는 모든 일본인을 지휘하도록 돼 있었다. 그러나 그는 순수한 외교 문제는 도쿄의 외무성에 맡김으로써 외국 정부가 조선에 외교 대표를 두는 구실을 없앴다. 기본 조례는 統監府, 『韓國施政年報』1907년, 111~115쪽에 수록. 같은 자료, 6~7쪽도 참조. *Papers Relating to the Diplomatic Relations of the United States* (1906), II, 1025쪽도 참조.
17 平塚篤, 『伊藤博文秘錄』1권, 77호, 313~314쪽.
18 1906년 1월 30일 발언. 平塚篤, 『伊藤博文秘錄』2권, 연설 부문, 37호, 220~223쪽.
19 小松綠, 『伊藤公全集』1권(東京: 伊藤公全集刊行會, 1927), 203~205, 211쪽; 平塚篤, 『伊藤博文秘錄』1권, 13호, 63~64쪽 및 같은 책 2권, 연설, 7~9쪽.
20 George Trumbull Ladd, *In Korea with Marquis Ito* (New York: Charles Scribner's Sons, 1908), 462~463쪽.
21 Chon Dong, "Japanese Annexation of Korea," (Unpub. Ph.D. diss., University of Colorado, 1955; University Microfilms, Ann Arbor, T'55,

D717j), 374쪽.
22　George Trumbull Ladd, *What Ought Ito Do? An Inquiry into the Nature and Kinds of Virtue and into the Sanctions, Aims, and Values of the Moral Life* (New York: Longmans, Green & Co., 1915), 특히 102~103, 162~163, 188, 210~212, 234, 276, 301~306쪽. 래드의 약력과 주요 저작은 Dumas Malone (ed.), *Dictionary of American Biography* (New York: Scribner's, 1933), X, 525~526쪽과 미국 의회도서관 목록 참조.
23　*Yale Review*, N.S. I (July 1912), 639, 645쪽.
24　Ladd, *In Korea with Marquis Ito*, 44, 47~54, 94~98쪽. 『대한매일신보』는 1904년 서울에 정착한 젊은 영국인 기자 E. T. 베델E. T. Bethell이 편집했다. 영문판과 한글판이 모두 발행됐다. 일본인들이 영국에 항의하자 주한 영국영사관은 그 신문을 탄압하도록 명령했다. McKenzie, *The Tragedy of Korea*, 212~240쪽.
25　Harrington, *God, Mammon and the Japanese*, 48, 200, 332~335쪽.
26　Hulbert, *The Passing of Korea*, 208~224쪽; McKenzie, *The Tragedy of Korea*, 130~141쪽. Eleanor Tupper and George E. McReynolds, *Japan in American Public Opinion* (New York: Macmillan, 1937), 92~93쪽; Nelson, *Korea and the Old Orders in Eastern Asia*, 263~267쪽; Clarence N. Weems, Jr., "The Korean Reform and Independence Movement, 1881-1898," 118~119쪽도 참조.
27　Ladd, *In Korea with Marquis Ito*, 252~279쪽, 특히 253~254, 261~262, 266~267, 277~278쪽.
28　Chung, *Treaties and Conventions between Corea and other Powers*, 223~224쪽.
29　Ladd, *In Korea with Marquis Ito*, "July, 1907 and Afterward"장, 특히 424~425, 427, 435, 437~438쪽.
30　McKenzie, *The Tragedy of Korea*, 185~208쪽, 특히 191, 203쪽; McKenzie, *Korea's Fight for Freedom*, 132~170쪽.
31　김종익은 이런 조선 의병의 활동과 일본의 진압을 자세히 분석했다. Kim, Chong-Ik, "Japan in Korea, 1905-1910: The Techniques of Political

Power," Ph.D diss. in Political Science. Stanford University, Sept., 1958. 폭동에 대해서는 이 장의 뒷부분에서 자세히 설명하겠다.

32 츠루하라 사다키치鶴原定吉 통감부 총무장관이 친다 외무차관에게, 1907년 5월 9일: 외무성 문서, MT 2.4.1.9(헤이그 밀사 관련 문서), 22~26쪽. 보스트웍과 콜브란의 활동은 Harrington, God, *Mammon and the Japanese*, 186~189, 198~200쪽 참조.

33 스즈키가 하야시 외무대신에게, 1907년 7월 3일, 2704호: 외무성 문서, MT 2.4.1.9, 73쪽; 수·발신인 같음, 6월 29·30일, 7월 2·3·4·5·7·9·16·18·19일: MT 2.4.1.9, 47, 51~52, 55, 72~73, 81, 100, 103, 105, 196, 211, 247쪽.

34 수·발신인 같음, 1907년 7월 16일, 2938호: MT 2.4.1.9, 196쪽.

35 하야시가 이토에게, 1905년 7월 6일, 1835호: MT 2.4.1.9, 80쪽; 마쓰바라(샌프란시스코)가 외무대신에게, 1907년 11월 18·21일, 4861·4929호 및 하야시가 마쓰바라에게, 1907년 11월 21·22일, 3240·3223호; 하야시 메모(11월 25일경): 같은 자료, 797~798, 802~807, 825쪽.

36 아오키가 하야시에게, 1907년 7월 24일, 3094호: MT 2.4.1.9, 371~370쪽(쪽수 역순); 아오키가 하야시에게, 1907년 7월 23·27일, 3081·3155호: 같은 자료, 353, 532~531쪽(쪽수 역순)도 참조.

37 이노우에가 하야시에게, 1907년 7월 18일, 27일, 2966·3170호: MT 2.4.1.9, 208~207(쪽수 역순), 353쪽; 수·발신인 같음, 7월 21·22일, 3050·3062호: 같은 자료, 312~311, 339~337(쪽수 역순)도 참조

38 모토노가 하야시에게, 1907년 7월 19·22일, 2419·3052호: 같은 자료, 245~247, 332~335쪽.

39 다카히라가 외무대신에게, 1907년 7월 22·27일, 3068·3174호: 같은 자료, 340, 355쪽.

40 고무라가 하야시에게, 1907년 7월 30일, 3201호: 같은 자료, 586~585쪽(쪽수 역순).

41 브라운(글래스고)이 하야시에게, 1907년 7월 30일, 3658호: 같은 자료, 682~681쪽(쪽수 역순).

42 가나가 지사가 외무대신에게, 1907년 7월 24·27일, 1929·1972호: 같은 자료, 381~383, 536~538쪽.

43 아오키가 하야시에게, 1907년 7월 21·27일, 3035·3155호: 같은 자료, 285~
    284, 532~531(쪽수 역순).
44 이토가 친다에게, 1907년 7월 19일, 2993호: 같은 자료, 226~230쪽.
45 이토가 사이온지에게, 1907년 7월 22일, 3054호: 같은 자료, 318~323쪽.
46 하야시가 고무라(런던)에게, 1907년 7월 13일; 친다(도쿄)에게, 7월 20일; 모
    토노(상트페테르부르크)에게, 7월 20일, 1913·30-0·1974호: 같은 자료, 142~
    143, 248~249, 259~261쪽.
47 C. N. Weems, "The Korean Reform and Independence Movement, 1881-
    1898," 175~176, 497쪽.
48 이토가 사이온지에게, 1906년 3월 26일, 668호(기밀): 외무성 문서, MT
    1.1.2.41. (망명 조선인 관련 문서), 23~32쪽; 통감부에서 외무차관에게, 1906년
    4월 17일: 같은 자료, 51~52쪽; 발신인 또는 수취인 없음 (내무성 보고서),
    1906년 3월 31일: 같은 자료, 42~43쪽.
    조선인에 대한 다른 보고서도 참조. 야마구치현 내무국에서 내무대신에게,
    1906년 3월 29일(비밀, 긴급): 같은 자료, 39~41쪽; 도쿄 경시청과 각 현 지사
    가 외무성으로 보낸 여러 보고서, 1906~1907년: 같은 자료, 53~170쪽. 조선
    인에게 고용된 '데어Miss Dare'라는 '미국인 매춘부'에 대한 보고도 있었다. 가
    나가와 지사가 외무대신에게, 1906년 5월 1일, 1106호(비밀): 같은 자료, 83~
    84쪽.
49 외무차관이 통감에게, 1907년 6월 13일: 같은 자료, 90쪽; 조사보고서, 1907년
    6월 10·12·13일: 같은 자료, 91~100, 110~111쪽.
50 이토가 하야시에게, 1907년 6월 22일, 1640호: MT 1.1.2.41, 119~126쪽.
51 이런 존중은 공식적인 방문의 격식, 좌석 배치의 배려, 직함에 대한 주의 등에
    서도 나타났다. 이토의 비망록, 1906년 6월 14일, 179호 및 1906년 11월 12일,
    186호: 헌정자료실.
52 C. N. Weems, "The Korean Reform and Independence Movement, 1881-
    1898," 136~525, 특히 149~150, 165~166, 174~178, 243~244, 254, 277,
    298, 476~477, 486, 495, 497~502, 514쪽.
53 統監府,『韓國施政年報』1907년, 12~17쪽.
54 이토가 친다 외무대신에게, 1907년 7월 19일: 외무성 문서, MT 2.4.1.9, 242쪽;

사이온지에게, 1907년 7월 21일: 같은 자료, 305쪽; 사이온지가 이토에게, 1907년 7월 24일: 같은 자료, 372쪽.
55 최고사령관이 외무대신에게, 1907년 7월 22일, 477호: 외무성 문서, MT 2.4.1.9, 925~926쪽. Chon Dong, "Japanese Annexation of Korea," 521쪽.
56 도쿄 경시청이 외무대신에게 보낸 보고, 1907년 7월 19·24·26·29일, 8월 14일, 1878·1944·1968·2010·2164호: 외무성 문서, MT 2.4.1.9, 275, 490~497, 523~525, 587~590, 653~655쪽. 다른 보고: 같은 자료, 189~191, 198~201쪽 등.
57 이토가 사이온지에게, 1907년 7월 22일, 3054호: 외무성 문서, MT 2.4.1.9, 318~319쪽; 총참모장이 조선군 사령관에게, 1907년 7월 24일, 1932호: 같은 자료, 431쪽; 도쿄경시청이 외무대신에게, 1907년 8월 14일, 2164호: 같은 자료, 655쪽. Ladd, In Korea with Marquis Ito, 429쪽; Chon Dong, "Japanese Annexation of Korea," 322쪽.
58 統監府,『韓國施政年報』1907년, 34~35쪽.
59 이토 비망록, 95·108호, 1906년 날짜 없음: 헌정자료실; 平塚篤,『伊藤博文秘錄』1권, 321쪽(문서 79호).
60 이토가 친다에게 보내 사이온지에게 전달, 1907년 7월 19일: 외무성 문서, MT 2.4.1.9, 240쪽.
61 統監府,『韓國施政年報』1907년, 35쪽.
62 마루야마(경찰 수사관)가 참모장과 외무성에, 1907년 8월 2일, 2045호(기밀); 육군 중령(조선공사관)이 육군 참모총장과 외무대신에게, 1907년 7월 31일; 사세보의 해군 소장이 해군 참모총장에게, 1907년 8월 11일(원산에서 회신): 외무성 문서, MT 2.4.1.9, 982~983, 980, 1020~1021쪽; 하세가와가 이토를 거쳐 외무대신에게, 1907년 9월 3일, 2422호: 같은 자료, 1120~1144쪽.
63 위의 주 24 참조. 베델의 기사는 McKenzie, The Tragedy of Korea, 224~237쪽에 재수록. 하야시는 1905년 9월 25일 서울에서 보낸 보고에서 베델을 다음과 같이 언급했다. "황제는『대한매일신보』를 운영하고 있는 베델에게 돈을 주고 반일 선전을 쓰게 한다." 하야시가 가쓰라 외무대신에게, 2498호: MT 1.6.1.24, 3쪽.
64 이토가 하야시에게, 1907년 11월 29일(두 통): 외무성 문서, MT 2.4.1.9,

1286~1289쪽. 이토가 자리를 비운 것은 도쿄로 가서 공공으로 승격된 것을 말한다.
65 1907년 12월 13일, 3224호: 외무성 문서, MT 2.4.1.9, 1309~1315쪽.
66 1907년 8월 18일, 1933호: 같은 책, 1946쪽.
67 통감부, 폭도 통제 보고, 1908년: 외무성 문서, MT 1.1.2.55(통감부 행정 문서), 46쪽. Chon Dong, "Japanese Annexation of Korea," 328~329쪽에서 葛生能世, 『日韓合邦秘史』 1권, 366쪽을 인용.
68 주한 일본 판사들에게 한 이토의 경고에 주목. 이토 비망록, 1908년 6월 13일 8·9호: 헌정자료실.
69 소네가 이토에게, 1908년 8월 7일, 번호 없음: 외무성 문서, MT 2.4.1.9, 1912~1914쪽; 이토가 소네에게, 8월 8일: 같은 자료, 1919~1920쪽; 소네가 데라우치에게, 8월 12일: 같은 자료, 1926~1927쪽; 소네가 고무라에게, 8월 30일: 같은 자료, 1963~1965쪽; 고무라가 소네에게, 8월 31일: 같은 자료, 1966~1968쪽. 국경 상황에 대한 전체적 설명은 소네가 하야시 외무대신에게, 1908년 3월 2일, 587호: MT 2.4.1.9, 1470~1474쪽 참조.
70 Dong, 같은 논문, 230, 304, 335쪽. 다른 한국인 학자의 최근 연구에서는 이토의 역할을 훨씬 더 냉정하게 분석했다. Kim, Chong-Ik, "Japan in Korea, 1905-1910: The Techniques of Political Power."
71 같은 논문, 324쪽. 동천의 학위논문 초록에 실린 葛生能世, 『日韓合邦秘史』에 대한 언급도 참조. 위에서 논의한 인용문은 『비사』 1권, 333쪽.
72 Dong, 앞의 논문, 335~348, 특히 335~336, 345~346쪽.
73 이토가 사이온지에게, 1907년 7월 29일, 105호(기밀): 외무성 문서, MT 2.1.4.9, 562~563쪽.
74 2374호: 같은 자료, 685~687쪽.
75 德富猪一郎, 『公爵桂太郎傳』 2권, (東京, 1917), 454쪽.
76 이토의 통감 사임서, 자필, 1909년, 날짜 없음, 문서 188번. 헌정자료실 이토 관련 문서에 있음. 그가 추밀원 의장으로 임명된 것은 황실 궁내청에서 고무라에게 보낸 1909년 6월 14일 문서에서 발표됐다. 1909년 6월 14일, 외무성 문서: MT 1.1.2.40, 423~425쪽. 소네가 고무라에게, 1909년 6월 26일, 같은 자료, 429쪽도 참조.

77 Dong, 앞의 논문, 345~346쪽; 葛生能世, 『日韓合邦秘史』 2권, 617~618쪽.
78 倉知鐵吉, 『韓國併合の經緯』, 일본외무성 외교사료관 소장 자료, 1950. 서문, 1~5, 6~13쪽 참조. 金子堅太郞, 『伊藤博文傳』 3권, 1940, 838쪽의 4월 10일 회동 관련 부분도 참조.
79 金子堅太郞, 「완전한 합의」, 『伊藤博文傳』 3권, 682쪽.
80 일본 정권을 가장 혹독하게 비판했던 맥켄지조차 이것을 인정하고 있다. *Korea's Fight for Freedom*, 104쪽.
81 Ladd, "The Annexation of Korea," 645쪽과 *What Ought Ito Do?* 103쪽.
82 이토는 가쓰라에게 보낸 서신에서 병력 증파를 명확히 요청했다. 그는 "이곳의 상황을 관찰하고 미래를 생각하면 매우 불안합니다. 좋은 생각이 있으면 알려주십시오." 이토가 가쓰라에게 보낸 서신, 33호, 1908년 5월 6일: 헌정자료실.
83 『도쿄마이니치신문』, 1909년 12월 5일. 소네는 병상에서 사직서를 제출했다. Chon Dong, "Japanese Annexation of Korea," 347, 351쪽 참조.
84 McKenzie, *Korea's Fight for Freedom*, 176, 182쪽.

8장 역행한 이상주의—반동주의자들의 대두와 자유주의자들의 혼란

1 岡義武, 「自由黨左派とナショナリズム」, 『社會學評論』, 1951. 5., 9~14쪽; 「日戰戰爭と當時における對外意識」, 『國家學會雜誌』 68, 1954·1955, 101~129, 223~254쪽; 「條約改正論議に現われた當時の對外意識」, 『國家學會雜誌』 67, 1953., 1~24, 183~206쪽. 특히 맨 끝 논문 4장 195~206쪽에 따르면 일부 자유주의자는 조약 개정 문제에 국력을 최대한 쏟기 위해 정부는 "여론에 기초해야" 한다고 주장했으며 후쿠자와는 서양 국가들과도 권력을 경쟁해야 한다고 다소 냉소적으로 주장했다.
2 丸山眞男, 「明治國家の思想」, 歷史學研究會 編, 『日本社會の史的究明』(東京: 岩波書店, 1949), 211쪽.
3 Mendel, "Ozaki Yukio: The Political Conscience of Modern Japan," 343~356쪽, 특히 348~349쪽.
4 井上角五郞, 「京城の殘夢」. 모두 32쪽. 삽화는 다음과 같다. (표지) 서울의 불

타는 일본공사관. 다케조에의 도주. 청군에 살해되는 서울 시민들. '청군에 분노하는' 사진작가 혼다 보쿠노스케의 아내와 가족. 인천에서 살해되는 이소바야시 대위. 개혁을 시작하라는 이노우에의 제안을 받아들이는 고종과 왕비. 왕릉에서 선서하는 고종. 이전 판에 실리지 않았던 마지막 두 삽화는 전환을 나타내는 것으로 볼 수 있는데, 일본 정부가 이제 조선에 대한 '의무를 맡으면서' 자유주의자들은 그 주제를 제시할 수 있었다.

5 도쿄 경시청에서 외무대신에게, 1907년 7월 18·30일, 1858·2020호: 외무성 문서, MT 2.4.1.9, 223~225, 599쪽. 헌정본당은 Scalapino, *Democracy and the Party Movement in Prewar Japan*, 177~179쪽 참조.

6 도쿄 경시청에서 외무대신에게, 1907년 7월 13·19·26일, 8월 14일, 1806·1811·1875·1983·2104호: 외무성 문서, MT 2.4.1.9, 172~174, 178~179, 270~273, 548, 653~655쪽.

7 도쿄 경시청에서 외무대신에게, 1907년 7월 26·28일, 1978·1992호: 같은 자료, 541~542, 578~580쪽. 사실 진보당이라는 이름은 시대착오적인 것이었다. 오쿠마의 정당은 한동안 이 이름을 사용하다가 자유당과 합당해 헌정당을 결성했고, 그것은 그 뒤 정우회와 정우회 조직에 대한 이토의 조건을 받아들이지 않은 여러 잔당으로 나뉘었다. 이 잔존세력 가운데 하나가 여기서 언급된 것은 분명하다. Scalapino, *Democracy and the Party Movement in Prewar Japan*, 170, 173, 179쪽 참조.

8 도쿄 경시청에서 외무대신에게, 1907년 7월 26일, 1962호: 외무성 문서, MT 2.4.1.9, 515~516쪽. 스칼라피노는 이 대동구락부가 가쓰라의 일부 지지자들에 의해 통제됐다고 했다. 앞의 책, 188쪽 주 106. 정우회는 Scalapino, 179, 183, 186, 189쪽 참조.

9 지바현 지사가 외무대신에게, 1907년 7월 27일, 1988호 및 도쿄 경시청에서 외무대신에게, 1907년 7월 26일, 번호 없음: 외무성 문서, MT 2.4.1.9, 565~567, 546~547쪽.

10 『시사신보』 1907년 7월 7·8일. 『도쿄아사히신문』은 좀 더 비판적이었지만 이토의 축출 같은 과감한 제안은 하지 않고 법률에 입각한 방식으로만 비판했다(1907년 7월 11일).

11 『시사신보』 1909년 12월 8일 사설; 『도쿄마이니치신문』 같은 날짜 사설; 『도쿄

『아사히신문』 1909년 12월 7일 사설; 같은 신문, 오쿠마의 병합 관련 기고.
12 이 기사들은 모두 『시사신보』 1910년 8월 27일 자에 수록.
13 『시사신보』 1910년 8월 30일~9월 8일.
14 『도쿄니치니치신문』 1910년 8월 25일 사설.
15 『시사신보』 1910년 8월 25일. 이누카이에 대해서는 Scalapino, *Democracy and the Party Movement in Prewar Japan*, 78, 190, 192~193쪽; Jansen, *The Japanese and Sun Yat-sen*, 29쪽 이후도 참조.
16 『타요』, 1910년 10월, 89쪽. 오이시에 대해서는 Scalapino, 앞의 책, 191~194쪽.
17 『도쿄니치니치신문』 1910년 8월 31일.
18 같은 신문, 1910년 9월 6일.
19 같은 신문, 1910년 10월 12일.
20 丸山眞男, 「明治國家の思想」, 204~212, 216, 218, 220, 227~228쪽.
21 같은 글, 219~220쪽.
22 같은 글, 212~213쪽.
23 西田長壽 編, 『평민신문』(大阪·東京: 創元社, 1953), 머리말 및 신문 관련 인물 명단, 1~22쪽. Chitoshi Yanaga, *Japan Since Perry* (New York: McGraw-Hill, 1949), 236쪽 참조. 야나가는 고토쿠·사카이 도시히코·니시카와 고지로(사카이처럼 가타야마 센과 가까웠음)·이시카와 산시로(우치무라와 가까웠음)를 언급했다. 앞의 책, 236, 239쪽 및 『평민신문』, 19쪽. 가타야마 센은 고토쿠·사카이·아베·기노시타 나오에(기독교 사회주의자)를 최초 편집자로, 이시카와와 니시카와가 그 뒤 편집권을 이어받은 것으로 나열하고 있다. 片山潛, 『日本の勞動運動』(東京: 岩波書店, 1952), 341~342쪽. 中村哲, 『政治學事典』, 1227쪽 참조. 아무튼 이 사회주의 단체가 모두 참여했다는 것은 분명하다.
24 『평민신문』 사설, 1904년, 4월 3일, 21호, 2면, 119~121쪽.
25 『평민신문』 1904년 6월 19일, 2면, 349~351쪽.
26 도쿄경시청장이 외무대신에게, 1907년 7월 23·26일, 1923·1959호: 외무성 문서, MT 2.4.1.9, 362~363, 513~514쪽.
27 이 책 230~232쪽 참조.
28 Norman, "The Genyosha: A Study in the Origins of Japanese Imperialism,"

261~265쪽.
29 같은 글, 283쪽.
30 이를테면 T. A. Bisson, *Japan's War Economy* (New York: Institute of Pacific Relations, 1945); Pauley Commission (*Report on Japanese Reparations to the President of the United States*, Washington, 1946) 참조.
31 이를테면 Owen Lattimore, *Solution in Asia* (Boston: Little, Brown & Co., 1945)와 "The Sacred Cow of Japan," *The Atlantic*, CLXXV (Jan. 1945), 45~51쪽; Andrew Roth, *Dilemma in Japan* (Boston: Little, Brown & Co., 1945); Kate L. Mitchell, "The Political Function of the Japanese Emperor," *Amerasia*, VI (Oct. 1952), 382~390쪽.
32 A. Morgan Young, *Imperial Japan*, 1926-1938 (New York: Morrow, 1938); Hugh Byas, *Government by Assassination* (New York: Knopf, 1942). R. T. Pollard, "Dynamics of Japanese Imperialism," *Pacific Historical Review*, VIII, 1. (Mar. 1939), 5~36쪽도 참조. 그는 특히 1931년 이후 이런 집단들의 역할을 강조했다. "Government versus 'Patriot': The Background of Japan's Asiatic Expansion," *Pacific Historical Review*, XX, 1 (Feb. 1951), 31~42쪽.
33 스칼라피노의 책은 제목에서 알 수 있듯 자유주의 원칙을 포기한 그들의 행태를 적나라하게 묘사했다(*Democracy and the Party Movement in Prewar Japan: the Failure of the First Attempt*).
34 Jansen, "Oi Kentaro," 305~306, 316쪽 및 *The Japanese and Sun Yat-sen*, 28~31, 41~58, 217~222쪽. 델머 브라운Delmer Brown은 전후 일본 국가주의의 대두를 다뤘다. *Nationalism in Japan* (Berkeley: Univ. of California Press, 1955), 251~278쪽.
35 葛生能世 編, 『東亞先覺志士記傳』; 葛生能世, 『日韓合邦秘史』; 『日支交涉外史』 등.
36 도야마·우치다·스기야마에 대해서는 Jansen, *The Japanese and Sun Yat-sen*, 34~39, 180~181, 217쪽 참조. Taketora Ogata, "Mitsuru Toyama," *Contemporary Japan*, IX (July 1940), 818~829쪽 및 Seizo Kimase, *Mitsuru Toyama Kämpft für Grossasien* (Munich, 1941)도 참조.
37 Ph.D. diss., University of California, Berkeley, 1949. Richard Starry, *The*

Double Patriots (London: Chatto & Windus, 1957)도 참조. 흑룡회와 청년 장교 사이의 직접적인 연결 관계의 사례는 葛生能世, 『東亞先覺志士記傳』 3권, 41~42쪽 참조.

38　眞崎勝, 『保險學行脚』(東京: 保險硏究所, 1956), 235~238쪽.
39　같은 책, 239~251, 259~266쪽.
40　이것의 편리한 사례는 John O. Gauntlett (trans.), *Kokutai no Hongi: Cardinal Principles of the National Polity of Japan* (Cambridge: Harvard University Press, 1949). 일본 역사의 전체 과정을 이런 용어로 설명한 책은 大川周明, 『日本二千六百年史』(東京: 第一書房, 1939). 오가와의 책은 1939년 7~12월 18쇄를 찍었다. Fujisawa Chikao, "The Reassertion of Japanese State Philosophy," *Cultural Nippon*, II (Mar. 1934), 35~49쪽 참조.
41　Jansen, *The Japanese and Sun Yat-sen*, 59~81쪽.
42　葛生能世, 『東亞先覺志士記傳』 3권, 261~264, 361~362쪽.
43　같은 책, 1권의 47, 49, 60장과 871~881쪽에서 이 문제를 다뤘다. 대중 집회는 『明治編年史』 12권, 492쪽에도 서술.
44　이토에게 보낸 편지 110호, 1903년 6월 10일, 헌정자료실. 20호(날짜 없음)도 또 다른 보기로 생각된다.
45　Norman, "The Genyosha," 271~272쪽.
46　葛生能世, 『日韓合邦秘史』 1권, 31~32쪽 및 2권, 220쪽.
47　Weems, "The Korean Reform and Independence Movement, 1881-1898," 83, 101쪽과 5장 주 12.
48　黑龍會, 『日支交涉外史』 1권, 220쪽; 葛生能世, 『日韓合邦秘史』 1권, 서문; 旗田巍, 『朝鮮史』, 183쪽; 『시사신보』 1896년 1월 23일. Sunoo, "A Study of the Development and Technique of Japanese Imperialism in Korea," 47쪽 주 70도 참조. 러시아 자료들도 이 운동에 일본이 참여했음을 보여준다. 5장 주 16 및 農商務省, 『露國大藏省韓國誌』, 473쪽.
49　『日韓合邦秘史』 1권, 41쪽.
50　같은 책 1권, 28, 166, 168~169, 562쪽.
51　『日韓合邦秘史』 2권, 104~105, 112~115쪽.
52　倉知鐵吉, 『韓國併合の經緯』, 5쪽.

53 葛生能世, 『日韓合邦秘史』 1권, 41, 44쪽. Nelson, *Korea and the Old Orders in Eastern Asia*, 87쪽 주 2 참조.

54 葛生能世, 『日韓合邦秘史』 2권, 627쪽. 같은 주제는 같은 책 1권, 292~293, 453~454쪽.

55 같은 책 1권, 66~95, 545~547쪽과 2권, 104~105, 112, 257, 651쪽. 도야마 미쓰루 등이 외무대신에게, 1907년 7월 14일, 외무성 문서, MT 2.4.1.9, 163~164쪽도 참조.

56 葛生能世, 『日韓合邦秘史』 1권, 11쪽.

57 葛生能世, 『東亞先覺志士記傳』 3권, 758~763쪽; Jansen, *The Japanese and Sun Yat-sen*, 40쪽.

58 葛生能世, 『日韓合邦秘史』 1권, 149~151쪽과 2권, 153, 156, 203, 501쪽.

59 스기야마가 이토에게 보낸 이 세 통의 편지와 그 밖의 편지들은 이토에게 보내는 편지(서류철)에 있다. 24호: 헌정자료실.

60 우치다가 스기야마에게, 1907년 1월 1·14일: 『日韓合邦秘史』 1권, 66~95쪽.

61 『日韓合邦秘史』 1권, 29쪽에 한 사례가 실려 있다.

62 같은 책, 42, 56쪽.

63 우치다가 이토에게, 1907년 2월 날짜 없음: 『日韓合邦秘史』 1권, 113~131쪽.

64 같은 책, 149~152쪽.

65 같은 책, 55, 61쪽.

66 같은 책, 32, 198, 200~201, 240~246쪽.

67 같은 책, 201, 239, 247~248쪽.

68 도야마 등이 외무대신에게, 1907년 7월 14일: 외무성 문서, MT 2.4.1.9, 163~164쪽; 도쿄 경시정에서 외부대신에게, 1907년 7월 11일: 같은 자료, 158~159쪽.

69 『日韓合邦秘史』 1권, 282~283쪽.

70 같은 책, 311쪽.

71 같은 책, 342, 545쪽.

72 같은 책, 394~408, 444~476쪽.

73 같은 책, 342~343, 553~554, 614~615쪽.

74 같은 책, 562~563쪽.

75 같은 책, 566쪽.
76 같은 책, 580~581쪽. 573~574쪽도 참조.
77 같은 책, 585~586, 590쪽.
78 『日韓合邦秘史』 1권, 611~612, 631쪽; 같은 책 2권, 54, 63쪽.
79 우치다가 가쓰라에게, 1908년 6월 28일: 『日韓合邦秘史』 1권, 596~610쪽.
80 우치다가 데라우치에게, 1908년 9월 15일: 같은 책, 615~617쪽. 이용구는 9월 13일에 도착했다. 같은 책, 613쪽.
81 우치다가 이토에게, 1908년 11월 10일: 같은 책, 631쪽.
82 『日韓合邦秘史』 2권, 70쪽.
83 같은 책, 74쪽.
84 같은 책, 77, 87~88, 102, 110, 152쪽.
85 이토가 가쓰라에게, 1908년 10월 5일 및 송병준이 이토에게, 1908년 10월 1일, 46호, 동봉: 가쓰라에게 보낸 서신, 헌정자료실.
86 이토가 가쓰라에게, 1908년 12월 6일, 37호: 같은 자료.
87 소네가 가쓰라에게, 1909년 9월 14일, 번호 없음: 가쓰라에게 보낸 서신, 헌정자료실.
88 다케다 니리유치가 우치다에게, 1900년 10월 8일: 『日韓合邦秘史』 2권, 171쪽 및 기쿠치 주자부로가 스기야마에게, 1909년 10월 20일: 같은 책, 174~175쪽.
89 같은 책, 182쪽. 신문을 확인해 본 결과 대체로 그런 것으로 나타났다.
90 같은 책, 197, 202~205, 214쪽.
91 같은 책, 215~220쪽. 115, 143~144, 167~168쪽도 참조.
92 외무성 문서, SP 9(조선 독립운동 관련 문서), 13~26쪽. 『日韓合邦秘史』 2권, 221~233쪽도 참조.
93 『日韓合邦秘史』 2권, 278~280, 284~285쪽.
94 데라우치가 가쓰라에게, 1909년 12월 8일(긴급), 11호: 가쓰라에게 보낸 서신, 헌정자료실.
95 데라우치가 가쓰라에게, 1909년 12월 16일 및 오쿠보가 데라우치에게, 1909년 12월 15일, 12호, 동봉: 같은 자료.
96 『日韓合邦秘史』 2권, 306, 333~342, 345~351, 359, 360~396 (지식인들에게 보낸 서신).

97 같은 책, 408~409, 418, 421쪽.
98 같은 책, 462, 466~467, 501, 616~617쪽.
99 같은 책, 623~624쪽.
100 같은 책, 631~649, 651~670쪽.
101 같은 책, 661쪽.
102 같은 책, 670쪽.
103 같은 책, 678~679, 682, 689쪽; Chung, *Treaties and Conventions between Corea and other Powers*, 225~226쪽.
104 우치다가 이용구·송병준에게, 1910년 8월 29일: 『日韓合邦秘史』 2권, 705~706쪽.
105 『日韓合邦秘史』 2권, 708~712쪽.
106 이런 그 뒤의 몇몇 변화는 다음 참조. Conroy, "Government versus 'Patriot'", 앞의 책과 "Japan's War in China: An Ideological Somersault," *Pacific Historical Review*, XXI, 4 (Nov. 1952), 367~379쪽.
107 이를테면 朝鮮總督府, 『朝鮮施政年報』 1910~1911년.
108 클린턴 로시터는 인간의 타락성이 너무 뿌리 깊어(원죄?) 보수적이고 현실적인 '국익' 외교만이 재앙을 피할 수 있는 유일한 희망이라는 공통된 가정에 기초해 매우 통찰력 있게 이들을 한데 묶었다. 그러나 앞서 언급한 현상은 그가 이런 생각을 지지할 것 같지만 그보다는 그가 비판한 '자유주의적 완벽주의'에 더 많은 희망이 있을 수 있음을 알려준다. Rossiter, "The Old Conservatism and the New Diplomacy," *Virginia Quarterly Review*, XXXII, 1 (Winter 1956), 28~49쪽.

9장 몇 가지 경제적 문제

1 강좌파라는 이름은 『일본자본주의 발달사 강좌』(岩波書店, 1933)라는 총서에서 왔다.
2 노로 에이타로野呂榮太郞는 일본 공산당 신문 『아카하타赤旗』의 편집자이자 공산당 지도자로 1934년 감옥에서 사망했으며 공산당원들에게 영웅 같은 존재였지

만 전후戰後에 나온 『정치학사전』에서는 그들이 당의 지시에 따랐다는 것은 "사실로 생각되지 않는다"고 평가했다(平凡社, 1954), 1063~1064, 1119~1120쪽. 또한 그 학파의 시노부 같은 인물의 글은 당 대변인이 '야만적'이라고 평가하기도 했다. Marius Jansen., "From Hatoyama to Hatoyama," Far Eastern Quarterly, XIV, 1, (Nov. 1954) 69~70쪽 참조.

3 그렇다고 전전 일본에 민족주의와 경제 마르크스주의라는 두 유형의 역사학자만 있었다는 뜻은 아니다. 다보하시 기요시가 대표적 인물로 꼽히는 세 번째 유형도 있었다. 이들은 열심히 자료를 수집하고 해석은 거의 시도하지 않았다. 이들의 연구는 학계에서 매우 중요하지만 일본 지상주의 변증가들에게 노농파와 강좌파가 보여준 것 같은 '과학적' 도전을 제기하지 않았기 때문에 국수주의에 입각한 전체주의에 맞서 학문적 싸움을 벌일 때 견지할 역사적 '원칙'이 필요했던 젊은 학자들에게는 상대적으로 영감을 주지 못했다. 그 결과 민족주의 가설을 격렬하게 거부한 전후 역사 이론은 유일하게 잘 발달된 대안인 경제-마르크스주의 가설을 수용하는 경향을 보였다. John K. Fairbank and Masataka Banno, *Japanese Studies on Modern China* (Rutland, Vt.: Charles Tuttle, 1955), 머리말, xiii~xvi 참조.

4 旗田巍, 『朝鮮史』, 168, 177~178쪽.
5 이 책 85~86쪽 참조.
6 北川修, 「日淸戰爭までの日鮮貿易」, 『歷史科學』 1, 1932, 64~79쪽.
7 四方博, 「朝鮮に於ける近代資本主義の成立過程」, 1~226쪽.
8 信夫淸三郎, 『陸具外交』, 37~38쪽.
9 같은 책, 52, 551쪽. 시노부의 두 번째 논문의 날짜는 잘못된 것 같다. 그는 1894년 9월 22일이라고 했는데, 그 날짜에 발행된 잡지에도 그 주제에 대한 논문이 있지만 그의 언급과 맞는 논문은 8월 4일 자 잡지에 보인다. 나는 당시 자료에서 시노부가 가져온 수많은 인용문을 대부분 확인했지만 발견할 수 있던 유일한 '실수'는 이것뿐이었다.
10 같은 책, 90~97쪽.
11 같은 책, 113~116쪽.
12 같은 책, 554, 549~550쪽. '우리의 이유' 부분이 삭제되지 않은 사설은 『시사신보』 1895년 3월 12일 자에 게재. 그것은 「기사도가 아니라 자기의 이윤」이

라는 제목으로 조선 시장을 전쟁의 목적으로 삼는다는 점을 강하게 지적했다.

13 北川修, 「日淸戰爭까지의 日鮮貿易」, 69쪽.
14 塩川一太郞, 『朝鮮通商事情』(東京: 八尾書店, 1895); 農商務省, 『露國大藏省韓國誌』.
15 四方博, 「朝鮮に於ける近代資本主義の成立過程」, 7~8쪽.
16 같은 논문, 9, 15~19쪽.
17 같은 논문, 21~40쪽.
18 같은 논문, 44~65쪽.
19 같은 논문, 70~79쪽.
20 같은 논문, 86~87, 95, 99~101쪽.
21 같은 논문, 136, 161~163, 171~175쪽.
22 같은 논문, 186~193쪽.
23 같은 논문, 204~211쪽.
24 細川嘉六, 「朝鮮」, 『植民史』(『現代文明史』 10권, 東京: 東洋經濟新報社, 1941), 특히 233~234쪽.
25 奧平武彦, 『朝鮮開國交涉始末』(東京: 刀江書院, 1935).
26 宮本又次, 「對鮮貿易の消長と日淸戰爭」, 『經濟學研究』 31-7·8, 1944, 47~77쪽.
27 宮本又次, 「防穀令事件と日淸戰爭」, 『經濟學研究』 13-1, 1945, 89~106쪽.
28 그런 기초자료는 다음과 같다. 外務省, 『通商彙編』·『通商報告』·『通商彙纂』; 農商務省, 『韓國貿易年表』·『韓國貿易要覽』·『韓國事情調査資料』·『韓國鑛業調査報告』·『韓國に於ける綿産調査』·『韓國に於ける農業調査』·『對淸韓貿易調査報告』; 大藏省, 『外國貿易槪覽』; 統監府, 『統監府統計年表』(1907~1910)·『朝鮮施政年報』(1906~1910)·『韓國通覽』(1906~1910)·『居留民團事情要覽』·『韓國各港貿易槪況』·『在韓國日本人産業團體一覽』; 朝鮮總督府, 『朝鮮鐵道史』·『朝鮮鐵道沿革市場一般』·『朝鮮施政年報』(1910~1911); 第一銀行, 『韓國に於ける第一銀行』·『韓國各支店出張所開業依賴營業情況』; 元山商工會議所, 『元山商工會議所六十年史』; 東洋拓殖株式會社, 『殖民統計』(1911년 등)·『十年史』·『二十年史』; 日韓通商協會, 『報告』(월간, 1895~1898, 전39권).

29 이토는 1904년 주한 일본공사관의 통역관으로 시오가와를 언급했다. 이토 문서, 1904년 3월 13일~4월 1일, 184호: 헌정자료실.
30 農商務省, 『露國大藏省韓國誌』, 110, 112~114쪽.
31 같은 책, 114~115쪽.
32 같은 책, 115~116쪽.
33 이 책 4장 208~210쪽 참조.
34 塩川一太郎, 『朝鮮通商事情』, 64쪽.
35 農商務省, 『露國大藏省韓國誌』, 137쪽.
36 같은 책, 157쪽.
37 같은 책, 472쪽.
38 같은 책, 134~135쪽.
39 아마 이 수치는 더 높아야 할 것이다. 일본 외무성 간행물에서 직접 통계를 활용했을 것으로 추정되는 한 자료에서는 일본산이 82퍼센트에 이르렀다고 돼 있다. 그러나 1952년에 발간된 이 자료는 "1884년 이후 일본 산업 자본주의의 발전"과 조선 진출 노력에 대해 서술하고 있어 역시 경제적 가설에 영향을 받았음을 알려준다. 外務省, 『新生日本外交百年史』(東京: 東京日日新聞社, 1952), 44~45쪽. 내가 제시한 30~40퍼센트라는 수치는 『러시아 재무성 한국지』의 표에 근거한 추정치일 뿐이다.
40 『도쿄경제잡지』 1894년 9월 22일, 10월 20일, 11월 24일, 12월 29일, 434, 580~582, 761, 960~961쪽.
41 『시사신보』 1894년 7월 29일, 8월 5일 사설; 『도쿄니치니치신문』 1894년 7월 20일; 『국민신문』 1894년 8월 31일 사설.
42 信夫淳平, 『韓半島』(東京: 東京堂, 1901), 5~7, 11~12쪽.
43 같은 책, 12~13쪽.
44 같은 책, 17~31쪽.
45 같은 책, 39~41쪽.
46 같은 책, 48~49쪽.
47 같은 책, 199~200쪽.
48 神戶正雄, 『朝鮮農業移民論』(東京: 有斐閣, 1910), 머리말.
49 같은 책, 1, 2, 7쪽.

50 같은 책, 5~6쪽.
51 같은 책, 7쪽.
52 같은 책, 8~45쪽.
53 같은 책, 49쪽.
54 같은 책, 54~137, 특히 77, 136쪽.
55 같은 책, 138~159, 특히 151쪽.
56 같은 책, 160~182, 특히 168, 176쪽.
57 Conroy, *The Japanese Frontier in Hawaii*, IX~XII.
58 第一銀行,『韓國に於ける第一銀行』, 1908; 第一銀行,『韓國各支店出張所開業依賴營業情況』, 1908.
59 『韓國に於ける第一銀行』, 73~76쪽.
60 같은 책, 82~98쪽.
61 T. Hoshino, *Economic History of Chosen* (Seoul, 1921), 44~67쪽.
62 같은 책, 87~88, 102쪽.
63 같은 책, 4~6, 27~29쪽.
64 朝鮮總督府,『朝鮮鐵道史』(京城, 1915), 7, 10, 21~22, 25, 44~45, 48~50, 53쪽.
65 Rockhill, *Treaties and Conventions with or concerning China and Korea 1894-1904*, 433쪽.
66 『朝鮮鐵道史』, 68~69, 76, 90, 106, 116쪽, 부록 5쪽.
67 같은 책, 130~133, 137~140, 151~152쪽, 부록 6쪽.
68 같은 책, 153~154, 156쪽, 부록 12쪽.
69 『世外井上公傳』5권, 171~172쪽.
70 統監府,『韓國施政年報』(1908~1909), 16쪽.
71 같은 책, 16~20쪽; 朝鮮總督府,『朝鮮施政年報』(1910~1911), 187~188쪽; 東洋拓殖株式會社,『十年史』, 123~148쪽. Tokanfu, *Outline of Main Works*; 외무성 문서, MT 1.1.2.55, 50쪽도 참조.
72 東洋拓殖株式會社,『十年史』, 90쪽.
73 이를테면 東洋拓殖株式會社,『朝鮮移住手引草』(경성, 1911; 재판, 1915).
74 Conroy, *The Japanese Frontier in Hawaii*, 65~138, 154쪽.

75 朝鮮總督府, 『朝鮮施政年報』(1910~1911), 188쪽 맞은쪽 사진.
76 이토가 가쓰라에게, 1908년 3월 10일, 32호: 가쓰라에게 보낸 서신, 헌정자료실.
77 統監府, 『韓國施政年報』(1908~1909), 18쪽.
78 井上淸, 「日本帝國主義の形成」, 歷史學硏究會 編, 『近代日本の形成』(東京: 岩波書店, 1953), 53쪽.
79 같은 논문, 122~123, 127쪽.
80 같은 논문, 110~113쪽.
81 오타 세이조가 고무라 외무대신에게, 1904년 12월 14일: 외무성 문서, MT 1.1.2.33, 54~60쪽; 수·발신인 같음, 1904년 12월 5일, 같은 자료, 61~62쪽.
82 이를테면 아리요시 아키라 부산영사가 외무성에, 1904년 5월 날짜 없음: 외무성 문서, MT 1.1.2.33, 16~22쪽; 부산 상공회의소에서 고무라 외무대신에게, 1904년 5월 18일: 같은 자료, 30~37쪽; 군산의 나카니시 조이치가 농상무성에, 1904년 12월 날짜 없음: 같은 자료, 69~76쪽.
83 Asakawa, The Russo-Japanese Conflict, 1~2, 19~21, 26~30쪽.
84 朝鮮總督府, 『朝鮮施政年報』(1910~1911), 262쪽.
85 오타 세이조가 가토 외무대신에게, 1906년 2월 5일: 외무성 문서, MT 1.1.2.33, 64~66쪽.
86 『도쿄경제잡지』 1910년 9월 3일, 4~5쪽.
87 古屋哲夫, 「日本帝國主義の成立をめぐつて」, 『歷史學硏究』 201, 1956. 12., 40~46쪽. 후루야가 언급한 논문은 下村富士男, 「日露戰爭と滿洲市場」, 『名古屋大学文学部硏究論集』 14; 藤村道生, 「日露戰爭の性格によせて」, 『歷史學硏究』 195, 1956. 5., 1~13쪽.

10장 결론

1 앞서 살펴본 것 외에도 일본 과두정치가들이 조선·만주 등을 포함하는 대규모 팽창 '음모'를 개발하고 있었다는 생각을 부정하는 것으로 볼 수 있는 증거가 하나 더 있다. 1905년 미국의 철도재벌 E. H. 해리먼 E. H. Harriman이 만주 철도 공동 개발 구상을 일본 정부에 제안했다가 거절당한 것은 잘 알려져 있으며,

이것은 일본 지도자들이 나름의 계획을 갖고 있었음을 시사하는 것처럼 보이기도 한다. 그러나 일본 문서에 따르면 그들은 이 문제에 대해 상당히 우유부단했다. 가쓰라 총리와 원로회의는 이 제안을 받아들이는 쪽으로 많이 기울었다. 고무라 외무대신만 강력한 반대의사를 표명했는데, 그가 일본의 국익이라는 보다 광범한 개념의 출현을 대변한 것은 틀림없지만, 흥미로운 것은 그가 다른 사람들을 설득한 논거가 정반대의 맥락, 즉 만주에서 주권이 없는 일본은 그런 협정을 체결할 권리가 없다는 것이다. 外務省, 『小村外交史』 2권(東京, 1953), 204~215쪽 참조.

2 이토가 일진회에 돈을 주거나 약속한 구체적 사례는 이 책 8장 463, 470쪽 참조. 추가 거래가 있었다는 것은 일본 외무성 '화재 소실 문서' 목록에 암시된 것으로 보인다. 그 가운데 하나에는 "1908년 11월 통감 집무실에서 구라치가 취급한 비밀 자금"이라는 제목이 붙어 있다. 그러나 이 단체에 대한 일본 정부의 양면적 태도는 그 안에 있는 또 다른 제목에서 찾아볼 수 있다. "조선의 불량 일본인 수사를 위한 비밀 자금 지출, 1896~1904." 외무성, 소실 목록 (1947), 344쪽.

3 Kennan, *American Diplomacy*, 96~98쪽. 현실주의에 대한 다른 뛰어난 연구는 다음도 참조. Hans J. Morgenthau, *Politics Among Nations* (2nd ed.; New York; Alfred A. Knopf, 1954); Edward H. Carr, *The Twenty Years' Crisis, 1919-1939* (London: Macmillan, 1951).

4 George F. Kennan, "The Illusion of Security," *The Atlantic*, CVIC, 2 (Aug. 1954), 31~34, 특히 32쪽.

5 Kennan, *American Diplomacy*, 87쪽.

6 일본의 국익에 대한 이토의 접근 방식을 특징짓는 정보력과 절제력에 대해 이미 언급한 사례 외에도 일본의 정책 결정에서 이토의 의견이 얼마나 큰 비중을 차지했는지 보여주는 두 사례를 더 언급할 수 있다. 둘 모두 미국과의 관계에 관한 것이다. (1) 미국이 하와이를 병합하기로 결정했을 당시 주미 일본 공사 호시와 오쿠마 외무대신은 모두 그것에 반대했고 실제로 미국 정부에 강력한 항의를 전달했다. 그러나 런던에 있던 이토는 이 소식을 듣자마자 도쿄에 이런 움직임을 중단하라고 긴급히 조언했고, 그 결과 항의는 신속하게 철회됐다. 이토가 오쿠마에게, 1897년 7월 2일: 이토의 편지, 헌정자료실, 『日本外

交文書』30권, 1007쪽; 오쿠마가 이토에게, 1897년 7월 8일:『日本外交文書』 30권, 1010~1011쪽; Conroy, *The Japanese Frontier in Hawaii*, 137~138쪽. (2) 1907년 11월 서울에서 이토는 내각에 긴 서신을 보내 "양측의 무분별한 행동" 때문에 일본과 미국이 적대할 조짐에 "불안감"을 토로했다. 특히 그는 당시 주미 일본대사 아오키가 루스벨트 대통령을 비판한 "무례한 행동"을 지적하면서 그를 소환하도록 제안했고 아오키는 소환됐다. 外務省,『日本外交年表及び主要文書』1권(東京, 1955), 282-284쪽.

7 레벤슨의 표현을 빌리면 역사(전통)를 포기하는 것은 고통스러운 일이지만 그들은 '역사' 이상의 '가치'를 추구한다. Joseph R. Levenson, "'History' and 'Value': The Tensions of Intellectual Choice in Modern China," in Arthur F. Wright (ed.), *Studies in Chinese Thought* (Chicago: University of Chicago Press), 146~194쪽.

8 1876년 사이고가 양이를 주장한 일종의 최후 발언에서 조선뿐 아니라 만주와 동부 시베리아를 일본의 지배 아래 두자고 주장한 것은 이것과 관련해 흥미롭다. 세카이 겐바가 사이고와 대화하면서 기록한 비망록, 1876년 1월 9일.『大西鄕全集』2권(東京, 1927), 776~780쪽.

9 Kenneth M. Stampp, *The Peculiar Institution: Slavery in the Ante Bellum South* (New York: Alfred A. Knopf, 1956) 참조.

10 Frank Williston, "Reflections on American-Korean Relations," *Korean Review*, I, 1(March 1948), 7~10쪽.

11 C. N. Weems, "The Korean Reform and Independence Movement," 14~17, 75쪽.

12 Williston, 앞의 글, 8쪽.

참고문헌

1. 1차 자료

미간행

日本外務省文書(일본국회도서관 마이크로필름).
SP 5, 한일관계사 등.
SP 9, 조선 독립운동 관련 문서.
PVM 3, 스기무라 일기 등 조선 관련 문서.
MT 1.1.2.40, 통감부 설치 관련 문서.
MT 1.6.1.5, 1894~1895년 조선 내부 조직 개편 관련 문서.
MT 1.6.1.24, 조선 왕실 개선 관련 문서.
MT 1.1.2.41, 망명 조선인 관련 문서.
MT 1.1.2.33, 조·청 행정 관련 문서.
MT 1.1.2.55, 통감부 행정 문서.
MT 2.4.1.9, 헤이그 밀사 관련 문서.
近代史懇談會, 『東京日日新聞社說目錄』, 1954.
德大壽實則, 『日誌』.
日本 國會圖書館 憲政資料室 자료.
『憲政資料所藏目錄』.
早稻田大學, 大隈硏究室 資料.

_____ ,『大隈文書目錄』, 1952.
伊藤家文書(약 90권, 東京大 등 소장).
United States Department of State, *Diplomatic Despatches*, Korea, 1883~1905;
　　　Instructions, Korea, 1883~1905.
George McCune Document Collection (microfilm).

간행

『國民新聞』(1890~1910), 東京大學 明治文庫.
『東京-橫浜每日新聞』(1885~), 東京大學 明治文庫.
『東京日日新聞』(1872년 창간), 東京大學 明治文庫.
『東京經濟雜誌』, 東京大學 明治文庫.
『平民新聞』(전2권), 大阪・東京: 創元社, 1953.
『朝日新聞』(1871~1874), 東京大學 明治文庫.
『郵便報知新聞』(1872. 6.~1894. 12.), 東京大學 明治文庫.
『時事新報』(1882~1910), 東京大學 明治文庫.
『漢城週報』(1886. 2. 1.~1886. 4. 5.).

金子堅太郎,『伊藤博文傳』(전3권), 1940.
鏑木餘三男,「朝鮮國元山出張復命書」, 東京: 外務省, 1895.
片山潛,『日本の勞動運動』, 東京: 岩波書店, 1952.
京城居留民團役所,『京城發達史』, 京城, 1912.
京城商工會議所,『京城商工會議所二十五年史』, 京城, 1941.
小松綠,『伊藤公全集』(전3권), 東京: 伊藤公全集刊行會, 1927.
黑龍會 編,『西南記傳』(전3권), 東京: 黑龍會本部, 1908~1912.
近藤吉雄,『井上角五郎先生傳』, 東京: 井上角五郎先生傳記編纂會, 1943.
黑田甲子郎,『元帥寺內伯爵傳』, 東京: 元帥寺內伯爵傳記編纂所, 1920.
葛生能世,『日韓合邦秘史』(전2권), 東京: 黑龍會, 1936.
中山泰昌 編,『新聞集成 明治編年史』(전15권), 東京: 財政經濟學會, 1934~1936.
內閣統計局,『日本帝國統計年鑑』 3・6・16, 1882~.

農商務省

　　『韓國貿易年表』, 東京, 1901~1907.

　　『對淸韓貿易調査報告』(전4권), 東京, 1904~1905.

　　『韓國事情調査資料』, 東京, 1905.

　　『韓國に於ける綿産調査』, 東京, 1905.

　　『露國大藏省韓國誌』, 東京, 1905.

　　『韓國に於ける農業調査』, 東京, 1906.

　　『韓國鑛業調査報告』(전6권), 東京, 1906.

　　『韓國貿易要覽』, 京城, 1907~1910.

『大日本帝國議會史』, 東京, 1890~1905.

大西鄕全集刊行會, 『大西鄕全集』(전3권), 平凡社, 1926~1927.

第一銀行, 『韓國に於ける第一銀行』, 1908.

第一銀行, 『韓國各支店出張所開業依賴營業情況』, 1908.

大藏省, 『外國貿易槪覽』, 東京, 1891.

東京大學 法學部, 『吉野文庫書名目錄』(전3권).

東京大學法學部, 『明治新聞雜誌文庫所藏目錄』(전3권), 1930~1941.

東洋拓殖株式會社

　　『朝鮮移住手引草』, 京城, 1911(1915 개정).

　　『殖民統計』, 京城, 1911(이후 매년 발간).

　　『十年史』, 京城, 1918.

　　『二十年史』, 京城, 1928.

宮坂九郞, 『明治·大正·昭和歷史資料全集』(전17권), 東京: 有恒社, 1932~1933.

杉村濬, "在韓苦心錄』, 외부성 문서, PVM 3, 283~798쪽.

塩川一太郞, 『朝鮮通商事情』, 東京: 八尾書店, 1895.

大石正己, 「談話」, 『太陽』 16-13, 1910, 89~90쪽.

大久保利通, 『大久保利通日記』(전2권), 東京: 日本史籍協會, 1927.

大久保利謙, 『大久保利通文書』(전10권), 東京: 日本史籍協會, 1927~1931.

吉野作造 編, 『明治文化硏究』(전24권), 東京: 日本評論社, 1928~1930.

外務省

　　『通商彙編』·『通商報告』·『通商彙纂』(1881~1894).

『日本外交文書』(전33권), 東京, 1936~1956.
『外務省現存記錄目錄』(전8권), 1947.
『燒失目錄』, 1947.
『條約改定經過槪要』(전2권), 東京, 1950.
『新生日本外交百年史』, 東京, 1952.
『小村外交史』, 東京, 1953.
『日本外交主要文書』(전2권), 東京, 1955.
『外務省現存記錄目錄』·『燒失目錄』.
『日本外交年表及び主要文書』, 東京, 1955.
『韓國事情』.

元山商工會議所,『元山商工會議所六十年史』, 元山, 1942.
井上馨候伝記編纂會,『世外井上公傳』(전5권), 東京: 內外書籍株式會社, 1934.
井上角五郎,『京城の殘夢』, 東京: 春陽書樓, 1891.
石河幹明,『福澤諭吉傳』(전4권), 東京: 岩波書店, 1932~1933.
大塚武松,『岩倉具視關係文書』(전8권), 東京: 日本史籍協會, 1927~1935.
板垣退助,『自由黨史』(전2권), 東京, 1913.
伊藤正德,『加藤高明』(전2권), 東京: 加藤伯傳記編纂委員會, 1929.
伊藤博文,『朝鮮交涉資料』(전3권), 東京: 祕書類纂刊行會, 1936.
日韓通商協會,『報告』(월간, 1895~1898, 전39권), 國會圖書館.
朝鮮總督府
    『朝鮮施政年報』, 1910~1911.
    『朝鮮鐵道沿革市場一般』, 1912.
    『朝鮮鐵道史』, 1915.
朝鮮協會,『朝鮮協會會報』(전10권), 1902~1905.
統監府
    『統監府統計年表』, 1906~1910.
    『韓國施政年報』, 1907~1909.
    『在韓國日本人産業團體一覽』, 1907.
    『韓國各港貿易槪況』, 1907.
    『居留民團事情要覽』, 1909.

『韓國通覽』, 1910.

『花房義質日記』(『日本外交文書』6).

平野義太郎, 『馬城大井憲太郎傳』, 東京: 大井馬城傳編纂部, 1938.

平塚篤, 『伊藤博文秘錄』, 東京: 春秋社, 1929.

憲政資料室, 『憲政資料所藏目錄』, 1947.

Beasley, W. G., *Select Documents on Japanese Foreign Policy, 1853-1868,* London: Oxford University Press, 1955.

Blacker, Carmen (trans.), "Kyuhanjo (Conditions in an Old Feudal Clan) by Fukuzawa Yukichi," *Monumenta Nipponica*, IX, 1-2 (1953).

Chung, Henry (comp.), *Treaties and Conventions between Corea and Other Powers,* New York: H. S. Nichols Inc., 1919.

de Bary, William Theodore, (ed.), *Sources of the Japanese Tradition,* New York: Columbia University Press, 1958.

Heard, Augustine, "China and Japan in Korea," *North American Review*, CLIX (1894).

Hulbert, Homer, *The Passing of Korea,* New York: Doubleday, Page & Co., 1906.

Krasny Archiv.

"Russian Documents Relating to the Sino-Japanese War, 1894-1895"; "First Steps of Russian Imperialism in the Far East, 1888-1903"; "On the Eve of the Russo-Japanese War," *Chinese Social and Political Science Review*, XVII (1933~1934), 480~515, 632~670쪽; XVIII (1934~1935), 236~281, 572~594쪽; XIX (1935~1936), 125~139, 234~267쪽.

Ladd, George Trumbull, *In Korea with Marquis Ito,* New York: Charles Scribner's Sons, 1908.

_____, "The Annexation of Korea: An Essay in 'Benevolent Assimilation'," *The Yale Review*, N.S. 1 (1911~1912).

_____, *What Ought Ito Do? An Inquiry into the Nature and Kinds of Virtue and into the Sanctions, Aims, and Values of the Moral Life,* New York:

Longmans, Green & Co., 1915.

_____, *What Should I Believe? An Inquiry into the Nature, Grounds and Value of the Faiths of Science, Society, Morals, and Religion,* New York: Longmans, Green & Co., 1915.

LeGendre, General [Charles], *Progressive Japan: A Study of the Political and Social Needs of the Empire,* New York & Yokohama: C. Levy, 1878.

McCune, George M. and John A. Harrison (eds.), *Korean-American Relations: Documents Pertaining to the Far Eastern Diplomacy of the United States.*

McKenzie, F. A., *The Tragedy of Korea,* New York: E. P. Dutton & Co., 1908.

_____, *Korea's Fight for Freedom,* New York: Fleming H. Revell Co., 1920.

MacMurray, John V. A. (comp. and ed.), *Treaties and Documents with and concerning China, 1894-1919,* New York: Oxford University Press, 1921. 2 vols.

Presseisen, Ernest L., "Roots of Japanese Imperialism: A Memorandum of General LeGendre," *Journal of Modern History,* XXIX, 2 (1957).

Pauley Commission, *Report on Japanese Reparations to the President of the United States,* Washington, 1946.

Rockhill, William W. (ed.), *Treaties and Conventions with or concerning China and Korea, 1894-1904.* Washington: Government Printing Office, 1904.

Sands, William F., "Korea and the Korean Emperor," *Century,* LXIX (1905), 577~584쪽.

_____, *Undiplomatic Memories,* New York: Whittlesley House, 1930.

U.S. Congress., *Congressional Record,* 66th Cong., 1st Sess., Sept. 19, 1919. Statement by Fred A. Dolph.

U.S. Department of State, *Papers Relating to the Foreign Relations of the United States.*

2차 자료

미간행

Bartz, Carl F. Jr., "The Korean Seclusion Policy, 1860-1876," Ph.D. diss., University of California, Berkeley, 1952.

Corrigan, Francis P., "The Early Years of Chinese Intervention in Korea, 1882-87," Thesis for certificate of East Asian Institute, Columbia University, New York, 1956.

Dong, Chon, "Japanese Annexation of Korea: A Study of Korean-Japanese Relations to 1910," Ph.D diss., University of Colorado, Boulder, 1955. (University microfilms, Ann Arbor, T'55,D717j).

Kim, Chong-Ik, "Japan in Korea, 1905-1910: The Techniques of Political Power," Ph.D diss. in Political Science. Stanford University, Sept., 1958.

McCune, George M., "Korean Relations with China and Japan, 1800-1864," Ph.D diss., University of California, Berkeley, 1941.

Oka Yoshitake, Lecture on early Meiji politics and diplomacy, May 28, 1954, at Tokyo University.

Weems, Clarence N. Jr., "The Korean Reform and Independence Movement (1881-1898)," Ph.D diss., Columbia University, New York, 1954. (University microfilms, Ann Arbor, No. 8859).

Weems, Benjamin B., "Grass Roots Nationalism in Nineteenth Century Korea: The Tonghak Movement, 1860-1905," Paper presented at Far Eastern Association Meeting, Philadelphia, April, 1956.

간행

金子堅太郎, 『秘書類纂』, 東京:秘書類纂刊行會, 1935.
神戶正雄, 『朝鮮農業移民論』, 東京: 有斐閣, 1910.
倉知鐵吉, 『韓國倂合の經緯』, 일본외무성 외교사료관 소장 자료, 1950.

黑田謙一,『日本植民思想史』, 東京: 弘文堂書房, 1942.
葛生能世,『東亞先覺志士記傳』(전3권), 東京: 黑龍會, 1933~1936.
_____,『日支交涉外史』(전2권), 東京: 黑龍會, 1938~1939.
淸澤洌,『外政家としての大久保利通』, 東京: 中央公論社, 1942.
_____,『日本外交史』(전2권), 東京: 東洋經濟新報社, 1942.
北川修,「日淸戰爭までの日鮮貿易」,『歷史科學』1, 1932, 64~79쪽.
中村哲,『政治學事典』, 東京: 平凡社, 1954.
田中惣五郎,『征韓論·西南戰爭』, 白揚社, 1939.
田保橋潔,『明治外交史』, 東京: 岩波書店, 1934.
_____,「近代朝鮮に於ける開港の硏究」,『小田先生頌壽記念朝鮮論集』, 1934.
_____,『近代日鮮關係の硏究』1·2, 朝鮮總督府 中樞院, 1940(김종학 옮김,『근대 일선관계의 연구』상·하, 일조각, 2013).
_____,『日淸戰役外交史の硏究』, 東京: 刀江書院, 1951.
遠山茂樹,「征韓論·自由民權論·封建論」,『歷史學硏究』143, 1950.1.
_____,『明治維新』, 東京: 岩波書店, 1951.
遠山茂樹·佐藤進一,『日本史硏究入門』, 東京大學出版會, 1954.
德富猪一郞,『公爵桂太郞傳』, 東京, 1917.
東亞協會,『朝鮮彙報』, 東京: 八尾書店, 1893.
丸山眞男,「福澤諭吉の哲學」,『國家學會雜誌』61-3, 1947, 129~163쪽.
_____,「明治國家の思想」, 歷史學硏究會 編,『日本社會の史的究明』, 東京: 岩波書店, 1949.
眞崎勝,『保險學行脚』, 東京: 保險硏究所, 1956.
的野半介,『江藤南白』(전2권), 東京: 南白顯彰會, 1914.
宮本又次,「對鮮貿易の消長と日淸戰爭」,『經濟學硏究』31-7·8, 1944.
_____,「防穀令事件と日淸戰爭」,『經濟學硏究』13-1, 1945.
_____,「日淸戰爭の戰後經營と貿易擴張策」,『經濟學硏究』13-2, 14-1, 1947·8.
宮川透,「福澤諭吉に於ける啓蒙思想の構造」,『東洋文化硏究所紀要』6, 1954. 11., 241~264쪽.
佐田白茅,『制漢評論』.
佐村八郞,『渡韓のすすめ』, 東京: 樂世社, 1909.

櫻井義之, 『明治年間朝鮮研究文獻誌』, 京城: 書物同好會, 1941.
_____ , 「明治期における對韓意識の考察」, 『朝鮮學會報』 21-1, 1954.
信夫淸三郞, 『陸具外交』, 東京: 叢文閣, 1935.
_____ , 『近代日本外交史』, 東京: 中央公論社, 1942.
信夫淳平, 『韓半島』, 東京: 東京堂, 1901.
下村富士男, 「日露戰爭と滿洲市場」, 『名古屋大学文学部研究論集』 14, 1957. 11.
四方博, 「朝鮮に於ける近代資本主義の成立過程」, 『朝鮮社會經濟史研究』, 東京: 刀江書院, 1933.
津田左右吉, 「西鄕隆盛論」, 『中央公論』, 1957. 10., 280~287쪽.
土屋喬雄, 『維新經濟史』, 東京: 中央公論社, 1942.
矢內原忠雄, 『日本植民政策の回顧』, 東京大學, 날짜 없음, 7장 조선.
山本有三, 『西鄕と大久保』, 東京: 角川文庫版, 1954.
尾崎行雄, 『咢堂回顧錄』(전2권), 東京: 雄雞社, 1951.
岡義武, 「自由黨左派とナショナリズム」, 『社會學評論』 2-1, 1951. 5.
_____ , 「條約改正論議に現われた當時の對外意識」, 『國家學會雜誌』 67, 1953.
_____ , 「日淸戰爭と當時における對外意識」, 『國家學會雜誌』 68, 1954·1955.
大川周明, 『日本二千六百年史』, 東京: 第一書房, 1939.
奧平武彥, 『朝鮮開國交涉始末』, 東京: 刀江書院, 1935.
大西鄕全集刊行會, 『大西鄕全集』, 東京, 1927.
大久保利謙, 『森有禮』, 東京: 文敎書院, 1944.
渡邊幾治郞, 『明治史硏究』, 東京: 共立出版, 1944(개정판).
吉野作造, 「日本外交の恩人 將軍李仙得」, 『明治文化研究』, 1927.
井上淸, 「日本帝國主義の形成」, 歷史學研究會 編, 『近代日本の形成』, 東京: 岩波書店, 1953, 51~130쪽.
石川諒一, 『自由黨大阪事件』, 東京: 自由黨大阪事件出版局, 1933.
岩倉公舊蹟保存會, 『岩倉公實記』, 1927.
長谷川千代松, 『第一銀行五十年小史』, 東京, 1925.
羽島半次郞, 「江華條約締結當時の追憶」, 『青丘學叢』 5, 1931. 8., 171~179쪽.
旗田巍, 『朝鮮史』, 東京: 岩波書店, 1951.
堀誠, 「米人李善得建言書について」, 『國家學會雜誌』 51-5, 1937. 5., 114~131쪽.

細川嘉六,「朝鮮」,『植民史』(『現代文明史』 10), 東京: 東洋經濟新報社, 1941, 213~369쪽.

本庄榮治郎,『日本經濟史第三文獻』(전3권), 東京: 日本評論社, 1953.

古屋哲夫,「日本帝國主義の成立をめぐって」,『歷史學硏究』201, 1956. 12., 41~46쪽.

藤本尚則,『巨人頭山滿翁』, 東京: 政敎社, 1922.

藤村道生,「日露戰爭の性格によせて」,『歷史學硏究』195, 1956. 5., 1~13쪽.

日高節,『明治秘史―西鄕隆盛暗殺事件』, 東京: 隼陽社, 1938.

Fairbank, John K. and Masataka Banno, *Japanese Studies of Modern China,* Rutland, Vt.: Charles Tuttle, 1955.

Far Eastern Quarterly bibliographies. 1940~현재.

Malone, Dumas (ed.), *Dictionary of American Biography*, Vol. X, New York: Scribner's, 1933.

Marcus, Richard (ed.), *Korean Studies Guide,* Berkeley: University of California Press, 1954.

Nachod, Oscar, *Bibliographie von Japan* (continued by Hans Praesent and Wolf Haenisch), Leipzig: Hiersemann, 1926~1937, 5 vols.

Pritchard, Earl H. (ed.), *Bulletin of Far Eastern Bibliography,* Washington: American Council of Learned Societies, 1936~1939, 4 vols.

Sanematsu Takamori (adapted by Moriaki Sakamoto), *Great Saigo: The Life of Saigo Takamori,* Tokyo: Kaitakusha, 1942.

U.S. Library of Congress Reference Dept. (Comp.), *Korea: An Annotated Bibliography of Publications in Far Eastern Languages,* Washington, 1950.

_____, *Korea: An Annotated Bibliography of Publications in Western Languages,* Washington, 1950.

Uyehara, Cecil H. (comp.), *Checklist of Archives in the Japanese Ministry of Foreign Affairs, Tokyo, Japan, 1868-1945*, Microfilmed for the Library of Congress, 1949~1951. Washington, 1954.

Wenckstern, Friedrich von, *Bibliography of Japan (to 1893),* Leiden: Brill, 1895.

_____, *Bibliography of the Japanese Empire (1894~1906)*, Tokyo: Maruzen, 1907.

Anesaki, Masaharu, *History of Japanese Religion with Special Reference to the Social and Moral Life of the Nation*, London: Kegan Paul, 1930.

Asakawa, K., *The Russo-Japanese Conflict: Its Causes and Effects*, Cambridge: Riverside Press, 1904.

Battistini, Lawrence H., "The Korean Problem in the Nineteenth Century," *Monumenta Nipponica*, VIII, 1-2 (1952), 47~66쪽.

Beckmann, George M., "The Meiji Restoration and Constitutional Development of Japan, 1868-1871," *Hogaku Kenkyii* (Journal of Law), XXVI, 6 (no year), 468~458쪽 (쪽수 역순).

_____, "Political Crises and the Crystallization of Japanese Constitutional Thought, 1871-1881," *Pacific Historical Review*, XXIII, 3 (1954), 259~270쪽.

_____, *The Making of the Meiji Constitution: The Oligarchs and the Constitutional Development of Japan 1861-1891*, Lawrence: University of Kansas Press, 1957.

Bisson, T. A., *Japan's War Economy*, New York: Institute of Pacific Relations, 1945.

Black, John R., *Young Japan: Yokohama and Yedo*, London: Trubner & Co., 1881, 2 vols.

Borton, Hugh, *Japan's Modern Century*, New York: Ronald Press Co., 1955.

Brown, Delmer M., *Nationalism in Japan: An Introductory Historical Analysis*, Berkeley: University of California Press, 1955.

Brown, Sidney D., "Kido Takayoshi (1833-1877): Meiji Japan's Cautious Revolutionary," *Pacific Historical Review*, XXV, 2 (1956), 151~162쪽.

Byas, Hugh, *Government by Assassination*, New York: Alfred A. Knopf, 1942.

Carr, Edward H., *The Twenty Year Crisis, 1919-1939*, London: Macmillan, 1951.

Chung, Henry, *The Case of Korea*, New York: Fleming H. Revell, 1921.

Conroy, Hilary. "Government versus 'Patriot': The Background of Japan's

　　　　, Asiatic Expansion," *Pacific Historical Review*, XX, 1 (1951), 31~42쪽.

　　　　, "Chosen Mondai: The Korean Problem in Meiji Japan," *Proceedings of the American Philosophical Society*, C, 5 (1956), 443~454쪽.

　　　　, "Japan's War in China," *Pacific Historical Review*, XXI, 4 (Nov. 1952), 367~379쪽.

　　　　, "Japanese Nationalism and Expansionism," *American Historical Review*, LX, 4 (1955), 818~829쪽.

　　　　, *The Japanese Frontier in Hawaii, 1868-1898*, Berkeley: University of California Press, 1953.

Croly, Herbert, *Willard Straight*, New York: Macmillan, 1924.

Dolph, Fred A., "Briefs for Korea." Presented to U.S. Congress, 1919.

　　　　, *Japanese Stewardship of Korea, Economic and Financial*, Washington, 1920.

Eckel, Paul, *The Far East Since 1500*, New York: Harcourt, Brace & Co., 1948.

Funaoka Seigo, *Japan im Sternbild Ostasiens*, Tokyo: Toho Shoten, 1942. 2 vols.

Fujisawa, Chikao, "The Reassertion of Japanese State Philosophy," *Cultural Nippon*, II (March 1943), 35~49쪽.

Gauntlett, John O., (trans.), *Kokutai no Hongi* (Cardinal Principles of the National Polity of Japan), Cambridge: Harvard University Press, 1949.

Grajdanzev, Andrew J., *Modern Korea*, New York: Institute of Pacific Relations, 1944.

Griffis, William E., "Japan's Absorption of Korea," *North American Review*, CXCII (Oct. 1910), 516~526쪽.

　　　　, *Corea: The Hermit Nation*, New York: Charles Scribner's Sons, 1907. Eighth edition.

Hamada, Kengi, *Prince Ito*, London: Geo. Allen & Unwin, Ltd., 1936.

Hamilton, Angus, *Korea*, New York: Charles Scribner's Sons, 1904.

Harrington, Fred Harvey, *God, Mammon, and the Japanese: Dr. Horace N. Allen and Korean-American Relations, 1884-1905*, Madison: University of Wisconsin Press, 1944.

Hishida, Seiji G., *The International Position of Japan as a Great Power*, New York: Columbia University Press, 1905.

Hoshino, T., *Economic History of Chosen*, Seoul, 1921.

House, Edward H., *The Japanese Expedition to Formosa*, Tokyo, 1875.

Idditti, Smimasa, *The Life of Marquis Shigenobu Okuma: A Maker of New Japan*, Tokyo: Hokuseido, 1940.

Ike, Nobutaka, *The Beginnings of Political Democracy in Japan*, Baltimore: Johns Hopkins University Press, 1950.

_____, "Triumph of the Peace Party in Japan in 1873," *Far Eastern Quarterly*, II, 3 (1943), 286~295쪽.

Jansen, Marius., "From Hatoyama to Hatoyama," *Far Eastern Quarterly*, XIV, 1 (1954), 65~79쪽.

_____, "Oi Kentaro: Radicalism and Chauvinism," *Far Eastern Quarterly*, XI, 3 (1952), 305~316쪽.

_____, *The Japanese and Sun Yat-sen*, Cambridge: Harvard University Press, 1954.

Jones, G. H., "His Majesty the King of Korea," *Korean Repository*, III (1891), 426~427쪽.

_____, "The Japanese Invasion," *Korean Repository*, I (1892), 308~311쪽.

_____, "The Taiwon Kun," *Korean Repository*, V (1898), 243~250쪽.

Junkin, W. M., "The King's Oath at the Ancestral Temple," *Korean Repository*, II (1895), 76~77쪽.

_____, "The Tong Hak," *Korean Repository*, II (1895), 56~60쪽.

_____, "Among the Tong Hak," *Korean Repository*, II (1895), 201~208쪽.

Kang, Younghill, *The Grass Roof*, New York: Scribner's, 1932.

Kennan, George F., *American Diplomacy, 1900-1950*, Chicago: University of Chicago Press, 1951.

_____, "The Illusion of Security," *The Atlantic*, CVIC, 2 (Aug. 1954).

_____, *Russia, The Atom and the West*, New York: Harper & Bros., 1957.

Kimase, Seizo, *Mitsuru Toyama Kämpft für Grossasien*, Munich, 1941.

Kublin, Hyman, "The Attitude of China during the Liu-ch'iu Controversy, 1871-1881," *Pacific Historical Review*, XVIII, 2 (1949), 213~231쪽.

_____, "The Origins of Japanese Socialist Tradition," *Journal of Politics*, XIV, 2 (1952), 257~280쪽.

Kuykendall, Ralph S. and A. Grove Day, *Hawaii: A History*, New York: Prentice Hall, 1948.

Langer, William L., *The Diplomacy of Imperialism, 1890-1902*, New York: Alfred A. Knopf, 1951. 2 vols., second edition.

Lattimore, Owen, *Solution in Asia*, Boston: Little, Brown & Co., 1945.

_____, "The Sacred Cow of Japan," *The Atlantic*, CLXXV (Jan. 1945), 45~51쪽.

Lay, A.H. "A brief Sketch of the History of Political Parties in Japan," *Transactions of the Asiatic Society of Japan*, XXX (1902), 363~462쪽.

Levenson, J. R., "'History' and 'Value': The Tensions of Intellectual Choice in Modern China," in Arthur F. Wright (ed.), *Studies in Chinese Thought*, Chicago: University of Chicago Press, 1953.

Liem, Channing, *America's Finest Gift to Korea: The Life of Philip Jaisohn*, New York: William Frederick Press, 1952.

Lin, T. C., "Li Hung-chang: His Korea Policies, 1870-1885," *Chinese Social and Political Science Review*, XIX, 2 (1935), 202~233쪽.

McCune, George M. (with Arthur L. Grey, Jr.), *Korea Today*, Cambridge: Harvard University Press, 1950.

_____, "The Exchange of Envoys between Korea and Japan during the Tokugawa Period," *Far Eastern Quarterly*, V, 3 (1946), 308~325쪽.

_____, "the Japanese Trading Post at Pusan," *Korean Review*, I, 1(1948), 11~15쪽.

Malozemoff, Andrew, *Russian Far Eastern Policy, 1881-1904*, Berkeley: University of California Press, 1958.

Meinecke Friedrich, "Das Wesen der Staatsräson," in *Die Idee der Staatsräson in der neueren Geschichte*, Munich and Berlin: Verlag von R. Oldenbourg, 1925. 2nd ed.

Mendel, Douglas H. Jr., "Ozaki Yukio: Political Conscience of Modern Japan," *Far Eastern Quarterly*, XV, 3 (1956), 343~356쪽.

Mitchell, Kate L., "The Political Function of the Japanese Emperor," *Amerasia*, VI (Oct. 1942), 382~390쪽.

Moore, S. F., "The Butchers of Korea," *Korean Repository*, V (1898), 127~132쪽.

Morgenthau, Hans, *Politics Among Nations*, New York: Alfred A. Knopf, 1954. 2nd ed.

Morrison, John W., "Japan and the West: The Career of Fukuzawa Yukichi," *The Western Humanities Review*, VII, 3 (1953), 233~244쪽.

Morsel, F. W., "The Emeute of 1884," *Korean Repository*, IV (1897), 95~98, 135~140, 212~219쪽.

Mounsey, Augustus H., *The Satsuma Rebellion,* London: John Murray, 1879.

Nelson, M. Frederick, *Korea and the Old Orders in Eastern Asia,* Baton Rouge: Louisiana State University Press, 1946.

Noble, Harold J., "The United States and Sino-Korean Relations, 1885-1887," *Pacific Historical Review*, II (1933), 292~304쪽.

Nock, Elizabeth T., "The Satsuma Rebellion of 1877: Letters of John Capen Hubbard," *Far Eastern Quarterly*, VII, 4. (1948), 368~375쪽.

Norman, E. Herbert., "The Genyosha: A Study in the Origins of Japanese Imperialism," *Pacific Affairs*, XVII, 3 (1944), 261~284쪽.

Ogata, Taketora, "Mitsuru Toyama," *Contemporary Japan*, IX (July 1940), 818~829쪽.

Oliver, Robert T., *Korea: Forgotten Nation,* Washington: Public Affairs Press, 1944.

＿＿＿, *Syngman Rhee, The Man Behind the Myth,* New York: Dodd, Mead, 1955.

Osgood, Cornelius, *The Koreans and their Culture,* New York: Ronald Press Co., 1951.

Parker, E. H., "The Manchu Relations with Korea," *Transactions of the Asiatic Society of Japan*, XV (1887), 96~102쪽.

Passim, Herbert, "The Paekcheng of Korea: A Brief Social History," *Monumenta Nipponica*, XII, No. 3-4 (1956), 27~72쪽.

Pollard, R. T., "American Relations with Korea, 1882-1895," *Chinese Social and Political Science Review*, XVI (1932~1933), 425~471쪽.

_____, "Dynamics of Japanese imperialism," *Pacific Historical Review*, VIII, 1 (1939), 5~36쪽.

Powell, E. A., "Japan's Policy in Korea," *Atlantic Monthly*, CXXIX (March 1922), 395~412쪽.

Roggendorf, Joseph., Review of Ike's *The Beginnings of Political Democracy in Japan* in *Monumenta Nipponica*, VIII, No. 1-2 (1952), 440~443쪽.

Romanov, B. A., (Susan Wilbur Jones, trans.). *Russia in Manchuria, 1892-1906*, Ann Arbor: J. W. Edwards, 1953.

Ross, Frank E., "The American Naval Attack on Shimonoseki in 1863," *Chinese Social and Political Science Review*, XVIII (1934~1935), 146~155쪽.

Rossiter, Clinton., "The Old Conservatism and the New Diplomacy," *Virginia Quarterly Review*, XXXII, 1 (1956), 28~49쪽.

Roth, Andrew, *Dilemma in Japan,* Little, Brown & Co., 1945.

Sakai, Robert K., "Feudal Society and Modern Leadership in Satsuma-han," *Journal of Asian Studies*, XVI, 3 (May 1957), 365~376쪽.

Scalapino, Robert A., *Democracy and the Party Movement in Prewar Japan,* Berkeley: University of California Press, 1953.

Smith, Thomas C., *Political Change and Industrial Development in Japan: Government Enterprise, 1868-1880,* Stanford: Stanford University Press, 1955.

Stampp, Kenneth M., *The Peculiar Institution: Slavery in the Ante Bellum South,* New York: Alfred A. Knopf, 1956.

Stead, Alfred (ed.), *Japan by the Japanese,* New York: Dodd, Mead, & Co., 1904.

Stoetzel, Jean, *Without the Chrysanthemum and the Sword: A Study of the Attitudes of Youth in Postwar Japan,* New York: Columbia University Press,

1955.

Storry, Richard, *The Double Patriots: A Study of Japanese Nationalism,* London: Chatto & Windus, 1957.

Sunoo Hag-won, "A Study of the Development and the Technique of Japanese Imperialism in Korea, 1904-1910," *Korean Review,* I, 1 (1948), 27~51쪽.

Takeuchi, Tatsuji, *War and Diplomacy in the Japanese Empire,* Chicago: University of Chicago Press, 1935.

Thompson, Kenneth W., "Theories and Problems of Foreign Policy" in Roy C. Macridis (ed.), *Foreign Policy in World Politics,* Englewood Cliffs, N.J.: PrenticeHall, 1958.

Treat, Payson J., *Diplomatic Relations between Japan and the United States, 1853-1895.* Stanford: Stanford University Press, 1932. 2 vols.

_____, *Diplomatic Relations between Japan and the United States, 1895-1905,* Stanford: Stanford University Press, 1938.

_____, "China and Korea, 1885-1895," *Political Science Quarterly,* XLIX (1934), 506~543쪽.

_____, "The Cause of the Sino-Japanese War, 1894," *Pacific Historical Review,* VIII, 2 (1939), 149~157쪽.

Tsiang, T. F., "Sino-Japanese Diplomatic Relations, 1870-1894," *Chinese Social and Political Science Review,* XVII (1933~1934), 1~106쪽.

Tupper, Eleanor and McReynolds, George E., *Japan in American Public Opinion,* New York: Macmillan, 1937.

Uyehara, G. E., *The Political Development of Japan, 1867-1909,* New York, 1910.

Wilkinson, W. H., *The Corean Government: Constitutional Changes, July 1894-October 1895,* Shanghai: Statistical Department of the Inspectorate General of Customs, 1897.

Williston, Frank G., "Reflections on American-Korean Relations," *Korean Review,* I, 1 (1948), 3~10쪽.

Wright, Mary C., "The Adaptability of Ch'ing Diplomacy: The Case of Korea,"

Journal of Asian Studies, XVII, 3 (May 1958), 363~381쪽.

Yanaga, Chitoshi, *Japan Since Perry,* New York: McGraw-Hill, 1949.

옮긴이의 글

역사라는 학문이 하는 일과 그것이 지닌 가치는 과거의 사실을 되도록 정확히 밝히고 거기서 현재와 미래의 이런저런 의미를 찾는 것이 아닐까 싶다. 정확한 사실에 바탕해야 올바르게 판단할 수 있으니 사실을 규명하는 것이 먼저고 해석이나 판단은 그다음의 일이다. '고증'이라는 단어가 보여주듯 역사학에서 사실의 탐구는 어떤 해석 없이도 그것만으로 큰 의미를 지닌다. 정확히 파악되고 가지런히 정리된 사실은 허술하고 무리한, 그래서 공허한 해석보다 훨씬 큰 울림을 준다.

나쁜 일은 좋은 일보다 다섯 배 정도 깊고 오랜 흔적을 남긴다고 한다. 그 흔적은 상처다. 다시 말해 어떤 한 상처가 아물려면 그것을 덮는 다섯 번의 치료가 필요한 것이다. 우리 역사에서 가장 큰 상처는 일본의 강점과 한국전쟁이 아닐까 싶다. 하나는 민족의 자존에, 다른 하나는 민족의 화합에 깊은 상처와 균열을 남겼다.

살면서 중요하게 생각하고 실천하려고 노력하는 일 가운데 하나는 같은 실수를 되풀이하지 않는 것이다. 누구나 이런저런 실수를 하며 살아간다. 어쩌면 삶 자체가 긴 실수의 과정일지도 모른다. 중요한 것은 비슷한 실수를 거듭하지 않는 것이다. 나아가 그 실수에 얽매이거나 좌절하지 않고 그것을 뛰어넘어 한 걸음씩 나아가는 것이다. 이런 원리는 개인은 물론 어떤 조직, 나아가 한 나라에도 비슷하게 적용될 것이다.

우연히 알게 돼 읽기 시작했고 번역까지 하게 된 이 책은 방대한 자료를 바탕으로 치밀하게 서술한 동아시아 근대사 연구의 고전이라고 할 수 있다. 처음 이 책을 들춘 뒤 한 쪽 두 쪽 넘기게 만든 힘은 문장이었다. 영어를 평가할 만한 능력은 없지만 맨 앞의 헌사부터 시작해 이 책의 서술은 차분하고 우아하며 쉽게 판단하지 않는 신중한 글이라는 느낌을 강하게 줬다. 그리고 미주와 참고문헌이 보여주듯 방대한 외교문서와 사료, 수많은 연구서와 논문을 면밀하게 검토한 오랜 연구는 그런 문장에 실려 있었다.

이 책에서 가장 흥미롭고 매혹적인 부분은 사건의 내면을 보여주는 세밀한 서술이었다. 대부분 엄밀한 전거를 바탕으로 썼지만 전체적으로 마치 역사소설을 읽는듯한 긴장감이 넘쳤다. 청일전쟁의 발발 과정과 톈진조약에 대한 해석, 을사조약과 통감부 설치, 헤이그 특사 사건과 고종의 퇴위 등에 관련된 부분은 특히 인상적이었다. 일본의 주요 인물들끼리 주고받은 문서와 서신들은 당시의 상황을 더욱 생생하게 보여줬다.

이 책이 지닌 또 하나의 가치는 이런 풍부한 서술이 견고한 이론의 구조 안에서 이뤄졌다는 것이라고 생각한다. 부제와 목차가 보여주듯 저자는 이 시기 일본의 주요 세력을 현실주의·자유주의·

반동주의로 나눈 뒤 그들의 특징과 서로의 관계를 규정하고, 그것이 현실의 격동과 부딪치면서 변화하고 변질된 과정을 신중하고 설득력 있게 분석함으로써 이 시대의 역사를 탐구했다. 9장의 경제적 분석은 실증과 논리가 잘 결합된 전범처럼 느껴졌다.

근대사의 연구 동향을 깊이 알지 못하지만 출간된 지 오랜 시간이 지났으니 당연히 이 책의 여러 부분은 더 깊이 탐구돼 밝혀지거나 비판돼 부정되기도 했을 것이다. 이 책에서 가장 논쟁적인 부분은 일본의 조선 강점이 음모와 계획에 따른 것인가, 그렇지 않은가 하는 데 있지 않을까 싶다. 저자는 뒤쪽의 결론을 제출했다. 결론에서 그는 그런 판단에 이른 이 연구를 '순화의 과정'이라고 표현했다.

크고 중요한 사건에는 대체로 음모론이 따라온다. 이를테면 2001년 미국에서 9·11테러가 일어났을 때 여러 음모론이 제기됐다. 그것들은 매우 흥미로웠고 적지 않은 설득력을 지니고 있었다. 그러나 내게 가장 인상적인 반론은 "미국이 신은 아니다"라는 것이었다. 다시 말해 일어날 수 있는 수많은 변수를 다 예측하고 계산해 끝내 음모를 들키지 않고 성공시킬 수는 없다는 것이었다.

일본의 조선 강점도 비슷했다고 생각한다. 단계에 따라 면밀한 계획을 세우고 상황을 예측해 대응하면서 한 걸음씩 나아가지는 않았다는 데 동의한다. 아니, 그럴 수 없었을 것이라는 말이 더 정확하지 않을까 싶다. 한 개인의 점심 약속도 전화 한 통으로 바뀌곤 한다. 그러니 나라의 일은 말할 것도 없다. 더구나 그 시기는 일찍이 경험하지 못한 근대의 격랑이 동아시아를 휩쓸던 국면이었다.

하지만 점심을 먹는 시간이나 장소가 바뀌어도 점심 자체를 거르는 일은 드물 듯 방법이나 방향이 변경돼도 목표는 대체로 유지된다. 다시 말해 조선에 대한 일본의 계획은 치밀한 음모는 아니었지만, 저자가 말한 것보다는 더 꾸준하고 구체적인 계획에 따라 이뤄졌다고 봐야 하지 않을까 싶다.

이런 판단의 한 근거는 저자가 제시한 일본·조선과 미국·하와이·필리핀의 비교다. 저자는 일본의 조선 강점이 음모론에 따라 이뤄지지 않았다는 견해를 제시하면서 미국의 하와이·필리핀 점령을 비슷한 보기로 들었다. 그러나 그것은 달리 볼 여지가 더 많을 것 같다. 무엇보다 두 집단은 지리적 근접성이 크게 다르다. 조선과 일본은 바로 붙어있는 이웃 나라고 미국과 하와이·필리핀은 훨씬 멀리 떨어져 있다. 이런 지리적 조건은 당연히 아주 다른 역사적 관계를 만들었다. 가장 인접해 고대부터 수많은 교류와 갈등을 이어간 한국과 일본의 관계를 멀리 떨어져 아무 접촉이 없던 미국과 하와이·필리핀의 그것과 비교하기는 어렵다. 그러므로 저자가 본 것보다는 일본의 계획과 음모에 좀 더 무게를 실어야 한다고 말씀드리고 싶다.

뛰어난 선학들께서 훌륭한 업적을 이미 많이 남겨놓으셨다는 생각을 자주 하게 된다. 우리는 그분들보다 능력이 부족한데도 그런 성과를 제대로 읽지 않은 채 그보다 못한 말과 글을 양산하고 있지는 않은가 돌아본다. 그의 이름을 딴 학술상이 두 개나 있을 정도로 저자는 미국에서 동아시아 근대사 연구의 선구적 권위자로 높이 평가되고 있다. 그의 주저인 이 책도 관련 학계에 큰 영향을 준 뛰어난 업적으로 인정받고 있다. 견고하고 품격 있는 문장은 대부분 쉽지 않았고, 분석과 해석을 제시한 부분은 특히 어려웠다. 정확하고 충실히 옮기려고 나름대로 최선의 노력을 기울였지만, 출판사의 꼼꼼하고 정확한 교정이 없었다면 이 번역에는 더 많은 오류가 남았을 것이다. 도움에 깊이 감사드린다.

   가족에게 사랑과 감사의 인사를 보낸다. 우리가 오래 행복하기를 바란다.

2025년 7월

김범

찾아보기

ㄱ

가쓰라 다로桂太郎 359, 364, 367~369, 386, 406~409, 411~415, 425, 429, 454, 457, 460, 464, 468~473, 476~477, 480, 527~528, 531
가쓰라-태프트 밀약 361
가와카미 소로쿠川上操六 246, 260~262
가타야마 센片山潛 432
가토 다카아키加藤高明 268~270, 314, 316, 319, 359, 366, 371, 525
갑신정변 133, 142, 144, 160, 163, 173, 183~184, 189, 193, 201, 294, 337, 427, 473, 551, 557~558
갑오개혁 290, 366, 417
강좌파講座派 488~490, 532, 539
강화도조약 66, 68, 82~83, 88, 90~91, 93, 100, 106, 115~116, 120, 128~129, 133, 135, 143, 172, 196, 207, 220, 249, 270~271, 500, 505
개진당改進黨 227, 235

고무라 주타로小村壽太郎 351~353, 358~360, 367~368, 382, 385, 403, 407, 410, 412~413, 415, 425, 457, 525~526, 535, 537
고바야시 구즈오小林樟雄 151, 153, 174~177, 190
고종高宗 106, 109, 117, 133, 145, 150~151, 158, 202~203, 242, 279, 283~284, 289~290, 293, 295~298, 307, 326, 328~330, 332~333, 352, 364~365, 373, 377~378, 384, 386~387, 391~393, 397, 417, 464~465, 525, 558
고토 쇼지로後藤象二郎 32, 44~45, 70, 72, 135, 144, 151, 153, 163, 233, 235, 337, 421
고토쿠 덴지로小德田次郎 431~432, 438
곤도 모토스케近藤眞鋤 89, 93~94, 108, 201~204, 207, 215~216, 225
구라치 데쓰키치倉知鐵吉 409~410,

412~416, 454, 457~458
구로다 기요타카黒田淸隆 63, 66, 82
구루시마 쓰네키来島恒喜 234
구리노 신이치로栗野愼一郞 178, 315~316, 360
『국민신문國民新聞』 510
그레셤Gresham 193, 198
그리피스Griffis, W. E. 84, 362
기도 고인木戶孝允 17, 21, 23~24, 33~34, 41, 44~45, 54, 58~60, 62, 66, 68, 70, 82, 116, 118, 545
김옥균金玉均 119, 133, 142, 144, 146~147, 149~152, 155~159, 161, 163~166, 168~169, 172, 176, 188~192, 204, 239~248, 252~254, 274~275, 278, 295, 422, 427
김홍집金弘集 165, 171, 294, 297, 325~326, 331~332

ㄴ

나카에 초민中江兆民 431
넬슨, 프레더릭Nelson, M. Frederick 68, 85, 105, 114, 117, 120, 193~194, 197, 199, 217, 362, 556
노농파勞農派 488~489, 532, 539
니시-로젠 협정 358, 525

ㄷ

다보하시 기요시田保橋潔 24, 107, 119, 121, 148, 157~164, 168, 188, 193, 250, 259, 265
다이이치은행第一銀行 300, 303, 496~497, 521~523
다카히라 고고로高平小五郞 187, 191~192, 197, 200~201, 207, 316, 381
다케조에 신이치로竹添進一郞 112, 119~120, 123, 128, 149~150, 152~153, 156~164, 167, 169~170, 172~173, 427, 557~558
대동구락부大同俱樂部 228, 233, 423
대만 34~39, 50, 53~59, 62~63, 66, 278, 312~313, 315, 319, 321, 323, 339, 412, 426
대원군大院君 106~107, 110~111, 200, 210, 248, 251~252, 282~285, 291~298, 329~333, 341, 343~351, 387, 417
던, 에드윈Dun, Edwin 195, 213, 233
데니Denny, O. N. 210~211, 215, 225
데라우치 마사타케寺內正毅 359, 403, 407, 413, 415, 417, 424~425, 438, 441, 460, 462, 468, 472~480, 482~484
도야마 미쓰루頭山滿 230, 232, 234, 249, 253~254, 444, 449, 453, 464, 551
『도쿄경제잡지』 492, 499, 509, 537

『도쿄니치니치신문東京日日新聞』 48~49,
　51~52, 54, 239, 428, 510
독립협회　387, 391~393, 558
독일　36, 114, 118, 125~126, 154,
　205, 250, 278, 311, 315~316, 319,
　321~322, 352, 372, 433, 507, 513
동양자유당　228
동양척식주식회사　520~521, 527~531,
　534
드 스페이에르, 알렉시스de Speyer, Alexis
　224, 358
드미트레프스키Dmitrevsky　214, 226
딘스모어, 휴Dinsmore, Hugh　199, 201~
　202, 219

ㄹ

래드, 조지 트럼불Ladd, George Trumbull
　84, 361~362, 374~379, 384, 416
러시아　9, 36, 47~48, 98, 101, 121,
　125~126, 194, 199, 208, 214, 223~
　227, 235, 250, 261, 267~268, 273~
　275, 277~278, 285~287, 289, 292,
　297~298, 304, 306, 311~324, 330,
　338, 341~342, 344, 350, 352~354,
　356~361, 364, 366, 371~372, 382,
　392, 397, 426, 433~436, 448~450,
　452, 496, 499, 502, 507~508, 513,
　525~526, 535, 552, 556
러일전쟁　357, 363~364, 380, 410,

　421, 435, 452~453, 455, 495, 497,
　526, 533~535, 537~539
로바노프Lobanoff　320, 353
루스벨트, 시어도어Roosevelt, Theodore　86,
　361, 377, 542, 555
루스벨트, 프랭클린Roosevelt, Franklin D.
　141, 549
류큐　34~35, 38~39, 53
르장드르LeGendre　34~36, 38~39, 53~
　55, 211~212, 215, 341, 425~426
릴리우오칼라니Liliuokalani　335~336

ㅁ

마건충馬建忠　109~110, 119~120
마루야마 마사오丸山眞男　139~141,
　430~431
마르크스주의〔자〕Marxist　488~490,
　532~533, 535, 537, 546
마사키 진자부로眞崎甚三郞　444~449
『마이니치신문每日新聞』　388
마토노 한스케的野半介　245
만·한 교환　359~360, 372
만주　223, 227, 315, 321, 357, 359~
　360, 402, 408, 413~414, 426, 470,
　535, 537~538
맥켄지McKenzie, F. A.　377, 379, 400
명성황후明成皇后　255, 289, 336
모겐소, 한스Morgenthau, Hans J.　73~74,
　484

모리 아리노리森有禮 27, 63, 66~68, 115~117, 412

모리야마 시게루森山茂 24, 26, 40, 49, 60~61, 65, 425~426

모스-타운센드사Morse-Townsend Company 213

묄렌도르프Mollendorff, P. G. von 121, 150, 165, 208, 224, 226, 521, 523

무역 19, 22~23, 46~47, 64~65, 68, 91~92, 97, 100~101, 114, 120, 129, 202, 207~208, 213, 215, 217, 249, 284, 314~315, 492, 497~499, 502, 505~506, 509~511, 514, 531, 534~536

무츠 무네미쓰陸奧宗光 17~18, 77, 220~222, 229, 235, 238~240, 242~246, 252, 259~260, 262~274, 277, 282, 284~288, 291~293, 295~300, 302~303, 305~306, 311~316, 318, 321~324, 336~337, 371, 397, 427, 491, 545

문천文川 96, 99

미국 11, 20, 33~35, 47, 54~55, 71, 86~87, 98, 104~106, 112~113, 117~119, 122~129, 133~134, 138, 142, 147, 150~151, 162, 168~169, 173, 176, 188~189, 192, 196~202, 208, 211~213, 215, 217, 222, 230, 241, 249~250, 265, 273, 276, 287, 292, 314~316, 327, 332, 335~336, 338, 341, 350, 356, 361, 363, 365~366, 375, 377, 381, 396, 431~433, 439~440, 442, 447~449, 461, 507, 513~514, 517, 523, 533, 542~543, 547~548, 550~552, 555~558

미야모토 쇼이치宮本小一 90~92, 108

미우라 고로三浦梧樓 307~308, 330, 332~334, 336~340, 343~352, 371, 417

민영익閔泳翊 109, 150, 154~156, 161, 165~166, 200, 255, 282, 296, 346

ㅂ

박영교朴泳敎 119, 133

박영효朴泳孝 111, 119, 133, 144, 146~149, 156~157, 159, 161, 164~166, 168~169, 176, 188~189, 240~242, 246~248, 252, 292, 295~297, 325~333, 341, 343, 345, 387~392, 396, 398, 422~423, 427, 465, 482

박정양朴定陽 133, 202, 297, 332

박제순朴齊純 391~392, 463

버튼, 휴Borton, Hugh 193~194, 197, 199

베델Bethell, E. T. 400

베베르Waeber 251, 341, 353, 358, 557

변수邊燧 133~134, 150, 154

보스트윅과 콜브란Bostwick and Collbran 380

부산 19, 21~22, 24~26, 40, 49, 60~

62, 64~65, 89~90, 92~94, 100~
101, 103, 108, 201~205, 207, 209,
215, 266, 268, 272, 353, 388~391,
500, 506, 508, 511, 519, 521, 535
브라운, 맥리비 Brown, McLeavy　496
비테, 세르게이 Witte, Serge　320~321,
358
빙엄, 존 Bingham, John A.　54~55, 63, 105,
112~113, 123, 127, 173, 184, 233

ㅅ

사무라이　14~17, 26, 28, 30~31, 37,
39, 43, 49~51, 53~55, 59~60, 62,
76~77, 79, 119, 136, 138, 144, 151,
174, 230, 426, 446~447, 449~450,
466, 483, 546, 551
사쓰마 薩摩　16, 18~19, 27~29, 33~
34, 41, 71, 83, 90, 220, 230, 247,
278, 426, 439, 445, 552
사이고 다카모리 西鄕隆盛　16, 18, 28~
34, 40~41, 43~45, 50~52, 54~
55, 58, 60, 62, 70~72, 76~77, 79,
82~83, 85~86, 220, 230~231, 254,
337, 426, 439, 445, 447, 449, 551
사이고 쓰구미치 西鄕從道　54~57, 185,
220, 224, 318, 336~337
사이온지 긴모치 西園寺公望　293, 307~
308, 337, 339, 349, 351~352, 384,
386~387, 396~397, 406, 422~423,
441
산조 사네토미 三條實美　16~17, 21, 33,
40~44, 49~50, 61~62, 82
삼국간섭　278, 305, 309~310, 319,
321~323, 325, 337, 339, 341, 354,
372
서광범 徐光範　110, 133~134, 150, 154,
188, 297, 326
서재필(제이슨, 필립 Jaisohn, Philip)　133,
188, 387, 391~393
셴키에비츠, 아담 Sienkiewiscz, Adam　152~
153
소네 아라스케 曾禰荒助　402, 405~410,
412~414, 417, 424, 470~479, 482,
546
소에지마 다네오미 副島種臣　32~35,
37~42, 45, 53, 56, 425~426
송병준 宋秉畯　406, 456, 462~465, 467~
468, 470~471, 478, 480~481
슈펠트 Shufeldt　105~106, 117, 151,
153~155
스기무라 후카시 杉村濬　249~250, 254~
255, 258~260, 262~263, 265~266,
283~284, 292~294, 297, 307, 325~
330, 334, 339~341, 343, 348, 351,
491
스기야마 시게마루 杉山茂丸　406, 444,
459~462, 465, 467, 469~470, 472,
476~477, 480~481
시모노세키〔조약〕　15, 108, 113, 278,

305~306, 309~310, 315, 318, 321~
322
『시사신보時事新報』 184, 244, 246, 275,
348, 424~425, 427~428, 492, 510
시카타 히로시四方博 490, 493~495,
497~499, 521
실Sill 291, 293, 297, 330
쓰시마 19~22, 24~25, 49, 60, 65,
100

ㅇ

아귀날도, 에르필리오Aguinaldo, Erpilio 452
아다치 겐조安達謙藏 347, 455, 464
아라키 사다오荒木貞夫 445
아사야마 겐조淺山顯藏 158~159, 343,
346~347
『아사히신문朝日新聞』 424, 429
안경수安駉壽 387, 392
안중근安重根 374
알렉시스, 대공Alexis, Grand Duke 320
앨런Allen, H. N. 133, 194, 199, 201~202,
212~213, 215, 219, 250, 254, 297,
332, 377, 557
야나기하라 젠코柳原前光 39, 56~57
야마가타 아리토모山縣有朋 29, 70, 108,
170, 191~192, 223, 226~227, 238,
318, 336, 353, 358~359, 370~371,
386, 406~407, 412~413, 415, 422,
425, 441, 449, 460, 462, 469, 472,

476, 480
에노모토 다케아키榎本武揚 124~125,
128~129, 210, 220, 224, 235
에토 신페이江藤新平 32, 44~45, 50~52,
58, 72, 77, 174~175, 422, 446~447,
449
영, 존 러셀Young, John Russell 124, 126,
144, 220, 224
영국 36, 47, 54, 63, 98, 106~107,
113, 115, 118, 123, 125~126, 154,
165, 176, 200, 212, 222, 224~226,
230, 239, 241, 250, 268, 273~274,
277, 287, 301~302, 304, 311~312,
314, 316, 319, 321, 356, 358~359,
361, 366, 377, 382, 400, 432, 499,
507~508, 513, 523, 556
오대징吳大澂 171~172, 183
오사카 사건 142, 174, 178, 188~190,
205, 234
오시마 겐이치大島健一 263, 277, 369
오이 겐타로大井憲太郎 174~179, 188,
190, 228, 232~234, 243~245, 420~
422, 442
오이시 마사미大石正己 203, 212~214,
216, 221~222, 226, 429
오자키 유키오尾崎行雄 229, 421~422
오장경吳長慶 120~121, 149
오카모토 류노스케岡本柳之助 243~244,
266, 283, 293, 328~329, 343~348
오쿠마 시게노부大隈重信 17, 24, 32, 34,

43~45, 53~55, 82, 143, 225, 229, 232~235, 421~425, 442
오쿠보 도시미치大久保利通 16~18, 28, 33, 41~45, 48, 50~60, 62, 66, 68, 70~71, 75, 82~83, 88, 116, 118, 134, 337, 383, 386, 475, 545
오토리 게이스케大鳥圭介 213, 216, 221~222, 240, 242~244, 246, 254~255, 258, 262~273, 275, 277, 282~284, 286, 288~293, 295, 309, 332, 354, 371, 397, 427, 495
요코하마정금은행橫浜正金銀行 148, 206, 302
우치다 료헤이內田良平 249, 253~254, 406, 413~415, 418, 444, 448, 452, 454~456, 458~469, 471~474, 476~481, 484, 545, 551
우치무라 간조內村鑑三 432~433
운요雲揚호 62, 64, 66~67
원산元山 100~101, 108, 203, 207, 209, 224, 250, 399, 500, 506, 508, 511, 519, 527
원세개袁世凱 121, 149, 159, 198~202, 205~207, 210~213, 217, 219, 242, 248, 250, 254~259, 262, 266, 270, 272
윔스, 클래런스Weems, Clarence 391~393, 455, 556~557
『유빈호치신문郵便報知新聞』 49, 183, 184
이노우에 가오루井上馨 34, 59, 63, 66, 104, 106, 108, 118~120, 123~124, 126, 129, 134, 144, 148~149, 152~153, 159, 169~174, 183~184, 189~191, 210, 214, 220~222, 232, 234, 293~299, 301~303, 305~310, 321~327, 329~333, 336, 338~343, 347~354, 359, 361~362, 371, 381, 387, 413, 417, 491, 527
이노우에 가쿠고로井上角五郎 144, 146, 148~149, 152~153, 156, 168~169, 173, 178, 189, 228, 243, 246, 421, 426, 557
이승만李承晚 132, 391
이완용李完用 297, 327, 384, 391~392, 396, 425, 459, 463~465, 467, 472~475, 477~480
이용구李容九 456, 458, 464, 466, 468, 470, 472, 476, 478~482
이토 히로부미伊藤博文 18, 33~34, 41, 44~45, 59~60, 68, 70, 82~83, 118, 142, 152~153, 170, 173, 182~187, 190, 212, 214, 220~222, 227, 229, 232, 238, 240, 242, 244, 246, 253, 260, 262, 267, 271, 275~276, 285~287, 290, 293, 303~305, 311~313, 318, 323, 336~337, 350, 358~359, 362, 365~367, 369~374, 376~378, 380~381, 383~391, 393~400, 402~417, 422~425, 438, 441, 449, 452~454, 457, 459~471, 475, 477~478,

482~484, 523, 525~528, 531, 533,
545~546, 549~550
이홍장李鴻章　66~67, 105, 110, 116~
117, 121, 126, 149, 185~187, 202,
207~208, 210~212, 216, 218~219,
221~222, 240, 262, 265, 278~279,
315, 318
인천/제물포〔조약〕　62, 66, 93, 96,
100~102, 107~111, 117, 119, 150,
165, 169~171, 204, 207, 209, 243,
249, 256, 261~263, 265, 268, 270,
272, 329, 345~347, 434, 500, 506~
508, 511, 513, 519
일진회一進會　424, 455~456, 459, 461~
468, 470~472, 474~481, 545~546
『일한합방비사日韓合邦秘史』　404, 454
임오군란　106, 111~114, 116~117,
119, 123, 126, 128~129, 144, 148~
149, 171, 255, 278, 427

ㅈ

자유당　60, 70, 76, 135~137, 142,
144, 151~153, 174, 185, 227~229,
233, 293, 337, 421, 431
조미수호통상조약　105, 107
조선은행　521~523
조슈長州　19, 21, 29, 33~34, 59, 446~
449
진수당陳樹棠　121, 155, 165

ㅊ

천도교天道敎　455, 481
청일전쟁　163, 221, 259, 275, 304,
333, 353, 372, 420, 427, 430, 433,
435, 437, 450, 490~491, 495, 499~
501, 509~510, 531~534, 539
친다 스테미珍田捨己　367~368, 384~
385, 389

ㅋ

케넌, 조지Kennan, George F.　74, 86, 114,
276, 484, 548~550, 555

ㅌ

텐진조약　187, 189, 192~193, 196,
201, 207, 210, 214, 217, 226, 258,
260, 265, 357
토인비, 아놀드Toynbee, Arnold J.　29, 247

ㅍ

파크스, 해리Parkes, Sir Harry　56, 125
『평민신문平民新聞』　433, 435, 484
평양　389, 514
포크, 조지Foulk, George C.　109, 154~155,
161~162, 164~165, 168, 173, 192,
197~201, 205, 219, 557~558
푸트, 루시우스Foote, Lucius H.　121,

127~128, 151, 154, 162, 165, 171~
173, 184, 192, 197
프랑스 34, 36, 47, 49, 54, 106, 118,
125, 150~153, 163~164, 174, 176,
184~185, 230, 268, 278, 311, 314,
316, 319, 321~322, 352, 372, 382,
396, 433, 507, 513, 525~527
프렐링후이센Freylinghuysen 127, 197

ㅎ

하나부사 요시모토花房義質 26, 87, 90,
92~104, 107~112, 117, 119, 123~
124, 425, 427, 557
하세가와 요시미치長谷川好道 377, 379,
385, 395, 399~400, 461, 463
하야시 곤스케林權助 314, 358~359,
364~365, 377, 380~381, 384~386,
390, 400, 406, 434, 464, 491, 526
하타다 다카시旗田巍 85~86, 489~490,
498~499, 532
한규섭韓圭卨 377, 391
허드, 어거스틴Heard, Augustine 193~195,
199, 203, 211~213, 216, 218~219,
221, 249
헐버트, 호머Hulbert, Homer B. 84, 376~
377, 379~381, 417
헤롯, 조셉 로저스Herod, Joseph Rogers
194~195, 197, 199~200, 213, 217,
223

헤이그Hague 378~386, 384, 395, 397,
417, 422, 424, 464, 545, 558
현양사(겐요샤)玄洋社 60, 77, 230, 234,
240, 452, 460
호리모토 레이조堀本禮造 104, 107~108
호소카와 가로쿠細川嘉六 498~499
호시 도루星亨 228~229, 293, 326~
328
홀컴, 체스터Holcombe, Chester 126~127
홍영식洪英植 133~134, 150, 162, 164~
165, 169
후쿠자와 유키치福澤諭吉 135~142, 144~
147, 149, 151~152, 158, 163~164,
169, 174, 178, 180, 184, 187~190,
228, 233, 241, 244, 275, 420~422,
424, 426~428, 430, 442, 550, 552
훈련대 328, 338, 342, 345~350
흑룡회(고쿠료카이)黑龍會 77, 404, 409,
413, 450, 452, 454, 460, 475~476,
481
히라노 이시타로平野義太郎 488
히라오카 고타로平岡浩太郎 230, 249
히트로보Hitrovo 251~253

일본의 조선 강점, 1868~1910
국제관계의 현실주의와 이상주의에 대한 연구

초판 1쇄 발행 2025년 12월 15일

지은이 힐러리 콘로이
옮긴이 김범
발행편집 유지희
디자인 박진범, 이정아
제작 제이오

펴낸곳 테오리아
    출판등록 2013년 6월 28일 제2025-000266호
    전화 02-3144-7827
    팩스 0303-3444-7827
    전자우편 theoriabooks@gmail.com

ISBN 979-11-87789-44-4 (93910)

이 저작물의 전부 또는 일부를 이용하려면 저작권자와 출판사의 서면 동의를 받아야 합니다.